Rolf Kappel
Oliver Landmann
Die Schweiz im globalen Wandel

Rolf Kappel
Oliver Landmann

Die Schweiz im globalen Wandel

Aussenwirtschaftliche
und entwicklungspolitische
Herausforderungen

Schlussbericht des
Nationalen Forschungsprogramms 28

Verlag Neue Zürcher Zeitung

Publiziert mit Unterstützung des Schweizerischen Nationalfonds
zur Förderung der wissenschaftlichen Forschung.
Auflage: 1500 Exemplare
© 1997, Verlag Neue Zürcher Zeitung, Zürich
ISBN 3 85823 645 4

Inhaltsverzeichnis

Vorwort des Präsidenten der Expertengruppe   9

Vorwort der Verfasser   11

I   **Einführung**   13

II   **Aussenwirtschaftliche Herausforderungen**   27

1.   Die Schweiz in einer sich wandelnden Weltwirtschaft   29
1.1   Internationale Herausforderungen vor dem Hintergrund
       nachlassenden Wachstums   29
1.2   Von der «Pax Americana» zur tripolaren Weltwirtschaft   35
1.3   Veränderungen im Verhältnis zwischen Nord und Süd   44
       Zunehmende Bedeutung der Dritten Welt   47
       Zunehmendes Wohlstandsgefälle zwischen Nord und Süd?   49
1.4   Die internationale Verflechtung der schweizerischen Volkswirtschaft   58
       Die Bedeutung des Aussenhandels für die Schweiz   58
       Die Bedeutung des schweizerischen Ertragsbilanzüberschusses   61
       Die Direktinvestitionen   63
       *Wie ist die Schweizer Wirtschaft auf den Wachstumsmärkten
       positioniert?*   66

2.   Verlust der Wettbewerbsfähigkeit? – ein Dauerthema   73
2.1   Widersprüchliche Einschätzungen   73
2.2   Konzeptionelle Unklarheiten   76
       Die ‹Schweiz AG› ist keine Unternehmung   79
       Preis- und Kostenindikatoren der Wettbewerbsfähigkeit   82
2.3   Wie intakt ist die technologische Wettbewerbsfähigkeit der
       schweizerischen Industrie?   85
       Die Ergebnisse der NFP-28-Studie   86
       Konsequenzen für die Technologiepolitik   91
2.4   Von der Wettbewerbsfähigkeit zur ‹relativen Attraktivität›   94
2.5   Wettbewerbsfähigkeit auf Branchenebene: zum Beispiel die
       Banken   99

	Performance-Indikatoren: Licht und Schatten	100
	Und die Standortbedingungen?	105
2.6	Zwischenbilanz	108

3. Die aussenwirtschaftliche Integration als Wohlstandsfaktor   111
3.1 Einleitung   111
3.2 Handelsgewinne: Statische Effizienz- und Verteilungswirkungen   112
     Die Theorie   112
     Die Schweiz als Hochpreis-Land   118
3.3 Umverteilungseffekte: Das Beispiel der Landwirtschaftspolitik   124
     Die Simulationsstudie des NFP 28   127
     Herausforderungen für die Agrarpolitik   131
3.4 Dynamische Wirkungen   137
     Wie gross sind die statischen Einkommenseffekte?   137
     Wirkungskanäle dynamischer Effekte   139
3.5 Handel und Wachstum: Was sagen die Daten?   144
     Querschnittsuntersuchungen   144
     Die NFP-28-Studie: eine Zeitreihenuntersuchung   148
     Die Agenda für die Forschung: Wirkungsmechanismen untersuchen   151
3.6 Effizienz kontra Verteilungsinteressen: auch in der Fremdarbeiterpolitik   153
     Der Hintergrund der NFP-28-Studie   153
     Das Fiasko der Plafonierungspolitik   155
     Die Neuorientierung der Ausländerpolitik: ein Balance-Akt   159

4. Überfordert die Globalisierung den Nationalstaat?   169
4.1 Veränderte Rolle des Nationalstaats   169
4.2 Institutionelle Reform als Aktionsparameter im internationalen Standortwettbewerb   173
     Reform der Wirtschaftsverfassung   175
     Reform der direkten Demokratie   177
4.3 Supranationalität als Alternative?   179
     Integrationspolitik als Testfall   180
     Nationale vs. supranationale Regelungsebene: Kriterien und ausgewählte Beispiele   183
     Nationale vs. lokale Regelungsebene: Fallbeispiel Kulturlandschaft   187
4.4 Fazit: Gute Spielregeln erfordern einen Konsens über den Spielzweck   189

III	**Entwicklungspolitische Herausforderungen im Zeichen der Anpassungspolitik**	**193**

5. Grundlagen der Anpassungspolitik — 195
5.1 Weshalb ist Anpassungspolitik erforderlich? — 195
   Die Entwicklungs- und Schuldenkrise der 80er Jahre — 195
   Externe Krisenursachen — 200
   Interne Krisenursachen — 201
   Nicht-wirtschaftliche Krisenursachen — 207
5.2 Ziele und Massnahmen der Anpassungspolitik — 208
5.3 Finanzielle und technische Hilfe für Anpassungspolitik — 210
5.4 Schlussfolgerungen — 212

6. Theoretische Grundlagen der Anpassungspolitik — 215
6.1 Neoklassische Lehre — 215
6.2 Wie funktioniert Anpassungspolitik? — 218
   Stabilisierung — 219
   Strukturelle Anpassung — 223
   Darstellung der Anpassung mit dem «Australian Model» — 226
   Inkonsequente Anpassungspolitik und Programmhilfe — 233
6.3 Schlussfolgerungen — 239

7. Anpassung und Entwicklung wirtschaftlicher Aggregate — 241
7.1 Vorgehensweisen zur Beurteilung von Anpassungsprogrammen — 241
7.2 Entwicklung wirtschaftlicher Aggregatgrössen — 245
   Wachstum des Bruttoinlandprodukts — 246
   Veränderung der Spar- und Investitionsquoten — 248
   Veränderung der Exportquoten — 251
   Offenheit und Wirtschaftswachstum — 253
7.3 Schlussfolgerungen — 256

8. Anpassung, Armut und staatliche Sozialleistungen — 259
8.1 Anpassung und soziale Entwicklung: Worum geht es? — 259
8.2 Soziale Folgen der Anpassung: Theoretische Erkenntnisse — 260
   Armut: Einkommensänderungen im Anpassungsprozess — 260
   Sozialleistungen des Staates im Anpassungsprozess — 274
   Schlussfolgerungen — 278

8.3	Soziale Folgen der Anpassung: Empirische Erkenntnisse	279
	Methodische Probleme	279
	Beschäftigung, Löhne, ländliche Kaufkraft und Armut	280
	Schlussfolgerungen	291
	Staatliche Sozialleistungen und Lebensverhältnisse der Armen	293
	Schlussfolgerungen	306
9.	**Kritik an der Anpassungspolitik und Erweiterungen**	**309**
9.1	Sozialpolitisch motivierte Kritik	309
	Hat Anpassungspolitik ein unmenschliches Gesicht?	309
	Methodische und theoretische Schwächen der Kritik	311
	Berechtigte sozialpolitisch motivierte Kritik	318
9.2	Überladene Programme und überhöhte Erwartungen?	322
9.3	Ökonomische Kritik und Erweiterungen der Anpassungspolitik	331
	Kritik der Strukturalisten	331
	Freie oder regierte Märkte?	339
	Bedingungen für Wachstum: Erkenntnisse aus Wachstumsregressionen	352
	Erkenntnisse der institutionellen und politischen Ökonomie	357
	Systemtransformation	369
	Ist die Schuldenkrise überwunden?	374
9.4	Schlussfolgerungen	388

IV Zusammenfassende Schlussfolgerungen   393

10. Globaler Wandel – globaler Anpassungsbedarf   395
10.1 Aussenwirtschaftliche Herausforderungen der Schweiz   395
10.2 Anpassungspolitik als entwicklungspolitische Herausforderung   400
10.3 Politikempfehlungen für Industrie- und Entwicklungsländer: mehr Parallelen als Unterschiede   407

Anmerkungen   413

Literaturverzeichnis   419

Das NFP 28 im Überblick   435

Vorwort des Präsidenten der Expertengruppe

Forschung im Rahmen von Nationalen Forschungsprogrammen des Schweizerischen Nationalfonds ist anwendungsorientierte Forschung. Sie bekommt ihre Orientierung durch einen umfassenden Auftrag von den politischen Instanzen. Einen solchen Auftrag erhielt das Nationale Forschungsprogramm 28 (NFP28) vom Schweizerischen Bundesrat im Jahre 1987. Als Titel wählte man: «Die Schweiz in einer sich ändernden Welt: Aussenwirtschaftliche und entwicklungspolitische Herausforderung». In dieser Titelwahl kommt einerseits zum Ausdruck, dass der Kleinstaat Schweiz im Rahmen des internationalen Umfeldes beleuchtet werden soll; andererseits sollen als Auftrag aussenwirtschaftliche und entwicklungspolitische Aspekte gleichzeitig angegangen werden. Diese programmatische Verbindung von aussenwirtschaftlichen und entwicklungspolitischen Fragestellungen machte die Arbeit an diesem Forschungsprogramm besonders spannend und gleichzeitig schwierig.

Im Zeitraum der Forschungsarbeiten am NFP 28 hat sich die Welt in wirtschaftlicher und entwicklungspolitischer Hinsicht gewaltig verändert. Insbesondere der Zusammenbruch des Sowjetimperiums und die Schlussergebnisse der Uruguayrunde des GATT haben bekanntlich für sehr viele Länder des Nordens und des Südens die wirtschaftlichen und politischen Rahmenbedingungen wesentlich verändert. Zweifellos haben diese weltumspannenden Veränderungen auch einen bleibenden Einfluss auf die aussenwirtschaftlichen und wirtschaftspolitischen Herausforderungen für die Schweiz.

Das hier vorliegende Buch von Oliver Landmann und Rolf Kappel schöpft aus zwei Quellen. Einerseits weisen beide Autoren breite und tiefe Kenntnisse des heutigen Wissensstandes zu aussenwirtschaftlichen bzw. entwicklungspolitischen Fragen auf. Andererseits standen den Autoren die Forschungsergebnisse der koordinierten Einzelprojekte des Gesamtprogramms zur Verfügung. Dieses Buch zeichnet sich somit dadurch aus, dass beide Autoren von einer sehr soliden theoretischen Fundierung ausgehen; dass sie aber trotzdem noch so verschiedene praktische Aspekte der Problemstellungen ins theoretische Gerüst einbauen. Auf diese Weise gelingt es, Einzelaspekten die richtigen Gewichte beizumessen und sie in gegenseitige Abhängigkeiten einzuordnen. Die theoretisch solide Fundierung des Buches mag manch einem Leser gelegentlich etwas Geduld abfordern; der gleiche Leser wird aber bei der Lektüre erfahren, wie hilfreich das Verständnis allgemein anerkannter theoretischer Konzepte eben sein kann, um komplexe Zusammenhänge zu verstehen. Der Leser wird aber auch überrascht werden von der Leichtigkeit, mit der die Autoren praktische Aspekte aussenwirtschaftlicher und entwicklungspolitischer Natur anschaulich und spannend darzustellen vermögen.

Die Expertenkommission des Nationalen Forschungsprogramm 28 erachtet das vorliegende Buch als wegweisend für die schweizerische Aussen- und Entwicklungspolitik. Sie ist den Autoren zu grossem Dank verpflichtet; ist es ihnen doch gelungen, ihr eigenes Fachwissen, die Forschungsergebnisse einzelner Projekte, aber auch wertvolle Referate und Diskussionsbeiträge an vielen Seminarien und Sitzungen in ein lesbares Ganzes umzusetzen. Daher empfehlen wir dieses Buch all jenen zur Lektüre, die in irgendeiner Weise sich mit Aussenwirtschaft und Entwicklungspolitik beschäftigen.

Peter Rieder
Präsident der Expertenkommission

Vorwort der Verfasser

Dieses Buch ist der Schlussbericht des Nationalen Forschungsprogramms Nr. 28 «Aussenwirtschaft und Entwicklungspolitik» des Schweizerischen Nationalfonds. Wir waren an diesem Programm beteiligt, seitdem es in die Phase trat, in der die Einzelstudien (vgl. die Übersicht im Anhang) in Auftrag gegeben und bearbeitet wurden: Oliver Landmann als Programmleiter, Rolf Kappel mit einem Forschungsprojekt über Anpassungsprogramme in Entwicklungsländern. Wenngleich der Schlussbericht, wie wir in der nachfolgenden Einführung noch näher erläutern werden, nicht eigentlich als zusammenfassende Darstellung der im Rahmen des NFP 28 durchgeführten Forschungsarbeiten konzipiert ist, reflektiert er doch stark die inhaltlichen Schwerpunkte und die Struktur des Programms. Vieles ist aus den Projekten in unser Buch eingeflossen. Dort, wo dies der Fall ist, verweisen wir im einzelnen auf die entsprechenden Veröffentlichungen. Die im Schlussbericht enthaltenen Meinungen und Interpretationen sind aber ausschliesslich unsere eigenen und werden von den Forschern, die am NFP 28 beteiligt waren, nicht notwendigerweise geteilt.

Obwohl wir die Verantwortung für den gesamten Text gemeinsam tragen, machen wir kein Geheimnis daraus, dass wir uns beim Schreiben dieses Buches die Themen in Übereinstimmung mit unseren komparativen fachlichen Vorteilen aufgeteilt haben: Teil II (Kap. 1–4) wurde von Oliver Landmann verfasst, Teil III (Kap. 5–9) von Rolf Kappel. Die Einführung und die zusammenfassenden Schlussfolgerungen haben wir gemeinsam geschrieben.

Die vom Nationalen Forschungsrat eingesetzte Expertengruppe des NFP 28 – ihre Zusammensetzung ist ebenfalls im Anhang verzeichnet – hat mit der Formulierung des Ausführungsplans und mit der Auswahl der Forschungsprojekte die thematische Struktur des Programms gestaltet. Sie hat das NFP 28 über die Jahre hinweg unterstützend und lenkend begleitet und ist uns bei der Abfassung dieses Schlussberichts stets mit gutem Rat zur Seite gestanden. Wertvolle Anregungen und kritische Kommentare zu früheren Fassungen verdanken wir vor allem Silvio Borner, Alexander Melzer, Alfred Nydegger, Peter Rieder und Rudolf Walser.

Überdies haben Johannes Gebhard, Michael Pflüger und Thomas Straubhaar Teile des Manuskripts kritisch gelesen und uns konstruktive Hinweise gegeben. Die Abbildungen wären ohne die kompetente technische Hilfe von

Pius Fischer, Jürgen Jerger, Daniel Schneider und Jens Woernle nicht zustandegekommen. Monika Kramer, Sabine Lippuner, Heidi Oertwig, Daniela Saxer und Ursula Schwickert haben uns bei der Textverarbeitung und der Durchsicht des Manuskripts unterstützt.

Besonders hervorheben möchten wir die grosse Hilfestellung, die wir von Klaus Korner erhalten haben. Er war dem NFP 28 von Anfang an weit mehr als ein administrativer Direktor. Mit grosser Umsicht hat er alle praktischen und organisatorischen Aufgaben im Zusammenhang mit der Veröffentlichung dieses Schlussberichts wahrgenommen. Zudem ist die im Anhang wiedergegebene Übersicht über die Projekte und Veröffentlichungen des NFP 28 sein Werk.

Allen erwähnten Personen sind wir zu Dank verpflichtet. Für die verbliebenen Unzulänglichkeiten dieses Buches tragen wir aber die alleinige Verantwortung.

Zürich und Freiburg im Juli 1997   *Rolf Kappel*
                                                    Oliver Landmann

I
Einführung

Einführung

Die Weltwirtschaft befindet sich im Umbruch. Die rasanten Veränderungen – viele von ihnen fallen unter den Modebegriff der ‹Globalisierung› – konfrontieren auch die Schweiz mit Herausforderungen, denen sie sich stellen muss, wenn sie im anbrechenden 21. Jahrhundert ihre Stellung in der internationalen Wohlstandspyramide bewahren will. Gleichzeitig gebieten die internationale Solidarität und gemeinsame Interessen aller Länder, dass auch die Schweiz weiterhin einen Beitrag zur Bewältigung der immensen Aufgabe leistet, dauerhafte wirtschaftliche Fortschritte in Entwicklungsländern zu erreichen und zu sichern.

Diese doppelte Herausforderung war Gegenstand des Nationalen Forschungsprogramms 28, das vom Bundesrat 1987 in Auftrag gegeben und 1996 abgeschlossen wurde. Wegleitend für die Konzeption des Programms waren dabei einerseits die Überlegung, dass die Schweiz als neutraler Kleinstaat in besonderem Masse von den laufenden Veränderungen im internationalen Umfeld betroffen ist, und andererseits die Überzeugung, das angesichts der ausgesprochen hohen Auslandsverflechtung sowie der beschränkten Mittel im aussenpolitischen und strategischen Bereich[1] die wirtschaftliche Handlungsebene für die Aussenbeziehungen unseres Landes ein besonderes Gewicht besitzt.

Trotz dieser ohne weiteres nachvollziehbaren Begründung mag der Leser dennoch etwas überrascht sein, dass die beiden Themenbereiche «Aussenwirtschaft der Schweiz» und «Entwicklungspolitik» in ein und dasselbe Forschungsprogramm und damit im Endbericht zwischen dieselben Buchdeckel geraten. Schliesslich ist die Schweiz eines der reichsten Industrieländer, und hat in wirtschaftlicher Hinsicht kaum etwas gemeinsam mit den Entwicklungsländern mit niedrigen Einkommen, die im Zentrum entwicklungspolitischer Bemühungen stehen. Sind dies nicht zwei völlig disparate Themen- und Forschungsbereiche?

Auf den ersten Blick scheint dies der Fall zu sein. Bei näherem Hinsehen ist jedoch festzustellen, dass Industrie- und Entwicklungsländer mit Fragestellungen der wirtschaftlichen Entwicklung konfrontiert sind, die eine Reihe von Berührungspunkten aufweisen. Gewiss, der Stand der wirtschaftlichen Entwicklung dieser beiden Ländergruppen ist in jeder Hinsicht sehr verschieden. Wenn es jedoch darum geht, die entscheidenden Voraussetzungen oder Bestimmungsgrössen für wirtschaftliche Entwicklungsfortschritte zu ermitteln, kommen die Wirtschaftswissenschaften für beide Ländergruppen zu verblüffend ähnlichen Schlussfolgerungen. Im Zentrum steht dabei die Frage, welche Rahmenbedingungen und Verhaltensregeln in einer Volkswirtschaft etabliert werden sollten, um die vorhandenen Potentiale wirtschaftlicher Entwicklung möglichst optimal zu nutzen und zu steigern. Dabei ist von entscheidender Bedeutung, dass sowohl Industrie- als auch Entwicklungsländer im selben weltwirtschaftlichen Umfeld agieren und reagieren. Mit anderen Worten: Jede Volkswirtschaft trägt zu globalen Veränderungen bei und muss auf globale Veränderungen reagieren. Der gemeinsame Nenner der Bestimmungsgrössen wirtschaftlicher Entwicklung von Industrie- und Entwicklungsländern ist somit wesentlich grösser, als man auf den ersten Blick meint.

Die globalen Veränderungen haben sich in den 10 Jahren seit Beginn des NFP 28 fortgesetzt, wenn nicht sogar beschleunigt. Es genüge an dieser Stelle der Hinweis auf einige wenige Ereignisse und Entwicklungen: Die Europäische Union (EU) hat ihr Binnenmarktprogramm verwirklicht und steuert auf die Währungsunion zu; der Zusammenbruch der Sowjetunion hat Osteuropa schlagartig neue Perspektiven eröffnet; in Südostasien sowie in Mittel- und Osteuropa sind weitere Schwellenländer und einige Transformationsländer auf dem Sprung, den Anschluss an die Industrienationen herzustellen; die Uruguay-Runde des GATT (General Agreement on Tariffs and Trade) hat eine wesentliche Liberalisierung des Welthandels und die Gründung der World Trade Organization (WTO) gebracht; die Informations- und Telekommunikationstechnologie fährt fort, Produktionsprozesse von Grund auf zu verändern und begünstigt damit nicht zuletzt die Intensivierung der weltwirtschaftlichen Verflechtung, speziell auch die Ausweitung und Vertiefung der internationalen Arbeitsteilung («Globalisierung»).

Die wirtschaftlichen Auswirkungen und Anpassungszwänge, die alle diese Entwicklungen auch für die Schweiz mit sich gebracht haben und in Zukunft weiter mit sich bringen werden, dringen zunehmend in das öffentliche Bewusstsein ein. Dazu beigetragen hat zweifellos die anhaltend schwierige wirtschaftliche Situation der Schweiz. Die Überwindung der Rezession, in welche die schweizerische Volkswirtschaft 1991 hineingeraten war, hat sich länger als erwartet hinausgezögert, so dass der Zeitraum 1990–1996 insgesamt zu einer Stagnationsperiode ohne jedes Realwachstum geworden ist. Damit nimmt die Schweiz heute in den Wachstumsstatistiken unter allen OECD-Ländern den letzten Platz ein. Gleichzeitig hat sich die Arbeitsmarktlage durch den Verlust zahlreicher Arbeitsplätze zugespitzt. All dies hat zu denken gegeben. Zunehmend wird in Frage gestellt, ob die Schweiz, die sich 1992 gegen die Integration in den Europäischen Wirtschaftsraum (EWR) ausgesprochen hat, im Alleingang den internationalen Herausforderungen noch gewachsen ist, ihre Wettbewerbsfähigkeit wahren und mit ihrem hohen Kostenniveau als Wirtschaftsstandort gegen konkurrierende Standorte noch bestehen kann.[2] Es gehörte von Anfang an mit zu den erklärten Zielen des NFP 28, diese Probleme verstärkt ins Bewusstsein der Öffentlichkeit zu rücken. Aber durch keine noch so effektiven Forschungs- und Umsetzungsanstrengungen hätte das NFP 28 so viel zur Bildung eines öffentlichen Problembewusstseins beitragen können, wie es die tatsächlichen Entwicklungen und die laufend manifest werdenden Probleme selbst vermocht haben.

Auch die Entwicklungsländer waren in den vergangenen zehn Jahren mit grossen Aufgaben und Herausforderungen konfrontiert. Mitte der 80er Jahre stand eine beträchtliche Anzahl dieser Länder noch weitgehend am Anfang der Bemühungen, die Schulden- und Entwicklungskrise der späten 70er und frühen 80er Jahre zu überwinden. In vielen Entwicklungsländern waren die Durchschnittseinkommen rückläufig und die Armut nahm in noch gravierenderem Umfang zu, als dies zuvor der Fall war. In einer solchen Situation durch wirtschaftspolitische Reformen die Entwicklungsdynamik wiederzugewinnen, ist bekanntlich äusserst schwierig. Selbst wenn die Erkenntnis weit verbreitet ist, dass Anpassungen unabdingbar sind, ist die Anpassungsbereitschaft häufig gering. In Entwicklungsländer gilt ebenso wie in Industrieländern, dass Anpassungslasten für grosse Bevölkerungsteile wesentlich rascher auftreten als Anpassungsgewinne. Auf dem niedrigeren wirtschaftlichen Wohlstandsniveau sind entschiedene Reformen für die Regierungen und Bevölkerungen der Entwicklungsländer häufig ungleich schwieriger als in den Industrieländern.

Dennoch hat sich in den Entwicklungsregionen während der vergangenen zehn Jahre ein unübersehbarer und grundlegender Wandel vollzogen. Spätestens nach dem wirtschaftlichen und politischen Kollaps der Sowjetunion und ihrer Satelliten war auch den Regierungen und Bevölkerungen in Entwicklungsländern klar geworden, dass planwirtschaftliche Wirtschaftssysteme der herkömmlichen Art ausgedient hatten. Mit dem Ende des Ost-West-Konflikts gerieten auch autokratische Regime immer mehr unter Druck. So vollzog sich, bei allen Hindernissen, Unvollkommenheiten, Rückschlägen und Schattierungen, ein nicht mehr zu übersehender Wandel in Richtung wirtschaftlicher und politischer Liberalisierung.

Nicht nur die wirtschaftlichen Erfolge der ostasiatischen Entwicklungsländer, sondern auch die Erfolge jüngerer Reformländer trugen zur Überzeugung bei, dass sich eine binnen- und aussenwirtschaftliche Liberalisierung und

Deregulierung sowie eine klügere Neuordnung des Staatswesens mittelfristig auszahlen. Südostasiatische Entwicklungsländer wie Indonesien, Malaysia und Thailand, lateinamerikanische Länder wie Chile, Mexiko und Peru, afrikanische Länder wie Ghana, Mauritius und Uganda, und selbst die noch sehr begrenzten bzw. zaghaften Reformansätze in China und Indien sind Beispiele dafür, dass erfolgreiche wirtschaftliche Entwicklung wesentlich auf eine gute Wirtschaftspolitik und geeignete Insitutionen zurückzuführen ist. Sofern man nicht unrealistische Erwartungen hegt, können auch die Schwächen und Rückschläge der Reformbemühungen dies nicht verdecken. In einer Welt hoher und zunehmender Informationsverflechtung sprechen sich auch solche Dinge herum und hinterlassen Spuren.

Die Entwicklungspolitik der Industrieländer sah und sieht sich in diesem Zusammenhang vor erhebliche neue Aufgaben gestellt. Im Kern geht es darum, Entwicklungsländer in ihren Reformbemühungen auf geeignete Weise zu unterstützen. Gleichzeitig kann die Entwicklungspolitik nicht mehr die Augen davor verschliessen, dass Entwicklungszusammenarbeit in jenen Ländern wenig wirksam und effizient ist, wo Regierungen sich weigern oder nicht in der Lage sind, die für Entwicklung relevanten Rahmenbedingungen zu verbessern. Damit ist eine neue Qualität des Politikdialogs und der Entwicklungszusammenarbeit gefragt, die von allen Beteiligten mehr aussenpolitische Fähigkeiten verlangt als in der Vergangenheit.

Die vergangenen zehn Jahre waren jedoch längst nicht nur durch solche eher hoffnungsvoll stimmenden Geschehnisse in den Entwicklungsregionen gekennzeichnet. In vielen Entwicklungsländern, vor allem Sub-Sahara Afrikas, kommt die wirtschaftliche Entwicklung immer noch nicht voran. Mächtige und einflussreiche Gruppenvertreter aus Politik und Wirtschaft behindern oder verhindern Reformen, die ihren partikularen Interessen zuwiderlaufen und Rentenpfründe gefährden. Ausserdem widerspiegelt die seit Jahren andauernde absolute und relative Zunahme der Ausgaben für humanitäre Hilfe nach wie vor andauernde Kriegs- und Bürgerkriegssituationen wie etwa in Liberia, Somalia, dem Sudan, Ruanda und Burundi. Die Liste solch trauriger Beispiele liesse sich noch erheblich erweitern und führt drastisch vor Augen, wie begrenzt die Fähigkeiten der Völkergemeinschaft sind, Entwicklung «von aussen» zu fördern.

Angesichts der Geschwindigkeit, mit der sich die Dinge entwickelt haben, Probleme aufgetaucht und z. T. auch bald wieder in den Hintergrund getreten sind, haben sich die Programmverantwortlichen des NFP 28 von Anfang an bemüht, Fragestellungen, die von der tagespolitischen Aktualität her auf Interesse stiessen, nicht zu sehr in den Vordergrund zu rücken, sondern Projekte zu lancieren, die eher grundsätzliche Aspekte der aussenwirtschaftlichen und entwicklungspolitischen Herausforderungen zu beleuchten versprachen. Zu gross wäre sonst die Gefahr gewesen, dass die Forschungsteams mit ihren Fragestellungen von den Ereignissen überholt worden wären. Im ganzen wurden 26 Projekte durchgeführt, die sich gemäss der untenstehenden Übersicht in die Gesamtstruktur des Programms einfügen.

Übersicht über das NFP 28

Die Schweiz in einer sich ändernden Welt
(2 den Einzelstudien vorgelagerte Gesamtstudien)

Aussenhandel und Wirtschaftswachstum (1 Studie)	**Voraussetzungen und Konsequenzen von Strukturanpassungsprogrammen in Entwicklungsländern** (Fallstudien aus Ostafrika und Lateinamerika; 4 Studien)
Entwicklungen in bedeutenden Weltregionen (Osteuropa, Asien, Triade; 4 Studien))	**Verschuldung von Entwicklungsländern** (1 Studie)
Sektorale Fallstudien (Finanzplatz, Landwirtschaft; 2 Studien)	**Stadt-Land-Probleme in Entwicklungsländern** (2 Studien)
Technologische Grundlagen der Wettbewerbsfähigkeit (2 Studien)	**Ökologische Aspekte der Beziehungen zu Entwicklungsländern** (2 Studien)
Migration (1 Studie)	

Aufgaben und Bedeutung des Nationalstaats im Wandel
(5 Studien)

Schlussbericht

Der vorliegende Schlussbericht des Programms versteht sich *nicht* als Résumé der im Rahmen des NFP 28 durchgeführten Einzelprojekte. Diese Aufgabe erfüllen bereits die von den einzelnen Projektleitern erstellten *NFP-28-Synthesen,* die neben einer Zusammenfassung der Forschungsergebnisse auch die Schlussfolgerungen enthalten, wie sie sich aus der Sicht der jeweiligen Studie darstellen.[3] Vielmehr geht es im folgenden darum, vor dem Hintergrund der geleisteten Forschungsarbeiten einige projektübergreifende Problemfelder von aktueller Bedeutung aufzunehmen und zu vertiefen. Dabei kommen wir nicht zuletzt auch nochmals auf Fragestellungen und Thesen zurück, die in den beiden zu Beginn des NFP 28 erarbeiteten Gesamtstudien von Borner/Brunetti/Straubhaar (1990) sowie Nydegger (1991) enthalten waren und von den Einzelstudien mit unterschiedlicher Ausführlichkeit weiterverfolgt wurden.

Obwohl wir uns in diesem Band mit den Herausforderungen des globalen Wandels durchaus unter dem Gesichtspunkt des wirtschafts- und entwicklungspolitischen Handlungsbedarfs auseinandersetzen, ist es nicht unser Anliegen, ein eigentliches Aktionsprogramm im Sinne eines «x-Punkte-Plans» vorzulegen. Vielmehr wollen wir am Beispiel mehrerer z. T. äusserst kontrovers diskutierter Sachfragen verdeutlichen, was es bedeutet, die internationalen Herausforderungen anzunehmen. Im Mittelpunkt steht dabei die Fähigkeit einer Volkswirtschaft, die Chancen zu nutzen, die sich aus der globalen Arbeitsteilung und der stark gestiegenen internationalen Mobilität von Gütern, Technologien, Kapital und Menschen ergeben. Diese Fähigkeit ist gleichbedeutend mit der Fähigkeit zum Strukturwandel und zur Anpassung an ein sich dauernd veränderndes weltwirtschaftliches Umfeld.

Probleme entstehen in der Regel dadurch, dass die erforderlichen Anpassungsprozesse mit Kosten bzw. Lasten verbunden sind und Besitzstände in Frage stellen. Damit wird schnell auch das soziale Gleichgewicht einer Gesellschaft auf die Probe gestellt. Die Herausforderungen des globalen Wandels anzunehmen und die sich bietenden Chancen zu nutzen, setzt deshalb voraus, auch für die Schattenseiten des Strukturwandels Lösungen zu finden, ohne die Anpassungsprozesse selbst zu blockieren. Denn eines hat sich im Rahmen des NFP 28 immer wieder gezeigt: Überall dort, wo die Politik – meist zugunsten und auf Betreiben negativ betroffener Partikularinteressen – Abschottung gegen aussen betreibt und so den Strukturwandel aufzuhalten versucht, leidet die wirtschaftliche Wachstumsdynamik und werden beträchtliche Wohlstandspotentiale vergeben. In diesem Punkt führen die Analyse der internationalen Integration als Wohlstandsfaktor für hochentwickelte Länder wie die Schweiz und die Beurteilung von Anpassungsprogrammen in Entwicklungsländern zu durchaus ähnlichen Schlüssen.

Am Anfang des Schlussberichts steht in Teil II eine Darstellung einiger hervorstechender Trends, denen das weltwirtschaftliche Umfeld der Schweiz in der jüngeren Vergangenheit unterworfen war (Kap. 1). Zur Sprache kommen dabei die Beziehungen der Industrienationen untereinander, die Veränderungen im Verhältnis zwischen ‹Nord› und ‹Süd›, d.h. zwischen den hochentwickelten Industrieländern und den Entwicklungsländern, sowie die internationale Verflechtung der schweizerischen Volkswirtschaft. Vor diesem

Hintergrund gehen wir sodann auf die aussenwirtschaftlichen Herausforderungen ein, mit denen sich die Schweiz konfrontiert sieht, und zwar einerseits unter dem Gesichtspunkt der vieldiskutierten internationalen Wettbewerbsfähigkeit der Schweizer Wirtschaft (Kap. 2) und andererseits mit Blick auf die wirtschaftlichen Wirkungen der internationalen Integration der Märkte (Kap. 3). Neben oft vernachlässigten konzeptionellen Fragen, die sich in diesem Zusammenhang stellen, diskutieren wir ausgewählte Ergebnisse der einschlägigen NFP-28-Projekte und setzen sie dabei auch zu theoretischen und empirischen Einsichten aus der internationalen Forschung in Beziehung. Diese Überlegungen münden (in Kap. 4) in die Frage, inwieweit der souveräne Nationalstaat als traditioneller Träger der Wirtschafts- und Aussenwirtschaftspolitik überhaupt noch handlungsfähig ist bzw. die adäquate Handlungsebene bildet, wenn man in Rechnung stellt, wie rasch die internationale Vernetzung der Wirtschaft voranschreitet. Zwei mögliche, sich keineswegs ausschliessende Reaktionen, die dem Nationalstaat auf die Herausforderungen von aussen offenstehen, werden beleuchtet: Interne institutionelle Reform und die Delegation von Regelungskompetenzen an internationale oder supranationale Instanzen.

In Teil III befasst sich der Schlussbericht mit den wirtschaftlichen Reformbemühungen der Entwicklungsländer, die von bilateralen und multilateralen Entwicklungs- und Finanzorganisationen massgeblich unterstützt werden. Dabei wird der Versuch unternommen, eine möglichst breit abgestützte Zwischenbilanz zu ziehen, das heisst, unter Berücksichtigung einer möglichst grossen Anzahl Länder allgemein gültige Aussagen zu treffen. Diese bewusst gewählte Vorgehensweise ergänzt und erweitert die entwicklungsökonomischen Projekte des NFP 28, die – mit wenigen Ausnahmen – als Einzellandstudien konzipiert waren und in ihren Aussagen auf diese Länder begrenzt sind.

Die kontroverse Diskussion über Anpassungsprogramme in Entwicklungsländern hat vielfach unter einem nicht unerheblichen Theoriedefizit gelitten – und tut es immer noch. Die Begründung und Instrumentierung der empfohlenen Anpassungsmassnahmen wird aus der modernen Theorie der offenen Volkswirtschaft abgeleitet, die in den 80er Jahren die Entwicklungsökonomie geradezu revolutioniert hat. Aus theoretischer Sicht gibt es die Subdisziplin der Entwicklungsökonomie überhaupt nicht mehr, da das theoretische Instrumentarium für die Analyse von Industrie- und Entwicklungsländern heute praktisch identisch ist. Nur die empirische Ausprägung der betrachteten Sachverhalte variiert. In der Anpassungsdebatte wurden und werden diesen theoretischen Fundamenten häufig zu wenig Aufmerksamkeit geschenkt.

Die in Teil III des Schlussberichts diskutierten empirischen Querschnittsuntersuchungen über die Wirkung von Anpassungsprogrammen sind ohne theoretische Grundlagenkenntnisse kaum zu beurteilen. Ausserdem erfordert ihre Beurteilung ein gewisses Verständnis für die grossen methodischen Probleme, die solche Analysen aufwerfen. Dies gilt sowohl für die Analyse der Auswirkungen auf die gesamtwirtschaftliche Entwicklung als auch – und sogar noch ausgeprägter – für die sozialen Auswirkungen. Deshalb enthält der Teil III des vorliegenden Berichts verschiedene theoretische und methodische Darlegungen, die ein wichtiges Fundament für die empirischen Erörterungen bilden. Der Leser sollte sich davon nicht abschrecken lassen. Die theoretischen und methodischen Abschnitte sind so einfach wie möglich gehalten und sollten auch dem ökonomisch ungeschulten Leser keine Mühe bereiten. Vor allem die kritische Diskussion der Theorie der Anpassung und die Ausdehnung der Reformdebatte und Reformpraxis auf andere Bereiche ist ohne theoretische Grundlagenkenntisse nicht so recht verständlich.

Wenn man bedenkt, wie breit die Thematik des NFP 28 vom Bundesrat abgesteckt worden war – «Die Schweiz in einer sich ändernden Welt: aussenwirtschaftliche und entwicklungspolitische Herausforderung» –, kommt man nicht um die Feststellung herum, dass die genannten inhaltlichen Schwerpunkte, die wir in diesem Schlussbericht setzen, ein höchst selektiver, ja geradezu willkürlicher Ausschnitt aus den Problemstellungen sind, die man sich unter dem weitgespannten Titel vorstellen könnte oder gerne behandelt gesehen hätte. Dies ist unvermeidlich und von Anfang an vorauszusehen gewesen. Ganz abgesehen davon, dass der Schlussbericht noch nicht einmal der ganzen Breite der im Rahmen des NFP 28 durchgeführten Forschungsarbeiten gerecht werden kann, ist bereits die Zusammensetzung der Projekte das Ergebnis eines Auswahlprozesses gewesen, der ein Wechselspiel von Angebot und Nachfrage war, d.h. nicht nur die thematischen Prioritäten der verantwortlichen Expertengruppe widerspiegelte, sondern auch jene der sich um Projekte bewerbenden schweizerischen Forschergemeinde. Deshalb ist die thematische Struktur eines Nationalen Forschungsprogramms immer nur bedingt steuerbar.

Wir haben uns nicht gescheut, im Schlussbericht Aspekte aufzugreifen und zu diskutieren, die unseres Erachtens in den Einzelprojekten des NFP 28 zu kurz gekommen sind. Somit ist es aber auch angemessen, offen darzulegen, dass und warum wir bestimmte Themen bewusst ausgeklammert haben, obwohl man sie legitimerweise zu den zentralen aussenwirtschaftlichen und entwicklungspolitischen Herausforderungen von heute zählen könnte. Vor allem fünf Themenbereiche seien hier ausdrücklich genannt.

Erstens die *Währungspolitik*. Die internationale Währungsordnung ist immer ein bestimmendes Element der Weltwirtschaftsordnung gewesen. Und gerade für die Schweiz sind Turbulenzen an der Währungsfront wiederholt die Ursache gravierender binnen- wie aussenwirtschaftlicher Probleme gewesen. Erinnert sei nur an den Verlust der monetären Stabilität gegen Ende der Bretton-Woods-Ära oder an die wiederkehrenden Sorgen der Exportwirtschaft in Phasen der Überbewertung des Schweizer Frankens seit dem Übergang zu flexiblen Wechselkursen. In der Tat war ja die Frage nach den Möglichkeiten der Geld- und Konjunkturpolitik unter den Bedingungen flexibler Wechselkurse ein wesentlicher Bestandteil des in den 70er Jahren gestarteten NFP 9 (»Wirtschaftsentwicklung«).[4] Auch heute steht die schweizerische Währungspolitik angesichts der Pläne zur Bildung einer europäischen Währungsunion vor einer Phase des Umbruchs mit zahlreichen Ungewissheiten. Das NFP 28 hat aber von Anfang an keinen Schwerpunkt bei den monetär-makroökonomischen Aspekten der internationalen Verflechtung gesetzt. Dies mag einerseits die relative Ruhe im internationalen Währungssystem gegen Ende der 80er Jahre reflektieren, andererseits aber auch den wachsenden Konsens innerhalb der Wissenschaft, dass die tiefgreifenden Strukturänderungen und Anpassungszwänge, die mit der Zunahme des Welthandels und den internationalen Faktorbewegungen einhergehen, vor allem die Angebotsseite der Volkswirtschaften betreffen und sich langfristig weitgehend unabhängig von den monetären Rahmenbedingungen durchsetzen, solange die letzteren nicht gerade durch pathologische Instabilität gekennzeichnet sind. Eine grosse Rolle spielt die Geld- und Wechselkurspolitik dementsprechend jedoch im Rahmen von Anpassungsprogrammen in Entwicklungsländern, zu deren vordringlichsten Aufgaben meist die Beseitigung der durch vergangene monetäre Misswirtschaft angerichteten Schäden gehört.

Zweitens die *Umweltfrage*. Als zentrales Anliegen jeder erfolgversprechenden Aussenwirtschafts- und Entwicklungspolitik heben wir in diesem Buch die Herstellung eines wachstumsfördernden Klimas und die Vermeidung unnötiger Wachstumshindernisse hervor. In der öffentlichen Diskussion wird in diesem Zusammenhang immer sehr schnell die Frage nach der ökologischen Nachhaltigkeit, d.h. nach der Umweltverträglichkeit des Wirtschaftswachstums bzw. der wirtschaftlichen Entwicklung aufgeworfen. Dazu hat sich in neuerer Zeit auch die Frage nach der Verträglichkeit von Handel und Umwelt gesellt, welche besonders die WTO in Zukunft noch stark beschäftigen wird. Die Bedeutung dieser Fragen kann in der Tat kaum genug betont werden, und es war ein wesentliches Verdienst des Erdgipfels von Rio im Jahre 1992, der Weltöffentlichkeit die globale Dimension des Problemlösungsbedarfs im Umweltbereich mit Nachdruck bewusst gemacht zu haben. Zahlreiche Beiträge zu jener Konferenz – nicht zuletzt auch die Weltbank mit dem Weltentwicklungsbericht des gleichen Jahres – haben richtigerweise betont, dass zwischen wirtschaftlicher Prosperität und Umweltqualität kein inhärenter, zwangsläufiger Gegensatz besteht. Vielmehr handelt es sich um komplementäre Anliegen, die mit eigenen, jeweils zieladäquaten Mitteln zu verfolgen sind. Selbst dort, wo Konflikte auftreten, rechtfertigt das Umweltargument den Verzicht auf das wirtschaftlich Vernünftige so gut wie nie, sondern es erfordert den begleitenden Einsatz effizienter umweltpolitischer Steuerungsinstrumente, die nicht primär gegen die wirtschaftliche Entfaltung gerichtet, sondern darauf angelegt sind, diese in ökologisch nachhaltige Bahnen zu lenken. Der Schweizerische Nationalfonds hat der Umweltproblematik ein eigenes Schwerpunktprogramm gewidmet, in dessen Rahmen vor allem das Modul ‹Umwelt und Entwicklung› wertvolle Ergänzungen zum NFP 28 zu liefern verspricht.

Drittens die Frage der *Arbeitsplätze*. Wenn die Globalisierung in weiten Kreisen der Bevölkerung weit mehr als Bedrohung denn als Chance wahrgenommen wird, so hat dies in den vergangenen Jahren immer weniger mit der Sorge um die Umwelt und immer mehr mit der Sorge um den Arbeitsplatz zu tun. Dies ist angesichts der bereits erwähnten Entwicklung der Beschäftigungslage in der Schweiz nicht weiter verwunderlich.[5] Auch steht ausser Frage, dass das, was wir oben als ‹Fähigkeit zum Strukturwandel› bezeichnet haben, in erster Linie eine Frage der Funktionsfähigkeit des Arbeitsmarktes ist. Dennoch widmen wir dem Arbeitsmarkt im folgenden nur am Rande Aufmerksamkeit. Wiederum liegt uns daran zu betonen, dass dies in keiner Weise als ein Herunterspielen der Beschäftigungsprobleme zu interpretieren ist, sondern vielmehr unsere Einschätzung zum Ausdruck bringt, dass der Umgang mit den internationalen Herausforderungen und die Lösung der Beschäftigungsprobleme, so sehr sie im Einzelfall miteinander verquickt erscheinen mögen, auf der analytischen Ebene weitgehend auseinandergehalten werden sollten. Denn der beschäftigungs- und arbeitsmarktpolitische Handlungsbedarf ist im wesentlichen unabhängig davon, zu welchen Teilen Arbeitsplatzverluste auf aussenwirtschaftliche, binnenwirtschaftliche oder auch technologische Entwicklungen zurückzuführen sind. In der Wissenschaft besteht ein breiter Konsens, dass Flexibilitätsdefizite des Arbeitsmarkts kein gültiges Argument für strukturkonservierende Abschottungsstrategien darstellen, sondern dass die Förderung der Anpassungskapazität des Arbeitsmarkts als Schlüsselelement einer Strategie anzusehen ist, die die Herausforderungen des globalen Wandels offen und offensiv beantwortet.[6]

Viertens ist die Untersuchung der Bestimmungsgründe von Entwicklung und der möglichen Unterstützung durch Entwicklungspolitik im wesentlichen *auf wirtschaftliche Entwicklung begrenzt,* und betrachtet auch hier nur *die Rolle wirtschaftspolitischer Reformen*. Bekanntlich ist Entwicklung mehr als wirtschaftliche Entwicklung, und die Entwicklungspolitik der Industrieländer befasst sich mit einer grossen Vielfalt von Aufgaben. Das «Leitbild Nord-Süd» des Bundesrates aus dem Jahr 1994 verdeutlicht beispielhaft, welche enorme Bandbereite von Zielen und Massnahmen heute ins Auge gefasst wird. Entwicklungspolitik beinhaltet unter anderem Bemühungen zur Schaffung und Sicherung des Friedens, zur direkten Armutsbekämpfung, zur Umwelterhaltung, zur Verbesserung wirtschaftlicher Rahmenbedingungen, zur Durchsetzung von Menschenrechten und zur Lösung verschiedenster sozialer Probleme. In all diesen Bereichen steht die Entwicklungszusammenarbeit vor Aufgaben, die ausführliche wissenschaftliche Diskussionen wert wären. Den Rahmen dieses Endberichts würden sie ebenso sprengen, wie sie die wissenschaftliche Kompetenz der Autoren übersteigen würden.

Fünftens wird in dieser Arbeit *nicht die schweizerische Entwicklungspolitik und Entwicklungszusammenarbeit* analysiert. Die Gestaltung und Verbesserung der Politik und Zusammenarbeit ist eine Daueraufgabe der betreffenden Organisationen. Im Rahmen des NFP 28 hat Richard Gerster (1995), aus der Sicht der Nichtregierungsorganisationen, eine Arbeit zu diesem Thema vorgelegt. Der vorliegende Schlussbericht konzentriert sich hingegen ausschliesslich auf eine strategische Komponente der Entwicklungspolitik – die Unterstützung wirtschaftspolitischer Reformen.

Wir könnten noch viele Fragestellungen aufzählen, die gut in die Thematik des NFP 28 gepasst hätten und doch nicht, oder nur am Rande, behandelt wurden: Warum wurden die Konsequenzen des EWR-Neins für den Wirtschaftsstandort Schweiz nicht analysiert? Wo ist die Wettbewerbspolitik geblieben? Warum wurden zwar die sozialen Folgen der Anpassung in Entwicklungsländern adressiert, nicht aber die Anforderungen an ein zukunftsfähiges soziales Sicherungssystem in der Schweiz? Etc. etc. Es genüge der nochmalige Hinweis auf die unvermeidliche Selektivität des langen Prozesses, der einem Forschungsprogramm von der Art des NFP 28 seine definitive Gestalt gibt. Dennoch ist eine solche Fülle von Themen zustandegekommen, dass der Leserin und dem Leser eine gewisse Selektivität bei der Lektüre dieses Buches gewiss auch nicht zu verübeln ist...

II
Aussenwirtschaftliche Herausforderungen

Was die Weltwirtschaft angeht, so ist sie verflochten.
Kurt Tucholsky (1931)

1. Die Schweiz in einer sich wandelnden Weltwirtschaft

1.1 Internationale Herausforderungen vor dem Hintergrund nachlassenden Wachstums

Als die Expertengruppe des NFP 28 im Jahre 1988 für das neu geschaffene Forschungsprogramm einen Ausführungsplan zu formulieren hatte, umriss sie die globale Ausgangslage wie folgt:

> *«Unsere Sicherheit und Unabhängigkeit, wie auch unser wirtschaftliches Wohlergehen sind in einer zunehmend interdependenten Welt von Ereignissen abhängig, auf die wir nur bedingt einzuwirken vermögen... Weltweit sind Entwicklungen im Gang, welche die Aussenbeziehungen der Schweiz umgestalten werden. So ist die internationale Arbeitsteilung aufgrund der beschleunigten Verbreitung neuer Technologien grossen Veränderungen unterworfen. Eine Verlagerung der weltweiten Dynamik vom atlantischen in den pazifischen Raum zeichnet sich ab. Auf unterschiedliche Weise verschärft sich die Situation in den einzelnen Entwicklungsländern in wirtschaftlicher, demographischer, ökologischer und politischer Hinsicht. Alle diese Vorgänge beeinflussen die Stabilität und damit die Weiterentwicklung des internationalen Beziehungssystems auch in wirtschaftlicher Hinsicht»* (Ausführungsplan für das Nationale Forschungsprogramm 28, Oktober 1988, S. 1).

Noch in keiner Weise vorauszusehen waren zu jenem Zeitpunkt die sich bald darauf überstürzenden Ereignisse in Osteuropa und der Sowjetunion, die das «internationale Beziehungssystem» aufs nachhaltigste verändern und auch die Schweiz vor neuartige Herausforderungen stellen sollten. Die ausserordentliche Dynamik der Veränderungen, die allein in den letzten paar Jahren eingetreten sind, darf aber nicht über die Tatsache hinwegtäuschen, dass sich die weltwirtschaftlichen Rahmenbedingungen, unter denen die Schweiz in den

Nachkriegsjahren ihr wirtschaftliches Potential optimal entfalten konnte, schon seit längerem zu ändern begonnen haben.

Als eigentlicher Wendepunkt müssen rückblickend wohl die 70er Jahre bezeichnet werden, als weltweit die Dynamik des Wirtschaftswachstums nachliess und sich gleichzeitig – die Koinzidenz ist keineswegs Zufall – auch die Zunahme des Welthandels spürbar verlangsamte. Wie Abbildung 1.1 plastisch vor Augen führt, war die Schweiz von jenem Einschnitt besonders stark betroffen. Zunächst war nicht ganz klar, inwieweit der wirtschaftliche Rückschlag von damals einfach einer besonders schweren und anhaltenden Konjunkturschwäche zuzuschreiben war oder allenfalls noch mit den Währungsturbulenzen im Gefolge des Zusammenbruchs der Währungsordnung von Bretton Woods sowie mit den Schockwirkungen der massiven Preiserhöhungen im Energie- und Rohstoffsektor in Zusammenhang gebracht werden konnte. Diese Fragen standen im Mittelpunkt des Nationalen Forschungsprogramms Nr. 9 «Mechanismen und Entwicklung der schweizerischen Wirtschaft und deren soziale Konsequenzen» (Halbherr/Harabi/Bachem, 1988; Bernegger, 1988).

Mit zunehmender zeitlicher Distanz zum Wachstumsknick der 70er Jahre wurde jedoch auch zunehmend deutlich, dass fundamentalere Kräfte am

Abbildung 1.1: Die Entwicklung des realen Bruttoinlandsprodukts der Schweiz von 1950 bis 1996

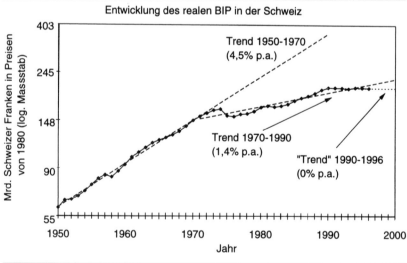

Quelle: Bundesamt für Statistik

Werk sein mussten. Allein schon die längerfristige historische Perspektive legt die These nahe, dass nicht der abgeflachte Wachstumspfad der Jahre 1970–1990, sondern die ‹goldene› Wachstumsepoche zuvor die aussergewöhnliche, erklärungsbedürftige Erscheinung gewesen ist. Der Pionier der modernen Wachstumstheorie und Nobelpreisträger Robert Solow (1989) vermutet, dass die Weltwirtschaft in den 25 Jahren bis ca. 1970 ihre Wachstumsdynamik im wesentlichen daraus geschöpft hat, dass sie aufzuholen hatte, was sie in den chaotischen Jahren zwischen dem Beginn des Ersten und dem Ende des Zweiten Weltkriegs verpasst hatte.

Auf dem Trittbrett dieses Aufhol-Schnellzugs konnte auch die Schweiz mitfahren. Man muss sich vor Augen führen, dass die Schweiz im Jahr 1913, das gewissermassen den Endpunkt der liberalen Weltwirtschaftsordnung des 19. Jahrhunderts markiert, einen ähnlich hohen Aussenhandelsanteil aufwies wie heute, dass danach aber das Volumen ihrer Ausfuhren, bedingt vor allem durch die Weltwirtschaftskrise und den galoppierenden Protektionismus der Zwischenkriegszeit, steil abfiel und noch 1950 nur unwesentlich höher lag als 40 Jahre vorher. Demgegenüber benötigte die Schweiz bis 1973 keine 25 Jahre, um ihre Exporte zu versechsfachen und ihr Inlandsprodukt auf das mehr als Zweieinhalbfache zu steigern.[7] Dass dieses Expansionstempo nicht auf die Dauer aufrechtzuerhalten war, ist nicht weiter verwunderlich. Die Herausforderungen von heute lassen sich deshalb nicht sinnvollerweise durch einen Vergleich mit den Wachstumsraten von ehedem definieren, sondern leiten sich hauptsächlich aus den Veränderungen ab, denen das aussenwirtschaftliche ebenso wie das aussenpolitische Umfeld der Schweiz unterworfen ist. Dazu kommt, dass die Epoche des rapiden Wirtschaftswachstums auch im Innern des Landes seine Spuren hinterlassen hat, die sich nun manchmal als «Altlasten» herausstellen. Man denke etwa an die Einwanderungspolitik, an die ungelösten Umweltprobleme oder auch an den starken Einfluss strukturkonservierender und wettbewerbsbehindernder Kräfte auf zahlreichen Märkten.

Angesichts der seit 1990 anhaltenden wirtschaftlichen Stagnation wird bereits die Frage aufgeworfen, ob der langfristige Wachstumspfad der schweizerischen Volkswirtschaft einen erneuten Knick, oder zumindest eine Niveauverschiebung nach unten, erfahren hat. Für eine schlüssige Antwort auf diese Frage ist es heute noch zu früh. Das Nullwachstum der Periode 1990–1996 ist in Abbildung 1.1 nur als «Trend» im Sinne eines Periodendurchschnitts gekennzeichnet und ist keinesfalls als Trend im Sinne einer Prognose der künftigen Entwicklung des gesamtwirtschaftlichen Produktionspotentials zu deuten. In Rechnung zu stellen ist, dass das Jahr 1990 als der Anfangspunkt der Stagnationsphase alle Merkmale einer konjunkturellen Boomsituation auf-

Box 1.1

Thesen aus der «Schweiz AG»
(Borner/Brunetti/Straubhaar 1990, S. 23–47)

12 langfristige Tendenzen der weltwirtschaftlichen Entwicklung ...

1. Das globale multilaterale Freihandelssystem bröckelt langsam, aber stetig ab.
2. Die polyzentrische Struktur der Weltwirtschaft verstärkt sich.
3. Regional ausgerichtete, bi- oder multilaterale Abkommen gewinnen an Gewicht.
4. Zunehmend öffnet sich eine demographische Wachstumsschere, und damit entsteht ein starkes interkontinentales Migrationspotential.
5. Die langfristigen Folgen der ökologischen Belastung erhalten einen zunehmend internationalen Charakter.
6. In Westeuropa streben die 12 Länder der Europäischen Gemeinschaft danach, bis 1993 das Binnenmarktprogramm zu vollenden, und ergibt sich mit der deutschen Wiedervereinigungsdiskussion eine neue Ausgangslage für die künftige Gestaltung Europas.
7. Das Aufkommen neuer Konkurrenten verstärkt im europäischen Wirtschaftsraum den Ruf nach Protektion und strategischer Handelspolitik.
8. Angeführt von Japan zeichnet sich die pazifische Region seit den sechziger Jahren durch eine enorme Wachstumsdynamik aus.
9. Die Verschuldungskrise der Drittländer ist noch nicht gelöst.
10. Eine umwälzende Veränderung bedeutet die Reformbewegung im Ostblock, vor allem in Ungarn, Polen und der DDR sowie der Sowjetunion, seit Ende 1989 auch in der Tschechoslowakei, Bulgarien und Rumänien.
11. Weltweit lässt sich eine Globalisierung der Märkte feststellen.
12. Die Unternehmer reagieren mit einer zunehmenden Internationalisierung ihrer Informations-, Finanz-, Investitions-, Produktions- und Absatzaktivitäten auf die Globalisierung der Märkte.

... ergeben 12 Herausforderungen für die Schweizer Volkswirtschaft:

1. Der Erfolg des multilateralen Freihandelssystems ist für die Schweiz eine Überlebensfrage.
2. Mit der zunehmenden Regionalisierung droht für die Schweizer Volkswirtschaft die Gefahr, zwischen die Blöcke zu geraten.
3. Auch die Schweiz wird von den Folgen der weltweiten Demographieentwicklung nicht unberührt bleiben.
4. Mit dem EG-Binnenmarktprogramm und seit dem Fall des Eisernen Vorhangs ergibt sich für die Schweiz eine neue, noch wenig klare und sich dauernd rasch verändernde Ausgangslage für das Bestreben, als Teil Europas an der künftigen Gestaltung Europas mitzuwirken.
5. Die Schweiz befindet sich im Spannungsfeld zwischen nationaler Isolation und internationaler Integration.
6. Den schweizerischen Unternehmern erwachsen mit dem wirtschaftlichen Aufstieg der NICs und der Schwellenländer harte Konkurrenz auf dem Weltmarkt.

> 7. Die zunehmende Globalisierung der Märkte erfordert ein Umdenken vor allem bei den längerfristigen Strategien schweizerischer Unternehmer.
> 8. Immer mehr Wolken verdüstern den Erfolgshorizont der Schweiz AG.
> 9. Viele der Probleme der Schweizer Volkswirtschaft sind «hausgemacht» und werden durch die weltwirtschaftlichen Entwicklungen lediglich verstärkt.
> 10. Bezüglich der Position der Schweiz in der Weltwirtschaft könnte sich in vielen Bereichen ein Wandel vom «Fall Schweiz» zum Fall der Schweiz abzeichnen.
> 11. Immer stärker wandelt sich die Schweiz vom Sonderfall zum Sanierungsfall.
> 12. Als zentrale Konsequenz der beschriebenen weltwirtschaftlichen Dynamisierung müssen die zementierten institutionellen Strukturen der «Schweiz AG» deblockiert werden.

wies, insbesondere einen ausgetrockneten Arbeitsmarkt und einen überhandnehmenden Inflationsdruck. Die damals vorherrschende allgemeine Überauslastung der Produktionskapazitäten hat sich im Zuge der ungewöhnlich ausgedehnten Rezession in ihr Gegenteil verkehrt. Dies spricht prima facie dafür, dass die statistisch gemessene Stagnation zur Hauptsache Ausdruck einer zyklischen Verlangsamung des Sozialproduktswachstums relativ zum längerfristigen Wachstumstrend ist. Erst wenn sich die konjunkturellen Aufschwungskräfte einmal durchgesetzt haben werden, wird sich abzeichnen, ob und wie die unbestreitbaren Anpassungszwänge, welche die Veränderungen der internationalen Arbeitsteilung und die Ausbreitung der neuen Informationstechnologien mit sich bringen, den Wachstumspfad des schweizerischen Produktionspotentials in Mitleidenschaft gezogen haben.[8]

Klar ist, dass der weitere Verlauf des Wachstumspfades entscheidend davon abhängen wird, wie die Schweiz mit ihrem angestauten Problemlösungsbedarf fertig wird, und wie sie sich auf die laufend von aussen auf sie zukommenden Veränderungen einzustellen vermag. Es ist nun allerdings nicht so, dass alle diese Veränderungen erst 1990 mit dem Beginn der Stagnationsphase wirksam geworden wären. Wesentliche Entwicklungstrends der Weltwirtschaft, von denen die Schweiz direkt oder indirekt betroffen wird, reichen weiter zurück. Gerade deshalb wurde das NFP 28 durch zwei Vorstudien lanciert, deren Aufgabe es war, diese Trends zu identifizieren und deren Bedeutung für die Schweiz abzuschätzen (Borner/Brunetti/Straubhaar 1990 und Nydegger 1991). Die von den beiden Studien hervorgehobenen Tendenzen und die damit verbundenen Herausforderungen erstrecken sich über ein breites Spek-

Box 1.2

Thesen aus «Welthorizonte – und die Schweiz?»
(Nydegger, 1992):

1. Je niedriger der Lebensstandard ist, desto rascher vermehren sich die Menschen. Schon heute leben eine Milliarde Menschen in absoluter Armut; gemäss Prognosen der UNO können daraus in einer einzigen Generation bis zu drei Milliarden werden.
   These: Die Bevölkerungsexplosion in den Entwicklungsländern bildet das zentrale Problem, heute und weiterhin.

2. Je mehr Menschen es gibt, desto weniger können gewisse Regionen die Bevölkerung ernähren, vertreiben Naturkatastrophen wie Dürre und Erosion Menschen aus ihren angestammten Gebieten, dasselbe resultiert aus ethnischen und politischen Konflikten, welche ihrerseits häufig infolge Streits um wirtschaftliche Ressourcen ausbrechen.
   These: Die internationalen Wanderungen werden zunehmen, und die Schweiz wird der Einwanderungspolitik der EG folgen.

3. Laut FAO könnten an sich weltweit genügend Ackerflächen neu erschlossen und die Hektarerträge genügend verbessert werden, um mindestens bis zur Jahrhundertwende die wachsende Bgevölkerung zu ernähren. Freilich stehen auch dann Überschussgebieten, z.B. in Nordamerika, importbedürftigen Gegenden gegenüber, besonders Afrika.
   These: Bei den Nahrungsmitteln herrschen sowohl Hunger wie Überfluss. Schuld am Ungleichgewicht ist die Politik.

4. Laut Prognosen wird der Welt-Energieverbrauch bis zum Jahr 2020 um rund 65% zunehmen, das heisst zwar nur halb so stark wie das Sozialprodukt, weil die Technik bis dann einen viel effizienteren Energieeinsatz erlauben wird, aber auch +65% sind beunruhigend mit Blick auf den Treibhauseffekt und das Ozonloch.
   These: Lenkung über die Preise bildet die effizienteste Energie- und Umweltpolitik.

5. Die Schweiz ist bekanntlich sehr stark mit der EG verflochten, nicht nur im Warenverkehr, sondern auch bei den Dienstleistungen, im Kapitalbereich, in Forschung und Entwicklung etc. Und vergessen wir nicht, dass die EG in einigen Jahren auch die meisten EFTA-Länder umfassen und es keine EFTA mehr geben wird.
   These: Das wirtschaftliche Schicksal der Schweiz hängt in hohem Grade von der EG und von den vertraglichen Beziehungen der Schweiz zur EG ab. Der Beitritt drängt sich auf.

> 6. Drei Viertel der Weltbevölkerung leben in den Entwicklungsländern. Was ist wichtiger, global gesehen, aber auch für unsere schweizerische Gegenwart und Zukunft: die EG-Frage oder diese rasch zunehmenden Menschenmassen mit ihren wirtschaftlichen, gesellschaftlichen und politischen sowie Umweltproblemen?
> **These: Noch wichtiger als die EG sind die Entwicklungsländer und eine effiziente Entwicklungspolitik.**
>
> 7. Sparen und Investieren nehmen weltweit ab. Im Durchschnitt der grossen Industrieländer sank der Anteil der Nettoersparnis im letzten Jahrzehnt von 13.5 auf 10%, und zwar ging das staatliche wie das private Sparen zurück.
> **These: Die Welt steuert auf einen Kapitalengpass zu. Deshalb müssen alle Möglichkeiten zum effizienten Einsatz von Kapital und zur Intensivierung des Sparens ergriffen werden.**
>
> 8. Die schweizerische Wettbewerbsfähigkeit ist besser als ihr Ruf in der inländischen Öffentlichkeit. Das Sozialprodukt pro Kopf ist nach wie vor hoch. Trotzdem werden einige Lorbeeren im Schweizerkranz langsam welk. Einen Hauptgrund der schwindenden Wettbewerbsfähigkeit bilden die hohen Kosten.
> **These: Die Wettbewerbskraft erhalten!**

trum von Problembereichen. Sie sind in Box 1.1 bzw. Box 1.2 thesenförmig wiedergegeben.

Im Mittelpunkt der Thesenkataloge stehen der allmähliche Wandel der Weltwirtschaftsordnung, die Verschiebungen im weltwirtschaftlichen Kräftefeld, die sich rasch verändernden Strukturen in West- und Osteuropa sowie das Weltbevölkerungswachstum, dessen Dynamik eine ökologische und wirtschaftliche Herausforderung ersten Ranges darstellt. Beide Vorstudien bezweifeln, dass die Schweiz für die Konsequenzen dieser Veränderungen gut gerüstet ist, und warnen vor der Neigung, sich auf den welkenden Lorbeeren vergangener Erfolge auszuruhen. In den restlichen Abschnitten dieses Kapitels wollen wir einige der angesprochenen Entwicklungen herausgreifen und ihre Tragweite erörtern, bevor wir anhand ausgewählter Kennzahlen zur internationalen Verflechtung der schweizerischen Volkswirtschaft verdeutlichen, in welchem Grade die Schweiz von ihrem weltwirtschaftlichen Umfeld abhängt.

1.2 Von der «Pax Americana» zur tripolaren Weltwirtschaft

Die Weltwirtschaftsordnung der Nachkriegszeit, von der die Schweiz so sehr profitierte, trug den Stempel der aus dem Zweiten Weltkrieg nicht nur militärisch, sondern auch politisch und wirtschaftlich als die dominierende Supermacht hervorgegangenen Vereinigten Staaten von Amerika. Prägend waren das Interesse der USA an offenen Märkten und an stabilen internationalen Wirtschaftsbeziehungen sowie das Bemühen, die kostspieligen Fehler der Zwischenkriegszeit nicht zu wiederholen. Institutionelle Grundlagen legte die Konferenz von Bretton Woods im Juli 1944 mit der Gründung der Weltbank und des Internationalen Währungsfonds. Die zunächst ebenfalls vorgesehene Internationale Handelsorganisation kam nicht zustande, weil die ihr zugedachten handels- und wettbewerbspolitischen Kompetenzen vielen Regierungen – und nicht zuletzt dem amerikanischen Kongress – zu weit gingen, so dass es nie zur Ratifikation kam. Stattdessen behalf man sich zur Regelung des Welthandels mit einem provisorischen, weniger stark in die nationale Autonomie eingreifenden Vertragswerk, dem Allgemeinen Zoll- und Handelsabkommen GATT. Erst mit dem Abschluss der Uruguay-Runde im Jahre 1993 und der dabei vereinbarten Gründung der Welthandelsorganisation WTO fand sich die Bereitschaft, das früher Versäumte nachzuholen, d. h. den Anwendungsbereich der Spielregeln des GATT auszudehnen und das Instrumentarium zu deren Durchsetzung griffiger zu machen.

Trotz dem schwachen institutionellen Fundament hat der Welthandel unter dem Dach des GATT ab 1947 eine weitgehende Liberalisierung erfahren und dadurch einen enormen Aufschwung genommen. Diese Entwicklung wurde durch drei wesentliche Faktoren begünstigt:[9]

- *Die Führungsrolle der USA.* Zumindest bis in die 70er Jahre hinein gab es in den USA innenpolitisch keinen ernsthaften Dissens darüber, dass die Handelsdiplomatie der weiteren Stärkung des GATT oberste Priorität einräumen sollte. So konnten unter der wirkungsvollen Führung der USA die zunächst noch weltweit sehr hohen Zollmauern in wiederholten Verhandlungsrunden Schritt für Schritt gesenkt werden.
- *Der Kalte Krieg.* Wesentlich für den Zusammenhalt unter den GATT-Mitgliedern war, dass diese vor Handelsdisputen und anderen offenen Wirtschaftskonflikten zurückschreckten, die die antikommunistische Allianz des Westens hätten schwächen können. Einem kooperativen Verhalten in der Handelspolitik kam damit auch eine klare sicherheitspolitische Funktion zu.
- *Das Tempo des Wirtschaftswachstums.* Auf der rein wirtschaftlichen Ebene kam ein Tugendkreis zum Tragen, indem sich die Liberalisierung des Welthandels und das rasche Wirtschaftswachstum gegenseitig begünstigten: Einerseits verstärkte die Handelsliberalisierung die internationale

Arbeitsteilung und mobilisierte dadurch vorher ungenutzte Produktivitätspotentiale; andererseits erleichterte das raschere Wachstum die Bewältigung des Strukturwandels, der mit der Intensivierung der internationalen Verflechtung untrennbar verbunden ist. Die – zwar immer präsenten – protektionistischen Kräfte konnten dadurch politisch einigermassen in Schach gehalten werden.

Alle diese dem Ausbau der multilateralen Handelsordnung förderlichen Faktoren haben inzwischen ihre Bedeutung ganz oder teilweise verloren. Das Wirtschaftswachstum hat seit 1970 an Dynamik eingebüsst, und parallel dazu sind auch die Wachstumsraten des Welthandels zurückgegangen. Immerhin haben die Handelsströme, wie aus Abbildung 1.2 ersichtlich wird, auch in den beiden letzten Jahrzehnten immer noch schneller zugenommen als die Produktion, was auf eine weiterhin enger werdende Verflechtung der Gütermärkte hindeutet. Dass sich die Intensivierung der internationalen Arbeitsteilung

Abbildung 1.2: Wachstum des Welthandels und der Weltproduktion, 1950–1990

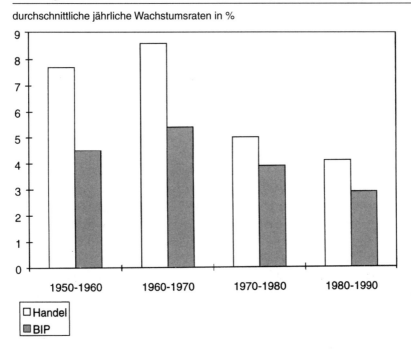

Quelle: GATT, verschiedene Jahresberichte

früher oder später verlangsamen musste, war allein schon deswegen zu erwarten, weil zunächst ja die blosse Wiederherstellung der in der Zwischenkriegszeit so massiv beeinträchtigten Handelsbeziehungen ein beträchtliches Expansionspotential geschaffen hatte. Dazu kam aber auch, dass sich seit den 70er Jahren unter dem Druck des nachlassenden Wachstums und der sich vielerorts verschärfenden Arbeitsmarktprobleme die protektionistischen Neigungen vor allem in den Industrieländern deutlich verstärkten.

Dieser neu auflebende Protektionismus schlug sich nicht einmal unbedingt in der Zollbelastung der Handelsströme nieder – die durchschnittlichen Zolltarife gingen im Gegenteil kontinuierlich weiter zurück. Vielmehr griffen die Regierungen vorzugsweise zu sog. ‹nicht-tarifären› Handelshemmnissen, einer versteckteren Form des Protektionismus, die die Binnenmärkte mittels gezielter Mengenbeschränkungen oder diskriminierender Regulierungen gegen unerwünschte Importkonkurrenz abschirmte. Beispiele dafür sind das sukzessive verschärfte Multifaserabkommen, mit dem die Marktkräfte auf den Welttextilmärkten ausser Kraft gesetzt wurden, oder auch die zahlreichen «freiwilligen» Exportselbstbeschränkungsabkommen, die sich vor allem die Industriegüteranbieter des asiatischen Raums immer wieder abringen lassen mussten.

Verstärkt wurden die protektionistischen Abwehrreflexe auch durch die tiefgreifenden Strukturveränderungen, die die Weltwirtschaft in den letzten 50 Jahren durchgemacht hat. Zum einen haben die USA ihre absolute Vormachtstellung auf den Weltmärkten eingebüsst. Der in der unmittelbaren Nachkriegszeit noch gewaltige amerikanische Produktivitäts- und Einkommensvorsprung gegenüber den anderen Industrieländern ist inzwischen erheblich geschmolzen, und entsprechend ist auch das relative wirtschaftliche Gewicht der USA in der Weltwirtschaft zurückgegangen. Am meisten an Gewicht gewonnen haben in dieser Zeit die asiatischen Länder im pazifischen Raum. Von diesen hat Japan den Sprung zum Industrieland am schnellsten geschafft, andere Länder folgten aber auf dem Fuss. Als Ergebnis dieser Entwicklungen ist aus der monozentrischen, US-dominierten Weltwirtschaft von 1950 bis heute eine polyzentrische – oder genauer: tripolare – Welt geworden, in der Nordamerika, Westeuropa und der pazifische Raum mitlerweile von vergleichbarem wirtschaftlichem Gewicht sind. Man spricht denn auch von der «Triade». Abbildung 1.3 illustriert diese Gewichtsverlagerung für den Zeitraum 1960–90.

Insbesondere das spektakuläre Wachstum und die Exportinitiative der neu-industrialisierten Länder des Pazifiks haben den Wettbewerbsdruck verstärkt, dem sich zahlreiche etablierte, aber stagnierende industrielle Wirtschaftszweige Nordamerikas und Westeuropas ausgesetzt sehen. Mit Unbehagen werden die Szenarien betrachtet, die sich ergeben, wenn man den Expansionsrhythmus der pazifischen Volkswirtschaften aus den zurückliegenden Dekaden in die Zukunft fortschreibt. Es gibt zwar, wie wir in Box 1.3 ausführen, erhebliche Zweifel daran, dass man das tun darf. Aber nichtsdestoweniger hat der Ruf nach staatlichem Schutz vor der angeblich ‹unfairen› Konkurrenz der z.T mit erheblichen Lohnkostenvorteilen ausgestatteten neuen Anbieter zunehmend Resonanz gefunden. Allerdings haben die Friktionen auch zwischen den USA und der Europäischen Union zugenommen. Man denke nur an den Agrarstreit, der die Uruguay-Runde scheitern zu lassen drohte, oder an die Auseinandersetzungen über die staatliche Förderung des Flugzeugbaus.

Der sicherheitspolitische Rückhalt, von dem die handelspolitische Kooperation in der Vergangenheit profitierte, hat mit dem Ende des Kalten Krie-

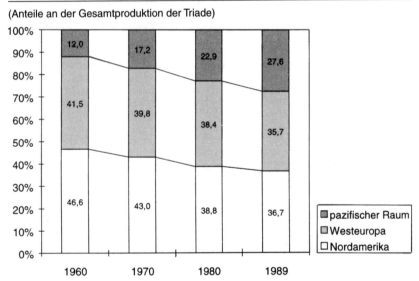

Abbildung 1.3: Die Verlagerung des wirtschaftlichen Gewichts innerhalb der Triade

‹Nordamerika› bezeichnet die Vereinigten Staaten und Kanada, ‹Westeuropa› umfasst die EU und die EFTA, während sich der ‹Pazifische Raum› aus Japan, Singapur, Hongkong, Südkorea, Taiwan, China, Indonesien, Malaysia, den Philippinen, Thailand, Australien und Neuseeland zusammensetzt.

Quelle: Kneschaurek (1993)

Box 1.3

Wirtschafts-Supermacht Ostasien?

In der Geschichte der Neuzeit hat sich das Gravitationszentrum der Weltwirtschaft immer wieder verlagert – etwa von den Niederlanden (17./18. Jhdt.) zu Grossbritannien (19. Jhdt.) und zu den USA (Ende 19. Jhdt. bis heute). Das phänomenale Wirtschaftswachstum Ostasiens, das mit Japan begann, dann auf die sog. «4 Tiger» (Hongkong, Singapur, Taiwan, Südkorea) übersprang und inzwischen auch in weiteren, nachstossenden Schwellenländern einsetzte, legt die Frage nahe, ob das Gravitationszentrum heute gerade dabei ist, den Pazifik in Ost-West-Richtung zu überqueren. Eingehende neuere Analysen des ostasiatischen Wirtschaftswunders haben allerdings einiges dazu beigetragen, dieses Wunder zu entmystifizieren; sie stellen damit auch eine Warnung vor unbedachten Extrapolationen von Vergangenheitstrends in die Zukunft dar.

Das Wachstum einer Volkswirtschaft kann grundsätzlich aus zwei Quellen gespiesen werden: Die eine Möglichkeit ist, die Ausbringungsmenge des Produktionssektors dadurch zu steigern, dass mehr Inputs in den Produktionsprozess hineingesteckt werden. Dies ist der Weg der Ressourcen-Mobilisation. Er bedeutet, dass mehr gearbeitet werden muss und grössere Einkommensanteile in die Kapitalbildung abgezweigt werden müssen. Das Potential dieses Typs von Wachstum ist inhärent limitiert, weil keine Volkswirtschaft den Nutzungsgrad ihrer Ressourcen unaufhörlich steigern kann, jedenfalls nicht mit gleichbleibenden Erträgen. Der zweite Weg besteht in der effizienteren Nutzung der Ressourcen. Dies bedeutet, dass technologische Neuerungen und Fortschritte aller Art es erlauben, aus dem Arbeitskräftepotential und den physischen Produktionsanlagen immer mehr herauszuholen. Man spricht hier von einer Zunahme der sog. ‹totalen Faktorproduktivität›. Dieser Typ des Wachstums ist nicht inhärent limitiert, sondern kann andauern, solange den Menschen die neuen Ideen nicht ausgehen.

Die langfristige Zunahme des Lebensstandards in den reichen Volkswirtschaften Europas und Amerikas beruht, wie der bereits genannte Robert Solow schon 1957 erstmals zeigen konnte, ganz überwiegend auf einer unablässigen Steigerung der totalen Faktorproduktivität. Forscher, die mit ähnlichen Methoden wie Solow das rasche Wachstum der ostasiatischen Schwellenländer untersuchten – allen voran Alwyn Young (1994a,b), aber auch Maddison (1994) –, kamen überraschenderweise zu einem ganz anderen Ergebnis: Dieses Wachstum beruht in erster Linie auf einer Intensivierung des Ressourceneinsatzes, während die Zunahme der totalen Faktorproduktivität alles andere als brillant war. Einzig Japan verzeichnete überdurchschnittliche, inzwischen aber auch stark rückläufige Steigerungsraten der totalen Faktorproduktivität. Davon abgesehen ruht das asiatische Wirtschaftswunder aber vor allem auf drei Pfeilern: Erstens auf einer starken Erhöhung der Investitionsquoten, finanziert nicht nur durch ausländisches Kapital, sondern in beachtlichem Masse auch durch eigene Sparanstrengungen; zweitens durch die Mobilisierung eines grossen Reservoirs von schlecht oder gar nicht genutzter Arbeitskraft (lange Arbeitszeiten, steigende Erwerbsquoten, Reallokation vom primären zum sekundären Sektor); und drittens durch gewaltige Investitionen in den Bildungssektor und damit in die Qualität der Arbeitskräfte.

Wie wir in Kap. 3 argumentieren werden, dürfte dies zwar noch keine erschöpfende Liste der entscheidenden Wachstumsfaktoren sein. Der hohe Er-

> klärungsgehalt der Ressourcen-Mobilisierung in Youngs Analysen der asiatischen Wachstumsraten deutet aber darauf hin, dass auch in Ostasien die Bäume nicht in den Himmel wachsen werden. Denn weder der Arbeitsinput pro Kopf, noch der Ausbildungsstand der Bevölkerung noch die Investitionsquoten können lange in dem Tempo weiter gesteigert werden, wie dies in der Vergangenheit der Fall war.
> Man braucht nicht so weit wie Paul Krugman (1996, Kap. 11) zu gehen, der unter dem Eindruck dieser Ergebnisse das asiatische Wirtschaftswunder gleich als ‹Mythos› abqualifiziert. Denn das in Ostasien Erreichte ist auch so eindrücklich und darf für weite Teile der Dritten Welt Vorbildcharakter beanspruchen. Vor allem die erfolgreichen Anstrengungen zur Höherqualifikation der Arbeitskräfte bilden eine gute Ausgangslage, um auch technologisch im weltweiten Innovationswettbewerb mitzuhalten. Zudem dürfte das Gewicht Asiens in der Weltwirtschaft weiterhin zunehmen, wenn Giganten wie China und Indien erst einmal so weit sind, ihre Ressourcen ebenfalls effektiv zu mobilisieren. Aber die in weiten Teilen der westlichen Welt gerne kolportierte Vision vom asiatischen Wirtschaftsexpress, der sich in rasanter Fahrt auf der Überholspur befindet, und von dem wir bald nur noch die sich immer weiter entfernenden Schlusslichter sehen werden, dürfte überzeichnet sein.

ges ebenfalls an Bedeutung verloren. Nicht wenige Politiker der westlichen Welt scheinen zu glauben, dass nach dem gewonnenen Machtkampf gegen den Osten nun ein neuer Machtkampf bevorsteht, nämlich derjenige zwischen den drei Wirtschaftsblöcken der Triade, den nur gewinnen könne, wer kompromisslos die Interessen der eigenen Wirtschaft auf den Weltmärkten durchzusetzen bereit sei. Wir werden im nächsten Kapitel argumentieren, dass diese Sichtweise fundamental falsch ist. Nicht zu leugnen ist aber, dass sie eine zunehmende Rolle spielt und die Konfliktbereitschaft in der Handelspolitik allenthalben erhöht hat.

Wohl verkörpert der Abschluss der Uruguay-Runde nochmals einen bedeutenden Erfolg für die Idee des freien, multilateralen Handels. Aber an der Tendenz zur regional orientierten Integration innerhalb der Triade – in erster Linie sind das Binnenmarktprogramm der Europäischen Union und das Nordamerikanische Freihandelsabkommen NAFTA zu nennen – ändert sich dadurch grundsätzlich nichts. Entscheidend wird sein, ob die fortschreitende wirtschaftliche Integration innerhalb der einzelnen Blöcke zulasten ihrer Offenheit nach aussen gehen wird, oder ob eine de facto kleinere Zahl von grösseren Spielern im Verhandlungspoker die Festigung und Vertiefung der bisherigen GATT-Errungenschaften besser gewährleisten wird als die heute grosse

Zahl von kleinen Spielern. Beides ist vorstellbar (vgl. De Melo/Panagariya, 1993).

Die Globalisierung der Wirtschaft beschränkt sich längst nicht mehr nur auf den Austausch von Gütern und Dienstleistungen zwischen Ländern. Vielmehr erstreckt sich die internationale Verflechtung auch auf die Ressourcenbasis der Volkswirtschaften. Dies beginnt bei den Technologien, die heute weniger ortsgebunden denn je sind und damit den Spielraum für die internationale Spezialisierung entscheidend erweitern. Eng damit verbunden ist die bedeutend gewachsene Mobilität des Kapitals, nachdem zahlreiche regulatorische Hemmnisse, die den internationalen Direkt- und Portfolioinvestitionen im Wege standen, weggefallen sind. Zwar haben weder die internationale Diversifikation des Finanzkapitals noch die internationale Allokation des Realkapitals auch nur annähernd ein Ausmass erreicht, wie es zu erwarten wäre, wenn die Welt ein wahrhaft integrierter, einheitlicher Wirtschaftsraum wäre. Aber die Tatsache, dass Kapital heute im Prinzip unabhängig vom Ort seiner Aufbringung an einem beliebigen anderen Ort investiert werden kann, ist von grosser Tragweite. Denn erst dadurch werden Wirtschaftsräume dem *Standortwettbewerb* ausgesetzt, der sie dazu zwingt, dem wählerischen Kapital, und den damit verbundenen Technologien, attraktive Bedingungen zu bieten.

Weniger mobil als das Kapital – und damit den Konsequenzen des Standortwettbewerbs stärker ausgesetzt – ist die Arbeit. Das war nicht immer so. Die letzten grossen weltweiten Wanderungsbewegungen liegen etwa 100 Jahre zurück, als insbesondere die Einwanderungsströme nach Nordamerika ihren Höhepunkt erreichten. Seither ist die Wanderung fast überall wesentlich strengeren Beschränkungen unterworfen worden. Wiederholt manifestierte sich aber in kleinerem Masstab auch später wieder die Anziehungskraft wirtschaftlich prosperierender Räume auf Arbeitskräfte aus zurückgebliebenen Gegenden – so etwa im Falle der Süd-Nord-Wanderungen in Europa wie auch auf dem amerikanischen Kontinent. Bedeutende Wanderungen hat auch die oben geschilderte Wachstumsdynamik im pazifischen Raum in Gang gesetzt, wo die boomenden Zentren auf ein schier unbegrenztes Angebot an billigen Arbeitskräften in den umliegenden asiatischen Ländern zurückgreifen können. Das weltweite Wanderungspotential ist aufgrund der demographischen Wachstumsschere, auf die wir im nächsten Abschnitt zu sprechen kommen, gross und im Zunehmen begriffen. Der Fall des Eisernen Vorhangs hat gerade in Europa deutlich zum Bewusstsein gebracht, wie schnell die Massen ins Rutschen kommen könnten.

Trotz der auf allen diesen sich überlagernden Ebenen fortschreitenden internationalen Vernetzung ist die Welt noch lange kein einheitlicher Wirtschaftsraum. Sie hat sich aber weit von der verhängnisvollen Fragmentierung der nationalen Volkswirtschaften entfernt, in die sie durch die Wirrnisse der Jahre 1914–1945 geraten ist. Was mit der zunehmenden Globalisierung der Wirtschaft bisher allerdings nicht Schritt gehalten hat, ist die Entwicklung der *rechtlich-institutionellen Infrastruktur*, deren ein Wirtschaftsraum bedarf. Denn die einzelnen Nationalstaaten finden sich zu der hierfür erforderlichen Abtretung von Regelungskompetenzen an inter- und supranationale Instanzen nur zögernd bereit. Das lange Ringen um die Errichtung einer internationalen Handelsorganisation und deren heute noch sehr unsichere künftige Effektivität legen davon beredtes Zeugnis ab. In jedem der genannten Bereiche, in denen sich die Globalisierung auswirkt, gibt es einen Bedarf an länderübergreifenden, möglichst weltweit verbindlichen Regelungen für Dinge, die bisher, wenn überhaupt, meist nur auf nationaler Ebene geregelt sind:

- Im Bereich des internationalen Güter- und Dienstleistungsverkehrs wird die nun gegründete WTO allgemeine Regelungen des Marktzugangs und der Wettbewerbsordnung finden müssen, die weit über das hinausgehen, was im Rahmen des GATT bisher regelbar war.
- Die Schaffung und Verbreitung neuer Technologien wird durch das Fehlen eines weltweit wirksamen Schutzes für das geistige Eigentum stark behindert. Hier hat der Abschluss der Uruguay-Runde mit dem «Abkommen über handelsbezogene Aspekte des geistigen Eigentums» einen wichtigen Pflock eingeschlagen.
- Wanderungsströme haben bedeutende Auswirkungen sowohl in den Herkunftsländern als auch in den Zielländern. Entsprechendes gilt folglich auch für migrationspolitische Massnahmen jedes einzelnen Landes. Da solche Massnahmen überdies oft geeignet sind, Wanderungsströme umzulenken, können auch Drittländer betroffen sein. Solche Effekte – im Jargon: ‹Spillovers› – begründen einen Bedarf an international koordinierten Massnahmen und Regelungen. Aus diesem Grund schlägt Straubhaar (1993) in einer NFP-28-Studie vor, analog zum GATT ein GAMP («General Agreement on Migration Policy») zu schaffen, das als Forum für eine derartige internationale Koordination dienen könnte.
- Dass auch der internationale Kapitalverkehr noch lange nicht den Rechtsrahmen besitzt, der eigentlich erforderlich wäre, hat in dramatischer Weise die sog. Schuldenkrise vor Augen geführt, die im Jahre 1982 mit der Einstellung des Schuldendienstes durch Mexiko ausgebrochen war. Die Krise selbst, wie auch die von ihr verursachte, zumindest vorübergehende Austrocknung der Kapitalströme in die Dritte Welt, hätten niemals dieses

Ausmass annehmen müssen, wenn ein effektives Schuldbetreibungs- und Konkursrecht, wie es für jedes nationale Privatrechtssystem selbstverständlich ist, die Errichtung von Kreditbeziehungen und den Umgang mit den daraus entstandenen Verpflichtungen diszipliniert hätte.

Diese Auswahl von Beispielen liesse sich fast beliebig erweitern und auch auf andere Bereiche ausdehnen wie z. B. die Umweltpolitik, gar nicht zu reden von der Sicherheits- und Friedenspolitik. Es soll nun allerdings nicht der Eindruck erweckt werden, als müsse jedes Problem, das eine internationale Dimension besitzt, zwingend durch explizit koordinierte Massnahmen gelöst oder gar einer supranationalen Instanz anvertraut werden. Vielmehr gehört ja gerade der Nachweis, dass interdependente Systeme nicht unbedingt durch zentrale Lenkung, sondern oft durch einen Wettbewerb unter dezentral-unabhängig waltenden Akteuren am besten gesteuert werden, zu den fundamentalsten Einsichten der Wirtschaftswissenschaften. Inwieweit bzw. unter welchen Voraussetzungen dieses Prinzip von der Sphäre des Marktes auf die Sphäre der Politik übertragen werden kann, ist bei weitem noch nicht erschöpfend geklärt. Auf diese Frage werden wir in Kapitel 4 ausführlicher zurückkommen. Aus der Ordnungstheorie bekannt ist jedoch, dass auch dezentrale Lösungen, wo immer sie zum Einsatz gelangen sollen, eines übergreifenden Ordnungsrahmens bedürfen, der das Verhalten der einzelnen Akteure im Sinne des Gesamtinteresses zu koordinieren hilft. Historisch war es meistens eine Hegemonialmacht, die der Weltwirtschaft einen derartigen Ordnungsrahmen vorgab. Die heutige tripolare Weltwirtschaft steht demgegenüber vor der Herausforderung, sich auf kooperativem Wege eine Ordnung aufzubauen, die den vielfältigen Verflechtungen Rechnung trägt und die Austragung von Interessenkonflikten in geregelte Bahnen lenkt.

1.3 Veränderungen im Verhältnis zwischen Nord und Süd

Es ist unklar, wieviele Menschen in unseren Breitengraden sich vorstellen können, wie gross die Disparitäten hinsichtlich Wirtschaftskraft und Lebensstandard auf diesem Planeten eigentlich sind. Selbst bei dem renommierten amerikanische Ökonomen Robert E. Lucas, dem Nobelpreisträger des Jahres 1995, schwingt unüberhörbares Staunen mit, wenn er zu Beginn eines einflussreichen Aufsatzes über Grundprobleme der Entwicklungstheorie schreibt: «Die Unterschiede zwischen den Ländern in bezug auf das gemessene Pro-Kopf-Einkommen sind buchstäblich zu gross, als dass man sie glauben könnte» (Lucas, 1988, S.3, eigene Übersetzung). In der Tat: Unter den 132 Ländern, über welche die Weltbank in ihrem jährlichen Weltentwicklungsbericht Statistiken veröffentlicht, reichte im Jahre 1992 die Spanne des pro Kopf erarbeiteten Bruttosozialprodukts (BSP) von $60 im ärmsten Land (Mosambik) bis zu $36'080 im reichsten Land (der Schweiz). D.h. um das Einkommen zu verdienen, über das ein Einwohner von Mosambik in einem Jahr verfügt, braucht der Schweizer keinen halben Tag. Das durchschnittliche Pro-Kopf-BSP der 23 reichsten Länder der Erde ist mit $22'160 immer noch etwa 57 mal so hoch wie jenes der 37 ärmsten Länder ($390).[10]

Fast alle hochentwickelten Länder gehören der nördlichen und die Mehrzahl der Entwicklungsländer der südlichen Hemisphäre an. Wie einseitig die globale Wirtschaftskraft auf den Norden konzentriert ist, verdeutlicht auf plastische Art und Weise die stilisierte Weltkarte in Abbildung 1.4, in der die Grösse der Länder nicht wie üblich deren flächenmässige Ausdehnung widerspiegelt, sondern das jeweilige BSP. Ganze Kontinente und Subkontinente der südlichen Hemisphäre erscheinen so nur noch als winzige Inselchen, die neben der gewaltigen ‹Landmasse› von Nordamerika, Europa und Japan fast verschwinden.

So instruktiv derartige Illustrationen sein mögen, so offenkundig ist auch die Problematik der ihnen zugrundeliegenden Zahlen. Wohlbekannt sind die Einwände, die gegen das Sozialprodukt als Indikator des Entwicklungsstandes

Abbildung 1.4: Die Länder und Kontinente der Erde nach Massgabe ihres wirtschaftlichen Gewichts

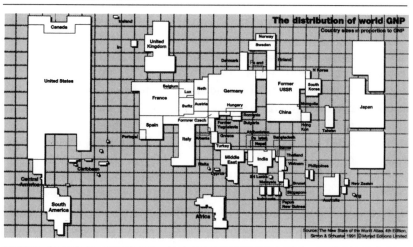

Quelle: Financial Times, September 24, 1993

und Lebensstandards vorgebracht werden können. Es erfasst nur, was über Märkte abgewickelt wird; es vernachlässigt den Umweltverzehr; und es klammert alle nicht-monetären Aspekte der Lebensqualität aus. Deshalb hat etwa das Entwicklungsprogramm der Vereinten Nationen (UNDP) versucht, mit seinem vielbeachteten ‹Human Development Index› (HDI), der insbesondere auch die Gesundheit und die Ausbildung der Bevölkerung mit einbezieht, einen aussagekräftigeren Indikator zu bauen. Bei aller Differenziertheit des Bildes, das sich durch die Berücksichtigung einer Vielzahl sozio-ökonomischer Indikatoren gewinnen lässt, ist doch auch nicht von der Hand zu weisen, dass diese Indikatoren im grossen und ganzen eine deutliche Korrelation mit dem (Pro-Kopf)-Sozialprodukt aufweisen. Dies gilt nicht zuletzt auch für verschiedene Aspekte der Umweltqualität.[11]

Zu relativieren sind internationale Sozialproduktsvergleiche vor allem auch dann, wenn sie nicht kaufkraftbereinigt sind. Denn das Leben in armen Ländern ist bedeutend billiger als in reichen Ländern. Deshalb überschätzt man die Unterschiede, die zwischen reichen und armen Ländern in bezug auf die Kaufkraft des Einkommens effektiv bestehen, wenn man Sozialprodukts- oder Einkommensbeträge zu Marktkursen aus der Lokalwährung in eine gemeinsame Währung umrechnet, um sie miteinander vergleichbar zu machen. Allein die Tatsache, dass das oben für Mosambik zitierte Pro-Kopf-Sozialprodukt von $60 pro Jahr in der Schweiz kaum ausreichen würde, um das fürs Überleben notwendige Jahresminimum an Kalorien zu beschaffen, zeigt auf, dass $60 in Mosambik und $60 in der Schweiz offenbar ganz verschiedene Dinge sind. In der Tat: Benützt man für internationale Pro-Kopf-Einkommens-Vergleiche zur Umrechnung anstelle der Markt-Wechselkurse sog. Kaufkraftparitäten – d.h. hypothetische Wechselkurse, die den genannten Kaufkraftunterschieden Rechnung tragen –, so beträgt das Einkommensgefälle zwischen der Schweiz und Mosambik nicht mehr 36'000:60, sondern ‹nur› noch ca. 22'000:900.[12] Dies ist zwar immer noch krass. Aber es wird doch deutlich, dass die Kaufkraftbereinigung das Verhältnis zwischen dem wirtschaftlichen Gewicht des reichen Nordens und des armen Südens erheblich anders aussehen lässt als die rohen, unbereinigten Zahlen aus den Sozialproduktstatistiken.

Der Internationale Währungsfonds ist vor kurzem dazu übergegangen, den Projektionen des ‹World Economic Outlook›, seines zweimal jährlich erscheinenden Weltwirtschaftsausblicks, kaufkraftgestützte statt wechselkursgestützte Gewichte für die einzelnen Länder zugrundezulegen. Die Effekte sind dramatisch. Der Anteil der Entwicklungsländer an der Weltwirtschaft hat sich durch diese statistische Korrektur von knapp 18% auf über 34% beinahe verdoppelt. Würde die Weltkarte in Abbildung 1.4 ebenfalls auf der Basis der neuen Gewichte gezeichnet, so würde allein die Volksrepublik China dreimal so viel Fläche beanspruchen. Dafür müsste die Fläche Japans fast halbiert werden. Das Gewicht der Industrieländer insgesamt beträgt nur noch 54% statt wie bisher 73%.[13]

Zunehmende Bedeutung der Dritten Welt

Die Unterschätzung des wirtschaftlichen Gewichts der Dritten Welt durch verzerrte Statistiken war allerdings nicht schuld daran, noch hat sie etwas daran geändert, dass die Entwicklungsländer lange Zeit auch im Welthandel eine bloss marginale Rolle gespielt haben. Noch im Jahre 1970 betrug der Anteil der Entwicklungsländer an den Industriegütereinfuhren der OECD-Länder[14] keine 5%. Inzwischen ist dieser Anteil auf immerhin 15% gestiegen, wovon die Hälfte auf Entwicklungsländer Ostasiens und des Pazifiks entfällt (Weltentwicklungsbericht 1994, Tabelle 16, S. 230/231). Zu dieser lange Zeit nur schwachen Beteiligung am Welthandel hat auch die in den 50er und 60er Jahren unter vielen Entwicklungsländern verbreitete Befürchtung beigetragen, dass ihre Entwicklung eher aufgehalten würde, wenn sie auf die Karte Aussenhandel setzten. Die Erwartung langfristig sinkender Rohstoffpreise und einer übermässigen Abhängigkeit von Einfuhren aus hochentwickelten Ländern liess sie vielmehr ihr Heil in binnenmarkt-zentrierten Strategien suchen, die auf eine möglichst weitgehende Substitution von Importen ausgerichtet waren. So kam es, dass die Dritte Welt aus der Perspektive der industrialisierten Zentren der Weltwirtschaft, von punktuell wichtigen Rohstoff-Lieferanten abgesehen, lange als quantité négligeable erschien – nicht viel mehr als eine Randerscheinung des weltwirtschaftlichen Kreislaufs und der globalen Arbeitsteilung.

Dies hat sich in den letzten zwei Jahrzehnten – die oben zitierten Zahlen deuten es bereits an – gründlich zu ändern begonnen. Und alles spricht dafür, dass wir heute erst am Beginn eines Prozesses stehen, der die wirtschaftliche Weltkarte in unserer Abbildung 1.4 rasch und nachhaltig transformieren wird. Unter dem martialischen Titel «War of the Worlds» hat das gewöhnlich eher nüchterne englische Wochenmagazin THE ECONOMIST in einem Überblick über die Weltwirtschaft für das kommende Vierteljahrhundert «die grösste Verschiebung der wirtschaftlichen Kräfteverhältnisse in mehr als einem Jahrhundert» vorausgesagt. Innerhalb einer Generation würden mehrere der etablierten Industrienationen durch neu emporwachsende Wirtschaftsgiganten aus der Dritten Welt in den Schatten gestellt. Und in der Geschichte, fügt der

Economist (1994, S. 3) ominös hinzu, seien solche tiefgreifende Umwälzungen in der Verteilung wirtschaftlicher Macht selten reibungslos vonstatten gegangen.

Diese Zukunftsszenarien beruhen auf einer vergleichsweise simplen Grundlage, nämlich auf der Annahme, dass das Wachstumspotential der Dritten Welt längerfristig um gut 2% pro Jahr grösser ist als dasjenige der Industrieländer. Sollte sich diese Annahme, die die Weltbank (1993) wenigstens auf 10 Jahre hinaus gewagt hat, gar über 30 Jahre hinweg als gerechtfertigt erweisen, so wäre die Folge, dass das Gewicht der Industrieländer in der Weltwirtschaft von heute 54% (auf Kaufkraftbasis) auf weniger als 40% zurückginge. Der Economist (1994, S.4) rechnet auch vor, was dieses Szenario für die Grössenverhältnisse zwischen den verschiedenen Volkswirtschaften impliziert. Die Volkswirtschaft Chinas, heute real etwa so gross wie jene Japans, würde demnach bis im Jahr 2020 etwa dreimal so viel produzieren wie Japan und 40% mehr als die USA. Oder Frankreich, die heute fünftgrösste Volkswirtschaft der Welt, wird in den nächsten 25 Jahren Indien, Indonesien, Südkorea und Thailand an sich vorbeiziehen lassen müssen.

Besonders rasch wird nach den Projektionen der Weltbank (1993, S.61/62) und des Internationalen Währungsfonds die weitere Integration der Entwicklungsländer in die weltwirtschaftliche Arbeitsteilung voranschreiten. D.h. die Zunahme der Handelsströme wird deutlich über den Raten des Wirtschaftswachstums liegen. Der Abschluss der Uruguay-Runde hat die Aussichten dafür, dass sich diese Projektionen als realistisch herausstellen werden, wesentlich verbessert. Angesichts der Tatsache, dass es sich bei den Exporten der Entwicklungsländer heute schon zu fast 60% um Industriegüter handelt, und dass die Entwicklungsländer damit bereits mehr als einen Fünftel zum weltweiten Handel mit Industriegütern beitragen, wird vollends offenkundig, dass das Klischee von der Dritten Welt als – allenfalls Rohstoffe liefernder und Entwicklungshilfe empfangender – weltwirtschaftlicher quantité négligeable in die hinterste Ecke der Rumpelkammer gehört.

Natürlich unterliegen die hier angeführten Projektionen und Überschlagsrechnungen den Vorbehalten, die für jeden Blick in die Zukunft gelten. Insbesondere gelten auch die Warnungen, die wir oben in Box 1.3 erörtert haben. Ausserdem darf ob der Argumentation mit «den» Entwicklungsländern nicht vergessen gehen, dass wir hier einen bequemen Sammelbegriff für eine in sich höchst heterogene Gruppe von Ländern verwenden. Dies alles ändert aber nichts an der Tatsache, dass die Entwicklungsländer in ihrer Gesamtheit dabei sind, zu einem immer bedeutenderen Faktor in der Weltwirtschaft zu werden. Die zunehmende Präsenz dieses Faktors gerade auch in Bereichen, welche die Industrieländer als ihre eigene Domäne zu betrachten gewohnt waren, stellt eine grosse Herausforderung dar und wird z.T. schwierige Anpassungsprozesse erforderlich machen. Die Herausforderung besteht darin, sowohl die sich bietenden Chancen zu packen (z.B. auf neuen Wachstumsmärkten), als auch besonnen und sachgerecht zu reagieren, wo etablierte Positionen in Frage gestellt werden. Der Erdgipfel von Rio im Jahre 1992 hat die Welt auch dafür sensibilisiert, dass die Anpassungsprozesse nicht zuletzt auf der ökologischen Ebene einschneidend sein werden.

Zunehmendes Wohlstandsgefälle zwischen Nord und Süd?

Die Feststellung, dass die Entwicklungsländer in der Weltwirtschaft im Vormarsch sind und mit ihrer gesamten Wirtschaftsleistung – wenn man sie richtig misst – die Industrieländer sogar bald überflügeln dürften, scheint in einem seltsamen Kontrast zu den sich häufenden Meldungen über die zunehmende Verelendung und über wiederkehrende Hungerkatastrophen in weiten Teilen der Dritten Welt zu stehen. Das ist aber aus zwei Gründen kein Widerspruch. Erstens sind die wirtschaftlichen Divergenzen innerhalb der Dritten Welt, wie erwähnt, enorm. Das Wohlstands-Gefälle zwischen denjenigen Entwicklungsländern, die die Weltbank der ‹oberen Einkommenskategorie› zurechnet, und den allerärmsten Ländern ist beispielsweise ungleich grösser als der Abstand zwischen dem Entwicklungsstand der reichsten Industrieländer und dem durchschnittlichen Niveau dieser der ‹oberen Einkommenskategorie› angehörenden Entwicklungsländer. Die Frage nach den Ursachen dieser Disparitäten, d.h. nach den massgeblichen Faktoren, die den Unterschied zwischen den Wunderkindern und den Kellerkindern unter den Entwicklungsländern ausmachen, ist *die* zentrale Frage der Entwicklungspolitik schlechthin. Sie steht im Mittelpunkt von Teil III dieses Buches.

Der zweite Punkt ist, dass zunehmendes wirtschaftliches Gewicht und zunehmender wirtschaftlicher Wohlstand nicht dasselbe sind. Das Gewicht ist eine Frage der Gesamtproduktion einer Volkswirtschaft und ihrer Integration in die Weltwirtschaft. Das Wohlstandsniveau ist eher eine Frage der Produktion pro Kopf. D.h. das Gewicht nimmt zu, wenn der Wohlstand und/oder die Bevölkerung zunimmt. Und Tatsache ist, dass die Bevölkerung in weiten Teilen der südlichen Hemisphäre gegenwärtig noch mit atemberaubendem Tempo zunimmt und in den kommenden Jahrzehnten weiter zunehmen wird.

Die Menschheit brauchte seit den Zeiten des Neanderthalers einige Zehntausend Jahre, bis sie es um das Jahr 1800 n.Chr. herum auf eine Bevölkerungszahl von einer Milliarde brachte. Danach dauerte es 123 Jahre bis zur zweiten, 33 Jahre bis zur dritten, 14 Jahre bis zur vierten und 13 Jahre bis zur fünften Milliarde. In den kommenden 30 Jahren wird die Weltbevölkerung nach Schätzung des UNO-Bevölkerungsfonds von heute 5,6 Mrd. um fast 3 Mrd. auf ca. 8,5 Mrd. zunehmen. Dieser Zuwachs wird fast ausschliesslich – zu über 95% – auf Entwicklungsländer entfallen. Die Prognose dieses Bevölkerungswachstums kann – im Unterschied zur Prognose wirtschaftlicher Entwicklungen – einigermassen zuverlässig gestellt werden, weil die Eltern der neu dazukommenden Menschen heute schon mehrheitlich geboren sind.

Eine Konsequenz dieser gewaltigen Bevölkerungsdynamik ist, dass im Jahre 2025 die Länder, die wir heute zu den hochentwickelten Industrieländern rechnen – also, grob gesprochen, die heutigen OECD-Länder –, nicht mehr 15% wie heute, sondern nur noch gut 10% der Weltbevölkerung stellen werden. Dieses demographische Süd-Nord-Gefälle wird durch die Weltkarte in Abbildung 1.5 veranschaulicht, in welcher die Grösse der einzelnen Regionen nach Massgabe der jeweiligen prospektiven Bevölkerungszahl im Jahr 2025 bemessen ist. Die Welt wirkt darauf genauso verzerrt wie in Abbildung 1.4; nur mit entgegengesetztem Vorzeichen. Die Wirtschaftsgiganten – Nordamerika, Europa, Japan – sind die Bevölkerungszwerge. Umgekehrt sind die Wirtschaftszwerge – Afrika, Südasien – die Bevölkerungsgiganten.

Abbildung 1.5: Die Regionen der Erde nach Massgabe ihrer voraussichtlichen Bevölkerung im Jahr 2025

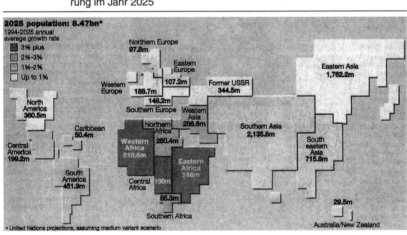

Quelle: Financial Times, September 30, 1994

Die Schattierungen in Abbildung 1.5 zeigen auch an, wie sich das Bevölkerungswachstum der nächsten drei Jahrzehnte weltweit verteilt. Mit einer durchschnittlichen jährlichen Wachstumsrate von über 3% nimmt der afrikanische Kontinent eine klare Spitzenstellung ein, wodurch er seinen Anteil an der Weltbevölkerung von heute ca. 12% zulasten aller anderen Weltregionen – einschliesslich der mit einem mittleren Tempo von 1%–2% jährlich wachsenden Regionen Lateinamerika und Südasien – auf gegen 20% vergrössern wird.

Das Balkendiagramm in Abbildung 1.6 macht deutlich, wie sich die wirtschaftliche Stärke des Nordens und die Bevölkerungsübermacht des Südens zu einem steilen Wohlstandsgefälle zwischen Nord und Süd kumulieren. Wenn wir uns die Balken bildlich als Wassertanks vorstellen, zeigt der Pegelstand des Wassers für jede Region das Wohlstandsniveau an (Pro-Kopf-Produktion), die Breite des Tanks steht für die Grösse der Bevölkerung und das Volumen folglich für das Sozialprodukt insgesamt. Die Projektion der künftigen Entwicklung bis zum Jahr 2000 lässt eine Implikation der oben geschilderten Bedin-

Abbildung 1.6: Bevölkerung, Produktion und Pro-Kopf-Produktion im Nord-Süd-Vergleich

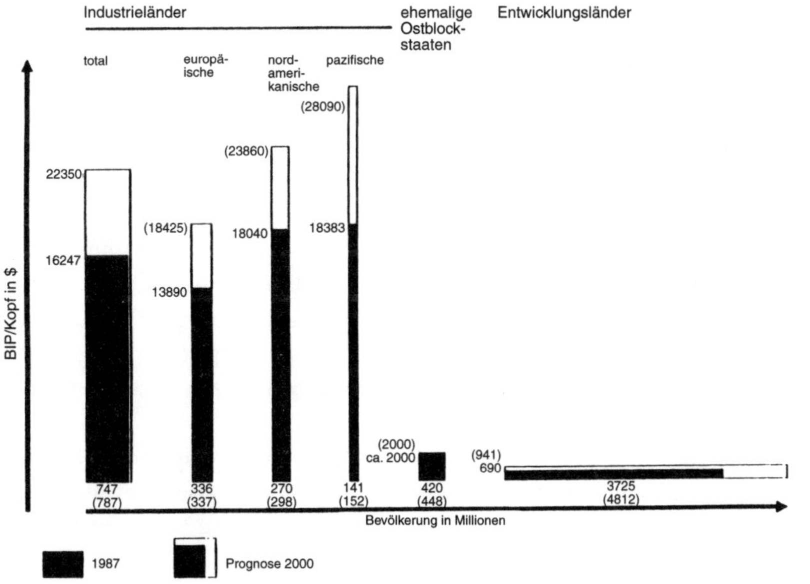

Quelle: Nydegger (1991), S. 16

gungskonstellation klar hervortreten – die natürlich auch weit ins 21. Jahrhundert hinein ihre Gültigkeit behalten wird: Für die Wassertanks sowohl der Industrieländer wie auch der Entwicklungsländer wird mehr Wasser vorausgesagt (also Wirtschaftswachstum), für letztere sogar bedeutend mehr. Während im Falle der Industrieländer aber der Zuwachs bei fast gleichbleibender Gefässbreite im wesentlichen den Wasserpegel ansteigen lässt, verteilt sich im Wassertank der Entwicklungsländer das zusätzliche Wasser mehr in die Breite.

Die unterschiedliche Entwicklung der Pegelstände über den Projektionszeitraum hinweg erweckt den Eindruck, dass sich der Wohlstandsunterschied zwischen Nord und Süd weiterhin stark vergrössert. Dieser Schluss ist allerdings nur bedingt richtig. Denn was sich vergrössert, ist nur der *absolute Abstand* der Pegelstände. Da sich aber der kleine absolute Anstieg im Süden auch auf eine viel kleinere Ausgangsbasis bezieht, ist die relative Zuwachsrate nicht geringer als im Norden, d.h. das Wohlstandsgefälle, als *Verhältnis* der Pegelstände gemessen, bleibt in Wirklichkeit etwa gleich.[15]

Indem die Abbildung 1.6 die Bedeutung des gewaltigen Bevölkerungsungleichgewichts zwischen Nord und Süd hervorhebt, vermittelt sie eine weitere Einsicht, die zwar sehr einfach ist, aber dennoch weithin verkannt wird: Jede Strategie, die eine wesentliche Korrektur der Einkommensdisparität zwischen Nord und Süd durch *Umverteilung* von Ressourcen anstrebt, ist zum Scheitern verurteilt. Ob eine solche Umverteilung durch direkte Finanztransfers, durch die Bezahlung sog. ‹gerechter› Preise oder auf anderem Wege zu bewerkstelligen versucht wird, ist dabei unerheblich. Entscheidend ist vielmehr, dass bei einer Bevölkerungsrelation von 7:1 zugunsten des Südens jede Einkommensumverteilung, die Wasser aus dem Tank des Nordens in jenen des Südens abpumpt, pro Einheit, um die sie den Pegelstand im Süden anheben möchte, dem Norden eine Absenkung seines eigenen Pegelstands um 7 Einheiten zumuten muss. Wenn man zudem bedenkt, dass nur die wenigsten Industrieländer jene 0,7% ihres Sozialprodukts in die öffentliche Entwicklungshilfe abzuweigen bereit sind, welche die UNO als Norm vorgegeben hat, wird deutlich, dass es keine Alternative zu jenen Entwicklungsstrategien gibt, die die Entwicklungsländer in die Lage versetzen, sich einen signifikanten Anstieg ihrer Pegelstände selbst zu erarbeiten.

Eine grosse Fülle theoretischer Analysen wie auch empirischer Evidenz zeigt, dass die Steigerung des Pro-Kopf-Einkommens umso leichter fällt, je tiefer die Wachstumsrate der Anzahl Köpfe gehalten werden kann, auf die sich das Einkommen verteilt. Abbildung 1.7 illustriert diesen Zusammenhang – der im Prinzip auch aus den Angaben über die regionale Verteilung der Bevölkerungswachstumsraten in Abbildung 1.5 herausgelesen werden kann –

anhand eines Streudiagramms für 112 Länder. Bei allen Abweichungen im Einzelfall ist eine deutlich negative Beziehung zwischen dem Niveau des Pro-Kopf-Einkommens und der Wachstumsrate der Bevölkerung zu erkennen: Die reichsten Länder massieren sich oben links bei Einkommen über $10'000 und Bevölkerungswachstumsraten unter 1%, während die ärmeren Länder nicht nur weiter unten, sondern auch weiter rechts zu finden sind.

Man muss sich davor hüten, Korrelationen wie diejenige in Abbildung 1.7 vorschnell als ‹Beleg› einer eindeutigen Kausalität zu interpretieren. Gerade in diesem Beispiel sind ursächliche Wirkungen in beiden Richtungen am Werk. D.h. es verhält sich nicht nur so, dass ein rasches Bevölkerungswachstum das Pro-Kopf-Einkommen tief hält, sondern es ist umgekehrt auch bekannt, dass ein tiefer Lebensstandard hohen Geburtenraten und mithin einer hohen Wachstumsrate der Bevölkerung Vorschub leistet. Dazu kommen Drittfaktoren, wie z. B. der Ausbildungsstand der Bevölkerung, die sich sowohl auf das Reproduktionsverhalten als auch auf den wirtschaftlichen Entwicklungsstand auswirken und damit ebenfalls zu der beobachteten Korrelation beitragen. Über die wichtigsten Wirkungszusammenhänge, die hier am Werk sind – und die im Zusammenhang mit der Weltbevölkerungskonferenz vom September

Abbildung 1.7: Der Zusammenhang zwischen Bevölkerungswachstum und Pro-Kopf-Einkommen im internationalen Vergleich

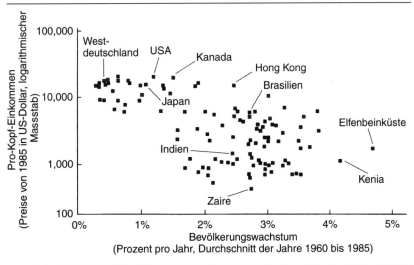

Quelle: Mankiw (1993), S. 133

1994 in Kairo auch weltweit erhebliche Publizität erfahren haben –, gibt es heute einen ziemlich weitgehenden Konsens. Der Konsens schliesst auch die Einsicht mit ein, dass die Voraussetzungen für eine erfolgreiche wirtschaftliche Entwicklung umso besser sind, je besser ein Land die Dynamik seines Bevölkerungswachstums unter Kontrolle hat.[16] Nicht zuletzt für die ökologische Nachhaltigkeit der Entwicklung ist diese Bedingung von grösster Bedeutung. Stärker gehen hingegen die Meinungen über die Methoden einer effektiven, und auch ethisch legitimierbaren, Bevölkerungspolitik auseinander.[17]

Bedeutet die gegenseitige inverse Abhängigkeit von Bevölkerungswachstum und Entwicklungsstand nicht, dass die ärmsten der Entwicklungsländer in einem Teufelskreis von Bevölkerungsexplosion und wirtschaftlicher Stagnation oder gar Verelendung gefangen sind, während umgekehrt die Industrieländer und die erfolgreichen Schwellenländer Asiens durch einen Tugendkreis von Bevölkerungsstabilisierung und Prosperität begünstigt werden? Und folgt hieraus nicht zwingend, dass sich die globalen Disparitäten zwischen Reich und Arm immer weiter verschärfen müssen? Berechnungen wie diejenige des Human Development Report 1996 (S. 2), laut welcher der Einkommensanteil der ärmsten 20% der Weltbevölkerung in den letzten 30 Jahren von 2,3% auf 1,4% gesunken ist, während die reichsten 20% der Menschheit ihren Anteil am Kuchen von 70% auf 85% steigern konnten, so dass sich das Einkommensgefälle zwischen diesen beiden Quintilen mehr als verdoppelt hat, scheinen ganz in diese Richtung zu deuten. Wie ist das aber auf einen Nenner mit der Implikation unserer Abbildung 1.6 zu bringen, wonach sich das relative Gefälle zwischen dem durchschnittlichen Pro-Kopf-Einkommen der Industrieländer und der Entwicklungsländer insgesamt nicht zu vergrößern scheint?

Die Frage, ob es eine systematische Tendenz zur Nivellierung oder zur weiteren Verschärfung der Einkommensdisparitäten zwischen Ländern unterschiedlichen Entwicklungsniveaus gibt, hat die empirische Wachstumsforschung in der jüngeren Vergangenheit stark beschäftigt. Zahlreiche Studien sind vor allem dadurch angeregt und ermöglicht worden, dass immer bessere kaufkraftbereinigte, und somit international einigermassen vergleichbare, Produktions- und Einkommensdaten verfügbar geworden sind (Summers/Heston, 1991). Theoretisch lässt sich fast alles begründen. Während beispielsweise der circulus vitiosus zwischen Armut und Bevölkerungsdynamik eher für eine Zunahme der Disparitäten spricht, könnte die Leichtigkeit, mit der sich heutzutage Technologien und Investitionsströme über nationale Grenzen hinwegsetzen können, eher erwarten lassen, dass sich die noch bestehenden internationalen Produktivitätsunterschiede, und mit ihnen die Einkommensunterschiede, wenigstens tendenziell verringern.

Die vorliegenden empirischen Analysen beantworten die gestellte Frage sehr deutlich, wenn auch differenziert. Die drei folgenden fundamentalen Fakten dürfen wohl zum gesicherten Wissen gezählt werden:

1. Es gibt eine klare Tendenz zu einem sich ständig verschärfenden Wohlstandsgefälle zwischen den reichsten und den ärmsten Ländern der Erde. Diese Feststellung steht im Einklang mit der oben zitierten Beobachtung des Human Development Report. Maddison (1994, S. 23) glaubt einen solchen Trend sogar bis ins frühe 19. Jahrhundert zurückverfolgen zu können.
2. Zumindest für die Zeit seit dem 2. Weltkrieg gibt es keine Evidenz dafür, dass im weltweiten Quervergleich ärmere Länder ein systematisch geringeres Wachstum ihres Pro-Kopf-Einkommens zu verzeichnen haben als reichere.
3. Innerhalb der Gruppe der hochentwickelten Industrieländer ist es dagegen eindeutig so, dass die Länder, die mit dem tiefsten Produktivitätsniveau in die Nachkriegszeit gestartet sind, seither auch am schnellsten gewachsen sind. Diese Länder bilden somit einen ‹Konvergenz-Klub›, innerhalb dessen sich die realen Einkommensdifferentiale tendenziell eingeebnet haben.

Es könnte auf den ersten Blick so scheinen, als stünde der zweite Punkt im Widerspruch zum ersten. Dies ist aber nicht der Fall. Das Streudiagramm in Abbildung 1.8 stellt das Niveau der Pro-Kopf-Produktion von 114 Ländern im Jahre 1960 dem durchschnittlichen Pro-Kopf-Wachstums dieser Länder in den 25 Jahren zwischen 1960 und 1985 gegenüber. Was das Bild zeigt, ist eine Massierung von Ländern mit sehr tiefer Pro-Kopf-Produktion im Jahre 1960, die in bezug auf ihr seitheriges Wachstumstempo eine enorme Streuung aufweisen. In einer ganzen Reihe von Ländern ist das Pro-Kopf-Einkommen während des Beobachtungszeitraums sogar absolut gesunken – überwiegend deshalb, weil das Wachstum des Sozialprodukts mit einer rapiden Bevölkerungsvermehrung nicht Schritt gehalten hat. Wenn beispielsweise zwei Länder wie Botswana und Ghana im Jahre 1960 ungefähr auf demselben Niveau stehen, danach aber Botswana 25 Jahre lang mit ca. 5% pro Kopf und Jahr wächst, während Ghanas Pro-Kopf-Einkommen im gleichen Zeitraum um durchschnittlich 2% pro Jahr zurückgeht, so kumuliert sich diese Wachstumsdifferenz über die 25 Jahre zu einem Einkommensgefälle von mehr als 5:1.

Würden arme Länder systematisch langsamer wachsen als reiche, müssten die Punkte eine positive Korrelation erkennen lassen, d.h. tendenziell von unten links nach oben rechts angeordnet sein. Ein solches Korrelationsmuster findet sich jedoch nicht. Eine formale Korrelationsanalyse, wie sie z. B. Barro (1991) durchgeführt hat, zeigt, dass keinerlei statistisch signifikanter Zusammenhang existiert. Das bis zum Jahr 1960 erreichte Entwicklungsniveau präjudiziert die komparativen Entwicklungserfolge der nachfolgenden Jahrzehnte somit in keiner Weise. Ganz anders das Bild, wenn man sich nur die OECD-Länder ansieht, wie wir dies in Abbildung 1.9 tun. Hier sind die

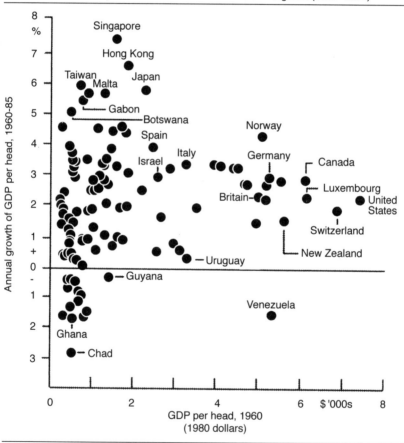

Abbildung 1.8: Der Zusammenhang zwischen dem Niveau und dem anschliessenden Wachstum des Pro-Kopf-Einkommens im internationalen Vergleich (1960–1985)

Quelle: The Economist, January 4, 1992

Punkte deutlich erkennbar entlang einer fallenden Linie angeordnet, d. h. die Korrelation zwischen Ausgangsniveau (hier 1950) und seitherigem Wachstumstempo ist negativ. Die zu Beginn der Nachkriegszeit relativ am weitesten zurückliegenden Volkswirtschaften sind danach offensichtlich am raschesten gewachsen und haben somit gegenüber dem Spitzenreiter USA Boden gutgemacht.

Die Quintessenz im Hinblick auf das Nord-Süd-Gefälle ist, dass sich die Volkswirtschaften der Entwicklungsländer in den zurückliegenden Jahrzehnten in ganz starkem Masse auseinanderentwickelt haben. Wer über die Zeit hinweg verfolgt, wie sich das Einkommensgefälle zwischen den reichsten und den ärmsten Ländern der Erde entwickelt, vergleicht die Punkte ganz rechts in Abbildung 1.8 – also die USA, die Schweiz etc. – mit den Katastrophenfällen ganz unten links. Es ist beinahe eine statistische Notwendigkeit, dass die hierbei errechneten Streuungsmasse im Zeitablauf zunehmen. Gleichzeitig hält jedoch eine grosse Zahl von ehedem sehr armen Ländern gut mit oder schliesst sogar ziemlich schnell auf. So schreibt auch Maddison (1994, S. 23): «Clearly, there was a good deal of ‹catch-up› within a global framework of ‹divergence›.» Jene Länder, denen es gelungen ist, aus dem Teufelskreis von Verelendung und Bevölkerungsexplosion zu entkommen, zeigen insgesamt ein ähnliches

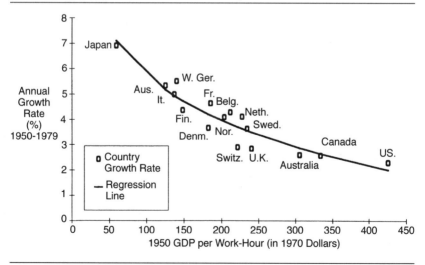

Abbildung 1.9: Der Zusammenhang zwischen dem Niveau und dem Wachstum des Pro-Kopf-Einkommens im «Konvergenz-Klub» der reichen Länder

Quelle: Baumol/Blackman/Wolff (1989), S.103

Konvergenz-Verhalten, wie es sich für den ‹Konvergenz-Klub› der OECD-Länder beobachten lässt. Darauf beruht denn auch die Tatsache, dass das *durchschnittliche* Wohlstandsgefälle zwischen den Entwicklungsländern und den Industrieländern nicht zugenommen hat.

1.4 Die internationale Verflechtung der schweizerischen Volkswirtschaft

In welchem Grade die schweizerische Volkswirtschaft mit der Weltwirtschaft verflochten ist und von ihr abhängt, ist allgemein bekannt und braucht an dieser Stelle nicht im Detail dokumentiert zu werden. Wir beschränken uns deshalb darauf, einige zentrale Fakten und Grössenordnungen in Erinnerung zu rufen, und greifen danach die von zwei NFP-28-Projekten gestellte Frage auf, wie die Schweiz auf den aktuellen und prospektiven Wachstumsmärkten der Welt positioniert ist.

Die Bedeutung des Aussenhandels für die Schweiz

«Jeden zweiten Franken verdient die Schweiz im Ausland» – dieses geflügelte Wort fehlt in kaum einem Referat, das sich mit der Lage der Schweizer Wirtschaft und mit der Bedeutung ihres aussenwirtschaftlichen Sektors befasst. Es ist vielleicht nützlich, sich klar zu machen, wie diese Zahl zustandekommt. Sie bezieht sich auf den Anteil des schweizerischen Bruttosozialprodukts (BSP), den die Schweiz im Ausland erwirtschaftet. Hierin sind die sehr bedeutenden Brutto-Kapitalerträge, die der Schweiz aus dem Ausland zufliessen, eingeschlossen. Wie Abbildung 1.10 verdeutlicht, bedeutet «jeder zweite Franken» in Wirklichkeit nur 42% des BSP; und der Anteil des schweizerischen Bruttoinlandsproduktes (BIP), also der in der Schweiz hergestellten Güter und Dienstleistungen, der seinen Absatz auf ausländischen Märkten findet, beträgt sogar nur 35%. Selbst diese 35% stellen noch eine Übertreibung dar, weil die Exporte – im Gegensatz zum Bruttoinlandsprodukt – auch importierte Roh- und Zwischenprodukte enthalten, die nicht der inländischen Wertschöpfung zuzurechnen sind, sondern bloss reexportiert werden. In einigen sehr kleinen Ländern, die vor allem als internationale Handelsumschlagsplätze Bedeutung erlangt haben (z.B. Singapur), kann aus diesem Grund die Exportquote leicht über 100% zu liegen kommen, ohne dass man daraus auf einen negativen Wertschöpfungsbeitrag des Binnensektors schliessen dürfte...

Trotz der beträchtlichen Grössenordnung der Aussenhandelsströme, die sie in den internationalen Export- und Importranglisten immer recht weit vorne landen lässt (bei den Dienstleistungen noch weiter vorne als im Warenhan-

Abbildung 1.10: Die Auslandsabhängigkeit der schweizerischen Volkswirtschaft: BSP vs. BIP

Bruttosozialprodukt 1995: 378 Mrd.

Insgesamt im Ausland erwirtschaftet: 42%

Dienstleistungsexport: 7,9%

Arbeits- und Kapitaleinkommen aus dem Ausland 8,2%

Güterexport: 25,9%

Im Inland erwirtschaftet 58,0%

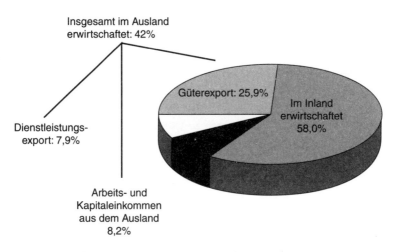

Bruttoinlandsprodukt 1995: 362 Mrd.

Insgesamt im Ausland abgesetzt: 35,2%

Dienstleistungsexport: 8,2%

Güterexport: 27,0%

Für den Binnenmarkt produziert: 64,8%

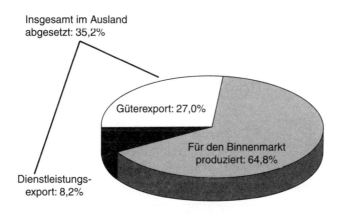

Quelle: Bundesamt für Statistik

del), ist die Schweiz im Welthandel mit einem Marktanteil von nur knapp 2% ein kleiner Spieler. Immerhin ist ihr Beitrag zum Welthandel etwa doppelt so gross wie ihr Beitrag zur Weltproduktion, was ihre – für kleine Länder typische – überdurchschnittliche Aussenhandelsabhängigkeit unterstreicht. Die Kleinheit, die hohe Auslandsabhängigkeit und die Nicht-Zugehörigkeit zu einem der grossen Blöcke begründen das vitale Interesse der Schweiz an einem funktionierenden, regelgebundenen Weltwirtschaftssystem. Deshalb war der erfolgreiche Abschluss der Uruguay-Runde des GATT mit der Gründung der Welthandelsorganisation WTO im Jahre 1994 für sie auch so wertvoll. Wohl hängen die verschiedenen Wirtschaftszweige der Schweiz nicht alle im gleichen Masse direkt von Auslandsmärkten ab (Abbildung 1.11). Aber dies bedeutet natürlich nicht, dass sich die eher binnenorientierten Branchen von den Vorgängen in der Weltwirtschaft abkoppeln können, sind sie doch über mannigfache Kanäle sowohl mit der Exportwirtschaft als auch mit dem Importsektor vernetzt.

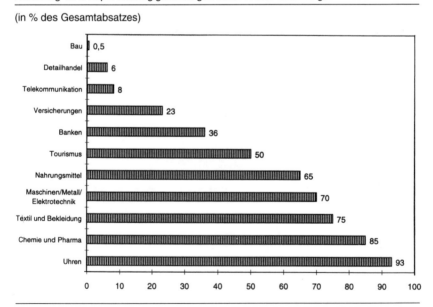

Abbildung 1.11: Exportabhängigkeit ausgewählter Wirtschaftszweige (in % des Gesamtabsatzes)

Quellen: Wasescha (1995), Grafik 1; Zweifel (1993), Tabelle 0.18, S. 32

Die Bedeutung des schweizerischen Ertragsbilanzüberschusses

Die *Ertragsbilanz* – im deutschsprachigen Raum sonst gemeinhein als Leistungsbilanz bezeichnet – , saldiert die Einnahmen und Ausgaben aus allen laufenden grenzüberschreitenden Transaktionen und schliesst im Falle der Schweiz seit Jahrzehnten fast jedes Jahr mit einem beträchtlichen Überschuss ab. Zuletzt belief sich dieser Saldo auf fast 7% des schweizerischen Sozialprodukts und war damit höher als in jedem anderen Industrieland. Ein solcher Einnahmenüberschuss ist per se weder etwas Gutes, wie einst die Merkantilisten glaubten, noch etwas Schlechtes; er ist aber insofern von Interesse, als er sein Pendant in einem entsprechenden Kapitalexport hat. Der Ertragsbilanzsaldo ist der Mechanismus, durch den die Schweiz ihre überschüssige Ersparnisse, für die sie im Inland (vorderhand) keine Verwendung findet, ins Ausland exportiert und dort investiert. Von der Grössenordnung her lässt sich sogar sagen, dass Kapital ein Hauptexportartikel der Schweiz ist. Durch die jahrelang akkumulierten Ertragsbilanzüberschüsse hat sich ein Auslandsvermögen angesammelt, dessen Erträge netto (d.h. nach Verrechnung mit den an das Ausland ausgeschütteten Kapitalerträgen) immerhin etwa 6% zum Volkseinkommen der Schweiz beisteuern.

Aufschlussreich ist die Saldenbetrachtung zudem vor dem Hintergrund, dass die *Struktur* des Saldos der Güter- und Dienstleistungsbilanz erste grobe Anhaltspunkte darüber vermittelt, wo die Spezialisierungsvorteile der Schweiz in der internationalen Arbeitsteilung liegen. Eine Übersicht hierzu vermittelt Abbildung 1.12. Dabei wird deutlich, dass es insgesamt nicht der Warenhandel, sondern der Dienstleistungssektor ist, dem der schweizerische Exportüberschuss zuzuschreiben ist. Wohl finden sich im industriellen Sektor klassische Exportbranchen wie Chemie, Maschinen und Uhren. Demgegenüber wird die Handelsbilanz aber durch die Einfuhrabhängigkeit vor allem bei den Fahrzeugen, Textilien, Agrargütern, Rohstoffen und Energieträgern belastet, so dass im Warenhandel insgesamt in der Regel ein Importüberschuss resultiert. Die der Abbildung 1.12 zugrundeliegenden Daten des Jahres 1994 sind insofern etwas untypisch, als in diesem Jahr noch die Nachwirkungen der Rezession und der starke Franken auf die Importwerte drückten und die Handelsbilanz dadurch ein knappes Plus ausweisen konnte. Im Dienstleistungssektor sind es neben dem Tourismus vor allem die Banken – in der offiziellen Ertragsbilanzstatistik bis vor kurzem verschämt unter «sonstigen Dienstleistungen» subsumiert[18] –, die mit ihren Kommissionserträgen zum Exportüberschuss beitragen. Nach Schätzungen der Schweizerischen Bankiervereinigung (1996) liegt der Anteil der Banken am positiven Ertragsbilanzsaldo bei fast 50%. Der ebenfalls erkleckliche Ertragsüberschuss aus dem grenzüberschreitenden Zinsdifferenzengeschäft der Banken erscheint nicht in der Dienstleistungsbilanz, sondern in der Kapitalertragsbilanz.

Der Dienstleistungssektor hat in der Schweiz wie auch in anderen hochentwickelten Volkswirtschaften – die dennoch hartnäckig als ‹Industrieländer› bezeichnet werden – in den zurückliegenden Jahrzehnten ständig an Gewicht gewonnen und beschäftigt heute bereits zwei Drittel aller Arbeitskräfte, mit steigender Tendenz. Wie aus Abbildung 1.11 hervorgeht, variiert dabei der Grad der Binnenorientierung bzw. Internationalisierung zwischen den verschiedenen Dienstleistungsbranchen beträchtlich, ohne dass allerdings die Exportabhängigkeit irgendwo das extreme Ausmass annimmt wie in einzelnen Teilen des industriellen Sektors. Der Anteil des internationalen Dienstlei-

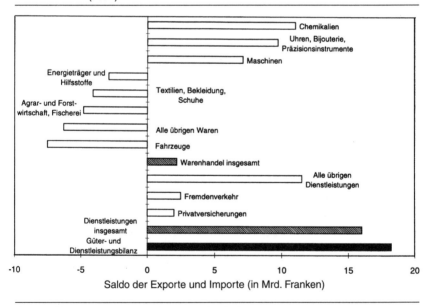

Abbildung 1.12: Die Struktur der schweizerischen Güter- und Dienstleistungsbilanz (1994)

Quellen: Zahlungsbilanz 1994; Die Volkswirtschaft

stungsverkehrs am Welthandel beträgt erst etwas über 20%, aber auch hier ist die Tendenz deutlich steigend. Angesichts ihres Potentials im Dienstleistungsbereich hatte die Schweiz ein besonderes Interesse am erstmaligen Zustandekommen eines weltumspannenden Dienstleistungsabkommens («General Agreement on Trade and Services», abgekürzt GATS) im Rahmen der Uruguay-Runde, auch wenn dieses Regelwerk noch lange nicht eine ähnlich weitreichende Liberalisierung des internationalen Dienstleistungsverkehrs bringen wird, wie sie etwa im europäischen Binnenmarkt realisiert ist (vgl. Jeker/Etter, 1993).

Die Direktinvestitionen

Die internationale Verflechtung der schweizerischen Volkswirtschaft schlägt sich nicht unbedingt in allen ihren Aspekten in der Zahlungsbilanz nieder. Insbesondere die sog. ‹Neuen Formen der Internationalisierung› (Borner 1986) wie Lizenzgeschäfte, Sub-Contracting, Joint Ventures etc. reflektieren die zunehmende Globalisierung der Wirtschaft auf der Unternehmungsebene. Die multinationalen Unternehmungen sind mit Filialen, Töchtern und Kooperationspartnern physisch auf den Auslandsmärkten präsent und reagieren auch mit der Wahl ihrer Produktionsstandorte flexibel auf Änderungen der Markt- und sonstigen Rahmenbedingungen. Die so entstehenden wirtschaftlichen Vernetzungen gehen weit über das von der Zahlungsbilanz registrierte klassische Export/Importgeschäft hinaus.

Immerhin schlägt sich die Internationalisierung der Unternehmen und ihrer Produktion in der Entwicklung der grenzüberschreitenden *Direktinvestitionen* nieder (die in der Zahlungsbilanz wiederum ausgewiesen werden). Die schweizerischen Direktinvestitionen im Ausland beliefen sich im Durchschnitt der Jahre 1990–95 auf etwas über 12 Mrd. Franken pro Jahr, was ca. 3,5% des Bruttosozialprodukts ausmacht. Demgegenüber erreichten die ausländischen Direktinvestitionen in der Schweiz im gleichen Zeitraum nur etwa 3 Mrd. Franken pro Jahr. Dieser Aktivsaldo der schweizerischen Direktinvestitionsbilanz wird in der öffentlichen Diskussion gerne als Indiz für den Qualitätsverlust des Wirtschaftsstandorts Schweiz gewertet, scheint er doch anzuzeigen, dass es für schweizerische Unternehmungen attraktiver ist, im Ausland zu investieren, als umgekehrt. Was die Beunruhigung noch verstärkt, ist die Tatsache, dass an Investitionen immer auch Arbeitsplätze hängen. In der Tat ist es richtig, dass schweizerische Unternehmungen im Ausland insgesamt ein weitaus grösseres Beschäftigungswachstum zu verzeichnen haben als im Inland. Wie aus Abbildung 1.13 hervorgeht, beschäftigt die schweizerische Industrie im Ausland bereits seit einigen Jahren absolut mehr Arbeitnehmer als im Inland. Für den Dienstleistungssektor trifft dies zwar nicht zu, dort ist aber die Expansion der Auslandsaktivitäten besonders dynamisch.

Trotz aller berechtigten Sorge um die Qualität des Wirtschaftsstandortes Schweiz ist bei der Interpretation der Direktinvestitionsstatistiken Vorsicht geboten. Die Datengrundlage der ausgewiesenen Investitionsströme ist mit erheblichen methodischen Unsicherheiten behaftet, und die Zahlen selbst unterliegen von Jahr zu Jahr teilweise starken Schwankungen.[19] Auch muss man sich vor Augen halten, dass der Direktinvestitionssaldo der Schweiz im Durchschnitt der Jahre 1990–94 nur etwa 10% der im Inland getätigten Bruttoanlageinvestitionen ausmacht, und dass die Schweiz mit ihrer inländischen Investitionsquote nach wie vor in der Spitzengruppe der Industrieländer liegt. Gerade was die eingangs erörterte Stagnationsphase der schweizerischen Volkswirtschaft in den 90er Jahren betrifft, gehört es ja zu deren bemerkenswerten Merkmalen, dass sich die Ausrüstungsinvestitionen – im Unterschied zum Bau sowie zum privaten und öffentlichen Konsum – ab 1993 gut erholt und seither sogar kräftig zugelegt haben.

Vor allem im Hinblick auf die vieldiskutierte Frage, ob der aktive Direktinvestitionssaldo der Schweiz die Quittung für das Abseitsstehen im europäi-

Abbildung 1.13: Die Beschäftigungsentwicklung schweizerischer Unternehmungen im Inland und im Ausland

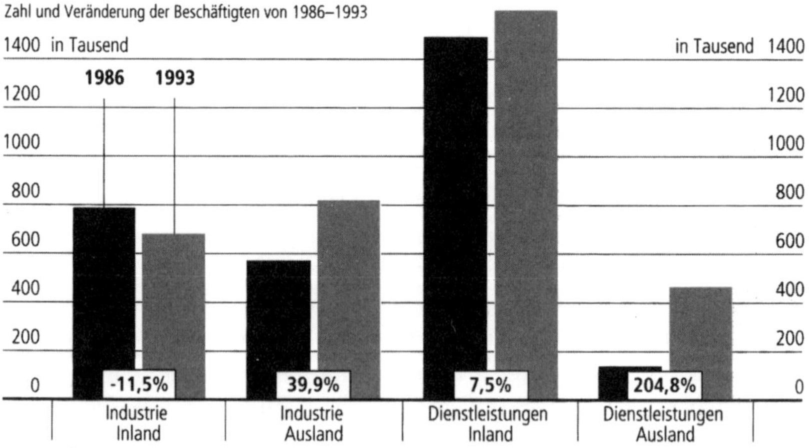

Zahl und Veränderung der Beschäftigten von 1986–1993

	Industrie Inland	Industrie Ausland	Dienstleistungen Inland	Dienstleistungen Ausland
	-11,5%	39,9%	7,5%	204,8%

Die Zahl der Beschäftigten von Schweizer Betrieben im Ausland stieg von 1986–93 stark an, während sie im Inland insgesamt stagnierte.

Quelle: Schweizerischer Bankverein, Der Monat 1–2/95

schen Integrationsprozess darstellt, ist die Tatsache von Interesse, dass die Schweiz mit ihrem Ungleichgewicht zwischen Zu- und Abflüssen in Europa keineswegs allein dasteht. So bietet etwa die Bundesrepublik Deutschland weitgehend dasselbe Bild. Es entspricht an sich elementarer ökonomischer Logik, dass grenzüberschreitende Investitionsmittel bevorzugt in Märkte mit überdurchschnittlichem Expansionspotential, aber zurückgebliebener Kapitalausstattung fliessen, und dass der Herkunftsort solcher Mittel vor allem ersparnisstarke, hochkapitalisierte Volkswirtschaften mit guter internationaler Präsenz sind.

Eine Analyse des deutschen Sachverständigenrates (1996/97, S. 69) verweist einerseits darauf, dass die Schwellenländer Asiens und andere ‹Emerging Markets› die etablierten Industrieländer als Destinationen der weltweiten Direktinvestitionsströme in zunehmendem Masse verdrängen, zeigt aber auch, dass sich diejenigen Direktinvestitionen, die zur Erschliessung des Europäischen Binnenmarktes nach Europa flossen, höchst ungleichmässig verteilten. Den nur geringen Anteil der Bundesrepublik Deutschland an diesen Investitionen wertet der Sachverständigenrat zwar als Hinweis auf ein Standortproblem, wenn auch angesichts der Datenprobleme nur mit Vorbehalten («nur als ein Glied in der Kette der Indizien»).

Der Gegensatz zwischen der Stagnation bzw. dem Rückgang der Beschäftigung im Inland und der Dynamik, mit der Schweizer Firmen im Ausland expandieren, könnte leicht zu der Annahme verleiten, dass quasi jeder Arbeitsplatz, den sich eine schweizerische Unternehmung im Ausland zulegt, ein Arbeitsplatz ist, der der Schweiz verloren gegangen ist. Aber diese Vorstellung wäre zu simpel. Sie mag vordergründig dort zutreffen, wo bedeutende internationale Kostenunterschiede zu Produktionsverlagerungen zwingen. Dabei ist selbst dieser Vorgang nicht notwendigerweise negativ zu bewerten, weil die Direktinvestition in einem solchen Fall meist nur der Mechanismus ist, durch den sich eine effizientere internationale Arbeitsteilung durchsetzt. Schon gar nicht kann von der Substitution eines inländischen durch einen ausländischen Arbeitsplatz die Rede sein, wenn die Direktinvestition den Zweck verfolgt, neue Auslandsmärkte zu erschliessen oder ortsgebundenes Know How zu nutzen, wie dies im Dienstleistungsbereich und in technologie-intensiven Industrien häufig der Fall ist. Die dabei im Ausland aufgebauten Produktionskapazitäten und Vertriebssysteme weisen meist eine ausgeprägte Komplementarität mit den inländischen Produktions- und Exportaktivitäten des Stammhauses auf. Statistisch schlägt sich diese Komplementarität in der für viele Länder nachweisbaren hohen Korrelation zwischen den Destinationen der Direktinvestitionen und der Exporte nieder.

Natürlich schlagen sich die Rahmenbedingungen, die die Schweiz für Investitionen bietet, auch in den Direktinvestitionsströmen nieder. Die obigen Überlegungen machen jedoch deutlich, dass den nackten Zahlen nicht ohne weiteres anzusehen ist, in welchem Ausmass der Kapitalexport auf Standortdefizite der Schweiz zurückzuführen ist. Der internationale Standortwettbewerb wird uns im nachfolgenden Kapitel nochmals beschäftigen. Hier halten wir nur so viel fest: Mehr als ein (schwaches) «Glied in der Kette der Indizien» für ein Standortproblem bilden die Direktinvestitionsstatistiken auch im Falle der Schweiz nicht.

Wie ist die Schweizer Wirtschaft auf den Wachstumsmärkten positioniert?

Die geographische Struktur des schweizerischen Aussenhandels widerspiegelt die geographische Lage des Landes im Herzen Europas: Volle zwei Drittel der schweizerischen Exporte gehen in europäische Länder, und sogar mehr als 80% ihrer Importe bezieht die Schweiz aus Europa (Abbildung 1.14).[20] Mit grossem Abstand folgen Asien und Nordamerika; die übrigen Weltregionen sind als Handelspartner der Schweiz quantitativ von geringerer Bedeutung. Diese geographische Verteilung macht auch bereits deutlich, dass

Abbildung 1.14: Die geographische Struktur des schweizerischen Aussenhandels

Wohin gehen unsere Exporte – Woher kommen unsere Importe

in Mrd. Fr.

Europa
CH-Export 62,1 Mrd. 66,5%
CH-Import 72,6 Mrd. 80,8%

Nordamerika
CH-Export 9,4 Mrd. 10,1%
CH-Import 5,9 Mrd. 6,6%

Lateinamerika
CH-Export 2,2 Mrd. 2,3%
CH-Import 1,3 Mrd. 1,5%

Asien
CH-Export 16,9 Mrd. 18,1%
CH-Import 8,6 Mrd. 9,6%

Afrika
CH-Export 1,8 Mrd. 1,9%
CH-Import 1,2 Mrd. 1,3%

Ozeanien
CH-Export 0,9 Mrd. 1,0%
CH-Import 0,2 Mrd. 0,2%

Total CH-Export 93,3 Mrd.
Total CH-Import 89,8 Mrd.

(Zahlen 1993)

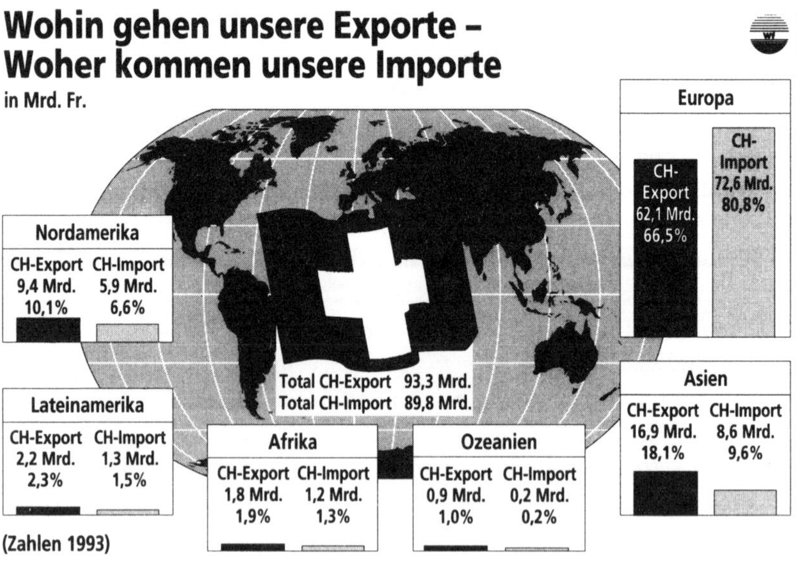

Quelle: Kummer (1995, S. 26)

der grösste Teil des schweizerischen Aussenhandels auf hochentwickelte Länder entfällt, während die Entwicklungsländer zwar immerhin etwa 16% unserer Exporte abnehmen, aber nur 7% unserer Importe liefern. Ungeachtet der oben erwähnten Korrelation zwischen Exporten und Direktinvestitionen sind letztere im Falle der Schweiz wesentlich weniger einseitig auf Europa ausgerichtet als der Aussenhandel. Nur knapp 50% des Kapitalbestandes der schweizerischen Direktinvestitionen entfielen Ende 1995 auf Europa, wogegen Nordamerika mit einem Anteil von etwas mehr als einem Viertel sowie die Entwicklungs- und Schwellenländer mit knapp 20% des Direktinvestitionsbestandes für die Schweiz eine deutlich grössere Rolle spielen, als allein aufgrund der Aussenhandelsstatistik vermutet werden könnte.[21]

Immer wieder wird die Frage aufgeworfen, ob die ausgeprägte Europalastigkeit des schweizerischen Aussenhandels, so ‹natürlich› diese an sich erscheint, nicht eines Tages auch eine Hypothek werden könnte. Denn zum einen ist Europa, wie oben schon ausgeführt, ungeachtet aller Impulse, die vom Binnenmarktprogramm der EU ausgehen mögen, nicht unbedingt die Weltregion, der für die kommenden Jahrzehnte das grösste Wachstumspotential vorausgesagt wird; und zum anderen könnten der Schweiz im Wettbewerb um den europäischen Markt Nachteile aus ihrem Entscheid erwachsen, sich vorderhand am europäischen Integrationsprozess nicht zu beteiligen. Vor diesem Hintergrund haben sich zwei Forschungsprojekte des NFP 28 aus unterschiedlicher Perspektive mit der Frage befasst, wie die Schweizer Wirtschaft positioniert ist, um von dem grossen Expansionspotential des asiatischen Raums zu profitieren.

Die Marktchancen, die der asiatisch-pazifische Raum aufgrund seines Bevölkerungsreichtums und seines wirtschaftlichen Entwicklungspotentials amerikanischen und europäischen Unternehmungen bietet, üben im Westen schon seit längerem eine besondere Faszination aus und sind – zusammen mit dem Hinweis auf die Notwendigkeit, diese Chancen nicht ungenutzt verstreichen zu lassen – inzwischen zum festen Bestandteil der Merksätze geworden, die Management-Gurus und Wirtschaftsmagazine ihrer Leser- bzw. Zuhörerschaft immer wieder einhämmern. Gerne wird an das Beispiel der amerikanischen Automobilindustrie erinnert, die in den 60er Jahren noch davon überzeugt gewesen war, dass die japanische Konkurrenz zu schwach wäre, um eine Bedrohung darzustellen, und die japanischen Konsumenten zu arm, um einen lohnenden Markt zu bilden. Oder es werden die arithmetischen Konsequenzen demonstriert, die die grossen Bevölkerungsmassen haben, auch wenn sie überwiegend noch sehr arm sind: Das durchschnittliche Pro-Kopf-Einkommen Indonesiens liegt zum Beispiel immer noch um mehr als das Zehnfache

Box 1.4

Zwei Eisen im Feuer

Ausgewählte Schlussfolgerungen der NFP-28-Studie
«*Suisse-Asie – Pour un Nouveau Partenariat*»
(Etienne, G./Maurer, J.-L./Renaudin, Ch., 1992, S. 319ff.)

«L'Asie est entrée dans une phase de profondes mutations économiques, sociales et politiques. Même sans tenir compte du Japon, sa place ne cesse de s'affirmer dans l'économie mondiale. Quant aux marchés des différents pays, ils vont continuer à s'élargir avec l'élévation des niveaux de vie et des besoins, ce qui stimulera les échanges à l'intérieur de la région ainsi qu'entre celle-ci et le reste du monde...

Quelle est la place de l'Europe en général, et de la Suisse en particulier, dans cette redistribution des cartes qui déborde bien au-delà de l'Asie pour toucher l'ensemble de la planète? A Islamabad, Delhi, Jakarta, et Pékin nos interlocuteurs sont unanimes à regretter que nous ne soyons pas plus actifs dans leurs pays. Ils préféreraient ne pas se trouver confrontés constamment aux Japonais et aux Américains...

La question clé est cependant de savoir si l'Europe en général et la Suisse en particulier ont intérêt à accroître leurs efforts de pénétration commerciale, leurs investissements privés, les crédits publics, la coopération technique dans cette région du monde... En ce qui concerne la Suisse, la question prend un tour tout à fait particulier. Compte tenu de l'incertitude qui plane sur l'avenir de nos relations avec la Communauté, n'avons-nous pas intérêt plus que d'autres pays à maintenir deux fers au feu: l'un en Europe, l'autre en Asie?...

La finalité des investissements privés étrangers est en train de s'élargir. Dans les premières phases, les entreprises étaient confrontées au risque de perdre un marché ou d'y fabriquer sur place pour le marché intérieur les produits finis qu'elles avaient coutume de vendre depuis l'extérieur. Cette formule reste certes valable dans plusieurs pays, mais elle coexiste aussi avec une seconde solution très largement pratiquée par les Japonais et progressivement par les Quatre Dragons: fabriquer localement aux conditions les moins coûteuses (main d'oeuvre en particulier) principalement pour l'exportation. Certaines maisons suisses se sont lancées dans cette voie qui pourrait être exploitée sur une plus grande échelle...

Quelles que soient les futures orientations de l'économie privée dans cette partie du monde, on peut se demander si des liens plus étroits ne s'imposent pas entre les représentants de l'économie privée, les autorités et l'administration fédérale en vue d'esquisser les grandes lignes d'une politique économique d'ensemble appliquée à l'Asie...

Toutefois des efforts plus grands d'information, de coordination des actions sont concevables. Il serait non moins judicieux – et en partie réalisable – de susciter plus de «vocations asiatiques» dans la jeunesse, à entendre les souhaits de nos entreprises. Le directeur de l'une d'elles soulignait le vieillissement des cadres suisses en Asie. Les rares jeunes qui acceptent encore de s'expatrier à Jakarta ou à Bombay, ne veulent bien souvent pas y rester plus de quelques années.

> Au niveau des relations publiques, n'est-il pas surprenant qu'il ait fallu attendre 1991 pour voir la première visite – combien opportune – d'un Conseiller fédéral en Corée du Sud? On saisit mal au nom de quels critères plusieurs visites de Conseillers fédéraux ont eu lieu en Chine, et si peu en Asie de Sud ou du Sud-Est ces vingt dernières années...
> L'ancrage de l'économie suisse dans le monde nord-atlantique ne va probablement pas se modifier très profondément d'ici vingt ans. Cette constatation devrait nous inciter à mieux profiter des perspectives qui s'annoncent en Asie pour nos exportations, nos investissements, les opérations de crédit et de coopération technique. Nous sommes d'autant mieux placés pour le faire que nous sommes déjà assez bien implantés. De plus, notre pays est largement ouvert aux produits manufacturés du Tiers Monde en général, de l'Asie en particulier... Si nous choisissons l'alternative du simple «business as usual», nous risquons d'en souffrir comme nos horlogers si rudement malmenés par leurs concurrents japonais, dans les années 1960–1980...»

unter demjenigen von Portugal. Aber die reichsten 10% der Indonesier geben pro Kopf gleich viel für Konsumgüter aus wie der durchschnittliche Portugiese; damit stellen sie allein einen doppelt so grossen Markt dar wie ganz Portugal – und das Wachstum ist noch in vollem Gange...

Die Studie von Kneschaurek (1993) nimmt eine global-makroökonomische Perspektive ein. Sie rechnet vor, dass die schweizerischen Exporte unter der hypothetischen Annahme einer gleichbleibenden regionalen Ausrichtung und produktemässigen Zusammensetzung mit dem Wachstum der Weltwirtschaft nicht Schritt halten werden. Nun ist allerdings die Struktur der schweizerischen Exporte in der Vergangenheit keineswegs konstant geblieben. Vielmehr zeigt Kneschaurek, dass sich in den drei Jahrzehnten zwischen 1960 und 1990 nicht nur die Europalastigkeit verstärkt hat, sondern sich auch der Anteil der in den besonders rasch wachsenden asiatischen Markt ausgeführten Güter und Dienstleistungen von 5% auf nahezu 12% mehr als verdoppelt hat – eine Zunahme, die zudem nicht nur das überdurchschnittliche Wachstum des asiatischen Marktes widerspiegelt, sondern auch eine Vergrösserung des Marktanteils der schweizerischen Exporte auf diesem Markt um fast ein Drittel (Kneschaurek, 1993, Tabelle 13, S. 131, sowie Tabelle 14, S. 141). Dennoch glaubt Kneschaurek, dass die Schweiz noch viel zu sehr auf die stagnierenden Märkte in ihrer unmittelbaren Nachbarschaft ausgerichtet sei. Auf diesen sieht er einen «rücksichtslosen Verdrängungskampf» heraufziehen, in dem die Schweiz «nicht nur als Hochlohnland, sondern auch als Nicht-Mitglied der EG bzw. des EWR» kaum über Trümpfe verfüge (Kneschaurek 1994, S. 24). Eine Umorientierung in Richtung des pazifischen Wirschaftsraums tue daher dringend not:

«Auf sozusagen allen in Zukunft besonders expansiven Märkten ist die Schweiz zur Zeit untervertreten, auch wenn sie in einzelnen Fällen etwas an Boden gewinnen konnte. Damit stellt sich die Frage nach einer Gewichtsverlagerung der Exportanstrengungen in Richtung der in Zukunft dynamischeren Märkte: Ein schwieriges Unterfangen, da ein Auf- und Ausbau eigener Marktpositionen in Übersee die Kenntnis und das Verständnis andersartiger Kulturkreise, Sprachen, gesellschaftlicher Wertsysteme und Verhaltensweisen, politischer Entscheidungsprozesse und bürokratischer Gepflogenheiten voraussetzt, was die Kräfte und Möglichkeiten von kleinen und mittleren Unternehmungen übersteigt. Doch gerade diese müssten sich von der bisher allzu einseitigen Ausrichtung ihrer Exporte nach den Nachbarländern lösen, um die sich weltweit bietenden Chancen besser nutzen zu können.»

«Vom Staat zu erwarten wäre zu diesem Punkt zumindest eine Ausweitung und Vertiefung der Informationsdienste über die Auslandsmärkte, die Verstärkung der Interessenvertretung bzw. der Zahl der Wirtschaftsexperten in dem in diesen Ländern eingesetzten diplomatischen Korps und eine grosszügigere Unterstützung der Informations- und Beratungsstellen von Fach- und Berufsverbänden für alle Unternehmungen, welche auf neuen entwicklungsträchtigen Märkten Fuss fassen möchten» *(Kneschaurek 1994, S. 25)*.

Zu sehr ähnlichen Schlussfolgerungen gelangt eine NFP-28-Studie von Etienne/Maurer/Renaudin (1992), welche das Potential der asiatischen Märkte aus der Optik schweizerischer Unternehmungen beleuchtet. Gestützt auf Gespräche mit Vertretern von über 100 Firmen, die in Indien, Pakistan, China oder Indonesien tätig sind, vermittelt die Studie eine grosse Menge von firmenspezifischer Detailinformation sowie Erfahrungen, Einsichten und Empfehlungen aus der Praxis. Einige davon sind in Box 1.4 aufgeführt. Insgesamt attestieren die Genfer Forscher der Schweizer Wirtschaft, mit kontinuierlich zunehmenden Niederlassungen, Investitionen und Handelsströmen gut auf die z. T. sehr dynamische Entwicklung in den vier genannten Ländern reagiert zu haben. Allerdings könne leicht der Anschluss verpasst werden, da die Konkurrenz massiv auf die neuen Märkte dränge. Einen Nachholbedarf ortet die

Studie im Dienstleistungssektor und bei der Handelsdiplomatie, die zwar qualitativ ausgezeichnet, aber personell unterdotiert sei. «Keine neue Strategie, aber eine Verstärkung der Mittel» lautet die zusammenfassende Forderung der Studie (Etienne, G./Maurer, J.-L./Renaudin, Ch., 1994, S. 28).

«A Dangerous Obsession»
*Paul Krugman (1996) über die internationale
Wettbewerbsfähigkeit von Nationen*

2. Verlust der Wettbewerbsfähigkeit? – Ein Dauerthema

2.1 Widersprüchliche Einschätzungen

Bei dem hohen Grad der internationalen Verflechtung der schweizerischen Volkswirtschaft liegt es auf der Hand, dass das wirtschaftliche Wohlergehen der Schweiz entscheidend davon abhängt, wie gut es ihren produzierenden Unternehmungen gelingt, sich auf meist hart umkämpften Weltmärkten zu behaupten. Nicht umsonst gehören die Voraussetzungen und Perspektiven der internationalen Wettbewerbsfähigkeit der Schweizer Wirtschaft zu den Kernfragen, mit denen die wirtschaftspolitische Diskussion in der Schweiz andauernd beschäftigt ist.

Ernsthaft aktuell wurde in der Schweiz die Frage der Wettbewerbsfähigkeit bereits Mitte der 70er Jahre, als es nicht nur zu dem einschneidenden Wachstumsknick kam, von dem oben schon die Rede war, sondern auch die schweizerische Exportwirtschaft mit dem Übergang zu den flexiblen Wechselkursen einem Aufwertungsschock ausgesetzt wurde, auf den sie nach langen Jahren des bequemen Lebens mit einem unterbewerteten Franken nicht vorbereitet war. Gleichzeitig führte das Beispiel der Uhrenindustrie drastisch vor Augen, als wie verletzlich sich eine scheinbar gefestigte Position auf den Weltmärkten plötzlich erweisen kann. Die damalige Diskussion prägte die Fragestellungen des Nationalen Forschungsprogramms Nr. 9 «Mechanismen und Entwicklung der Schweizerischen Wirtschaft», wie allein schon die Titel der beiden Schlussberichtsbände – «Die Schweizerische Wettbewerbsfähigkeit auf dem Prüfstand» (Halbherr et al. 1988) und «Die Schweiz unter flexiblen Wechselkursen» (Bernegger 1988) – erkennen lassen.

Die Thematik hat in der Zwischenzeit nichts an Aktualität eingebüsst. Im Gegenteil: Neue Sorgen sind dazugekommen. So beispielsweise die Tatsache, dass auch die Schweiz mittlerweile unter einer nicht mehr zu vernachlässigenden Arbeitslosigkeit leidet, während die Schweizer Wirtschaft weiterhin vornehmlich im Ausland wächst (vgl. oben, Abb. 1.14). Oder die Herausforderung des Europäischen Binnenmarkts, dem die Schweiz nach dem bekundeten Willen ihrer Stimmbürger bisher nicht angehört. Vor diesem Hintergrund sind in der Diskussion um die schweizerische Wettbewerbsfähigkeit mitunter geradezu alarmistische Töne zu vernehmen. Vom «Sanierungsfall» ist die Rede; der jähe Absturz aus der Champions League der Weltwirtschaft wird prognostiziert.

Es wäre allerdings falsch zu glauben, dass der drohende Verlust der Wettbewerbsfähigkeit ein spezifisch schweizerischer Kummer wäre. In den USA etwa werden andauernde Handelsdefizite und ein anämisches Produktivitätswachstum schon seit langem als Indizien schwindender Wettbewerbskraft gedeutet. Präsident Reagan bildete deswegen in den frühen 80er Jahren eigens eine ‹Commission on Competitiveness›; und Präsident Clintons engste Wirtschaftsberaterin wurde durch ein Buch bekannt, in dem sie darlegt, dass die USA vor allem im Hochtechnologie-Bereich auf dem besten Weg sind, ihren Status als wirtschaftliche Supermacht einzubüssen (Tyson 1992). In der Europäischen Union schienen gegen Ende der 80er Jahre das Binnenmarkt-Programm sowie eine günstige Konjunktur das zuvor so gerne beschworene Gespenst der «Eurosklerose» zwar etwas verscheuchen zu können, aber nur

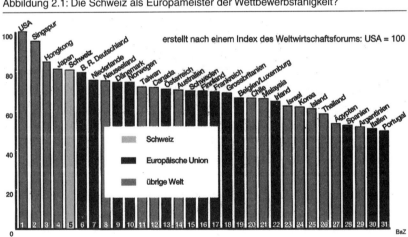

Abbildung 2.1: Die Schweiz als Europameister der Wettbewerbsfähigkeit?

Quelle: Basler Zeitung, 6. September 1995

Box 2.1

Wie angeschlagen ist die Wettbewerbsfähigkeit der Schweiz?

«Die Diagnose der angeschlagenen wirtschaftlichen Wettbewerbsfähigkeit der Schweiz ist kaum zu widerlegen.»
Blattner et al. (1987, S.40)

«[1994] sah sich die schweizerische Exportwirtschaft im zweiten aufeinanderfolgenden Jahr mit einem stärkeren Franken konfrontiert. Trotz dieses... wenig verheissungsvollen Rahmens übertrafen die schweizerischen Exporte die Erwartungen erneut... Dieses Ergebnis ist in verschiedener Hinsicht bemerkenswert und zeugt von einer insgesamt intakten Wettbewerbfähigkeit der Schweizer Exportindustrie.»
Brodmann (1995, S.37)

«Die USA und die Schweiz schaffen es nicht einmal in die obere Hälfte unserer 38-Länder-Tabelle der zukünftigen Wettbewerbsfähigkeit. Die Sorge um die Wettbewerbsfähigkeit in diesen Ländern erscheint völlig gerechtfertigt.»
Schweizerische Bankgesellschaft (1993, S.6)

«[Aus der Entwicklung der Marktanteile der schweizerischen Exportindustrie seit 1965] lässt sich offenbar keine schlüssige Beweisführung im Sinne einer generellen Verschlechterung der Wettbewerbsposition der Schweiz ableiten...»
«Wenn wir allerdings unser Untersuchungs- und Erklärungsfeld auf die Entwicklung der eigenen Position auf den Inlandsmärkten im Vergleich zu den Exporten sowie der Direktinvestitionen im Ausland erweitern, gelangen auch wir zu einer Bestätigung der These von der sich allmählich verschlechternden internationalen Konkurrenzstellung der schweizerischen Exportindustrie.»
Kneschaurek (1993, S.142, und 1994, S.20)

«Erstaunlich wettbewerbsfähige Schweiz: Die Schweiz ist gemäss der diesjährigen Untersuchung des World Economic Forum und der Management-Schule IMD das wettbewerbsfähigste Land Europas.»
Neue Zürcher Zeitung, 6. September 1995

«Die ‹Schweiz AG› ist wohl rascher als erwartet vom Sonder- zum Sanierungsfall geworden.»
Borner et al. (1994, S.11)

vorübergehend. Denn Wachstumsschwäche und hohe Arbeitslosigkeit sind nach wie vor nicht überwunden. Beides hat die Europäische Kommission (1993) in einem vieldiskutierten Weissbuch als eine Folge mangelnder Wettbewerbsfähigkeit interpretiert. Vor allem in der Bundesrepublik Deutschland wird die Diskussion um die Gefährdung des Wirtschaftsstandorts ebenso engagiert geführt wie in der Schweiz, und z. T. mit ganz ähnlichen Argumenten.[22] Seine eigenen Wettbewerbsfähigkeitsprobleme hat schliesslich in besonderem Masse auch Japan, dessen Position im internationalen Produktionskostenvergleich sich durch den stratosphärischen Höhenflug des Yen auf den Devisenmärkten in der ersten Hälfte der 90er Jahre dramatisch zugespitzt und wesentlich zur deflationären Krise des Landes beigetragen hat.[23]

Vor diesem internationalen Hintergrund ist es vielleicht wenig verwunderlich, dass die Einschätzungen der schweizerischen Wettbewerbsfähigkeit, die von den verschiedensten Seiten her vorgenommen werden, ausserordentlich uneinheitlich und widersprüchlich ausfallen. Box 2.1 vermittelt eine selektive Auswahl von Statements, mit denen die Öffentlichkeit in der jüngeren Vergangenheit konfrontiert wurde. In seinem für das NFP 28 zusammengestellten Survey konstatiert Kneschaurek (1993, S. 133) als «fast uneingeschränktes» Fazit «zahlreicher Forschungsarbeiten», dass «die Schweiz im Laufe der letzten 10–15 Jahre an Wettbewerbsfähigkeit eingebüsst habe.»[24] Andere Quellen vermitteln dagegen ein eher optimistisch stimmendes Bild. Dazu gehören alles in allem auch die jährlich vom Weltwirtschaftsforum in Genf veröffentlichten ‹Weltranglisten› der Wettbewerbsfähigkeit. In diesen wurde die Schweiz vor allem nach dem EWR-Nein von 1992 zwar vorübergehend etwas zurückgestuft; aber schon in der Rangliste für 1995 – sie ist in Abb. 2.1 wiedergegeben – figuriert die Schweiz hinter den USA und drei fernöstlichen Volkswirtschaften wieder auf Platz 5, als wettbewerbsfähigstes Land Europas notabene.[25]

2.2 Konzeptionelle Unklarheiten

Der Grund für diese verwirrende Meinungsvielfalt ist vielleicht nicht einmal so sehr in der Tatsache zu sehen, dass viele Probleme, die für die Schweiz diagnostiziert werden, auch anderswo auftreten. Viel stärker fällt ins Gewicht, dass der ganze Begriff der internationalen Wettbewerbsfähigkeit einer Volkswirtschaft schon auf der konzeptionellen Ebene äusserst diffus und kaum fassbar ist. Das Problem ist seit langem bekannt und wurde in der einschlägigen Literatur schon ausführlich diskutiert. Ein vom NFP 9 eigens zur Klärung des Begriffs der internationalen Wettbewerbsfähigkeit gestartetes Projekt förderte auch nur dessen «Fragwürdigkeit» und «Problemgeladenheit» zutage (Halbherr et al. 1988, S. 140). Einige repräsentative neuere Versuche, den Begriff mit Gehalt zu füllen, sind in Box 2.2 zusammengetragen. Im angelsächsischen Raum ist es seit einiger Zeit vor allem Paul Krugman (1996), der einen eigentlichen Feldzug gegen die «Obsession» mit dem Phantom der Wettbewerbsfähigkeit führt. Am liebsten sähe er es aus dem volkswirtschaftlichen Vokabular – mehr noch: aus dem volkswirtschaftlichen Denken – verbannt.

Krugman wird nicht reüssieren. Zu sehr ist allein schon die politische Diskussion auf die Frage der Wettbewerbsfähigkeit eingefahren. Im populären volkswirtschaftlichen Bewusstsein nimmt die Wettbewerbsfähigkeit eine Stellung ein, die vielleicht am ehesten mit jener der Intelligenz im psychologischen Kontext vergleichbar ist: ein Begriff, den jedermann verwendet, der in jedermann positive Assoziationen weckt, der in jedem Fall für die Grundlagen erfolgreichen Funktionierens steht, den aber trotzdem jedermann mit etwas anderen Bedeutungsinhalten füllt, und für den es entsprechend verschiedenartige – und immer kontroverse – Messkonzepte gibt. Wenn es von der Intelligenz heisst, sie sei letztlich nichts anderes, als was der Intelligenztest misst, so lässt sich ähnliches auch von der Wettbewerbsfähigkeit sagen. Und doch: Wem würde es leicht fallen, den Begriff der Intelligenz aus seinem Wortschatz zu streichen? In diesem Sinne haben wir auch nichts dagegen einzuwenden, die Wettbewerbsfähigkeit als losen Sammelbegriff für die verschiedenen Voraussetzungen erfolgreichen Wirtschaftens im volkswirtschaftlichen Vokabular zu belassen – vorausgesetzt, es wird intelligent damit umgegangen.

Landläufige Vorstellungen von Wettbewerbsfähigkeit sind, wie u.a. Hellwig (1992) festgestellt hat, durch die Erfahrungswelt des Sports geprägt. Im sportlichen Wettkampf geht es – was immer Baron de Coubertin darüber gedacht haben mag – um Sieg oder Niederlage, d.h. es kommt nicht primär darauf an, gut zu sein, sondern besser zu sein. Gut zu sein, ist nur Mittel zum Zweck. Nicht unähnlich verhält es sich beim Wettbewerb zwischen Unternehmungen auf Märkten. Um Aufträge zu erhalten, Marktanteile zu verbessern etc. muss man besser sein als die Konkurrenz. In diesem Kontext ist es auch nicht allzu schwierig, Wettbewerbsfähigkeit konzeptionell zu fassen, mit operationellem Gehalt zu füllen und damit auch zu messen. So wie die Sportler Punkte und Ranglistenplätze vergeben, gibt es auch in der Unternehmenswelt Performance-Masse, an denen sich die Wettbewerbsfähigkeit ablesen lässt. Mit der Wettbewerbsfähigkeit eng verbunden ist dabei die Fähigkeit, Ressourcen (Kapital und Arbeit) an sich zu binden und mindestens marktkonform zu entlohnen. In diesem Sinne lässt sich der Begriff der Wettbewerbsfähigkeit ohne grosse Probleme auch auf einen Wirtschaftszweig oder so-

Box 2.2

Was ist Wettbewerbsfähigkeit überhaupt? – Einige Definitionen

«Wettbewerbsfähigkeit ist definiert als unsere Fähigkeit, Güter und Dienste zu produzieren, die den Test der internationalen Märkte bestehen, während unsere Bürger in den Genuss eines steigenden und dauerhaften Lebensstandards kommen.»

Tyson (1992, S.1)

«[Mit] der internationalen Konkurrenzfähigkeit der Schweizer Wirtschaft wird ihre Fähigkeit angesprochen, weiterhin auf den Weltmärkten Exporterfolge zu erzielen, aber auch der Importkonkurrenz auf den Inlandsmärkten Stand zu halten.»

Kneschaurek (1992, S.7)

«Die gängige Messung der Wettbewerbsfähigkeit als Fähigkeit zu verkaufen ist wirtschafts-politisch nicht sonderlich zweckmässig. Wettbewerb ist kein Selbstzweck, sondern er dient der Steigerung der volkswirtschaftlichen Effizienz... Aufgrund dieser Überlegungen wird vorgeschlagen, hohe Effizienz mit hoher Wettbewerbsfähigkeit gleichzusetzen.»

Blattner et al. (1987, S.41)

«Das einzig sinnvolle Konzept der Wettbewerbsfähigkeit auf der nationalen Ebene ist die Produktivität.»

Porter (1990b, S.84)

«Für die gesamte Volkswirtschaft äussert sich die Wettbewerbsfähigkeit in erster Linie im Verhältnis des Einkommensniveaus zu jenen der Konkurrenzländer.»

Halbherr et al. (1988, S.141)

«[Wettbewerbsfähigkeit ist] die Fähigkeit, neue Spezialprodukte und neue technische Problemlösungen in einem Masse entwickeln zu können, das es gestattet, steigende Einkommen bei hohem Beschäftigungsstand zu erzielen, obwohl nachstossende Wettbewerber allmählich das technische Wissen und die organisatorischen Fähigkeiten erwerben, diese Produkte ebenfalls herzustellen.»

Sachverständigenrat (1981)

«Streng genommen gibt es gar keine volkswirtschaftliche Wettbewerbsfähigkeit per se... Internationale Wettbewerbsfähigkeit einer Nation widerspiegelt sich im ‹Standort-Wettbewerb› um mobile Produktionsfaktoren. Entscheidend ist die relative Attraktivität, mobile Faktoren anzuziehen bzw. deren Auswanderung zu verhindern.»

Borner et al. (1990, S.91 und 97)

gar eine Wirtschaftsregion ausdehnen. Was im Wettbewerb erfolgreich ist, expandiert im allgemeinen; Misserfolg dagegen bedeutet Verlust von Märkten, Abbau von Arbeitsplätzen und letztlich Bedrohung der Existenz. Für jede Unternehmung ist die Frage ihrer Wettbewerbsfähigkeit somit von buchstäblich existentieller Bedeutung und mit keinerlei konzeptioneller Unklarheit behaftet.

Die ‹Schweiz AG› ist keine Unternehmung

Probleme entstehen erst, wenn versucht wird, dieses Konzept von Wettbewerbsfähigkeit unbesehen auf die Ebene der Volkswirtschaft zu übertragen. Denn die Beziehungen, die die einzelnen Länder in der Weltwirtschaft zueinander unterhalten, haben mit Wettbewerb im Sinne des unternehmerischen Wettbewerbs auf den Märkten herzlich wenig zu tun – wenngleich die rhetorischen Gepflogenheiten in der Handelsdiplomatie oder auch in der internationalen Währungspolitik manchmal das Gegenteil vermuten lassen könnten. Es gehört zu den bleibenden Leistungen der grossen Denker der klassischen Nationalökonomie – David Hume, Adam Smith, David Ricardo –, gezeigt zu haben, dass die merkantilistische Lehre von der Aussenwirtschaft als einem Nullsummenspiel, d.h. einem para-sportlichen (oder vielleicht besser: paramilitärischen) Wettkampf der Nationen um möglichst grosse Überschüsse im Handelsverkehr untereinander, ein Unsinn gewesen ist.

Das Argument der Klassiker impliziert aber noch wesentlich mehr: Nicht nur ist die Weltwirtschaft kein Wettkampf der Nationen um Handelsbilanzüberschüsse, sondern sie ist überhaupt kein Wettkampf der Nationen. Die obige Metapher aus dem Sport wird damit geradewegs in ihr Gegenteil verkehrt. Für eine Volkswirtschaft lautet die Maxime nicht, ‹besser› sein zu müssen, sondern ‹gut› zu sein; und das bedeutet grundsätzlich, eine möglichst leistungsfähige Wohlstandsmaschine zu sein. Die Marktwirtschaft als Wirtschaftssystem instrumentalisiert dabei den Wettbewerb der Unternehmungen für diese volkswirtschaftliche Zielsetzung, aber sie überträgt damit das Wettbewerbsprinzip nicht auf das Verhältnis der Volkswirtschaften untereinander. Desgleichen instrumentalisiert sie für denselben Zweck den internationalen Wirtschaftsverkehr – also im wesentlichen den internationalen Wettbewerb der Unternehmungen auf den Weltmärkten –, der die Effizienz des Ressourceneinsatzes zu steigern erlaubt, weil entweder Grössenvorteile besser genutzt oder komparative Vorteile ausgebeutet werden können.

Obwohl also die Vorstellung, dass jede Nation «wie ein grosses Unternehmen ist, das auf dem Weltmarkt mit anderen konkurriert»,[26] irreführend ist, erfreut sie sich grosser Popularität. Zur «gefährlichen Obsession», für die sie Krugman hält, wird sie allerdings nur dann, wenn sie die Politiker dazu verleitet, sich auf fragwürdige Experimente zur Behebung der vermeintlichen ‹strategischen› Wettbewerbsnachteile ihres Landes zu kaprizieren, statt die wirklichen, meist elementaren hausgemachten Ursachen ihrer wirtschaftlichen Probleme anzupacken[27] – eine Gefahr, die im Falle der ‹grossen› Spieler der Weltwirtschaft vielleicht eher gegeben ist als im Falle eines kleinen Landes wie der Schweiz (Zweifel/Schmidt, 1995).

Trotzdem: Wo kein Wettbewerb um Sieg und Niederlage ist, da ist auch kein Raum für Ranglisten mit Siegern und Verlierern. Wenn also beispielsweise das World Economic Forum die Schweiz auf der Basis von einigen hundert Indikatoren – sie reichen von der Dichte des Eisenbahnnetzes bis zu den Wertvorstellungen in der Bevölkerung – für 1995 zum ‹wettbewerbsfähigsten› Land Europas gekürt hat, dann liegt das Problem nicht einmal so sehr darin, dass die Auswahl und Gewichtung der Indikatoren immer diskutabel sind. Das Problem ist vielmehr, dass «am wettbewerbsfähigsten» nichts bedeutet; die Wettbewerbsfähigkeit einer ganzen Volkswirtschaft als ordinale Kategorie ist ein inhaltsleeres Konzept.

Aus diesen Gründen plädieren verschiedene Autoren dafür, die quantitative Erfassung der internationalen Wettbewerbsfähigkeit nicht von den verschiedenen Funktionsbedingungen und -voraussetzungen einer Volkswirtschaft her anzugehen, sondern direkt die gesamtwirtschaftliche Performance zu messen. In diese Richtung zielen diejenigen der in Box 2.2 aufgeführten Definitionen, welche die Wettbewerbsfähigkeit unmittelbar mit Produktivität, Effizienz, Pro-Kopf-Einkommen u.ä. identifizieren. Es handelt sich dabei um operable Grössen, deren Messung vergleichsweise unproblematisch ist, die unmittelbar wohlstandsrelevant sind, die im Grunde genommen aber auch den Begriff der Wettbewerbsfähigkeit überflüssig erscheinen lassen. Denn die Analyse der Wettbewerbsfähigkeit wird damit zur reinen Produktivitäts- und Wachstumsforschung. Auch diese kann man von ganz verschiedenartigen Blickwinkeln her betreiben – mit einer gesamtwirtschaftlichen Optik und makroökonomischen Indikatoren wie z.B. Blattner et al. (1987), oder auf der Ebene der einzelnen Unternehmungen, von deren Anstrengungen um kontinuierliches Upgrading der Produktivitätsfortschritt der ganzen Volkswirtschaft letztlich abhängt, und die z.B. Porter (1990a,b) in den Mittelpunkt stellt.

Natürlich kann man gesamtwirtschaftliche Produktivitäts- oder Effizienzmasse international vergleichen. Man kann damit auch interpretationsfähige Ranglisten erstellen. Eine der oben zitierten Definitionen würde sogar die internationale Wettbewerbsfähigkeit einer Volkswirtschaft anhand ihrer Plazierung auf einer solchen Rangliste messen. Darob darf aber nicht vergessen gehen, dass es das *absolute* Produktivitätsniveau sowie dessen Entwicklung im Zeitablauf sind, die für den Wohlstand der Menschen den Ausschlag geben, und nicht der Produktivitätsvorsprung bzw. -rückstand gegenüber anderen Ländern.[28]

So gesehen wäre es falsch, das im internationalen Vergleich seit Jahrzehnten unterdurchschnittliche Produktivitätswachstum der Schweiz per se schon als Alarmzeichen zu werten. Auch hier wieder können voreilige Analogien zwischen einer Unternehmung und einer Volkswirtschaft zu falschen Schlüssen führen: Während es für eine Unternehmung durchaus der Fall sein kann, dass ihre Marktposition auf einem Produktivitätsvorsprung gegenüber der (u. U. internationalen) Konkurrenz beruht, und dass der Verlust dieses Vorsprungs eine existentielle Bedrohung sein kann, gilt dasselbe nicht auch für eine ganze Volkswirtschaft, weil deren Verhältnis zu anderen Volkswirtschaften eben grundsätzlich nicht eines der Konkurrenz, sondern eines der Arbeitsteilung ist. Dass andere Länder, die die zweite Hälfte des 20. Jahrhunderts entweder von einem niedrigeren Entwicklungsstand aus, oder noch von Kriegsschäden belastet, in Angriff genommen hatten, in der Zwischenzeit gegenüber der Schweiz aufgeholt haben, ist eine normale Begleiterscheinung des im vorigen Kapitel erläuterten Konvergenzprozesses und für die Schweiz an sich noch kein Grund zur Beunruhigung. Beunruhigen sollten die internen Hemmnisse und Ordnungsdefizite, die die Schweiz daran hindern, ihr Potential auszuschöpfen. Aber weder lassen sich deren Ausmass und Auswirkungen ohne weiteres aus internationalen Wachstumsvergleichen herauslesen, noch ist es ein grosser Trost, wenn andere Länder unter ähnlichen Problemen leiden.

Die Entwicklung des Lebensstandards kann von der Produktivitätsentwicklung im Prinzip dann abweichen, wenn sich die Preisrelationen im Aussenhandel, die sog. *Terms of Trade*, ändern, weil hierdurch die Kaufkraft inländischer Einkommen, bezogen auf Importgüter, tangiert wird. Dies ist ein Effekt, der für die Schweiz mit ihrem hohen Aussenhandelsanteil immer wieder eine bedeutende Rolle gespielt hat – so insbesondere bei abrupten Preisänderungen im Rohstoffbereich oder bei starken Wechselkursschwankungen. Im langfristigen Trend spielen aber diese Effekte für die Schweiz, wie für andere Länder auch, nur eine untergeordnete Rolle. Deshalb ist es keine unzulässige Vereinfachung, die Zunahme des Lebensstandards mit dem inländischen Produktivitätswachstum gleichzusetzen. Hingegen ist es eine unzulässige Vereinfachung, hieraus den Schluss zu ziehen – wie Krugman (1996, Kap. 1) dies im Übereifer seines Kreuzzugs wider die ‹Obsession der Wettbewerbsfähigkeit› tut –, dass der Lebensstandard eines Landes praktisch ausschliesslich von Inlandsfaktoren bestimmt werde und nichts mit dem Wettbewerb um Weltmärkte zu tun habe. Denn das Produktivitätswachstum selbst hat, wie wir in Kapitel 3 noch ausführlicher erörtern werden, durchaus etwas mit der internationalen Verflechtung der Volkswirtschaft und mit der Stellung ihrer Unternehmungen auf den Weltmärkten zu tun.

Dies ist ein Punkt, den insbesondere jene zurecht betonen, die Wettbewerbsfähigkeit nicht einfach nur mit aktuellem Wohlstand gleichsetzen, sondern als die Fähigkeit definieren wollen, den Wohlstand auch in Zukunft zu erhalten und zu vergrössern. Denn hier gilt für eine Volkswirtschaft natürlich genauso wie für eine Unternehmung, dass die Erfolge der Vergangenheit kein Garant für ebensolche Erfolge in der Zukunft sind. Beispiele von Unternehmen und Ländern, die aus einst unangefochtenen Leaderpositionen ins Mittelmass oder in die Bedeutungslosigkeit abgesunken sind, gibt es genügend. Nur ist so etwas ex ante äusserst schwierig zu erfassen. Ein Versuch der oben zitierten Wettbewerbsfähigkeitsstudie der Schweizerischen Bankgesellschaft (1993), für die von ihr untersuchten Länder einen Index der ‹Competitiveness Tomorrow› zu konstruieren, entpuppt sich bei näherem Hinsehen im wesentlichen als eine simple Extrapolation, gestützt auf die Investitionsquoten und Wachstumsraten der 80er Jahre. Dass dabei die Lateinamerikaner den Schwanz der Tabelle zieren und die etablierten Industrieländer wie die Schweiz weit hinter den dynamischen Schwellenländern klassiert sind, überrascht deshalb nicht. Ob dies für die Schweiz ein hinreichender Grund zu Besorgnis ist, bleibe hier dahingestellt.

Preis- und Kostenindikatoren der Wettbewerbsfähigkeit

Bei allen Schwierigkeiten, dem Begriff der nationalen Wettbewerbsfähigkeit eine konzeptionell klare Bedeutung abzugewinnen, stellt sich die Frage, ob nicht die im Prinzip eindeutig definierbaren und leicht ermittelbaren Indikatoren der internationalen Preis- und Kostenrelationen einen operablen Massstab der Wettbewerbsfähigkeit darstellen. Dass das Verhältnis zwischen dem Preis- und Kostenniveau des Inlands und jenem der ausländischen Konkurrenz von unmittelbarer Bedeutung für die Erfolgsaussichten inländischer Firmen auf dem Weltmarkt ist, leuchtet unmittelbar ein. In der Tat zeigen Berechnungen der OECD (1995, Fig. 9, S.26), dass sich die so definierte Wettbewerbsfähigkeit der schweizerischen Volkswirtschaft seit den frühen 80er Jahren systematisch verschlechtert hat. Ob man die Lohnstückkosten, die Verbraucherpreise, die Exportpreise oder die Importpreise zugrundelegt, immer zeigt sich dasselbe Bild: Die Schweiz ist im Vergleich zu ihren wichtigsten Handelspartnern über die Jahre zusehends teurer geworden.

Allerdings ist auch dieses Konzept der Wettbewerbsfähigkeit nicht ohne seine Tücken. Vor allem verhält es sich keineswegs so, dass maximale preisliche Wettbewerbsfähigkeit in jedem Fall ein erstrebenswertes Ziel ist. D.h. es kann für die Schweiz keine vernünftige Strategie sein, den Weltmarkt mit Discountpreisen zu erobern. Denn die Kehrseite des Discountpreises ist immer die verminderte Kaufkraft des Exporterlöses bezüglich der Güter, die aus dem Ausland eingeführt werden. Nicht umsonst wird eine Verbesserung der preislichen Wettbewerbsfähigkeit in der Aussenwirtschaftslehre als Terms-of-Trade-*Verschlechterung* bezeichnet.

Der in unserem Zusammenhang entscheidende Punkt ist, dass Preise und Kosten weder als unabwendbares Schicksal vom Himmel fallen noch ohne weiteres zur Manipulationsmasse der Wirtschaftspolitik gehören, sondern sich im wesentlichen endogen aufgrund der gesamtwirtschaftlichen Marktkräfte bilden. Dieser Tatbestand wird offenbar übersehen, wenn beispielsweise Exponenten von exportabhängigen Wirtschaftszweigen die Forderung aufstellen, das Lohn- und Preisniveau der Schweiz müsse zur Wiederherstellung der internationalen Wettbewerbsfähigkeit um 30% abgesenkt werden. Auch hier wieder gilt es zu beherzigen: Die ‹Schweiz AG› ist keine Unternehmung. Für eine einzelne Unternehmung, ja vielleicht sogar für eine ganze Branche, mag es ja zutreffen, dass sie mit tieferen Löhnen ‹wettbewerbsfähiger› wäre, und dass sie daher das herrschende Lohnniveau zu denjenigen Rahmenbedingungen zählt, die dringend ‹verbessert› werden sollten. Auf der volkswirtschaftlichen Ebene gehört aber das Lohnniveau nicht zu den exogenen Rahmenbedingungen, sondern ist letztlich das Spiegelbild der Produktivität und der Leistungsfähigkeit der Gesamtheit der Unternehmungen, die Arbeitskräfte nachfragen. Dass die Endogenität der Preise im Kontext einzelner Märkte allgemein besser verstanden wird als im Kontext der ganzen Volkswirtschaft, wird durch ein Beispiel von Hellwig (1992, S. 45) plastisch veranschaulicht: Niemand käme auf die Idee, dass Daimler-Benz ein Wettbewerbsfähigkeitsproblem hat, weil ein Merzedes ein teures Auto ist. Vielmehr kann ein Merzedes teuer sein, weil er offenbar ein wettbewerbsfähiges Produkt ist.

Wenn sich einzelne Branchen auf dem Weltmarkt durch ein Kosten-Handicap behindert fühlen, ist dies nicht unbedingt Ausdruck eines Wettbewerbsfähigkeitsproblems der Volkswirtschaft insgesamt, sondern eher das Indiz einer Wettbewerbsschwäche der betreffenden Branchen im Verhältnis zu anderen Sektoren, mit denen sie im Wettbewerb um die produktiven Ressourcen der Volkswirtschaft stehen. Was die Wirtschaftspolitik unternehmen kann, um die preisliche Wettbewerbsfähigkeit der inländischen Unternehmungen zu stärken, muss bei jenen Elementen der Kostenbelastung ansetzen, die nicht den Charakter von unverzerrten Marktsignalen haben, sondern aus staatlichen Eingriffen und/oder staatlich veranlassten bzw. geduldeten Wettbewerbsbeschränkungen resultieren. Ein in diesem Zusammenhang oft angeführtes Beispiel sind die Kosten des Sozial- und Wohlfahrtsstaates. An sich gäbe es keinen Grund, warum der Ausbau des Sozialstaats die internationale Wettbewerbsfähigkeit der Wirtschaft verschlechtern sollte, solange die Bereitschaft vorhanden ist, für einen solchen Ausbau auch zu bezahlen. Ist diese Bereitschaft jedoch nicht vorhanden, d. h. führen die steuerlichen Belastungen zu Überwälzungsprozessen zwischen Löhnen und Preisen, dann werden naturgemäss diejenigen benachteiligt, deren Überwälzungsspielraum am geringsten ist; und das sind die Unternehmungen, die dem Druck der Weltmarktkonkurrenz ausgesetzt sind (Alesina/Perotti, 1994).

Überlagert, und damit verschleiert, wird die fundamental realwirtschaftliche Logik der endogenen Bestimmung internationaler Lohn- und Preisrelationen immer wieder durch Störeinflüsse monetärer Art. Insbesondere sind es oft Wechselkursbewegungen, die innerhalb kurzer Zeitspannen stark spürbare Verschiebungen der Wettbewerbsverhältnisse auf den Weltmärkten herbeiführen. Entsprechend steht dann meist die Schweizerische Nationalbank unter Druck, der Exportindustrie durch eine ‹geeignete› Wechselkurspolitik beiseitezustehen. Wohl übt die Nationalbank mit dem von ihr verfolgten Kurs einen starken und unmittelbaren Einfluss auf den Wechselkurs aus. Hieraus ist denn auch die Forderung abzuleiten, dass die Geldpolitik dazu Sorge tragen sollte, nicht selbst zu einer Quelle destabilisierender Wechselkursbewegungen zu werden. Aber der Einfluss, den sie auf die internationale Wettbewerbsposition exportorientierter Unternehmungen ausübt, beruht im wesentlichen nur darauf, dass sie auf den Wechselkurs ungleich schneller wirkt als auf die inländischen Löhne und Preise. Deshalb sind monetär bedingte Wettbewerbsverzerrungen, auch wenn sie einige Zeit anhalten mögen, immer nur vorübergehender Natur. Jeder Versuch, die internationalen Preis- und Kostenrelationen mit Hilfe der Wechselkurspolitik systematisch in eine bestimmte Richtung zu steuern, mündet früher oder später in eine Destabilisierung des internen Preisniveaus und ist deshalb zum Scheitern verurteilt.

Auch in bezug auf die Preis- und Kostenindikatoren der Wettbewerbsfähigkeit gilt somit: Ihre Aussagekraft ist gering, da man den blossen Zahlen nicht ohne weiteres ansieht, was sich hinter ihnen verbirgt. Unter verschiedenen Umständen kann dieselbe Veränderung eines derartigen Indikators ebensogut ein Zeichen der Stärke wie eines der Schwäche sein, ebensogut Ausdruck eines volkswirtschaftlich sinnvollen Marktsignals wie einer monetär verursachten Verzerrung.

2.3 Wie intakt ist die technologische Wettbewerbsfähigkeit der schweizerischen Industrie?

Indikatoren internationaler Preis- und Kostenrelationen besitzen nicht einmal dann besonders viel Aussagekraft, wenn es nur darum geht, die Veränderung der Marktanteile verschiedener Volkswirtschaften auf den Weltexportmärkten zu erklären. Auch dies ist keine neue Einsicht. Schon in den 70er Jahren haben empirische Studien – darunter eine bekannte Arbeit von Kaldor (1978) – gezeigt, dass die erfolgreichsten Exportnationen Marktanteile dazugewinnen konnten, obwohl sich ihre Stückkostenpositionen im Verhältnis zu anderen Volkswirtschaften fast ausnahmslos verschlechterten. Man sprach damals vom ‹Kaldor-Paradoxon›. Dasselbe empirische Bild bietet sich auch mit neueren Daten (Fagerberg 1996). Offenbar gibt es Nicht-Preis-Faktoren, durch welche die Veränderungen der Kostenunterschiede mehr als kompensiert werden können. Ein naheliegender Nicht-Preis-Faktor, auf den sich die theoretischen Erklärungsversuche denn auch rasch konzentriert haben, ist die *Technologie*.

Dass gerade schweizerische Unternehmen von ihrer Ressourcenbasis her im internationalen Wettbewerb nicht als Low-Cost-Anbieter bestehen können, sondern gezwungen sind, durch technologische Spitzenleistungen die Effizienz ihrer Produktionsprozesse dauernd zu erhöhen und immer neue, verbesserte Produkte auf den Markt zu bringen, bedarf keiner näheren Erläuterung. Es kann deshalb nicht überraschen, dass die anhaltende Diskussion um die Wettbewerbsfähigkeit der schweizerischen Wirtschaft neben den oben erwähnten allgemeinen Standortfaktoren immer wieder auch die Frage in den Vordergrund rückt, ob die schweizerischen Unternehmen noch in der Lage sind, den Anschluss an die weltweiten technologischen Entwicklungen zu wahren und im internationalen Innovationswettlauf mitzuhalten. So vermutet etwa Moser (1991, S. 125) einen «Verlust an Technologiekompetenz schweizerischer Unternehmen»; Freiburghaus, Balthasar, Zimmermann und Knöpfel (1991, S. 297) sprechen von einer «tendenziell nachlassenden technologischen Wettbewerbsfähigkeit der Schweiz», während Hotz-Hart (1995, S. 22f.) ein «ungünstig strukturiertes Portfolio der technologischen Aktivitäten» sowie Schwächen in der Wissensumsetzung diagnostiziert.

Allerdings ist auch hier wieder relativierend darauf hinzuweisen, dass in den europäischen Nachbarstaaten und selbst in den USA fast genau dieselben

Sorgen artikuliert werden (vgl. z.B. Weiss, 1996, und Butler, 1992). Diese in scheinbar allen Industrieländern verbreitete Nervosität ist wohl nicht zuletzt eine Konsequenz der Tatsache, dass sich der globale Innovationswettbewerb in der jüngeren Vergangenheit signifikant verschärft hat. Aufgrund der heute hohen internationalen Mobilität des technischen Wissens verkürzt sich die Dauer technologischer Vorsprünge, die Aufholprozesse laufen schneller. Vor allem die Schwellenländer sind rasch in technologische Bereiche vorgestossen, die einst unangefochtene Domänen der Industrieländer waren. Wie wir schon im vorangegangenen Kapitel betont haben, liegt hierin nicht notwendigerweise eine Gefahr für das Realeinkommensniveau der technologisch führenden Länder. Aber es zwingt sie, unrentabel gewordene Produktionszweige rascher aufzugeben und sich verstärkt auf die obersten Segmente des Qualitäts- und Technologiespektrums zu konzentrieren.

Ergebnisse der NFP-28-Studie

Im Rahmen des NFP 28 haben Arvanitis/Etter/Frick/Hollenstein (1992a,b) an der Konjunkturforschungsstelle der ETH Zürich die These eines schweizerischen Innovationsdefizits empirisch unter die Lupe genommen.[29] Auf der Basis eines mikroökonomischen Modells des Innovationsverhaltens wurden dabei Indikatoren der Innovationsaktivität entwickelt und bei der Schweizer Industrie mittels einer Umfrage erhoben. Besonderes Gewicht wurde darauf gelegt, die wesentlichsten Innovationsdeterminanten bzw. auch Innovationshemmnisse detailliert zu erfassen. Um das Hauptergebnis vorwegzunehmen: Der empirische Befund spricht in der Einschätzung der Autoren *«eindeutig gegen die These eines Innovationsdefizits der schweizerischen Industrie»* (Arvanitis et al. 1992b, S. 10). Aus der Vielzahl der weiteren Einzelergebnisse sind in unserem Zusammenhang die folgenden von besonderem Interesse (Arvanitis et al., 1992a,b; Arvanitis/Hollenstein, 1996):

– Die Innovationstätigkeit ist in der Schweiz im allgemeinen nicht auf grosse Würfe im Bereich der Basistechnologien ausgerichtet (Ausnahmen bestätigen die Regel), sondern eher auf *anwendungsorientierte Weiterentwicklungen*.
– Eine entsprechend grosse Rolle für das Ausmass der Innovationsaktivitäten spielt die *Verfügbarkeit von firmenextern generiertem Wissen*, daneben erwartungsgemäss auch die Durchsetzbarkeit der Eigentumsrechte an den Neuentwicklungen. Quantitativ etwas weniger stark ins Gewicht fallend,

aber als Innovationsanreiz ebenfalls von Bedeutung ist die Intensität des Wettbewerbs auf den Absatzmärkten.
- Den Vergleich mit dem Ausland braucht die Schweizer Industrie bezüglich ihrer Innovationsleistung nicht zu scheuen. Abbildung 2.2 illustriert diesen Befund anhand einer Gegenüberstellung der Schweiz und fünf anderer europäischer Regionen bzw. Länder, für die vergleichbare Daten zum Innovationsverhalten zur Verfügung stehen. Gemessen an einer durchschnittlichen Rangziffer, die Arvanitis/Hollenstein (1996) aus der Reihung von sechs verschiedenen Innovationsindikatoren in neun Branchen errechnet haben, nimmt die Schweiz in diesem Quervergleich eine klare *Spitzenstellung* ein.
- Unter den Innovationshemmnissen fallen die *Engpässe im Personalbereich* eindeutig am stärksten ins Gewicht, d.h. der Mangel an qualifiziertem

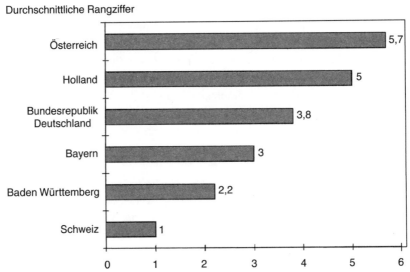

Abbildung 2.2: Die Innovationsleistung der Schweizer Industrie im internationalen Vergleich

Die durchschnittliche Rangziffer ist das arithmetische Mittel der Ränge, die jedes Land im internationalen Vergleich in bezug auf sechs Innovationsindikatoren einnimmt. Bei den sechs Innovationsindikatoren handelt es sich um Innovationen (generell), Produktinnovationen, Prozessinnovationen, F&E-Ausgaben in % des Umsatzes, Patentaktivität und Umsatzanteil innovativer Produkte.

Quelle: Arvanitis/Hollenstein (1996)

Produktions- und F&E-Personal sowie die zu geringe Zuteilung ausländischer Arbeitskräfte. Die Personalverfügbarkeit ist stark konjunkturabhängig. Zum Zeitpunkt der ersten Umfrage von 1990 war der Arbeitsmarkt noch stark ausgetrocknet, so dass die Nennung des Personalmangels als Hauptproblem nicht überrascht. Interessanterweise war dieser Engpass aber auch bei einer zweiten Umfrage 1993, also mitten in der Rezession, noch das einschneidendste Innovationshindernis (Eisinger, 1994, S. 32; Arvanitis/Hollenstein, 1996) Erst mit einigem Abstand folgen staatliche Regulierungen im Umwelt- und Baubereich sowie die Eigenmittelausstattung. Insgesamt führt aber auch die Analyse der Innovationshemmnisse zur Einschätzung, «dass die schweizerische Industrie nicht mit einem Innovationsumfeld zu kämpfen hat, das in struktureller Hinsicht ungenügend ist» (Arvanitis et al. 1992b, S. 12).

So positiv die Ergebnisse der NFP-28-Studie in bezug auf die Innovationsfähigkeit der Schweizer Industrie ausgefallen sein mögen: Es wäre verfehlt, sie unbesehen als pauschales Gütesiegel für den Innovationsstandort Schweiz zu interpretieren. Abgesehen von den methodischen Unwägbarkeiten, denen durch Befragung gewonnene Daten immer unterworfen sind, gibt es auch wichtige Aspekte, die von der Untersuchung nicht adressiert werden konnten. Dazu gehört zum Beispiel die inhaltliche Ausrichtung der Innovationstätigkeit. Wenn die befragten Unternehmen eine hohe Innovationshäufigkeit und hohe Innovationsaufwendungen zu Protokoll geben, besagt dies über das Potential der beackerten Technologiefelder und den Markterfolg der neuentwickelten Produkte noch nichts.

Eine Reihe von Studien, die das Bundesamt für Konjunkturfragen herausgegeben hat, äussern auf der Grundlage von Patentstatistiken die Befürchtung, dass die Schweiz ein konservatives, alterndes und damit zu wenig zukunftsorientiertes Technologieportfolio pflegt (Hotz-Hart/Küchler, 1992, 1995, 1996; Schmoch et al., 1994). Dieses Urteil leitet sich aus der Beobachtung ab, dass die Schweiz zwar eines der patentaktivsten Länder der Welt ist, ihre Patente aber nicht schwergewichtig in denjenigen Technologiefeldern vorzuweisen hat, die als ‹High-Tech› gelten und, gemessen an der weltweiten Patentaktivität, am dynamischsten sind. Auffallend ist dabei, dass die Innovationsaktivitäten, die schweizerische multinationale Unternehmungen im Ausland entfalten, nach diesen Kriterien besser abschneiden als der Standort Schweiz (Hotz-Hart/Küchler 1996). Ob dies Anlass zur Besorgnis geben sollte, ist unklar. Denn der Häufigkeit, mit der bestimmte Technologiefelder in den internationalen Patentstatistiken auftauchen, ist nicht ohne weiteres anzusehen, wieviel wirtschaftliches Potential sie für die Schweiz besitzen. Innovationsstrategien lassen sich nicht auf eine «me too»-Philosophie abstützen, sondern müssen, wie Arvanitis/Hollenstein (1996, S. 353) betonen, zur Struktur der schweizerischen Firmen- und Branchenlandschaft wie auch zum Qualifikationsprofil der Erwerbsbevölkerung passen. Auf einen weiteren Punkt weist Fagerberg (1996, S. 49) hin: In verschiedenen Spitzentechnologien profitiert die technologische Wettbewerbsfähigkeit wesentlich von einem starken Inlandsmarkt. Deshalb sollten kleinere Länder nicht unbedingt danach trachten, das technologische Spezialisierungsmuster der Grossen – die in den internationalen Patentstatistiken naturgemäss dominieren – zu imitieren. Das Mass aller Dinge ist und bleibt der Markterfolg.

Auch die Innovationsumfrage verrät natürlich über die Marktergebnisse der durchgeführten Innovationen höchstens am Rande etwas – indem etwa der Umsatzanteil von Produkten in der Markteinführungsphase erhoben wurde. Die Fähigkeit, Anstrengungen im technologischen Bereich auf dem Markt wirkungsvoll umzusetzen, wird von einer umfangreichen empirischen Literatur nach dem Kriterium der Bewährung auf dem Weltmarkt evaluiert und somit an Indikatoren der Exportleistung festgemacht.[30] Insgesamt zeigt sich dabei ein recht robuster Zusammenhang zwischen der Innovationstätigkeit und dem Export.[31] Einen solchen Zusammenhang legen die Daten der Innovationsumfrage auch für die Schweiz nahe. So konnte Arvanitis (1992) zeigen, dass die internationale Wettbewerbsfähigkeit schweizerischer Industrieunternehmen, gemessen am Export/Umsatz-Quotienten, eng mit der Innovationsfähigkeit, insbesondere mit der Fähigkeit zu Produktinnovationen, korreliert ist. Offen bleibt dabei höchstens, in welche Richtung die Kausalität läuft: Ermöglicht eine hohe Innovationshäufigkeit überdurchschnittliche Exporterfolge, oder erzwingt eine starke Exportabhängigkeit ständige Innovationen? Man geht kaum fehl in der Annahme, dass beides zutrifft.

Die von den Firmendaten der Innovationserhebung suggerierte Beziehung zwischen Innovationsverhalten und Exportleistung gibt zwar möglicherweise Hinweise auf die Bedeutung der Forschungs- und Entwicklungstätigkeit für die internationale Wettbewerbsfähigkeit der einzelnen schweizerischen Industrieunternehmen, wenn man sie untereinander vergleicht. Eine ganz andere Frage ist allerdings, ob die Schweizer Industrie insgesamt die von ihr entwickelten Technologien effizient in zählbare Marktergebnisse umsetzt. Die Antwort auf diese Frage dürfte zu einem guten Teil davon abhängen, was man unter «zählbaren Marktergebnissen» versteht. Eine Analyse der OECD (1996a) legt hierfür den Anteil technologieintensiver Güter an den gesamten Industriegüterexporten zugrunde und setzt diesen Indikator in Relation zum

Anteil des Bruttoinlandprodukts, der für F&E ausgegeben wird. Wie Abbildung 2.3 zeigt, sind die beiden Variablen im internationalen Quervergleich deutlich positiv korreliert, und für beide weist die Schweiz klar überdurchschnittliche Werte aus. Klammert man den Ausreisser Irland aus,[32] liegt die Schweiz mit ihrem Verhältnis von F&E-Aufwand zu Hochtechnologieexporten im Rahmen des Normalen, weist also nach diesem Kriterium bei der kommerziellen Umsetzung ihrer Innovationsanstrengungen weder eine besondere Stärke noch eine besondere Schwäche auf.

Eine ausgeprägte Umsetzungsschwäche hat hingegen ein zuhanden des Bundesamts für Konjunkturfragen erstelltes Gutachten des Karlsruher Fraunhofer-Instituts für Systemtechnik und Innovationsforschung konstatiert (Schmoch et al. 1994). Dort wurden in einem internationalen Querschnitt die Patentproduktion und der Welthandelsanteil einer Reihe von Volkswirtschaf-

Abbildung 2.3: F&E-Ausgaben und Hochtechnologieexporte

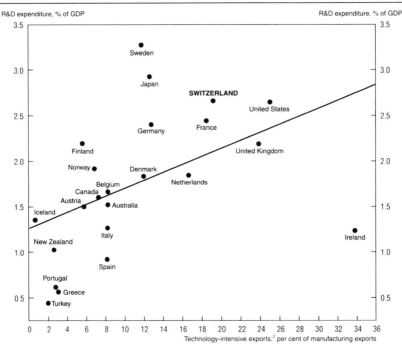

1. Data refer to 1992 for Iceland, Australia, Portugal and Switzerland and to 1991 for Belgium and New Zealand.
2. Technology-intensive exports are defined as exports of aircraft (3845), professional and scientific instruments (3851), office machines (3825) and other chemical products (352). ISIC classification in brackets.

Quelle: OECD (1996a), Fig. 20, S. 76

ten einander in einem ähnlichen Streudiagramm wie in Abb. 2.3 gegenübergestellt. Weil dabei die Patente, nicht jedoch der Aussenhandel, zur Grösse des jeweiligen Landes in Beziehung gesetzt wurden, ist es nicht weiter überraschend, dass die patentaktive, aber kleine Schweiz als extremer Ausreisser erscheint. Hieraus ein Indiz für Umsetzungsschwäche herauslesen zu wollen, mutet daher eher abenteuerlich an. Weitreichende Schlüsse können aus derartigen Befunden ohnehin nicht gezogen werden, wenn man in Rechnung stellt, wie schwierig es ist, einen aussagekräftigen Indikator für die Umsetzungseffizienz zu entwickeln.

Konsequenzen für die Technologiepolitik

Wie wir oben in Box 1.3 ausgeführt haben, ist der technologische Fortschritt, d.h. die fortlaufende Einführung neuer Produkte und Produktionsverfahren, in aller Regel die Hauptantriebsfeder des Wirtschaftswachstums. Soweit die Politik den Wachstumsprozess überhaupt beeinflussen kann, wird sie dies somit in erster Linie dadurch anstreben müssen, dass sie die Innovationsfähigkeit der Wirtschaft fördert. In diesem Sinne ist eine effektive Technologiepolitik der tragende Pfeiler jeder erfolgreichen Wachstumspolitik. Hierüber besteht weitgehend Konsens. Weniger klar ist, wie eine effektive Technologiepolitik aussieht. Wie die gegensätzlichen Definitionen in Box 2.3 deutlich machen, manifestieren sich unterschiedliche Vorstellungen bereits bei der Begriffsbestimmung.

Box 2.3

Was man unter «Technologiepolitik» verstehen kann

«‹Technologiepolitik› umfasst alle staatlichen Massnahmen, die auf eine direkte oder indirekte Beeinflussung der Entstehung sowie der Umsetzung und Verbreitung von neuem, technikrelevantem Wissen abzielen. Oberstes Ziel einer Technologiepolitik ist die Sicherung der Lebensgrundlagen der Bevölkerung und der Wettbewerbsfähigkeit der Wirtschaft.»
‹Technologiepolitik des Bundes› (1992, S. v)

«Die Ziele der Technologiepolitik richten sich auf allgemeine Standortfaktoren und wirtschaftliche Rahmenbedingungen sowie in zunehmender Weise auch auf die technisch-inhaltliche Orientierung der Innovatoren im Lande...»
«Die technologiepolitische Frage nach der Wettbewerbsfähigkeit in den sog. ‹strategischen› Sektoren ist also die Frage, welche Produkte, Technologiebereiche und Prozesse in einer Volkswirtschaft beherrscht werden müssen.»
Schmoch et al. (1994, S. 15 und S. 46)

Insbesondere hinsichtlich des staatlichen Steuerungsanspruchs gehen die Meinungen auseinander: Soll sich die Politik darauf beschränken, investitions- und innovationsfreundliche Rahmenbedingungen zu schaffen, innerhalb derer dann aber der «Wettbewerb als Entdeckungsverfahren» (v. Hayek 1968) Inhalt und Richtung des technologischen Fortschritts bestimmt? Oder ist es die Aufgabe der Politik, die technisch-inhaltliche Orientierung der Innovatoren zu steuern, d. h. ‹strategische› Sektoren, Produkte, Technologiebereiche zu identifizieren und gezielt zu fördern? Die Frage, ob der Staat der Privatwirtschaft im globalen Wettbewerb um die Besetzung ‹strategischer› Technologiefelder aktiv unter die Arme greifen sollte, ist in den letzten Jahren auch international intensiv diskutiert worden. Befürworter eines staatlichen industriepolitischen Aktivismus argumentieren mit der Fixkostenlastigkeit der High-Tech-Industrien und mit oligopolistischen ‹first-mover›-Vorteilen,[33] die allerdings praktisch nur von grossen Wirtschaftsräumen in die Waagschale geworfen werden können und aus diesem Grund, wie weiter oben schon erwähnt, für die Schweiz kaum von Relevanz sind. Vorschläge, die auf eine aktive schweizerische Technologiepolitik abzielen, haben z. T. aber ebenfalls eine klar strukturpolitische Stossrichtung – etwa dann, wenn von der Technologiepolitik erwartet wird, dass sie den im Zuge des Strukturwandels an sich normalen anteilmässigen Rückgang des industriellen Sektors aufhält oder wenigstens bremst.[34]

Es ist nicht unbedingt Ausdruck einer ‹dogmatischen Blockierung›, wie manchmal unterstellt wird, wenn man dem Machbarkeitsglauben skeptisch gegenübersteht, welcher der Politik ein erfolgreiches Herauspicken zukunftsfähiger Schlüsseltechnologien zutraut. Der Bundesrat hat sich mit dem Bericht «Technologiepolitik des Bundes» (1992) diese Skepsis ebenfalls zu eigen gemacht und an die Spitze seiner technologiepolitischen Leitplanken (S. vi) eine klare «Absage an eine interventionistische, staatliche Industrie- und Technologiepolitik» gestellt. Auch die Ergebnisse der im Rahmen des NFP 28 durchgeführten Innovationsstudie enthalten nichts, was eine aktive politische Steuerung der inhaltlichen Richtung rechtfertigen würde, die der technologische Wandel nimmt. Hingegen vermitteln die Erkenntnisse über die wichtigsten Innovationsdeterminanten wie auch Innovationshindernisse durchaus Hinweise darauf, wie die Dynamik des Innovationsprozesses gesteigert werden könnte. Der Befund, dass sich die Innovationstätigkeit der Schweizer Industrie mehrheitlich nicht auf basistechnologische Neuentwicklungen, sondern eher auf anwendungsorientierte Weiterentwicklungen konzentriert, legt zudem eine *diffusionsorientierte* Technologiepolitik nahe, die die Unternehmen vor allem dabei unterstützt, «eine Spitzenstellung bei der raschen Absorption

Box 2.4

NFP-28-Fallstudie: Mikrotechnik[37]

Die mikrotechnische Industrie produziert miniaturisierte Bestandteile und Apparate (Präzisionsinstrumente, Geräte der Telekommunikation, Datenverarbeitungssysteme, Uhren usw.). Innovationen führen typischerweise zu einer Verbindung von älteren, tradierten Technologien (Feinmechanik) mit ganz neuen Technologien und Disziplinen (Mikroelektronik, Optoelektronik, Materialwissenschaft) und ermöglichen dadurch nicht selten bedeutende Produktivitätssprünge. Ihre Produkte werden in zahlreichen industriellen Fertigungsprozessen weiterverwendet (Werkzeugmaschinen, Medizinaltechnik, Telekommunikation). Charakteristisch für die Struktur der Branche ist, dass sie zu 95% aus kleinen und mittleren Unternehmen besteht, die überwiegend nur Teile von mikrotechnischen Systemen herstellen. Diese Zersplitterung und die Verschiedenheit der eingesetzten Technologien stellt hohe Anforderungen an die Zusammenarbeit der Firmen untereinander, aber auch mit den Forschungszentren.

Die NFP-28-Fallstudie, die unter der Leitung von D. Maillat am Institut de Recherches Economiques et Régionales der Universität Neuchâtel durchgeführt wurde, beschäftigt sich mit der Struktur und Entwicklung der Branche sowie, unter Rückgriff auf Porters (1990a)[38] Konzept des ‹Diamanten›, mit deren internationaler Wettbewerbsfähigkeit. In einem gewissen Sinne liefert das Projekt somit ein ergänzendes Fallbeispiel zur Porter-Studie. Angesichts der Konzentration der Unternehmen in den Räumen Jura, Zug und Zürich liegt ein besonderes Augenmerk auf der Rolle regionaler Netzwerke. Die Studie kommt zum Schluss, dass die Synergien noch bei weitem nicht ausgeschöpft sind, obwohl die technologische Leistungsfähigkeit der schweizerischen mikrotechnischen Industrie den internationalen Vergleich bisher nicht zu scheuen braucht. Der Handlungsbedarf, den das Forscher-Team anmahnt, bezieht sich insbesondere auf eine verbesserte Koordination unter den Forschungs- und Ausbildungsstätten sowie eine effizientere Kommunikation und Umsetzung neuer Forschungsergebnisse, die stark unter der fragmentierten Branchenstruktur leidet. Auf sich allein gestellt, sind vor allem die vielen Kleinunternehmen mit der Aufgabe, technologisch auf der Höhe zu bleiben, oft überfordert. Deshalb bedingt die laufende Beobachtung und Auswertung der technologischen Entwicklung den Aufbau (bzw. Ausbau) entsprechender Netzwerke. Der Diffusionsprozess sollte dabei aber keine Einbahnstrasse bleiben, sondern etwa auch die aktive Mitwirkung der Unternehmen an der Ausbildung in den technischen Schulen mit einschliessen.

Sowohl die Diagnose, dass in diesem Sektor kein allgemeiner technologischer Rückstand besteht, als auch die Empfehlung, mit der Schaffung regionaler Innovationsnetzwerke unter besonderem Einbezug kleinerer und mittlerer Unternehmen eine Strategie zu verfolgen, die das Schwergewicht auf die Diffusion von anwendungsbezogenem Wissen legt, decken sich – obwohl unabhängig erarbeitet – mit den Erkenntnissen der NFP-28-Forschergruppe von der ETH Zürich.

weltweit verfügbaren Wissens und dessen Kombination mit der eigenen Know-How-Basis zu erreichen» (Arvanitis/Hollenstein 1996, S. 354).[35] Wesentliche Elemente einer solchen Politik sind:[36]

- Die Pflege und Erweiterung der *Humankapitalbasis*. Gerade das Ergebnis, dass Engpässe beim qualifizierten Personal das Haupthindernis der Innovationstätigkeit bilden, unterstreicht die zentrale Bedeutung dieses Punktes. Gefordert ist damit nicht nur die Bildungspolitik, sondern – worauf in Abschnitt 3.6 nochmals ausführlicher zurückzukommen sein wird – auch die Ausländerpolitik.
- Die Verbesserung des *Wissensaustauschs* zwischen den Bildungs- und Forschungsinstitutionen des Landes sowie der Wirtschaft. Gerade die kleinen und mittleren Unternehmen, für deren Innovationsfähigkeit die Umsetzbarkeit firmenexternen Wissens im Vergleich zu eigenen Forschungsanstrengungen eine besonders grosse Rolle spielt, bekunden hier Probleme. Diesen Punkt verdeutlicht auch eine NFP-28-Fallstudie über die mikrotechnische Industrie der Schweiz, auf die in Box 2.4 hingewiesen wird.
- Die *Stärkung des Wettbewerbs* auf dem schweizerischen Binnenmarkt – eine Forderung, die sich unmittelbar aus dem Befund ableitet, dass ein harter Wettbewerb auf den Absatzmärkten einen wesentlichen Innovationsansporn darstellt. Die Beseitigung von geschützten Marktnischen, in denen unbehelligt von jeglichem Wettbewerbsdruck und ohne Zwang zu steten Prozess- und Produktinnovationen Monopolrenten verdient werden können, ist denn auch ein Hauptargument zugunsten einer vorbehaltlosen Öffnung der schweizerischen Güter- und Dienstleistungsmärkte für ausländische Konkurrenten. In Kapitel 3 werden wir auf Evidenz zurückkommen, die für eine erhebliche quantitative Bedeutung dieses Effekts spricht.

2.4 Von der Wettbewerbsfähigkeit zur ‹relativen Attraktivität›

Keinerlei Dissens gibt es bezüglich der Tatsache, dass durch die tiefgreifenden Veränderungen in der Weltwirtschaft, wie wir sie in Kapitel 1 skizziert haben, ebenso wie durch die Dynamik der technologischen Entwicklung die globale Verteilung der komparativen Vorteile und damit auch die traditionellen Muster der internationalen Spezialisierung gründlich durcheinandergeschüttelt werden. Die Fähigkeit, in diesem Umfeld den Wohlstand zu wahren oder gar weitere Wohlstandsgewinne zu erzielen, ist gleichbedeutend mit der Fähigkeit, die Anpassung bestehender sektoraler Strukturen zuzulassen und sich durch ständiges Upgrading neue Märkte und neue «dynamische komparative Vorteile» zu schaffen (Borner et al. 1990, Kap. VII). Angesprochen ist damit nicht zuletzt auch die Innovationsfähigkeit, die für den deutschen Sachverständigenrat, wie wir oben in Box 2.2 gesehen haben, ja sogar die Quintessenz der Wettbewerbsfähigkeit darstellt, und die eben dort am stärksten gefordert und entwickelt ist, wo die Unternehmungen der Weltmarktkonkurrenz ausgesetzt sind.

Die Rückwirkungen, die von der Aussenwirtschaft auf das inländische Produktions- und Produktivitätswachstum ausgehen, beruhen nicht nur auf dem wettbewerbsinduzierten Innovationsdruck und auf dem Zwang, den Einsatz der volkswirtschaftlichen Ressourcen ständig den wechselnden Erfordernissen der internationalen Arbeitsteilung anzupassen. Vielmehr gehört die Ressourcenausstattung der Volkswirtschaften – und hierin unterscheidet sich die heutige Weltwirtschaft grundlegend vom Paradigma der klassischen Nationalökonomie – nicht mehr zum vorgegebenen Datenkranz, sondern ist aufgrund der hohen internationalen Mobilität bestimmter Produktionsfaktoren, vor allem Kapital, Know How und hochqualifizierte Arbeit, selbst zum Gegenstand unternehmerischer Entscheidungsprozesse und damit auch zum Gegenstand eines intensiven internationalen Wettbewerbs der Standorte geworden. Aus der Sicht eines multinationalen Unternehmens nennt de Pury (1995) drei Faktoren, die den internationalen Standortwettbewerb in der jüngeren Vergangenheit massgeblich verschärft haben:

«Erstens, die zunehmende Bedeutung der neuen Welt. In den letzten Jahren hat die Weltwirtschaft einen Liberalisierungsschock erlebt, welcher zur schlagartigen Integration der Nicht-OECD in die Weltwirtschaft geführt hat: Seit 1989 haben sich die Kapitalflüsse in Entwicklungsländer verdoppelt, die privaten Kapitalströme vervierfacht, die Portfolioanlagen verdreizehnfacht…»

«Zweitens, die Technologisierung und Informatisierung der Weltwirtschaft: Der technologische Fortschritt und die Informatisierung verändern den Inhalt der wirtschaftlichen Wertschöpfung zunehmend. Die immateriellen Faktoren treten gegenüber den materiellen stärker in den Vordergrund. Die Innovation ist eindeutig zum Schlüsselfaktor geworden. Immer mehr findet denn auch ein intensiver Wettbewerb zwischen Innovationsstandorten statt. Dabei sichern sich vor allem die USA, Japan und die EU mit ihrem Technologievorsprung Marktanteile in den Zukunftssektoren, während gleichzeitig die fortgeschrittensten unter den

Emerging Markets immer mehr in technologisch anspruchsvolle Bereiche vordringen. Dadurch werden kleine industrialisierte Länder wie die Schweiz von zwei Seiten bedrängt.»

«Drittens, die Neustrukturierung der multinationalen Unternehmen und der damit verbundene Standortwettbewerb: Multinationale Unternehmen befinden sich mitten in einem Entnationalisierungsprozess. Sie verlagern die einzelnen Stufen ihrer Wertschöpfungskette über Grenzen hinweg dorthin, wo die attraktivsten Rahmenbedingungen dafür bestehen. Gleichzeitig muss die Produktion immer mehr dort stattfinden, wo die Absatzmärkte sind. Diese Entwicklung hat den internationalen Standortwettbewerb gegenüber früher dramatisch intensiviert.»

Im Unterschied zum Güter- und Dienstleistungshandel, bei dem wohl die Unternehmungen, nicht aber die Volkswirtschaften untereinander in einem Konkurrenzverhältnis stehen, begründet die Mobilität der Produktionsfaktoren und Produktionsprozesse auch einen echten Wettbewerb der Nationen um die Ansiedlung jener wirtschaftlichen Aktivitäten, welche mit den immobilen Faktoren – also Boden, sesshaften Arbeitskräften und bereits investiertem Sachkapital – die besten Synergien aufweisen und somit am meisten zur Produktivität der Volkswirtschaft beitragen. Die Fähigkeit, in diesem Standortwettbewerb zu bestehen, verleiht dem Konzept der internationalen Wettbewerbsfähigkeit eine neue, zunehmend bedeutsame Dimension: Es geht, in den Worten von Jones (1980) und Borner et al. (1990), um die *relative Attraktivität* einer Volkswirtschaft für international mobile Produktionsfaktoren.

Diese relative Attraktivität hängt einerseits von gewissen natürlichen Gegebenheiten wie etwa der geographischen Lage eines Landes ab, wird darüber hinaus aber vor allem durch die rechtlich-institutionellen Rahmenbedingungen geprägt, die das politische System setzt. Der internationale Standortwettbewerb stellt somit eine ordnungspolitische Herausforderung ersten Ranges dar und betrifft eine breite Palette von Politikbereichen, so insbesondere die Finanzpolitik, die Sozialpolitik, die Infrastrukturpolitik, die Umweltpolitik, die Stabilitätspolitik, die Bildungspolitik, die Arbeitsmarktordnung sowie die Wettbewerbs- und Regulierungspolitik. Nicht selten geraten dabei die Anforderungen, die vom internationalen Standortwettbewerb ausgehen, in Konflikt mit Interessenpositionen, die sich im innenpolitischen Kräftefeld gut zu artikulieren vermögen. Die Frage, ob das politische System der Schweiz gut dafür gerüstet ist, mit derartigen Konflikten umzugehen, steht im Mittelpunkt der Studien von Borner et al. (1990, 1994).

Obwohl ein Wettbewerb im eigentlichen Sinne des Wortes, ist der internationale Standortwettbewerb nicht ein striktes Nullsummenspiel, wie dies die Diskussion um die Auswirkungen von Produktionsverlagerungen manchmal könnte vermuten lassen. Es ist ja nicht einfach so, dass sich die Länder der Erde um einen vorgegebenen Pool von international mobilen Ressourcen und Aktivitäten streiten. Vielmehr schafft gerade die zunehmende Integration aufstrebender Länder in die Weltwirtschaft neue, zusätzliche Investitions- und Produktionsmöglichkeiten in diesen Ländern. Hierbei spielen multinationale Unternehmen eine bedeutende Rolle, indem sie – nicht zuletzt durch die Verbreitung neuer Technologien – die Evolution der internationalen Arbeitsteilung vorantreiben.

Es wäre deshalb zu einfach, den Standortwettbewerb als einen Prozess zu sehen, bei dem Standorte gegeneinander antreten und die Arena als Gewinner oder Verlierer verlassen. Klar ist jedoch auch, dass dieser Prozess an jedem gegebenen Standort nicht nur Gewinner, sondern auch Verlierer schafft. Eine hohe Attraktivität des Standorts bedeutet nicht, dass der Weiterbestand der gewachsenen Strukturen gewährleistet ist. Gerade die innovativsten Länder, die in neuen Branchen mit neuen Produkten neue Arbeitsplätze schaffen, begünstigen damit implizit auch die Abwanderung von Aktivitäten, für die andere Standorte inzwischen einen komparativen Vorteil errungen haben (Kantzenbach, 1994). Für einzelne Unternehmungen oder Branchen kann der Strukturwandel somit immer den Verlust ihrer Wettbewerbsfähigkeit bedeuten. Aus der Sicht der Betroffenen wird eine solche Entwicklung als u.U. ruinöse Verschlechterung ihrer Standortbedingungen empfunden werden; ein Attraktivitätsverlust der Volkswirtschaft insgesamt braucht damit aber nicht verbunden zu sein.

Verbreitet ist vor allem die Befürchtung, dass mit der Intensivierung des internationalen Standortwettbewerbs massive Kapitalströme aus den Industrieländern in die Entwicklungs- und Schwellenländer bzw. auch in die osteuropäischen Transformationsländer ausgelöst werden, die in den Ursprungsländern Arbeitsplätze vernichten und die Löhne unter Druck setzen. Dieses Argument hat in den USA eine bedeutende Rolle in der politischen Auseinandersetzung um den Einbezug Mexikos in die nordamerikanische Freihandelszone NAFTA gespielt. In ähnlicher Weise wird es aber auch in Europa mit dem ungelösten Beschäftigungsproblem in Zusammenhang gebracht und bremst z.B. in der EU die Öffnung gegen Osteuropa. Richtig daran ist, dass wenn Produktionsfaktoren mobil sind, sie grundsätzlich dorthin wandern, wo sie am knappsten sind und die höchste Grenzerträge erzielen. Hierdurch verstärkt sich die Tendenz zur Verringerung internationaler Faktorpreisunterschiede – eine Tendenz, die im Prinzip bereits vom internationalen Handel mit Gütern und Dienstleistungen ausgeht.

Was jedoch gerne überschätzt wird, ist das Ausmass und das Tempo, in dem sich diese Prozesse vollziehen. Wenn man die effektive Grössenordnung der zwischen den Weltregionen fliessenden Nettokapitalströme betrachtet, so sind diese vor dem Hintergrund der so oft beschworenen Globalisierung der Wirtschaft erstaunlich gering. Ja für die Wissenschaft ist es ein eigentliches Rätsel, warum bei den z.T. gewaltigen Unterschieden, die im Kapitalisierungsgrad wie im Sparverhalten zwischen den verschiedenen Volkswirtschaften bestehen, die Kapitalströme nicht viel grösser sind, als sie in Wirklichkeit zu beobachten sind (Lucas 1990, Feldstein 1995). Gerade wenn die seit 1989 spektakulären Zuwachsraten der Kapitalströme in die Entwicklungsländer zitiert werden, ist zu berücksichtigen, dass dieses Wachstum von einer sehr niedrigen Ausgangsbasis aus erfolgte, nachdem der Kapitalfluss von Nord nach Süd in den 80er Jahren unter dem Einfluss der Schuldenkrise praktisch zum Erliegen gekommen war. Selbst unter der hypothetischen Annahme, dass die ganzen Auslandskapitalien, die in den frühen 90er Jahren aus den OECD-Ländern in die boomenden ‹Emerging Markets› geflossen sind, in ihren Herkunftsländern investiert worden wären – so rechnet uns Krugman (1996, S. 63) vor – hätte dies für den gesamten Kapitalstock des OECD-Raums nur gerade ein halbes Prozent ausgemacht. Dies ist im Vergleich zu den Beträgen, welche allein die Budgetdefizite der öffentlichen Haushalte der Industrieländer auf den Kapitalmärkten von produktiven investiven Verwendungen weglenken, wenig.

Die Kapitalströme, die durch den globalen Wettbewerb der Standorte um mobiles Kapital bisher in Bewegung gesetzt worden sind, evozieren also nicht gerade das Bild des leckgeschlagenen Tanks, das man in der öffentlichen Diskussion gelegentlich vermittelt bekommt, sondern eher dasjenige eines tropfenden Wasserhahns. Aber dies bedeutet natürlich nicht, dass sich der Standortwettbewerb punktuell nicht trotzdem nachhaltig bemerkbar macht, sei es in einzelnen Branchen oder auch in bestimmten Berufsgruppen.[39] Auch für eine ganze Volkswirtschaft wie die Schweiz gibt es wenig Anlass zu beschaulicher Selbstzufriedenheit, zumal sie ja – was de Purys obige Charakterisierung des Standortwettbewerbs zurecht betont – als Standort nicht nur mit ‹Emerging Markets› konkurriert, sondern vor allem auch mit anderen Industrieländern.

Die ordnungspolitischen Forderungen, deren Erfüllung gewöhnlich zu den wesentlichen Voraussetzungen der relativen Attraktivität gezählt wird, sind praktisch alle auch aus rein binnenwirtschaftlicher Optik zu stellen. D.h.

Ordnungsdefizite verursachen immer Effizienz- und Produktivitätseinbussen. Insoweit als mobile Produktionsfaktoren aufgrund unattraktiver Rahmenbedingungen an andere Standorte ausweichen, werden die Effizienzverluste jedoch akzentuiert. Dieser Effekt lässt sich analytisch leicht nachweisen. Sehr viel schwieriger ist es, ihn auch zu quantifizieren. Wenn von einer «dramatischen Intensivierung» des internationalen Standortwettbewerbs gesprochen wird, so lässt sich hierfür jeweils eine grosse Menge anekdotischer Evidenz anführen; systematische Evidenz für messbare Auswirkungen auf gesamtwirtschaftliche Performance-Indikatoren beizubringen, scheint demgegenüber nicht so leicht zu fallen.

2.5 Wettbewerbsfähigkeit auf Branchenebene: zum Beispiel die Banken

Wie nun wiederholt deutlich geworden ist, bereitet das Konzept der internationalen Wettbewerbsfähigkeit konzeptionell am wenigsten Probleme, wenn man es auf der Ebene der einzelnen Unternehmungen oder auch einer ganzen Branche analysiert. Denn was sich als das Spezialisierungsprofil der Volkswirtschaft in der globalen Arbeitsteilung herausbildet, entscheidet sich letztlich immer durch den Erfolg oder Misserfolg der einzelnen Unternehmungen im Wettbewerb um Märkte auf der Absatzseite und im Wettbewerb um Ressourcen auf der Inputseite. Wettbewerbsfähig ist, was im internationalen Wettbewerb überlebt und expandiert. Die Wettbewerbsfähigkeit auf der einzelwirtschaftlichen Ebene prägt somit einerseits die Strukturen und die Performance-Indikatoren, die wir auf der gesamtwirtschaftlichen Ebene beobachten. Sie hängt andererseits aber auch von politisch gesetzten Ordnungsbedingungen ab, die Gegenstand des internationalen Standortwettbewerbs sind.

Das Zusammenwirken dieser verschiedenen Dimensionen des Wettbewerbs wird plastisch durch eine Fallstudie illustriert, die im Rahmen des NFP 28 über den Finanzplatz Schweiz durchgeführt wurde. Das gemeinsame Projekt des Institut des Hautes Etudes Internationales in Genf (A. Swoboda und H. Genberg) sowie der Forschungsstelle für Arbeitsmarkt- und Industrieökonomik der Universität Basel (N. Blattner) befasste sich mit der volkswirtschaftlichen Bedeutung und der Leistungsfähigkeit der Schweizer Banken, ihrer internationalen Stellung in verschiedenen Sparten des Bankgeschäfts, der Wettbewerbsintensität im Inlandsgeschäft und vor allem auch mit dem Wettbewerb zwischen den verschiedenen internationalen Finanzzentren. Besonders deutlich wurde dabei, dass die internationale Wettbewerbsfähigkeit der Schweizer Banken und die internationale Wettbewerbsfähigkeit des Finanzplatzes Schweiz zwei verschiedene Dinge sind. Die Forschungsergebnisse sind in zwei Sammelbänden veröffentlicht worden (Blattner et al. 1992, 1993a). Eine zusammenfassende Übersicht und die wichtigsten Schlussfolgerungen finden sich in Blattner et al. (1993b).

Der Bankensektor war für das NFP 28 allein deshalb schon ein interessantes Untersuchungsobjekt, weil die Schweiz in diesem Sektor eine starke internationale Stellung errungen hat. Das Klischee vom produktivitätsschwachen, binnenmarktorientierten Dienstleistungssektor stimmt hier somit in keiner Weise. Auf den Beitrag der Banken zum Aussenhandel und speziell zum Exportüberschuss der Schweiz sind wir schon weiter oben eingegangen. Besonders stark ist die Weltmarktposition der Schweizer Banken im Vermögensverwaltungsgeschäft, dessen quantitative Dimension und Bedeutung kürzlich von Blattner et al. (1996) untersucht worden ist. Auch was den Wertschöpfungs- und Beschäftigungsanteil angeht, spielen die Banken in der schweizerischen Volkswirtschaft eine grössere Rolle als in fast allen anderen Ländern. Die Wertschöpfungsintensität, d. h. die Bruttowertschöpfung pro beschäftigte Person, ist fast dreimal so gross wie der gesamtwirtschaftliche Durchschnitt.[40] Ihre ‹Wettbewerbsfähigkeit› haben die Banken somit nicht nur mit ihren Marktanteilen im globalen Bankgeschäft, sondern auch im inländischen Wettbewerb mit anderen Sektoren um Kapital und Personal unter Beweis gestellt. Gerade dies hat ja nicht unwesentlich dazu beigetragen, dass der oft überzeichnete Gegensatz zwischen dem ‹Werkplatz› und dem ‹Finanzplatz› Schweiz immer wieder die öffentliche Diskussion bewegte. Allerdings ist es um diese Diskussion merklich ruhiger geworden, seit sich mit Beginn der 90er Jahre auch im Bankensektor die Strukturbereinigungen häuften und zu einem Abbau des inländischen Personalbestandes führten.

Performance-Indikatoren: Licht und Schatten

Obwohl sich die NFP-28-Analyse überwiegend auf Datenmaterial aus den ‹goldenen 80er Jahren› bezog, fand sie in den Leistungsindikatoren des Bankensektors nicht nur Licht, sondern auch Schatten und interpretierte dies nicht zu unrecht als Hinweis auf bevorstehende schwierige Jahre. Zwar vermitteln aggregierte Indikatoren für den Bankensektor insgesamt im internationalen Vergleich ein recht günstiges Bild: Wie Tabelle 2.1 zeigt, wiesen die Schweizer Banken im Durchschnitt der Jahre 1980–1989 bezüglich Stückkosten, Intermediationskosten und Wertberichtigungsbedarf sehr günstige Werte aus. Bezüglich der Eigenkapitalrentabilität war das Bild weniger vorteilhaft, wobei allerdings die überdurchschnittliche Eigenmittelausstattung mit in Rechnung zu stellen ist. Die schwierigeren 90er Jahre haben sowohl bei der Eigenkapitalrendite als auch vor allem beim Wertberichtigungsbedarf deutliche Spuren hinterlassen. Dass die Bankenkrise z. B. in Japan ungleich schärfere Formen angenommen hat, ist da kein grosser Trost.

Die Analyse desaggregierter Daten für rund 450 Banken förderte eine grosse Streuung der Performance-Indikatoren zutage. So schätzte Wirth (1993), dass bereits 1990 knapp 40% der Banken die wahren volkswirtschaftlichen Kosten ihres Eigenkapitals nicht mehr erwirtschafteten – ein deutliches Indiz dafür, dass die profitablen 80er Jahre wohl auch Institute über Wasser gehalten haben, deren längerfristige Existenzfähigkeit mit einem Fragezeichen zu versehen war. Dazu passt auch der im Rahmen der NFP-28-Studie geführte Nachweis, dass die Schweizer Banken, obwohl sich ihre Kostensituation im internationalen Vergleich durchaus günstig darstellte, noch über bedeutende unausgeschöpfte Kostensenkungspotentiale verfügten. Sheldon/Haegler (1993) schätzten auf der Basis von Daten aus dem Zeitraum 1987–91 die Rationalisierungsreserven auf über 40%. Es fanden sich auch Hinweise darauf, dass der zu Beginn der 90er Jahre in der Bankenlandschaft einsetzende Strukturbereinigungsprozess schon früh signifikante Produktivitätsverbesserungen mit sich brachte (Sheldon, 1993, S. 252).

Tabelle 2.1: Die Schweizer Banken im internationalen Leistungsvergleich
(Periodendurchschnitte, alle Angaben in %)

	Schweiz		BRD		USA		Japan	
	1980–1989	1990–1994	1980–1989	1990–1994	1980–1989	1990–1994	1980–1989	1990–1994
Eigenkapitalrendite[1]	11,3	8,8	17,4	13,0	13,9	16,6	19,7	7,3
Stückkosten[2]	54,9	53,1	63,1	63,5	67,7	65,6	66,3	71,5
Intermediationskosten[3]	1,4	1,6	2,3	2,1	3,3	3,7	1,3	1,2
Wertberichtigungen[4]	0,43	0,91	0,43	0,44	0,61	0,69	0,03	0,08

[1]Gewinn vor Steuern in % der eigenen Mittel
[2]Personal- und Verwaltungsaufwand in % des Bruttoertrags
[3]Nettozinseinkommen in % der Bilanzsumme
[4]Verluste, Abschreibungen und Rückstellungen in % der Bilanzsumme

Quellen: Bossard/Wirth/Blattner (1992), Table2; Schweizerische Bankiervereinigung (1996), Tabelle A10

In der Zwischenzeit hat sich dieser Strukturwandel fortgesetzt. Im Zeitraum von 1990 bis 1995 ist die Anzahl der Bankinstitute um 17%, die Anzahl der inländischen Geschäftsstellen um 16% und die Anzahl der im Inland Beschäftigten um 9% zurückgegangen.[41] Dies ist, wie eine Übersicht der Bank für Internationalen Zahlungsausgleich (1996, Kap. V) zeigt, im internationalen Vergleich noch nicht einmal besonders viel. Vor allem in den angelsächsischen Ländern haben die Anpassungsprozesse schon früher eingesetzt und sind, wie auch in den skandinavischen Ländern, entsprechend weiter fortgeschritten. Weitere Redimensionierungen stehen somit noch bevor bzw. sind bereits eingeleitet. Eine Hauptursache für den Anpassungsdruck im schweizerischen Bankensektor ist ein Strukturmerkmal, das in hohem Masse für die ‹Schweiz AG› insgesamt charakteristisch ist (Borner et al. 1990), nämlich die Dualisierung zwischen dem internationalen Geschäft (Vermögensverwaltung, Handel mit Derivativen) einerseits, in dem unter den Bedingungen eines intensiven weltweiten Wettbewerbs Höchstleistungen erbracht werden müssen – und auch erbracht werden –, und auf der anderen Seite einem Binnenmarkt, der lange Zeit gegen ausländische Konkurrenz abgeschottet war, und in dem infolgedessen gravierende Ineffizienzen fortbestehen konnten, ohne dass ein wirksames Korrektiv eingebaut gewesen wäre. Insbesondere haben sich die Banken Überkapazitäten geleistet, an denen aufgrund eines übertriebenen Marktanteilsdenkens allzu lange festgehalten wurde. Nicht umsonst gilt die Schweiz, so die Financial Times (28.10.96), als *«one of the world's most overbanked countries»*. Diese Überkapazitäten dürften auch einen wesentlichen Teil dessen ausmachen, was die NFP-28-Studie statistisch als Kosteninineffizienz identifiziert hat. Sheldon/Haegler (1993, S. 128) sprechen von «allokativer Ineffizienz» und meinen damit den im Verhältnis zum Einlagenvolumen übermässigen Kapital-, Personal- und Sachaufwand, den die Schweizer Banken vor allem im inländischen Retailgeschäft getrieben haben.

Ermöglicht wurden diese kostspieligen Strukturen sowohl durch eine faktische Quersubventionierung seitens des ertragsstarken Auslandsgeschäfts (bei den grösseren Instituten) als auch durch ein kartellistisch-einvernehmliches ‹leben und leben lassen›. Der Druck zur Strukturbereinigung ist mit der zunehmenden Globalisierung des Finanzsektors gewachsen und kommt konkret vor allem von zwei Seiten. Auf der einen Seite ist es der internationale Kapitalmarkt, der die Unternehmungen weltweit zu einer konsequenteren Ertragsorientierung zwingt. Ein Symptom dafür ist die zunehmende Lautstärke, mit der unbequeme Aktionäre ihre Forderungen nach besserer Performance artikulieren. In der Tat haben laut der oben erwähnten Zusammenstellung der Bank für Internationalen Zahlungsausgleich (1996, Tabelle V.7, S. 91) die

Bankaktien in den letzten anderthalb Jahrzehnten nur in wenigen Ländern eine relativ zur Gesamtbörse so schlechte Kursentwicklung zu verzeichnen gehabt wie in der Schweiz, wo die Bankaktien im Zeitraum von 1980 bis 1995 gegenüber dem Marktdurchschnitt inngesamt 45% eingebüsst haben. Die stärkere Betonung des ‹Shareholder Value› wird – weil sie auf ein durchgreifendes Abspecken hinausläuft – oft als eine Bereicherung der Kapitalgeber zulasten der übrigen ‹Stakeholder› missverstanden. Dass der ‹Shareholder Value› vielmehr auch ein Allokationssignal darstellt, das die Funktion hat, Ressourcen in ihre volkswirtschaftlich vernünftigsten Verwendungen zu lenken, gehört nicht unbedingt zu denjenigen Einsichten der Volkswirtschaftslehre, die der Öffentlichkeit am leichtesten zu vermitteln sind.

Eine zweite wesentliche Quelle des wachsenden Anpassungsdrucks im inländischen Einlagen- und Kreditgeschäft ist die Zunahme der Wettbewerbsintensität auf diesem Markt selbst. Genberg, Helbling und Neftci (1992) haben die Zinsbildung auf dem Inlandsmarkt systematisch untersucht und die Hypothese getestet, dass die inländischen Sätze durch Kartellvereinbarungen sowie Marktzutrittsbeschränkungen für ausländische Anbieter lange Zeit nur unvollkommen mit den entsprechenden Sätzen auf dem Euromarkt übereingestimmt haben. Da sich sowohl die Inlands- als auch die Eurosätze auf Schweizer-Franken-Depositen bezogen, konnten die Abweichungen keine Währungsprämie zum Ausdruck bringen. Es fand sich Evidenz für ein erhebliches Mass von Marktsegmentierung und lokaler Monopolmacht, die vor allem gegenüber Kleinkunden ausgeübt wurde, im Laufe der 80er Jahre aber stark zurückging, weil die internationale Integration der schweizerischen Finanzmärkte immer mehr voranschritt. Auch Appelle an die regionalen Loyalitäten der Kunden, wie im Falle der Werbebotschaft in Abbildung 2.4, oder

Abbildung 2.4: Globalisierung der Finanzmärkte – bis ins Berner Oberland?

das Vertrauen auf den Fortbestand ‹gewohnheitsmässiger› Kundenbeziehungen genügen heute kaum mehr, um nicht marktkonforme Konditionen aufrechtzuerhalten.

Trotz dem anhaltenden Konsolidierungsprozess kann von einer exzessiven Konzentration im schweizerischen Bankensektor noch lange keine Rede sein, und sie steht auch in Zukunft kaum zu befürchten. Vor allem darf, wie die eben erwähnten Ergebnisse zur fortschreitenden internationalen Integration der Märkte verdeutlichen, ein zunehmender Konzentrationsgrad nicht unbesehen mit einer schädlichen Monopolisierung gleichgesetzt werden. Die Verringerung der Anzahl der Anbieter braucht sich keineswegs zum Nachteil der Bankkunden auszuwirken, da dieselbe Zunahme des internationalen Wettbewerbsdrucks, von dem der Rationalisierungszwang ausgeht, auch die Marktmacht auf der Angebotsseite begrenzt. Der freie Zugang ausländischer Anbieter zum Inlandsmarkt erfüllt, wie wir in Kapitel 3 noch ausführlicher erörtern werden, eine essentielle wettbewerbspolitische Funktion. Zudem deutet die genauere Analyse der Kosten- und Ertragsindikatoren durch Sheldon/Haegler (1993) sowie Haegler/Jeger (1993) zwar auf ein insgesamt effizienteres Kostenmanagement in den grösseren Instituten hin, nicht aber auf inhärente technologische Grössenvorteile (‹economies of scale›), und ebensowenig auf Verbundvorteile, wenn verschiedene Sparten unter einem Dach zusammengefasst sind (‹economies of scope›). Dies bedeutet, dass schiere Grösse kein Erfolgsgarant ist. Für Nischenanbieter, die ihre besonderen Stärken entwickelt haben – sei es im Einlagen- und Kreditgeschäft oder im bilanzindifferenten Geschäft –, sich entsprechend spezialisieren und ein kosteneffizientes Angebot entfalten, müsste gemäss diesen Befunden auch in Zukunft Platz sein.

Allerdings sind alle derartigen Aussagen mit Vorsicht zu geniessen. So sind ja etwa die technologischen Produktionsbedingungen, welche die zitierten Studien zu schätzen versucht haben, einem raschen Wandel unterworfen. Die rasch ins Bankgeschäft vordringenden modernen Informationstechnologien haben das Potential, sowohl die Kostenstrukturen als auch die Marktstrukturen zu revolutionieren. Nicht grundlos stellt Hellwig (1996) die Frage, «wieviele Kunden im Jahre 2010 oder 2015 ihre Bankgeschäfte zu Hause auf dem PC über Internet abwickeln wollen – ohne überhaupt eine Bankzweigstelle zu betreten… [und] welche Zinsen und Gebühren durchgesetzt werden können, wenn diese Kunden auf dem PC durch Knopfdruck die Angebote der Konkurrenz weltweit einholen und durch einen weiteren Knopfdruck das Geschäft an die Konkurrenz übertragen können.» Angesichts der ausgeprägten Fixkostenlastigkeit dieser Technologien werden dannzumal vielleicht auch ‹economies of scale› und ‹economies of scope› einer Neueinschätzung bedürfen.

Und die Standortbedingungen?

Auch für den Bankensektor gilt, was wir oben (in Abbildung 1.13) für die Gesamtheit der schweizerischen Unternehmen gezeigt haben: Das Beschäftigungswachstum findet vornehmlich im Ausland statt. Während die Anzahl der von den Schweizer Banken im Inland Beschäftigten zwischen 1985 und 1995 (trotz dem seit 1990 zu verzeichnenden Rückgang!) um gut 10% zunahm, hat sich die Anzahl der im Ausland geschaffenen Arbeitsplätze im gleichen Zeitraum verdoppelt.[42] Auch hier wäre es allerdings voreilig, aus diesen Zahlen eine alarmierende Verschlechterung der Standortbedingungen und die Gefahr einer galoppierenden Produktionsverlagerung herauszulesen. Zum einen ist – im Unterschied zur Gesamtheit der Schweizer Unternehmen – der Anteil der Auslandsbeschäftigung an der Gesamtbeschäftigung bei den Banken mit 8% (im Jahr 1995) immer noch gering. Zum anderen gehört die Verstärkung der Präsenz an ausländischen Finanzzentren zu den normalen Begleiterscheinungen der Internationalisierung des auf den Weltmarkt ausgerichteten Dienstleistungsgeschäfts.

Trotzdem gilt natürlich auch für den Finanzsektor, dass seine Wettbewerbsfähigkeit und damit sein Beitrag zur schweizerischen Volkswirtschaft massgeblich durch die Rahmenbedingungen bestimmt sind, die ihm der Standort Schweiz im Vergleich zu konkurrierenden Standorten bietet. Die Standortpflege ist für den Finanzsektor von besonderer Bedeutung, weil im Finanzgeschäft nicht nur einzelbetriebliche Standortentscheidungen auf dem Spiel stehen, sondern systemische Voraussetzungen den Ausschlag dafür geben, an welchen Standorten sich bestimmte Aktivitäten konzentrieren. Die Industrieökonomik spricht von ‹externen Skaleneffekten› und meint damit diejenigen Faktoren, die darauf hinwirken, dass sich bestimmte Wirtschaftszweige oft in Ballungszentren – beispielsweise eben in Finanzzentren – konzentrieren.[43]

Dazu kommt, dass der Finanzplatz Schweiz nicht nur als Produktionsstandort von Bankdienstleistungen, sondern auch als Marktplatz im internationalen Wettbewerb steht. So hat z.B. Helbling (1993) im einzelnen gezeigt, wie die Londoner Börse in den 80er Jahren durch den Verzicht auf die Besteuerung von Transaktionen mit ausländischen Aktien bedeutende Marktanteile, nicht zuletzt im Handel mit Schweizer Aktien, gewinnen konnte. Im Wertschriftenhandel ist der Standortwettbewerb besonders hart, weil die Informationstechnologie daraus eine globale, international leicht transferierbare Aktivität gemacht hat. Bereits geringfügige Nachteile im Bereich der Transaktionssteuern können unter diesen Bedingungen gravierende Konsequenzen

Box. 2.5

Die Finanzplatz-Studie des NFP 28: Schlussfolgerungen der Autoren

«Die Banken- und Finanzmärkte sind international unter Druck. Überkapazitäten sind vielerorts festzustellen. In zahlreichen Ländern müssen weitreichende Sanierungen durchgeführt werden. Die Schweiz ist diesbezüglich keine Ausnahme. Auch hier ist der Strukturwandel in vollem Gange. Zwar hat das Projekt gezeigt, dass die Performance der Banken in der Schweiz im internationalen Vergleich hoch ist. Aber die Bankenlandschaft ist nicht stabil. Die Performance- und Kostendifferenzen zwischen den Banken sind ausgeprägt. Der Marktdruck im Inland und aus dem Ausland wird weiter wachsen. Der Selektionsprozess wird sich akzentuieren. So problemlos, zweifelsfrei und selbstverständlich, wie der Bankensektor z.B. noch 1991 mit bloss 3,5% der Erwerbstätigen 8,3% der Bruttowertschöpfung der Schweiz erbrachte, wird dieser Sektor in Zukunft zur volkswirtschaftlichen Prosperität wohl kaum mehr beitragen.

An die Adresse der Bankleitungen geht vor allem die Forderung nach einer noch ausgeprägteren Kostenkontrolle. Sie ist eine entscheidende Voraussetzung für jedes Wachstum. Spezialisierung ist ein weiteres und zweifellos wohlbekanntes Schlagwort. Deren Vorteile relativieren die traditionelle These von der Überlegenheit der Universalbank. Aber: Im Projekt wird gezeigt, dass die Spezialisierung vor allem dann Erfolg verspricht, wenn sie im Einklang mit den instituts- und standortspezifischen Stärken erfolgt. Das Management muss die Stärken seines Instituts identifizieren und sie weiterentwickeln. Dasselbe gilt für die Wirtschafts-, Handels- und Regulierungspolitik. Sie entscheiden über die Standortgunst, welche als Datum in das Kalkül der Bankleitungen eingeht. Auf diese Weise hängt der Erfolg einer Spezialisierungsstrategie sowohl von den Fähigkeiten des Managements als auch vom Erfolg der Politik in der Verbesserung der Rahmenbedingungen ab.

Im Zusammenhang mit der Kontroverse um die Vor- und Nachteile einer Teilnahme der Schweiz am Europäischen Wirtschaftsraum (EWR) wurde zu Recht auf die Bedeutung des Systemwettbewerbs hingewiesen. Bis auf weiteres sind für die Schweiz seit kurzem die Würfel gefallen. Jetzt haben wir die Gelegenheit, ausserhalb des EWR im Systemwettbewerb erst recht aktiv zu werden. Unsere Untersuchungen haben den Wert des den Kunden in der Schweiz gebotenen besonderen Schutzes der Privatsphäre (Bankgeheimnis) grundsätzlich bestätigt. Ausserhalb des EWR darf dieser Vorteil erst recht nicht geschmälert werden. Damit wird aber nicht etwa einer primitiven «Off shore»-Strategie das Wort geredet. Die Schweiz ist ein europäisches Land und ist zudem auf den Finanzmärkten auch viel zu wichtig, als dass sie dauerhaft ausschliesslich mittels des Ausnützens von Regulierungsnischen die Konkurrenz in Schach halten könnte. Die internationalen Spielregeln sind selbstverständlich auch weiterhin einzuhalten. Andererseits wäre es völlig verfehlt, Vorteile hinsichtlich der Liberalität der Regulierung und Überwachung ohne triftige Gründe einer natürlich nach wie vor willkommenen Eurokompatibilität zu opfern. Verfehlt wäre es auch, evidente Nachteile z.B. im Bereich der Transaktionssteuern oder auch der Verrechnungssteuern nicht sobald als möglich zu beseitigen, oder gar zu versuchen,

> den Finanzsektor mittels handelspolitischer Massnahmen gegen die ausländische Konkurrenz abzuschirmen. Die Rolle der Handelspolitik besteht vielmehr darin, den diskriminierungsfreien Zutritt schweizerischer Unternehmen zu ausländischen Märkten zu sichern. So, und nicht durch Schutzvorkehrungen, kann die Handelspolitik zur Stärkung der Wettbewerbsfähigkeit auch des Finanzplatzes Schweiz beitragen.
>
> Weitere Hinweise ergeben sich für die Wettbewerbspolitik. Auch sie muss die Schweiz nach dem negativen EWR-Entscheid eigenständig weiterentwickeln. Der Strukturwandel muss sich weiterhin möglichst ungehindert vollziehen können. Verteilungs- und regionalpolitisch motivierte Eingriffe in diesen Prozess können wir uns nicht leisten. Andererseits ist es zu begrüssen, wenn gleichzeitig sorgfältig dafür gesorgt wird, dass das Verschwinden einzelner Banken keinen Flächenbrand auslöst. Die entsprechenden Vorkehrungen der Bankenverbände und der Behörden sind daher willkommen.
>
> Ein besonderes Problem stellt sich im Zusammenhang mit der Konzentration. Die OECD (1992, S. 131) schreibt: «Der Kosteneffizienz wird mit angemessener Kostenkontrolle besser gedient als mit Unternehmenszusammenschlüssen» (eigene Übersetzung). Obwohl dieser Aussage im allgemeinen zugestimmt werden kann, muss darauf hingewiesen werden, dass die Gläubiger- ebenso wie die Systemrisiken durch einen relativ frühzeitigen Unternehmenszusammenschluss nicht selten besser eingedämmt werden, als durch einen eigenständigen, aber am Ende ungenügenden Versuch zur Kontrolle der Kosten zwecks Wiedergewinnung der Konkurrenzfähigkeit. Von daher gesehen fällt es schwer, der Forderung Vontobels (1992) nach einer Fusionskontrolle auch im Bankensektor uneingeschränkt zuzustimmen.»
>
> *N. Blattner/H. Genberg/A. Swoboda (1993b, S. 26–29)*

für einen Handelsplatz haben – und sich damit leicht auch für den Fiskus als Bumerang erweisen.

Die NFP-28-Studie hat die steuerlichen und regulatorischen Standortfaktoren, welche die Attraktivität des Finanzplatzes Schweiz beeinflussen, auch anhand des internationalen Einlagen-und Emissionsgeschäfts sowie der Standortwahl für Auslandsniederlassungen quantitativ untersucht. Sie konnte die weithin vermutete Bedeutung des Bankgeheimnisses bestätigen. Aber auch die Abwesenheit einer Quellensteuer auf Treuhandanlagen (positiv), die Stempelsteuer auf Obligationenanleihen (negativ) und die Sicherheit des schweizerischen Bankensystems erwiesen sich als wichtige Faktoren. Nicht so klar ist demgegenüber, ob die monetäre Stabilität der Schweiz ganz die entscheidende Bedeutung für die Attraktivität des Finanzplatzes besitzt, die ihr oft zugeschrieben wird. Denn ausländische Anleger, die die Schweiz als ‹sicheren Hafen› für ihr Geld wählen, entscheiden sich damit ja nicht unbedingt auch für den Schweizer Franken als Anlagewährung. Im Gegenteil: Der grösste Teil der Guthaben, die ausländische Nichtbanken bei Schweizer Banken unterhalten, sind in ausländischen Währungen denominiert, und ähnliches gilt wohl auch für die ausländischen Vermögensbestände, die Schweizer Banken zur Verwaltung anvertraut sind (vgl. Camen, 1992, S. 169; Schweizerische Bankiervereinigung, 1996, S. 37).

Die einleuchtenden Schlussfolgerungen, welche die Autoren der NFP-28-Studie aus ihren Ergebnissen gezogen haben, sind in Box 2.5 wörtlich wiedergegeben. Sowohl die an die Unternehmensleitungen als auch die an die Standortverantwortlichen gerichteten Empfehlungen könnte man unter das Motto stellen: «*Konzentriere Dich auf Deine Stärken und trage Sorge zu ihnen.*» Dies ist vielleicht die elementarste und allgemeinste Interpretation, die dem Begriff der Wettbewerbsfähigkeit in einem von den Gesetzen des Marktes geprägten Umfeld gegeben werden kann. Während auf der Ebene der einzelnen Unternehmen die betriebswirtschaftliche Rationalität die natürliche Richtschnur für die Umsetzung dieser Maxime in die Praxis bildet, lässt sich staatliche Standortpolitik nie allein aus der Optik einzelner Unternehmen oder einer einzelnen Branche definieren. Vielmehr ist im volkswirtschaftlichen Interesse bei der Förderung der internationalen Wettbewerbsfähigkeit einer Branche die Grenze dort zu ziehen, wo die Spiesse im Wettbewerb mit anderen Sektoren um inländische Ressourcen ungleich lang werden. Die Gestaltung der Standortbedingungen sollte mithin nicht von strukturpolitischen Zielsetzungen geleitet sein.

Im Hinblick auf den Bankensektor bedeutet dies einerseits, dass die noch bestehenden Schwachstellen (Überkapazitäten) nicht vor dem Selektionsdruck der Märkte bewahrt werden dürfen, andererseits aber der weiteren Entwicklung und Ausschöpfung der offensichtlichen Stärken keine unnötigen Hindernisse in den Weg gelegt werden sollten. In Anbetracht der gut dokumentierten Leistungskraft der Schweizer Banken in den wertschöpfungsintensiven und lukrativen Sparten des Auslandsgeschäfts – allen voran im Private Banking – fällt es schwer, der Argumentation jener Stimmen zu folgen, die gerade in diesen Bereichen eine volkswirtschaftlich «bedenkliche»[44] Konzentration von Ressourcen erblicken.

2.6 Zwischenbilanz

So leicht der Begriff der ‹internationalen Wettbewerbsfähigkeit› von den Lippen geht, so schwierig ist er zu fassen, wenn es darum geht, ihn mit konkretem, operablem Gehalt zu füllen. Eine unmittelbar einleuchtende Interpretation besitzt er nur auf der Ebene der einzelnen Unternehmung oder Branche, die dem internationalen Wettbewerb ausgesetzt ist. Die Fallstudie über den Finanzplatz hat gezeigt, wie in diesem Kontext Indikatoren der Wettbewerbsfähigkeit definierbar sind, aus denen handfeste Stärken-Schwächen-Profile abgeleitet, entsprechende Schlüsse bezüglich unternehmerischer Strategien gezogen und Aussagen über die Richtung des erforderlichen Strukturwandels getroffen werden können.

Mehr Schwierigkeiten bereitet das Konzept auf der Ebene der ganzen Volkswirtschaft. Was volkswirtschaftlich am Ende zählt, ist das Wohlstandsniveau. Zu dessen elementaren Voraussetzungen gehört der technologische Standard der Wirtschaft. Denn dieser schlägt sich unmittelbar im Produktivitäts- und damit auch im Einkommensniveau der Volkswirtschaft nieder. Die ‹technologische Wettbewerbsfähigkeit› liesse sich demnach trivialerweise danach bemessen, wie eine Volkswirtschaft im internationalen Produktivitätsvergleich abschneidet. Wenn man dagegen versucht, Indikatoren der technologischen Leistungsfähigkeit zu entwickeln, mit denen die Grundlagen des erreichten Produktivitätsniveaus erfasst bzw. auch die Chancen weiterer Produktivitätsfortschritte in der Zukunft abgeschätzt werden sollen, bewegt man sich – dies hat die Diskussion der NFP-28-Studie über die Innovationsfähigkeit der Schweizer Industrie in Abschnitt 2.3 deutlich gezeigt – auf äusserst unsicherem Grund.

Eine ebenso elementare Grundlage des Wohlstands wie die Technologie ist die erfolgreiche Teilnahme an der Weltwirtschaft – aber nicht in dem Sinne, den landläufige Vorstellungen von ‹internationaler Wettbewerbsfähigkeit› suggerieren: Die Schweiz steht grundsätzlich nicht mit anderen Volkswirtschaften in einem Wettbewerb, wie ihn Unternehmungen untereinander austragen, sondern sie muss versuchen, nach Massgabe ihrer spezifischen Stärken optimal von den Spezialisierungs- und Tauschmöglichkeiten zu profitieren, die die Weltwirtschaft bietet. In einem eigentlichen Wettbewerb steht sie nur insoweit, als sie darum bemüht sein muss, international mobilen Produktionsfaktoren, die einen positiven Beitrag zur Produktivität der standortgebundenen Faktoren leisten, ein attraktives Umfeld zu bieten.

Vor diesem Hintergrund hat das NFP 28 die von der traditionellen Wettbewerbsfähigkeitsforschung beschrittenen Wege nicht weiterverfolgt, d. h. weder eigene Marktanteilsstudien noch Kostenvergleiche oder Technologieintensitätsanalysen durchgeführt. Vielmehr befasste sich eine Reihe von Projekten direkt mit den aussenwirtschaftlichen Grundlagen des gesamtwirtschaftlichen Wohlstandsniveaus bzw. Wohlstandsfortschritts. Diese Frage steht im Mittelpunkt des nachfolgenden Kapitels, wobei es vor allem auch darum geht, die spezifischen Ergebnisse der NFP-28-Projekte in Beziehung zu den statischen und dynamischen Wohlstandseffekten zu setzen, welche die Wissenschaft der internationalen wirtschaftlichen Integration zuschreibt.

Die Mobilisierung der mit der internationalen Integration verbundenen Effizienzvorteile stösst immer wieder auf die Schwierigkeit, dass sie mit Verteilungsinteressen kollidiert, die sich in den politischen Entscheidungsprozessen wirksam Gehör zu schaffen vermögen – eine Problematik, welche zwei NFP-28-Fallstudien zur Landwirtschaftspolitik bzw. zur Ausländerpolitik der Schweiz exemplarisch verdeutlicht haben. Auf diese Fallstudien werden wir in den Abschnitten 3.3 und 3.6 näher eingehen.

Das Spannungsfeld zwischen wirtschaftlicher Effizienz und politisch durchgesetzten Verteilungsinteressen ist auch der Anlass, in Kapitel 4 nochmals die Frage aufzunehmen, mit der das NFP 28 gestartet war (Borner et al. 1990), nämlich die Frage, inwieweit das politische System der Schweiz den wirtschaftlichen Herausforderungen gewachsen ist, die mit dem raschen Wandel des weltwirtschaftlichen Umfelds verbunden sind. Dieser Frage kommt umso mehr Bedeutung zu, als im Zuge der Globalisierung zunehmend Problemstellungen anfallen, deren Lösung von der Sache her auf internationaler bzw. supranationaler Ebene gefunden werden muss. Dies wiederum bedeutet, dass nationalen Interessen manchmal durch einen Verzicht auf Teilbereiche der nationalen politischen Autonomie am besten gedient ist. Auf einer grundsätzlichen Ebene stellt sich damit die Frage nach dem Bedeutungs- und Aufgabenwandel des Nationalstaats in einer wirtschaftlich zusammenwachsenden Welt. Die in Kapitel 4 zur Sprache kommenden Projekte des NFP 28 haben diese Frage aus ganz unterschiedlicher Perspektive auch sehr unterschiedlich beantwortet.

> «The gains from trade nearly always look surprisingly small when you try to calculate them – too small, you might say, to justify the fuss that economists make about free trade.»
> *The Economist, 16. Juli 1994, S. 73*

3. Die aussenwirtschaftliche Integration als Wohlstandsfaktor

3.1 Einleitung

Nachdem wir argumentiert haben, dass die volkswirtschaftliche Bedeutung der Aussenwirtschaftsbeziehungen durch diffuse Konzepte wie die ‹internationale Wettbewerbsfähigkeit› eines Landes nur ungenügend erfasst werden kann und es letztlich nur darauf ankommt, wie sich die internationale Verflechtung auf den Lebensstandard der Menschen auswirkt, wenden wir uns in diesem Kapitel den Wohlstandswirkungen des Aussenhandels zu. Obwohl das Argument, dass der internationale Austausch von Gütern und Dienstleistungen das Realeinkommensniveau der beteiligten Länder erhöht, in der Volkswirtschaftslehre eine lange Tradition hat, fällt es – wie das diesem Kapitel vorangestellte Motto bereits verrät – gar nicht so leicht, empirisch hieb- und stichfest zu belegen, dass diese positiven Effekte wirklich eine ins Gewicht fallende Grössenordnung erreichen.

Wir beginnen in Abschnitt 3.2 mit einer kurzen Charakterisierung des traditionellen theoretischen Arguments. Dass die Öffnung nach aussen nicht nur zusätzliches Einkommen schafft, sondern in bedeutendem Umfang auch Einkommen umverteilt, ist integraler Bestandteil dieses Arguments. Die Umverteilungseffekte sind die eigentliche Ursache der Widerstände, die handelspolitischen Liberalisierungsbestrebungen regelmässig erwachsen. Abschnitt 3.3 illustriert diesen Tatbestand anhand einer NFP-28-Fallstudie zur schweizerischen Landwirtschaft (Bernegger/Märki/Rieder 1994).

Erst seit relativ kurzer Zeit beschäftigt sich die Forschung systematisch mit der Frage, ob der Aussenhandel neben dem *Niveau* auch die *Wachstumsrate* des Realeinkommens beeinflusst. Entsprechend ist es üblich geworden, sog. *statische und dynamische* Wohlstandswirkungen des Aussenhandels zu unterscheiden. Während Abschnitt 3.4 die theoretischen Grundlagen der dynamischen Effekte erörtert, geht Abschnitt 3.5 auf die empirische Evidenz ein, die es hierzu inzwischen gibt, einschliesslich einer ökonometrischen Untersuchung, die im Rahmen des NFP 28 durchgeführt wurde (Kugler/Müller 1996).

Abschnitt 6 ruft in Erinnerung, dass sich die wirtschaftlich bedeutsamen Wechselwirkungen zwischen In- und Ausland nicht auf den Austausch von Gütern und Dienstleistungen beschränken. Vor dem Hintergrund einer NFP-28-Studie von Straubhaar (1993) stehen dort die Probleme zur Diskussion, welche die Regulierung internationaler Wanderungsbewegungen im allgemeinen und die schweizerische Migrationspolitik im besonderen aufwerfen.

3.2 Handelsgewinne und Handelshemmnisse: Statische Effizienz- und Verteilungswirkungen

Die Theorie

Die klassische Theorie des internationalen Handels begründet die Einkommensgewinne, die der Aussenhandel einem Land bringt, im Anschluss an Ricardo (1817) mit dem Prinzip der internationalen Arbeitsteilung nach Massgabe der sog. *komparativen Vorteile*. Das subtile und deshalb häufig missverstandene Kriterium des komparativen Vorteils läuft – auf den einfachsten Nenner gebracht – darauf hinaus, dass jedes Land grundsätzlich das produziert, was es am besten kann. ‹Am besten können› heisst dabei nicht etwa, dass das Land nur dort aktiv werden kann, wo es weltweit eine technologische Spitzenstellung einnimmt, sondern dass es sich auf diejenigen Aktivitäten spezialisiert, die von seinen produktiven Ressourcen – d. h. von seinen Arbeitskräften, seinem Kapital, seinen Bodenschätzen, seiner Landschaft etc. – den besten Gebrauch machen.[45]

Gesteuert wird die internationale Arbeitsteilung durch die Preissignale des Weltmarktes. Die Bewertung der Güter zu Weltmarktpreisen zeigt dem Unternehmenssektor an, welcher Gebrauch der Ressourcen am meisten bringt. Die Realeinkommensgewinne entstehen dadurch, dass die Ressourcen nicht zur Herstellung von Dingen eingesetzt werden müssen, die auf dem Weltmarkt billiger zu haben sind, sondern in jene Verwendungen fliessen, die die höchsten Erlöse versprechen – nicht zuletzt auch die Exporterlöse, mit denen die Einfuhren bezahlt werden können. Die Arbitrage zwischen in- und ausländischen Märkten wirkt darauf hin, dass sich die Güterpreise in Inland und im Ausland aneinander angleichen. D. h. in Abwesenheit von Beschränkungen des Wettbewerbs sollte es nicht möglich sein, dass z. B. ein Haushaltsgerät in der Schweiz mehr kostet als im benachbarten Ausland. Preisunterschiede müssten auf die Höhe der Transportkosten beschränkt bleiben, die bei der Einfuhr eines billigeren ausländischen Produkts entstehen.

Box 3.1 erläutert diese Zusammenhänge mit Hilfe eines Modells, wie es sich in einführenden Lehrbüchern der Aussenhandelstheorie findet. Das Modell erlaubt auch zu zeigen, wie sich Handelshemmnisse aller Art auswirken. So verschiedenartig solche Hemmnisse sein mögen – ob Transportkosten, Zölle, Mengenkontingentierungen, technische Regulierungen –, alle haben sie eines gemeinsam: Sie verhindern bzw. schwächen die Arbitrageprozesse, durch die in- und ausländische Preise aneinander angeglichen werden. Damit werden aber auch die Preissignale unterdrückt, die die Ressourcen in ihre ergiebigste Verwendung lenken, und entsprechend leidet die Effizienz des Ressourceneinsatzes.

Diese Effekte verstärken sich zusätzlich, wenn auch unter den inländischen Anbietern auf dem Inlandsmarkt der Wettbewerb nur unvollkommen spielt, weil einzelne Anbieter entweder Monopolstellungen besitzen oder untereinander kartellistische Absprachen getroffen haben. Solange derartige monopolistische Strukturen nicht durch ausländische Konkurrenz in Frage gestellt werden, führen sie dazu, dass die betreffenden Anbieter Preise durchsetzen, die nicht mehr nur die volkswirtschaftlichen Kosten der in Anspruch genommenen Ressourcen widerspiegeln, sondern darüber hinaus auch Monopolgewinne abwerfen. Die überhöhten Preise und die damit verbundene künstliche Verknappung der Angebotsmenge bedeuten ebenfalls, dass Ressourcen fehlgelenkt werden. Die Leidtragenden sind die Konsumenten. Wird ein solcher Markt hingegen der Weltmarktkonkurrenz ausgesetzt, werden nun nicht nur die Vorteile der internationalen Arbeitsteilung ausgeschöpft, sondern es verschwinden mit einem Schlag auch die ganzen monopolistischen bzw. kartellistischen Verkrustungen und die von ihnen verursachte Vergeudung volkswirtschaftlicher Ressourcen. So ist es denn auch eine alte Weisheit, dass es keine bessere Wettbewerbspolitik gibt als offene Grenzen.

Wie eingangs bereits angedeutet, treten zusätzliche Wirkungen in Wirtschaftszweigen auf, die differenzierte Güter herstellen, und in denen aufgrund der Kostenstrukturen Grössenvorteile zum Tragen kommen. Die Beseitigung von Handelshemmnissen wirkt in solchen Fällen faktisch wie eine Vergrösserung des Marktes, die Kostensenkungspotentiale freisetzt und in der Regel auch zu einer Vergrösserung der Produktvielfalt führt. Die Konsumenten kommen somit in den Genuss tieferer Preise und einer grösseren Auswahl. Obwohl sich dieser Effekt mit dem Modell, das in der Box beschrieben ist, nicht abbilden lässt, spielt er in den meisten neueren Evaluationen von handelsfördernden Liberalisierungsmassnahmen eine bedeutende Rolle – handle

Box 3.1

Handelsgewinne und Handelshemmnisse: Was das Lehrbuch sagt[46]

Abbildung 3.1 stellt den Inlandsmarkt für ein beliebiges Gut dar. Der Preis des Gutes ist entlang der vertikalen Achse abzulesen, die Menge des Gutes entlang der horizontalen Achse. Die fallende Linie zeigt an, wie sich die Nachfrage der Konsumenten nach dem Gut ändert, wenn sich der Preis ändert. Der fallende Verlauf bedeutet, dass mit abnehmendem Preis eine grössere Menge absetzbar ist. Umgekehrt kann man auch sagen, dass die Konsumenten mit abnehmender Verfügbarkeit eines Gutes für jede zusätzliche Mengeneinheit mehr und mehr zu zahlen bereit sind. Die steigende Linie bringt zum Ausdruck, wie gross der Ressourcenaufwand ist, den die Herstellung jeder zusätzlichen Mengeneinheit des Gutes verursacht (die sog. *Grenzkosten*). Der steigende Verlauf widerspiegelt die Annahme, dass dieser Aufwand mit zunehmender Produktionsmenge grösser wird.

Wenn die Anbieter des Gutes in einem Wettbewerb untereinander stehen, bei dem sie alle ihre Produktionsentscheidungen an dem vom Markt vorgegebenen Preis ausrichten, werden sie die Produktion bis zu derjenigen Mengeneinheit ausdehnen, deren Grenzkosten durch den Marktpreis gerade noch gedeckt werden. Deshalb spielt die steigende Grenzkostenkurve unter den geschilderten Wettbewerbsverhältnissen auch die Rolle einer Angebotsfunktion, die anzeigt, welche Menge die Anbieter bei jedem gegebenen Preis auf den Markt bringen.

Abbildung 3.1: Realeinkommensgewinne durch Aussenhandel

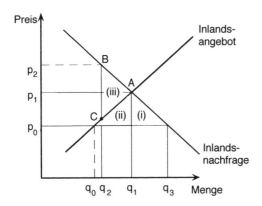

Solange es keine Wechselwirkungen zwischen diesem Markt und entsprechenden ausländischen Märkten für dasselbe Gut gibt, bildet sich aus dem Zusammenspiel von Angebot und Nachfrage ein Marktgleichgewicht in Punkt A heraus, wo beim Preis p_1 Angebotsmenge und Nachfragemenge übereinstimmen (jeweils q_1). Gibt es hingegen für das betreffende Gut einen Weltmarkt, auf dem es zum Preis p_0 gehandelt wird, und behindern keinerlei Handelshemmnisse die

Arbitrage zwischen Inlandsmarkt und Weltmarkt, ist auf dem Inlandsmarkt der Preis p_1 nicht zu halten. Die den Konsumenten offenstehende Möglichkeit, sich auf dem Weltmarkt einzudecken, zwingt den Preis auf das Niveau p_0 hinunter. Die Konsequenzen sind unmittelbar klar: Die Angebotsmenge sinkt auf q_0, weil der tiefere Weltmarktpreis p_0 für die Mengeneinheiten zwischen q_0 und q_1 die Grenzkosten nicht mehr deckt. Dagegen steigt die Nachfragemenge auf q_3, wovon q_0 durch inländische Produktion und $(q_3 - q_0)$ durch Importe gedeckt wird.[47]

Was sind nun die Vorteile, die der Zugang zum Weltmarkt der Volkswirtschaft bringt? Zwei Effekte lassen sich unterscheiden: Erstens entsteht ein Vorteil durch die Zunahme des Verbrauchs; und zwar dehalb, weil die – an der Nachfragekurve abzulesende – Zahlungsbereitschaft der Konsumenten für die zusätzlich verbrauchten Mengeneinheiten zwischen q_1 und q_3 grösser ist als der Preis p_0, den sie effektiv bezahlen müssen. Der Wert dieses ‹Bonus› wird durch die Fläche des Dreiecks (i) zum Ausdruck gebracht. Zweitens werden durch den Rückgang der inländischen Produktion um $(q_1 - q_0)$ Ressourcen für andere Verwendungen freigesetzt. Die Tatsache, dass die Angebotskurve im Bereich zwischen q_1 und q_0 oberhalb des neuen Güterpreises p_0 liegt, zeigt an, dass der Ressourcenaufwand für die fortgesetzte inländische Produktion dieser Einheiten grösser wäre, als was der Import aus dem Ausland kostet. Mithin können die betreffenden Ressourcen anderswo in der Volkswirtschaft produktiver eingesetzt werden. Der Wert des zusätzlichen Volkseinkommens, das durch den verbesserten Ressourceneinsatz geschaffen wird, entspricht der Fläche des Dreiecks (ii).

Noch ausgeprägter ist die Wirkung des Importwettbewerbs auf den Preis des Gutes, wenn unter den inländischen Anbietern kein richtiger Wettbewerb spielt oder der Markt sogar von einem Monopolanbieter dominiert wird. Unter diesen Bedingungen reflektiert nämlich der Güterpreis nicht nur die Grenzkosten der Produktion, wie dies, solange der Markt gegen aussen abgeschottet ist, im soeben betrachteten Wettbewerbsszenario der Fall ist, sondern darüber hinaus ist auch ein monopolistischer Gewinnzuschlag durchsetzbar, der in Abbildung 3.1 durch die Strecke BC wiedergegeben wird. Wenn der Preis somit bei p_2 liegt, bleibt die Nachfrage, und folglich auch die Produktion, auf die Menge q_2 begrenzt. Aus volkswirtschaftlicher Sicht bedeutet diese Mengenbeschränkung eine Fehllenkung von Ressourcen, indem zu wenig von dem Gut produziert wird. Denn für die zusätzlichen Mengeneinheiten zwischen q_2 und q_1 ist die Zahlungsbereitschaft der Konsumenten (Nachfragekurve) grösser als der Ressourcenaufwand, den (gemäss Angebotskurve) die Produktion verursachen würde. Im Vergleich zur Marktlösung bei vollkommenem Wettbewerb in Punkt A entstehen durch das Wettbewerbsdefizit somit volkswirtschaftliche Kosten im Umfang der Fläche des Dreiecks ABC (iii).

Wenn demgegenüber der Inlandsmarkt völlig offen ist und der Weltmarktpreis nach wie vor durch p_0 gegeben ist, lässt sich natürlich auch der monopolistisch überhöhte Preis p_2 nicht mehr halten, und es stellt sich wiederum die bereits beschriebene Freihandelslösung mit der Konsummenge q_3, der inländischen Produktionsmenge q_0 und der Importmenge $(q_3 - q_0)$ ein. Hieraus resultieren nun nicht nur die Realeinkommensgewinne, die durch die Dreiecke (i) und (ii) verkörpert werden, sondern es verschwinden auch die volkswirtschaftlichen Kosten im Umfang des Dreiecks (iii), welche durch die monopolistische Marktmacht der inländischen Anbieter bedingt sind. Dies ist der im Text angesprochene Wettbewerbseffekt.

Die Tatsache, dass gesamtwirtschaftlich Realeinkommensgewinne anfallen, bedeutet allerdings nicht, dass es nur Gewinner gibt. Vielmehr bewirkt der durch die ausländische Konkurrenz bedingte Preisrückgang auch eine Einkommensumverteilung von den Produzenten zu den Konsumenten des betreffenden Gutes. D.h. die inländischen Anbieter des Gutes erleiden durch die Importkonkurrenz Einkommensverluste, und zwar umso empfindlichere, je stärker der geschilderte Wettbewerbseffekt ins Gewicht fällt. Diesen Umverteilungseffekt demonstrieren wir in Abbildung 3.2 anhand der Auswirkungen von Handelshemmnissen bzw. ihrer Beseitigung.

Handelshemmnisse behindern die Preisarbitrage zwischen ausländischen Märkten und dem Inlandsmarkt. In Abbildung 3.2 ist angenommen, dass der Preis auf dem Inlandsmarkt aufgrund eines Handelshemmnisses um den Betrag h über dem Weltmarktpreis p_0 verharrt. Offensichtlich geht hierdurch ein Teil des Realeinkommensgewinns, den der ungehinderte Aussenhandel im Umfang der Summe der Flächen (ii), (iii), (iv) und (v) erzeugen würde, verloren.[48] Mit Sicherheit erhalten bleibt nur die Fläche (v). Dagegen gehen die Flächen (ii) und (iv) verloren, da das Handelshemmnis die Importmenge von ($q_3 - q_0$) auf ($q_5 - q_4$) beschränkt. Welche Bewandtnis es mit der Fläche des Rechtecks (iii) hat, hängt davon ab, welcher Art das Handelshemmnis ist. Es gibt grundsätzlich drei Möglichkeiten:

1. Die Regierung erhebt einen *Einfuhrzoll*. Die Strecke h entspricht dann dem Zollsatz pro Mengeneinheit, und die Fläche (iii) ist gleich den Zolleinnahmen der Regierung. Die Zolleinnahmen stellen keinen Realeinkommensverlust der Volkswirtschaft insgesamt dar, sondern sind ein Betrag, der von den Konsumenten zur Regierung umverteilt wird.
2. Die Regierung legt ein *mengenmässiges Importkontingent* fest (im Falle von Abb. 3.2 beläuft sich das Kontingent auf ($q_5 - q_4$). Der Preis steigt durch die künstliche Verknappung des Angebots um den Betrag h über den Weltmarktpreis p_0 hinaus an. In diesem Fall stellt die Fläche (iii) die Summe dar, die die glücklichen Besitzer der Einfuhrrechte einfach dadurch kassieren, dass sie sich auf dem Weltmarkt zum Preis p_0 eindecken und auf dem Inlandsmarkt zum Preis $p_0 + h$ weiterverkaufen (die sog. ‹Kontingentsrente›).[49] Sofern es sich bei den Importeuren um Inländer handelt, stellt die Fläche (iii) auch in diesem Fall keinen volkswirtschaftlichen Einkommensverlust dar, sondern eine Einkommensumverteilung von den Konsumenten zu den Importeuren.[50] Deutlich wird hier auch, was man unter der sog. ‹Tarifizierung› von Einfuhrbeschränkungen versteht, wie sie im Rahmen der Uruguay-Runde des GATT für Agrarprodukte vereinbart wurde: Mengenkontingente werden in Zölle umgewandelt, die, gemessen am resultierenden inländischen Preis, für die inländischen Anbieter denselben Schutzeffekt zeitigen.
3. Als Handelshemmnisse wirken sich auch *technische Regulierungen* aus, weil die Erfüllung von Gesundheits-, Sicherheits-, Gesundheits-, Umwelt- und Industrienormen darauf hinausläuft, importierte Güter im Vergleich zu einheimischen zu verteuern und damit den Wettbewerbsdruck, dem die inländischen Anbieter ausgesetzt sind, zu verringern – es sei denn, die Normen seien entweder international standardisiert oder würden gegenseitig anerkannt, wie dies im Europäischen Binnenmarkt der Fall ist (das sog. «Cassis de Dijon»-Prinzip). Beharrt ein Land dagegen auf seinen ei-

genen, landesspezifischen Regulierungen, entstehen volkswirtschaftliche Kosten, weil dann die Fläche des Rechtecks (iii) nicht umverteilt wird, sondern wie die Flächen (ii) und (iv) ebenfalls verlorengeht.

Der gesamte Einkommensbetrag, welcher der Volkswirtschaft durch die Handelshemmnisse verlorengeht, wird in den Lehrbüchern aufgrund des statischen Charakters der Analyse als sog. ‹statischer Effizienzverlust› (englisch: ‹deadweight loss›) bezeichnet.

Abbildung 3.2: Auswirkungen von Handelshemmnissen

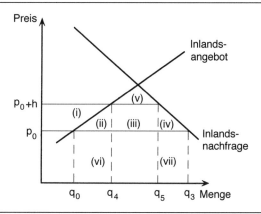

Darüberhinaus illustriert Abb. 3.2 auch, wie die Einkommensverluste beziffert werden können, welche die inländischen Anbieter durch den Wegfall des Handelshemmnisses erleiden. Der Rückgang des Preises von p_0 +h auf p_0 führt dazu, dass die inländische Angebotsmenge von q_4 auf q_0 sinkt. Der tiefere Preis und die geringere Produktionsmenge bedeuten zusammen einen Einnahmenrückgang im Umfang der Flächen (i), (ii) und (vi). Da andererseits die Produktion der Einheiten zwischen q_0 und q_4 einen Ressourcenaufwand im Wert der Flächen (ii) und (vi) verursacht hat, entspricht der Netto-Einkommensverlust – oder wie die mikroökonomische Theorie sagt: der Verlust an ‹Produzentenrente› –, den die inländischen Produzenten erleiden, der Fläche (i). Demgegenüber beschert der Wegfall des Handelshemmnisses den Konsumenten einen Wohlstandsgewinn – im Jargon: eine Zunahme der ‹Konsumentenrente› – im Umfang der Summe der Flächen (i), (ii), (iii) und (iv). Insgesamt zeigt sich somit, dass die Einkommensmasse, die umverteilt wird, im Vergleich zu dem Realeinkommensgewinn, welcher der ganzen Volkswirtschaft per Saldo zufällt, sehr gross werden kann.

Dazu kommt, dass die Verluste konzentriert auf leicht identifizierbare und als Lobby organisierbare Interessengruppen fallen, während die Gewinne einer grossen, diffusen Masse von Konsumenten zugutekommen, deren Interesse sich im politischen Tauziehen um die Aussenwirtschaftspolitik weniger gut artikulieren kann. In Abschnitt 3.3 werden wir diese Problematik anhand einer NFP-28-Fallstudie über die schweizerische Landwirtschaftpolitik näher beleuchten.

117

es sich dabei um Analysen der europäischen Integration[51] oder um Schätzungen der quantitativen Auswirkungen der Uruguay-Runde.[52]

Die Schweiz als Hochpreis-Land

Die Schweiz als hochgradig vom Aussenhandel abhängige Volkswirtschaft verfolgt eine Handelspolitik, die – sieht man vom Landwirtschaftssektor ab – kaum Elemente offener Protektion aufweist. Insbesondere der Industriegüterhandel ist bis auf geringfügige Zölle praktisch frei von Massnahmen, die an der Grenze mit dem expliziten Ziel der Behinderung von Importen ergriffen werden. Trotzdem gehören die schweizerischen Konsumentenpreise zu den höchsten der Welt. Allein im Vergleich zum durchschnittlichen Preisniveau der EU beläuft sich das Gefälle auf gegen 50%. Dies hat die schon in Kapitel 1 angesprochene Konsequenz, dass die Schweiz in internationalen Einkommensvergleichen weit weniger gut dasteht, wenn die Kaufkraft der Einkommen auf den inländischen Konsumgütermärkten als Masstab herangezogen wird, als wenn einfach die nominalen Beträge zu Marktwechselkursen in eine gemeinsame Währung konvertiert werden.

Während die hohen Lebenshaltungskosten auf der einen Seite den Reichtum der Schweiz relativieren, sind sie andererseits, zum Teil wenigstens, auch eine direkte Folge dieses Reichtums. Denn es ist eine Erfahrungstatsache, dass reiche Länder auch teure Länder sind. Dies liegt im wesentlichen daran, dass die internationalen Produktivitätsunterschiede, die den Einkommensunterschieden zugrundeliegen, in denjenigen Sektoren, die international gehandelte, vor allem industrielle Güter herstellen, deutlich grösser sind als in den mehrheitlich dienstleistungsorientierten, arbeitsintensiven Branchen, die in jedem Land nur für den Binnenmarkt produzieren. Die produktivitätsstarken, auf den Weltmärkten erfolgreichen Unternehmen ziehen das Lohnniveau nach oben und verursachen damit in den produktivitätsschwächeren binnenorientierten Bereichen der Wirtschaft, die im Wettbewerb um Arbeitskräfte gezwungen sind, mit ihren Löhnen einigermassen mitzuhalten, entsprechend höhere Produktionskosten und folglich auch höhere Preise. Bezugnehmend auf wegweisende Studien von Balassa (1964) und Samuelson (1964) spricht man in der Aussenwirtschaftstheorie vom «*Balassa-Samuelson-Effekt*».

Abbildung 3.3 macht diesen Effekt für die 25 OECD-Länder sichtbar, deren Pro-Kopf-Inlandprodukt entlang der horizontalen Achse auf der Basis tatsächlicher Marktwechselkurse in eine gemeinsame Währungseinheit umgerechnet und relativ zum OECD-Durchschnitt dargestellt ist, während entlang der vertikalen Achse die Umrechnung mittels Kaufkraftparitäten vorgenommen wurde. Dies bedeutet, dass die vertikale Achse einen Index der effektiven Kaufkraft anzeigt, die das jeweilige Pro-Kopf-Produkt in dem betreffenden Land besitzt. Gäbe es den oben geschilderten Zusammenhang zwischen dem Einkommensniveau und der Höhe der Lebenshaltungskosten nicht, wären die Beobachtungspunkte alle mehr oder weniger entlang einer diagonalen Linie mit einer Steigung von 45° angeordnet. In Wirklichkeit verläuft die durch die Beobachtungspunkte gelegte Regressionsgerade bedeutend flacher. Das Steigungsmass von nur knapp 0,6 besagt, dass von jedem Prozentpunkt, um den das Pro-Kopf-Produkt eines Landes nominal vom OECD-Durchschnitt abweicht, im Mittel nur 0,6 Prozentpunkte einen wirklichen Kaufkraftunterschied darstellen.

Die Anpassung der Regressionsgerade an die Beobachtungspunkte in Abbildung 3.3 ist im grossen und ganzen relativ eng, d.h. die Einkommensunterschiede zwischen den Ländern erklären einen recht hohen Anteil der Unterschiede zwischen den nationalen Lebenshaltungskosten. Aber es gibt auch Ausreisser, und zu diesen gehört insbesondere die Schweiz. Kaufkraftmässig liegt die Pro-Kopf-Produktion der Schweiz um ein Drittel über dem OECD-Durchschnitt (33,5%). Gemäss der Regressionsgeraden in Abbildung 3.3 soll-

Abbildung 3.3: Inlandsprodukt pro Kopf – nominal und auf Kaufkraftbasis

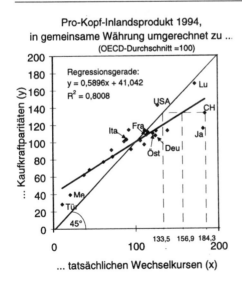

Datenquelle: OECD

te sie somit nominal (zu tatsächlichen Wechselkursen) 56,9% über dem OECD-Durchschnitt liegen. Mit anderen Worten: Ein Preisgefälle von 17,5% zwischen der Schweiz und dem OECD-Durchschnitt wäre normal.[53] In Wirklichkeit beträgt das Preisgefälle aber knapp 40%.[54]

Offenkundig sind es zu einem bedeutenden Teil Schweizer Sonderfaktoren, die für das ungewöhnlich hohe inländische Preisniveau verantwortlich sind.[55] So zeigen sektorale Detailanalysen etwa, dass die Schweiz einen ungewöhnlich teuren öffentlichen Sektor besitzt – ein Befund, zu dem auch die Ergebnisse sektorspezifischer Lohnerhebungen zumindest nicht im Widerspruch zu stehen scheinen. Im Vergleich dazu liegen insbesondere die unmittelbaren Nachbarländer der Schweiz mit ihrem gesamtwirtschaftlichen Preisniveau bedeutend näher beim OECD-Durchschnitt. Theoretisch zu erwarten ist zudem, dass die Kaufkraft des Einkommens in einem reichen Land umso höher ist, je weniger stark die Tendenz zur Nivellierung der Löhne über die verschiedenen Wirtschaftszweige hinweg ausgeprägt ist. Vor diesem Hintergrund ist es nicht überraschend, dass die USA mit ihrem vergleichsweise hohen Grad an Lohndifferenzierung und den entsprechend tiefen Preisen für einfache Dienstleistungen in Abbildung 3.3 mit am weitesten oberhalb der Regressionsgerade liegen.

Es sind aber keineswegs nur die lokal gebundenen Dienstleistungen mit wenig Potential für Produktivitätsfortschritte, die das schweizerische Preisniveau in die Höhe treiben. Denn auch wenn man die grundsätzlich handelbaren, überwiegend industriell hergestellten Konsumgüter betrachtet, bei denen die internationale Arbitrage die Preisunterschiede eigentlich weitgehend beseitigen sollte, ist die Schweiz ein ungewöhnlich teures Pflaster. Abbildung 3.4, die einer Studie der World Trade Organization über die Schweiz entnommen ist, spricht diesbezüglich eine deutliche Sprache. Dargestellt ist für eine Reihe von Güterkategorien das Preisniveau der Schweiz im Vergleich zu demjenigen ihrer vier Nachbarländer und der EU insgesamt. Während die Landwirtschaftsprodukte mit einem Preisgefälle von nahezu 60% zur EU den bekannten Sonderfall darstellen, sind auch für die übrigen Güterkategorien beträchtliche Preisunterschiede von z.T. über 30% festzustellen. Mit einer Ausnahme ist die Schweiz in allen Güterkategorien teurer als der Durchschnitt der EU, und in den meisten Fällen auch signifikant teurer als ihre Nachbarländer. Was sich hier niederschlägt, sind die zahlreichen versteckten, regulierungsbedingten Handelsbarrieren sowie die sattsam bekannten inländischen Wettbewerbsbeschränkungen, die den schweizerischen Binnenmarkt gegen aussen in einem hohen Masse abschotten und damit eine effektive Arbitrage zwischen in- und ausländischen Preisen verhindern.[56]

Abbildung 3.4: Teure Schweiz[57]

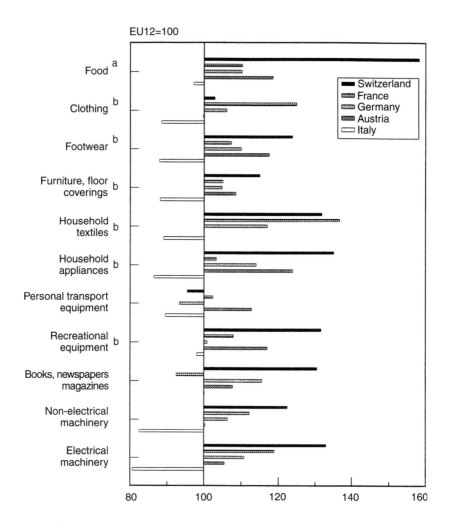

a Excluding beverages and tobacco
b Including Repairs

Quelle: WTO (1996), S. 18

Viele dieser Verkrustungen werden zwar durch das Gesetzgebungspaket adressiert, das der Bundesrat im Rahmen des sog. ‹Revitalisierungsprogramms› nach dem Nein des Volkes zum EWR im Dezember 1992 in die Wege geleitet hat. D. h. das Problem ist im Prinzip erkannt, und man versucht, etwas dagegen zu unternehmen – so etwa im Bereich des Wettbewerbsrechts, der vollständigen Beseitigung verbleibender wirtschaftlicher Barrieren zwischen den Kantonen, der Submissionsverordnungen u.a.m. Aber der Prozess ist langsam und schwerfällig, und er muss dauernd auf die Referendumsdrohungen jener Gruppen Rücksicht nehmen, die ihre Besitzstände gefährdet sehen (Borner et al. 1994). Vor allem bleiben die Liberalisierungsschritte, die auf dem Wege der internen Reformen unternommen werden, beträchtlich hinter dem zurück, was durch eine wirtschaftliche Integration in den Europäischen Binnenmarkt bewirkt würde. Denn mit der Übernahme der EU-Regelungen im Bereiche der Dienstleistungen, der technischen Standards, der Wettbewerbspolitik oder auch des öffentlichen Beschaffungswesens würden die meisten der versteckten Marktzutrittsbarrieren geschleift, die die Schweiz zur Hochpreis-Insel machen. Gerade im Dienstleistungsbereich, wo die Grenzen zwischen der Mobi-

Box 3.2

Zum Beispiel: Übersetzte Preise der Zulieferer in der Bauindustrie[58]

Aus einem Leserbrief in der Basler Zeitung vom 13.9.96:

«Immer wird nur davon geredet, dass die Handwerker rationalisieren müssen, effizienter produzieren sollen etc…aber…kein Mensch redet von den teilweise immer noch extrem übersetzten Preisen der Zulieferindustrie, Bauteilehandel, Apparatehandel etc.»

«Ich darf nachstehend einige Verkaufsbeispiele (immer gleiches Fabrikat, Produkt, Typ, Norm etc.) nennen: Stahlbadewanne in der Schweiz Fr. 250.– (in Italien Fr. 120.–), Kühlschrank Fr. 1400.– (in Italien Fr. 420.–), Wärmepumpenanlage Fr. 14 300.– (in Deutschland Fr. 10 100.–), Hebeschiebetüre Fr. 4600.– (in Frankreich Fr. 2400.–), Halogenbrennlampe Fr. 8.50 (in Deutschland Fr. 1.80), Betonziegeldach/m2 Fr. 45.– (in Deutschland Fr. 22.–), Kabelrolle, 25m, Fr. 48.– (in Deutschland Fr. 15.–), Elektro-Herdrechaud Fr. 1100.– (in Italien Fr. 380.–).»

«Da ich über jahrelange Erfahrung im und mit dem Ausland habe, könnte diese Liste noch beliebig fortgesetzt werden… Bei Berücksichtigung dieser Einkaufsmöglichkeiten, resp.wenn sich die Herrren Generalimporteure von ihren alteingesessenen Pfründen lösen, können – nach meinen Erfahrungen – Baukostenreduktionen von mind. 10% erzielt werden…»

lität der Leistung und der Mobilität des Leistungserbringers fliessend sind, wäre das Liberalisierungspotential – damit aber natürlich auch das Konfliktpotential – bedeutend. Nicht von ungefähr hat sich in den bilateralen Verhandlungen mit der EU, die parallel zum Revitalisierungsprogramm in Angriff genommen worden sind, die Personenfreizügigkeit als eines der dornigsten Probleme erwiesen. Wie überdies die Kontroversen um die Entsenderichtlinie der EU und das Deutsche Entsendegesetz zeigen, birgt die Mobilität der Arbeitskräfte auch innerhalb der EU erheblichen Zündstoff in sich.

Schon weiter oben (in Kapitel 2) haben wir argumentiert, dass das Problem der überhöhten Schweizer Preise durch die Wechselkurspolitik der Nationalbank nicht gelöst werden kann. Milton Friedman, Nobelpreisträger und bekannter Vertreter der Chicago-Schule, hat in den frühen 50er Jahren ein berühmtes Plädoyer für flexible Wechselkurse geschrieben, in dem er die Vorzüge der Wechselkursflexibilität mit jenen der Sommerzeit verglich (Friedman 1953). So wie die Anpassung des Tagesablaufs an den früheren Sonnenaufgang im Sommer einfacher durch das Vorstellen der Uhr um eine Stunde als durch die Änderung aller Stundenpläne, Fahrpläne, Ladenöffnungszeiten etc. zu bewerkstelligen sei, argumentierte er, so verhalte es sich auch mit den internationalen Anpassungsprozessen. Wenn die Relationen zwischen den Preisniveaus verschiedener Länder einmal aus dem Gleichgewicht geraten seien, sei es doch ungleich einfacher, sie durch die Anpassung eines einzigen Preises, nämlich eben eines flexiblen Wechselkurses, wieder ins Lot zu bringen, als die unzähligen Einzelpreise, die in die Preisindizes eines Landes eingehen, korrigieren zu müssen. Ob die flexiblen Wechselkurse diese in sie gesetzten Erwartungen erfüllt haben, mag kontrovers sein. Unkontrovers ist auf jeden Fall, dass durch Veränderung nominaler Wechselkurse nur Ungleichgewichte korrigierbar sind, die ihren Ursprung in der monetären Sphäre haben, nicht aber realwirtschaftlich bedingte Verwerfungen, wie sie eben z. B. durch das interne Wettbewerbsdefizit der Schweiz zustandekommen – auch wenn die Konsequenzen letztlich in einer schmerzhaften Verzerrung des realen Wechselkurses, d.h. der Preisniveau-Relation zwischen Inland und Ausland, zum Ausdruck kommen mögen.

Plausiblerweise könnte man aber eine Variante von Friedmans Sommerzeit-Parabel auf die Wettbewerbspolitik übertragen; und zwar eben in dem Sinne, dass die bedingungslose Öffnung des inländischen Marktes nach aussen mit einem Schlag Wettbewerb herstellt und damit der raschere, effektivere und letztlich auch weniger friktionsbehaftete Weg zur Beseitigung der bestehenden Verzerrungen ist, als wenn von der Vielzahl der Wettbewerbsbehinderungen intern jede einzeln und Schritt für Schritt geknackt werden muss.

3.3 Umverteilungseffekte: Das Beispiel der Landwirtschaftspolitik

Die Landwirtschaft ist das Paradebeispiel eines Binnensektors, der durch Handelshemmnisse und interne Stützungsmassnahmen gegen die Unbill der Weltmärkte abgeschirmt ist. Wie wir oben anhand von Abbildung 3.4 gesehen haben, ist das Preisgefälle zwischen der Schweiz und dem Ausland nirgends so gross wie in der Landwirtschaft. Wie dieser Wirtschaftszweig zu seinem Sonderfall-Status innerhalb des Sonderfalls Schweiz gekommen ist, ist allgemein bekannt. Die entscheidende Weichenstellung war das Landwirtschaftsgesetz von 1951, mit dem die Bauern für ihre im 2. Weltkrieg erworbenen Verdienste honoriert und vor allem vor einer Wiederholung der krisenhaften Notlagen der Zwischenkriegszeit bewahrt werden sollten. Indem die Lenkungsprinzipien der Kriegsjahre beibehalten wurden, war es eine Weichenstellung in Richtung Protektionismus mit gesetzlich festgeschriebenen Preis- und Absatzgarantien.

Von ökonomischer Seite setzte die Kritik an dieser Landwirtschaftspolitik relativ bald ein, wenn auch zunächst kaum mit praktischer Wirkung (Rieder 1995). Entgegen einem anscheinend auch heute noch recht verbreiteten Missverständnis war und ist diese Kritik nicht gegen die Bauern gerichtet, deren Verhalten innerhalb der ihnen gesetzten Spielregeln ja genau dem ökonomischen Verhaltensmodell entspricht, sondern gegen die Mängel der Spielregeln. Im speziellen betrifft die Mängelrüge die Tatsache, dass das ganze komplizierte Instrumentarium der Preis- und Absatzgarantien zur Erfüllung der verschiedenen Ziele, die der Landwirtschaftspolitik vorgegeben sind, denkbar ungeeignet ist. Das Hauptproblem besteht in einem Verstoss gegen den fundamentalen Lehrsatz, dass verteilungspolitisch motivierte Einkommensziele nicht durch Eingriffe in das Gefüge der Marktpreise verfolgt werden sollten, sondern durch direkte Geldzahlungen an die anvisierten Zielgruppen. Die ökonomische Logik dieses Lehrsatzes wird in jedem einführenden Lehrbuch der Mikroökonomie oder der Wirtschaftspolitik dargelegt (z.B. in Varian, 1989, Kap. 28). Dazu kommt, dass auch die nicht im engeren Sinne wirtschaftlichen Ziele, mit denen die Stützung der Landwirtschaft begründet wird – wie z.B. die Bewahrung ländlicher Siedlungsstrukturen –, durch die Garantie kostendeckender Mindestpreise nicht effizient gefördert werden (Winters 1989). «Nicht effizient» heisst dabei einfach, dass mit demselben Aufwand mehr erreicht werden könnte, bzw. das, was erreicht wird, bedeutend kostengünstiger zu haben wäre.

Unter Druck geraten ist die Landwirtschaftspolitik alten Stils nicht durch die intellektuelle Überzeugungskraft der ökonomischen Kritik, sondern durch wachsende interne und externe Probleme. Intern ist die Unzufriedenheit mit den Ergebnissen der Politik grösser geworden, weil in zunehmendem Masse eingetreten ist, was aufgrund der kritischen Analysen zu erwarten war: Trotz steil ansteigendem Aufwand für die Landwirtschaft wurde es immer schwieriger, das Prinzip des Paritätslohns zu verwirklichen; die Produktionsüberschüsse verursachten immer mehr Kosten und erforderten immer wieder neue protektionistische bzw. ablaufpolitische Lenkungsinstrumente; die Bevölkerung reagierte zunehmend empfindlich auf die ökologischen Schäden, die mit der unvermeidlichen Intensivierung der Produktion einhergingen; die Konsumenten waren immer weniger bereit, die exorbitanten schweizerischen Preise zu bezahlen und trugen ihre Kaufkraft je länger je mehr zum Shopping ins grenznahe Ausland – nach den Schätzungen eines Grossverteilers inzwischen deutlich mehr als 1,5 Mrd. Franken pro Jahr (Wehrle/Ledermann 1995). Insgesamt ergibt sich das Bild eines trotz beachtlichen Produktivitätsfortschritten und ständig ausgebauter staatlicher Stützung kriselnden Wirtschaftssektors. Mit Blick auf die Konkurrenzfähigkeit der Primärproduktion wie auch der nachgelagerten Branchen, halten Bernegger/Märki/Rieder (1994, S.12) fest, dass im internationalen Vergleich «fast in allen Bereichen wesentliche Probleme bestehen.»

Der externe Druck rührt ganz einfach daher, dass die schweizerische Agrarpolitik selbst in einem internationalen Kontext, der alles andere als von freihändlerischen Idealen geprägt ist, noch einen Sonderfall darstellt. Wie Tabelle 3.1 illustriert, ist der Agrarschutz praktisch nirgends auf der Welt so stark ausgebaut wie in der Schweiz. Dies lässt sich zwar mit den vergleichsweise

Tabelle 3.1: Die Stützung der schweizerischen Landwirtschaft
im internationalen Vergleich

	Transfers an die Landwirtschaft			
	in % des landwirtschaftlichen Produktionserlöses[1]	in % des Bruttoinlandsprodukts	pro Einwohner (SFr)	pro ha Landwirtschaftsfläche (SFr)
Schweiz	81	2,2	1185	5291
EU	49	1,7	487	1176
OECD[2]	41	1,7	447	339

1) Percentage Producer Subsidy Equivalent gemäss OECD-Definition
2) Durchschnitt

Die Daten sind provisorische Schätzungen der OECD (1996c) für das Jahr 1995.

ungünstigen Produktionsbedingungen und dem hohen Einkommensniveau in der restlichen Volkswirtschaft, mit dem die landwirtschaftlichen Einkommen ja einigermassen Schritt halten sollen, leicht erklären. Dadurch ändert sich aber nichts an der Tatsache, dass das Landwirtschaftsdossier regelmässig zu den schwierigsten Knacknüssen gehört, wenn sich die schweizerische Aussenhandelsdiplomatie darum bemüht, die aussenwirtschaftliche Integration

Box 3.3

Landwirtschaft und Freihandel: ein Spannungsverhältnis mit Geschichte[59]

Die heftigen Bauernproteste, die es in der Schweiz gegen das GATT-Abkommen von 1994 gegeben hat – man erinnert sich: «GATTastrophe» etc. –, waren kein Einzelfall. In anderen europäischen Ländern gab es ähnliche Reaktionen von bäuerlicher Seite gegen die von der Uruguay-Runde vorangetriebene Liberalisierung des internationalen Handels unter Einschluss des Agrarhandels.

Dass die Landwirtschaft gegen unliebsame Importkonkurrenz geschützt wird und deshalb dem Freihandelsgedanken feindlich gegenübersteht, ist in der Geschichte nichts neues. Im Gegenteil: Es war eine heftige politische Auseinandersetzung über ein protektionistisches Landwirtschaftsgesetz, die bei der Begründung des modernen Freihandelsgedankens Pate gestanden hat. Es handelte sich um die berühmten ‹Corn Laws› Englands, gegen die David Ricardo Sturm lief, als er im Jahre 1817 seine wegweisende Theorie des internationalen Handels auf der Grundlage der komparativen Vorteile entwickelte.

Auch die ‹Corn Laws› waren die indirekte Folge eines Krieges, nämlich desjenigen mit Frankreich, der von der französischen Revolution 1789 bis zum Sieg Wellingtons in der Schlacht von Waterloo die Agrareinfuhren Englands stark beeinträchtigte und dadurch die Agrarpreise in England so stark in die Höhe trieb, dass der Krieg für den englischen Landadel ein gutes Geschäft wurde. Als der Krieg zu Ende war, setzten die einflussreichen Landbesitzer die ‹Corn Laws› durch, die ihnen weiterhin hohe Preise und auf Kosten der konsumierenden Arbeitnehmerschaft wie auch der industriellen Wirtschaft satte Einkommen garantierten. Ricardo lieferte mit seiner Theorie kraftvolle intellektuelle Munition gegen die Agrarprotektion, wobei er sein Modell ganz auf den Nachweis der gesamtwirtschaftlichen Vorteile der Handelsliberalisierung hin anlegte und es vorsichtigerweise vermied, deren Umverteilungseffekte in den Vordergrund zu stellen. Bis heute demonstrieren die Lehrbücher die Wirkungen des Freihandels mit Ricardos agrarökonomischem Zahlenbeispiel.

Es dauerte schliesslich drei Jahrzehnte, bis die ‹Corn Laws› im Jahre 1846 unter dem gemeinsamen Druck der intellektuellen Überzeugungskraft von Ricardos Freihandelsidee und der protektionsgeschädigten Wirtschaftsinteressen von der Regierung Robert Peels wieder abgeschafft wurden. An der zeitlichen Verzögerung, mit der sich ökonomische Argumente in der Agrarpolitik durchsetzen, scheint sich in den letzten 150 Jahren nichts entscheidendes geändert zu haben...

der Schweiz zu wahren bzw. auszubauen – sei es im Rahmen des multilateralen Ausbaus des Welthandelssystems, wie zuletzt in der Uruguay-Runde des GATT, oder vis-à-vis der Europäischen Union.

Den unvermeidlichen Kurswechsel in der schweizerischen Landwirtschaftspolitik hat der Bundesrat mit seinem 7. Landwirtschaftsbericht von 1992 eingeleitet. Im Zentrum der Reform steht dabei einerseits eine Neuordnung der Prioritäten, indem den ökologischen und landschaftspflegerischen Zielsetzungen im Vergleich zur Produktion und zur Versorgungssicherheit ein grösseres Gewicht beigemessen werden soll; andererseits hält der Bericht fest, dass «bei den Massnahmen direkte Einkommensübertragungen an die Landwirtschaft künftig auch im Talgebiet eine grössere Rolle spielen [werden]» (S. 3) – wofür die Grundlage mit den neuen Artikeln 31a und 31b des Landwirtschaftsgesetzes noch im gleichen Jahr gelegt wurde.

Auch was die internationalen Herausforderungen angeht, spricht der 7. Landwirtschaftsbericht eine klare Sprache (S. 2):

«Seit dem Abschluss der EWR-Verhandlungen gilt der Beitritt zur Europäischen Gemeinschaft als Ziel unserer Integrationspolitik. Die schweizerische Agrarpolitik wird sich deshalb in Richtung auf die, sich ebenfalls in Reform befindliche, gemeinsame Agrarpolitik der EG hin entwickeln müssen. Für die Landwirtschaft wird dies eine harte Bewährungsprobe darstellen… Die GATT-Verhandlungen waren bei der Fertigstellung dieses Berichts noch im Gang. Auch im Agrarsektor wird eine gewisse Marktöffnung sowie ein beschränkter Abbau der Unterstützung der Landwirtschaft notwendig werden…»

Das im gleichen Jahr vom Volk gesprochene Nein zum EWR sowie die Ratifizierung der Ergebnisse der Uruguay-Runde drei Jahre später änderten grundsätzlich nichts an der Richtigkeit dieser Charakterisierung der internationalen Herausforderungen, denen sich die Schweizer Bauern gegenübergestellt sehen. Klar ist überdies, dass die Erosion der landwirtschaftlichen Hochpreis-Insel Schweiz einschneidende Verteilungseffekte verursacht, mit deren Bewältigung die Reform der schweizerischen Agrarpolitik steht und fällt.

Die Simulationsstudie des NFP 28

Wie gross sind diese Verteilungseffekte? Wer sind im einzelnen die Gewinner und Verlierer? So lauten die Fragen, die eine an den Instituten für Agrarwirtschaft der ETH Zürich und der Hochschule St. Gallen durchgeführte NFP-28-Studie mit Hilfe eines Simulationsmodells auf der Basis partieller Input-Output-Analysen für die wichtigsten Agrarmärkte zu beantworten sucht (Bernegger/Märki/Rieder 1994). Die Studie betrachtet zwei Szenarien: einerseits ein GATT-Szenario, das im wesentlichen mit den Ergebnissen der Uruguay-Runde übereinstimmt (Tarifizierung des Grenzschutzes und allmählicher Abbau der Zölle um 36%, Abbau der internen Stützung um 20%, Reduktion der Exportsubventionen um 36% und mengenmässiger Abbau der subventionierten Exporte) und andererseits ein Szenario ‹EU-Beitritt›, das davon ausgeht, dass die Schweiz die EU-Agrarmarktordnung übernehmen muss, wodurch die schweizerischen Erzeugerpreise innerhalb einer Übergangsfrist auf das um 40% bis 70% tiefere EU-Niveau sinken müssen.

Die Analyse erstreckt sich auf die Produktionsbereiche Milch, Fleisch und Brotgetreide, die zusammen knapp 75% des gesamten landwirtschaftlichen Endrohertrags erzeugen. Im einzelnen sind jeweils die monetären Auswirkungen auf die Primärproduktion, die nachgelagerten Branchen, die Nebenverwertung, die Steuerzahler, die Konsumenten sowie den Aussenhandel geschätzt worden, und zwar bezogen auf die Ausgangslage in den Jahren 1989/90. Unter ‹monetären Auswirkungen› sind dabei im Falle des Staates und der Konsumenten die Änderungen der Beträge gemeint, die insgesamt für die Landwirtschaft bzw. für deren Erzeugnisse ausgegeben werden. Im Falle der Produktionsbereiche und des Auslands sind die Änderungen der Verkaufserlöse (einschliesslich produktionsgebundener Subventionen) gemeint.

Die Ergebnisse sind in zusammengefasster Form in Tabelle 3.2 wiedergegeben. Quantitativ zeigt sich, dass die Effekte im EU-Szenario bedeutend stärker ausfallen als im GATT-Szenario, nämlich ungefähr dreimal so stark. Dies liegt im wesentlichen daran, dass der vom GATT verordnete Abbau der Stützungsmassnahmen das Preisniveau inländischer Landwirtschaftsprodukte wie auch die Subventionshöhe immer noch weit über dem EU-Niveau belässt. So rechnen Rieder/Rösti/Jörin (1994) etwa vor, dass die Anpassung an die GATT-Bestimmungen bis zum Jahr 2002 eine Senkung des Milchgrundpreises von der Basis 1993 (97 Rp./kg) auf 79 Rappen erfordert, was man mit einem EU-Preis vergleichen muss, der 1993 etwas unter 60 Rappen lag. Dabei ist noch nicht einmal berücksichtigt, dass auch die EU den Abbau-Vorgaben der Uruguay-Runde unterworfen ist. Somit zeigt sich, dass der GATT-Abschluss lange nicht den tiefen Einschnitt bedeutet, den man angesichts der gegen ihn gerichteten heftigen Proteste von bäuerlicher Seite hätte vermuten können.

Qualitativ stellt sich das erwartete Ergebnis ein: Verluste haben vor allem die Landwirtschaft und, sofern sich auch dort die Margen anpassen (Sz 2), die nachgelagerten Branchen zu befürchten. In der Primärproduktion belaufen sich die Bruttoerlösrückgänge auf ca. 1 Mrd. Franken oder 15% im GATT-Szenario bzw. auf ca. 3,5 Mrd. Franken oder 50% im EU-Szenario (jeweils Sz 2). Noch nicht berücksichtigt sind hierbei allfällige kompensierende Direktzahlungen. Die Zahlen zeigen aber die Dimension des in den beiden Szenarien entstehenden Verteilungsproblems an. Zu den Gewinnern zählen hauptsächlich jene Gruppen, die die bisherige Agrarpolitik finanziert haben: die Steuerzahler und die Konsumenten. Vor allem für die Konsumenten sind die Gewinne beträchtlich, reduzieren sich ihre Ausgaben für die drei untersuchten Produktgruppen doch um insgesamt 1,2 Mrd. Franken (oder 9%) im GATT-Szenario bzw. gar um 4,2 Mrd. Franken (32%) im EU-Szenario (wiederum jeweils Sz 2).

Während in den Unterszenarien Sz 1 und Sz 2 jeweils unveränderte Produktions- und Konsummengen unterstellt sind, muss man realistischerweise in Rechnung stellen, dass es auch zu Mengenreaktionen kommt, d. h. dass die Produktionsmenge zurückgeht und die Nachfrage ansteigt. Allein der namhafte grenzüberschreitende Einkaufstourismus spricht für eine beträchtliche Preisempfindlichkeit des Verbrauchs. Solche Effekte sind jeweils im Unterszenario Sz 3 berücksichtigt. Die angebots- und nachfrageseitigen Mengenreaktionen vergrössern den Erlösrückgang der Produzenten und verringern den Ausgabenrückgang der Konsumenten. Allerdings geben, wie Märki (1995) zurecht betont, die in der Tabelle wiedergegebenen Änderungen der Geldströme

Tabelle 3.2: Monetäre Auswirkungen alternativer Liberalisierungsszenarien auf den Märkten für Milch, Fleisch und Brotgetreide (in Mio Fr., aggregiert)

	GATT-Szenarien[1]			EU-Szenarien[1]		
	Sz 1	Sz 2	Sz 3	Sz 1	Sz 2	Sz 3
Staat	30	160	260	580	580	840
Primärproduktion	−1'050	−1'050	−1'100	−3'750	−3'430	−3'810
Verarbeitung und Absatz	−80	−510	−310	0	−1'430	−820
Nebenverwertung	30	30	60	80	80	160
Ausland	170	170	280	0	0	440
Endverbrauch	900	1'200	810	3'090	4'200	3'190

1) Sz 1: Tiefe Anpassungsflexibilität. Nur Primärproduktion muss Erlöse anpassen.
Sz 2: Mittlere Anpassungsflexibilität. Auch die nachgelagerten Bereiche passen Margen an.
Sz 3: Hohe Anpassungsflexibilität. Es werden zusätzlich Mengenreaktionen berücksichtigt.

Quelle: Märki (1995)

Box 3.4

Warum «Monetäre Auswirkungen» und Wohlstandseffekte nicht dasselbe sind

Um die Logik der Berechnungen in Tabelle 3.2 zu verstehen, können wir nochmals auf Abbildung 3.2 in Box 3.1 zurückgreifen. Dabei ist p_0 jetzt aber nicht als Weltmarktpreis zu interpretieren, sondern als der Preis, der sich nach dem Liberalisierungsschritt (Umsetzung der GATT-Beschlüsse bzw. Übernahme der EU-Marktbedingungen) einstellt. Entsprechend ist $p_0 + h$ der Preis im Status-quo-Ausgangsszenario. Was sind nun beispielsweise die «monetären Auswirkungen» auf die Konsumenten? In denjenigen Simulationen, die von unveränderten Konsummengen ausgehen (jeweils Sz 1 und Sz 2), ergibt sich – je nach Ausmass der Preissenkung h, die natürlich von Szenario zu Szenario unterschiedlich gross ist –, ein Rückgang der Konsumausgaben im Umfang der Flächen (i) + (ii) + (iii). Wird dagegen die Konsumzunahme von q_5 auf q_3 mit in Rechnung gestellt, stehen dieser Ersparnis die zusätzlichen Ausgaben für die Menge ($q_3 - q_5$) im Umfang der Fläche (vii) gegenüber. Deshalb weist Tabelle 3.2 bei Berücksichtigung der Mengenreaktion jeweils geringere «monetäre Auswirkungen» auf die Konsumenten aus als ohne Berücksichtigung der Mengenreaktion, nämlich jeweils die Fläche (i) + (ii) + (iii) – (vii) in Sz 3 im Vergleich zu (i) + (ii) + (iii) in Sz 2.

Die Analyse in Box 3.1 hat nun aber gezeigt, dass der Wohlstandsgewinn, den die Konsumenten aus dem Preisrückgang h ziehen – d. h. die Zunahme der Konsumentenrente –, neben den Flächen (i), (ii) und (iii) auch die Fläche (iv) umfasst, wenn die Konsummenge zunimmt. Insgesamt übersteigt somit der Wohlstandsgewinn der Konsumenten in Sz 3 die in Tabelle 3.2 für diesen Fall jeweils ausgewiesenen «monetären Auswirkungen» um die Fläche (iv) + (vii).

Wieviel dies quantitativ ausmacht, lässt sich ganz grob beziffern, wenn man am Beispiel des EU-Szenarios folgende Rechnung aufmacht: In Sz 2 entspricht die Fläche (i) + (ii) + (iii) bei einem durchschnittlichen Preisrückgang um 32% einem Betrag von 4,2 Mrd. Franken. In Sz 3 wird bei gleichem Preisrückgang, aber grösserer Verbrauchsmenge die Fläche (i) + (ii) + (iii) – (vii) auf knapp 3,2 Mrd. Franken geschätzt. Hieraus folgt für die Fläche (vii) ein Betrag von etwas über 1 Mrd. Franken und für Fläche (iv) näherungsweise 240 Mio Franken.[60] Somit gewinnen die Konsumenten unter Berücksichtigung der angenommenen Mengenreaktion über 4,4 Mrd. Franken an Konsumentenrente, obwohl sie nur etwa 3,2 Mrd. Franken an Ausgaben einsparen.

Unsere Überschlagsrechnung zeigt zwei Dinge: Erstens wird der reine Effizienzgewinn, der sich durch die Mengenzunahme auf der Konsumseite einstellt – Fläche (iv) –, durch die Beträge, die von den Produzenten zu den Konsumenten umverteilt werden, glatt dominiert. Hierin liegt, wie wir oben schon betont haben, die eigentliche Erklärung dafür, warum effizienzfördernde Reformen politisch so schwer durchzusetzen sind. Zweitens sind die Realeinkommensgewinne, die den Konsumenten bei preisempfindlicher Nachfrage zufallen, erheblich grösser als die rein «monetären Auswirkungen» von Tabelle 3.2. In ähnlicher Weise lässt sich auch zeigen, dass die Einkommenseinbusse der Produzenten bei preisempfindlichem Angebot wegen der Kosteneinsparungen deutlich kleiner ist als der Erlösrückgang.

keinen Aufschluss über die mit ihnen verbundenen Realeinkommensänderungen. Denn gerade wenn es zu Mengenänderungen kommt, ist z. B. zu berücksichtigen, dass auf Produzentenseite auch zusätzliche Kosteneinsparungen realisiert werden können. Deshalb fallen die (in der Studie nicht berechneten) Einkommensverluste der Landwirte in Sz 3 effektiv geringer aus als die Erlöseinbussen, die für die Unterszenarien Sz 1 und Sz 2, geschweige denn Sz 3, ausgewiesen sind. Analoges gilt für die Konsumenten: Wenn sie durch die tieferen Preise zu mehr Konsum animiert werden, sparen sie zwar nicht so viel Geld, ihr Realeinkommenszuwachs – genauer gesagt: ihr Gewinn an Konsumentenrente – ist dann aber sogar grösser als der monetäre Gewinn, den Tabelle 3.2 für das Szenario ohne Mengenreaktionen ausweist. Der Unterschied zwischen den liberalisierungsbedingten Änderungen der monetären Zahlungsströme, die die NFP-28-Studie berechnet hat, und den realen Einkommensänderungen, die sich hierdurch jeweils ergeben, ist in Box 3.2 näher erläutert.

Zu beachten ist in diesem Zusammenhang ausserdem, dass Tabelle 3.2 – eben weil sie keine Realeinkommensänderungen angibt – auch keine Aussagen über die volkswirtschaftlichen Effizienzvorteile zu treffen erlaubt, die mit der Agrarliberalisierung in den beiden Szenarien verbunden sind. Insbesondere darf die Tatsache, dass sich die Einträge in jeder Kolonne von Tabelle 3.2 zu null summieren, nicht falsch interpretiert werden. Dies bedeutet nämlich nicht, dass die beiden Liberalisierungsszenarien Nullsummenspiele zwischen Gewinnern und Verlierern darstellen, sondern beruht einfach auf der buchhalterischen Notwendigkeit, dass jeder Franken, den jemand ausgibt, von jemand anderem eingenommen werden muss. Auch bedeutet der positive Eintrag beim Ausland in keiner Weise, dass das Ausland auf Kosten des Inlands etwas gewinnt; er reflektiert nur die Zunahme der Nettoeinfuhren landwirtschaftlicher Güter, die naturgemäss unter Berücksichtigung der Mengenreaktionen besonders ausgeprägt ausfällt. Wie die theoretische Betrachtung in Box 3.1 gezeigt hat, ist die Importzunahme integraler Bestandteil der Effizienzgewinne, die das Inland durch den Abbau von Handelshemmnissen erzielen kann.

Herausforderungen für die Agrarpolitik

Entgegen dem Eindruck, der mitunter in der Öffentlichkeit entstanden ist, zeigen die vorliegenden wissenschaftlichen Analysen des GATT-Abschlusses, dass «die Anpassung an das GATT ohne grösseren Strukturbruch im Agrarsektor vollzogen werden kann» (Rieder/Rösti/Jörin 1994, S. 76), und dass «mit flankierenden Massnahmen wie direkten Einkommensübertragungen die langfristige Sicherstellung der agrarpolitischen Ziele Versorgungssicherheit, bäuerliche Landwirtschaft und Landschaftspflege gewährleistet werden kann» (Bernegger/Märki/Rieder 1994, S. 22). Ähnliches lässt sich nicht ohne weiteres für das Szenario eines EU-Beitritts behaupten.

Unzweifelhaft ist die Gewichtsverlagerung von der Politik der Preis- und Absatzstützung zur Politik der Direktzahlungen in Gang gekommen. Für den aussenstehenden Beobachter mag sich höchstens die Frage aufdrängen, wieviel eigentlich gewonnen ist, wenn an Stelle des dauernden Gerangels um die Höhe der Preise und Kontingente ein ebenso dauerndes Gerangel um die Höhe der Direktzahlungen tritt. Denn darüber hinaus scheint sich auch mit dem GATT-Abschluss und ungeachtet «Agrarpolitik 2002» bisher wenig fundamentales geändert zu haben. Die früheren Importkontingente heissen jetzt ‹Zollkontingente› und werden – vom Weisswein bis zum Parmaschinken – nach denselben absurden Verfahren unter den professionellen Kontingentsrentenjägern verhökert wie eh und je.[61] Die Konsumenten wundern sich, warum ihnen ausländische Freiland-Tomaten verwehrt bleiben sollen, während die inländische hors-sol-Industrie unter dem Schutzschirm der helvetischen Agrarprotektion gedeihen darf. Aber die Ungeduld wächst. Spätestens das dreifache Nein zu den Agrarvorlagen des Abstimmungswochenendes vom März 1995 hat klargemacht, dass das Volk ‹Business as usual› nicht mehr widerstandslos schluckt.

Welche Anforderungen sind an eine zukunftsfähige Agrarpolitik zu stellen? Unbestritten dürfte die folgende allgemeine Leitlinie sein, die Bernegger/Märki/Rieder (1994, S. 22) in den Schlussfolgerungen ihrer NFP-28-Studie formuliert haben:

«Eine effiziente Agrarpolitik muss versuchen, die ihr überantworteten Ziele mit möglichst geringen volkswirtschaftlichen Kosten und unter Berücksichtigung der rechtsstaatlichen Prinzipien Rechtssicherheit und Vertrauensschutz zu erreichen».

Der Teufel steckt aber im Detail, beginnend mit der Konkretisierung, Operationalisierung und – im Falle von Zielkonflikten – auch Gewichtung der agrarpolitischen Oberziele. Entscheidend ist sodann die präzise und verlässliche Definition der Spielregeln, unter denen die Landwirtschaft langfristig operieren soll. Denn die Unsicherheit darüber, wie es weitergehen soll, trägt mindestens so viel zum politischen Widerstand gegen Reformen bei wie deren eigentlicher Inhalt. Auf dieser Ebene ist die Führungsrolle der Regierung besonders gefragt. Wenn langfristig verbindliche Pflöcke eingeschlagen werden und die Bedingungen des Übergangs vom Status quo zum angestrebten Endzustand transparent gemacht werden, ist mehr Rechtssicherheit gewährleistet und kann ein schnelleres Reformtempo eingeschlagen werden, als wenn man sich in Trippelschrittchen in eine allgemein angegebene Richtung immer nur so weit vorwärts bewegt, wie es die wechselnden politischen Kräfteverhältnisse und ein durch Gewohnheitsrecht definierter Vertrauensschutz gerade erlauben.

Agrarpolitik ist erforderlich, weil ihre Ziele durch den Markt allein nicht, oder nicht im gewünschten Masse, verwirklicht werden. Das Effizienzpostulat beinhaltet, dass das jeweils vorliegende Marktversagen mit geeigneten Instrumenten gezielt angegangen wird. Dies bedeutet aber beispielsweise, dass es nicht genügt, die bisherige Preis- und Absatzstützung einfach Franken für Franken durch Direktzahlungen zu ersetzen. Nichts verdeutlicht diesen Punkt besser als die anhaltende Diskussion über die Frage, ob Direktzahlungen nur für genau spezifizierte Leistungen ausgerichtet werden sollen, oder ob der ‹Tatbestand Bauer› bereits einen Anspruch auf die Ausschüttung von Bundesgeldern begründen soll. Mit dem Hinweis auf den «Beitrag zum wirtschaftlichen und kulturellen Leben im ländlichen Raum», wie ihn der 7. Landwirtschaftsbericht als eines der vier Oberziele der Agrarpolitik postuliert (S. 345), ist es ja vielleicht nicht getan.

Noch mehr Mühe als die Substitution von Subventionen durch Direktzahlungen auf der Ausgabenseite bereitet die Entlastung der Konsumenten zulasten der Steuerzahler auf der Finanzierungsseite. Keines der agrarpolitischen Oberziele – neben der eben erwähnten Förderung des ländlichen Raums nennt der 7. Landwirtschaftsbericht explizit die Versorgungssicherheit, die ökologische Nachhaltigkeit und die Landschaftspflege – legitimiert unter dem Gesichtspunkt der gezielten Marktversagenstherapie die Besteuerung des Nahrungsmittelkonsums, wie sie mit den bestehenden Zöllen und Importrestriktionen so massiv erfolgt. Dies gilt insbesondere auch für die Erhaltung einer produzierenden Landwirtschaft, soweit diese weiterhin der staatlichen Stützung bedarf. Denn wie die elementare Theorie der Staatseingriffe lehrt, lassen sich Produktionsziele mit geringeren volkswirtschaftlichen Kosten erreichen, wenn gezielte Lenkungssubventionen eingesetzt werden, als wenn man mit dem Instrumentarium des Grenzschutzes operiert. Jeder Schritt zur Öffnung des Inlandsmarktes ist daher ein Schritt in die richtige Richtung.

Auf diese Feststellung ist umso mehr Gewicht zu legen, als es weithin als Selbstverständlichkeit akzeptiert zu sein scheint, dass ein «angemessener Einfuhrschutz» – was immer das heissen soll – für die Aufgabenerfüllung der

Agrarpolitik unabdingbar sei. Die beiden Hauptargumente, die hierfür ins Feld geführt werden, erweisen sich bei näherem Hinsehen als wenig stichhaltig:

Ein erstes Argument verweist auf mögliche Konflikte zwischen dem freien Agrarhandel und den ökologischen Zielsetzungen der Landwirtschaftspolitik. So hält etwa Popp (1992, S. 24) fest: «Die nachhaltige Pflege unserer Lebensgrundlagen und die Erhaltung der multifunktionalen Landwirtschaft haben Vorrang vor dem Konzept des Freihandels.» Dabei verkennt er jedoch, dass es wenig gibt, was so viel zu den Umweltsünden der Landwirtschaft beigetragen hat wie die Agrarprotektion. Abbildung 3.5 verdeutlicht anhand einer internationalen Querschnittsbetrachtung, wie eng der Zusammenhang zwischen dem Ausmass der Agrarprotektion (entlang der horizontalen Achse) und der Intensität des chemischen Düngereinsatzes (entlang der vertikalen Achse) ist. Gerade für die Schweiz ist die Lektion klar: Die weltweite Spitzenstellung, die sie hinsichtlich der Überdüngung des landwirtschaftlichen Bodens einnimmt, ist angesichts ihres Protektionsniveaus kein Zufall. Hier liegt ein klarer Fall von Zielharmonie vor: Je stärker die vom Einfuhrschutz ausgehenden Überproduktionsanreize verkleinert werden, desto umweltverträglicher wird die Landwirtschaft. Nicht speziell betont zu werden braucht, dass

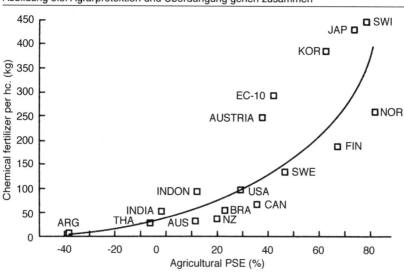

Abbildung 3.5: Agrarprotektion und Überdüngung gehen zusammen

Quelle: Anderson (1993), S. 355; SWI = Schweiz

darüber hinaus griffige Instrumente zur Internalisierung negativer Umweltexternalitäten zum Einsatz gelangen müssen, wie dies die Umweltökonomik seit Jahrzehnten predigt. Speziell die internen produktionsstützenden Massnahmen, die mit Blick auf die Versorgungssicherheit ergriffen werden, müssen mit Bedingungen ökologischer Art verbunden sein.

Dass der ungehinderte Agrarhandel ökologisch bedenklich sei, wird in der Regel mit den Umweltschäden begründet, die der Transport von landwirtschaftlichen Erzeugnissen an weit entfernte Konsumorte verursacht. Der «angemessene» Einfuhrschutz, so lautet die Argumentation, schützt nicht nur die Landwirtschaft, sondern auch die Natur, weil er dafür sorgt, dass die Konsumnachfrage so weit wie möglich aus lokaler Produktion gedeckt wird, ohne dass «unnötige» Transportwege zurückgelegt werden müssen. Aber auch diese Argumentation verstösst gegen das Prinzip der gezielten Korrektur eines Marktversagens. Das Marktversagen besteht in den negativen Umweltexternalitäten des Transports und hat mit dem Überschreiten einer Landesgrenze per se nichts zu tun. Also muss man den Transport mit seinen externen Kosten belasten, nicht die Grenzen schliessen. Es ist ja beispielsweise nicht einzusehen, warum es ökologischer sein sollte, wenn sich die Stadt Basel ihre Lebensmittel aus allen Ecken der Schweiz heranschaffen lassen müsste, statt sie auch aus dem benachbarten Elsass oder Baden beziehen zu dürfen. Sollte ausgerechnet die Schweiz, in der es den weit und breit billigsten Treibstoff zu kaufen gibt, ihre Agrarprotektion mit dem Umweltargument legitimieren wollen? Dass die Internalisierung der vom Transport verursachten Umweltexternalitäten gerade auch auf der internationalen Ebene bedeutende Verteilungsinteressen tangiert und somit auf Widerstände stösst, ist nicht von der Hand zu weisen – die verkehrspolitischen Konflikte, die sowohl innerhalb der EU als auch zwischen der EU und der Schweiz zutagegetreten sind, legen davon beredtes Zeugnis ab. Aber damit sind keine Ersatz-‹Lösungen› zu begründen, die letztlich nur darauf hinauslaufen, ein für sich genommen berechtigtes umweltpolitisches Anliegen vor den Karren harter protektionistischer Interessen zu spannen.

Argumente zugunsten der Aufrechterhaltung eines «angemessenen» Einfuhrschutzes werden aber nicht nur aus der ökologischen Ecke vorgebracht. Von ungleich grösserer praktischer Bedeutung dürften die diesbezüglichen Anreize sein, die von den Finanzierungserfordernissen der Agrarpolitik ausgehen. Denn so viel der Abbau des exzessiven Agrarpreisniveaus und der Importbeschränkungen auch an volkswirtschaftlichen Kosten einsparen mag: Insoweit als die entstehenden Lücken durch Direktzahlungen geschlossen werden sollen, kommt es zu einer Mehrbelastung der Bundeskasse. Deshalb wird etwa auch gesagt, es hänge von der Finanzlage des Bundes ab, wie schnell und wie weitgehend die Agrarpolitik reformiert werden könne. Rein finanzierungstechnisch betrachtet, ist dies nicht einzusehen. Die naheliegende Strategie wäre ja die, dass die Entlastung, die die Konsumenten durch die Absenkung der Agrarpreise erfahren, mit einer Erhöhung der allgemeinen Konsumsteuern – d. h. im Klartext: der Mehrwertsteuer – gekoppelt wird, die, weil sie sich auf eine breite Bemessungsgrundlage erstreckt, bescheidenen Ausmasses sein könnte und dennoch ausreichen würde, um den Mehraufwand für die Direktzahlungen zu finanzieren. Dank den Effizienzgewinnen, die durch die Reform der Agrarpolitik anfallen, könnte die Gesamtbelastung der Konsumenten per Saldo immer noch verringert werden. Zudem würde der anstössige regressive Verteilungseffekt gemildert, der von der heutigen Agrarpolitik dadurch ausgeht, dass die Nahrungsmittel in den Haushaltbudgets der untersten Einkommensschichten anteilsmässig am meisten ins Gewicht fallen.

Aber das Problem ist kein finanzierungstechnisches, sondern ein politisches: Wenn die Landwirtschaft – in Konkurrenz mit allen anderen Anspruchsgruppen – um Steuermittel kämpfen muss, wird wesentlich besser sichtbar, was sie wirklich kostet, als wenn sie unter dem Schutz von Importrestriktionen durch routinemässig bewilligte Preiserhöhungen finanziert wird. Die grössere Transparenz zwingt zu einer strikteren Entsprechung von Leistung und Gegenleistung in der Agrarpolitik. Dabei wäre es ein Missverständnis zu glauben, es gebe irgendeine wissenschaftliche Zauberformel für die Bewertung der von den Bauern zu erbringenden gemeinwirtschaftlichen Leistungen. Vielmehr erfordert diese Bewertung Grundsatzentscheidungen, die nur auf der politischen Ebene fallen können.

Die Liberalisierung des Grenzschutzsystems, die Senkung der Produzentenpreise, das Aufbrechen der starren Marktordnungen und Regulierungen in den nachgelagerten Sektoren stellen vordringliche Massnahmen dar, die nicht zuletzt den Zweck haben, für die Bauern ein Umfeld zu schaffen, in dem sich die von den protektionistisch geprägten Strukturen erstickte unternehmerische Initiative wieder freier entfalten kann. Erst wenn keine kostendeckenden Preise mehr garantiert sind, entwickelt sich ein effizienzorientiertes Kostenmanagement. Erst wenn keine Absatzmengen mehr garantiert sind, lohnt es, Spezialisierungs- und Produktdifferenzierungsstrategien ernsthaft voranzutreiben und das zweifellos bedeutende Marktpotential für die Spezialitätenproduktion auszuloten. Nur der Markt kann den Leistungsauftrag der Konsumenten an die Bauern klar und wirksam übermitteln; und wenn die Politik den gemeinwirtschaftlichen Leistungsauftrag ebenso klar definiert, kann endlich Realität werden, was die bunten Kleber landauf landab schon lange verkünden: «Landwirtschaft dient allen.»

3.4 Dynamische Wirkungen

Wie gross sind die statischen Einkommenseffekte?

Die Fallstudie zur Landwirtschaftspolitik hat gezeigt, dass der Abbau von Handelshemmnissen bedeutende Umverteilungswirkungen haben kann, indem vor allem bei den direkt betroffenen inländischen Produzenten empfindliche Einkommenseinbussen auftreten. Wie gross sind aber auf der volkswirtschaftlichen Ebene die Effizienz- und Realeinkommensgewinne, die jenseits des Umverteilungseffekts durch den verbesserten Zugang zum Weltmarkt und die Verbesserung des Ressourceneinsatzes realisiert werden können? Obwohl die NFP-28-Studie von Bernegger/Märki/Rieder (1994) diese Frage nicht adressiert, gibt es eine Vielzahl empirischer Untersuchungen, die die volkswirtschaftlichen Kosten der Protektion für die verschiedensten Branchen und Länder zu quantifizieren versuchen. Beispielsweise sprechen die von Gylfason (1995) zitierten Studien über die Kosten des Agrarschutzes in der EU – der, wie wir gesehen haben, zwar auch exorbitant hoch, aber dennoch ein gutes Stück geringer ist als derjenige in der Schweiz – dafür, dass sich die von dieser Politik direkt verursachten statischen Effizienzverluste in der Grössenordnung von einem Prozent des Sozialprodukts bewegen. Durch einen Vergleich mit den Bruttosummen, die die EU-Agrarpolitik zwischen Konsumenten, Produzenten und öffentlichen Haushalten in Bewegung setzt, lässt sich berechnen, dass Konsumenten und Steuerzahler zusammen etwa doppelt so viel für den Agrarschutz berappen müssen, wie die Landwirtschaft am Ende davon profitiert.

Wie nicht anders zu erwarten, ergeben die vielen empirischen Schätzungen, die mit den verschiedensten Methoden die von Handelshemmnissen verursachten volkswirtschaftlichen Kosten zu schätzen versucht haben, ein recht uneinheitliches Bild (vgl. Feenstra 1995). Insgesamt macht es aber den Anschein, als seien die quantitativ erfassbaren Effizienzeffekte nicht überwältigend gross. Beispielsweise kommt von den ökonometrischen Schätzungen der Wirkungen des Europäischen Binnenmarktprogramms von 1992, mit dem die Europäische Union ihre internen Handelshemmnisse wie auch die Barrieren im innereuropäischen Personen- und Kapitalverkehr beseitigen wollte, gemäss Baldwin/Venables (1995, Tab. 5.2, S. 1632) die Mehrzahl auf weniger als ein Prozent des Sozialprodukts. Im Vergleich dazu war der vielzitierte Cecchini-Bericht, der im Auftrag der Europäischen Kommission erstellt wurde (Cecchini 1988), mit der Schätzung eines einmaligen Niveaueffekts in der Grössenordnung von 2,5% bis maximal 6,5% relativ optimistisch. Aber selbst wenn man die Obergrenze dieser optimistischen Schätzung betrachtet, nimmt sich der rein wirtschaftliche Nutzeffekt des mit grosser Fanfare angekündigten und umgesetzten Programms relativ bescheiden aus, beläuft sich doch der Einkommenseffekt selbst dann noch auf nicht mehr, als was etwa drei Jahre durchschnittlichen Wirtschaftswachstums bewirken.

Auch die Studien, die über die Auswirkungen der Uruguay-Runde des GATT angestellt worden sind, ergeben kein grundsätzlich anderes Bild. Die Schätzungen, die z. B. Martin/Winters (1995) in ihrer Übersicht zusammengetragen haben, besagen, dass die weitreichenden Liberalisierungen, die in den mehrjährigen Verhandlungen erreicht werden konnten, der Welt insgesamt einen Einkommenszuwachs in der Grössenordnung von $200 Mrd. pro Jahr bescheren werden. Ein Viertel bis die Hälfte davon dürfte den Entwicklungsländern zugutekommen. Die Schätzungen stehen qualitativ insofern im Einklang mit den theoretisch zu erwartenden Effekten, als die Realeinkommensgewinne dort am grössten sind, wo die Importgüterpreise aufgrund der Liberalisierungen am stärksten fallen, und wo die Voraussetzungen zur Nutzung verbesserter Exportchancen am ehesten gegeben sind. Die Einkommenswirkungen fallen vor allem für einige Entwicklungs- und Schwellenländer Asiens und Lateinamerikas, denen die Uruguay-Runde grosse zusätzliche Märkte für ihre arbeitsintensiven Exporte geöffnet hat, stark ins Gewicht. Die einzige Weltregion, die Einkommensverluste erleidet, ist die Sub-Sahara-Zone, für die sich die Nahrungsmittelimporte verteuern, ohne dass zur Kompensation bereits ausreichende Exportpotentiale bestehen (vgl. Martin/Winters 1995, S. 4–8). Für die Welt insgesamt, und für die hochentwickelten Industrieländer im besonderen, sind die Wirkungen dagegen alles andere als atemberaubend – nach den bisher veröffentlichten Schätzungen jedenfalls deutlich unter einem Prozent des Sozialprodukts. Das ist eine Grössenordnung, um die gut und gerne einmal eine Konjunkturprognose daneben liegen kann, ohne dass sich jemand gross darüber aufregt. Soll das der ganze Lohn für den jahrelangen Kraftakt sein, der erforderlich war, um die Uruguay-Runde zu guter Letzt zu einem glücklichen Abschluss zu bringen?

Bei der Beurteilung solcher Schätzergebnisse muss man sich immer im klaren darüber sein, was die Vergleichsbasis für die Berechnung der Effekte gewesen ist. Im Falle der hier zitierten Zahlen ist dies jeweils der Status Quo gewesen. Aber gerade im Falle der Uruguay-Runde ist alles andere als klar, dass bei einem Scheitern der Verhandlungen der Status Quo ohne weiteres aufrechtzuerhalten gewesen wäre. Vielmehr waren eine Zunahme der zahlreichen bereits bestehenden, vor allem nicht-tarifären Handelshemmnisse sowie ein Überhandnehmen diskriminierender regionaler Sonder-Arrangements zu befürchten. Zudem bietet die institutionelle Stärkung des Welthandelssystems – insbesondere mit der Gründung der World Trade Organization WTO – eine Basis für zukünftige weitere Liberalisierungsschritte, die bei einem Fehlschlag der Uruguay-Runde ebenfalls in weite Ferne gerückt wären. Diese indirekten, ‹weichen› Effekte entziehen sich der Quantifizierung weitestgehend, ohne dass sie unbedingt von geringerer Bedeutung wären als das, was leichter messbar ist.

Dazu kommt ein weiterer Punkt: Sowohl in der Wissenschaft als auch in der politischen Diskussion werden gerne die *dynamischen* Folgewirkungen betont, welche die Beseitigung von Handelshemmnissen auslösen kann: mehr Wettbewerbsdruck, mehr Investitionen, mehr Innovationen, ein höheres Produktivitätswachstum (Baldwin 1989). Die oben erläuterte Standardtheorie des Aussenhandels und der Aussenhandelspolitik, auf die sich die überwiegende Mehrzahl der empirischen Untersuchungen stützt, ist aber *statisch*. Sie fragt nur nach den Effizienzvorteilen, welche die Verbesserung des Ressourceneinsatzes und die Intensivierung des Wettbewerbs bei gegebener Menge und Qualität der Ressourcen, bei gegebener Zahl und Qualität der Güter und bei gegebenen Produktionstechnologien erwarten lassen. Nicht dass die dynamischen Wachstumseffekte deswegen geleugnet würden. Aber solange sie theoretisch nicht richtig verstanden sind, ist auch nicht klar, wie sie empirisch erfassbar sein sollten. Dabei ist unstrittig, dass wenn es anhaltende Wirkungen auf die Wachstumsrate einer Volkswirtschaft gibt, und seien sie auch nur geringfügig, die einmaligen, statischen Niveau-Effekte daneben über kurz oder lang verblassen.

Wirkungskanäle dynamischer Effekte

Die Theorie des wirtschaftlichen Wachstums, seit den 50er Jahren entscheidend geprägt durch eine grundlegende Arbeit von Solow (1956), befand sich bis vor kurzem noch in einem Zustand, in dem sie ihren Namen kaum verdiente. Sie vermochte zwar die Eigenschaften einer wachsenden Wirtschaft zu beschreiben, gegeben, dass diese wuchs. Die Wachstumsrate selbst wurde einem technologischen Fortschritt zugeschrieben, dessen Erklärung aber ungeachtet einer grossen Zahl theoretischer und empirischer Studien im Grunde genommen sowohl die Möglichkeiten als auch den Anspruch der Theorie überstieg. Damit bestand auch keine Grundlage für eine Analyse vermuteter dynamischer Wachstumswirkungen des internationalen Handels.

Dieser Zustand hat sich nun allerdings seit Mitte der 80er Jahre zu ändern begonnen. Vor allem mit den vielbeachteten Beiträgen von Romer (1986,

1990), Lucas (1988) und Grossman/Helpman (1991) setzte in der Wachstumsforschung eine Entwicklung ein, die sich erstmals systematisch um eine wirkliche (sog. ‹endogene›) Wachstumserklärung bemühte und denn auch bald mit dem Attribut ‹Neue Wachstumstheorie› belegt wurde.[62] Das Ziel dabei ist, diejenigen sozio-ökonomischen Faktoren und Prozesse, die für die Variationen der Wachstumsraten über Zeit und Raum hinweg kausal verantwortlich sind, theoretisch zu identifizieren und empirisch zu erhärten. Bisher ist das mangelnde Verständnis dieser Zusammenhänge mit dem Begriff des ‹technischen Fortschritts› nämlich mehr kaschiert denn behoben worden. Sprichwörtlich ist die Bemerkung von Moses Abramowitz (1956) geworden, dass die dominierende Rolle des technischen Fortschritts in herkömmlichen Wachstumserklärungen nichts anderes als ein «Mass unserer Ignoranz bezüglich der Ursachen des Wachstums» sei.

Was ist neu an der ‹Neuen Wachstumstheorie›? Der entscheidende Punkt betrifft die Interpretation und die Wirkungen der Investitionstätigkeit. Die herkömmliche Wachstumstheorie ist davon ausgegangen, dass jede Kapitalbildung, indem sie die Volkswirtschaft näher an den Punkt der Kapitalsättigung heranführt, die durchschnittliche Kapitalproduktivität und die Rentabilität weiterer Investitionen senkt und damit das Wachstum des Kapitalstocks wie auch des Volkseinkommens verlangsamt. Nach dieser Sicht ist es nur dem technischen Fortschritt zu verdanken, dass ständig neue Investitionsgelegenheiten entstehen und der Wachstumsrhythmus aufrechterhalten bleibt. Nur eben ist dieser technische Fortschritt nie als integraler Bestandteil der Theorie mit erklärt worden. Die ‹Neue Wachstumstheorie› verneint demgegenüber, dass die Kapitalbildung notwendigerweise die Kapitalproduktivität senkt und damit gleichsam den Keim ihres eigenen Stillstands in sich trägt. Entscheidend für diese Hypothese der nicht abnehmenden Kapitalproduktivität ist dabei eine im Vergleich zur traditionellen Theorie wesentlich breitere Interpretation des Kapitalbegriffs. Dieser umfasst nun nämlich nicht nur die physischen Bauten und Maschinen, deren Zunahme in der Volkswirtschaftlichen Gesamtrechnung (Nationale Buchhaltung) als Investition registriert wird, sondern auch das ganze Wissenskapital der Volkswirtschaft, das entweder als ‹Humankapital› durch Investitionen in die Ausbildung der Bevölkerung vermehrt werden kann oder als ‹Technologie› das Ergebnis von Investitionen in Forschung und Entwicklung ist. Die Tatsache, dass sich die verschiedenen Typen von Investitionen gegenseitig bedingen, d. h. auch gegenseitig produktivitätssteigernd wirken, ist für die Hypothese der konstanten Kapitalproduktivität grundlegend. Das Augenmerk wird damit auch auf die Anreizstrukturen gelenkt, die das Investitionsverhalten bestimmen. Das Kosten-Ertrags-Profil des

Investitionskalküls wird damit zum Ansatzpunkt der Wachstumserklärung. Und da die Investitionen die Vermehrung des Wissenskapitals mit einschliessen, eröffnet sich insbesondere auch der Zugang zu einem besseren Verständnis dessen, was als ‹exogener technischer Fortschritt› bisher ausserhalb der Reichweite der Wachstumstheorie lag.

Angewandt auf die Frage nach den Wachstumswirkungen des internationalen Handels, vermittelt die ‹Neue Wachstumstheorie› eine Reihe von Anhaltspunkten, die wir hier nur sehr verkürzt resümieren können:[63]

Investitionseffekte[64]

Wenn die Beseitigung von Handelshemmnissen die Effizienz des Ressourceneinsatzes erhöht, steigt die Attraktivität des Produktionsstandorts; d. h. Investitionen rentieren besser und nehmen somit zu. Indem aber die Kapitalbildung angeregt wird, erfährt die Volkswirtschaft über den statischen Effizienzeffekt hinaus einen zusätzlichen Einkommenszuwachs. Dieser hält so lange an, wie auch die zusätzlich induzierte Vergrösserung des Kapitalapparats anhält. Nun braucht es nicht unbedingt die ‹Neue Wachstumstheorie›, um einen solchen Effekt zu diagnostizieren. Während aber die traditionelle Wachstumstheorie erwarten liesse, dass die zusätzlichen Investitionen das Einkommenswachstum nur vorübergehend beschleunigen, bis ein höheres Niveau des Wachstumspfades erreicht ist, legt die ‹Neue Wachstumstheorie› die Vermutung nahe, dass der Investitionseffekt zu einer anhaltend höheren Wachstumsrate führen und damit ein Mehrfaches des anfänglichen statischen Effizienzeffekts auslösen könnte. Abbildung 3.6 veranschaulicht schematisch, welcher grundsätzliche Unterschied zwischen den verschiedenen Szenarien besteht. Da jedoch alles dafür spricht, dass selbst im Falle des bloss temporären Wachstumseffekts (Szenario 2 in Abb. 3.6) ziemlich viel Zeit vergehen kann, bis die Wachstumsrate wieder zu ihrem früheren Wert zurückkehrt – ohne weiteres 20 Jahre und mehr –, dürfte es in der Praxis nicht einfach festzustellen sein, welches Szenario eher der Realität entspricht.

Technologie-Effekte

Wie wir oben festgestellt haben, ist in der Interpretation der ‹Neuen Wachstumstheorie› die Technologie einer Volkswirtschaft genauso das Ergebnis von Investitionsentscheidungen wie der physische Kapitalapparat. Investitionen in die Forschung und Entwicklung vergrössern den Bestand an Produkt- und Prozessideen, so wie Sachinvestitionen den Bestand an Maschinen und Bauten vergrössern. Ein grundlegender, vor allem von Paul Romer (z. B. 1990) immer wieder hervorgehobener Unterschied besteht allerdings zwischen Ideen und Objekten: Maschinen und Räumlichkeiten können gleichzeitig nicht für mehr als eine produktive Tätigkeit genutzt werden, Ideen (also z. B. eine Software) dagegen grundsätzlich für beliebig viele. Physische Kapitalgüter sind, um es im Ökonomen-Jargon auszudrücken, *rivalisierend* in der Nutzung, Technologie ist *nicht-rivalisierend* in der Nutzung.

Warum ist diese Unterscheidung von Bedeutung? Weil die Nicht-Rivalität in der Nutzung bedeutet, dass der volkswirtschaftliche Nutzen einer Technologie, und – insoweit die geistigen Eigentumsrechte gewahrt sind – auch deren betriebswirtschaftliche Rentabilität, eine unmittelbare Funktion der Grösse des Marktes sind, für den die Technologie zum Einsatz gelangt. Vergrösserung des Marktes ist aber genau das, worauf die aussenwirtschaftliche Integration und die Beseitigung von Handelshemmnissen hinauslaufen. So wird verständlich, wie der ungehinderte Aussenhandel zu einem Motor des technischen Fortschritts werden kann. Gerade für eine kleine Volkswirtschaft wie die Schweiz ist es entscheidend, dass sie Zugang zum weltweiten technologischen Wissen hat. Während man sich im Prinzip vorstellen könnte, dass sich

Abbildung 3.6: Der Investitionseffekt gemäss traditioneller und ‹Neuer› Wachstumstheorie[65]

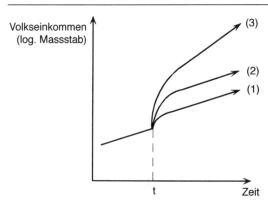

t Zeitpunkt der Handelsliberalisierung
(1) Einkommensentwicklung, wenn nur der statische Effizienzeffekt wirksam wird
(2) Einkommensentwicklung mit zusätzlichem Investitionseffekt gemäss traditioneller Wachstumstheorie
(3) Einkommensentwicklung mit zusätzlichem Investitionseffekt gemäss ‹Neuer› Wachstumstheorie

abstraktes Wissen auch verbreitet, ohne dass eine wirtschaftliche Verflechtung besteht, ist der Technologie-Transfer in der Realität fast immer an wirtschaftliche Transaktionen gebunden, sei es in Form des Handels mit Investitionsgütern und Zwischenprodukten, in welche die neuen Technologien eingebaut sind, oder in Form von Direktinvestitionen multinationaler Unternehmen.[66]

Die Teilnahme einer Volkswirtschaft am internationalen Güter- und Ideenaustausch ist auch eine unabdingbare Voraussetzung für die Effizienz ihrer eigenen Forschungs- und Entwicklungsanstrengungen. Zum einen braucht die Volkswirtschaft, wie Romer (1991) es formuliert hat, keine Energie darauf zu verschwenden, das Rad neu zu erfinden, das schon anderswo erfunden worden ist, sondern sie kann das Rad – oder wenigstens die Bauanleitung für das Rad – importieren und sich darauf spezialisieren, jene Technologien voranzutreiben, die ihr selbst die besten Ertragspotentiale eröffnen. Zum anderen sind die Gewinnchancen, welche die Motivation jeglicher privatwirtschaftlichen Forschung und Entwicklung darstellen, umso grösser, je grösser und je besser zugänglich die Exportmärkte sind, auf denen die Volkswirtschaft ihre Innovationen vermarkten kann. Die allgemeine Folgerung lautet somit: Je offener die Märkte weltweit sind, desto weniger kommt es zu Doppelspurigkeiten in der Forschung und Entwicklung, desto grösser ist das Marktpotential jeder Neuerung, und desto rascher vollzieht sich letztlich der technische Fortschritt.[67]

Nur am Rande sei bemerkt, dass sich mit diesen Überlegungen der ‹Neuen Wachstumstheorie› zu den dynamischen Wirkungen des internationalen Handels – in Teilen schon 10 Jahre früher vorweggenommen durch die sog. ‹Neue Aussenhandelstheorie› (Krugman 1990) – ideengeschichtlich ein grosser Kreis zu schliessen anschickt. Denn der Gedanke, dass die wirtschaftliche Spezialisierung durch die Grösse des Marktes begrenzt wird, und dass der Aussenhandel ein Mittel zur Vergrösserung des Marktes und folglich zur Ausdehnung der Arbeitsteilung ist, gehörte zu den grundlegenden Einsichten von Adam Smith (1776), der als Begründer der modernen Volkswirtschaftslehre gilt. Die traditionelle Aussenhandelstheorie hat diese Einsicht aber zwei Jahrhunderte lang fast gänzlich zugeschüttet, weil sie, inspiriert von David Ricardo (1817), nicht Grössenvorteile, sondern internationale Unterschiede der Knappheitsverhältnisse (die oben erwähnten *komparativen Vorteile*) als Spezialisierungsmotiv in den Vordergrund gestellt hat. Die beiden Sichtweisen schliessen sich natürlich nicht aus, sondern ergänzen sich gegenseitig. So ist z.B. leicht vorstellbar, dass unter geeigneten historischen Ausgangsbedingungen bestimmte Neuerungen in bestimmten Ländern eingeführt werden, und dass die mit ihrer Entwicklung und Anwendung verbundenen spezifischen

Grössenvorteile zu internationalen Spezialisierungsmustern führen, die dann ex post durch entsprechende komparative Produktivitätsvorteile gerechtfertigt erscheinen (Romer 1991, Grossman/Helpman 1991, Kap. 7 u. 8).

Wettbewerbseffekte

Schon weiter oben haben wir den heilsamen Wettbewerbseffekt erörtert, den die Beseitigung von Handelshemmnissen auf die Binnenwirtschaft ausübt, wenn das inländische Angebot monopolisiert oder kartellisiert ist. Während sich dieser Wettbewerbseffekt in der statischen Analyse auf einen konsumentenfreundlichen Rückgang des Produktpreises beschränkt, lässt die dynamische Perspektive auch Wachstumseffekte erwarten, wenn sich inländische Anbieter gezwungen sehen, ihr Innovationstempo zu beschleunigen, um mit der internationalen Konkurrenz Schritt halten zu können. Eine theoretische Analyse von Baldwin (1992b) zeigt, dass derartige Wachstumseffekte selbst dann eintreten, wenn der Importwettbewerb, wie dies normalerweise zu erwarten ist, die Ertragslage der inländischen Anbieter verschlechtert und vielleicht manche Anbieter ganz vom Inlandsmarkt verdrängt.

3.5 Handel und Wachstum: Was sagen die Daten?

Querschnittsuntersuchungen

Eine inzwischen kaum mehr übersehbare Literatur hat sich mit der Frage befasst, ob die theoretisch zu erwartenden positiven Wirkungen des Aussenhandels auf die Wachstumsrate einer Volkswirtschaft empirisch nachweisbar sind.[68] In der Regel handelt es sich dabei um internationale Querschnittsstudien, die die Wachstumsraten einer grossen Anzahl von Ländern über einen längeren Zeitraum hinweg mit einer Reihe von potentiell wachstumsrelevanten Faktoren – wie eben z. B. dem Aussenhandel – korrelieren und dadurch zu ermitteln versuchen, ob und wie stark diese Faktoren auf die Wachstumsrate einwirken. Die Ergebnisse variieren von Studie zu Studie erheblich. Sie sind allein deshalb schon mit grosser Unsicherheit behaftet, weil sie z. B. empfindlich von der Art und Menge der Variablen abhängen, die von der jeweiligen Schätzung gerade betrachtet werden. Immerhin haben sich einige Faktoren herausgeschält, denen regelmässig signifikante Wachstumseffekte zugeschrieben werden konnten. Dazu zählen insbesondere die Investitionsquote, der Ausbildungsstand der Bevölkerung, die politische Stabilität, die Abwesenheit von verzerrenden Eingriffen in die Märkte und – als bedeutsamer Teilaspekt dieses letzten Punktes – die Abwesenheit von politisch gesetzten Handelshemmnissen (Mankiw 1995, S. 302). Von noch grundlegenderer Bedeutung, aber schwieriger zu quantifizieren und daher oft etwas vernachlässigt, sind die ganz elementaren gesellschaftlichen Rahmenbedingungen wie die Wirtschaftsmentalität der Bevölkerung oder die Existenz funktionsfähiger politischer und sozialer Institutionen.

Die meisten Untersuchungen messen den Erfahrungen der Dritten Welt besonderes Gewicht bei. Dies liegt nicht nur daran, dass die Forschungsprojekte oft entwicklungspolitisch motiviert sind, sondern ist auch methodisch bedingt. Querschnittsstudien benötigen möglichst grosse Stichproben, also möglichst viele Länder, und die meisten Länder der Erde sind nun einmal Entwicklungsländer. Dazu kommt, dass die Streuung der Erfahrungen bezüglich der Aussenhandelspolitik unter den Entwicklungsländern weit grösser ist als unter den Industrieländern, so dass nur auf der Basis reiner Industrieländer-Stichproben kaum gesicherte Aussagen möglich sind. Dies bedeutet aber auch, dass aus globalen Querschnittsergebnissen für 100 und mehr Länder, darunter vielleicht gerade mal 25 hochentwickelte Industrieländer, in keiner Weise geschlossen werden kann, welche Rolle der Aussenhandel für das wirtschaftliche Wachstumstempo eines bestimmten Industrielands wie z. B. der Schweiz spielt.

Wenn es sich so verhält, wie die ‹Neue Wachstumstheorie› nahelegt, nämlich dass der Wachstumsbonus eines liberalen Aussenwirtschaftsregimes wesentlich vom Zugang zum globalen Pool des technologischen Wissens herrührt, dann müsste ein solcher Bonus am ausgeprägtesten in denjenigen Ländern zu beobachten sein, die technologisch am weitesten zurückliegen, und nicht unbedingt in den höchstentwickelten Industrieländern. Nachdrücklich bestätigt wird diese Vermutung durch eine neuere Studie von J. Sachs und A. Warner (1995). Ausgangspunkt dieser Studie ist das Streubild des Zusammenhangs zwischen dem Niveau des realen Pro-Kopf-Einkommens in einem Ausgangsjahr und dessen nachfolgender Wachstumsrate über einen längeren Zeitraum hinweg, so wie wir es oben in Abbildung 1.8 präsentiert haben. Wir haben dort gesehen, dass es, über die Gesamtheit aller Volkswirtschaften hinweg betrachtet, keinen systematischen Zusammenhang zwischen dem Entwicklungsstand im Jahr 1960 und dem Wachstumstempo im Zeitraum danach gibt, und damit auch keine systematische Tendenz zur Verringerung der weltweiten Einkommensunterschiede, dass es eine solche Tendenz aber sehr wohl gibt, wenn man nur den ‹Konvergenz-Klub› der reichen Industrieländer betrachtet. Sachs und Warner vertreten demgegenüber die These, dass die Zugehörigkeit zum ‹Konvergenz-Klub› nicht ein Privileg der Indu-

Abbildung 3.7: Das Konvergenzverhalten ‹offener› und ‹geschlossener› Volkswirtschaften, 1970–1989

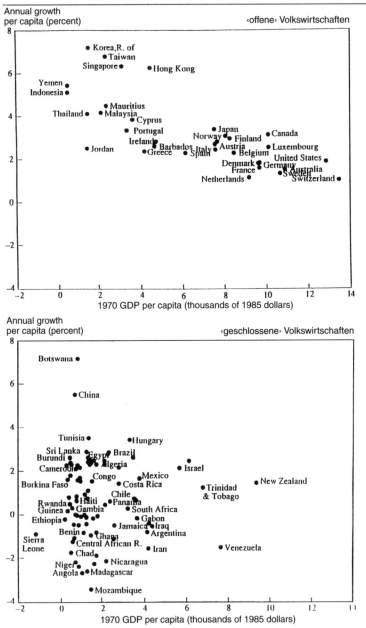

Quelle: Sachs/Warner (1995), S. 42/43

strieländer *per se*, sondern eine Frage des weltwirtschaftlichen Integrationsgrades eines Landes ist. Wer ein offenes Aussenhandelsregime unterhält und seine Wirtschaft der Disziplin der Weltmärkte aussetzt, so lautet die These, schafft auch den Anschluss an die Weltspitze.

Die in Abbildung 3.7 wiedergegebenen Streudiagramme (übernommen aus Sachs/Warner 1995, S. 42/43) illustrieren diese These in anschaulicher Weise. Aus einer Gesamtstichprobe von 111 Ländern bildet das obere Diagramm das Pro-Kopf-Inlandsprodukt 1970 (entlang der horizontalen Achse) und das Pro-Kopf-Wachstum von 1970–89 (entlang der vertikalen Achse) jener Länder ab, die im ganzen Untersuchungszeitraum ohne nennenswerte Handelshemmnisse operiert haben. Das untere Diagramm dagegen stellt dasselbe für jene Länder dar, die sich im gleichen Zeitraum mehr oder weniger stark vom Weltmarkt abzuschotten versuchten. Zwei Dinge fallen auf: Erstens weisen die autarkistisch-protektionistischen (in der Abbildung als ‹geschlossen› bezeichneten) Länder, obwohl es auch unter ihnen Beispiele raschen Wachstums gibt, im Durchschnitt deutlich geringere Wachstumsraten auf als die offeneren Länder im oberen Streudiagramm. Zweitens bilden die offenen Volkswirtschaften deutlich erkennbar einen ‹Konvergenz-Klub›, ganz ähnlich, wie wir dies oben (in Abbildung 1.9) schon für die enger gefasste Stichprobe der OECD-Länder festgestellt haben, wogegen die ‹geschlossenen› Länder keinerlei Konvergenztendenz erkennen lassen, weder untereinander noch im Verhältnis zu den offenen Ländern.

Im Sinne eines Zwischenergebnisses können wir an dieser Stelle festhalten, dass die Querschnittsuntersuchungen zwar tendenziell für einen signifikanten positiven Einfluss der aussenwirtschaftlichen Integration eines Landes auf dessen Wachstumsverhalten sprechen, eine Quantifizierung dieses Einflusses für ein einzelnes Land aber kaum zulassen. Insbesondere gilt, dass wenn Sachs und Warner Recht haben und der Grad der Offenheit eines Landes hauptsächlich für die Fähigkeit der betreffenden Volkswirtschaft entscheidend ist, zur Spitze aufzuschliessen, man immer noch nicht einer Antwort auf die Frage nähergekommen ist, welche Rolle die aussenwirtschaftliche Integration für das spielt, was sich an der Spitze tut – und dies ist aus der Sicht der Schweiz nach wie vor die relevante Frage.

Selbst bei der Interpretation derjenigen Aussagen, welche die Querschnittsuntersuchungen auf den ersten Blick zuzulassen scheinen, ist etwelche Vorsicht geboten (Mankiw 1995). Denn erstens ermitteln die Regressionsrechnungen nur Korrelationen und keine Kausalitäten. Hinter jeder systematischen Korrelation zwischen zwei Grössen können sich Kausalzusammenhänge verbergen, die in die eine oder die andere Richtung laufen, oder es kann auch eine Drittursache am Werk sein, die auf beide Variablen gleichzeitig einwirkt.[69] Zweitens sind die Variablen, mit denen die Querschnittsuntersuchungen die Wachstumsrate erklären, untereinander stark korreliert, so dass es schwerfällt zu bestimmen, welcher Variable wieviel Einfluss zuzurechnen ist. So haben beispielsweise Easterly et al. (1992) in einer Querschnittsbetrachtung festgestellt, dass die schnell wachsenden Volkswirtschaften ihrer Stichprobe im Mittel eine anderthalb mal höhere Exportquote aufweisen als die langsam wachsenden und stagnierenden. Aber: Die erfolgreichen Länder sind nicht nur offener gegenüber der Weltwirtschaft, sie haben auch höhere Investitionsquoten, bessere Bildungssysteme, weniger konsumptive Staatsausgaben, weniger Inflation und generell weniger Staatseingriffe in die Märkte. Die Frage, welche quantitative Bedeutung die verschiedenen Indikatoren im einzelnen für das Wachstum besitzen, lässt sich unter diesen Umständen kaum beantworten. Wahrscheinlich ist es nicht einmal sinnvoll, die Frage in dieser Form überhaupt zu stellen. Ein wachstumsfreundliches Umfeld hat viele Komponenten, die ihre Wirkung im Verbund entfalten – oder wie es Mankiw (1995, S. 304) treffend ausdrückt: «Those countries that do things right do most things right, and those countries that do things wrong do most things wrong.»

Die NFP-28-Studie: eine Zeitreihenuntersuchung

Angesichts der Probleme, welche die Interpretation der Ergebnisse von Querschnittsuntersuchungen aufwerfen, haben Kugler und Müller (1996) im Rahmen ihrer NFP-28-Studie versucht, die Bedeutung des Aussenhandels und des technischen Fortschritts für die Wachstumsentwicklung einzelner Länder, insbesondere auch der Schweiz, mit Zeitreihendaten zu untersuchen.[70] Im Gegensatz zur Querschnittsanalyse, welche die Unterschiede zwischen den Wachstumsraten verschiedener Länder betrachtet und einen Zusammenhang zu entsprechenden internationalen Unterschieden zwischen den wachstumsbestimmenden Faktoren herzustellen versucht, stellt die Zeitreihenanalyse jeweils für ein Land die Frage, ob die im Zeitablauf zu beobachtenden Änderungen der Wachstumsrate auf entsprechende Änderungen ihrer vermuteten Bestimmungsgrössen zurückgeführt werden können.

Die mit modernen Methoden der ökonometrischen Zeitreihenanalyse durchgeführte NFP-28-Studie konnte keine eindeutige Evidenz für einen systematischen Einfluss des schweizerischen Aussenhandels auf die Wachstumsrate der Schweizer Wirtschaft beibringen. Insbesondere konnte die Hypothese einer Langfristbeziehung zwischen den Exporten und dem Bruttoinlandsprodukt nicht klar bestätigt werden. D.h. die Daten sprechen nicht unbedingt für die – an sich populäre – Auffassung, dass die Exporte die Rolle eines Zugpferds der Schweizer Wirtschaft spielen. Ein ganz ähnliches Bild hat sich auch für andere Industrieländer ergeben. Zu betonen ist dabei, dass sich dieses Ergebnis auf den langfristigen Trend der gesamtwirtschaftlichen Produktion bezieht und keine Schlüsse auf die Rolle der Exporte im Auf und Ab der Konjunktur zulässt. Nach vorherrschender makroökonomischer Theorie wird nämlich der Verlauf des Wachstumstrends der Wirtschaft durch die Entwicklung der Angebotskapazität des Unternehmenssektors bestimmt, während die Konjunkturschwankungen, die immer wieder zu Abweichungen vom Pfad des Trendwachstums führen, vor allem auf Instabilitäten der Güternachfrage zurückzuführen sind, zu denen regelmässig auch der Exportsektor beiträgt.[71]

Mehr Evidenz für eine auch langfristige Wirkung des Exportwachstums fand die Studie für eine Reihe von Entwicklungs- und Schwellenländern (Kugler/Dridi 1993). Warum sich hier ein anderes Ergebnis eingestellt hat als im Falle der Industrieländer, ist nicht ganz klar. Immerhin passt der Befund der NFP-28-Studie gut mit der oben besprochenen Hypothese von Sachs/Warner (1995) zusammen, wonach die Weltmarktorientierung einer Wirtschaft die Zugehörigkeit zum ‹Konvergenz-Klub› sichert und folglich vor allem in Ländern niedrigen Einkommens als Katalysator des Wachstumsprozesses wirken sollte.

Etwas überraschend mag anmuten, dass Kugler und Müller in ihren Analysen zwar keinen sytematischen langfristigen Wachstumseffekt der Exporte zutagegefördert haben, wohl aber einen solchen der *Importe,* der zumindest im Falle der Schweiz statistisch sogar recht deutlich signifikant ist. Sie deuten diesen Effekt als Evidenz für den oben erörterten dynamischen Wettbewerbseffekt, d.h. für den von der Importkonkurrenz auf die inländischen Produzenten ausgehenden Zwang zu ständigen Innovationen und Produktivitätssteigerungen. Hierin ist eine wichtige Lektion enthalten: Insoweit als vom Aussenwirtschaftssektor längerfristig wirksame Wachstumsimpulse ausgehen, erfordern sie nicht nur das, worauf die schweizerische Aussenhandelsdiplomatie in erster Linie aus ist, nämlich freie Bahn für schweizerische Exporte, sondern vor allem auch das, was so oft durch gut organisierte inländische Partikularinteressen erfolgreich verhindert wird, nämlich freie Bahn für Importe.

Allerdings gilt für den Importeffekt im grossen und ganzen dasselbe, was auch für die Analyse der Beziehung zwischen den Exporten und dem Bruttoinlandsprodukt zutrifft: Die Ergebnisse fallen uneinheitlich aus und sind wenig robust. Viele Fragen bleiben offen. So ist etwa nicht unmittelbar einsichtig, warum von der Konkurrenz, der die schweizerischen Unternehmungen auf dem Inlandsmarkt seitens ausländischer Anbieter ausgesetzt ist, ein stärkerer Innovationsdruck ausgehen sollte als von dem sicher nicht minder rauhen Wettbewerb, mit dem die Exportwirtschaft auf ihren ausländischen Absatzmärkten fertigwerden muss. Und wie können wir wissen, ob der ermittelte Wachstumseffekt der Importe in Wirklichkeit nicht eher ein Importeffekt des Wachstums ist? Die Abhängigkeit der Importe von der Entwicklung des Sozialprodukts und des Volkseinkommens gehört nämlich zu den zuverlässigsten Gesetzmässigkeiten, die es auf der makroökonomischen Ebene überhaupt gibt.

Insgesamt hat der von der NFP-28-Studie verfolgte Forschungsansatz zur Frage der Wachstumswirkungen des Aussenhandels zu Ergebnissen geführt, die nicht sehr eindeutig interpretierbar sind, und aus denen keine weitreichenden Schlüsse gezogen werden sollten. Obwohl die Schätzungen durch die neuere theoretische Forschung über den Zusammenhang zwischen Handel und Wachstum motiviert waren, waren sie nicht darauf angelegt, die Voraussagen einer präzise formulierten Theorie mit den Fakten zu konfrontieren, sondern beanspruchen eher den Status einer explorativen Datenanalyse. Das Fazit, das die Autoren selbst aus Ihrem Projekt ziehen, liegt denn auch in erster Linie auf der methodischen Ebene: «Die Verwendung von Zeitreihendaten [führt] scheinbar zu dem gleich enttäuschenden Ergebnis, das schon für die Verwendung von Länderquerschnittsdaten gefunden wurde: Die Analyse von aggregierten Daten mit ökonometrischen Verfahren kann keinen Aufschluss über die Relevanz der neuen Wachstumstheorie und ihrer Aussenhandelseffekte geben. Vor diesem Hintergrund ist natürlich auch eine empirisch fundierte Beantwortung der eingangs gestellten Frage nach der ‹Wachstumsautonomie› der Schweiz nicht möglich» (Kugler/Müller 1996, S. 19).

Obwohl dieses Fazit etwas nach Misserfolg klingen mag, darf es nicht nur negativ bewertet werden. Forschung ist ein Prozess von Versuch und Irrtum, und es liegt immer nahe, erst etwas einfaches zu versuchen, bevor man kompliziertere Ansätze ins Auge fasst. Auch die Einsicht, dass der Aussagefähigkeit von aggregativen Datenanalysen im Hinblick auf die vorliegende Fragestellung Grenzen gesetzt sind, ist eine Einsicht, von der die künftige Forschung profitieren kann. Ganz falsch wäre es vor allem, aus den Schwierigkeiten, die es bereitet, Wachstumseffekte des Aussenhandels auf diesem Wege nachzuweisen, den Schluss zu ziehen, dass der Grad der aussenwirtschaftlichen Öffnung eines Landes für den Lebensstandard seiner Einwohner von untergeordneter Bedeutung wäre. Denn die Ungewissheit über die Frage, ob und wie das langfristige *Wachstumstempo* des Realeinkommens durch aussenwirtschaftliche

Vorgänge beeinflusst wird, ändert ja nichts an der mehr als hinreichend fundierten Einsicht in die positiven Wirkungen, die von offenen Märkten in jedem Fall auf das *Niveau* des Realeinkommens ausgehen.

Die Agenda für die Forschung: Wirkungsmechanismen untersuchen!

Wenn die gängigen Querschnitts- und Zeitreihenanalysen Wachstumswirkungen des Aussenhandels bisher entweder nicht zuverlässig nachweisen oder nicht zuverlässig von den Wirkungen anderer Faktoren unterscheiden konnten, heisst dies natürlich noch nicht, dass es die fraglichen Effekte nicht gibt. Sondern es heisst, dass man die Wirkungsmechanismen untersuchen muss, durch die die aussenwirtschaftliche Verflechtung den Wachstumsprozess beeinflussen könnte. Es ist in der Wissenschaft heute weitgehend unbestritten, dass dies die Richtung ist, in die geforscht werden muss. In der Tat gibt es bereits einige Untersuchungen, die diesen Weg beschritten und erste interessante Ergebnisse sowohl zu den Technologie-Effekten als auch zu den Investitionseffekten des Aussenhandels gefunden haben.

Coe und Helpman (1995) haben die gesamtwirtschaftlichen Produktivitätseffekte untersucht, die von den Forschungs- und Entwicklungsaufwendungen des privatwirtschaftlichen Sektors ausgehen. Die volkswirtschaftlichen Ertragsraten der F&E-Investitionen erweisen sich dabei als sehr hoch. Vor allem aber zeigt sich, dass diese Erträge nicht nur in dem Land auftreten, in dem die Forschung und Entwicklung stattfindet, sondern dass sie in bedeutendem Umfang auch auf die Handelspartner des betreffenden Landes überspringen. Das in unserem Zusammenhang wichtigste Resultat lautet, dass eine Volkswirtschaft von neuen Technologien ausländischer Provenienz umso mehr profitiert ist, je grösser ihre Auslandsabhängigkeit ist, und je intensiver ihre Verflechtung mit technologisch hochentwickelten Handelspartnern ist. Für sehr offene, vornehmlich kleine Volkswirtschaften wie die Schweiz zeigt sich sogar, dass importierte Technologien insgesamt einen grösseren Beitrag zum Wachstum des Produktivitätsniveaus leisten als selbst entwickelte. Diese Untersuchung, zusammen mit zwei Folgestudien unter Beteiligung derselben Autoren (Coe/Helpman/Hoffmaister, 1995, und Bayoumi/Coe/Helpman, 1996), bietet die bisher deutlichsten Hinweise auf die zentrale Rolle des Welthandels als Träger der internationalen Diffusion technologischer Neuerungen und damit als Motor des globalen Wachstums.[72]

Ergänzt und bestätigt wird diese auf makroökonomischen Daten beruhende Evidenz durch Untersuchungen über Wettbewerbseffekte in spezifischen Industrien. So betrachten etwa Baily und Gersbach (1995) eine Stichprobe von Wirtschaftssektoren jeweils in Japan, Deutschland und den USA und zeigen, dass diejenigen Industrien die ausgeprägtesten Produktivitätsfortschritte aufweisen, die einem permanenten globalen Wettbewerb ausgesetzt sind und dadurch nicht nur schnell Kenntnis von neuen und produktiveren Produktionsverfahren erhalten, sondern auch gezwungen sind, sich diese rasch zu eigen zu machen. Dieser Befund steht im Einklang mit den oben beschriebenen Erkenntnissen über die internationale Ausbreitung neuer Technologien und spricht nicht unbedingt für die von Borner et al. (1991, S. 76) geäusserte Vermutung, dass der Kontakt mit der internationalen Konkurrenz im Vergleich zu dem vor allem von Porter (1990) als Erfolgsfaktor herausgestellten Wettbewerbsklima auf dem Inlandsmarkt «nur einen geringen Druck zur Innovation und zum upgrading erzeugt».[73]

Auch für den Investitionseffekt der internationalen Integration sammelt sich zunehmend empirische Evidenz an. Gerade die sehr unterschiedlichen integrationspolitischen Gegebenheiten in den verschiedenen europäischen Ländern bieten ergiebiges Anschauungsmaterial für komparative Studien. Illustrativ sind allein schon die Direktinvestitionsstatistiken, die in den Fällen von Irland, Spanien und Portugal deutliche Investitionseffekte des EU-Beitritts erkennen lassen, während die Direktinvestitionsbilanz der Schweiz, gerade auch im Vergleich mit den EFTA-Ländern, die den Anschluss an den EWR gesucht haben, deutlich abfällt (vgl. Baldwin/Forslid/Haaland, 1995, Fig. 1, S. 5). Aus den Gründen, die wir oben in Kapitel 1 diskutiert haben, sollten die Direktinvestitionsstatistiken zwar nicht überinterpretiert werden. Wenn man aber die gesamtwirtschaftliche Kapitalbildung betrachtet, sprechen sowohl Simulationsstudien (Baldwin/Forslid/Haaland 1995) als auch Zeitreihenanalysen (Baldwin/Seghezza 1996a,b) für eine ausgeprägt investitionsfördernde Wirkung der aussenwirtschaftlichen Integration. Was diese Untersuchungen dabei zu quantifizieren versuchen, ist ein zentrales Element der Standort-Attraktivität: Wenn Handelshemmnisse und die mit ihnen verbundenen Marktsegmentierungen zwischen einem Land und seinen wichtigsten Handelspartnern verschwinden, wird das betreffende Land nicht nur als Zielland ausländischer Direktinvestitionen attraktiver, sondern es verbessern sich auch für inländische Investoren die Ertragsaussichten. Die Simulationsergebnisse sprechen dafür, dass für ein Land wie die Schweiz mit der Teilnahme bzw. Nicht-Teilnahme am Europäischen Binnenmarkt aufgrund dieses Effekts substantielle Wachstumspotentiale auf dem Spiel stehen.[74]

Wie weiter oben schon betont, ist die Grenze zwischen Niveau-Effekten und Wachstums-Effekten in diesen neueren Studien oft eine fliessende. Aber wenn etwa als Folge einer aussenwirtschaftlichen Öffnung eine Zunahme des langfristigen Kapitalbestandes diagnostiziert wird, halten die damit verbundenen Akkumulationsprozesse in der Regel so lange an, dass sie für alle praktischen Belange kaum von einer buchstäblich permanenten Erhöhung des Wachstumstempos zu unterscheiden sind. Alle genannten Ergebnisse müssen ohnehin noch als sehr vorläufig betrachtet werden und sind z. T. stark abhängig von den speziellen Charakteristika der zugrundegelegten Modelle. Indem aber die Wirkungskette, die den Aussenhandel mit dem Einkommenswachstum verbindet, in ihre Bestandteile zerlegt wird, und indem diese Bestandteile einzeln analysiert werden, steigt die Chance, den komplexen Prozessen auf die Spur zu kommen, die so schwierig zu erfassen sind, solange sich die Untersuchungen darauf beschränken, nur die Veränderungen am Anfang und am Ende der Wirkungskette miteinander in Beziehung zu setzen. Damit dürfte früher oder später auch das Missverhältnis zwischen dem Enthusiasmus, mit dem die Mehrzahl der Ökonomen für freie internationale Handelsbeziehungen eintritt, und dem Ausmass der tatsächlich bezifferbaren Effekte überwunden werden können.

3.6 Effizienz kontra Verteilungsinteressen: auch in der Fremdarbeiterpolitik

Der Hintergrund der NFP-28-Studie

Die aussenwirtschaftliche Integration eines Landes erschöpft sichnicht in seinen Handelsbeziehungen mit dem Ausland, sondern umfasst auch die internationale Mobilität der Produktionsfaktoren, insbesondere Kapital und Arbeitskräfte. Nicht umsonst hat sich das europäische Binnenmarktprogramm von 1992 durch vier Freiheiten definiert: uneingeschränkte Bewegungsfreiheit für Güter, Dienstleistungen, Kapital und Personen. Wie wir weiter oben schon gesehen haben, sind die Abgrenzungen zwischen diesen vier Aspekten der Integration z. T. fliessend. Insbesondere erfordert der freie Dienstleistungsverkehr oft auch die physische Mobilität des Dienstleistungserbringers oder des Dienstleistungsnachfragers.

Das ökonomische Argument zugunsten einer freien Mobilität der Produktionsfaktoren ist ein ähnliches Effizienzargument wie dasjenige zugunsten des freien Güter- und Dienstleistungsverkehrs. In derselben Weise, wie der freie Handel gewährleistet, dass Güter und Dienstleistungen dort produziert werden, wo die Produktionsbedingungen am günstigsten sind, und dorthin geliefert werden, wo sie am stärksten nachgefragt werden, trägt die Faktormobilität dazu bei, dass die Produktionsfaktoren dort eingesetzt werden, wo sie am produktivsten sind.[75] Empirische Studien sprechen dafür, dass die Wohlstandseffekte, die eine Beseitigung bestehender Mobilitätsbarrieren für Arbeitskräfte mit sich bringen würde, bedeutende Grössenordnungen annehmen. So kommt eine oft zitierte Studie von Hamilton und Whalley (1984) auf der Basis eines allgemeinen 179-Länder-Gleichgewichtsmodells zum Schluss, dass sich bei weltweit völlig freien Personenwanderungen die Weltproduktion glatt verdoppeln könnte. Natürlich sind solche Schätzungen immer *cum grano salis* zu interpretieren, aber sie deuten doch an, welche Wohlstandspotentiale bei der internationale Allokation der Produktionsfaktoren auf dem Spiel stehen.

Wie beim internationalen Handel gehen auch bei internationalen Faktorwanderungen die Effizienzwirkungen mit substantiellen Einkommensverteilungswirkungen einher, die im Einzelfall die aggregativen Effekte auf die Einkommenshöhe auch ohne weiteres in den Schatten stellen können.[76] Das Spannungsfeld zwischen Effizienz und Verteilung steht auch im Mittelpunkt der NFP-28-Studie «*Grundzüge einer schweizerischen Migrationspolitik der 90er Jahre*», über die der Synthese-Text von Straubhaar (1993) berichtet. Die Studie kommt, überspitzt gesagt, zum Schluss, dass die schweizerische Gastarbeiterpolitik im Prinzip denselben Fehler gemacht hat wie die schweizerische Landwirtschaftspolitik: Sie hat aus Rücksicht auf gut artikulierte Gruppeninteressen bedeutende gesamtwirtschaftliche Effizienzverluste in Kauf genommen, die von der Allgemeinheit zu tragen waren und noch sind.

Stehen in der internationalen wissenschaftlichen Literatur die Verteilungswirkungen von migrationspolitischen Lenkungsmassnahmen zur Debatte, geht es in der Regel entweder um die Verteilung zwischen Arbeits- und Kapitaleinkommen oder um Veränderungen im Lohngefüge. Einheimische Arbeitskräfte sind positiv oder negativ betroffen, je nachdem, ob sie auf dem Arbeitsmarkt von den zugewanderten ausländischen Arbeitskräften unmittelbar konkurrenziert werden oder eher komplementäre Funktionen ausüben. Derartige Effekte sind für die Schweiz ebenfalls nachgewiesen worden, so zum Beispiel im Rahmen des NFP 27 (Stalder et al. 1994). Darüber hinaus sind es aber vor allem auch regionale und sektorale Interessen, die der Gastarbeiterpolitik traditionell den Stempel aufgedrückt haben.

Ähnlich wie in anderen Politikbereichen sind es sowohl externe als auch interne Entwicklungen, durch welche die bisherige Ausländerpolitik unter wachsenden Druck geraten ist (vgl. Straubhaar/Fischer 1996). An externen Herausforderungen sind zu nennen:

1. *Die europäische Integration.* Jede Form der Annäherung der Schweiz an die EU wird eine grundlegende Revision der schweizerischen Einwanderungspolitik bedingen; und zwar auch dann, wenn diese Annäherung nicht über den Abschluss der nach dem EWR-Nein von 1992 eingeleiteten bilateralen Verhandlungen hinaus gedeihen sollte.
2. *Die Zunahme der Asylgesuche:* «Die schweizerische Asylpolitik und -praxis wurde in den vergangenen Jahren mehr und mehr von unkontrollierten Wanderungsbewegungen über das Asylverfahren belastet» (Arbenz 1995, S. 42). Diese Entwicklung, die mit über 40'000 Asylgesuchen im Jahr 1991 einen vorläufigen Höhepunkt erreichte, hat deutlich gemacht, dass die – auch in der Organisation der jeweils zuständigen Stellen verankerte – Trennung zwischen politisch verfolgten Flüchtlingen und wirtschaftlich motivierten Einwanderern problematisch ist und die Wanderungspolitik stattdessen gesamtheitlich konzipiert werden sollte.

Interne Aspekte, welche die Diskussion über die schweizerische Ausländerpolitik geprägt haben, sind

1. Die eklatanten *Zielverfehlungen* der Ausländerpolitik, sowohl was die Stabilisierung des Ausländerbestandes, als auch was die Entlastung des Arbeitsmarktes angeht.
2. Die zunehmende *Fragilität der Akzeptanz* der Ausländer seitens der einheimischen Bevölkerung – ein Problem, das vor allem im Zusammenhang mit dem Anstieg der Zahl der Asylbewerber und mit der hohen Ausländerdichte in Teilen der städtischen Agglomerationen sichtbar geworden ist.
3. Die *demographischen Gegebenheiten.* Die schweizerische Wohnbevölkerung wird mittelfristig nur noch wenig zunehmen. Die Zunahme wird sich hauptsächlich auf die älteren Bevölkerungsteile konzentrieren. Diese sog. ‹demographische Alterung› bringt Belastungen für die Wirtschaft und vor allem für die Finanzierung der Sozialwerke mit sich. Damit liegt auch die Frage auf der Hand, inwieweit mit Hilfe der Einwanderungspolitik den absehbaren Entwicklungen gegengesteuert werden sollte.

Das Fiasko der Plafonierungspolitik

Nachdem die Ausländerpolitik bis in die 60er Jahre völlig den Bedürfnissen des Arbeitsmarktes untergeordnet war, begann sie unter dem Druck der Überfremdungsinitiativen das Stabilisierungsziel in den Vordergrund zu rücken. Dennoch bewegte sie sich auch dann noch stets im Spannungsfeld einer Vielzahl von teilweise widersprüchlichen Zielsetzungen, die explizit eine Beeinflussung der strukturellen und konjunkturellen Arbeitsmarktentwicklung mit einschlossen. Nicht zuletzt handelte es sich dabei, wie Abbildung 3.8 verdeutlicht, um ein Spannungsfeld zwischen explizit genannten und implizit verfolgten Zielen. In der Tat war die Dominanz der impliziten Ziele wesentlich verantwortlich für die Verfehlung der expliziten Ziele.

Das Grundproblem der schweizerischen Gastarbeiterpolitik hängt mit der *Schleusenfunktion des Saisonnierstatuts* zusammen, die Dhima (1991) in seiner exemplarischen Verlaufsanalyse des Einwanderungsjahrgangs 1981 verdeutlichen konnte. Auf der Basis von Daten des Zentralen Ausländerregisters (ZAR) hat Dhima untersucht, was aus den im Jahr 1981 in die Schweiz eingewanderten ausländischen Arbeitskräften bis zum Jahr 1989 geworden ist. Die in unserem Zusammenhang wesentlichen Ergebnisse waren die folgenden:

– Von der Stichprobe der 1981 erstmals eingereisten ausländischen Erwerbstätigen kamen die meisten (69%) als Saisonarbeiter. Entsprechend fanden fast ebensoviele (66%) ihre erste Beschäftigung in den beiden typischen Saisonbranchen Gastgewerbe und Bau.
– Von derselben Stichprobe befand sich ein Anteil von 35% im Jahr 1989 noch in der Schweiz, d. h. ungefähr zwei Drittel sind im Einklang mit dem Rotationsprinzip wieder ausgereist.
– Von den neu eingereisten Saisonarbeitern des Jahres 1981, die 1989 immer noch in der Schweiz arbeiteten, hatten 60% die Jahresbewilligung und 12% gar die Niederlassungsbewilligung erhalten. Von den als Jahresaufenthaltern Eingereisten war acht Jahre später die Hälfte im Besitz der Niederlassung.
– Ein bedeutender Anteil des 1989 noch in der Schweiz weilenden Einwanderungsjahrgangs 1981 hatte in der Zwischenzeit die Branche gewechselt. Von Abwanderungen betroffen waren vor allem das Gastgewerbe (41%), die Landwirtschaft (64%) und in geringerem Masse auch die Bauwirtschaft (11%).

Die Interpretation dieses Befunds fällt nicht schwer: Das Saisongewerbe, das vor allem wenig qualifizierte Arbeitskräfte zu tiefen Löhnen anzieht, wirkt als eigentliche Einwanderungsschleuse in die Schweiz. Die meisten der ausländischen Langzeitaufenthalter sind einmal als Saisonniers in die Schweiz eingereist. Sie haben ihre längerfristige Aufenthaltsgenehmigung durch den automatischen Umwandlungsanspruch erlangt. Hierin liegt denn auch die Hauptursache für das, was Borner/Straubhaar (1995) als das «Fiasko der schweizerischen Ausländerpolitik» bezeichnet haben.[77] Von den vier expliziten Zielen, die in Abb. 3.8 aufgeführt sind, ist keines auch nur annähernd erreicht worden:

Die *zahlenmässige Stabilisierung* der ausländischen Wohnbevölkerung (Ziel 1) ist misslungen. Abbildung 3.9 spricht, obwohl sie sich nur auf die ausländische Erwerbsbevölkerung bezieht, diesbezüglich eine deutliche Sprache. Nachdem die schwere Konjunkturkrise der Jahre 1974–76 die Anzahl der ausländischen Arbeitskräfte in der Schweiz um fast ein Drittel vermindert und damit bewirkt hatte, was keine der Überfremdungsinitiativen zu bewirken vermochte, stieg der Bestand im Zuge des langgezogenen wirtschaftlichen Aufschwungs der 80er Jahre wieder an. Er übertraf mit einem einstweiligen Maximum von nur wenig unter einer Million im Jahr 1991 sogar noch den bisherigen Höchststand des Jahres 1973. Die ständige ausländische Wohnbevölkerung erreichte Ende 1994 einen Stand von 1,3 Millionen – mit 18,6% der Gesamtbevölkerung der höchste Anteil Westeuropas (ausgenommen Luxemburg).

Abbildung 3.8: Das Zielsystem der schweizerischen Gastarbeiterpolitik

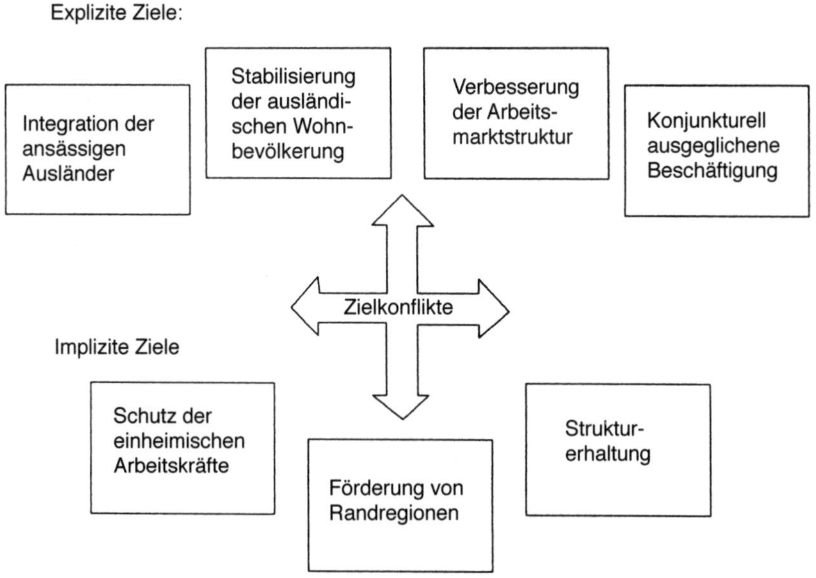

Explizite Ziele:

| Integration der ansässigen Ausländer | Stabilisierung der ausländischen Wohnbevölkerung | Verbesserung der Arbeitsmarktstruktur | Konjunkturell ausgeglichene Beschäftigung |

Zielkonflikte

Implizite Ziele

| Schutz der einheimischen Arbeitskräfte | Förderung von Randregionen | Strukturerhaltung |

Quelle: Dhima (1991)

Die ausländischen Arbeitskräfte erfüllen die Funktion des ‹Konjunkturpuffers›, d.h. der *konjunkturellen Stabilisierung* der einheimischen Beschäftigung (Ziel 2), je länger je weniger. Auf internationaler Ebene war die Schweiz wegen der Pufferfunktion der temporären Arbeits- und Aufenthaltsbewilligungen ohnehin in die Kritik geraten, lief diese doch in jeder Rezession – vor allem in jener von 1974/76 – auf einen Export der hausgemachten konjunkturellen Arbeitslosigkeit hinaus. Heute findet ein solcher Export kaum mehr statt. Arbeitsplatzverluste schlagen sich in viel stärkerem Masse in der schweizerischen Arbeitslosenstatistik nieder, was auch nicht besonders überrascht, wenn man die Entwicklung der Zusammensetzung der ausländischen Arbeitskräfte nach Aufenthaltsstatus in Abbildung 3.9 betrachtet. Mehr als die Hälfte ist mittlerweile im Besitz der Niederlassung. Die spezifische Regelung des Umwandlungsanspruchs bewirkt ausserdem, dass Ausländer, die das Ziel einer längerfristige Aufenthaltsgenehmigung erreicht haben, selbst im Falle der Arbeitslosigkeit keine grosse Neigung zur Rückwanderung haben. Denn eine solche würde ja meist bedeuten, dass «bei einer erneuten Einwanderung in die Schweiz wieder eine vierjährige ‹Ochsentour› über das Saisonnierstatut zu absolvieren wäre» (Borner/Straubhaar 1995).[78]

Das *Integrationsziel* (Ziel 3), also «die Schaffung günstiger Rahmenbedingungen für die Eingliederung der hier wohnenden und arbeitenden Ausländer», wie es der Bundesrat in der Begrenzungsverordnung von 1986 formuliert

Abbildung 3.9: Ausländische Arbeitskräfte in der Schweiz nach Aufenthaltsstatus (in Tausend), 1960–95

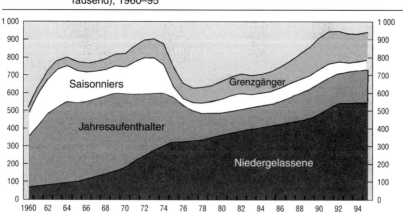

Quelle: OECD (1996a)

hatte, stand von Anfang an in einem Spannungsverhältnis zu dem Rotationsprinzip, das man mit der Erteilung befristeter Aufenthalts- und Arbeitsbewilligungen zu verwirklichen versuchte. So ist es denn vielleicht auch nicht allzu verwunderlich, dass die Integration trotz dem zunehmend permanenten Aufenthaltsstatus der ausländischen Arbeitskräfte in der bundesrätlichen Ausländerpolitik nie eine sonderlich prioritäre Stellung einnahm. Arbenz (1995, S. 35) stellt dazu lapidar fest: «Für die Förderung der Integration der Ausländer stehen bis anhin auf Bundesebene praktisch keine Mittel zur Verfügung.»

Schliesslich, und das war rein wirtschaftspolitisch gesehen der gravierendste Sündenfall, hat die schweizerische Fremdarbeiterpolitik nichts zur *Verbesserung der Arbeitsmarktstruktur* (Ziel 4) beigetragen. Sie ist im Gegenteil selbst zu einer Belastung des Arbeitsmarkts geworden. Ausserdem hat der Umwandlungsanspruch, der den Saisonniers zugestanden werden musste, zusammen mit den Effekten des Familiennachzugs die Steuerung der Arbeitsmarktzugänge stark erschwert. Dass die von strukturschwachen Branchen und Regionen geltend gemachte Nachfrage nach billigen, wenig qualifizierten Arbeitskräften befriedigt wurde, während Sektoren mit höherer Wertschöpfungsintensität und Innovationskraft zeitweise unter einem akuten Mangel an qualifiziertem Personal litten, bedeutete eine kostspielige Fehlallokation knapper Ressourcen. Dhima (1991) hat diese volkswirtschaftlichen Kosten für die ersten 4 Aufenthaltsjahre seiner Stichprobe auf über 100 Millionen Franken pro Jahr beziffert.[79] Dieser Befund bestätigt und ergänzt die Einsichten aus früheren Untersuchungen, die z. T. im Rahmen des NFP 9 durchgeführt worden waren und schon damals den Schluss nahegelegt hatten, «dass der jahrzehntelange starke Rückgriff auf ausländische Arbeitskräfte das Wachstum des Pro-Kopf-Einkommens in der Schweiz eher negativ beeinflusst hat. Eine grössere Zurückhaltung hätte durchaus Vorteile bringen können.»[80] Aus heutiger Sicht ist der schweizerischen Ausländerpolitik darüber hinaus anzulasten, dass sie durch ihre negative Wirkung auf die Qualifikationsstruktur der Arbeitskräfte die Höhe der aktuellen Arbeitslosigkeit mitzuverantworten hat.[81]

Die Neuorientierung der Ausländerpolitik: ein Balance-Akt

Man kann nicht behaupten, die genannten Probleme würden nicht als solche wahrgenommen. Aber die Dinge bewegen sich nur langsam, weil im politischen Parteien- und Interessenspektrum die Meinungen über die einzuschlagende Richtung weit auseinandergehen. Allein schon die Frage nach der Notwendigkeit eines neuen Migrationsgesetzes ist ja kontrovers. Wie in anderen Problembereichen kommt auch in der Ausländerpolitik am meisten (heilsamer) Druck *von aussen*. Speziell wenn die Chancen in der Europapolitik nicht verspielt werden sollen, besteht Handlungsbedarf.

Als bedeutendes Signal in die richtige Richtung ist in diesem Zusammenhang zu werten, dass die vollständige Personenfreizügigkeit für Angehörige des Europäischen Wirtschaftsraums (EWR) mit dem Bericht zur Ausländer- und Flüchtlingspolitik vom Mai 1991 zum erklärten Ziel der bundesrätlichen Politik geworden ist. Obwohl dieses Ziel mit Blick auf die Teilnahme der Schweiz am EWR formuliert worden war, hat es seit dem negativen Ausgang der EWR-Abstimmung nichts von seiner Dringlichkeit, geschweige denn Berechtigung eingebüsst. In der Tat hat sich die Frage der Personenfreizügigkeit, wie oben schon angedeutet, rasch als Kernthema der bilateralen Verhandlungen der Schweiz mit der EU etabliert. Der Konsens über die grundsätzliche Wünschbarkeit dieser Freizügigkeit ist quer durch das Spektrum der massgebenden politischen Kräfte in der Schweiz auch nach der EWR-Abstimmung einigermassen erhalten geblieben. Lediglich von den Rändern dieses Spektrums her werden immer wieder Vorbehalte angebracht, sei es aufgrund allgemeiner Integrations-Skepsis oder aufgrund von Erwägungen des Arbeitnehmerschutzes. Auf der wirtschaftlichen Ebene liegen die Vorteile des freien Personenverkehrs zwischen der Schweiz und dem EWR klar zutage und werden auch kaum bestritten. Sie bestehen vor allem in einer verbesserten Faktorallokation, einer höheren Arbeitsmarktflexibilität und einer grösseren Zuverlässigkeit der Standortbedingungen für Unternehmungen mit international zusammengesetztem Personal.

Die verbreiteten Überfremdungsängste, die den Bundesrat gezwungen haben, das Freizügigkeitsdossier in den bilateralen Verhandlungen mit der EU so übervorsichtig und defensiv anzugehen, werden durch die innerhalb der EU gesammelten Erfahrungen nicht gestützt. Dort hat nämlich der freie Personenverkehr weder absolut grosse Wanderungsströme noch bedeutende Wanderungssalden hervorgerufen. Empirische Untersuchungen, die das Wanderungsverhalten gerade in den südlichen Ländern Europas unter die Lupe genommen haben, zeigen, dass dem Anreiz zur Abwanderung in Regionen mit höherem Lohnniveau ein ausgeprägter ‹Heimatsverbundenheits›-Faktor entgegensteht, welcher mit dem auch im Süden steigenden Einkommensniveau rasch dominant wird (Faini/Venturini 1994). In der Tat kann die EU-Kommission darauf verweisen, dass im Falle von Griechenland, Spanien und Portugal schon eher Nord-Süd- als Süd-Nord-Bewegungen stattfinden. Ähnliche Tendenzen lassen auch die Wanderungssalden zwischen der Schweiz und diesen Ländern erkennen. So geht etwa aus Abbildung 3.10 klar hervor, dass die Zunahme der in der Schweiz ansässigen ausländischen Wohnbevölkerung um fast 450'000 Personen zwischen 1980 und 1995 nur zum geringsten Teil durch Einwanderung aus dem EWR zustandegekommen ist. Da die Erteilung der Aufenthaltsgenehmigung zudem an einen Beschäftigungsnachweis gebunden ist, steht nicht zu befürchten, dass Wanderungen allein durch das Motiv der Ausbeutung international unterschiedlicher sozialstaatlicher Leistungsniveaus in Gang gesetzt werden.[82] Vor diesem Hintergrund ist es nichts als folgerichtig, wenn die EU-Kommission – mit Rücksicht auf die Erfolgschancen eines Abkommens in einer allfälligen Volksabstimmung – der Schweiz in den bilateralen Verhandlungen eine Schutzklausel zuzugestehen gewillt ist, die nach ihrer eigenen Überzeugung kaum je wird angerufen werden müssen.

Eine Gratwanderung zwischen wirtschafts-, arbeitsmarkt- und integrationspolitischen Anliegen einerseits sowie innenpolitischer Akzeptanz andererseits sind aber nicht nur die bilateralen Verhandlungen mit der EU. Umstritten ist auch die Regelung der Einwanderung aus Ländern ausserhalb des EWR. Dass diese begrenzt werden muss, wenn die Stabilisierung der ausländischen Wohnbevölkerung als Ziel der Ausländerpolitik ernst genommen

Abbildung 3.10: Die ausländische Wohnbevölkerung in der Schweiz nach Herkunft, 1980–1995

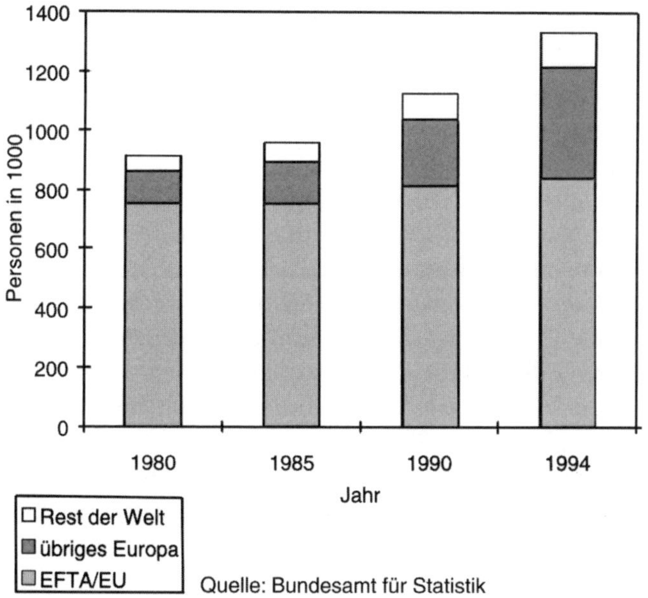

☐ Rest der Welt
■ übriges Europa
▨ EFTA/EU

Quelle: Bundesamt für Statistik

161

wird, geht aus Abb. 3.10 deutlich hervor. Die Lösung, die der Bundesrat vorgeschlagen hat, um die vielen divergierenden Interessen in der Ausländerpolitik unter einen Hut zu bringen, ist das Drei-Kreise-Modell aus dem Jahr 1991. Dieses beinhaltet die möglichst weitgehende Liberalisierung des Arbeitsmarkts gegenüber dem EWR (1. Kreis), erleichterte Einwanderungsmöglichkeiten für Arbeitskräfte aus aussereuropäischen Industrieländern (2. Kreis, in der offiziellen Sprachregelung irreführenderweise als «traditionelle Rekrutierungsgebiete» bezeichnet), Einwanderungsmöglichkeiten für Arbeitskräfte aus allen übrigen Ländern dagegen nur in Ausnahmefällen (3. Kreis).

Richtig an dem Drei-Kreise-Modell ist die Prämisse, dass grundsätzlich kein Zielkonflikt zwischen der Öffnung des Arbeitsmarktes gegenüber dem EWR und der Stabilisierung des Gesamtbestandes der ausländischen Wohnbevölkerung besteht. Problematisch ist dagegen die Abgrenzung der drei Kreise. Während sich die Definition des 1. Kreises europapolitisch gewissermassen von selbst ergibt, ist das Kriterium der Herkunft für die beiden anderen Kreise schwieriger zu legitimieren. Auf einer ganz grundsätzlichen Ebene erheben sich Bedenken ethischer Art, die bis hin zum Vorwurf des Rassismus reichen.[83] Aus wirtschaftspolitischer Sicht ist zu kritisieren, dass das Herkunftskriterium den Effizienzaspekt, d.h. die jeweiligen Knappheitsverhältnisse auf dem schweizerischen Arbeitsmarkt, nicht – oder bestenfalls nur sehr unscharf – zu erfassen erlaubt. In seiner NFP-28-Studie hat Straubhaar (1993) eine Reform der schweizerischen Ausländerpolitik angeregt, die auf zwei Pfeilern ruhen soll: einer «Migrations-Innenpolitik» und einer «Migrations-Aussenpolitik».

«Migrations-Innenpolitik»

Im Zentrum der vorgeschlagenen neuen «Migrations-Innenpolitik» steht die Idee einer sog. *Einwanderungsabgabe*.[84] Es ist dies ein radikaler, unkonventioneller, aber ökonomisch konsequent durchdachter Vorschlag, der darauf hinausläuft, einen Markt für Einwanderungsrechte zu schaffen und so sicherzustellen, dass sich die Zusammensetzung der einwandernden Arbeitskräfte nach wirtschaftlichen Effizienzkriterien richtet. Einwandern dürften die Meistbietenden, die auf dem Arbeitsmarkt mutmasslich auch am dringendsten benötigt werden (vgl. Box 3.5). Setzt man die freie Mobilität der Arbeitskräfte innerhalb des ersten Kreises des Drei-Kreise-Modells, also zwischen der Schweiz und dem EWR, als gegeben voraus, wäre das Instrument der Einwanderungsabgabe nur noch für die Regulierung der Einwanderung aus dem zweiten und dritten Kreis erforderlich und würde damit die Unterscheidung zwischen diesen beiden Kreisen überflüssig machen.

Box 3.5

Steuerung der Einwanderung durch den Markt?

«Die Einwanderungspolitik in den Vereinigten Staaten von Amerika, in Europa oder in anderen reichen Regionen ... könnte massiv verbessert werden, wenn an die Stelle der gegenwärtigen, komplizierten Zulassungsbedingungen für eine legale Immigration eine Politik treten würde, welche auf dem Preismechanismus beruht. Hier wiederum empfiehlt sich ... am ehesten eine Art Versteigerung der Einwanderungsbewilligungen an die Meistbietenden unter Beachtung einiger weniger Auslesekriterien... Eine solche Zuwanderungspolitik, die sich auf den Preismechanismus abstützt, mag politisch nicht einfach einzuführen sein..., entspricht in der heutigen Welt ... [aber] der bestmöglichen Politik.»
Gary Becker (1992)

«Im Sinne einer Diskussionsgrundlage schlage ich folgende Einwanderungs-Spielregeln vor: Grundsätzlich haben alle WeltbürgerInnen ein Anrecht, in die Schweiz einzuwandern, sofern sie bereit sind, eine Einwanderungsabgabe in Form einer lenkenden Benutzungsgebühr zu entrichten, deren Höhe ausreichen muss, einerseits die Einheimischen zu entschädigen für die abgetretenen öffentlichen Leistungen, Einrichtungen und Rechte sowie andererseits die Integrations- und Assimilierungskosten zu decken. Die Einwanderungsabgabe kann entweder bei Eintritt in die Schweiz oder als laufende Abgabe während des Aufenthalts geleistet werden. Eine Zahlung durch Drittpersonen soll ebenso möglich sein, wie eine Kreditfinanzierung erlaubt ist.»
Thomas Straubhaar (1993, S. 21)

«Verrückt! Nach den Plänen für Lenkungsabgaben bei Benzin und Heizöl soll es bald auch Lenkungsabgaben für Ausländer geben. Das schlägt der Ökonom Thomas Straubhaar in einer Studie des Nationalfonds vor. Absicht: die Attraktivität des Einwanderungslandes Schweiz vermindern. Jeder Ausländer, der in der Schweiz arbeiten möchte, müsste zuerst Einwanderungssteuern bezahlen.»
Blick, 9. Juni 1993

«Auch Wissenschafter und Universitätsinstitute verschiedenster Fakultäten haben aus ihrer Sicht die Wanderungsphänomene zu analysieren begonnen. Es besteht darüber bereits eine Flut von Publikationen. Es mangelt zur Zeit jedoch am interdisziplinären Dialog, an der wissenschaftlichen Vernetzung all dieser Analysen und vor allem an der Aufbereitung kohärenter Lösungsvorschläge. Die Politiker zögern deshalb, die einstweilen noch reichlich akademischen Analysen zur Kenntnis zu nehmen und in die Praxis umzusetzen. Es besteht auch eine gewisse Angst vor den radikalen Konsequenzen, die als Folge dieser Analysen gezogen werden müssten.»
Peter Arbenz (1995, S. 17)

Als einer der geistigen Väter dieses migrationspolitischen Instruments gilt der liberale Chicago-Ökonom und Nobelpreisträger des Jahres 1992, Gary Becker. Interessanterweise lehnt Becker die Begrenzung der Einwanderung durch die reicheren Länder nicht etwa als anti-liberal ab, sondern argumentiert, dass die reinen Marktkräfte aufgrund der Leistungen des modernen Transferstaats und anderer öffentlicher Güter, in deren Genuss die Einwanderer kommen, tendenziell zu viel Migration induzieren. Dies schliesst aber nicht aus, dass der Marktmechanismus dazu eingesetzt werden kann, Einwanderungsrechte zuzuteilen. Im Vergleich zu den Lösungen, wie sie unter einem Regime der mengenmässigen Kontingentierung im politischen Kräftemessen der interessierten Gruppen zustandekommen, wären weniger Willkür und wesentlich mehr Effizienz das Ergebnis. Die Einwanderungsabgabe leistet damit migrationspolitisch ähnliches wie die Tarifizierung von Importkontingenten in der Handelspolitik.

Zahlreiche Probleme müssten gelöst werden, bevor an eine praktische Umsetzung des Vorschlags gedacht werden könnte. So stellt sich zum Beispiel die Frage, wer die Einwanderungsabgabe zu entrichten hat. Straubhaar sieht vor, dass dies die Einwanderer selbst sind. Aber wie kann ein potentieller Einwanderer abschätzen, wie seine langfristigen Verdienstaussichten auf dem schweizerischen Arbeitsmarkt im einzelnen beschaffen sind, wieviel er also maximal für das Einwanderungsrecht aufzuwenden bereit sein sollte? Wie lässt sich – ungeachtet der verschiedenen vorgeschlagenen Möglichkeiten einer Kreditfinanzierung der Einwanderungsabgabe – verhindern, dass die Einwanderung in die Schweiz zum Exklusiv-Privileg der Vermögenden wird? Wie ist eine Einwanderungsabgabe mit dem geltenden Völkerrecht in Einklang bringen? Zum allermindesten dürfte die Abgabe nicht in Gestalt einer Sondersteuer daherkommen, sondern müsste als Gebühr zur Abgeltung der öffentlichen Güter erhoben werden, die der Einwanderer im Zielland in Anspruch nimmt. Interessant ist auch der in einer Studie der Schweizerischen Bankgesellschaft (1994) entwickelte Gedanke, die Abgabe nicht von den einwandernden Arbeitnehmern, sondern von deren Arbeitgebern entrichten zu lassen. Allerdings müsste in diesem Fall den Arbeitnehmern wohl ein uneingeschränktes ‹Transferrecht› zu einem anderen Arbeitgeber – der dann natürlich die Abgabe zu übernehmen hätte – eingeräumt werden, damit es nicht zu unzumutbaren Abhängigkeitsverhältnissen und zu jener Einschränkung der Mobilität kommt, die bisher so wesentlich zu den volkswirtschaftlichen Kosten des Saisonnier-Statuts beigetragen hat.

Aber bis zu dem Punkt, wo über technische Probleme der Umsetzung nachgedacht würde, ist die Diskussion über das Instrument der Einwanderungsabgabe in der Schweiz gar nie vorgedrungen. Zu gross sind bisher die grundsätzlichen Vorbehalte, von denen sich allerdings die meisten bei näherer Betrachtung als wenig stichhaltig erweisen. So wird etwa argumentiert, dass bei einer Zuteilung von Arbeitsbewilligungen mittels Einwanderungsabgaben die von der bisherigen Regelung begünstigten strukturschwachen Branchen und Regionen unter die Räder kämen. Nun mag in einzelnen Fällen eine gezielte Förderung der bisher begünstigten Nutzniesser politisch beabsichtigt und sinnvoll sein – was sich im Zweifel eher im Falle der Regionalförderung als bei der Stützung bestimmter Branchen vertreten lässt. Der entscheidende Punkt liegt jedoch in der Einsicht, dass eine solche Förderung die Volkswirtschaft wesentlich weniger teuer zu stehen kommt, wenn sie durch direkte fiskalische Transfers statt durch das Zuschanzen ausländischer Billigarbeitskräfte erfolgt.

Der bedeutendste Vorteil, den das Modell der Einwanderungsabgabe dem schweizerischen Arbeitsmarkt brächte, liegt in der zu erwartenden höheren Qualifikation der einwandernden Arbeitskräfte. Es ist unmittelbar plausibel und von der internationalen Migrationsforschung auch zweifelsfrei nachgewiesen worden, dass der Nutzen der Einwanderung für das Zielland eng mit der durchschnittlichen Qualifikation der Einwanderer korreliert ist.[85] Von den negativen Auswirkungen, welche die ungünstige Qualifikationsstruktur der ausländischen Arbeitskräfte in der Schweiz auf die Arbeitslosigkeit hat, war bereits weiter oben die Rede. Auch unter diesem Gesichtspunkt brächte somit jede Massnahme, die zielgenau auf eine höhere Qualifikation der einwandernden Arbeitskräfte hinwirkt, eine Entlastung. Direkt kontraproduktiv wäre demgegenüber die mit dem Schlagwort der «Risikogerechtigkeit» in die Diskussion geworfene Idee, die Beschäftigung niedrig qualifizierter Arbeitskräfte, die vom Risiko der Arbeitslosigkeit überproportional betroffen sind, mit einem besonderen Zuschlag auf die Prämien der Arbeitslosenversicherung zu belasten und so zu entmutigen.[86] Kontraproduktiv wäre eine solche Politik deshalb, weil man nicht die Beschäftigung, sondern die Zuwanderung der Problemgruppen entmutigen muss. Mit der ‹Beschäftigungssteuer› trifft man ja auch diejenigen, die schon hier sind; und insoweit als die überproportional hohen Arbeitslosenquoten der Niedrigqualifizierten die Folge einer nicht ausreichend an den Produktivitätsdifferentialen orientierten Lohnstruktur ist, verschärft die künstliche Verteuerung dieser Arbeitskräfte das Problem zusätzlich.

So gross der intellektuelle Reiz einer Einwanderungsabgabe sein mag, die Wahrscheinlichkeit, dass sie in der Schweiz bald den Status einer politisch ernstzunehmenden Handlungsoption erlangt, ist sehr gering. Zum einen ist die Einwanderungspolitik ein Feld, auf dem die ohnehin verbreitete Skepsis gegenüber dem Einsatz des Preismechanismus zur Lösung von Knappheitsproblemen besonders ausgeprägt zutagetritt. Zum anderen wird der aussen- und integrationspolitische Spielraum für Alleingänge in der Einwanderungspolitik rasch kleiner. Das Grundanliegen jedoch, dass sich die Einwanderung von Arbeitskräften innerhalb der Limiten, die ihr politisch gesetzt sind, an den Bedürfnissen des Arbeitsmarktes orientieren soll, wird seine Berechtigung und Bedeutung in jedem Fall behalten.

«Migrations-Aussenpolitik»

Als komplementäres zweites Bein einer umfassenden und kohärenten schweizerischen Migrationspolitik fordert Straubhaar (1993) auch eine «Migrations-Aussenpolitik». Diese hätte in erster Linie dazu beizutragen, die Ursachen des globalen Migrationsdrucks abzubauen. Potentiell wanderungswillige Menschen sollten in ihren Herkunftsländern politische Bedingungen und ökonomische Perspektiven erhalten, die den Verbleib in der Heimat lohnend erscheinen lassen. «Maschinen zu den Arbeitskräften statt Arbeitskräfte zu den Maschinen» lautet hier das Motto. Diese Aufgabe kann die Schweiz nicht sinnvollerweise im Alleingang anstreben. Folgerichtig fordert Straubhaar denn auch ein international abgestimmtes Regelwerk für eine globale Migrationspolitik. In Analogie zum GATT, das die Handelsströme regelt, stellt er sich ein GAMP («General Agreement on Migration Policy») vor, das die Wanderungsströme zum Gegenstand hat. Die Zielsetzungen von GATT und GAMP ergänzen sich dabei insofern, als ein liberales Welthandelssystem, indem es die Märkte offen hält, darauf hinwirkt, dass Länder mit grossen Mengen billiger Arbeitskraft die Chance erhalten, arbeitsintensive Güter zu exportieren statt die Arbeitskräfte selbst. Selbstverständlich zielen auch die Anstrengungen der internationalen Entwicklungszusammenarbeit in diese Richtung.

GAMP ist Zukunftsmusik. Aber mit der absehbaren Verschärfung der globalen Bevölkerungssituation wird auch die Dringlichkeit einer internationalen Strategie im Umgang mit dem Wanderungsphänomen rasch grösser. Von unmittelbarer Aktualität für die Schweiz ist allerdings die Abstimmung ihrer Ausländerpolitik mit jener der EU. Die in den bilateralen Verhandlungen mit der EU vereinbarte Personenfreizügigkeit erstreckt sich ja nur auf Schweizer und EU-Bürger. Damit verstärkt sich aber die Notwendigkeit einer koordinierten Politik bezüglich der Einwanderung aus Drittländern.[87] Denn auch innerhalb der EU haben die Erfahrungen der zurückliegenden Jahre deutlich gezeigt, dass gerade die Wanderungsströme, die in der Grauzone zwischen politischer und ökonomischer Motivation anzusiedeln sind, sehr empfindlich auf nationale Differentiale in der Ausländerpolitik reagieren. Zu beachten sind dabei, wie Straubhaar/Zimmermann (1993) zurecht hervorheben, auch die Wechselwirkungen zwischen der Zuwanderung aus Drittländern und den Wanderungen innerhalb des Raumes, für den die Personenfreizügigkeit gilt.

Die Einwanderungspolitik ist ein Politikbereich, in dem sich die Schweiz mit Konzessionen bezüglich ihrer souveränen Selbstbestimmung besonders schwer tut. Gleichzeitig handelt es sich aber auch um einen Politikbereich, in dem es je länger je mehr darauf ankommen wird, international gemeinsame Lösungen zu erarbeiten und sich im Rahmen internationaler Abkommen zu bestimmten Bindungen bereit zu finden. Das hierdurch entstehende Spannungsfeld ist ein charakteristisches Beispiel für die Art von Herausforderungen, welche die zunehmend globale Dimension der wirtschaftlichen Interdependenzen an den Nationalstaat und dessen traditionelles Rollenverständnis heranträgt. Den NFP-28-Projekten, die sich mit diesem Problemkreis befasst haben, wenden wir uns im folgenden zu.

> «Too small for the big problems of life,
> too big for the small problems of life»
> *Daniel Bell über den Nationalstaat*[88]

4. Überfordert die Globalisierung den Nationalstaat?

4.1 Veränderte Rolle des Nationalstaats

Es entspricht traditionellem volkswirtschaftlichen Denken, die nationalen Staatsgrenzen als die natürliche Abgrenzung von Wirtschaftsräumen zu betrachten. Bereits der Begriff der ‹Volkswirtschaftslehre› bzw. der ‹Nationalökonomie› bringt dies zum Ausdruck. Für die Analyse von wirtschaftlichen Vorgängen, die sich über nationale Grenzen hinweg abspielen, ist seit jeher die Aussenwirtschaftslehre, als eigene Teildisziplin, zuständig. Aber die modernen Informationstechnologien, die fortschreitende Liberalisierung des grenzüberschreitenden Wirtschaftsverkehrs, die hierdurch sprunghaft angestiegene internationale Mobilität von Technologien, Gütern und Produktionsfaktoren – kurzum: die Globalisierung – lassen die Nation als räumliche Referenzgrösse des Wirtschaftens mehr und mehr obsolet erscheinen.

Demgegenüber ist die Struktur politischer Entscheidungsprozesse nach wie vor stark durch die historische Rolle des Nationalstaats, insbesondere durch seinen Souveränitätsanspruch, geprägt. Wenn nun aber die weltumspannenden Kommunikationsmöglichkeiten und die weltweite wirtschaftliche Verflechtung die Welt zu einem Dorf werden lassen, entsteht ein offensichtlicher Bedarf nach mehr ‹Dorfpolitik›. Dabei sind es keineswegs nur wirtschaftliche Problemstellungen, die Lösungen auf ‹Dorfebene› erfordern. So dürfte die öffentliche Sicherheit des Dorfs Welt eine Dorfpolizei erfordern und die Qualität seiner Luft vermutlich eine dörfliche Luftreinhalteverordnung, um nur zwei naheliegende Beispiele zu nennen.

Gewiss hat die Anzahl und Bedeutung internationaler Institutionen und Organisationen, die länderübergreifende Koordinations- und Steuerungsfunktionen wahrnehmen, zugenommen. Aber die Prinzipien der nationalen Autonomie und der Souveränität der Staaten bilden dennoch weiterhin die Grundmaxime, nach der die Völker der Erde miteinander verkehren. Wo nationale Zuständigkeiten durch vertragliche Bindungen eingeschränkt oder an supranationale Institutionen delegiert werden sollen, geschieht dies oft nur widerstrebend und nach langem Feilschen – von den darauffolgenden Problemen der Durchsetzung noch gar nicht zu reden. Seit der Gründung des GATT führt der permanente Kampf um die Aufrechterhaltung und den Ausbau der Welthandelsordnung diese Problematik plastisch und beinahe täglich vor Augen. Selbst dort, wo offensichtlich globale öffentliche Güter auf dem Spiel stehen wie im Falle des Weltklimas, sind die dem Problem angemessenen globalen Massnahmen kaum durchsetzbar, sobald Konflikte mit tatsächlichen oder vermeintlichen nationalen Interessen auftreten.

Gleichzeitig verlieren die Nationalstaaten aber zusehends an Einfluss auf die wirtschaftlichen Vorgänge. Vor allem die Tatsache, dass produktive Tätigkeiten weltweit mobil geworden sind und die internationale Standortwahl zu einem integralen Bestandteil unternehmerischer Strategie geworden ist, hat die Souveränität des Nationalstaats de facto stark relativiert und ausgehöhlt. Bei den Menschen, die mit der Mobilität der Finanz- und Kapitalströme nicht mithalten können, entstehen leicht Gefühle der Ohnmacht und des Ausgeliefertseins. Journalisten dramatisieren die Problematik mit blumiger Rhetorik: «Wie Anarchisten des 21. Jahrhunderts setzen Manager milliardenschwerer Investmentfonds und Weltkonzerne die Nationalstaaten matt… Die Ökonomie frisst die Politik.»[89] Kein Wunder, dass die Frage in der Luft liegt, ob der Nationalstaat nicht vielleicht ein Auslaufmodell des 19. und 20. Jahrhunderts ist. Der japanische Management-Guru K. Ohmae (1995) spricht vom «Ende des Nationalstaats» und entwirft die Vision einer Weltwirtschaft, in der sich regionale wirtschaftliche Agglomerationszentren, ohne Rücksicht auf tradierte nationale Grenzlinien, herausbilden und anstelle der Nationalstaaten die Rolle der räumlichen Organisationseinheit übernehmen.

Aber trotz der Erosion seines wirtschaftlichen Einflusses dürfte der Nationalstaat als politische Organisationsform von Gesellschaften noch auf einige Zeit hinaus ohne echte Alternative dastehen. Bei allen Visionen einer ‹Weltgesellschaft›, die durch das Ende der Ost-West-Konfrontation sowie die Zunahme von Mobilität und Information am Entstehen sei, ist noch nichts zu erblicken, was die Rolle des Nationalstaats als derjenigen Instanz übernehmen könnte, die den Menschen ein ‹Wir-Gefühl› verleiht, die ihnen Schutz und Identität gibt, und die als Garant von Grundrechten auftreten kann.

Vor diesem Hintergrund hat das NFP 28 den Wandel in der Bedeutung und Rolle des Nationalstaats zum Gegenstand einer Reihe von Forschungsprojekten gemacht, welche die Thematik aus der Sicht verschiedener Disziplinen beleuchtet haben (vgl. die Übersicht im Anhang). Naheliegenderweise lag dabei das Hauptaugenmerk auf der speziellen Situation des National- und Kleinstaats Schweiz und auf den Konsequenzen, welche die globalen wirtschaftlichen Herausforderungen sowohl für die innere, politisch-institutionelle Rahmenordnung der Schweiz als auch für die Beziehungen der Schweiz nach aussen, insbesondere zu supranationalen Regelungsebenen, hat bzw. haben sollte.

Am elementarsten war die Frage, die Saladin (1994, 1995) in seiner staatstheoretischen Arbeit stellte: «Wozu noch Staaten?» Die unzweideutige Antwort des Verfassers lautet, dass der Staat in seiner tradierten Form auch heute noch seinen Sinn und seine Legitimation behält. Vor allem hat der Staat eine spezifische Integrationsleistung zu erbringen – «er kann und soll Heimat sein» –, und er hat darüber hinaus einen im weitesten Sinne des Wortes verstandenen «kulturellen» Auftrag zu erfüllen (vgl. Box 4.1). Dieser Auftrag braucht nicht im Widerspruch zur Feststellung zu stehen, dass immer mehr Zivilisationsprobleme innerhalb der Grenzen eines einzelnen Nationalstaats, zumal eines Kleinstaats, nicht mehr angemessen lösbar sind. Gerade die Tendenz, staatliche Funktionen von der nationalen auf die internationale und supranationale Ebene zu verlagern, schafft für den Nationalstaat auch neue Aufgaben. Von Saladin hervorgehoben wird dabei diejenige des «Mittlers» zwischen der überstaatlichen und der unterstaatlichen Ebene.

Ein Beispiel, das Saladin für diese Mittlerfunktion gibt, betrifft die politische Kultur in der Europäischen Union, der er einen empfindlichen Mangel an demokratischer Organisation und demokratischen Verfahren vorwirft. Die Übermacht der Exekutive reflektiere die prioritäre Stellung der wirtschaftlichen Effizienz, die nur einer reinen Wirtschaftsgemeinschaft angemessen sei. Je mehr sich dagegen die EU zu einer politischen Gemeinschaft fortentwickle, desto mehr tue die Demokratisierung der Entscheidungsprozesse not. Und hier liege denn auch der ‹politische Kulturauftrag› der bisherigen Nationalstaaten: «Die europäischen Staaten haben darauf hinzuwirken, dass auf der immer wichtigeren supranationalen Ebene politische Prinzipien, Strukturen, Verfahren Eingang finden, welche auf staatlicher und substaatlicher Ebene entfaltet worden sind» (Saladin 1994, S. 22).

Es kann keinen Zweifel geben: Gerade der beschleunigte wirtschaftliche Wandel, die Bedrohung von Arbeitsplätzen durch neu in die weltwirtschaftliche Arbeitsteilung hineindrängende Anbieter schaffen Unsicherheiten und verstärken damit das Bedürfnis nach einer integrierenden, identitätsstiftenden und schützenden Instanz. Wenn es diesbezüglich aus dem vorangegangenen 3. Kapitel eine Lektion zu lernen gibt, dann lautet sie, dass ‹schützend› nicht mit ‹protektionistisch› verwechselt werden darf – so verwandt sich die Begrif-

Box 4.1

Der Staat als kulturelle Persönlichkeit und als ‹pouvoir intermédiaire›

Peter Saladin über seine NFP-28-Studie «Wozu noch Staaten?»[90]

«Der Staat ist heute in einer Phase des Umbruchs – eines radikaleren Umbruchs vielleicht als je zuvor in seiner langen Geschichte: Immer mehr bindet er sich ein in die Völkergemeinschaft, immer mehr Aufgaben werden (wenigstens teilweise) auf die internationale oder auf eine supranationale Ebene gehoben. Dies gilt keineswegs nur für die Mitglieder der Europäischen Union, es gilt auch für die Schweiz. Die Entwicklung ist unausweichlich: Immer mehr Zivilisationsaufgaben lassen sich in den engen Grenzen eines Staates (und gar eines Kleinstaats!) nicht mehr in angemessener Zeit und Weise lösen; und die gewaltig zunehmende Mobilität der Menschen, des Handels und der Information erfordert ein immer grösserräumiges Handeln der öffentlichen Hand.

So ist es denn auch nicht verwunderlich, dass die drei ‹klassischen› Elemente des Staats – ein Volk, ein Gebiet, eine souveräne Staatsgewalt – immer weniger eindeutig fassbar, immer weniger bestimmbar werden. Damit stellt sich aber notwendig die Frage, was denn heute und in absehbarer Zukunft die Staatlichkeit des Staats ausmachen solle...

Der Staat kann und soll eine spezifische Integrationsleistung erbringen; dies ist eine seiner wichtigsten Funktionen seit jeher. Er kann und soll Heimat sein. Und diese Funktion bleibt wichtig neben, trotz oder gerade wegen aller Internationalisierung und Supranationalisierung... Freilich sind in der Schweiz wie wohl in allen europäischen Staaten heute erhebliche Desintegrationsphänomene zu beobachten. Der Staat hat diese Phänomene ernst zu nehmen und sich neu und grundsätzlich um Wahrung seiner Integrationsfunktion zu bemühen. Im Zentrum solchen Bemühens muss seine Persönlichkeit stehen.

Der Staat ist juristische Person. Darüber hinaus kommt ihm aber das zu, was man als politische Persönlichkeit bezeichnen mag: Das Ensemble der Besonderheiten, die ihn charakterisieren, von anderen Staaten unterscheiden, unverwechselbar machen. Es sind – dies meine These – vor allem kulturelle Faktoren, welche solche Einmaligkeit ausmachen. Kultur wird hier weit verstanden und soll religiöse und allgemein ethische Kultur, politische Kultur, Kultur der Bildung und der Wissenschaft ebenso einschliessen wie ‹Kultur im engeren Sinn›, die ‹künstlerische Kultur›, nicht zuletzt aber auch etwa die ‹Kultur der Natur›...

Wenn nun der Staat seine Integrationsfunktion und seine Legitimität bewahren will, so muss er neben den auf ‹Lebenserhaltung› (auch für künftige Generationen!) gerichteten Aufgaben – welche auf allen Ebenen kollektiven Handelns mit unbedingter Priorität wahrzunehmen sind – besonders diejenigen Aufgaben und Aufgaben-Teile pflegen und bewahren, die auf Sicherung und Entfaltung jener kulturellen Faktoren gerichtet sind. Hierfür ist mitentscheidend, dass jeder Staat seine Kultur-Aufgaben optimal auf seine verschiedenen Ebenen verteile und sie auch optimal auf die Setzung und Erfüllung kultureller Aufgaben auf überstaatlicher Ebene abstimme, dass er somit (in Europa) Brücken schlage von lokaler und regionaler zu nationaler und von beiden zu europäischer – und vielleicht mundialer – Kultur.

> Damit gerät der Staat in eine neue Funktion: in die eines Mittlers zwischen überstaatlicher und unterstaatlicher Ebene, eines pouvoir intermédiaire... [Es gilt] endgültig Abschied zu nehmen von der Idee des Staats als oberster oder erster oder letzter Gemeinschaft, von ‹königlicher Würde› des Staats und von seiner Verehrung. Dies heisst aber nicht... Abschied vom Staat, es heisst nicht Geringschätzung oder gar ‹Entlassung› des Staats. Der Staat bleibt ‹Mittelstück› und ist darum – auf absehbare Zeit – nicht wegzudenken.»

fe auch sein mögen, und so selbstverständlich sich der protektionistische Ausweg aus der Perspektive des einzelnen Arbeitsplatzes, des einzelnen Unternehmens oder auch des einzelnen Wirtschaftszweigs anbieten mag. Vielmehr gilt es, die aussenwirtschaftliche Herausforderung anzunehmen; und dies erfordert einen starken, im Interesse seiner Bürger handlungsfähigen Staat – nicht einen Staat, der zum Spielball der um ihre Besitzstände besorgten Partikularinteressen verkommt, sondern einen Staat, der bereit ist, die sich einer weltoffenen Volkswirtschaft bietenden Wohlstandspotentiale zu realisieren und die hierfür notwendigen Voraussetzungen zu schaffen.

Von den Studien, die sich im Rahmen des NFP 28 mit den verändertem Anforderungen an den Nationalstaat befassten, bezweifelten die meisten, dass die heutige Schweiz ein ‹handlungsfähiger Staat› im eben beschriebenen Sinne ist. Lösungen wurden in zwei Richtungen gesucht: entweder institutionelle Reform der politischen Entscheidungsstrukturen im Inland – vor allem mit dem Zweck, den blockierenden Einfluss organisierter Interessengruppen zu verringern –, oder, im wesentlichen mit demselben Zweck, stärkere Einbindung in supranationale Entscheidungsstrukturen.

4.2 Institutionelle Reform als Aktionsparameter im internationalen Standortwettbewerb

Die rein ökonomischen Argumente, die wir in Kapitel 3 zu den Wohlstandsaspekten der aussenwirtschaftlichen Integration entwickelt haben, sind unter Ökonomen im grossen und ganzen wenig kontrovers. Wenngleich es vielleicht nicht als ganz selbstverständlich gehalten werden muss, dass was innerhalb einer wissenschaftlichen Disziplin einigermassen konsensfähig ist, auch unbedingt richtig sein muss, stellen sich Ökonomen seit langem die Frage, warum das politische System so oft zu Entscheidungen führt, die zu den normativen Empfehlungen der Wirtschaftswissenschaft in derart diametralem Widerspruch stehen. Entsprechend rückt auch die Analyse der Prozesse, durch die solche Entscheidungen zustandekommen, mehr und mehr ins Blickfeld der ökonomischen Analyse. Die sog. ökonomische Theorie der Politik hat schon früh damit begonnen, das ökonomische Verhaltensmodell für die Erklärung politischer Prozesse zu nutzen (Frey/Kirchgässner 1994), neuere Ansätze rekurrieren auch auf Einsichten der modernen Informations- und Anreiztheorie (Dixit 1996).

Eine fruchtbare Einsicht dieser Literatur war es, dass sich die Politik am besten als ein Spiel begreifen lässt. Einzelne Politikmassnahmen sind wie Spielzüge, denen bestimmte Ergebnisse mehr oder weniger zuverlässig zugeordnet werden können. Jeder Spielzug wird im politischen Prozess durch das Zusammenspiel gesellschaftlicher Kräfte bestimmt, die bezüglich des Ergebnisses in der Regel divergierende Interessen haben. Diese Betrachtungsweise führt sehr schnell zu folgender Erkenntnis: Wenn das Spiel systematisch Ergebnisse hervorbringt, die aus ökonomischer Sicht nicht optimal sind, macht es wenig Sinn, die Politiker mit Vorschlägen und Empfehlungen zu bombardieren, was man alles tun müsste oder unterlassen sollte. So wenig es die FIFA damit bewenden lassen kann, an die Torhüter zu appellieren, bei Rückpässen den Ball nicht mehr in die Hände zu nehmen und das Spiel nicht zu verzögern, so wenig nützt es, an Politiker zu appellieren, z.B. hier oder dort nicht die Marktkräfte zu blockieren. D.h. es genügt nicht, bessere Spielzüge in die Diskussion zu werfen, sondern man muss darüber nachdenken, wie die Spielregeln des Spiels zu gestalten sind, damit systematisch bessere Spielzüge zustandekommen und das Spiel insgesamt besser wird.

Hier wird auch deutlich, wie fundamental der Gegensatz zwischen dem Staatsverständnis, das der oben geschilderten Studie von Saladin zugrundeliegt, und der polit-ökonomischen Denkweise ist. Während Saladin bereit ist, den Staat als Person oder Persönlichkeit – d.h. auf jeden Fall als integrale Handlungseinheit – anzusehen und ihm spezifische normative, aus ethischen Prinzipien abgeleitete Aufträge zu erteilen, sieht die politische Ökonomie die Dinge nüchterner: Der Staat der Polit-Ökonomen ist weder Person noch Persönlichkeit, sondern soziale Interaktion; nicht handelndes Subjekt, sondern das Ergebnis der individuellen Motivationen der natürlichen Personen, die legislative oder exekutive Staatsfunktionen ausüben, sowie der Spielregeln, unter denen sie operieren. Es ist wohl auch kein Zufall, dass der demokratische Staat von jenen, die ihn als Person adressieren, eher einen Vertrauensvorschuss erhält, als von jenen, die ihn als politische Maschinerie analysieren.

Reform der Wirtschaftsverfassung

Das Regelbuch, in dem die elementarsten Spielregeln der schweizerischen Politik niedergelegt sind, ist die Bundesverfassung. Daher lag es nahe, im Rahmen des NFP 28 der Frage nachzugehen, wie die wirtschaftspolitisch relevantesten Verfassungsbestimmungen, nämlich die Wirtschaftsartikel, neu gefasst werden könnten, um die Schweiz für die Herausforderungen der Globalisierung, insbesondere für den internationalen Standortwettbewerb, besser zu rüsten. Einen entsprechenden Vorschlag haben Lehne/Hauser/Bradke (1996) erarbeitet. Sie verstehen ihren Vorschlag als Beitrag zur laufenden Diskussion über die Totalrevision der Bundesverfassung und im speziellen als Plädoyer dafür, über die Nachführung und inhaltliche Vereinheitlichung der Verfassung hinaus die Reform der Wirtschaftsartikel bereits in die erste Phase ausgewählter inhaltlicher Reformen aufzunehmen.

Ausgangspunkt ist die These, dass der internationale Standortwettbewerb vor allem ein Wettbewerb der Wirtschaftsordnungen und der Regulierungssysteme ist, und dass sich die relative Position der Schweiz in diesem Wettbewerb in den letzten Jahren verschlechtert hat. Der Reformvorschlag orientiert sich an zwei verfassungstheoretischen Leitsätzen, die sich umittelbar aus dem oben erläuterten Staatsverständnis der ökonomischen Theorie der Politik ableiten. Der eine Leitsatz lautet, dass die Wirtschaftsgesetzgebung nicht nur auf die Korrektur der verschiedenen Formen des Marktversagens ausgerichtet sein darf, sondern vor allem auch vor Staats- und Politikversagen schützen muss. Diese Maxime ist natürlich ein direkter Ausfluss der These, dass sich der Staat – selbst wenn er ein demokratischer Staat ist – mit seiner Wirtschaftspolitik nicht automatisch wie ein ‹wohlmeinender Diktator› verhält, der stets nur das Gemeinwohl im Auge hat, sondern stets dem Kräftefeld der Interessenpolitik ausgesetzt ist. Der zweite Leitsatz ist mit dem ersten eng verknüpft und postuliert, dass sich der Staat auf die Gestaltung effizienter Spielregeln beschränkt und auf punktuelle Eingriffe in den Wirtschaftsablauf so weit wie möglich verzichtet. Hiermit soll insbesondere auch die Berechenbarkeit der wirtschaftlichen Rahmenordnung sichergestellt werden.

Materiell münden diese Grundsätze in folgende Forderungen (Lehne et al., 1996, S. 9f.):

– Die Eigentumsgarantie, die Handels- und Gewerbefreiheit und die Vertragsfreiheit müssen als zentrale Bausteine einer marktwirtschaftlichen Ordnung verfassungsmässig besser abgesichert werden.

- Dasselbe gilt für die Prinzipien der Nichtdiskriminierung und des offenen Marktzutritts, und zwar möglichst auch im Aussenwirtschaftsbereich.
- Gegen staatliche Eingriffe in den Preismechanismus, d. h. vor allem gegen Preisvorschriften und Mengenbegrenzungen, ist eine besonders hohe Hemmschwelle zu errichten.

Zur Verstärkung der ‹Leitplankenfunktion› der Verfassungsformulierungen, mit denen die obigen Forderungen verwirklicht werden sollen, sehen die Autoren – dies ist vielleicht die weitreichendste institutionelle Innovation, die sie vorschlagen – auf der prozeduralen Ebene einen Wirtschaftsrat vor, der die Wirtschaftsgesetzgebung auf ihre Verfassungskonformität zu überprüfen hat, und dessen Einwände vom Parlament nur mit einer qualifizierten Mehrheit übergangen werden können. Auf einen kurzen Nenner gebracht, läuft der ganze Reformvorschlag auf die möglichst weitgehende verfassungsmässige Absicherung einer möglichst unverfälschten marktwirtschaftlichen Rahmenordnung hinaus. Dass zumindest einige der Vorschläge «ausserhalb der kurzfristigen politischen Realisierungsmöglichkeiten liegen» (Hauser/Bradke 1994, S. 27f.), ist den Autoren dabei durchaus bewusst.

Was die materielle Beurteilung der von Lehne, Hauser und Bradke anvisierten Spielregeln angeht, liegen sie insofern auf der Linie der von uns in den vorangegangenen Kapiteln vorgetragenen Überlegungen, als sie die meisten der dort monierten Politikdefizite glatt ‹verbieten› würden. Aber ist das ein gangbarer Weg? Es handelt sich in gewisser Weise um einen Versuch, dem politischen System die Hände zu binden, um es vor sich selbst zu schützen. Das ganz banale Umsetzungsproblem liegt darin, dass die Hände, die gebunden werden sollen, zum Binden benötigt werden. Wie sind sie dazu zu bringen?

Es gibt genügend Beispiele dafür, dass die Selbstbindung sehr zweckmässig sein kann; und zwar vor allem dort, wo für die Politik ein Anreiz besteht, *ex post* etwas anderes zu tun, als was sie sich *ex ante* vornimmt. Die Theorie der Wirtschaftspolitik spricht vom Problem der ‹Zeit-Inkonsistenz› und rechtfertigt damit Regelbindungen in Bereichen wie der Geldpolitik, dem Patentschutz oder der Kapitaleinkommensbesteuerung.[91] Das klassische Paradigma eines derartigen Problems – wie auch des geeigneten Lösungsansatzes – stammt aus der Sage von Odysseus, der sich an den Mast seines Schiffes binden liess, um der Verlockung des Sirenengesangs nicht zu erliegen.

Es gibt aber einen wesentlichen Unterschied zwischen Odysseus und der verfassungsmässigen Verankerung marktwirtschaftlicher Ordnungsprinzipien in der schweizerischen Bundesverfassung: Für Odysseus konnte im voraus nicht der geringste Zweifel daran bestehen, dass die Selbstbindung in seinem ureigensten Interesse lag. Die schweizerische Öffentlichkeit und ihre politischen Repräsentanten sind dagegen alles andere als einhellig der Überzeugung, dass die Gesetze des Marktes den sakrosankten Status verdienen, den ihnen Lehne, Hauser und Bradke in der Verfassung geben wollen. «Übertriebene Marktgläubigkeit» und «Imperialismus des Marktdenkens» lauteten etwa die Vorwürfe, die an einer Diskussionsveranstaltung des NFP 28 geäussert wurden. Es ist dies eine Kritik, die zu einem guten Teil einem Missverständnis entspringt – nämlich der Vorstellung, dass mit dem Primat des Preismechanismus auch ein rücksichtsloses Recht des Stärkeren und eine Unterordnung aller anderen gesellschaftlichen Anliegen unter die Anliegen der Wirtschaft verankert werden. Dem ist nicht so. Vielmehr legen die Autoren des Reformvorschlags grosses Gewicht auf eine saubere Trennung zwischen den Zielen und den Instrumenten staatlichen Wirkens. D.h. das Primat des Preismechanismus präjudiziert für das Gewicht, das die Gesellschaft nicht-ökonomischen bzw. nicht-allokativen Zielen beimisst, gar nichts, sondern bedeutet einfach, dass z.B. soziale oder umweltpolitische Anliegen nicht gegen, sondern mit dem Markt verfolgt werden sollen.

Auf einer eher technischen Ebene stellt sich die Frage, ob ein Wirtschaftsrat wirklich Gewähr dafür bietet, dass der Verfassungsbuchstabe mit Leben erfüllt wird, wenn er der Öffentlichkeit und dem politischen System ‹gegen den Strich› geht. Ebenso unklar ist, wie die angestrebte Stabilität der Rahmenordnung Realität werden kann, solange die Verfassung selbst quasi täglich auf direkt-demokratischem Wege geändert werden kann. Damit ist ein zweites wesentliches Element der internen institutionellen Reform angesprochen, mit dem sich das NFP 28 von Beginn weg befasst hat, und das heute auch im Zusammenhang mit der Totalrevision der Bundesverfassung ein heiss umstrittener Diskussionspunkt ist: die Reform der Volksrechte.

Reform der direkten Demokratie[92]

In ihrer Vorstudie zum NFP 28 «Die Schweiz AG – vom Sonderfall zum Sanierungsfall» identifizierten Borner/Brunetti/Straubhaar (1990, S. 19) das Haupthindernis bei der Bewältigung der weltwirtschaftlichen Herausforderungen wie folgt:

«Als zentrales Problem bei der Verfolgung einer konsistenten Strategie nach aussen wird sich für die Schweiz die spezielle Form des politischen Entscheidungsprozesses erweisen. Die direkte Demokratie mit der dauernden Möglichkeit für gut organisierte Interessengruppen, eine kohärente Strategie zu verzögern oder gar zu verhindern, ist dabei, als eigentliches Charakteristikum unseres institutionellen Systems, der zentrale Grund für die ungenügende internationale Orientierung der schweizerischen Politik. Eine echte Verbesserung der längerfristigen Anpassungsfähigkeit kann deshalb wohl nur unter Inkaufnahme von Modifikationen des direktdemokratischen Instrumentariums erfolgen.»

Im besonderen monieren die Autoren die bremsende Rolle des fakultativen Referendums, das den organisierten Interessen faktisch ein Veto gegen Entscheidungen gebe, die ihnen nicht genehm sind. Dadurch werde es schwierig, überhaupt noch etwas zu bewegen, die Anpassungsfähigkeit des Systems nehme ab, bestehende Strukturen würden zementiert. Brunetti (1997) spricht von einem ‹Status-Quo-Bias›. In welche Richtung eine Reform ihrer Meinung nach gehen sollte, diskutieren Borner/Brunetti/Straubhaar (1994) anhand verschiedener Reformvarianten. Sie favorisieren das kalifornische Modell, welches das fakultative Referendum im Falle von Gesetzesvorlagen ausschliesst, denen das Parlament mit mindestens einer ⅔-Mehrheit zugestimmt hat. Sie versprechen sich davon nicht nur eine Stärkung des Parlaments, sondern auch eine grössere Führungsrolle für den Bundesrat. Diese Idee gehört zu den Reformvorschlägen, die im Zuge des laufenden Verfahrens zur Totalrevision der Bundesverfassung geprüft, aber verworfen worden sind.

Die These, dass die Abschwächung der direkten Demokratie die dringendste Reformaufgabe der Schweiz im institutionellen Bereich darstellt, ist alles andere als unumstritten.[93] Gerade wenn man die Diskussion um die Institutionen der Demokratie auf internationaler Ebene betrachtet, drängt sich der Eindruck auf, dass allenthalben das Gras auf der anderen Seite des Zauns grüner ist als auf der eigenen Seite. Während in der Schweiz die Referendumsdemokratie zu einem wesentlichen Teil für Reformunfähigkeit und Politikverdrossenheit verantwortlich gemacht wird, blickt insbesondere das europäische Ausland mit einem gewissen Neid auf das schweizerische Modell, das weithin als Rezept gegen die Entmündigung des Bürgers durch eine abgehobene ‹classe politique› und eine demokratisch kaum kontrollierte Brüsseler Zentrale gesehen wird. Stellvertretend für viele sei der Economist (1996) zitiert, der eine (punktuell geläuterte) direkte Demokratie schweizerischer Ausprägung als das Modell des 21. Jahrhunderts für die heute noch fast ausschliesslich repräsentativen Demokratien des Westens preist. Nicht nur zieht er die These in Zweifel, dass ein direkt-demokratisches System von den organisierten Interessen leichter manipulierbar sei als ein parlamentarisches, sondern lässt auch sonst kaum ein gutes Haar an den Kritikern der direkten Demokratie: «Most objections to direct democracy are, when you look closely, objections to democracy» (The Economist, 1996, S. 8).

Worüber es unter den Fachleuten kaum Dissens gibt, ist die Notwendigkeit einer Verwesentlichung der direkten Demokratie, d.h. einer Beschränkung von Volksabstimmungen auf das wirklich Wichtige. Einen Schritt in diese Richtung tut der Bundesrat in seiner Botschaft zur Totalrevision der Bundesverfassung mit der vorgeschlagenen Erhöhung der für Initiative und Referendum erforderlichen Unterschriftenzahlen. Wieviel diese Vorkehrung auszurichten vermag, wird sich allerdings erst weisen müssen – falls die Totalrevision der Bundesverfassung mit dieser Änderung tatsächlich zustandekommt. Bezeichnend ist jedenfalls, dass die mässige Erschwerung des Gebrauchs der Volksrechte bereits zu den umstrittensten Elementen des Revisionsprojekts gehört. Auch hier gilt mit unerbittlicher Logik: Jede Reform der Spielregeln der direkten Demokratie muss erst einmal unter den alten Regeln durchsetzbar sein. Dass unter dieser Bedingung eine weitergehende Reform als diejenige, die im Rahmen der beabsichtigten Totalrevision der Bundesverfassung zur Diskussion steht, durchsetzbar wäre, erscheint aus heutiger Sicht wenig wahrscheinlich.

4.3 Supranationalität als Alternative?

Die Problemlösungsfähigkeit des Nationalstaats hängt nicht nur davon ab, wie er sich intern organisiert, sondern auch davon, welche Probleme ihm zur Lösung übertragen werden. Wie das an den Anfang dieses Kapitels gestellte Motto von Daniel Bell bereits deutlich macht, ist der Nationalstaat nicht für alle Aufgaben gleichermassen geeignet. Unmittelbar einsichtig ist, dass für Problembereiche, die eine länderübergreifende Dimension aufweisen, der Nationalstaat nicht die adäquate Lösungsebene darstellt – er ist eben «too small for the big problems of life». Zu beachten ist dabei, dass es nicht reicht, den Bedarf an länderübergreifenden Lösungen zu identifizieren und eine internationale Koordination der Politik anzustreben. Vielmehr stellt sich hier schnell die Frage nach der institutionellen Ausgestaltung einer solchen Koordination. Oben haben wir schon darauf hingewiesen, wie schwierig es ist, internationale Vereinbarungen zwischen souveränen Partnern durchzusetzen, wenn beispielsweise jeder ein Interesse daran hat, dass sich alle anderen daran halten, aber nicht unbedingt ein Interesse, sich selbst daran zu halten. Für solche Fälle sind supranationale Instanzen mit Sanktionsgewalt erforderlich. Die Anerkennung einer solchen Instanz bedeutet zwar eine Einbusse an formaler nationalstaatlicher Souveränität – gleichzeitig aber einen Gewinn für die Bürger.

Diese Überlegung zeigt, dass es nicht unbedingt fruchtbar ist, die nationale Souveränität als Gut an sich zu betrachten und zu verteidigen, sondern dass sie nur einen instrumentalen Status im Dienste der Sicherheit und Wohlfahrt der Bürger beanspruchen kann und daher an den Ergebnissen zu messen ist, die sie hervorbringt. Damit ist ganz allgemein die Frage der optimalen staatlichen Regelungsebene angesprochen. Es ist dies nicht eine Frage, auf die es eine allgemeine Antwort gibt, sondern sie ist von Fall zu Fall, von Sachgebiet zu Sachgebiet, gesondert zu analysieren. Die Alternativen lauten dabei keineswegs nur national oder supranational, sondern in vielen Fällen auch lokal und regional. Dass der Nationalstaat – weil «too big for the small problems of life» – Aufgaben nicht nur nach oben, sondern auch nach unten delegieren soll, ist natürlich eine föderalistische Binsenwahrheit.

Integrationspolitik als Testfall

Zur Frage der optimalen Regelungsebene verfassten Kohl/Borner (1994) im Rahmen des NFP 28 eine Studie mit dem Titel «Supranationalität oder Wettbewerb nationaler Rahmenbedingungen», die gleichzeitig auch als Beitrag zur Frage des künftigen Verhältnisses der Schweiz zur EU konzipiert war. Ein wesentliches Anliegen der Studie war der Nachweis, dass es nicht genügt, sich zu überlegen, auf welcher Ebene bestimmte Aufgaben sachlogisch angesiedelt gehören (der Aspekt der Effizienz), sondern dass man auch untersuchen muss, wo die adäquate Problemlösung im politischen Prozess am ehesten durchsetzbar ist (der polit-ökonomische Aspekt). Dadurch wird deutlich, dass die oben erläuterte Frage der institutionellen Spielregeln der nationalen Politik und die Frage der optimalen Regelungsebene eng miteinander zusammenhängen. Kohl/Borner (1994, S. 26) argumentieren gar, dass sich durch den Beitritt zu einer supranationalen Organisation in gewissen Fällen dasselbe erreichen lasse wie durch eine interne institutionelle Reform, und dass hierin eine wesentliche Funktion der EU liege: «Der Beitritt zur EU scheint für viele Staaten Europas der einfachere Weg zu sein.»

Nun steht die Schweizer Bevölkerung bekanntlich nicht nur einer grundlegenden Reform ihrer eigenen politischen Institutionen reserviert gegenüber, sondern auch jeglicher Einbindung in diejenigen der EU. Mit einer breitangelegten Befragung, die im November 1992, unmittelbar vor der EWR-Abstimmung durchgeführt wurde, haben Meier-Dallach/Nef (1994, 1995) die Haltung der Schweizerinnen und Schweizer zu Europa ergründet. Ihre Hauptergebnisse sind in Box 4.2 zusammengefasst. Im Mittelpunkt steht dabei der Befund, dass das Wunschbild, das die schweizerische Bevölkerung von Europa hat, und die Erwartungen, die sie bezüglich der tatsächlichen Entwicklung der EU hegt, weit auseinanderklaffen. Während sich über 70% am ehesten mit einem Europa der Traditionen ohne Gleichmacherei von Nationen, Völkern und Kulturen oder mit einem ökologischen, am Gleichgewicht zwischen Menschen und Natur orientierten Europa identifizieren können, erwarten nahezu 80%, dass das EWR-Europa ein «zentralistischer Bürokrat» oder ein «umweltfeindlicher Gigant» wird (Meier-Dallach/Nef, 1994, S. 8ff.). Die Autoren der Studie glauben, dass die EWR-Abstimmung vor allem deshalb verloren gegangen ist, weil im Abstimmungskampf eine «oberflächliche Europarhetorik» und «der Jahrmarkt handfester Interessen» dominiert hätten, und nicht die eigentlichen «Ziele und Werte», um die es der Bevölkerung gegangen sei.

Bei näherem Hinsehen dürfte der Unterschied zwischen ‹handfesten Interessen› sowie ‹Zielen und Werten› allerdings nicht ganz so gross sein, wie diese Analyse nahelegt. Denn was Meier-Dallach und Nef als die «Vision der kleinräumigen und dezentralen Industrielandschaft» bzw. als das «kleinunternehmerische und gewerbliche Wirtschaftsmodell» bezeichnen, das vor allem in den Randregionen der deutschen Schweiz stark verankert sei, ist im wesentlichen das, was von der ökonomischen Logik der aussenwirtschaftlichen Integration und Öffnung her bei einem Beitritt zum Europäischen Wirtschaftsraum unausweichlich am stärksten gefährdet wäre. Es sind somit eben auch die handfesten Wirtschaftsinteressen der Integrations-Verlierer gewesen, die – aufgrund ihrer regionalen Verteilung durch das Erfordernis des Ständemehrs zusätzlich begünstigt – das Nein zum EWR erwirkt haben. D.h. jeder Versuch, die Schweiz verstärkt in supranationale Strukturen zu integrieren, muss sich auch der Frage stellen, welche Perspektive den Integrations-Verlierern geboten werden kann.[94]

Die beiden von Meier-Dallach und Nef identifizierten Hauptgründe für die Europa-Skepsis der Bevölkerung, die Angst vor einem unkontrollierbaren bürokratischen Zentralismus der EU und die Angst vor einem neuen Schub umweltfeindlicher Entwicklungen, rühren unmittelbar an die Grundfragen der Kompetenzverteilung zwischen supranationaler Regelungsebene und dem Nationalstaat. Vor allem dominiert offensichtlich die Befürchtung, dass mit der Preisgabe nationalstaatlicher Regelungsbefugnisse die Wünsche und Bedürfnisse der betroffenen Bürger auf der Strecke bleiben. Oben haben wir argumentiert, dass die supranationale Zentralisierung von Kompetenzen von Fall zu Fall zu befürworten bzw. abzulehnen ist und daher nicht pauschal verteufelt – aber natürlich auch nicht als allgemeines Wundermittel gepriesen – werden sollte. Den NFP-28-Projekten, die sich damit beschäftigt haben, ist es

Box 4.2

Nationalstaat – Schutz oder Gefängnis?

Einsichten aus dem NFP-28-Projekt «Europabilder und die Vision des Kleinstaats Schweiz» (zitiert aus Meier-Dallach/Nef, 1995)

Der Röstigraben:
keine Mentalitätsfrage, sondern gegensätzliche Wertvorstellungen

«In zwei grossangelegten, repräsentativen Untersuchungen hat das Institut cultur prospectiv in Zürich im Auftrag des NFP 28 die Haltung der Schweizerinnen und Schweizer zu Europa untersucht. Eines zeigen die Resultate klar: Die Unterschiede zwischen der französischen und der deutschen Schweiz sind nicht eine Mentalitätsfrage. Hinter den unterschiedlichen Prioritäten in aussenpolitischen Vorlagen stehen verschiedene Zielsetzungen, die in der Europafrage zum Tragen kommen... Die Westschweiz neigt stärker zum Lager der Modernisierung; technischer Fortschrittsglaube paart sich hier mit dem Vertrauen, dass der möglichst grosse freie Markt Entwicklung bringen wird... In der deutschen Schweiz ist das Lager jener grösser, welche die Entwicklung stärker ans Regionale anbinden möchten. Selbststeuerung im eigenen regionalen Rahmen wird dem Vertrauen in internationale Koordination und in das Spiel des grenzenlosen Marktes vorgezogen... Der Fortschritt, die Leistung, Konkurrenz und Modernisierung durch neueste Technologien, vermag in der deutschen Schweiz weniger zu überzeugen. Neue Werte werden stärker nachgefragt. Die ökologische Wertorientierung ist in der deutschen Schweiz auch in der Rezession nachhaltig... Die negative Befürchtung, dass das EWR-Europa sich zu einem ‹umweltfeindlichen Giganten› entwickeln wird, geht Hand in Hand mit der Zustimmung zur Alpeninitiative.»

Ein Graben zwischen Zentren und Randregionen

«In der Schweiz bestimmt ... das Ständemehr mit. Die Stände, in welchen der Widerstand gegen bundes- und aussenpolitische Vorlagen Mehrheiten erreicht, sind Randregionen; man fühlt sich heute schon – verstärkt durch die Erfahrung der Rezession – als Peripherie... Man zählt sich hier zur Gruppe jener, die mehr und mehr verlieren, wenn die Entwicklung in die Richtung der Modernisierung und weiteren Integration so weitergeht. In den Randregionen der deutschen Schweiz sucht man die Antwort auf diese pessimistische Erwartung nicht im Vertrauen auf Modernisierung, Bern oder Brüssel. Die Haltung für rückgebundene Entwicklung, kommunale und regionale Selbststeuerung – das Bild der eigenen Stärke – wird betont und auf die Schweiz als ganzes übertragen. Dieser Graben zwischen Zentren und verunsicherten Randregionen innerhalb der deutschen Schweiz kann, wenn es um Entscheide geht, wichtiger werden als die Kluft zwischen deutscher und französischer Schweiz.»

In der Weltpolitik einig, Europa aber spaltet

«Betrachtet man die jüngste Serie von Abstimmungen, die aussenpolitisch relevant waren, im Querschnitt durch das Zentrum-Peripherie-Gefälle der deut-

> schen und welschen Schweiz, fällt eine Konstante auf. Stehen Vorlagen an, welche die Weltgesellschaft als ganzes betreffen, und verlangen diese die Mitgliedschaft oder Teilnahme an Weltpolitik, schwinden die Differenzen zwischen den deutschsprachigen und welschen Regionen. Die sprachregionale Differenz war in der UNO-Abstimmung (1988) unbedeutend und in der Abstimmung über die Blauhelme (1994) ebenfalls geringer als erwartet. Der Konsens, zu globalen politischen Projekten oder Institutionen auf Distanz zu gehen, ist hoch... Tritt die Weltgesellschaft hingegen in einer Vorlage als Wirtschaftsraum in den Vordergrund, steigt die Akzeptanz für Vorlagen in allen Regionen der Schweiz. Das Beispiel des Beitritts zum IWF ... [kann] dies bestätigen... Der Blick auf die Differenzen in der Zustimmung zu europapolitischen Vorlagen hingegen belegt die Diskrepanz der Ziele. Immer wenn wirtschaftliche oder politische Sachfragen im Blick auf Europa im Spiele sind – in erster Linie Beitrittsfragen zu Europa –, begeben sich die welschen Regionen auf einen direkten Fluchtweg. Sie fliehen Bern als das ‹Gefängnis› Nationalstaat... Die deutschschweizerischen Regionen hingegen wählen diesen Fluchtweg gerade nicht. Dem Bundesstaat wird die Funktion des ‹Regenschirms› für die regionale Identität und Autonomie – für den Wert der Rückbindung und Ökologie – trotz der Tatsache zugewiesen, dass er löchrig geworden ist und wenig Vertrauen geniesst.»

nicht zuletzt darum gegangen, eine Lanze für eine funktional-rationale Denkweise in dieser meist sehr emotional diskutierten Streitfrage zu brechen.

Nationale vs. supranationale Regelungsebene: Kriterien und ausgewählte Beispiele

Die optimale Regelungsebene lässt sich nur in den seltensten Fällen analytisch eindeutig bestimmen, sondern reflektiert immer auch die Gewichtung der spezifischen Vor- und Nachteile, die mit einer stärkeren Zentralisierung bzw. Dezentralisierung der politischen Entscheidungsgewalt verbunden sind. Kohl/Borner (1994) haben in ihrer Studie ein Raster von Kriterien entwickelt, das sie auf jeden Politikbereich anzuwenden empfehlen, über dessen Regelungsebene zu entscheiden ist. Die zu berücksichtigenden Gesichtspunkte sind in Tabelle 4.1 in einer schematischen Übersicht angegeben. Obwohl im Prinzip natürlich immer eine Mehrzahl von Regelungsebenen betrachtet werden könnte, beschränkt sich die Darstellung darauf, jeweils nur die nationale und die supranationale Ebene einander gegenüberzustellen, da es bei den in der Studie behandelten Anwendungsbeispielen um die Frage geht, ob der betreffende Politikbereich besser bei der EU oder bei den einzelnen Mitgliedsstaaten aufgehoben ist.[95]

Erklärungsbedürftig an Tabelle 4.1 ist vielleicht am ehesten das Kästchen (4): Warum sollten effiziente Regelungen auf supranationaler Ebene leichter durchsetzbar sein als auf nationaler Ebene? Der Grundgedanke ist, dass in vielen Fällen staatliche Massnahmen und Regulierungen, sofern sie auf nationaler Ebene erlassen werden, für bestimmte (oder alle) Branchen Wettbewerbsnachteile gegenüber der ausländischen Konkurrenz mit sich bringen und daher auf politischen Widerstand stossen, selbst wenn sie an sich im nationalen Interesse liegen (d.h. ‹effizient› sind). Gehen dieselben Erlasse dagegen von einer Instanz aus, die auf der supranationalen Ebene angesiedelt ist, betreffen sie auch die ausländische Konkurrenz und schaffen keine Wettbewerbsverzerrungen. Entsprechend leichter sind sie durchzusetzen. Zu ergänzen bleibt höchstens, dass dieselbe Logik natürlich auch auf ineffiziente Staatseingriffe zutrifft, in welchem Fall die leichtere Durchsetzbarkeit auf der supranationalen Ebene als Nachteil zu betrachten wäre. Die leichtere Durchsetzbarkeit ist eben zu einem guten Teil die Kehrseite der weniger effektiven demokratischen Kontrolle. Hier liegt denn auch eine wesentliche Rechtfertigung des *Subsidiaritäts-Prinzips*, welches bedeutet, dass im Zweifel den Befürwortern der Zentralisierung eines Politikbereichs immer die Beweislast aufzubürden ist (vgl. auch CEPR, 1993, Kap. 1).

Ein eindeutiger Fall eines Politikbereichs, der sich nach dem Kriterienraster von Tabelle 4.1 für eine Zentralisierung anzubieten scheint, ist die *Umweltpolitik*. Die Bereitschaft, umweltpolitische Massnahmen zu ergreifen, ist auf nationaler Ebene tendenziell zu schwach, wenn die fraglichen Umweltbelastungen zu einem wesentlichen Teil jenseits der Landesgrenze wirksam werden (internationaler externer Effekt), und/oder wenn die Wirtschaft die Massnahmen mit Verweis auf die Schwächung ihrer internationalen Wettbewerbsfähigkeit bekämpft, wie z.B. im Falle der CO_2-Besteuerung. Sowohl das Effizienzkriterium als auch die politische Ökonomie sprechen dann für eine

Tabelle 4.1: Beurteilungsschema für die Wahl der optimalen Regelungsebene[a]

	Vorteil der nationalen Regelungsebene	Vorteil der supranationalen Regelungsebene
Effizienz-Aspekt	(1) Bessere Berücksichtigung nationaler Präferenzen	(2) Bessere Internalisierung von externen Effekten und bessere Nutzung von Grössenvorteilen
polit-ökonomischer Aspekt	(3) Effektivere demokratische Kontrolle	(4) Leichtere Durchsetzbarkeit effizienter Regelungen

[a] erstellt nach Kohl/Borner (1994, Kap. 2)

supranationale Regelung. Die Analyse der umweltpolitischen Regelungen der EU durch Kohl und Borner zeigt, dass es durchaus Massnahmen gibt, die genau entlang diesen Linien begründbar sind. Dazu gehören insbesondere die Vorschriften zur Senkung der Luftverschmutzung. Es finden sich aber auch Verordnungen, die nur dem Brüsseler Überregulierungseifer zugeschrieben werden können. Die NFP-28-Studie nennt als Beispiel die Regulierung der Trinkwasserqualität, die weder aus Effizienzgründen noch aus Gründen der Durchsetzbarkeit der Kompetenz der nationalen Regierungen entzogen werden müsste.

Nun mag die Frage, wem die Regulierung der Trinkwasserqualität zu übertragen sei, nicht gerade zu den zentralen Existenzfragen Europas gehören. Aber die Schwierigkeiten der EU, für die verschiedenen Politikbereiche die jeweils geeignete Regelungsebene zu finden, hat System. Zu diesem Schluss führt jedenfalls die sorgfältige Analyse, die ein Team namhafter Ökonomen in einem Report für das Londoner *Centre for Economic Policy Research* erstellt hat (CEPR 1993). Das Problem liegt nach dem Bericht nicht einmal so sehr darin, dass die EU, wie weithin kritisiert, einen übermässigen Hang zum Zentralismus hat und zu vieles an sich reisst. Vielmehr fehlen klare Vorgaben für eine systematische, rationale Aufgabenteilung zwischen der europäischen und den nationalstaatlichen Ebenen – mit der Folge, dass die EU von einer optimalen Allokation der Zuständigkeiten (noch?) weit entfernt ist. Zentralisierungsbedürftige Bereiche stehen neben dezentralisierungsbedürftigen, wobei die letzteren allerdings diejenigen sind, die das EU-Budget gegenwärtig am stärksten belasten, allen voran die Gemeinsame Agrarpolitik sowie die Sozial- und Regionalfonds (CEPR, 1993, S. 162).

Gerade das Beispiel der Umweltpolitik zeigt aber auch die Bedeutung national unterschiedlicher Präferenzen auf. Wie oben ausgeführt, hängt die Europa-Skepsis der Schweizer Bevölkerung nicht zuletzt mit der Befürchtung zusammen, dass die EU der Umwelt nicht dieselbe hohe Priorität beimisst wie die Schweiz, sondern ein «umweltfeindlicher Gigant» wird (vgl. Box 4.2). Ob diese Einschätzung zutrifft, bleibe hier dahingestellt. Auf jeden Fall wird aber deutlich, dass Internalisierbarkeits- und Durchsetzbarkeitsargumente unter Umständen nicht ausreichen, um die Delegation eines Politikbereichs an eine supranationale Regelungsbehörde zu rechtfertigen, wenn die Meinungen darüber, was diese Behörde zu tun habe, stark auseinandergehen. Erschwerend kommt dazu, dass in der Praxis oft verschiedene Politikbereiche miteinander verquickt sind und politische Massnahmen die Bevölkerungen verschiedener Länder unter Umständen sehr ungleichmässig treffen. Ein naheliegendes Beispiel ist der Alpen-Transit, bei dessen Regelung die Erbringer und die Nutzniesser der Transportleistungen ihre Interessen ebenso einzubringen versuchen wie die von den Umweltexternalitäten betroffenen Anrainer der Transitstrecken. Dass sich hier die polit-ökonomischen Gegebenheiten ein gutes Stück komplizierter darstellen, als es Tabelle 4.1 zum Ausdruck bringen kann, dürfte auf der Hand liegen.

Gegenstand einer vertieften Fallstudie war auch die *Sozialpolitik* der EU (Kohl/Borner 1996). Unter Sozialpolitik sind dabei diejenigen staatlichen Massnahmen zu verstehen, die den Schutz der Arbeitnehmer, insbesondere deren soziale Absicherung, zum Gegenstand haben. Unter reinen Effizienzaspekten besteht hier kein Zentralisierungsbedarf, weil die direkten länderübergreifenden Externalitäten der Sozialpolitik minimal sind, solange die internationale Mobilität der Arbeitskräfte – bei aller formal garantierten Freizügigkeit – faktisch so gering bleibt, wie dies derzeit noch der Fall ist. Dies gilt umso mehr, als die nationalen Präferenzen für sozialpolitische Regelungen ebenfalls stark differieren. Hingegen argumentieren Kohl und Borner, dass eine supranationale Regelung unter dem Aspekt der Durchsetzbarkeit angezeigt sein kann. Denn sozialpolitische Regelungen verteuern praktisch immer die Produktion und werden daher von der Wirtschaft als für die internationale Wettbewerbsfähigkeit nachteilig bekämpft, solange sie im nationalen Alleingang eingeführt werden sollen. Insoweit als es hierdurch zu einer Unterversorgung mit dem öffentlichen Gut «soziale Stabilität» kommt, so das Argument, rechtfertigt sich eine Delegation der Regelungskompetenz an eine supranationale Instanz, da diese eher Gewähr dafür bietet, dass die Bereitstellung des öffentlichen Gutes nicht durch den Respekt vor dem Verlust der Wettbewerbsfähigkeit verzerrt wird.

Aber was heisst ‹verzerrt›? Man kann ja nicht unbedingt davon ausgehen, dass die sozialpolitischen Regelungen, die auf nationalstaatlicher Ebene vorgenommen werden, in einem vernünftigen Sinne des Wortes ‹unverzerrt› wären, wenn ohne jede Rücksichtnahme auf die internationale Wettbewerbsfähigkeit darüber entschieden werden könnte. In Kapitel 2 haben wir festgestellt, dass bei effizient funktionierenden Arbeitsmärkten der Ausbaustandard des Sozialstaats die preisliche Wettbewerbsfähigkeit der Volkswirtschaft auf dem Weltmarkt nicht unbedingt zu tangieren braucht. Ein Problem entsteht erst, wenn mächtige Marktteilnehmer auf den Arbeitsmärkten ihre Gruppeninteressen durchsetzen und überdies auch im politischen Prozess ihren Einfluss dazu benützen, die Sozialpolitik für ihre Interessen zu instrumentalisieren. Unter diesen Umständen mag es sehr wohl zutreffen, dass die nationale Sozialpolitik bei fortschreitender wirtschaftlicher Integration unter zunehmenden internationalen Wettbewerbsdruck gerät. Aber das ist ein Druck, der nicht ein zuvor effizientes Gleichgewicht destabilisiert, sondern die bestehenden Monopolrenten erodiert. Dass die betroffenen Interessen alsbald die Forderung nach Schutz vor ungerechtfertigtem ‹Sozialdumping› anderer Länder erheben und sich für eine gesamteuropäische Harmonisierung der Sozialpolitik einsetzen, wird vor diesem Hintergrund niemanden überraschen.

Zurecht reihen Kohl/Borner (1996, S. 17f.) aber die Schaffung eines homogenen europäischen Sozialraums in die Kategorie der «effizienzsenkenden Regulierungen der EU» ein. Eine internationale Harmonisierung der sozialen Standards auf dem hohem Niveau der am weitesten entwickelten Mitglieder würde nämlich im wesentlichen darauf hinauslaufen, einen komparativen Vorteil von (meist ärmeren) Ländern mit bisher niedrigem Regulierungsniveau zunichte zu machen und die Arbeitnehmer in den reichen Ländern gegenüber denjenigen in den ärmeren Ländern zu bevorteilen. Dies hiesse aber, die soziale Abfederung der internationalen wirtschaftlichen Integration mit deren Bremsung, wenn nicht Torpedierung, zu verwechseln. Zum gleichen Schluss kommt auch der Subsidiaritäts-Report des CEPR (1993, S. 114), der keinerlei stichhaltige Begründung für eine Zentralisierung, oder auch nur Koordination, der Sozialpolitik in der EU sieht und die Sozial-Charta des Maastrichter Vertrages daher als direkten Widerspruch zu dem im selben Vertrag verankerten Subsidiaritätsprinzip einstuft.

Zu einer substantiellen Harmonisierung im Bereich der Sozialpolitik ist es bisher nicht gekommen, weil sich die Länder, deren Industrien und Arbeitnehmer darunter am meisten zu leiden hätten, bei der gegenwärtigen institutionellen Struktur der EU noch erfolgreich zur Wehr setzen können. Die Autoren der NFP-28-Studie geben sich aber wenig zuversichtlich, dass dieser Damm auch dann noch hält, wenn die beabsichtigte Ausweitung der Gemeinschaftskompetenzen eines Tages Tatsache werden sollte (Kohl/Borner, 1996, S. 20f.).

Nationale vs. lokale Regelungsebene: Fallbeispiel Kulturlandschaft

Wir haben oben darauf hingewiesen, dass sich die Wahl der optimalen Regelungsebene nicht auf die Alternative zwischen national und supranational beschränkt, sondern auch die lokale Ebene miteinschliesst. Selbst wenn es aussenwirtschaftliche Entwicklungen sind, die einen Politikbereich unter Reformdruck setzen, kann dies zur Folge haben, dass die lokale Regelungsebene an Bedeutung gewinnt. Ein Beispiel hierfür ist die schweizerische Agrarpolitik, wie eine NFP-28-Studie von Häfliger/Rieder (1996) zeigt. Die Autoren der Studie gehen von der Feststellung aus, dass die traditionelle produktpreisgebundene Agrarpolitik des Bundes zu einem Überfluss an Nahrungsmitteln, aber einem ungenügenden Angebot an Kulturlandschaft geführt hat. Die Bereitstellung von Kulturlandschaft wird dabei in einem sehr breiten Sinne als externer Effekt bzw. als Kuppelprodukt der landwirtschaftlichen Produktion aufgefasst, dem sowohl ein positiver Nutzen (z. B. in Form blühender Wiesen) als auch ein negativer Nutzen (z. B. bei der Belastung des Grundwassers mit Nitraten) anhaften kann. Während die Liberalisierung der Agrarmärkte der Überproduktion an Nahrungsmitteln entgegenwirkt, bietet sie keine Gewähr dafür, dass sich auch das Angebot an Kulturlandschaften verbessert, denn diese haben den Charakter eines öffentlichen Gutes, dessen optimale Bereitstellung grundsätzlich nicht dem Markt überlassen werden kann.

Die externen Effekte – hierin stimmt das von Häfliger und Rieder angenommene Szenario mit unserer oben (in Abschnitt 3.3) aufgestellten These überein – rechtfertigen kein Abrücken vom Prinzip des liberalisierten Agrarmarktes, wohl aber den Einsatz von Direktzahlungen zur Abgeltung spezifischer agrarischer Leistungen wie eben der Bereitstellung von Kulturlandschaften. Dabei stellt sich dann allerdings die Frage, ob der Bund hierfür nach wie vor die geeignete Entscheidungsebene darstellt. Das Leitprinzip lautet, dass eine möglichst weitgehende Kongruenz von Nutzniessern, Kostenträgern und Entscheidungsträgern anzustreben ist. Auf welcher Entscheidungsebene sich dieses Prinzip am ehesten verwirklichen lässt, so zeigt die Studie, hängt vom Landschaftstyp ab, der gefördert werden soll. Geht es zum Beispiel um die Erhaltung einer peripheren Alpenregion, dominieren das nationale Interesse am ländlichen Charakter der Landschaft sowie das Motiv, der Nachwelt eine intakte Umwelt zu hinterlassen. Weil diese sog. Existenz- und Vermächtniswerte von überregionaler Bedeutung sind, sollten sie wie bisher aus allgemeinen Steuermitteln, d.h. vom Bund als Kostenträger, abgegolten werden. Steht dagegen die Pflege einer Ferienlandschaft zur Diskussion, ist die Wertschätzung durch lokal gebundene touristische Konsumwerte dominiert, weshalb sich ein lokales Finanzierungsmodell unter Einschluss der lokalen Steuerzahler, der lokalen Wirtschaft wie auch der Konsumenten (Touristen) aufdrängt. Häfliger und Rieder stellen sich vor, dass sich in diesem Fall z. B. Gemeinde, Hotellerie und Landwirte über eine optimale Nutzung verständigen, wobei die Landwirte für ihre speziell erbrachten Leistungen, also die tourismusgerechte Landschaftspflege, abgegolten werden. Die Besucher können in Form von Kurtaxen an den Kosten beteiligt werden, wodurch sich ein echter Preis- und Leistungswettbewerb zwischen den Tourismusregionen ergibt. Ähnliches gilt mutatis mutandis für Naherholungsgebiete am Rande von Agglomerationen.

Insgesamt zeigt sich, dass der Nationalstaat die Delegation von Regelungskompetenzen nach unten genauso differenziert angehen muss wie die Delegation nach oben. Häfliger/Rieder (1996, S. 26f.) weisen in diesem Zusammenhang darauf hin, dass die Reform der Gemeinsamen Agrarpolitik der EU, die in gleicher Weise wie die Reform der schweizerischen Agrarpolitik auf das Zusammentreffen von internen Problemen und internationalen Verpflichtungen zurückzuführen ist, bereits in die Richtung einer gewissen Regionalisierung der direkten Einkommenszahlungen geht.

4.4 Fazit: Gute Spielregeln erfordern einen Konsens über den Spielzweck

Ausgangspunkt und Motivation der in diesem Kapitel erörterten Projekte des NFP 28 war die These, dass die Veränderungen im weltwirtschaftlichen Umfeld der Schweiz nicht nur rein wirtschaftliche Anpassungszwänge erzeugen, sondern auch das politische System fordern. Die gewachsenen Entscheidungsstrukturen («Spielregeln»), ja der Nationalstaat als Institution, geraten unter Druck und in die Kritik. Sicher vorschnell wäre jedoch die Schlussfolgerung, dass die Globalisierung den Nationalstaat obsolet werden lässt. Denn dieser bleibt nach wie vor die Instanz, bei der weltweit die überwiegende Menge der formalen gesellschaftlichen Regelungskompetenzen konzentriert ist. Die Art und Weise, wie von diesen Kompetenzen Gebrauch gemacht wird, spielt eine entscheidende Rolle dafür, wie gut eine Volkswirtschaft mit ihren externen und internen Herausforderungen fertig wird, wie attraktiv sie als Wirtschaftsstandort ist, wie wettbewerbsfähig ihre Unternehmungen sind – kurz: wie erfolgreich die Volkswirtschaft als Wohlstandsmaschine funktioniert.

Die Volkswirtschaftslehre besitzt mittlerweile einigermassen robuste Erkenntnisse über die zentralen Funktionsbedingungen einer Volkswirtschaft. Die Funktionsbedingung ‹internationale Integration› war Gegenstand der vorangegangenen Kapitel, eine Reihe weiterer Bedingungen wird aus entwicklungspolitischer Perspektive in den nachfolgenden Kapiteln zur Sprache kommen. Allerdings haben die Ökonomen oft zu technokratisch oder zu «unpolitisch» argumentiert, indem sie der Frage der politischen Durchsetzbarkeit ihrer Empfehlungen, mochten diese wissenschaftlich noch so gut fundiert sein, zu wenig Aufmerksamkeit geschenkt haben. Genau hier haken die Politische Ökonomie und die Institutionenlehre ein.

Die institutionellen Reformvorschläge, die wir in diesem Kapitel diskutiert haben, verfolgen alle in der einen oder anderen Form das Ziel, das volkswirtschaftlich Vernünftige politisch besser durchsetzbar zu machen. Dies gilt nicht nur für die Vorschläge zur Reform der internen politischen Entscheidungsstrukturen, sondern auch für jene Überlegungen, die auf eine Delegation nationalstaatlicher Kompetenzen an überstaatliche Regelungsebenen hinauslaufen. Denn die Kriterien, nach denen Kohl und Borner in ihren beiden Studien die Zuständigkeiten zwischen den Regelungsebenen aufzuteilen vorschlagen, umfassen ja neben den rein funktionalen Effizienzgesichtspunkten ausdrücklich auch die politischen Durchsetzungschancen.

Es hat sich schnell gezeigt, dass die Diskussion über institutionelle Reformen zur Stärkung der Schweizer Wirtschaft keine einfache ist. Nicht nur gehen die Meinungen in der Sache auseinander, sondern man geht auch von ganz verschiedenen Grundvoraussetzungen aus: Während die einen sicherstellen wollen, dass der Staat bei unerwünschten Marktergebnissen Gegensteuer geben kann, wollen die anderen den Markt vor unerwünschten Staatseingriffen bewahren; während wesentliche Elemente der institutionellen Rahmenbedingungen für die einen unantastbarer Selbstzweck sind (Volksrechte, nationale Autonomie), haben sie für andere rein instrumentalen Charakter und sind strikt nach volkswirtschaftlichen bzw. gesellschaftlichen Kosten-Nutzen-Kriterien zu beurteilen.

Wir haben in diesem Kapitel die Politik, speziell die Wirtschaftspolitik, mit einem Spiel verglichen. Was die Volkswirtschaftslehre über die Funktionsbedingungen einer Wirtschaft weiss, hat bestimmte Implikationen dafür, wie dieses Spiel gespielt werden sollte. Eines der Grundprinzipien lautet, dass man überall dort, wo der Markt in den Dienst der wirtschaftlichen Effizienz und der Wohlstandsvermehrung gestellt werden kann, die Marktkräfte spielen lassen soll. Wo flankierende Massnahmen erforderlich sind, um gesellschaftliche Anliegen zu erfüllen, die nicht dem Markt allein überlassen werden können – etwa im Bereich der Umwelt-, Verteilungs- und Sozialpolitik –, ist möglichst zu vermeiden, dass solche Massnahmen die marktwirtschaftlichen Steuerungsmechanismen blockieren und damit Sand ins Getriebe der volkswirtschaftlichen Wohlstandsmaschine streuen. Gezielte Anreize und Leistungen der öffentlichen Hand können unerwünschte Marktergebnisse verbessern, ohne dass unnötige Eingriffe in die erwünschten Marktfunktionen erfolgen müssen. Die Globalisierung der Wirtschaft ändert an diesem Grundprinzip gar nichts, sondern akzentuiert im Gegenteil nur dessen Bedeutung. Denn es stehen grosse Wohlstandspotentiale auf dem Spiel, wenn begründete oder unbegründete Ängste vor den Schattenseiten der Globalisierung zu strukturkonservierenden und protektionistischen Abwehrreflexen verleiten sollten.

Wie wir oben ausgeführt haben, genügt es nicht zu wissen, wie ein Spiel gespielt werden sollte. Man muss mittels geeigneter Spielregeln auch dafür gespielt werden sollte. Man muss mittels geeigneter Spielregeln auch dafür sorgen, dass es richtig gespielt wird. Diese Einsicht hat gerade die Ökonomen vermehrt dazu gebracht, über verbesserte Spielregeln nachzudenken und institutionelle Reformen vorzuschlagen. Das Problem ist, dass es der Wissenschaft vorderhand leichter fällt zu definieren, was ein gutes Spiel ist, als was gute Spielregeln sind. Während die wesentlichen Eigenschaften eines guten wirtschaftspolitischen Ordnungsrahmens, das heisst guter Spielregeln für die Wirtschaft, ziemlich klar sind, ist weniger klar, was gute Spielregeln für die Politik sind, das heisst welche institutionellen Vorkehrungen die Politik am ehesten dazu bringen, die Qualität des Ordnungsrahmens und damit die Standortattraktivität kontinuierlich hochzuhalten. Und dazu kommt ein weiteres: Auch Änderungen der institutionellen Rahmenbedingungen sind nur durchsetzbar, wenn sich eine (u. U. qualifizierte) Mehrheit dafür erwärmen lässt. Das Setzen der Spielregeln ist gewissermassen selbst Teil des Spiels. Dies aber bedeutet, dass Regeländerungen nur möglich sind, wenn ein hinreichend breiter Konsens über den Spielzweck hergestellt werden kann, der durch die Änderungen gefördert werden soll. Der Bedarf an Überzeugungsarbeit, die seitens der Wissenschaft in bezug auf den Spielzweck noch zu leisten ist, dürfte kaum geringer sein als der Bedarf an Denk- und Forschungsarbeit in bezug auf die Gestaltung der geeigneten Spielregeln. Beides ist für die Bewältigung der aussenwirtschaftlichen Herausforderungen essentiell. Das NFP 28 war bestrebt, zu beidem einen Beitrag zu leisten.

III
Entwicklungspolitische Herausforderungen im Zeichen der Anpassungspolitik

«Wenn man auf eigenen Füssen stehen will, dann kann man nur das Geld ausgeben, das man hat, dann muss man eben mit einfachen Mitteln improvisieren. Wenn es die Weltbank und den IMF nicht gäbe, würden wir dennoch die gleichen Massnahmen ergreifen müssen, um am Ende zu überleben.»
Yoweri Museweni, Präsident von Uganda
Interview, Der Spiegel, Nr. 48, 1996, S. 160

5. Anpassungspolitik – worum geht es?

5.1 Weshalb ist Anpassungspolitik erforderlich?

Die Entwicklungs- und Schuldenkrise der 80er Jahre

Die 80er Jahre wurden für viele Entwicklungsländer als «die verlorene Dekade» bezeichnet. Vor allem Länder in Lateinamerika und Sub-Sahara Afrika gerieten zu Beginn der 80er Jahre in eine schwere Wirtschafts- und Schuldenkrise, die unter anderem zu stagnierenden oder rückläufigen Durchschnittseinkommen führte und wesentlich zur Zunahme der Armut in diesen Ländern beitrug. In vielen afrikanischen Ländern begann der wirtschaftliche Niedergang bereits in der zweiten Hälfte der 70er Jahre und ist bis heute noch nicht ganz überwunden. Tabelle 5.1. fasst diesen Bruch in der Entwicklungsdynamik zusammen.

Der markante Einbruch der wirtschaftlichen Entwicklung zu Beginn der 80er Jahre ist auch an der Entwicklung des Welthandels abzulesen. Die 70er Jahre begannen zunächst mit einer starken Ausdehnung des Welthandels, an der die Entwicklungsländer insgesamt überproportional partizipierten (Tabelle 5.2). Obwohl diese Entwicklung zum Teil auf den Rohstoffpreisboom der frühen 70er Jahre zurückzuführen war, stiegen bis 1973 auch die Exportvolumina deutlich an (Tabelle 5.3). Die erste Erdölpreiskrise 1973/74, die anschliessende Rezession in den Industrieländern und der darauf folgende Zerfall vieler Rohstoffpreise führten jedoch zu einem spürbaren Rückgang der Wachstumsraten des Welthandels in der zweiten Hälfte der 70er Jahre. Nach 1973 waren die Exportvolumina der Entwicklungsländer mit Ausnahme der Länder in Süd- und Südost-Asien, insgesamt rückläufig.

Tabelle 5.1: Wachstumsraten des Bruttoinlandsprodukts (BIP) und BIP pro Kopf

Ländergruppe	1960–70	1970–80	1980–85	1985–94
	Prozent p. a., Pro-Kopf Werte in Klammern			
Alle Entwicklungsländer	5.9 (2.4)	5.2 (3.1)	3.3 (1.3)	2.5 (0.7)
Länder mit niedrigen Einkommen	4.2 (1.8)	4.3 (2.2)	7.3 (5.4)	5.3 (3.4)
Ohne China und Indien	–	4.4 (1.9)	2.8 (0.1)	1.4 (–1.1)
Länder mit mittleren Einkommen	6.4 (3.9)	5.5 (3.6)	1.7 (–0.6)	1.5 (–0.1)
Sub-Sahara Afrika	4.1 (1.5)[1]	3.8 (1.1)	–0.7 (–3.5)	1.6 (–1.2)
Lateinamerika	5.7 (2.9)	5.4 (3.0)	1.5 (–0.7)	2.4 (0.6)
Südasien	4.2 (1.8)[2]	3.5 (1.2)	5.0 (3.2)	4.7 (2.7)
Ostasien	4.2 (1.8)[2]	6.9 (5.0)	8.0 (6.3)	8.3 (6.9)

[1]Afrika [2]Keine Unterteilung in Süd- und Ostasien
Quelle: Weltbank, Weltentwicklungsbericht, versch. Jahrgänge

Tabelle 5.2: Entwicklung des Welthandels, durchschnittliches Wachstum der Exporte p. a., laufende Preise

	1960–70	1970–75	1975–80	1980–85	1985–90
Welt	9.2	25.9	18.0	– 0.7	12.4
Marktwirtschaftliche Industrieländer	10.0	23.3	17.4	0.3	13.7
Entwicklungsländer	7.2	36.0	20.3	– 4.7	11.7
Lateinamerika	5.0	26.7	18.7	– 1.0	6.8
Nordafrika	11.5	31.1	21.5	– 8.1	5.8
Sub-Sahara Afrika	7.8	27.0	17.5	– 7.4	5.3
Westasien	9.3	58.2	18.5	–15.5	6.2
Süd- und Südost-Asien	6.7	29.6	25.2	4.7	18.1

Quelle: UNCTAD, Handbook of International Trade and Development Statistics 1993

Tabelle 5.3: Exporte, Volumenindizes, 1980 = 100

	1960	1970	1973	1980	1985	1990	1993
Welt	35	77	100	100	113	152	168
Marktwirtschaftliche Industrieländer	24	54	71	100	118	155	164
Entwicklungsländer	45	96	121	100	94	143	184
Lateinamerika	71	96	102	100	118	139	161
Nordafrika	38	166	140	100	73	103	93
Sub-Sahara Afrika	52	99	132	100	83	100	111
Westasien	46	114	149	100	52	74	88
Süd- und Südost-Asien	24	51	73	100	149	276	397

Quelle: UNCTAD, Handbook of International Trade and Development Statistics 1993

Der ausgeprägte Einbruch erfolgte dann in den frühen 80er Jahren, als der Welthandel in laufenden Preisen sogar zurückging. Weiterhin fallende Rohstoffpreise, nun auch bei den fossilen Energieträgern, der offene Ausbruch der Schuldenkrise im Jahr 1982 sowie in vielen Entwicklungsländern ein erneuter Rückgang der Exportvolumina kennzeichnen die erste Hälfte der 80er Jahre. Erst in der zweiten Hälfte der 80er Jahre erfuhr der Aussenhandel der Entwicklungsländer mengenmässig und wertmässig eine deutliche Erholung.

Diese Geschehnisse auf den Weltmärkten in den 70er und 80er Jahren reflektieren erhebliche Schwankungen der relativen Preise von Rohstoffen und Gütern der verarbeitenden Industrie sowie einen deutlichen Wandel der internationalen Produktions- und Arbeitsteilung. Tabelle 5.4 veranschaulicht anhand der Entwicklung von Weltmarktanteilen, welche Veränderungen hier eingetreten sind. Drei Tatbestände sind dabei besonders hervorzuheben. Erstens, nach dem Rohstoffpreisboom der 70er Jahre sind die Exporterlöse der marktwirtschaftlichen Industrieländer und der Entwicklungsländer wieder etwa auf die Weltmarktanteile der frühen 70er Jahre zurückgekehrt. Die Folgen des Anstiegs und Zerfalls von Rohstoffpreisen lassen sich besonders deutlich an der Region Westasien (Naher Osten) ablesen. Zweitens, die Entwicklungsregionen Lateinamerika und Afrika verlieren seit Beginn der 80er Jahre im Trend Weltmarktanteile – dies trotz der Erholung der Exporterlöse seit Mitte der 80er Jahre. Drittens, die Länder in Süd- und Südost-Asien bauen ihre Weltmarktanteile laufend aus. Seit den frühen 70er Jahren haben sich die Anteile annähernd verdreifacht. Wie Tabelle 5.3 zu entnehmen ist, haben sich die Exportvolumina dieser Region seit Beginn der 70er Jahre annähernd verachtfacht.

Hinter diesen Entwicklungen verbergen sich auch grundlegende Veränderungen der Zusammensetzung der Exporterlöse von Entwicklungsländern. Es ist zwar immer noch richtig, dass vor allem die Entwicklungsländer mit niedrigen Einkommen ihre Exporterlöse mehrheitlich mit Rohstoffen erwirtschaften, aber aggregiert über alle Entwicklungsländer ist diese Aussage seit Beginn der 90er Jahre nicht mehr zutreffend: Etwa 54% der Exporterlöse aller Entwicklungsländer entfallen auf Güter aus der verarbeitenden Industrie, und mit fast 16% lag der Anteil der Entwicklungsländer am Weltexport von Gütern der verarbeitenden Industrie im Jahr 1990 annähernd dreimal so hoch wie zu Beginn der 70er Jahre (Tabelle 5.5). Allerdings entfällt der Löwenanteil dieser Exporte auf die Länder Süd- und Südost-Asiens, bei denen der Anteil der Exporte aus der verarbeitenden Industrie im betrachteten Zeitraum auf fast 80% zugenommen hat. Gemessen mit der groben Einteilung in Exporte von Rohstoffen und Gütern der verarbeitenden Industrie weisen diese Länder im

Durchschnitt somit dieselbe Exportstruktur auf wie die marktwirtschaftlichen Industrieländer. Auch wenn die Weltmarktanteile der übrigen Entwicklungsregionen im Vergleich verschwindend klein sind, hat sich deren Exportstruktur ebenfalls markant in Richtung Güter der verarbeitenden Industrie verschoben.

Vor dem Hintergrund der realwirtschaftlichen Krise der frühen 80er Jahre ist auch die Schuldenkrise zu sehen, die im August 1982 mit der Erklärung der Zahlungsunfähigkeit Mexikos offen ausbrach. Es handelte sich somit nicht nur um eine Finanzkrise im Sinne einer Liquiditätskrise, sondern um eine Solvenzkrise: Die Wirtschaftskraft der Schuldner reichte nicht mehr aus, den Schuldendienst vollständig zu bedienen. In vielen Entwicklungsländern wur-

Tabelle 5.4: Weltmarktanteile in Prozent, Exporte, laufende Preise

	1960	1970	1975	1980	1985	1990	1992
Marktwirtschaftliche Industrieländer	65.9	70.9	65.6	62.6	66.2	71.5	72.4
Entwicklungsländer	21.9	18.4	24.5	28.7	23.6	21.6	22.7
Lateinamerika	7.7	5.5	5.2	5.5	5.4	3.9	3.6
Nordafrika	1.4	1.6	1.8	2.3	1.5	1.1	0.8
Sub-Sahara Afrika	2.8	2.4	2.3	2.4	1.7	1.2	1.0
Westasien	3.4	3.4	9.4	10.6	5.1	3.7	3.4
Süd- und Südost-Asien	6.1	4.8	5.2	7.2	9.2	11.2	13.5

Quelle: UNCTAD, Handbook of International Trade and Development Statistics 1993

Tabelle 5.5: Anteile der Exporte aus der verarbeitenden Industrie, laufende Preise

	Weltmarktanteil: Exporte aus verarb. Industrie, %			Anteil Exporte aus verarb. Industrie an Gesamtexporten, %		
	1970	1980	1990	1970	1980	1990
Welt	100	100	100	60.9	54.2	71.1
Industrieländer	84.4	82.3	79.1	72.0	70.9	78.0
Entwicklungsländer	5.5	9.7	15.9	18.5	18.5	53.9
Lateinamerika	1.0	1.5	1.7	10.6	14.7	30.8
Afrika	0.4	0.3	0.4	7.0	4.0	15.1
Westasien	0.2	0.6	0.8	4.4	3.0	19.0
Süd- und Südost-Asien	3.3	6.6	12.4	43.5	51.0	77.8

Quelle: UNCTAD, Handbook of International Trade and Development Statistics, 1993

de die realwirtschaftliche Krise, die sich in hohen und zunehmenden Staats- und Leistungsbilanzdefiziten sowie Inflation und sinkenden Raten des Wirtschaftswachstums ankündigte, allerdings über lange Jahre hinweg durch eine zunehmende Verschuldung verschleiert. Mit dem offenen Ausbruch der Schuldenkrise, der mit einer Rücknahme der Kreditlinien der Gläubiger kurzfristig eine drastische Importkompression erzwang, wurde dann aber auch in diesen Ländern die Entwicklungskrise in Form eines realwirtschaftlichen Rückgangs manifest. Wie Tabelle 5.6 veranschaulicht, ist die Schuldenkrise vor allem in den hochverschuldeten Ländern mit niedrigen Einkommen noch nicht überwunden.

Man spricht von den 80er Jahren auch als der «Dekade der Anpassung» und meint damit die Bemühungen, die Krise durch umfangreiche wirtschaftspolitische Reformprogramme zu überwinden. Dazu vereinbarte eine grosse Zahl der von der Krise betroffenen Länder mit den Bretton Woods Instituten Anpassungsprogramme, die mit Programmkrediten des Internationalen Währungsfonds (IMF) und der Weltbank sowie Krediten und Kapitalschenkungen bilateraler Geber gestützt wurden. Da im Verlauf der Jahre deutlich wurde, dass die hochverschuldeten Länder allein durch wirtschaftliche Reformen die Schuldenkrise nicht überwinden können, wurden und werden auch Schuldenerleichterungen in verschiedener Form gewährt.

Tabelle 5.6: Entwicklung wichtiger Verschuldungsindikatoren

Ländergruppe	1970[1]	1980	1988	1995[2]
Alle Entwicklungsländer				
Gesamtschulden (Mrd US$)	61.0	647.3	1333.8	2067.7
Schulden / BIP (%)		26.5	35.1	37.7
Schuldendienst / Exporterlöse (%)[3]		13.2	22.9	16.3
Zinsendienst / Exporterlöse (%)[3]		7.1	10.6	7.3
Hochverschuldete Länder mit niedrigen Einkommen				
Gesamtschulden (Mrd US$)	5.7	59.8	152.3	226.1
Schulden / BIP (%)		31.4	104.1	128.4
Schuldendienst / Exporterlöse (%)[3]		11.2	29.1	21.0
Zinsendienst / Exporterlöse (%)[3]		6.0	13.9	7.9
Hochverschuldete Länder mit mittleren Einkommen				
Gesamtschulden (Mrd US$)	22.2	234.8	478.0	637.6
Schulden / BIP (%)		32.5	55.8	39.3
Schuldendienst / Exporterlöse (%)[3]		27.6	36.1	30.8
Zinsendienst / Exporterlöse (%)[3]		14.0	20.2	15.4

[1]Nur langfristige Schulden [2]Vorläufige Schätzungen [3]Tatsächlich geleistete Zahlungen
Quelle: Weltbank, World Debt Tables 1996

Trotz Schuldenerleichterungen ist die Überwindung der Krise, das heisst die Wiedergewinnung der verlorengegangenen wirtschaftlichen Dynamik und Zahlungsfähigkeit, nach dem gegenwärtigen Kenntnisstand der Ökonomie ohne umfangreiche Reformen der Makro- und Mikropolitik nicht vorstellbar. Die Notwendigkeit und Ausgestaltung der Anpassungsprogramme ist jedoch nur verständlich, wenn man sich nochmals kurz die Ursachen der Krise in Erinnerung ruft. Drei Ursachenbündel sind dabei zu unterscheiden: Externe Ursachen, interne Ursachen und nicht-wirtschaftliche Ursachen.

Externe Krisenursachen

Die externen Krisenursachen umschreiben Veränderungen auf den Weltmärkten, die von den betroffenen Ländern nicht kontrolliert werden konnten. Eine dieser Ursachen waren verschlechterte Austauschverhältnisse («terms of trade», das heisst das Verhältnis zwischen dem Preisindex für die Exporte und dem Preisindex für die Importe), die viele Entwicklungsländer erlitten haben. In den Jahren 1973/74 und danach stellte vor allem der Anstieg der Erdölpreise die Erdöl(netto)importeure unter den Entwicklungsländern vor grosse Probleme. Bis etwa Mitte der 70er Jahre wurde diese Belastung der Leistungsbilanzen durch den Preisboom anderer Rohstoffe zumindest gedämpft. Nach 1975 setzte jedoch ein markanter Fall der Austauschverhältnisse für die Exporteure agrarischer und mineralischer (nicht-energetischer) Rohstoffe ein. Für die Exporteure fossiler Energieträger kam diese Trendwende erst nach 1980. Bis in die jüngste Vergangenheit hat diese Entwicklung keine entscheidende Veränderung erfahren. Die sinkenden Austauschverhältnisse haben zweifellos zur Verschlechterung der Leistungsbilanzen, zur zunehmenden Aussenverschuldung und zum Verlust an wirtschaftlicher Dynamik vieler Entwicklungsländer beigetragen (vgl. z. B. Cline, 1985).

Eine zweite externe Krisenursache bildete der Zinsschock zu Beginn der 80er Jahre. Im Jahr 1981 erreichte das internationale (reale) Zinsniveau die höchsten Werte der Nachkriegszeit. Dieser Schock traf vor allem jene Entwicklungsländer mit mittleren Einkommen, die bei Geschäftsbanken hohe Schulden akkumuliert hatten und deren Kreditverträge mit variablen Zinssätzen ausgestattet waren. Aber auch für die Länder mit niedrigen Einkommen, die in erster Linie bei den Regierungen der Industrieländer und den internationalen Finanzinstitutionen hoch verschuldet waren, wurden langfristige Neuausleihungen und Handelskredite teurer (vgl. z. B. Diaz-Alejandro, 1984).

Es ist unbestritten, dass diese externen Entwicklungen zum Verlust der wirtschaftlichen Dynamik beigetragen haben. Aber dies ist nur ein Teil der Krisenursachen und nach Auffassung der Mehrheit der Analytiker der kleinere Teil. Ökonometrische Untersuchungen indizieren, dass verschlechterte Austauschverhältnisse im Durchschnitt nicht mehr als 10 bis 20% der erlittenen Wachstumseinbussen erklären (vgl. z. B. Easterly und Levine, 1993). Die indirekten Wirkungen dieser Einflüsse, vor allem eine falsche Politikwahl als Reaktion auf die externen Schocks, werden weitaus wichtiger veranschlagt. Dies ist bereits ein Teil der internen Krisenursachen.

Interne Krisenursachen

Ein eindrückliches Beispiel für die Gültigkeit der Auffassung, dass die Krise der frühen 80er Jahre im wesentlichen «hausgemacht» war, liefert der verschiedentlich zitierte Ländervergleich zwischen Indonesien und Nigeria (vgl. Abbildung 5.1). Beide Länder wiesen zu Beginn der 70er Jahre einen ver-

Abbildung 5.1: Entwicklung des Durchschnittseinkommens in Indonesien und Nigeria

Index: 1973=1.0

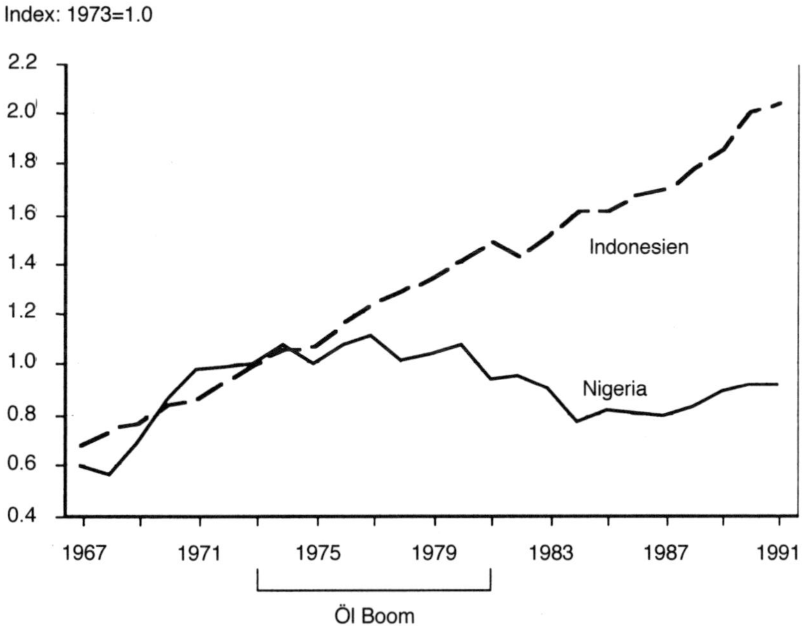

Quelle: Weltbank, 1994, S. 32

gleichbaren wirtschaftlichen Entwicklungsstand auf, und beide Länder sind grosse Erdölexporteure, deren Austauschverhältnisse nach der ersten Erdölpreiskrise markant anstiegen. Während sich Indonesiens wirtschaftliche Entwicklung über mehr als zwei Jahrzehnte hinweg insgesamt sehr günstig gestaltete, verfiel Nigeria nach einem kurzen Boom in eine bis in die jüngste Zeit andauernde Phase der wirtschaftlichen Stagnation.

Diese ausgeprägt unterschiedliche Entwicklung der beiden Länder ist wesentlich auf Unterschiede in der Wirtschaftspolitik zurückzuführen (vgl. z. B. Gillis und Dapice, 1988). Weder die Ausgangsbedingungen noch externe Einflüsse, die für beide Länder sehr ähnlich waren, können die Divergenz der Entwicklung erklären. Offenkundig ist es Indonesien recht ordentlich gelungen, die Erdölbonanza für die langfristige wirtschaftliche Entwicklung des Landes zu nutzen. Nigeria hingegen wurde Opfer einer zu expansiven Fiskal- und Geldpolitik, einer zu rigiden Wechselkurspolitik, eines sehr grossen und ineffizienten parastaatlichen Sektors und einer stark interventionistischen Mikropolitik. Während in Indonesien der Anteil der Erdölexporte an den gesamten Exporterlösen von den frühen 70er bis zu den späten 80er Jahren von ca. 50% auf 20% zurückging, stieg in Nigeria im selben Zeitraum diese Quote von 80% auf 90% (Weltbank, 1994, S. 32).

Bei der Erklärung der wirtschaftspolitischen Ursachen der Krise vieler Entwicklungsländer ist nicht nur die Makro- und Mikropolitik von Bedeutung, sondern auch die Rolle des Staates als Eigentümer von Produktionsfaktoren (Land, Produktionsanlagen) und als Produzent von Gütern und Dienstleistungen. In vielen Entwicklungsländern war die Politik in den 70er Jahren stark interventionistisch bis planwirtschaftlich und sozialistisch orientiert – in den «Economias Mixtas» lateinamerikanischer Länder ebenso wie in den Varianten des «Afrikanischen Sozialismus» oder den gemischten Wirtschaftssystemen einiger asiatischer Länder. Bis zu einem gewissen Grad war die Krise der frühen 80er Jahre somit auch eine Systemkrise, die wesentliche Parallelen mit den Krisen der sogenannten Transformationsländer aufweist. Obwohl die Systemfrage mit all ihren konstitutionellen und institutionellen Aspekten besonders von der Mikropolitik schwer zu trennen ist, stehen in den folgenden Ausführungen in erster Linie die Makro- und Mikropolitik im Vordergrund.

In vielen Entwicklungsländern hat die über Jahre hinweg verfolgte Makropolitik dazu beigetragen, dass chronische und zum Teil eskalierende Instabilitäten entstanden. Hohe Budgetdefizite und eine zu expansive Geldpolitik verursachten zwei- und dreistellige Inflationsraten. Da die Wechselkurse den Veränderungen der Austauschverhältnisse und den Inflationsdifferenzen gegenüber den Welthandelswährungen nicht oder nicht ausreichend angepasst wurden, wurden die Produzenten handelbarer Güter stark diskriminiert. Ihre Kosten stiegen mit der Inflation stark an, während die Preise für ihre Produkte mehr oder minder stagnierten oder sogar fielen. Anders ausgedrückt: Der nominale Wechselkurs wurde überbewertet, der reale Wechselkurs fiel (zur Definition handelbarer und nicht-handelbarer Güter und Dienste sowie des realen Wechselkurses vgl. Box 5.1 und Box 5.2). Als Folge gerieten die Leistungsbilanzen zunehmend ins Defizit und die Aussenverschuldung nahm zu (vgl. z. B. Dornbusch 1988).

Box 5.1

Definition handelbarer und nicht-handelbarer Güter und Dienste

Handelbare und nicht-handelbare Güter (und Dienste) werden üblicherweise durch die folgende Ungleichung erklärt:

(1) $P_x < P_w \, NWK \,/\, (1 + q) < P_{nh} < (1 + q) \, P_w \, NWK < P_m$
P_x = Preis eines exportierbaren Gutes
P_w = Preis eines Gutes auf dem Weltmarkt
NWK = Nominaler Wechselkurs
q = Aufschlag für Transaktionskosten des Aussenhandels
P_{nh} = Preis eines nicht-handelbaren Gutes
P_m = Preis eines importierbaren Gutes

Die Ungleichung ist, zunächst von links gelesen, einfach interpretierbar. Ein Gut ist dann exportierbar, wenn der Produktionspreis im Inland plus die anfallenden Kosten, das Gut «vom Produzenten auf den Weltmarkt zu bringen» (Transaktionskosten), geringer oder gleich hoch sind wie der Weltmarktpreis. Von rechts gelesen werden importierbare Güter bestimmt. Ein Gut ist dann importierbar, wenn der Weltmarktpreis plus die anfallenden Kosten, das Gut «vom Weltmarkt auf den Binnenmarkt zu bringen» (Transaktionskosten), geringer oder gleich hoch sind wie der Produktionspreis im Inland. Wenn ein Gut zwischen dieses Preisband fällt, ist es ein nicht-handelbares Gut. Es ist zu teuer, um es exportieren zu können, und es ist in der Eigenproduktion billiger, als wenn es importiert würde.

Die Transaktionskosten des Aussenhandels sind die Schlüsselgrössen, die das Preisband bestimmen. Ihre Höhe hängt einerseits von den Kosten echter wirtschaftlicher Leistungen für den Handel ab (Transportkosten, Versicherungskosten, Finanzierungskosten, Informationskosten etc.), andererseits von den Kosten, die durch staatliche Eingriffe in den Aussenhandel verursacht werden (Zollsätze, andere Abgaben, Kontingente etc.). Da die inländischen Preise mit dem nominalen Wechselkurs umgerechnet werden müssen, um den Vergleich mit den Weltmarktpreisen zu ermöglichen, erkennt man, dass letztlich vier Grössen die Handelbarkeit und Nicht-Handelbarkeit von Gütern und Diensten einer Volkswirtschaft bestimmen: Die inländischen Produktionspreise, die Weltmarktpreise, der Wechselkurs und die Transaktionskosten des Aussenhandels.

Box 5.2

Der reale Wechselkurs und seine Auswirkungen auf die Leistungsbilanz

Der reale Wechselkurs ist definiert als das Verhältnis der Preisindizes von handelbaren Gütern (Export- und Importgüter) zu nicht-handelbaren Gütern (jeweils einschliesslich Dienstleistungen):

(1) $RWK = P_h / P_n$.
P_h = Preisindex handelbarer Güter
P_{nh} = Preisindex nicht-handelbarer Güter

Um dieses Preisverhältnis zu bestimmen, müssen die Preise der handelbaren Güter mit dem nominalen Wechselkurs in die Währung des betreffenden Landes umgerechnet werden. Für die Preise der handelbaren Güter verwendet man Weltmarktpreise, zur Approximation der Preise nicht-handelbarer Güter wird das Inlandspreisniveau herangezogen. Daraus ergibt sich für den realen Wechselkurs:

(2) $RWK = NWK (P_w / P_d)$
RWK = realer Wechselkurs
NWK = nominaler Wechselkurs
P_w = Weltmarktpreisniveau
P_d = inländisches Preisniveau

Die Folgen einer Hochinflationspolitik bei einem unveränderten nominalen Wechselkurs sind an Gleichung (2) direkt ablesbar. Das Inlandspreisniveau steigt deutlich stärker an als das Weltmarktpreisniveau, und der reale Wechselkurs sinkt. Bei inflationär aufgeblähten inländischen Preisen und Kosten erhalten Exporteure für ihre Güter Weltmarktpreise zum «alten» nominalen Wechselkurs, das heisst real (bereinigt um die hohe inländische Inflation) deutlich weniger als zuvor. Ebenso ergeht es den Produzenten von Importsubstituten, die mit inflationsbedingt steigenden Kosten gegenüber den Weltmarktkonkurrenten Wettbewerbsnachteile erleiden. Diese Diskriminierung der Produzenten handelbarer Güter, die in der relativen Preisverschiebung von Gleichung (2) zum Ausdruck kommt, verschiebt die Produktion in Richtung nicht-handelbare Güter.

Dieselbe Wirkung hat eine forcierte Importsubstitutionspolitik mit hohen Zollsätzen und quantitativen Handelsbeschränkungen (Kontingente). Einerseits steigt durch den Importschutz der nominale Wechselkurs, andererseits ermöglicht der Importschutz den inländischen Unternehmen die Durchsetzung höherer Preise. Beide Mechanismen tragen zur Überbewertung der betreffenden Landeswährung bei. Auch eine Verschlechterung der Austauschverhältnisse wirkt in diese Richtung. Wenn die Exportpreise relativ zu den Importpreisen fallen, sinkt das Verhältnis P_w / P_d. Sofern Korrekturen ausbleiben, führen alle diese Prozesse früher oder später in eine Zahlungsbilanzkrise.

In diesem Zusammenhang ist auch von Bedeutung, dass die überhöhten Wechselkurse in einer ganzen Reihe von Entwicklungsländern massgeblich zur Kapitalflucht beitrugen, die ihrerseits die Aussenverschuldung verstärkte. Spätestens wenn das Leistungsbilanzdefizit eines Landes nicht mehr durch externe Quellen finanziert werden kann und die Devisenreserven sinken, nimmt sprunghaft die Erwartung zu, dass eine Abwertung unvermeidbar ist. Und spätestens dann setzt ein Schub der Kapitalflucht ein, mit dem die Wirtschaftsakteure versuchen, ihre monetären Vermögenswerte zu schützen (vgl. z. B. Nunnenkamp, 1985). Diese Ursache der Kapitalflucht ist grundsätzlich verschieden von den Praktiken jener «kleptokratischen» Eliten einiger Länder, die sich (meist öffentliche) Mittel unrechtmässig angeeignet und ins Ausland verschoben haben.

Diese Folgen der Makropolitik wurden in vielen Ländern durch eine fehlgeleitete Wirtschaftspolitik auf der mikroökonomischen Ebene verstärkt. An erster Stelle ist eine forcierte Importsubstitutionspolitik zu nennen, die teilweise über Jahrzehnte hinweg praktiziert wurde. Mit hohen Zöllen und mengenmässigen Importbeschränkungen, die man auch als Instrumente zur Begrenzung der Leistungsbilanzdefizite einsetzte, wurde vor allem die Industrie vor ausländischen Wettbewerbern geschützt. Dies ermöglichte es den Unternehmen, auf dem Binnenmarkt hohe und ständig steigende Preise durchzusetzen, die wiederum zu Inflationsdifferenzen, überhöhten Wechselkursen und weiteren Leistungsbilanzdefiziten beitrugen. In den geschützten Sektoren entstanden Unternehmen, die aufgrund mangelnden Wettbewerbs hochgradig ineffizient waren. Exportproduzenten hingegen, die auf den Weltmärkten ihre im Inland steigenden Kosten nicht einfach auf die Preise überwälzen konnten, wurden durch die Importsubstitutionspolitik massgeblich diskriminiert (vgl. z. B. Weltbank 1981; Krueger/Schiff/Valdés, 1992). Ein Rückgang der Produktion von Exportgütern und ein Ausweichen in die Produktion nicht-handelbarer Güter und Dienste waren die Folgen. In den Ländern mit niedrigen Einkommen, in denen ein grosser Teil der Exporte aus dem Agrarsektor stammt, wurde die ländliche Bevölkerung von dieser Politik besonders stark benachteiligt.

Die Diskriminierung der ländlichen Bevölkerung wurde in vielen Ländern durch die Agrarpreispolitik verstärkt. Konsumenten- und Produzentenpreise wurden künstlich niedrig gehalten und hohe Handelsmargen von staatlichen Vermarktungsgesellschaften abgeschöpft. Dieser «urban bias» (Lipton, 1977) hat dazu beigetragen, dass vor allem Länder in Sub-Sahara Afrika bei wichtigen Agrarprodukten Weltmarktanteile verloren und vielfach sogar (Netto-) Nahrungsmittelimporteure wurden (vgl. z. B. Weltbank, 1989).

Preise wurden aber auch in anderen Sektoren administriert – die Preise für Güter und Dienste ebenso wie für die Produktionsfaktoren Kapital und Arbeit. Tendenziell wurden die Preise für Endprodukte sowie die Zinssätze relativ niedrig, Minimallöhne und Löhne im Staatssektor dagegen relativ hoch administriert. Ausserdem wurden die Löhne – insbesondere in den Ländern Lateinamerikas – durch Indexmechanismen der Inflation angepasst. Lohn-Preisspiralen und eskalierende Preissteigerungsraten waren damit nicht mehr zu vermeiden. Kurzfristig waren all diese Eingriffe für die Konsumenten, die Beschäftigten und die inländischen Schuldner zwar von Vorteil, langfristig resultierten daraus jedoch verhängnisvolle Folgen für die gesamte Volkswirtschaft (vgl. z. B. Cardoso, 1989).

Unter anderem trugen diese Preiseingriffe dazu bei, dass die Produktion nicht entsprechend der Faktorausstattung der betreffenden Länder erfolgte, das heisst eher kapitalintensiv und arbeitssparend war. Unnötig hohe Arbeitslosigkeit und Unterbeschäftigung waren das Gegenstück zu künstlich überhöhten Reallöhnen. Ausserdem führten hoch administrierte Lohnkosten und niedrig administrierte Outputpreise früher oder später zwangsläufig zum Rückgang der Produktion, zur Rationierung auf formellen Märkten sowie zur Entstehung von Parallel- und Schwarzmärkten. Gleichzeitig ermöglichte die Niedrigzinspolitik den Regierungen eine günstige Verschuldung, die jedoch langfristig in eine ruinöse Inflationspolitik mündete. Unter anderem trugen die Preiseingriffe massgeblich zu den chronischen Verlusten staatlicher und parastaatlicher Unternehmen bei, die mit Staatsmitteln bzw. staatlich verbürgten Krediten gedeckt wurden – ein nicht unwesentlicher Motor hoher Staatsverschuldung, hoher Geldmengenausdehnung und Inflation.

Massive Fehlallokationen wurden auch durch direkte Mengensteuerungen des Staates verursacht, unter anderem durch die bereits angesprochenen Importkontingente, die zum Schutz der heimischen Industrie und zur Bekämpfung offener Zahlungsbilanzkrisen eingeführt wurden. Dabei richtete sich die Vergabe zeitlich befristeter Importlizenzen, und damit der Zugang zu Devisen, oft weniger an den Bedürfnissen der Wirtschaft aus als an der Fähigkeit und Bereitschaft der Importeure, einflussreiche Politiker und zuständige Behörden für die Vergabe der Lizenzen zu bezahlen («rent-seeking»; vgl. z. B. Krueger, 1974)).

Im Finanzsektor waren solche Allokationsmechanismen ebenfalls verbreitet. In vielen Ländern wurden Kredite von den Geschäftsbanken nicht nach Rentabilitätskriterien vergeben, sondern durch Vorgaben des Staates nach politischen Kriterien zugeteilt. Staatliche und parastaatliche Unternehmen wurden dabei bevorzugt behandelt, und nicht selten dienten die Kapitalzuweisungen zur Deckung der bereits angesprochenen Verluste dieser Unternehmen. Gleichzeitig wuchs die Bürokratie in diesen Ländern stark an und überzog die Wirtschaft mit einem fast undurchdringbaren Dickicht von Regulierungen, das eine umfangreiche Schattenwirtschaft entstehen liess und den Bodensatz für Klientismus, «rent-seeking» und Korruption bildete (vgl. z. B. de Soto, 1986; Kimenyi und Mbaku, 1993)).

Wie bereits angesprochen wurde, sehen praktisch alle Analytiker in dieser fehlgeleiteten Wirtschaftspolitik die weitaus wichtigeren Ursachen der Schulden- und Entwicklungskrise als in den externen Faktoren. Die Makropolitik, die Instabilitäten verursachte und nicht bekämpfte, und eine geradezu flächendeckende Interventionspolitik auf der Mikroebene, die in praktisch allen Sektoren der Wirtschaft die Märkte schwächte oder sogar ausser Kraft setzte, trugen wesentlich dazu bei, dass sich die Entwicklungsdynamik der betreffenden Länder deutlich reduzierte. Die private Wirtschaftstätigkeit ging zurück, Anreize für Produktions- und Produktivitätssteigerungen wurden geschwächt, Parallel- und Schwarzmärkte bildeten sich in grossem Umfang heraus, und die Wirtschaft verlor insgesamt an Effizienz und Dynamik. Die vorangehend in verschiedenen Tabellen zusammengefasste binnen- und aussenwirtschaftliche Krise der frühen 80er Jahre ist ohne die hier grob skizzierten wirtschaftspolitischen Fehlentwicklungen nicht erklärbar.

Nicht-wirtschaftliche Krisenursachen

Neben den externen und internen Einflüssen waren und sind auch nichtwirtschaftliche Krisenursachen in vielen Entwicklungsländern von grosser Bedeutung. Vor allem in Sub-Sahara Afrika haben politische Instabilitäten, militärische Konflikte und klimatische Schwankungen die wirtschaftliche Entwicklung massgeblich und dauerhaft beeinträchtigt. Im Jahr 1994 herrschte in 14 afrikanischen Ländern Krieg, und in weiteren 18 Ländern litt die Bevölkerung unter schweren Formen gewalttätiger Konflikte (Smith, 1994). Auch wenn verschiedene Formen politischer Instabilitäten und Konflikte von der vorangehenden Wirtschaftspolitik nicht völlig unabhängig sind, gehören die dadurch verursachten Schäden in eine andere Kategorie als die unmittelbaren Kosten einer verfehlten Wirtschaftspolitik.

Man denke beispielsweise an Länder wie Moçambique oder Uganda, in denen nach langen Bürgerkriegsjahren seit der zweiten Hälfte der 80er Jahre umfangreiche Politikreformen im Gang sind. Die Anpassungsprogramme dort können wohl die wirtschaftspolitischen Fehler der Vergangenheit korrigieren, nicht jedoch die grossen Schäden, die in den Kriegsjahren entstanden sind.

Dies gilt auch für die fundamentalen Entwicklungsdefizite dieser und anderer Länder, die unter anderem in der äusserst hohen Anfälligkeit der Landwirtschaft auf klimatische Schwankungen zum Ausdruck kommt. Hierfür sind Rehabilitations- und Entwicklungsprogramme erforderlich, die weit über die Ziele und Leistungsfähigkeit von Anpassungsprogrammen hinausreichen.

Gerade in Afrika darf somit nicht vernachlässigt werden, dass die in vielen Ländern nach wie vor andauernde wirtschaftliche Agonie wesentlich durch politische Instabilitäten und Kriege mitverursacht wurde und wird. Länder wie Angola, Burundi, Liberia, Ruanda und Sudan, um nur einige zu nennen, sind bedrückende Beispiele dafür, dass viele Menschen auch in Zukunft noch unter den Folgen des Krieges leiden werden. Neben wirtschaftspolitischen Reformprogrammen sind in solchen Ländern noch ganz andere Veränderungen erforderlich, um den Menschen den Weg zu dauerhafter wirtschaftlicher Entwicklung zu öffnen.

5.2 Ziele und Massnahmen der Anpassungspolitik

Die beiden Kernelemente der Anpassungspolitik sind aus der vorangehenden Diagnose unmittelbar abzuleiten. Es geht um die Reduktion wirtschaftlicher Instabilitäten sowie um die Beseitigung (struktureller) Ineffizienzen und Entwicklungshemmnisse, die durch eine falsch angelegte Wirtschaftspolitik verursacht wurden. Etwas vereinfacht ausgedrückt kann man sagen, dass die Stabilisierung der Makropolitik zuzuordnen ist und vorwiegend nachfragemindernd wirkt, während die Korrektur struktureller Behinderungen auf der mikroökonomischen Ebene ansetzt und vorwiegend angebotserweiternd wirkt. Die folgenden Darlegungen werden jedoch verdeutlichen, dass diese stilisierte Trennung nicht strikt durchzuhalten ist (vgl. z. B. Shams, 1990).

Das erste Bündel von Anpassungsmassnahmen, die orthodoxe Stabilitätspolitik, umfasst die Fiskal-, Geld- und Wechselkurspolitik. Wie aus der vorangehenden Diagnose abzuleiten ist, stehen die folgenden Ziele und Massnahmen im Vordergrund:

(a) Reduktion des Budgetdefizits auf längerfristig finanzierbare Grössenordnungen durch die Steigerung von Staatseinnahmen und den Abbau von Staatsausgaben. Diese Massnahmen tragen bereits wesentlich zur Inflationsreduktion und zur Entlastung der Leistungsbilanz bei.

(b) Bekämpfung der Inflation durch eine disziplinierte Geldpolitik, die sich am Wachstumspotential der betreffenden Volkswirtschaft orientiert.

(c) Abbau des Leistungsbilanzdefizits auf längerfristig finanzierbare Grössenordnungen, vor allem durch die Abwertung eines überhöhten Wechselkurses und die Einführung eines flexibleren Wechselkursregimes. Damit wird die vorangehende Diskriminierung der Exportproduzenten rückgängig gemacht und eine Umschichtung und Ausdehnung der Produktion handelbarer Güter induziert.

Entscheidend ist bei diesem Politikpaket, dass das Fehlen auch nur einer Komponente in aller Regel zum Scheitern eines Stabilitätsprogramms führt. Viele Entwicklungsländer haben in der Vergangenheit zwar Abwertungen zur Korrektur ihrer Leistungsbilanzdefizite vollzogen, aber eine mangelnde Disziplin in der Fiskal- und Geldpolitik hat anschliessend Abwertungs-Inflationsspiralen in Gang gesetzt, mit denen die Instabilitäten geradezu zementiert wurden oder sogar noch eskalierten. Solche unvollständigen Stabilitätsprogramme haben häufig mehr Schaden angerichtet als Nutzen gestiftet (vgl. z. B. Sjaastad, 1983; Corbo/de Melo/Tybout, 1984).

Das zweite Bündel von Massnahmen der Anpassungspolitik wird seit Beginn der 80er Jahre häufig als Strukturanpassungspolitik bezeichnet. Dieser Begriff wurde von der Weltbank ins Leben gerufen und verbreitet und beinhaltet die Liberalisierung und Deregulierung von Volkswirtschaften sowie die Neuordnung des öffentlichen Sektors. Bekannte Synonyme für diesen Begriff sind beispielsweise Stärkung der Marktkräfte, neoliberale Reformpolitik oder Revitalisierung.

Die Strukturanpassungspolitik betrifft viele Bereiche einer Volkswirtschaft und beinhaltet vorwiegend Massnahmen auf der Mikroebene. Die Ziele und Massnahmen der strukturellen Anpassung lassen sich wie folgt zusammenfassen:

(a) Die Preise von Gütern und Diensten sollten so gestaltet sein, dass sie möglichst gut die Knappheit reflektieren.

(b) Dazu sollte das Markt- und Preissystem von staatlichen Eingriffen, die die Marktkräfte behindern oder ausser Kraft setzen, soweit wie möglich befreit werden. Langfristig indizieren marktbestimmte Preise die Knappheit von Gütern und Diensten zuverlässiger als politisch bestimmte Preise. (Dieses Argument wendet sich nicht gegen geeignete Formen der Internalisierung externer Effekte.) Die entscheidenden Massnahmen lassen sich unter den Schlagworten Liberalisierung und Deregulierung zusammenfassen.

(c) Der Staat sollte nur jene Aufgaben an die Hand nehmen, die von der Privatwirtschaft nicht befriedigend gelöst werden können. Interventionen und Regulierungen sollten möglichst marktverträglich sein und nur dort

ansetzen, wo die Marktwirtschaft zu unerwünschten Entwicklungen führt, die sie aus eigener Kraft nicht beheben kann.
(d) Die verbleibenden Aufgaben des Staates sollten, unter anderem auch durch institutionelle Reformen, effizienter als bisher gelöst werden. Die Punkte (c) und (d) umfassen Massnahmen, die als Neuordnung des Staatssektors umschrieben werden können.

Anpassungspolitik besteht somit aus zwei Massnahmenbündeln, die gemeinsam ein Ziel anstreben: Eine möglichst hohe, stabile, dauerhafte und effiziente Entwicklungsdynamik. Unter den in vielen Entwicklungsländern nach wie vor herrschenden Verhältnissen ist dieses Ziel mit Massnahmen der Stabilitätspolitik allein nicht mehr zu erreichen. Da die Ungleichgewichte zu einem grossen Teil durch staatliche Interventionen auf den Märkten verursacht werden, kann die Makropolitik nicht zu dauerhaft tragfähigen Positionen in der Nähe von Gleichgewichten führen. Eine Korrektur der strukturellen Behinderungen auf der Mikroebene ist unumgänglich. Selbst eine entschlossene Stabilitätspolitik nützt wenig, wenn Produzenten durch staatlich geschaffene Barrieren daran gehindert werden, die Produktion von Gütern und Diensten umzuschichten und auszudehnen. In diesem Sinn ist die Strukturanpassung der verlängerte Arm der Stabilisierung.

5.3 Finanzielle und technische Hilfe für Anpassungspolitik

Die kurze Analyse der Krisenursachen und die Skizze der Anpassungspolitik deuten aber auch schon an, weshalb die Logik der Anpassungspolitik aus entwicklungspolitischer Sicht Schwierigkeiten bereitet. Auf der einen Seite diagnostizieren Analytiker eine gesamtwirtschaftliche Nachfrage, die die Produktion übersteigt und nicht mehr finanzierbare Ungleichgewichte produziert, auf der anderen Seite lebt in den betreffenden Ländern ein erheblicher Teil der Menschen an oder unterhalb der Grenze dessen, was man als menschenwürdiges Leben bezeichnen kann. Angesichts dieser bitteren Armut wird dann unter anderem empfohlen, die gesamtwirtschaftliche Nachfrage zu reduzieren, um die Ungleichgewichte zu korrigieren. Ebenso werden Korrekturen der Mikropolitik vorgeschlagen, die unter anderem auch für die Armen Belastungen mit sich bringen können. Wie soll das zusammengehen?

Der scheinbare Widerspruch löst sich auf, wenn man die gleichzeitig nachfrage- und angebotsorientierte Begründungslogik der Anpassungspolitik sowie die externe Unterstützung durch Finanzhilfe und technische Zusammenarbeit angemessen berücksichtigt. Auf der diagnostischen Seite wird nicht nur festgestellt, dass Volkswirtschaften durch eine übermässige Ausdehnung der Nachfrage «über ihre Verhältnisse gelebt haben». Die Wirtschaftspolitik, die diese Ungleichgewichte wesentlich hervorgebracht hat, hat gleichzeitig dazu geführt, dass viele Produzenten ihre Produktion reduzierten, viele Arbeitnehmer ihre Ressourcen nicht (mehr) effizient einsetzen konnten und viele Menschen den betreffenden Ländern Ressourcen entzogen haben (durch Kapitalflucht und Migration). Die Wirtschaftsakteure waren unter diesen Umständen nicht mehr bereit und in der Lage, technisches Kapital und Humankapital zu akkumulieren, und ausländische Investoren und Gläubiger waren auch nicht (mehr) bereit, zusätzliche Ressourcen bereitzustellen. Die Ungleichgewichte sind somit simultan auf der Nachfrageseite und der Produktionsseite entstanden. Unter anderem impliziert dies, dass die verfehlte Wirtschaftspolitik in den betreffenden Ländern auch einen erheblichen Teil der chronischen und in der Krisenzeit deutlich zunehmenden Armut erklärt.

Betrachtet man die therapeutische Seite, so hat die vorangehende Skizze schon angedeutet, dass die Nachfragekompression ebenfalls nur einen Teil der Anpassungspolitik darstellt. Im Zentrum der strukturellen Anpassung stehen Bemühungen, die mikroökonomischen Hindernisse, die eine Umschichtung und Ausdehnung der Produktion (vor allem in Richtung handelbarer Güter) erschweren oder verunmöglichen, so rasch und so umfangreich wie möglich abzubauen. Hier aber liegt das erste Kardinalproblem der Anpassungspolitik. Die Wirtschaftsakteure werden die Umschichtung und Ausdehnung der Produktion nur dann vornehmen, wenn sie unter anderem ein möglichst stabiles, von unhaltbaren Ungleichgewichten befreites wirtschaftliches Umfeld vorfinden. Die schmerzhafte Stabilisierung über die Nachfrageseite ist somit zumindest in gewissem Umfang eine notwendige Voraussetzung für die wachstumsfördernden Wirkungen der Anpassungspolitik.

Das zweite Kardinalproblem besteht darin, dass die Umschichtung und Ausdehnung der Produktion, selbst wenn sie gleichzeitig mit der Stabilisierung in Gang kommt, in aller Regel langsamer verläuft als die Nachfragekompression. Dies liegt in der Natur der Sache. Einerseits kann die Umstellung der Produktion auf andere Güter und Dienste sowie die Ausdehnung der Produktion nicht von einem Tag auf den anderen erfolgen, andererseits werden die Akteure so etwas erst dann tun, wenn sie Vertrauen in die Dauerhaftigkeit der neuen Politik haben. Beides benötigt Zeit, und zwar um so mehr, je mehr die strukturelle Anpassungspolitik Barrieren auf der Mikroebene beseitigen muss, die die Umschichtung und Ausdehnung der Produktion behindern.

Hält man sich diese beiden Kernprobleme der Anpassung vor Augen, wird die Rolle der Entwicklungszusammenarbeit verständlich, die solche Programme durch Finanzhilfe (Anpassungskredite und Kapitalschenkungen) und technische Hilfe unterstützt. Zum einen ermöglicht dieser externe Mittelzufluss, die Nachfragekompression geringer zu halten als dies ohne Bereitstellung von (zusätzlichen) Mitteln möglich wäre. Da Zahlungsbilanzhilfe immer auch Budgethilfe ist, gilt dies sowohl für die Aufrechterhaltung von Importen (das Leistungsbilanzdefizit wird grösser sein als ohne Hilfe) als auch für das Haushaltsdefizit des Staates (die Staatsausgaben werden höher sein als ohne Hilfe). Zum anderen stehen damit Mittel zur Verfügung, die gezielt zur Linderung von Anpassungslasten sowie zur Förderung der angestrebten Umschichtung und Ausdehnung der Produktion verwendet werden können. Voraussetzung ist natürlich, dass die Regierungen der Anpassungsländer den Mittelfluss auch tatsächlich so kanalisieren und dass die externe Unterstützung nicht dazu führt, dass die Reformbereitschaft zurückgeht.

Trotz der externen Unterstützung führt somit nichts am Tatbestand vorbei, dass in den Anpassungsländern die Wirtschaftspolitik der Vergangenheit gescheitert ist und reformiert werden muss. Die Krise der frühen 80er Jahre lässt hier keine andere Interpretation zu. «Einfach weitermachen» war und ist keine erfolgversprechende Alternative. Die Entscheidung, tiefgreifende Reformen einzuleiten, anstatt ohne dauerhaft tragfähige wirtschaftspolitische Perspektiven weiterzuwursteln, muss allerdings von den Regierungen der betreffenden Länder selbst kommen. Die Entwicklungszusammenarbeit kann diese Bemühungen dann mit geeigneten Mitteln unterstützen. Dies ist für das Verständnis der Anpassungspolitik von entscheidender Bedeutung.

5.4 Schlussfolgerungen

Die Entwicklungs- und Schuldenkrise, die zu Beginn der 80er Jahre offen auftrat, beendete die Phase relativ hoher Entwicklungsdynamik der 60er und 70er Jahre. Die Dauerhaftigkeit der wirtschaftlichen Entwicklung war jedoch schon in den 70er Jahren in vielen Entwicklungsländern zunehmend fragwürdig geworden. Viele Länder verfolgten eine an planwirtschaftliche Modelle angelehnte, stark interventionistische Wirtschaftspolitik, die Marktkräfte zunehmend ausser Kraft setzte und schmerzhafte Korrekturen buchstäblich vor sich herschob. Die externen Schocks der Weltmärkte haben nicht florierende Volkswirtschaften in die Krise gezogen, sondern lange Zeit vertuschte Krisenphänomene aufbrechen lassen. Letztlich war die Krise weitgehend hausgemacht, und es ist nicht vorstellbar, dass sie ohne eine Korrektur der Makro- und Mikropolitik zu überwinden ist. Im Grundsatz war und ist die Stabilisierung und strukturelle Anpassung dieser Volkswirtschaften eine notwendige

Voraussetzung, um die verlorengegangene Entwicklungsdynamik wiederzugewinnen. Die Entwicklungszusammenarbeit kann diese Bemühungen durch finanzielle und technische Hilfe unterstützen. Programmkredite, Kapitalschenkungen und technische Zusammenarbeit können dazu verwendet werden, die Belastungen der Anpassung zu mildern und die Reformfortschritte zu beschleunigen.

«Never forget, dear boy, that academic distinction in economics is not to be had from giving a clear account of how the world works. Keynes knew that; had he made his General Theory completely comprehensible, it would have been ignored.»
John Kenneth Galbraith, Ökonom,
Zitat aus seinem Roman
A Tenured Professor, 1990, S. 50

6. Theoretische Grundlagen der Anpassungspolitik

6.1 Neoklassische Lehre

Die vorangehend zusammengefasste Diagnose und Therapie der Anpassungspolitik basiert auf der neoklassischen Wirtschaftstheorie. Etwas vereinfacht ausgedrückt lautet das Credo dieser Denkschule, dass eine stabilitätsorientierte Makropolitik und möglichst freie Märkte eine notwendige Voraussetzung für dauerhaftes Wirtschaftswachstum sind. Daraus lassen sich die charakteristischen Elemente der Anpassungspolitik ableiten, die in jedem Anpassungsprogramm zu finden sind.
Stabilisierung:
- Wechselkurspolitik (Abwertung überhöhter Wechselkurse und Flexibilisierung des Wechselkursregimes)
- Fiskalpolitik (Budgetkonsolidierung)
- Geld und Zinspolitik (stabilitätsorientierte Geldmengenausdehnung und Leitzinsensteuerung)

Strukturanpassung:
- Liberalisierung (Abbau von Preisadministrierungen und quantitativen Eingriffen auf den Märkten für Güter, Dienste, Kapital, Arbeit und Devisen)
- Deregulierung (Abbau entwicklungshemmender staatlicher Vorschriften auf den Güter- und Faktormärkten)
- Neuordnung des öffentlichen Sektors (effizientere Bereitstellung staatlicher Leistungen und Privatisierung staatlicher Unternehmen, wenn privatwirtschaftliche Lösungen bessere Leistungen versprechen)

Obwohl diese Massnahmen weitherum bekannt sind, ist nicht unmittelbar einsichtig, weshalb die Neoklassik von Instabilitäten und marktstörenden Eingriffen des Staates einen Verlust wirtschaftlicher Entwicklungsdynamik erwartet und zur Lösung des Problems gerade diese Massnahmen empfiehlt. Ausgehend von den Instabilitäten einer Volkswirtschaft kann die theoretische Begründung dieser Massnahmen wie folgt zusammengefasst werden (vgl. z. B. Roemer, 1988).

Etwas vereinfacht ausgedrückt versuchen Produzenten und Arbeitnehmer in einer binnen- und aussenwirtschaftlich stabilen Volkswirtschaft Produktion und Produktivität durch Investitionen in Sach- und Humankapital sowie durch technischen (einschliesslich organisatorischen) Fortschritt zu steigern. In einem durch Inflation und durch ein dauerhaft untragbares aussenwirtschaftliches Ungleichgewicht gekennzeichneten Umfeld handeln die Wirtschaftsakteure jedoch anders. Arbeitnehmer und Unternehmer versuchen unter diesen Umständen, ihre Einkommen und Geldvermögen durch den Erwerb von Sachwerten, durch die Flucht in stabile Währungen sowie durch harte Verteilungsauseinandersetzungen und Einflussnahme auf politische Entscheidungen zu sichern. Diese Aktivitäten, die weder produktions- noch produktivitätssteigernd wirken, absorbieren einen erheblichen Teil der Wirtschaftskraft.

Aus solchen Verhältnissen folgt früher oder später zwangsläufig, dass die Bemühungen der Wirtschaftsakteure um Steigerungen der Produktion und Produktivität nachlassen. Weshalb sollten sich die Wirtschaftsakteure beispielsweise um die Steigerung der Produktion und Faktorproduktivität von ein paar Prozentpunkten pro Jahr bemühen, wenn zwei- bis dreistellige Inflationsraten die Einkommen und Geldvermögen gefährden? Oder weshalb sollten sie ihre Ersparnisse dem Finanzsystem im Inland zur Verfügung stellen, wenn sie befürchten müssen, dass eine in absehbarer Zukunft unvermeidbare Abwertung der eigenen Währung ihre Geldvermögen vermindern wird? Früher oder später reduzieren solche Versuche, sich vor den Folgen der Inflation zu schützen, unvermeidlich die Dynamik wirtschaftlicher Entwicklung. Anreize zur Akkumulation von physischem Kapital und Humankapital, zur effizienten Faktorallokation und zur Produktivitätssteigerung werden gemindert bzw. gestört.

Vergleichbare Auswirkungen haben marktstörende Interventionen und Regulierungen des Staates auf der Mikroebene. Die neoklassische Theorie legt dar, dass freie Märkte ein notwendiges Anreizsystem zur effizienten Allokation von Ressourcen sind. Wenn Preise die Knappheit von Gütern, Diensten und Produktionsfaktoren widerspiegeln, führt die Nutzenmaximierung der

Konsumenten und die Gewinnmaximierung der Produzenten zu einem Wohlfahrtsoptimum. In der dynamischen Betrachtung heisst dies, dass die effiziente, durch freie Preisbewegungen gesteuerte Allokation wirtschaftliches Wachstum entscheidend fördert. Daraus folgt, dass die im vorangehenden Kapitel geschilderten marktstörenden Interventionen und Regulierungen des Staates die wirtschaftliche Dynamik in vielen Entwicklungsländern massgeblich behindern. Die Beseitigung dieser Hemmnisse durch Strukturanpassungspolitik lässt erhebliche Effizienz- und Anreizgewinne und damit höhere Wachstumsraten erwarten.

Eine wichtige Rolle spielt dabei eine relativ liberale und (markt-) erfolgsorientierte Aussenwirtschaftspolitik. Eine liberale Handelspolitik sowie staatliche Anreize in Form von Markterfolgsprämien (z. B. günstige Exportkredite für erfolgreiche Exporteure) setzen die betreffenden Unternehmen dem internationalen Wettbewerb aus (vgl. z. B. Weltbank, 1993). Der Druck zu Effizienzverbesserungen sowie die Offenheit der Volkswirtschaft für Direktinvestitionen, Portfolioinvestitionen und Technologieimporte sind wichtige Beiträge zu Wachstum und Modernisierung. Diese Aspekte der Anpassungspolitik wurden bereits in Kapitel 3 ausführlicher behandelt.

Ganz entscheidend für die Entwicklungsdynamik ist die Steigerung des Humankapitals und des physischen Kapitals. Dabei spielt die technologische Ausstattung und das technologische Wissen (in der dynamischen Betrachtung: der technologische Fortschritt) eine sehr wichtige Rolle (vgl. z. B. Barro, 1991). Je rascher die Akkumulation des Humankapitals und des physischen Kapitals sowie der technologische Fortschritt voranschreiten, desto höher ist die wirtschaftliche Dynamik. Wachstumstheoretische Modelle, die diese Zusammenhänge abbilden, werden in jüngerer Zeit auch dahingehend erweitert, dass die Bedingungen für eine langfristige Erhaltung der natürlichen Ressourcen gewahrt werden (nachhaltige Entwicklung; vgl. z. B. Heal 1995; Serageldin und Steer, 1994).

Bei aller Betonung möglichst freier Märkte definiert auch die neoklassische Lehre gesellschaftliche Aufgaben, die der Staat erfüllen muss. Neben geeigneten wirtschaftlichen, institutionellen und politischen Rahmenbedingungen sind die Steigerung des Humankapitals, die Erhaltung natürlicher Ressourcen und die Bereitstellung ausreichender Infrastruktur Anforderungen, die eine Marktwirtschaft nicht ohne staatliche Eingriffe optimal bewältigen kann. Auch bei der sozialen Sicherheit, insbesondere für benachteiligte Bevölkerungsgruppen, kann der Markt nicht alle gesellschaftlich angestrebten Ziele gewährleisten. Die mangelnde Fähigkeit, solche Ziele aus eigener Kraft zu erreichen, wird als Marktversagen bezeichnet.

Marktversagen hat viel mit externen Effekten zu tun. Wenn z. B. bei der Produktion Umweltschäden anfallen, die den Unternehmen nicht als Kosten angelastet, sondern externalisiert (der Gesellschaft aufgebürdet) werden, wird das Produktionsniveau über dem gesellschaftlichen Optimum liegen. Man kann auch davon ausgehen, dass Unternehmen weniger in die Ausbildung ihrer Mitarbeiter investieren als gesellschaftlich erwünscht ist, weil die Mitarbeiter zu anderen Unternehmen wechseln können. Ebenso werden Unternehmen auch suboptimal in die Infrastruktur investieren, die von anderen Wirtschaftsakteuren genutzt werden kann. Aufgrund solcher negativer und positiver externer Effekte liegt die Verantwortung für verschiedene Bereiche der Wirtschaft in den Händen des Staates.

Die Neoklassiker sind sich jedoch einig, dass der Staat in vielen Entwicklungsländern (und ebenso in Industrieländern) bei der Korrektur von Marktversagen über das Ziel hinausgeschossen ist. Man kann ohne weiteres sagen, dass Anpassungspolitik die Korrektur von Politikversagen zum Ziel hat. Ein «kleiner», effizienter und marktverträglicher Staat wird gefordert, aber natürlich streitet man heftig über Art und Ausmass der angemessenen Eingriffe.

Entscheidend ist jedoch die Botschaft der neoklassischen Denkschule, dass der Staat zum Wohl der wirtschaftlichen Entwicklung Rahmenbedingungen schaffen sollte, die eine volle Entfaltung der Fähigkeiten und Präferenzen wirtschaftlicher Akteure ermöglichen. Gemäss der neoklassischen Lehre sind diese wirtschaftlichen Rahmenbedingungen ein stabiles Umfeld, möglichst freie Märkte und geeignete Institutionen, wie z. B. gesicherte Eigentums- und Vertragsrechte. Darüber hinaus sollte der Staat nur dort eingreifen, wo Marktversagen auch tatsächlich nachgewiesen werden kann. Interventionen sollte er dann so gestalten, dass Marktprozesse dadurch möglichst wenig beeinträchtigt werden. Dieses Credo der Neoklassik kann man ohne weiteres als übergeordnete Zielbeschreibung der Anpassungspolitik werten.

6.2 Wie funktioniert Anpassungspolitik?

Die ersten modellhaften Darstellungen der Anpassungspolitik wurden bereits Ende der 50er Jahre unter der Bezeichnung «Salter-Swan Model», «Open Economy Model» oder «Australian Model» bekannt und laufend weiterentwickelt (die Modellväter Salter und Swan waren Australier; vgl. z. B. Salter, 1959; Swan, 1960; Corden, 1977; Dornbusch, 1989). Mit unterschiedlicher Gewichtung und unterschiedlichem Detaillierungsgrad behandeln alle Modellvarianten die Korrektur binnenwirtschaftlicher und aussenwirtschaftlicher

Instabilitäten (Stabilisierung) sowie den Abbau marktstörender Interventionen des Staates (strukturelle Anpassung).

Der idealtypische Ablauf einer Anpassung wird in den folgenden Abschnitten zunächst mit komparativ-statischen Preis-Mengen-Diagrammen dargestellt. Diese Darstellung ist zwar stark vereinfachend, hat aber den Vorteil, dass die Vorgänge sehr leicht nachvollziehbar sind. Die für das «Australian Model» gebräuchliche Abhandlung mit einer Kurve der Produktionsmöglichkeiten für handelbare und nicht-handelbare Güter folgt weiter unten.

Stabilisierung

Abbildung 6.1 enthält die Nachfragefunktion N und die Angebotsfunktion A der gesamten Volkswirtschaft. Die Nachfragekurve bildet die inländische und ausländische Nachfrage nach inländischen Gütern und Diensten ab. Mit anderen Worten: N enthält nicht die inländische Nachfrage nach Importen, dafür aber die ausländische Nachfrage nach inländischen Gütern und Diensten.

Abbildung 6.1: Stilisierte Wirkung der Stabilitätspolitik auf Angebot und Nachfrage

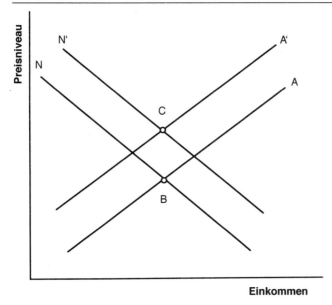

Der idealtypische Ablauf einer Anpassung beginnt bei Punkt B. Dabei wird unterstellt, dass sich hinter diesem gesamtwirtschaftlichen «Gleichgewichtspunkt» in Tat und Wahrheit mehrere Ungleichgewichte verbergen:
(a) Die Leistungsbilanz befindet sich im Defizit, das durch eine zu expansive Fiskal- und Geldpolitik, Verschlechterungen der Austauschverhältnisse, die Verfolgung einer forcierten Importsubstitutionsstrategie und einen fixierten nominalen – überhöhten – Wechselkurs zustandegekommen ist.
(b) Die Produktionsfaktoren Kapital und Arbeit sind, unter anderem bedingt durch marktstörende Interventionen des Staates, nicht vollständig ausgelastet. Das «Gleichgewichtseinkommen» liegt deutlich unter dem potentiellen Einkommen.

In stilisierter Vereinfachung ist dies der Zustand einer Volkswirtschaft vor einem Anpassungsprogramm. Als erste Phase kann man nun die Wirkungszusammenhänge der Stabilisierung durchspielen.

Die Abwertung des überhöhten Wechselkurses hat zur Folge, dass die importierten End- und Vorprodukte teurer werden. Damit verschiebt sich die Angebotsfunktion eindeutig nach oben, in Abbildung 6.1 von A nach A'. Die Wirkung der Abwertung auf die Nachfragefunktion ist hingegen theoretisch nicht eindeutig bestimmbar. Die Nachfrageänderungen hängen einerseits von den abwertungsinduzierten Umschichtungen in Richtung handelbare Güter ab, die durch die Export- und Importpreiselastizitäten der Angebotsseite erklärt werden. Andererseits wird die Nachfrage von den dämpfenden Wirkungen der Abwertung beeinflusst (geringere Realkasse, höhere Realzinsen, geringere Kaufkraft). Empirische Untersuchungen für Entwicklungsländer legen es nahe, kurzfristig bestenfalls von einer relativ geringen Rechtsverschiebung der Nachfragekurve nach N' auszugehen (Gylfason und Radetzki, 1991).

Die Verschiebung der Nachfrage wird ausserdem durch die nachfragedämpfende Wirkung der zur Stabilisierung erforderlichen Fiskal- und Geldpolitik mitbestimmt. Eine Konsolidierung des Staatsbudgets, die in der kurzen Frist Ausgabenkürzungen erzwingt, sowie eine restriktive Geldmengenpolitik wirken mit Sicherheit nachfragereduzierend. Als Folge verschiebt sich die Nachfragekurve eindeutig nach links. Beide nachfragekomprimierenden Massnahmen sind für die Erreichung der binnenwirtschaftlichen und aussenwirtschaftlichen Stabilität jedoch unabdingbar.

Das neue Gleichgewicht C nach der Abwertung und der Einführung restriktiver Fiskal- und Geldpolitik ist theoretisch somit nicht eindeutig bestimmt. Es hängt vom Umfang der Funktionsverschiebungen sowie von der Neigung der Funktionen bzw. von den Nachfrage- und Angebotselastizitäten ab. Wie bereits angesprochen wurde, ist nach den verfügbaren Kenntnissen jedoch davon auszugehen, dass der Gleichgewichtspunkt C im kurzen Zeitraum links von B oder bestenfalls über B liegt, das heisst dass die Stabilisierung zunächst nur Stagflation verursacht. Dies heisst jedoch nicht, dass sich die Handelsbilanzposition durch die Abwertung nicht signifikant verbessern würde. Aber es bedeutet, dass die angebotserweiternde Umschichtung der Produktion in Richtung handelbare Güter geringer ist als die Summe aller nachfragedämpfenden Effekte der Stabilisierung.

Der stilisierte Ablauf verdeutlicht zwei herausragende Merkmale der Stabilitätspolitik. Erstens wirkt die Stabilisierung per saldo nachfragedämpfend, und die Belastungen real sinkender Einkommen sind sehr rasch spürbar. Angebots- und einkommenssteigernde Wirkungen gehen nur von der Umschichtung der Produktion in Richtung handelbare Güter aus. Kurzfristig darf man jedoch keine grossen Umschichtungseffekte erwarten. In der Tat ist die Steigerung dieser Flexibilität bereits Teil der erst längerfristig wirkenden strukturellen Anpassung.

Zweitens konfligieren in der Anfangsphase der Anpassung die Massnahmen der Stabilitätspolitik. Die Abwertung sowie die geldpolitisch induzierte Zinssatzsteigerung wirken in der ersten Phase inflationär, wobei der Inflationseffekt um so geringer ausfällt, je rascher die angebotsseitige Umschichtung zu handelbaren Gütern erfolgt. Aber erfahrungsgemäss kann die geld- und fiskalpolitische Austerität die Inflation nur mittelfristig tatsächlich reduzieren. Der Inflationsschub muss somit in die initiale Abwertung einkalkuliert oder mit einem flexibleren Wechselkurssystem aufgefangen werden. Geschieht dies nicht, wird der reale Abwertungseffekt möglicherweise rasch zunichtegemacht, und die nächste Zahlungsbilanzkrise bahnt sich an.

Aus diesen Darlegungen ist bereits abzuleiten, dass orthodoxe Stabilitätspolitik nur dann Aussicht auf Erfolg hat, wenn sie konsequent und langfristig angewendet wird. Die Inflation und das Leistungsbilanzdefizit können nur überwunden werden, wenn die inflationäre Wirkung der Abwertung durch preisdämpfende Massnahmen der Fiskal- und Geldpolitik sowie durch die Umschichtung der Produktion möglichst gering gehalten wird. Nicht zu vernachlässigen ist dabei, dass auch die zuvor angesprochene Indexierung der Löhne aufgegeben werden muss, um den Preisauftrieb möglichst rasch zu beenden.

Selbst mit dem hier idealtypisch skizzierten Ablauf der Stabilisierung ist das Resultat der Stabilitätspolitik zunächst nicht sonderlich attraktiv. Wie bereits angesprochen, indizieren empirische Erkenntnisse für Entwicklungsländer, dass die nachfragedämpfenden Wirkungen die Produktionsausdehnung zunächst übersteigen, das heisst dass Produktion und reale Einkommen fallen.

Von wachstumsorientierter Anpassung kann somit in der Stabilisierungsphase im Regelfall keine Rede sein. Der schmerzhafte Tatbestand, dass die Belastungen sehr rasch spürbar sind, während die einkommenssteigernden Wirkungen mit zum Teil erheblichen Verzögerungen eintreten, kennzeichnet

Box 6.1

Folgen der Stabilisierung am Beispiel Boliviens

Im Projekt «*Das Strukturanpassungsprogramm (SAP) Boliviens*» des NFP 28 wurde unter anderem das Stabilisierungsprogramm analysiert, das die Behörden in sehr kurzer Zeit erfolgreich implementierten (Schiesser-Gachnang, 1993). Im Syntheseberichte Nr. 11 des NFP 28 fasst Baumer (1994) wichtige Auswirkungen des orthodoxen Programms wie folgt zusammen.

«Der Stabilisierungserfolg hatte selbstverständlich auch eine Kehrseite: Zinsanstieg und Rezession. ... Das BIP war seit 1980 jedes Jahr leicht geschrumpft und begann erst 18 Monate nach dem Stabilisierungseingriff wieder leicht zu wachsen. Besser als dieses Gesamtaggregat zeigt aber die Reallohnentwicklung, wie sich die Stabilisierung auswirkte. Zwischen Juni und September 1985 sanken die Reallöhne aller privaten Sektoren um rund 45%; nach dem Tiefpunkt im September stiegen sie bis Juni 1987 wieder auf das Niveau von 1985 an. ... Die Arbeitslosigkeit dürfte – je nach statistischen Daten – nur unwesentlich zugenommen haben. In den Städten scheint die offene Arbeitslosigkeit von 11% 1985 auf 14% 1987 angestiegen zu sein. Andere Daten zeigen unter Einschluss der «offenen Unterbeschäftigung» (Beschäftigung unter 20 Stunden wöchentlich) einen Anstieg der Arbeitslosigkeit auf 18 bis 25% der erwerbsfähigen Bevölkerung. Im öffentlichen Bereich sank die Zahl der Beschäftigten zwischen 1985 und 1987 um 13.5% oder um 33'137 Personen. Einzig die Lehrer wurden nach Ausbildungsabschluss automatisch auf die Lohnlisten gesetzt. Im staatlichen Minensektor (COMIBOL) wurden von 52'000 Beschäftigten 25'000 entlassen» (Baumer, 1994, S. 8).

«Alles in allem lässt sich sagen, dass einerseits die Krise vor dem SAP eher mehr geschadet hat als der SAP-Eingriff, und zweitens, dass das SAP je nach Bereich und Bevölkerungsgruppe unterschiedliche Wirkungen erzielte. Der überragende Stabilitätserfolg an der Inflationsfront hat insgesamt gesehen jedenfalls das Ende der sozio-ökonomischen Verschlechterung durch die chaotischen Zustände vor 1985 bewirkt. Eher bescheiden blieb bislang die aus dem SAP erhoffte neue Wachstumsdynamik; allerdings ist es diesbezüglich für ein Urteil zu früh, handelt es sich doch um einen längerfristigen Prozess. ... Das SAP hat also seine Wirkung kurzfristig erreicht, mit Auszeichnung sogar. Es sei denn, man erwarte von ihm mit Priorität den Übergang eines Landes auf einen nachhaltig wirksamen Wachstumsprozess. Dieser hat sich bislang noch nicht im gewünschten Masse eingestellt. Andererseits ist unverkennbar, dass institutionelle und ordnungspolitische Veränderungen einmaligen Ausmasses vorgenommen wurden, die eine wichtige Voraussetzung für die Modernisierung Boliviens darstellen» (Baumer, 1994, S. 18).

jedoch nicht nur die Stabilitätspolitik. Wie die nachstehenden Erläuterungen illustrieren, zieht er sich wie ein roter Faden durch die gesamte Anpassungspolitik (vgl. auch Box 6.1).

Strukturelle Anpassung

Die Wachstumsimpulse der Anpassungspolitik werden in erster Linie von der strukturellen Anpassung geliefert. Hat man schon bei der Stabilitätspolitik Mühe, den Ablauf der Anpassung mit einfachen Preis-Mengen-Diagrammen adäquat darzustellen, stösst die komparativ-statische Gesamtbetrachtung bei der strukturellen Anpassung endgültig an ihre Grenzen. Dennoch sind die längerfristigen und komplexen Wirkungszusammenhänge der strukturellen Anpassung in Abbildung 6.2 stark vereinfachend und wiederum idealtypisch dargestellt.

Abbildung 6.2: Stilisierte Wirkung der strukturellen Anpassung auf Angebot und Nachfrage

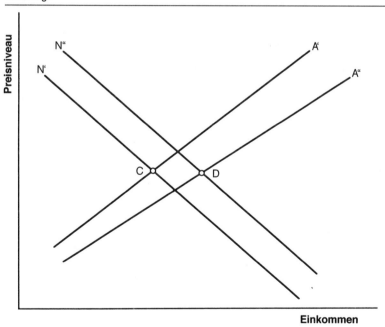

Die Liberalisierung und Deregulierung der Wirtschaft lässt erwarten, dass sich die Angebotselastizität erhöht und dadurch das Angebot ausdehnt. Ebenso ist zu erwarten, dass die effizientere Allokation von Ressourcen, die Privatisierung staatlicher Unternehmen und eine höhere Investitionstätigkeit (angeregt durch die verbesserten makro- und mikroökonomischen Rahmenbedingungen) die gesamtwirtschaftliche Produktion und das Einkommen steigern. Als Folge davon wird die gesamtwirtschaftliche Angebotskurve flacher (elastischer), und die Angebots- und Nachfragefunktionen verschieben sich nach rechts. Der Schnittpunkt D von A" und N" markiert eine solche neue Gleichgewichtsposition aufgrund anpassungsinduzierter Ausdehnung von Produktion und Einkommen.

Bei diesen Überlegungen ist zu berücksichtigen, dass die Liberalisierung nicht ohne Preiseffekte bleiben wird, die in der stilisierten Abbildung 6.2 nicht

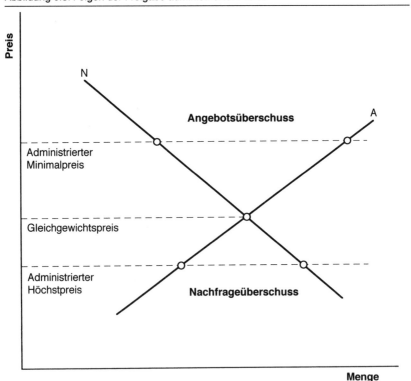

Abbildung 6.3: Folgen der Freigabe administrierter Preise

zum Ausdruck kommen. Abbildung 6.3 veranschaulicht, welche Wirkungen von der Freigabe administrierter Preise zu erwarten sind. Dabei repräsentiert der administrierte Höchstpreis die Fixierung unterhalb des Gleichgewichtspreises, wie sie bei vielen Verbrauchsgütern und Dienstleistungen üblich war und ist (z. B. Nahrungsmittel, Energie, Transport, Telekommunikation), aber auch bei Zinssätzen oder Wechselkursen.

Bei Gütern und Diensten führt die Freigabe niedrig administrierter Preise zu einer gleichzeitigen Preis- und Produktionssteigerung. Mit anderen Worten, in diesen Fällen gehen mit der Liberalisierung unvermeidbare Preisschübe einher, die reale Kaufkraftverluste verursachen – obwohl Produktion und Nachfrage zunehmen. Allerdings werden die Nachfrager nun nicht mehr rationiert, das heisst Nachfrageüberschüsse sowie Parallel- oder Schwarzmärkte verschwinden. Die tatsächlichen Kaufkraftverluste sind somit deutlich geringer zu veranschlagen, als der Vergleich von administrierten und freien Preisen signalisiert: Zu den niedrig administrierten Preisen waren die Güter und Dienste häufig gar nicht zu bekommen, und auf den Schwarz- oder Parallelmärkten lagen die Preise wesentlich höher. Dennoch werden die Nachfrager die Preissteigerungen erfahrungsgemäss als erhebliche Belastung interpretieren.

Bei der Freigabe niedrig administrierter Zinssätze gilt sinngemäss dasselbe. Ersparnisse und Investitionen nehmen zu, Investoren werden nicht mehr rationiert (realistisch gesehen: zumindest nicht mehr im selben Umfang), aber der Preis für das Kapital steigt.

Im zweiten Fall, bei einer Minimalpreisfixierung oberhalb des Gleichgewichtspreises, führt die Preisfreigabe zu einer Preisreduktion. Dieser Mechanismus wirkt beispielsweise bei der Aufhebung administrierter Minimallöhne. Als Folge der Liberalisierung resultieren in diesen Fällen Lohnsenkungen und eine höhere Arbeitsnachfrage. Die Zweischneidigkeit dieser Wirkung ist offenkundig. Der Reduktion von Löhnen, die häufig ohnehin kaum oder nicht zum Überleben ausreichen, steht bei möglicherweise inelastischer Nachfrage nach Arbeitskräften eine nur geringe Ausdehnung der Arbeitsnachfrage gegenüber. Vor allem in der kurzen Frist kann es geschehen, dass dadurch die Lohnquote fällt (Anteil der Löhne und Gehälter am gesamten BIP).

Mit diesen kurzen Ausführungen über Preiseffekte der Liberalisierung sollte an dieser Stelle nur ein wichtiger Tatbestand nochmals betont werden: Die in Abbildung 6.2 dargestellte Wirkung der Strukturanpassung reflektiert den langfristigen Nettoeffekt erfolgreicher Reformen. Der Prozess der strukturellen Anpassung ist wesentlich komplexer als dies in der Abbildung zum Ausdruck kommt, und er weist temporär gegenläufige, das heisst kurzfristig kontraktive Kräfte auf, die möglicherweise erst nach längerer Zeit durch expansive Kräfte überwunden werden. Die Liberalisierung und Deregulierung einer Volkswirtschaft sowie die Neuordnung des öffentlichen Sektors führen im Zeitablauf somit zu temporären Zielkonflikten, die – wie im Fall der Stabilisierung – nur überwunden werden können, wenn die Politik konsequent und langfristig durchgeführt wird.

Darstellung der Anpassung mit dem «Australian Model»

Das «Australian Model» teilt die Volkswirtschaft in zwei Sektoren ein: In den Sektor handelbarer Güter (einschliesslich Dienstleistungen) und den Sek-

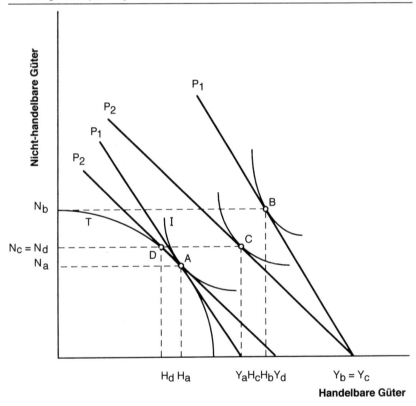

Abbildung 6.4: Anpassung im «Australian Model»

tor nicht-handelbarer Güter (Abbildung 6.4 vgl. z. B. Gillis/Perkins/Roemer/Snodgrass, 1992, S. 579 ff). Die Produktionsmöglichkeitskurve (oder Transformationskurve) T beschreibt alle Kombinationsmöglichkeiten, in denen diese beiden Güterkategorien mit den in der Volkswirtschaft verfügbaren Ressourcen hergestellt werden können. Der konkave Verlauf der Transformationskurve ist einfach zu interpretieren. Je mehr Güter einer Kategorie hergestellt werden, desto grösser ist der Verlust an Gütern der anderen Kategorie, wenn die Produktion der ersteren noch weiter ausgedehnt wird. Da für die beiden Güterkategorien die Produktionsfaktoren in unterschiedlichem Umfang benötigt werden, kommt im konkaven Verlauf der T-Kurve das bekannte Gesetz abnehmender Grenzerträge zum Ausdruck. Dies ist die Angebotsseite des Modells.

Auf der Nachfrageseite veranschaulicht die Indifferenzkurve I für ein gegebenes Nutzenniveau, gegenüber welchen Kombinationen von handelbaren und nicht-handelbaren Gütern die Gesellschaft indifferent ist. Die Indifferenzkurve verläuft konvex und bringt damit die begrenzte Substituierbarkeit der beiden Güterkategorien zum Ausdruck. Je mehr die Konsumenten von einer Güterkategorie bereits konsumieren, desto mehr muss man ihnen von dieser Güterart anbieten, damit sie bereit sind, auf die andere Güterart zu verzichten. In dieser Substitutionsbeziehung kommt das bekannte Gesetz des abnehmenden Grenznutzens zum Ausdruck.

Beim Punkt A ist die Volkswirtschaft im binnenwirtschaftlichen und aussenwirtschaftlichen Gleichgewicht. Die Kombinationsmenge handelbarer (H_a) und nichthandelbarer Güter (N_a) schöpft die verfügbaren Ressourcen voll aus und liegt gleichzeitig auf der höchsten Indifferenzkurve (Nutzenniveau), die erreicht werden kann. Die Gerade P_1 ist die Budgetgerade, die alle Kombinationen der beiden Gütergruppen abbildet, die mit dem verfügbaren Einkommen nachgefragt werden können. Gleichzeitig wird durch die Budgetgerade das Preisverhältnis der beiden Güterkategorien abgebildet.

Ein für Anpassungsländer typisches Ungleichgewicht wird in Abbildung 6.4 mit dem Punkt B dargestellt. Dabei wird angenommen, dass die Budgetgerade, finanziert durch Kredite und Geldmengenausdehnung, nach aussen verschoben wurde. Der Punkt B befindet sich somit auf einer Indifferenzkurve, die weit ausserhalb der Produktionsmöglichkeiten der Volkswirtschaft liegt. Anders ausgedrückt heisst dies, dass die gesamtwirtschaftliche Nachfrage grösser ist als das binnenwirtschaftliche Angebot.

Das Ungleichgewicht besteht für beide betrachteten Güterkategorien. Da mehr handelbare Güter nachgefragt (H_b) als produziert (H_a) werden, weist die Volkswirtschaft ein Handelsbilanzdefizit auf; und da die Nachfrage nach nicht-handelbaren Gütern (N_b) grösser ist als das Angebot (N_a), resultiert daraus Inflation. Diese Preissteigerungen verändern das relative Preisverhältnis der handelbaren zu den nicht-handelbaren Gütern. Die Preisgerade P_1 rotiert nach unten, das heisst, die nicht-handelbaren Güter werden teurer, und es stellt sich ein neues (Un-) Gleichgewicht bei Punkt C ein. Diese Steigerung der Preise nicht-handelbarer Güter gegenüber den handelbaren Gütern ist nichts anderes als die in Kapitel 1 erklärte Überbewertung des Wechselkurses (der reale Wechselkurs fällt). Im Vergleich zum Punkt B werden bei C relativ mehr handelbare als nicht-handelbare Güter nachgefragt.

Die Produzenten reagieren ebenfalls auf diese relative Preisänderung. Da es nun relativ profitabler ist, nicht-handelbare Güter herzustellen, dehnen sie deren Produktion aus und bewegen sich auf der Transformationskurve von A nach D. Obwohl damit das Ungleichgewicht auf dem Binnenmarkt beseitigt ist (die nachgefragte Menge nicht-handelbarer Güter N_c entspricht dem Angebot N_d), bleibt das Handelsbilanzdefizit bestehen. Im Gegensatz zu dieser statischen Darstellung werden in der Wirklichkeit die Preissteigerungen der nicht-handelbaren Güter durch verschiedene Mechanismen weitergehen. Dies ist, «in a nutshell», der stilisierte Krisenablauf, der in Kapitel 5 geschildert wurde.

Die Anpassungspolitik bewirkt nun zweierlei Änderungen. Erstens sorgt die fiskalische und geldpolitische Austerität dafür, dass die Übernachfrage reduziert und damit die Budgetgerade P_2 nach links in Richtung Transformationskurve verschoben wird. Zweitens verursacht die Abwertung gleichzeitig eine Drehung der Budgetgerade von P_2 nach P_1, das heisst das alte Preisverhältnis der handelbaren zu den nicht-handelbaren Gütern (realer Wechselkurs) wird wieder hergestellt. Als Folge davon befindet sich die Volkswirtschaft am Ende wieder am Punkt A, dem ursprünglichen Gleichgewicht.

Der volle Gehalt des «Australian Model» wird jedoch erst dann verständlich, wenn man beispielhaft durchspielt, welche Folgen eine Anpassung hätte, die sich ausschliesslich auf die fiskalische und geldpolitische Austerität verlassen würde. Die Relevanz dieses auf den ersten Blick vielleicht merkwürdig anmutenden Beispiels ist nicht von der Hand zu weisen. Im Kern geht es ja darum, eine nicht mehr finanzierbare gesamtwirtschaftliche Übernachfrage zu korrigieren, und dies kann man natürlich auch ohne Abwertung erreichen. In Abbildung 6.5 werden die Folgen dieser Strategie dargestellt.

Um das aussenwirtschaftliche Gleichgewicht zu erreichen, müsste die Budgetgerade durch eine entsprechende Reduktion der gesamtwirtschaftlichen Nachfrage vom Punkt C zum Punkt E nach links verschoben werden. Bei E gilt wiederum, dass die Produktion und Nachfrage handelbarer Güter identisch sind ($H_d = H_e$). Das Handelsbilanzdefizit ist auch ohne Korrektur der relativen Preisverhältnisse, das heisst ohne Abwertung beseitigt.

Der Punkt E weist jedoch gegenüber A einen gravierenden Nachteil auf: Die Nachfrage nach nicht-handelbaren Gütern (N_e) ist deutlich geringer als die Menge, die produziert wird (N_d). Dies ist eine direkte Folge des Anpassungsprozesses, der ausschliesslich über die Kompression der Nachfrage erfolgt. Um das aussenwirtschaftliche Gleichgewicht ohne Abwertung (Veränderung der relativen Preise) zu erreichen, muss die gesamtwirtschaftliche Nachfrage so stark reduziert werden, dass ein erheblicher Teil der technischen Kapazitäten und Arbeitskräfte nicht ausgelastet wird. Mit anderen Worten: Die Volkswirtschaft befindet sich in einem Gleichgewicht unterhalb der Produktionsmöglichkeitsgrenze und es herrscht Arbeitslosigkeit.

Um die Vollauslastung der Ressourcen herzustellen, muss die Vokswirtschaft wieder auf die Transformationskurve zurückfinden, ohne damit das aus-

Abbildung 6.5: Anpassung nur über Fiskal- und Geldpolitik

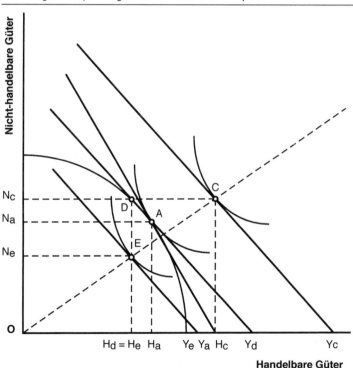

senwirtschaftliche Gleichgewicht zu verlieren. Dies kann nur gelingen, wenn die Budget- bzw. Preisgerade nach oben rotiert, das heisst zum ursprünglichen relativen Preisverhältnis der handelbaren und nicht-handelbaren Güter zurückkehrt.

Grundsätzlich gibt es dafür zwei Möglichkeiten. Erstens kann das Überangebot an nicht-handelbaren Gütern ($N_c > N_e$) dazu führen, dass die Preise nicht-handelbarer Güter sinken. Damit steigt das relative Preisverhältnis der handelbaren zu den nicht-handelbaren Gütern und die Produktion handelbarer Güter wird ausgedehnt. Als Folge rotiert die Preis- bzw. Budgetgerade nach oben und bewegt sich gleichzeitig nach rechts. Am Ende befindet sich die Volkswirtschaft wieder am Punkt A. Der einzige Unterschied gegenüber dem zuvor dargestellten Anpassungsprozess besteht darin, dass der reale Wechselkurs nicht durch eine Abwertung des nominalen Wechselkurses korrigiert wurde, sondern durch fallende Preise der nicht-handelbaren Güter.

Die Wahrscheinlichkeit, dass dieser Fall eintreten wird, ist jedoch praktisch Null. In aller Regel, und besonders in Entwicklungsländern, sind die Preise nicht-handelbarer Güter nach unten rigide – aufgrund mangelnden Wettbewerbs und anderer struktureller Einflussfaktoren. Deshalb ist die zweite Lösung, die Korrektur der relativen Preise durch eine Abwertung, im Grunde die einzige Möglichkeit, die Preisverhältnisse zu korrigieren. Angesichts der Nachteile der ausschliesslich fiskal- und geldpolitisch instrumentierten Anpassung ist es somit wesentlich klüger, von Beginn an die Abwertung als Instrument der Anpassung miteinzubeziehen.

Diese zentrale Botschaft ist äusserst wichtig. Wenn eine Volkswirtschaft ein nicht mehr finanzierbares binnen- und aussenwirtschaftliches Ungleichgewicht aufweist, kommt es um eine schmerzhafte Kompression der gesamtwirtschaftlichen Nachfrage nicht herum. Um ein neues Gleichgewicht zu finden, wird die Nachfragedämpfung jedoch um so grösser und schmerzhafter ausfallen, je weniger die Anpassung über eine Umschichtung von Produktion und Ausgaben erfolgt. Die Schlussfolgerung ist somit absolut eindeutig: Da es mit der Annahme der Nicht-Finanzierbarkeit des Ungleichgewichts keine dritte Alternative gibt, ist die orthodoxe Anpassungspolitik der beste Weg zur Beseitigung des Ungleichgewichts.

Nun mag man einwenden, dass dies vielleicht unter den vereinfachenden Annahmen des «Australian Model» gelten mag, aber in der Wirklichkeit die Dinge anders liegen. Wie kann man beispielsweise ein Modell ernst nehmen, das einen Anpassungsprozess mit Vollbeschäftigungszustand beschreibt, wo doch hinlänglich bekannt ist, dass in den krisengeplagten Entwicklungsländern offene Arbeitslosigkeit und Unterbeschäftigung herrschen, die im Zuge der Anpassung zunächst sogar noch zunehmen? In Abschnitt 6.2 wurde ja bereits realistisch angenommen, dass Anpassungsländer ihre Kapazitäten an technischem Kapital und Humankapital nicht voll auslasten. Unter Berücksichtigung dieses Tatbestands verliert die orthodoxe Theorie der Anpassung jedoch nicht an analytischer und präskriptiver Relevanz, sondern gewinnt sogar noch an Überzeugungskraft. Dies hat wesentlich mit den Anliegen der strukturellen Anpassung zu tun, die in der vorangehenden Standardabhandlung des «Australian Model» nicht berücksichtigt wurde.

Zunächst ist es völlig zutreffend, dass das «Australian Model» einen Anpassungsvorgang unter fast idealen Annahmen beschreibt, die in der Realität meist nicht gegeben sind. Diese Annahmen betreffen in erster Linie die Flexibilität der Preise und den Wettbewerbsgrad der Märkte. Wie in Kapitel 9 noch näher erläutert wird, hat beispielsweise die strukturalistische Schule eine ganze Reihe solcher idealisierter Annahmen (richtigerweise) attackiert. Die Ergebnisse strukturalistischer Modelle verdeutlichen auch, dass verschiedene Anpassungsmassnahmen unter anderen Annahmen zu anderen Folgen führen. Zur Debatte steht also nicht die logische Stringenz der orthodoxen Anpassung, sondern die Gültigkeit ihrer Annahmen (vgl. z. B. Taylor, 1988).

Die Grenze zwischen den Annahmen der neoklassischen Denkschule und der Strukturalisten ist jedoch fliessend. So wurde etwa in den vorangehenden Ausführungen über die Veränderung relativer Preise realistischerweise angenommen, dass die Preise nicht-handelbarer Güter nach unten rigide sind. In der streng idealisierten neoklassischen Theorie, wie sie beispielsweise in den einfachsten Darstellungen der ersten Kapitel einführender Lehrbücher präsentiert wird, würde man hingegen durchwegs flexible Preise unterstellen. Auch in Kapitel 8 wird unter anderem dargelegt, dass und wie sogenannte neoklassische Modelle Rigiditäten unterstellen, die auch die Strukturalisten diagnostizieren. Kurzum: Die neoklassische Theorie bemüht sich ebenso um realitätsgerechte deskriptive Modelle wie andere Denkschulen auch.

Noch wichtiger sind jedoch die präskriptiven Schlussfolgerungen der Neoklassik, die aus der Diagnose ernsthafter Marktunvollkommenheiten abgeleitet werden. Die Sache ist im Prinzip geradezu trivial. Wenn in einer Volkswirtschaft inflexible Preise und andere Marktstörungen diagnostiziert werden, die die Anpassung behindern, dann empfiehlt die Neoklassik, diese Hindernisse zu beseitigen. Dies ist das Kernanliegen der strukturellen Anpassung.

Für das «Australian Model» hat dies unter anderem folgende Konsequenzen: Es ist ohne weiteres denkbar, dass sich die Produktionsseite einer Volkswirtschaft nicht auf, sondern unterhalb der Produktionsmöglichkeitsgrenze befindet. In Abbildung 6.6 wird dies durch den Punkt F dargestellt. Dieser

Tatbestand kann mehrere Gründe haben. In Kapitel 5 wurde bereits erörtert, dass makroökonomische Instabilitäten sowie ungeeignete staatliche Interventionen auf der Mikroebene dazu führen können, dass die verfügbaren Produktionsfaktoren nicht vollständig ausgelastet werden. Diese Unterauslastung der Ressourcen Kapital und Arbeit sowie ein gleichzeitiges binnen- und aussenwirtschaftliches Ungleichgewicht (die gesamtwirtschaftliche Nachfrage liegt bei Punkt C) sind im «Australian Model» somit problemlos darstellbar.

Es ist auch sofort einsichtig, dass sich am makroökonomischen Anpassungsprozess unter diesen Bedingungen überhaupt nichts ändert. Die Bewegung und Drehung der Budgetgerade P_2 in Richtung des Punktes A auf der Transformationskurve kann nur über die orthodoxe Stabilitätspolitik erfolgen.

Abbildung 6.6: Anpassung bei Unterauslastung der Kapazitäten

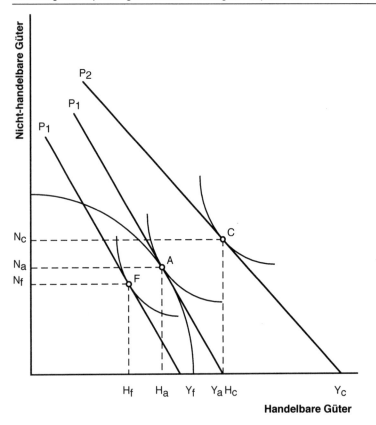

Auf der Angebotsseite muss jedoch eine Bewegung von Punkt F nach A in Gang gebracht werden, um das binnen- und aussenwirtschaftliche Ungleichgewicht zu beseitigen und gleichzeitig die Vollauslastung der Produktionsfaktoren zu gewährleisten.

Unter der Annahme rigider Preise und anderer Marktstörungen wird dies jedoch nicht geschehen. Erst die strukturelle Anpassung, das heisst die Liberalisierung und Deregulierung der Wirtschaft sowie die Neuordnung des Staatssektors, wird es ermöglichen, dass sich das Produktionssystem von F in Richtung A bewegt. Unterbleiben diese Reformen auf der Mikroebene, wird die Volkswirtschaft zwar ein Gleichgewicht bei F (oder in dessen Nähe) finden können, aber es ist ausgeschlossen, dass sich das Produktionssystem entscheidend in Richtung des Punktes A auf der Transformationskurve bewegen wird.

Diese Überlegungen gelten auch für die Bewegung des Produktionssystems auf der Transformationskurve. Im stilisierten Idealfall der Anpassung (Abbildung 6.4) wurde ja angenommen, dass sich – gleichzeitig mit der Linksverschiebung und Drehung der Budgetgeraden – das Produktionssystem auf der Transformationskurve von D nach A bewegt. Dies bedeutet nichts anderes, als dass die Umschichtung der Produktion in Richtung handelbare Güter simultan mit dem Nachfragerückgang und der Ausgabenumschichtung erfolgt. Zuvor wurde jedoch schon betont, dass man in den meisten Anpassungsländern diese Flexibilität nicht erwarten darf. Der Rückgang der Produktion von nicht-handelbaren Gütern kann nicht gleichsam verzögerungslos durch eine Ausdehnung der Produktion handelbarer Güter kompensiert werden. Als Folge davon wird das Produktionssystem unter die Transformationskurve fallen und sich erst nach unbestimmter Zeit dem Punkt A annähern können. Realistisch gesehen sind solche Anpassungslasten unvermeidbar.

Erneut wird die Bedeutung der strukturellen Anpassung sofort sichtbar. Die Lasten der Makroanpassung werden in Umfang und Dauer um so geringer ausfallen, je konsequenter und rascher die Barrieren abgebaut werden, die die Umschichtung und Ausdehnung der Produktion auf der Mikroebene behindern. Auch diese Schlussfolgerung geht aus der Analyse mit dem «Australian Model» eindeutig hervor.

Inkonsequente Anpassungspolitik und externe Programmhilfe

Wenn der gesamtwirtschaftliche Nutzen einer Politik erst langfristig anfällt, und kurzfristig für Teile der Gesellschaft Belastungen entstehen, ist diese Politik schwer durchzusetzen. Diese triviale, in ihren Konsequenzen aber sehr wichtige Feststellung trifft auch für die Anpassungspolitik zu. Dabei ist hervorzuheben, dass die Opposition gegen anfänglich belastende Reformen selbst dann zu erwarten ist, wenn alle Mitglieder der Gesellschaft einsehen, dass die gesamtwirtschaftlichen Einkommensverluste ohne Reform noch grösser wären. Dies ist auf die teilweise temporären, teilweise dauerhaften Verteilungseffekte der Anpassungspolitik zurückzuführen. Während bei einigen Bevölkerungsgruppen temporäre oder dauerhafte Einkommensverluste entstehen, realisieren andere – mit unterschiedlicher Verzögerung – Einkommensgewinne.

Aus dieser facettenreichen Thematik werden in den folgenden Ausführungen zunächst nur zwei Aspekte angesprochen: Die Abweichung von einer konsequenten Anpassungspolitik, um bestimmte Anpassungslasten zu vermeiden, und die Rolle externer Programmhilfe zur Milderung der Anpassungslasten. In späteren Kapiteln werden verschiedene Verteilungseffekte und die politische Dimension der Anpassungspolitik detaillierter behandelt.

Auslöser und Wirkungen inkonsequenter Anpassungspolitik lassen sich zunächst am Beispiel der Stabilitätspolitik veranschaulichen. Bei der vorangehenden Diskussion des idealtypischen Ablaufs der Stabilisierung wurde implizit unterstellt, dass durch die abwertungsinduzierte Inflation in der Anfangsphase die Realeinkommen sinken können. Darüber hinaus wurde explizit angenommen, dass die Fiskal- und Geldpolitik sehr diszipliniert gehandhabt wird. In vielen Ländern ist jedoch davon auszugehen, dass gut organisierte Arbeitnehmerverbände bzw. institutionelle Mechanismen (Lohnindexierung) dafür sorgen, dass die Nominallöhne mit einer gewissen Verzögerung der Inflation (vollständig oder teilweise) angepasst werden. Ausserdem besteht die Gefahr, dass Regierungen unter politischem Druck die Budgetkonsolidierung nicht konsequent verfolgen und ihrerseits Druck auf die Zentralbank ausüben, mit expansiver Geldpolitik diese Vorgänge zu akkomodieren.

Die Folge solch inkonsequenter Reformpolitik besteht in einem zusätzlichen Inflationsschub, der durch die Nominallohnanpassung und die unzureichende Nachfragekompression auf staatlicher Seite verursacht wird. Dies wiederum führt dazu, dass der initiale Abwertungseffekt reduziert oder sogar überkompensiert wird. Im Vergleich zur konsequenten Politikeinhaltung wird die Konsolidierung der Leistungsbilanz deutlich geringer ausfallen oder sogar völlig zunichte gemacht. Die Volkswirtschaft wird weder das binnenwirtschaftliche noch das aussenwirtschaftliche Gleichgewicht erreichen. In der grafischen Darstellung des «Australian Model» bedeutet dies, dass die Budgetgerade nicht an den Gleichgewichtspunkt A herangeführt werden kann (Punkt G in Abbildung 6.7).

Entschliessen sich die Behörden aus diesem Grund zu einer erneuten Abwertung und behalten sie die expansive Fiskal- und Geldpolitik nach wie vor bei, wird die Volkswirtschaft unvermeidlich in eine Abwertungs-Inflationsspirale geraten, die das Leistungsbilanzdefizit nicht kurieren kann. Aufgrund der andauernden Instabilitäten wird früher oder später ein Rückgang der Produktion und Einkommen eintreten, der – in der grafischen Abbildung des «Australian Model» – die Volkswirtschaft unter die Transformationskurve drückt (Punkt H in Abbildung 6.7). Dadurch nimmt der Anpassungsbedarf nochmals zu, da ein internes und externes Gleichgewicht die Rückführung der Nachfrage auf den Punkt H erfordern würde. Dies illustriert nochmals die zuvor getroffene Feststellung, dass Stabilitätspolitik nur dann erfolgreich ist, wenn alle drei Komponenten – Wechselkurs-, Fiskal- und Geldpolitik – konsequent eingehalten werden.

Abbildung 6.7: Folgen inkonsequenter Anpassungspolitik

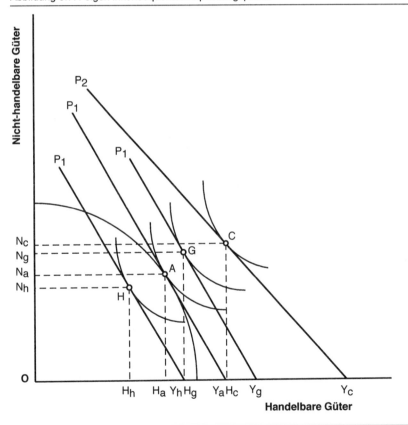

Ähnliche Überlegungen kann man auch für die strukturelle Anpassung anstellen. In nicht wenigen Anpassungsländern war und ist zu beobachten, dass die Stabilisierung zwar einigermassen oder sogar gut gelang bzw. voranschreitet, die strukturelle Anpassung jedoch nur bruchstückhaft implementiert wurde bzw. langsam vorankommt. Wie bei der Stabilitätspolitik ist dies in der Regel auf opponierende Gruppeninteressen zurückzuführen, die durch die Liberalisierung und Deregulierung der Wirtschaft sowie durch die Neuordnung des Staatssektors (temporär oder dauerhaft) Einkommensverluste hinnehmen müssen. Die Folgen einer bruchstückhaften bzw. verschleppten strukturellen Anpassung sind ebenfalls mit der Abbildung 6.7 zu veranschaulichen: Die Volkswirtschaft fällt im Zuge der Umschichtung der Produktion unter die Transformationskurve und / oder verbleibt in einer Situation der Unterauslastung der verfügbaren Ressourcen (z. B. Punkt H). Je länger die strukturellen Reformen hinausgezögert oder verwässert werden, desto länger halten die daraus resultierenden Lasten an (vgl. auch Box 6.2).

Box 6.2

**Unvollständige Anpassung ohne Produktionssteigerung:
Das Beispiel Madagaskar**

Im Projekt «*Stratégie de développement et ajustement structurel*» des NFP 28, das sich mit den beiden Ländern Madagaskar und Tansania befasste, wurde unter anderem die Bedeutung angebotsseitig wirksamer Anpassungen betont, die eine Ausdehnung der Produktion ermöglichen. Nach Einschätzung der Weltbank gelangen den Behörden Madagaskars in den 80er Jahren nur «kleine Verbesserungen» der Makropolitik (Weltbank, 1994, S. 261). Expansive Impulse, auch durch Reformen der Mikropolitik, blieben weitgehend aus. In der Synthese Nr. 2 des NFP 28 halten Blardone und Caviezel (1992) unter anderem folgendes fest.

«Au Madagascar, de 1980 à 1990, les PAS (Programmes d'Ajustement Structurel) ont privilégié une politique de freinage de la demande (action sur la demande) pour réduire le déséquilibre clef de l'économie malgache, celui qui sépare la demande intérieure de la production intérieure. Etant donné les résultats obtenus, il est grand temps de chercher à rétablir l'équilibre demande / production en développant, en priorité, la production, puisque le pays dispose de ressources matérielles et humaines. ... Il s'agit de développer toutes les productions: celles destinées au marché intérieur et celles pour l'exportation avec des produits nouveaux et plus élaborés ... Si, grâce au dynamisme de toutes les branches de production (anciennes et nouvelles), l'écart demande > production se réduit, les autres déséquilibres qu'il induit s'estomperont et redevriendront supportables, notamments l'endettement extérieur et le service de la dette, tandis que les conditions de vie de la population recommenceront à s'améliorer» (Blardonne und Caviezel, 1992), S. 14).

Die Partialinteressen, durch die die Anpassungspolitik behindert werden kann, sind sehr vielfältig. Zunächst ist offenkundig, dass erfolgreiche Anpassung einen temporären Rückgang der Reallöhne bedingt. Ein Absinken des Reallohnniveaus ist aufgrund der Abwertung, der Liberalisierung (Freigabe von Preisen und Löhnen) und der Konsolidierung des Staatshaushalts (unter anderem Subventionsstreichungen) zu erwarten. Ausserdem werden der Abbau der staatlichen Bürokratie sowie die Sanierung und Privatisierung staatlicher und parastaatlicher Unternehmen unvermeidbar eine Zunahme der offenen Arbeitslosigkeit zur Folge haben. Darüber hinaus werden Arbeitsplätze und Unternehmensgewinne überall dort gefährdet sein, wo durch Massnahmen der Liberalisierung und Deregulierung Schutzmauern und Privilegien abgebaut werden. Diese beispielhafte Liste ist bei weitem nicht vollständig.

Ob und mit welcher Konsequenz eine Implementation der Reformpolitik gelingt, ist somit wesentlich eine Frage der politischen Durchsetzungsfähigkeit. Obwohl diese Thematik erst in Kapitel 9 behandelt wird, kann an dieser Stelle bereits dargestellt werden, wie externe Programmhilfe in Form konzessionärer (Anpassungs-) Kredite, Kapitalschenkungen und technischer Hilfe dazu beitragen kann, die Chancen der Durchsetzbarkeit zu erhöhen.

Im Kern zielt die externe Programmhilfe darauf ab, Anpassungslasten zu mildern, ohne den politisch realisierbaren Reformfortschritt zu gefährden. Die Unterstützung kann sogar dazu beitragen, die Reformbereitschaft einer Regierung und der gesamten Bevölkerung zu erhöhen. Auch dieses Thema, das um die Konditionalität der Hilfe und den damit verbundenen Politikdialog kreist, wird später noch ausführlicher behandelt.

Die idealtypische Wirkung der Programmhilfe lässt sich, wiederum in grob zusammenfassender Form, mit Abbildung 6.8 veranschaulichen. Insgesamt führt die Bereitstellung externer Programmhilfe im Prozess der Anpassung dazu, dass die Nachfrage und die Produktion (und somit das Einkommen) höher sind als ohne Hilfe. Dies kommt in der grafischen Abbildung des «Australian Model» dadurch zum Ausdruck, dass die Transformationskurve, die Budgetgerade und der Produktionspunkt weiter rechts und oben liegen als im Fall ohne externe Unterstützung.

Der Grund für diese verbesserte Situation ist unmittelbar einsichtig. Mit der Bereitstellung von Devisen in Form konzessionärer Kredite und Schenkungen wird zunächst die Konsolidierung der Leistungsbilanz erleichtert. Konkret: Eine geringere Abwertung und ein höheres Importniveau werden ermöglicht, ohne deswegen notwendigerweise die Anreize zur Steigerung der Produktion handelbarer Güter signifikant zu gefährden. Mit dem höheren Importniveau (Punkt J) können unter anderem mehr Kapitalgüter und Vorprodukte importiert werden, die insgesamt ein höheres Produktionsniveau und höhere Realeinkommen erlauben. Damit verschiebt sich die Transformationskurve nach aussen und der Produktionspunkt von A nach I.

Da die Finanzhilfe in Devisen automatisch staatliche Gegenwertmittel in lokaler Währung generiert, kann der Staat eine höhere Nachfrage realisieren, ohne damit die Inflation anzuheizen. Mit anderen Worten: Die Zahlungsbilanzhilfe ist immer auch Budgethilfe, das heisst, die Konsolidierung des Staatshaushalts wird ebenso erleichtert wie die Konsolidierung der Leistungsbilanz. Da der Staat die Mittel konsumtiv und investiv einsetzen kann, werden sowohl die Nachfrage als auch die Produktion höher liegen als ohne die Hilfe. Realeinkommensverluste können gedämpft und die Umschichtung und Ausdehnung der Produktion können beschleunigt werden.

Abbildung 6.8: Anpassung mit externer Programmhilfe

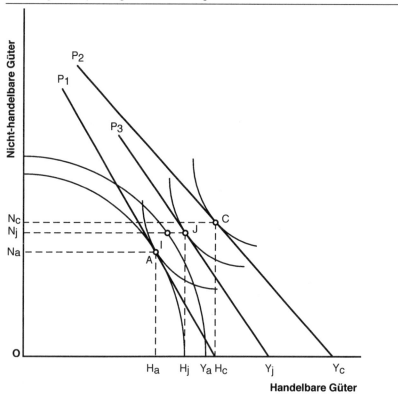

Wiederum ist zu betonen, dass diese Darlegungen nur eine grobe Zusammenfassung der idealtypischen Wirkungen externer Programmhilfe darstellen. Dennoch sollte damit schon deutlich werden, dass die Programmhilfe Anpassungslasten dämpfen kann, ohne deswegen zwangsläufig die Anpassungsbereitschaft zu reduzieren. Obwohl die bereitgestellten Mittel den Druck zur Konsolidierung von Leistungsbilanz- und Staatsdefiziten entschärfen, wird eine kluge Verwendung der Hilfe die Umschichtung und Ausdehnung der Produktion beschleunigen.

6.3 Schlussfolgerungen

Die theoretischen Grundlagen der Anpassungspolitik basieren praktisch ausschliesslich auf der neoklassischen Lehre. Obwohl sich die Theorie und die Politikempfehlungen im idealtypischen Ablauf stringent präsentieren, haben die vorangehenden Erörterungen an verschiedenen Stellen bereits angedeutet, dass die in den einfachsten Modellabhandlungen der Makroanpassung zugrunde liegenden Annahmen, und damit auch die Politikempfehlungen, angreifbar sind. Die Diskussion hat jedoch auch gezeigt, dass «fortgeschrittene» neoklassische Analysen durchaus auf realitätsgerechteren Annahmen basieren. Ausserdem beinhalten die Empfehlungen der strukturellen Anpassung die Korrektur genau jener Marktstörungen, die durch stark vereinfachende Annahmen in der Theorie der Makroanpassung gleichsam ausgeblendet werden.

Die herausragende Botschaft der theoretischen Diskussion ist jedoch, dass es nach dem gegenwärtigen Stand der Kenntnisse keine grundlegende Alternative zur neoklassisch fundierten Anpassungspolitik gibt. Wenn eine Volkswirtschaft eine nicht mehr finanzierbare (Über-) Nachfrage nach handelbaren und nicht-handelbaren Gütern aufweist, ist die orthodoxe Makroanpassung mit fiskal-, geld- und wechselkurspolitischen Massnahmen die beste von zwei theoretisch denkbaren Lösungen. Der Verzicht auf die Korrektur der Wechselkurspolitik würde die Anpassungslasten eindeutig erhöhen. Sofern Marktstörungen und Rigiditäten auf der Mikroebene den Prozess der Umschichtung der Produktion behindern, ist die strukturelle Anpassung unabdingbar. Dies gilt auch und insbesondere für den (realistischen) Fall, dass die Produktionsfaktoren Kapital und Arbeit systematisch unterausgelastet sind.

Gleichzeitig wird mit den soweit geführten theoretischen Erörterungen auch deutlich, dass der Zufluss externer Mittel in Form von Programmhilfe Anpassungslasten erleichtern und den Anpassungsprozess beschleunigen kann. Es ist nicht zwingend, dass die Bereitstellung externer Hilfe die politisch realisierbare Anpassung verzögert oder verwässert.

«The only way to lift the curse of underdevelopment is by creating the conditions for rapid productivity growth and by letting benefits spill over to all of society.»
Domingo Cavallo, ehemaliger Wirtschaftsminister Argentiniens, Keynote Address, Annual World Bank Conference on Development Economics 1995, S. 21 f

7. Anpassung und gesamtwirtschaftliche Entwicklung

7.1 Vorgehensweisen zur Beurteilung von Anpassungsprogrammen

Die Analyse der Wirkungen von Anpassungsprogrammen wirft überaus schwierige methodische Probleme auf. Im Kern geht es um die Beantwortung von zwei Fragen:

(a) Welche wirtschaftlichen Entwicklungen sind dem Anpassungsprogramm zuzuschreiben (möglicherweise einzelnen Instrumenten) und welche Entwicklungen resultieren aus anderen Einflussfaktoren?

(b) Was wäre geschehen, wenn das betreffende Anpassungsprogramm nicht implementiert worden wäre?

Leider wurden und werden in der Anpassungsdebatte viele Schlussfolgerungen vorgebracht, die diesen schwierigen Fragestellungen nicht einmal annähernd Rechnung tragen. Zuweilen werden in oberflächlichen Analysen so ziemlich alle bedauernswerten Zustände und Entwicklungsprozesse in Anpassungsländern den jeweiligen Reformprogrammen zugeschrieben. Dabei wird noch nicht einmal berücksichtigt, welche verheerenden wirtschaftlichen Zustände in den meisten Ländern vor der Programmimplementation herrschten, und wie lange diese Krisen nachwirken können. Umgekehrt führen andere oberflächliche Analysen alle erkennbaren Verbesserungen auf die Anpassungsprogramme zurück, und unerwünschte Entwicklungen und Fehlschläge werden kurzerhand unter mangelndem politischen Willen abgebucht.

Die Wahl der Vorgehensweise zur Beurteilung von Anpassungsprogrammen hängt stark davon ab, ob die Analyse zu allgemein gültigen Ergebnissen oder zu Schlussfolgerungen für ein einzelnes Land führen soll. Um zu allgemein gültigen Aussagen zu gelangen, sollten in die Analyse natürlich möglichst viele Länder einbezogen werden. Hierzu bieten sich vor allem quantitative Querschnittsuntersuchungen an. Für eine deutlich geringere Anzahl von Ländern können auch vergleichende Analysen durchgeführt werden. Dabei ist zu beachten, dass Ergebnisse aus Querschnittsuntersuchungen nicht unbesehen auf ein einzelnes Land übertragen werden können und aus Einzellandanalysen nicht allgemein gültige Schlussfolgerungen gezogen werden dürfen. Diese trivial anmutenden Regeln werden leider immer wieder verletzt.

Üblicherweise können in Querschnittsuntersuchungen weitaus weniger Details berücksichtigt werden als in Einzellandanalysen. In der Regel setzt die Verfügbarkeit von Daten die Grenzen. Vergleichende Analysen und Einzelllanduntersuchungen mit «weichen» Methoden und Indikatoren erlauben wesentlich detailliertere Betrachtungen und Schlussfolgerungen. Allerdings reduziert sich damit die Breite der empirischen Analyse und die Allgemeingültigkeit der Schlussfolgerungen. Ausserdem stehen dann auch nicht mehr die statistischen Testverfahren zur Verfügung, die doch ein erhebliches Mass an empirischer Sicherheit und intersubjektiver Überprüfbarkeit gewährleisten.

Es gibt somit keine ideale Vorgehensweise zur Analyse von Anpassungsprogrammen, das heisst, jeder Ansatz hat Stärken und Schwächen. Die Auswahl der Vorgehensweise muss sich deshalb in erster Linie am Ziel der Untersuchung orientieren. Wie bereits betont wurde, besteht das Ziel der vorliegenden Arbeit darin, ein möglichst breit abgestütztes und allgemein gültiges Bild über die Erfolge der Anpassungsprogramme zu zeichnen, die mit den Bretton Woods Instituten vereinbart wurden. Aus diesem Grund stützen sich die empirischen Erörterungen in erster Linie auf Querschnittsuntersuchungen. Vergleichende Untersuchungen werden dort herangezogen, wo der erforderliche Detailgrad mit Querschnittsanalysen nicht mehr erreicht werden kann.

An verschiedenen Stellen in den folgenden Abschnitten und Kapiteln werden auch Detailbetrachtungen angeführt, die sich auf einzelne Länder beziehen. Diese Darstellungen dürfen jedoch nur als Beispiele zur Veranschaulichung bestimmter Sachverhalte betrachtet werden. Sie haben keinerlei empirische Beweiskraft, die über den jeweiligen Länderfall hinausgehen würde. Wer die Realität der Anpassungspolitik und die Literatur kennt, weiss, dass es für alles ein Beispiel gibt. Damit besteht natürlich die grosse Gefahr, dass man zum Beleg einer Hypothese, die man für allgemein gültig ansieht, nur jene Beispiele heranzieht, die «passen». Die Einzellandanalyse kann die Gesamtschau der Querschnittsuntersuchung ergänzen, aber nicht ersetzen.

Die in diesem und den nachfolgenden Kapiteln diskutierten Querschnittsuntersuchungen kann man grob in zwei Kategorien einteilen. Die erste Kategorie versucht, möglichst genau die Gesamtwirkung der Anpassungsprogramme gegenüber anderen Einflussgrössen abzugrenzen. Die Wirkung einzelner Massnahmen wird bei dieser auf die Gesamtwirkung orientierten Analyse jedoch nicht sichtbar. Diese Vorgehensweise wurde in der empirischen Forschung vor allem in der zweiten Hälfte der 80er Jahre und in den frühen 90er Jahren eingeschlagen. Unter anderem hat dies zur Folge, dass sich diese Studien nur auf die Entwicklung in den 80er Jahren beziehen. Da international vergleichende Statistiken erst mit zwei bis drei Jahren Verspätung zur Verfügung stehen, reichen die Analysezeiträume nicht über 1990 hinaus. Die frühesten Studien über die sozialen Wirkungen der Anpassungsprogramme, die in Kapitel 8 diskutiert werden, können zuweilen nur auf Vorgänge in den Krisenjahren und in der frühen Anpassungsphase 1980–85 eingehen. Die Ergebnisse dieser Studien müssen somit als Zwischenbilanzen interpretiert werden, die in den empirischen Details noch kein abschliessendes Urteil erlauben.

Die zweite Kategorie von Untersuchungen geht grundsätzlich anders vor. Anstatt sich nur auf die Folgen der Wirtschaftspolitik in Ländern mit Anpassungsprogrammen zu konzentrieren, untersucht man mit grösseren Stichproben und über längere Zeiträume hinweg, welche Länder in welchem Umfang jene Massnahmen verfolgt und erreicht haben, die die Anpassungspolitik empfiehlt, und welche Folgen dies auf die gesamtwirtschaftliche Entwicklung hat («growth regressions»). Dies ist gegenüber der erstgenannten Vorgehensweise ein grosser Vorteil, da man dort im Detail nicht erkennen kann, welche Massnahmen tatsächlich ergriffen wurden. Der Nachteil besteht natürlich darin, dass man sich nicht so präzis auf die Länder konzentriert, die in den 80er Jahren mit den Bretton-Woods-Instituten Anpassungsprogramme vereinbart haben.

Bei den Studien der ersten Kategorie ist auf zwei Punkte hinzuweisen, die für eine korrekte Interpretation der Daten und Untersuchungsergebnisse von Bedeutung sind. Der erste betrifft die Unterteilung der Stichproben in Länder mit und ohne Anpassungsprogramm, der zweite betrifft die Abgrenzung programmexterner und programminterner Wirkungszusammenhänge.

Die Unterteilung der Stichproben in Länder mit und ohne Anpassungsprogramm bedeutet, dass mit Querschnittsuntersuchungen nur die Frage beantwortet wird, ob sich Länder mit Anpassungsprogramm signifikant anders entwickelt haben als Länder ohne Anpassungsprogramm. In ökonometrischen Schätzgleichungen heisst dies, dass eine binäre Dummy-Variable beschreibt, ob ein Land mit den Bretton-Woods-Instituten ein Programm vereinbart hat oder nicht. Die im Programm vorgesehenen Massnahmen werden jedoch nicht im einzelnen modelliert, und – wie schon zuvor betont wurde – auch nicht die tatsächlich implementierten Massnahmen der Anpassungspolitik. Ob und in welchem Umfang mit einzelnen Instrumenten angestrebte Einzelziele erreicht wurden, kann somit nicht beantwortet werden. Es wird nur die Wirkung des gesamten Programms überprüft, was immer dies auch tatsächlich an Politikreformen beinhaltet.

Bislang ist es noch nicht zur vollen Zufriedenheit gelungen, die Auswirkungen eines Anpassungsprogramms auf die wirtschaftliche Entwicklung von anderen Einflussgrössen zu unterscheiden. Dabei sind nicht nur verzögerte und simultane programmexterne Einflussgrössen zu berücksichtigen. Im Grunde muss die beobachtete Entwicklung mit dem Reformprogramm einer unbekannten Entwicklung mit unbekannter Wirtschaftspolitik gegenübergestellt werden. Die Näherung an ein solches «counterfactual scenario» ist sehr schwierig (vergl. z. B. Corbo und Rojas, 1992, S. 28 ff.).

Die einfachste Vorgehensweise zur Überprüfung der Auswirkungen von Anpassungsprogrammen besteht in einem Vergleich der Zielvariablen vor und nach der Implementation der Programme. Die daraus resultierenden Schätzungen und Schlussfolgerungen sind jedoch mit Sicherheit verzerrt, wenn programmexterne Grössen, die die Zielvariablen ebenfalls beeinflussen, in der Stichprobe stark variieren. So können beispielsweise unterschiedliche Ausgangsbedingungen sowie Veränderungen der Weltmarktnachfrage die Wachstumsraten verschiedener Volkswirtschaften sehr unterschiedlich beeinflussen. Der einfache Vorher-Nachher-Vergleich würde diese Wirkungszusammenhänge irrtümlich den Anpassungsprogrammen zuschreiben.

Zumindest teilweise kann dieses Problem durch die Berücksichtigung einer Kontrollgruppe gelöst werden. Aus der Entwicklung von Ländern, die keine Anpassungsprogramme implementiert haben, wird abgeleitet, welche Entwicklung in den Ländern mit Programmen eingetreten wäre, wenn man eben diese Programme nicht implementiert hätte. Dabei wird jedoch nach wie vor unterstellt, dass erstens alle Länder denselben externen Einflussgrössen ausgesetzt sind, zweitens diese Grössen dieselbe Wirkung haben und drittens vor Programmbeginn dieselbe Ausgangslage herrschte. Auch bei dieser Vorgehensweise ist mit verzerrten Parametern zu rechnen.

Ein modifizierter Kontrollgruppenansatz versucht diese Schwächen dadurch zu beseitigen, dass die Ausgangsbedingungen sowie die exogenen Einflussgrössen explizit in die Schätzgleichungen aufgenommen werden. Dabei versucht man gleichzeitig zu berücksichtigen, dass verschiedene Länder mit ihrer Wirtschaftspolitik unterschiedlich auf bestimmte Krisensymptome reagieren. Dieses Problem ist äusserst delikat. In der Kontrollgruppe (ohne Anpassungsprogramme) befinden sich ja zwei grundsätzlich verschiedene Arten von Ländern:

(a) Länder, die zwar angepasst haben, aber kein Anpassungprogramm mit den Bretton Woods Instituten vereinbart haben, unter anderem weil sie auf den privaten Kapitalmärkten kreditwürdig waren;

(b) Länder, die zwar ein Anpassungsprogramm nötig gehabt hätten, aber ein solches Programm weder aus eigener Kraft noch mit Unterstützung der Bretton Woods Institute implementiert haben.

Die Kunst der empirischen Forschung besteht darin, für die Berücksichtigung dieser unterschiedlichen Neigungen zu wirtschaftspolitischen Korrekturen geeignete Instrumentvariablen zu finden. Diese Aufgabe ist bisher noch nicht völlig befriedigend gelöst worden, das heisst gegen alle bislang vorliegenden Querschnittsschätzungen lassen sich diesbezüglich Einwände erheben. Allerdings betreffen die Vorbehalte nicht die Kernaussagen der empirischen Forschung, sondern nur die quantitative Ausprägung der Ergebnisse. Summers und Pritchett ist zuzustimmen, dass die quantitative Bestimmung der Programmeffekte «schwierig, wenn nicht gar unmöglich» ist (Summers und Pritchett, 1993, S. 384). Alternative Schätzungen belegen jedoch, dass die drei zuvor genannten Schätzansätze – einfacher Vorher-Nachher-Vergleich, Kontrollgruppenansatz und modifizierter Kontrollgruppenansatz – dieselben signifikanten Wirkungszusammenhänge nachweisen. Nur die Parameterwerte variieren.

Der Vergleich der Schätzansätze belegt, dass einfache Vorher-Nachher-Vergleiche dazu tendieren, die Programmeffekte zu unterschätzen. Aus diesem Grund werden im vorliegenden Kapitel, das sich mit der Entwicklung der wirtschaftlichen Aggregatgrössen befasst, nur Ergebnisse aus Schätzungen mit modifiziertem Kontrollgruppenansatz diskutiert. Für das dann folgende Kapitel 8, das den Auswirkungen der Anpassungsprogramme auf die Lebensbedingungen der Menschen gewidmet ist, stehen solche äusserst anspruchsvollen Untersuchungen leider nicht zur Verfügung. Vor allem aus Gründen mangelnder Datenverfügbarkeit sind dort oft nur einfache Vergleiche verschiedener Ländergruppen möglich.

7.2 Entwicklung wirtschaftlicher Aggregatgrössen

«Adjustment lending works.» So kurz und bündig fassen Summers und Pritchett (1993, S. 384) ihre Schlussfolgerungen über den Erfolg von Anpassungsprogrammen zusammen. In den folgenden Abschnitten wird anhand ökonometrischer Querschnittsuntersuchungen dargestellt, ob und inwiefern diese zusammenfassende Aussage zutrifft. Aus Gründen der Datenverfügbarkeit sind diese methodisch anspruchsvollen Untersuchungen über die gesamtwirtschaftlichen Wirkungen der Anpassungsprogramme jedoch auf die Analyse wichtiger wirtschaftlicher Aggregatgrössen beschränkt: das Bruttoinlandprodukt (BIP), Ersparnisse und Investitionen sowie die Exporte.

Wachstum des Bruttoinlandprodukts

Geht man vom Hauptziel der Anpassungspolitik aus, der Wiedergewinnung wirtschaftlicher Dynamik, so bietet sich zunächst die Analyse der Wachstumsentwicklung an. Die derzeit verfügbaren Querschnittsuntersuchungen weisen einen statistisch signifikanten Einfluss der Programme auf das Wachstum nach. Tabelle 7.1 fasst die Ergebnisse aus zwei Untersuchungen für die sogenannten «frühen Anpassungsländer» (mindestens zwei implementierte Programme bis Mitte der 80er Jahre) zusammen.

Beide Analysen verwenden den zuvor erläuterten modifizierten Kontrollgruppenansatz. Dabei ist hervorzuheben, dass die zweite Studie (der Weltbank) unter anderem den Zufluss externer Finanzmittel als Kontrollvariable verwendet. Damit wird ausgeschlossen, dass die expansive Wirkung externer Finanzflüsse, die höhere Importe und Staatsausgaben ermöglichen, irrtümlich den realen Anpassungsprozessen zugeschlagen wird. Die Ländergruppe «mit Implementationskorrektur» schliesst jene Länder aus, die ihre Programme für mehr als drei Jahre unterbrochen haben; für die verbleibenden Länder gibt eine Intensitätsvariable in der Schätzung an, zu welchem Prozentsatz die vereinbarte Konditionalität der Programme eingehalten wurde.

Die Schätzungen illustrieren, dass im Durchschnitt aller frühen Anpassungsländer und im Vergleich zur Dekade 1970–80 die jährlichen BIP-Wachstumsraten im Zeitraum 1985–88 bzw. 1986–90 um 1.6 bis 2.5 Prozentpunkte höher lagen als sie ohne Anpassungsprogramme gewesen wären. Dieser Effekt ist durchgehend statistisch signifikant und im Umfang nicht vernachlässigbar.

Auffallend sind jedoch die starken Abweichungen zwischen den Ländern mit mittlerem und mit niedrigem Einkommen. Die Schätzergebnisse indizieren, dass die Anpassungsprogramme hinsichtlich ihrer Wachstumswirkung in der erstgenannten Ländergruppe deutlich erfolgreicher waren. Da die Länder mit niedrigem Einkommen (ohne China und Indien) Bevölkerungswachstumsraten in der Grössenordnung von 2.6% p. a. aufweisen, ist die Differenz der Pro-Kopf-Wachstumseffekte gegenüber den Ländern mit mittlerem Einkommen (Bevölkerungswachstum 1.8% p.a.) noch deutlich grösser.

Die Tatsache, dass in vielen Anpassungsländern die Durchschnittseinkommen nach wie vor stagnieren oder sogar rückläufig sind, ist vermutlich der wichtigste Grund dafür, dass verschiedene Beobachter von den Wachstumseffekten der Anpassung bislang enttäuscht sind. Sieht man einmal von unrealistischen Erwartungen ab, wird in oberflächlichen Analysen häufig vernachlässigt, dass in vielen Ländern vor den Reformen hohe negative Veränderungsraten der Pro-Kopf-Einkommen zu verzeichnen waren. Die relativen Fortschritte, die gegenüber der Ausgangslage nicht unerheblich sind, kommen in einfachen Momentaufnahmen und Vorher-Nachher-Vergleichen nicht zum Ausdruck.

Ausserdem ist zu berücksichtigen, dass Anpassungsprogramme mit sehr unterschiedlicher Konsequenz implementiert und durchgehalten wurden. Die in Tabelle 7.1 erkennbaren Unterschiede zwischen der Gruppe der frühen Anpassungsländer insgesamt und der Gruppe der konsequenteren Anpassungsländer (mit Implementationskorrektur) sind erheblich. Die wesentlichen Gründe liegen auf der Hand. Wie zuvor dargelegt wurde, ist innere und äus-

Tabelle 7.1: Wirkung der Anpassung auf die jährlichen Veränderungsraten des BIP

Ländergruppe 1985–88 (%-Punkte)	Veränderung des jährlichen BIP-Wachstums	
	gegenüber 1981–84	gegenüber 1971–80
Corbo und Rojas (1992): Frühe Anpassungsländer (FA)	2.0**	1.6**
	Veränderung des jährlichen BIP-Wachstums 1986–90 (%-Punkte)	
		gegenüber 1971–80
Weltbank (1992):		
Frühe Anpassungsländer (FA)		2.5**
Mit Implementationskorrektur		3.5**
FA, mittlere Einkommen		3.6**
Mit Implementationskorrektur		4.2**
FA, niedrige Einkommen		1.8**
Mit Implementationskorrektur		2.4**
FA, Sub-Sahara Afrika		1.9**
Mit Implementationskorrektur		2.9**

** Signifikant auf dem 5%-Niveau

sere Stabilität eine wichtige Bedingung für Wachstum. Viele Anpassungsländer schlagen sich jedoch auch noch Jahre nach der Implementation der ersten, aber zuwenig konsequenten Reformschritte mit zähen Instabilitäten herum. Auch die strukturellen Reformen sind in diesen Ländern noch äusserst unvollständig. Solange die nachfragedämpfende Wirkung der Stabilitätspolitik anhält und das instabile Umfeld sowie strukturelle Barrieren die Entwicklungsdynamik behindern, ist nicht zu erwarten, dass die Wachstumsraten auf das Niveau der Zeit vor der Krise zurückkehren.

Insgesamt kann man auf jeden Fall festhalten, dass zwischen der Implementation von Anpassungsprogrammen und der Wiedergewinnung höherer Wachstumsraten ein signifikanter Zusammenhang besteht. Ausserdem belegt die Höhe der Parameterwerte, dass der Zusammenhang alles andere als vernachlässigbar ist. Selbstverständlich sagen Wachstumsraten des Einkommens nichts über die Entwicklung der Einkommensverteilung und der Armut aus. Dennoch sollte man sich eine entscheidende Erkenntnis in Erinnerung rufen: In den Krisenjahren vor den Anpassungsprogrammen haben die niedrigen oder negativen Veränderungsraten des Einkommens ohne Zweifel die Armut verschärft. Der einfache Umkehrschluss, dass die nun erreichte Erholung der Wachstumsraten automatisch und im selben Umfang die Armut reduzieren wird, wäre ohne nähere Überprüfung vermessen. Aber ebenso wäre das Postulat vermessen, das Wachstum hätte keinerlei positive Auswirkungen auf die Armutsentwicklung. Wirtschaftswachstum ist keine hinreichende, aber auf jeden Fall eine notwendige Voraussetzung für die Reduktion der Armut.

Veränderung von Spar- und Investitionsquoten

Ersparnisse und Investitionen sind wichtige Bestimmungsgründe für das Wirtschaftswachstum. Wie zuvor dargestellt wurde, kommt die neoklassische Theorie zur Schlussfolgerung, dass durch die Stabilisierung und die strukturelle Anpassung, besonders durch die Liberalisierung der Finanzmärkte, höhere Spar- und Investitionsquoten zu erwarten sind. Tabelle 7.2 fasst zusammen, inwiefern diese Hypothese durch Querschnittschätzungen gestützt wird.

Schon auf den ersten Blick ist zu erkennen, dass die Sparquoten offenkundig signifikante Veränderungen erfahren haben. Im Durchschnitt über alle frühen Anpassungsländer haben die Reformprogramme zu einer signifikanten Steigerung der Sparquoten geführt – um 3.7%-Punkte gegenüber der Periode 1981–84, um 2.3 bis 3.7%-Punkte gegenüber den 70er Jahren. Die Schätzungen lassen jedoch keinen Zweifel darüber zu, dass sich diese Fortschritte ausschliesslich auf die Länder mit mittleren Einkommen begrenzen. Für die

Länder mit niedrigen Einkommen bzw. Sub-Sahara Afrika ergeben sich keinerlei signifikante Wirkungen.

Bei den Investitionsquoten ist im Grunde genommen überhaupt kein signifikanter Zusammenhang mit der Implementation von Anpassungsprogrammen nachweisbar. Im Gegenteil, die Schätzung für frühe Anpassungsländer mit niedrigen Einkommen indiziert, dass durch die Anpassungsprogramme die Investitionsquoten sogar gesunken sind. Allerdings ist die statistische Signifikanz sehr schwach.

Diese stark variierenden und zum Teil enttäuschenden Ergebnisse haben vielfältige und kontroverse Diskussionen ausgelöst. Da man in den Schätzgleichungen nicht genau modelliert, welche Anpassungsmassnahmen in welchen Ländern in welchem Umfang implementiert wurden, sind Erklärungsversuche ziemlich schwierig. Fasst man den Stand der Diskussion zusammen, ergibt sich für die wichtigsten Wirkungsbeziehungen folgendes Bild.

Tabelle 7.2: Wirkung der Anpassung auf die Spar- und Investitionsquoten

Ländergruppe	Veränderungen der Spar- (S) und Investitionsquoten (I) 1985–88 (%-Punkte)	
	gegenüber 1981–84 S / I	gegenüber 1971–80 S / I
Corbo und Rojas (1992): Frühe Anpassungsländer (FA)	3.7** / 0.1	1.4 / –3.5*
	Veränderungen der Spar- (S) und Investitionsquoten (I) 1986–90 (%-Punkte)	
		gegenüber 1971–80 S / I
Weltbank (1992): Frühe Anpassungsländer (FA) Mit Implementationskorrektur		2.3* / –1.1 3.7** / 0.0
FA, mittlere Einkommen Mit Implementationskorrektur		4.7** / 0.7 5.0** / 1.6
FA, niedrige Einkommen Mit Implementationskorrektur		–0.9 / –2.7* 1.9 / –1.2
FA, Sub-Sahara Afrika Mit Implementationskorrektur		–0.4 / –1.4 0.6 / 0.6

** Signifikant auf dem 5%-Niveau   * Signifikant auf dem 10%-Niveau

Die Veränderungen der Sparquoten sind auf Veränderungen der öffentlichen und der privaten Ersparnisse zurückzuführen. Die relative Reduktion der Staatsdefizite ist in den beiden Ländergruppen mit mittleren und niedrigen Einkommen etwa gleich zu veranschlagen. Gegenüber den frühen 80er Jahren haben sich die Defizite, als Anteil am BIP, etwa halbiert. Die grossen Unterschiede kommen somit durch die sehr unterschiedlichen Entwicklungen der privaten Ersparnisse zustande.

Aus theoretischer Sicht ist erwartbar, dass höhere Pro-Kopf-Einkommen und höhere (reale) Zinssätze die Ersparnisse steigern. Die in Tabelle 7.2 dargestellten Ergebnisse verdeutlichen, dass diese Mechanismen in den Ländern mit niedrigen Einkommen allerdings keine signifikante Wirkung hatten. Dieses Ergebnis ist nicht unplausibel. Zunächst sind die Veränderungsraten der Pro-Kopf-Einkommen in dieser Ländergruppe aufgrund des hohen Bevölkerungswachstums immer noch sehr gering, zuweilen sogar noch negativ. Ausserdem sind die Einkommensniveaus so niedrig, dass auch die marginale Sparneigung relativ niedrig zu veranschlagen ist. Ausgehend von der Einkommensseite ist es somit nicht sehr überraschend, dass die Sparquoten in den Ländern mit niedrigen Einkommen keine signifikante Änderung erfahren haben.

Darüber hinaus belegen die verfügbaren Statistiken, dass die Inflationsbekämpfung in den Ländern mit niedrigen Einkommen weitaus weniger erfolgreich war als in den Ländern mit mittleren Einkommen. Deshalb liegen die realen Zinssätze in diesen Ländern vermutlich deutlich unter den Werten für die Länder mit mittleren Einkommen; in manchen Ländern dieser Gruppe sind sie immer noch negativ. Ausserdem ist zu berücksichtigen, dass die Finanzsektoren in den Ländern mit niedrigen Einkommen weitaus weniger Breite und Tiefe aufweisen als in den wirtschaftlich fortgeschritteneren Ländern. Beide Effekte tragen zweifellos massgeblich dazu bei, dass die Anpassungsprogramme in den Ländern mit niedrigen Einkommen bislang keine Erhöhung der Sparquoten bewirkt haben.

Die nicht nachweisbare Steigerung von Investitionsquoten durch die Implementation von Anpassungsprogrammen wird vielfach als die grösste Enttäuschung ursprünglich gehegter Erwartungen bezeichnet. Bei näherem Hinsehen muss man diese Reaktion jedoch relativieren. Zunächst ist zu beachten, dass die Investitionsquoten der 70er Jahre, die zum Vergleich herangezogen werden, vor allem durch staatliche Investitionen geprägt und im Schnitt nicht sonderlich produktiv waren. Mit der geforderten Konsolidierung der Budgetdefizite sind in vielen Ländern in erster Linie investive Ausgaben gekürzt worden, da Einnahmesteigerungen und Kürzungen der laufenden Ausgaben entweder nur langfristig oder mit erheblichen politischen Schwierigkeiten zu erreichen waren. Besonders die fiskalisch sehr schwachen Länder mit niedrigen Einkommen haben die zunehmende Programmhilfe, die zum Teil zulasten der investiven technischen Hilfe erfolgte, dankbar zur Finanzierung laufender Ausgaben eingesetzt.

Auch im privaten Sektor ist die vermutlich bescheidene Ausdehnung der Investitionen nicht sonderlich überraschend. Wenn die erste Stabilisierungsphase zu deutlich ansteigenden realen Kreditzinssätzen und insgesamt zu einem Rückgang der Nachfrage führt, ist in diesem Zeitraum auf jeden Fall mit schwacher Investitionstätigkeit zu rechnen. Selbst wenn danach die fortschreitende Stabilisierung sowie strukturelle Anpassungen Produktionsanreize auslösen und steigende Einkommen eine höhere Nachfrage verursachen, muss man in Rechnung stellen, dass die technischen Kapazitäten aufgrund der vorangegangenen Krise nur gering ausgelastet waren. In vielen Ländern konnten erhebliche Produktionssteigerungen mit bescheidenen Rehabilitationsbemühungen und ohne nennenswerte Erweiterungsinvestitionen realisiert werden.

Darüber hinaus ist nicht zu vernachlässigen, dass Investitionen eine langfristige bzw. schwer rückgängig zu machende Bindung von Vermögen darstellen. Dies setzt voraus, dass die Wirtschaftsakteure Vertrauen in die langfristige Politik und Entwicklung des betreffenden Landes haben. Damit werden bereits zuvor angesprochene Politikerfordernisse im institutionellen Bereich berührt, die jenseits der Leistung von Anpassungsmassnahmen liegen und in der Regel nur langfristig wirksam werden.

Veränderung der Exportquoten

Die Steigerung von Exporterlösen ist für die künftigen Entwicklungsaussichten der Anpassungsländer von grosser Bedeutung, da es nicht möglich sein wird, diese Volkswirtschaften ohne umfangreiche Importe von Kapitalgütern und Vorprodukten aus den Industrieländern weiterzuentwickeln. Da die Importrechnungen soweit wie möglich aus Exporterlösen beglichen werden sollten, müssen die Anpassungsländer die chronischen Defizite ihrer Leistungsbilanzen auf langfristig tragbare Grössenordnungen zurückführen. Ausserdem müssen die Anpassungsländer wie in Kapitel 6 geschildert die verhängnisvolle Neigung zur Importsubstitution abbauen, wenn sie eine möglichst hohe Entwicklungsdynamik langfristig aufrechterhalten wollen. Der Weltmarkt bietet trotz aller Unvollkommenheiten nicht nur kaufkräftige Nachfrage, sondern auch die erforderlichen Kapitalgüter, Technologien, Wissen und Wettbewerbsverhältnisse, um Effizienz und Wachstum zu fördern. Die Ausführungen in Kapitel 3 des ersten Teils dieses Buches haben dies verdeutlicht.

Nachdem die Entwicklung der Investitionen in den Anpassungsländern die ursprünglich gehegten Erwartungen eher enttäuscht hat, bildet die Entwicklung der Exporte gleichsam das erfolgreiche Gegenstück. In Tabelle 7.3 sind die Ergebnisse aus den Querschnittsuntersuchungen zusammengefasst.

Die Schätzergebnisse über den Einfluss der Anpassungsprogramme auf die Exportquoten lassen ähnliche Schlussfolgerungen zu wie bei der Wirkung auf das BIP-Wachstum: Die Steigerung der Exportquoten ist durchgehend signifikant und die Parameterwerte nicht vernachlässigbar. Im Gegensatz zur Wirkung auf das BIP-Wachstum lässt sich auch kaum ein Unterschied zwischen Ländern mit niedrigen und mit mittleren Einkommen feststellen. Dennoch sei schon an dieser Stelle darauf hingewiesen, dass die Länder mit niedrigen Einkommen von langfristig tragbaren Leistungsbilanzpositionen und liberalen Aussenhandelsregimen in der Regel noch wesentlich weiter entfernt sind als die Länder mit mittleren Einkommen.

Tabelle 7.3: Wirkung der Anpassung auf die Exportquoten

Ländergruppe	Veränderungen der Exportquote 1985–88 (%-Punkte)	
	gegenüber 1981–84	gegenüber 1971–80
Corbo und Rojas (1992): Frühe Anpassungsländer (FA)	2.5*	6.5**
	Veränderungen der Exportquote 1986–90 (%-Punkte)	
		gegenüber 1971–80
Weltbank (1992):		
Frühe Anpassungsländer (FA)		4.7**
Mit Implementationskorrektur		7.9**
FA, mittlere Einkommen		7.8**
Mit Implementationskorrektur		7.8**
FA, niedrige Einkommen		4.1*
Mit Implementationskorrektur		8.0**
FA, Sub-Sahara Afrika		5.2**
Mit Implementationskorrektur		8.7**

** Signifikant auf dem 5%-Niveau   * Signifikant auf dem 10 %-Niveau

Offenheit und Wirtschaftswachstum

Wie bereits zuvor angesprochen wurde, hat die empirische Forschung bei der Untersuchung der Zusammenhänge zwischen Wirtschaftspolitik und gesamtwirtschaftlicher Entwicklung in jüngerer Zeit andere Wege eingeschlagen. Da in diesen Analysen zum Teil Daten bis in die Jahre 1993/94 verarbeitet werden konnten, sei zur Abrundung dieses Kapitels eine dieser aktuelleren Arbeiten erläutert (Weltbank, 1996). In Kapitel 9 werden auch noch andere Studien dieser Art behandelt.

Den Ausgangspunkt dieser Studie bildet die Offenheit von Volkswirtschaften und deren Wirkung auf das Wirtschaftswachstum. Ohne auf die Einzelheiten der Theorie nochmals einzugehen, die in Kapitel 3 ausführlicher erläutert wurden, sollen hier nur die wichtigsten Hypothesen nochmals zusammengefasst werden. Im Zentrum steht die Kernhypothese, dass eine liberale Aussenwirtschaftspolitik über eine zunehmendere Integration in den Weltmarkt höhere Raten des Wirtschaftswachstums verspricht. Die Verbindung zu den weiteren Dimensionen der Anpassungspolitik wird durch die Hypothese hergestellt, dass die Makro- und Mikropolitik insgesamt die Integration massgeblich hemmen oder fördern kann. Kann man diese Hypothesen durch empirische Tests nicht verwerfen, hat man einen gleichsam indirekten Beleg dafür, dass Anpassungspolitik das gewünschte Hauptziel – eine höhere Entwicklungsdynamik – erreicht.

In der hier behandelten Studie der Weltbank wurde die Integration in den Weltmarkt mit vier Variablen operationalisiert: mit der Aussenhandelsquote (Anteil des Aussenhandels am BIP, kaufkraft- und bevölkerungskorrigiert), dem Anteil der Direktinvestitionen am kaufkraftbereinigten BIP, der internationalen Kreditwürdigkeit («credit rating» des «International Investor») und dem Anteil der Güter aus der verarbeitenden Industrie an den Exporten (als recht begrenzter Indikator für die Fähigkeit, verarbeitete Güter auf dem Weltmarktniveau herzustellen und Technologien zu absorbieren). Die Niveauwerte der Indikatoren wurden standardisiert und zu einem Sammelindikator der (Weltmarkt-) Integration aufaddiert. Für alle Indikatoren wurden auch die Veränderungsraten ermittelt, die in der Analyse eine wichtige Rolle spielen.

Die Stichprobe umfasst insgesamt 115 Länder – 22 Länder mit hohen Einkommen und 93 Entwicklungsländer – und berücksichtigt den Zeitraum 1984 bis 1993. Die Entwicklungsländer wurden aufgrund der Unterschiede der Veränderungsraten (und Niveaus) ihrer Integrationsindizes in vier Kategorien eingeteilt: Schnell integrierend (hoch), moderat integrierend (mittel), schwach integrierend (schwach) und langsam integrierend (tief).

Abbildung 7.1 veranschaulicht den wichtigsten Zusammenhang zwischen der Integrationsgeschwindigkeit und der Wachstumsrate des Pro-Kopf-Einkommens, der in der Studie ermittelt wurde. Das Ergebnis ist eindeutig: Je rascher die Weltmarktintegration voranschreitet, desto höher ist das Wachstum des Durchschnittseinkommens. Aus Abbildung 7.2 geht hervor, dass dieser Zusammenhang auch für das Ausgangsniveau der Weltmarktintegration 1981–83 gilt. Die Daten indizieren somit, dass zwischen der Veränderungsrate sowie dem Niveau der Weltmarktintegration (dem Resultat einer liberalen Aussenwirtschaftspolitik) und dem Wirtschaftswachstum ein deutlicher Zusammenhang besteht.

Die Querverbindung zu anderen Zielen und Massnahmen, die mit der Anpassungspolitik verfolgt werden, stellt Tabelle 7.4 her. Die Indikatoren aus den Bereichen Inflation, Wechselkurssystem, Volatilität der BIP-Wachstumsraten und Staatsbudget belegen, dass zwischen der Integrationsgeschwindigkeit und anderen Folgen der Wirtschaftspolitik ebenfalls ein nicht zu leugnender Zusammenhang besteht. Im Schnitt gilt, dass diese Indikatoren um so

Abbildung 7.1: Jährliches Wachstum des BIP pro Kopf (Median) 1984–93 und Integrationsgeschwindigkeit

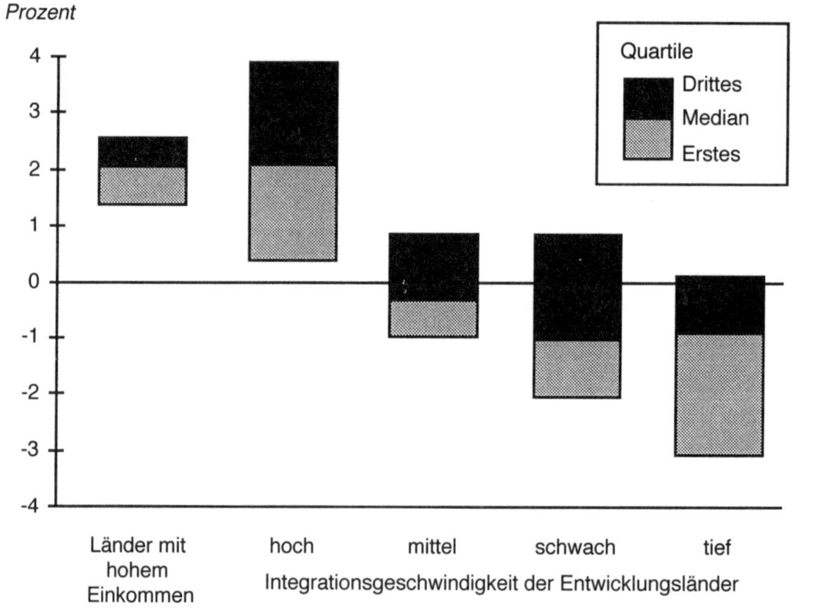

Quelle: Weltbank, 1996, S. 26

Tabelle 7.4: Integration und «Performance», 1984–93

Performance Indikatoren	LHE[c]	Entwicklungsländer: Integration			
		hoch	mittel	schwach	tief
Inflation[a]	3.63	13.40	16.86	23.86	19.89
Veränderung Inflation	−5.22	− 2.81	− 0.22	8.21	19.77
Inflationsvolatilität[b]	1.65	7.24	7.63	14.21	13.27
Schwarzmarktprämie	0.00	0.12	0.56	0.41	0.48
Wechselkursvolatilität*[b]	0.06	0.13	0.20	0.27	0.40
BIP-Volatilität*[b]	1.89	2.61	3.09	4.39	3.60
Budgetdefizit / BIP*	−2.46	− 2.37	− 6.66	− 3.70	− 5.92
Veränderung Defizit	1.16	1.88	0.79	0.38	− 2.54
Defizitvolatilität*[b]	2.27	2.31	2.82	2.79	4.53

[a]Konsumentenpreisindex [b]Standardabweichung [c]LHE, Länder mit hohen Einkommen
Quelle: Weltbank, 1996, S. 28

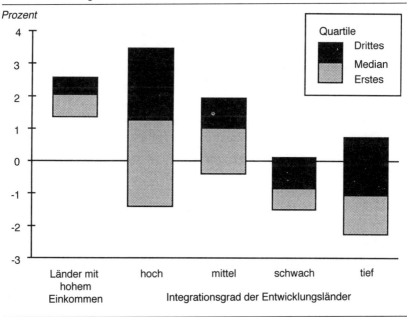

Abbildung 7.2: Jährliches Wachstum des BIP pro Kopf (Median) 1984–93 und Integrationsniveau 1981–83

Quelle: Weltbank, 1996, S. 26

255

schlechter sind, je geringer die Integrationsgeschwindigkeit ist. Anders ausgedrückt: Wirtschaftliche Instabilität behindert die Integration.

Was das blosse Auge erkennt, wird auch durch statistische Tests bestätigt. Varianzanalysen belegen, dass die Durchschnittswerte der meisten Variablen tatsächlich signifikant verschieden sind. Die den Indikatorbezeichnungen angefügten Sterne verdeutlichen, dass in der Regel mit 95% Wahrscheinlichkeit ausgeschlossen werden kann, dass sich die Mittelwerte für die Länder mit hoher und die Länder mit schwacher und tiefer Integrationsgeschwindigkeit nicht unterscheiden (Weltbank, 1996, S. 73).

7.3 Schlussfolgerungen

Die Ergebnisse der ökonometrischen Querschnittsuntersuchungen bestätigen weitgehend die eingangs zitierte Schlussfolgerung, dass das Konzept extern unterstützter Anpassungspolitik «funktioniert». Funktionieren heisst in diesem Kontext, dass die mit den Anpassungsprogrammen angestrebte Wirkung gemessen an der Entwicklung der wirtschaftlichen Aggregatgrössen nachweisbar ist. Die statistische Signifikanz der Parameter belegt den positiven Einfluss der Anpassungsprogramme auf die Entwicklungsdynamik, und die Höhe der Parameterwerte illustriert, dass diese positive Wirkung nicht vernachlässigbar ist. Die in den nachfolgenden Kapiteln weiterführende und detailliertere Diskussion muss auf diesem insgesamt sicheren und positiven Hintergrund betrachtet werden.

Die Einschränkungen dieser Schlussfolgerung sind jedoch ebenso zu beachten. Erstens kann man selbst gegen die anspruchsvollen und ausgefeilten Schätzmethoden, auf denen die Ergebnisse basieren, immer noch theoretische und methodische Einwände erheben. Aber die Tatsache, dass alternative Schätzansätze zu denselben statistisch gesicherten Aussagen kommen und nur die Parameterwerte variieren, rückt diesen Vorbehalt eher in den Hintergrund.

Zweitens sagen die Wirkungen der Anpassung auf die Entwicklung des BIP nichts über die Verteilung der Einkommenssteigerungen bzw. die Entwicklung der Armut aus. Ob sich die Lebensbedingungen der Armen verbessert haben, bleibt damit unbeantwortet. Wie in Kapitel 6 dargelegt wurde, darf man auch nicht erwarten, dass Anpassungsprogramme genuine Programme der Armutsbekämpfung ersetzen können. Aber ausgehend von der Einsicht, dass Wirtschaftswachstum eine notwendige Voraussetzung für erfolgreiche Armutsbekämpfung ist, kann man immerhin bilanzieren, dass diese Voraussetzung durch Anpassungsprogramme in nicht unerheblichem Umfang wiederhergestellt wurde.

Drittens ist die nicht nachweisbare positive Wirkung der Anpassungsprogramme auf die Investitionen ein deutlicher Hinweis darauf, dass ursprünglich gehegte Erwartungen über rasche Anpassungserfolge revidiert werden müssen. Zunächst darf man natürlich nicht die unausgelasteten Kapazitäten vernachlässigen, die zu Beginn der Anpassung zur Verfügung standen. Dennoch bleibt festzuhalten, dass es in den frühen Anpassungsländern bis Ende der 80er Jahre im Durchschnitt noch nicht gelungen ist, die Wachstumsdynamik und das Investitionsklima so zu verbessern, dass der private Sektor mit signifikant höheren Investitionen reagiert hätte. Wie in Kapitel 9 dargestellt wird, müssen dafür auch Bedingungen erfüllt werden, die über die Reichweite der Anpassungsprogramme der frühen 80er Jahre hinausgehen.

Viertens darf die nachgewiesene positive Wirkung auf die Export- und Sparquoten nicht vorschnell dahingehend interpretiert werden, dass die Leistungsbilanz- und Staatsdefizite sowie die Schuldenkrise schon überwunden wären. Und fünftens ist zu beachten, dass die Wirkungen auf das Einkommenswachstum und die Sparquote in den Ländern mit niedrigen Einkommen am schwächsten oder gar nicht nachweisbar sind – in den Ländern also, die Fortschritte am dringendsten notwendig hätten. Auch diesen Einschränkungen wird in den beiden folgenden Kapiteln detaillierter nachgegangen.

> «I don't belive the twentieth century will look on social questions from the same point of view as the nineteenth. I believe we have got to the end of the period of mere enthusiasm, and are settling down to careful investigation.»
> William A. S. Hewins, Mitbegründer der London School of Economics, Interview, Westminster Gazette, 27. 9. 1895; zitiert nach: Ralf Dahrendorf, LSE, A History of the London School of Economics and Political Science, 1895–1995, S. 23.

8. Anpassung, Armut und staatliche Sozialleistungen

8.1 Anpassung und soziale Entwicklung: Worum geht es?

Die Auswirkungen der Anpassungspolitik auf die Entwicklung von Armut und staatlichen Sozialleistungen, im folgenden auch als «soziale Entwicklung» bezeichnet, waren und sind immer wieder Dreh- und Angelpunkt kritischer Diskussionen und heftiger Auseinandersetzungen in der Wissenschaft und der politischen Praxis (vgl. z. B. Cornia, Jolly und Stewart, 1987). Auf die Stärken und Schwächen der sozialpolitisch motivierten Kritik wird in Kapitel 9 ausführlich eingegangen. Im vorliegenden Kapitel wird versucht – wie mit der vorangehenden Erörterung des Zusammenhangs zwischen Anpassung und Entwicklung wichtiger wirtschaftlicher Aggregatgrössen – anhand verfügbarer Erkenntnisse aus Querschnittsuntersuchungen ein Gesamtbild des Zusammenhangs zwischen Anpassungspolitik und sozialer Entwicklung zu zeichnen.

Die empirische Analyse der Zusammenhänge von Anpassung, Armut und staatlichen Sozialleistungen ist mit noch deutlich grösseren Schwierigkeiten konfrontiert als die Untersuchung der Anpassungswirkungen auf die wirtschaftlichen Aggregate. Dies ist nicht überraschend. Der Begriff soziale Entwicklung bezieht sich in erster Linie auf Veränderungen, die die armen Bevölkerungsschichten betreffen. Darin liegt für die empirische Forschung ein grosses Problem, da nur in sehr begrenztem Umfang Daten für Querschnittsuntersuchungen zur Verfügung stehen, die zuverlässig und genau über die wirtschaftliche Umgebung, das Verhalten und die Lebensverhältnisse der armen Bevölkerungsschichten Auskunft geben würden. Dies macht die empirische Überprüfung von Hypothesen und Modellen über den Zusammenhang von Anpassung und sozialer Entwicklung überaus schwierig.

Konkret stehen sowohl in der wissenschaftlichen Diskussion als auch in der politischen Praxis die folgenden möglichen sozialen Belastungen während der Anpassungsphase im Vordergrund:

(a) zunehmende Verbreitung der Armut, das heisst Zunahme der Anzahl Menschen, die durch sinkende Realeinkommen unter die Armutsgrenze fallen;

(b) zunehmende Vertiefung und Verschärfung der Armut, das heisst Realeinkommensverluste bei Menschen, die unter der Armutsgrenze leben;

(c) Verschlechterung der Lebensbedingungen der Armen durch den Abbau staatlicher Leistungen im Gesundheits- und Erziehungswesen;

(d) Verschlechterung der Lebensbedingungen der Armen durch den Abbau staatlicher Infrastruktur- und Transferleistungen.

Wichtige Ergebnisse und theoretische sowie methodische Einschränkungen der empirischen Analyse werden in Abschnitt 8.3 beschrieben. Um die mit vielen Schwächen behafteten empirischen Resultate korrekt interpretieren zu können, ist es jedoch notwendig, sich nochmals wichtige theoretische Grundlagen der Zusammenhänge von Anpassung, Armut und staatlichen Sozialleistungen in Erinnerung zu rufen. Nur die theoretische Analyse kann die Frage beantworten, welche Arten von Anpassungslasten und Anpassungsgewinnen potentiell zu erwarten sind. Diese theoretischen Erkenntnisse sind aus zwei Gründen von Bedeutung. Erstens ist nur auf dem Hintergrund der theoretischen Analyse genauer zu erkennen, wo die Schwächen der heute verfügbaren empirischen Untersuchungen liegen. Und zweitens können Massnahmen zur Minderung von Anpassungslasten nur dann zeitgerecht und gezielt geplant werden, wenn die besonders stark betroffenen und bedürftigen Bevölkerungsgruppen im voraus bekannt sind. Für die Gestaltung sogenannter «safety nets» ist die theoretische Analyse somit von besonderer Bedeutung.

8.2 Theoretische Erkenntnisse

Armut: Einkommensänderungen im Anpassungsprozess

Wiederum bietet es sich an, die nachstehende theoretische Analyse von Auswirkungen der Anpassungspolitik auf die soziale Entwicklung in Stabilisierungsmassnahmen und strukturelle Anpassungen aufzugliedern. Den Ausgangspunkt der folgenden Diskussion bildet somit erneut das orthodoxe Bündel von Wechselkurs-, Fiskal- und Geldpolitik.

Wie in Kapitel 6 dargelegt wurde, steigt mit der Abwertung eines überhöhten Wechselkurses das Preisverhältnis von handelbaren zu nicht-handelbaren Gütern. Dabei wird in den folgenden Ausführungen davon ausgegangen, dass gleichzeitig auch eine restriktive Fiskal- und Geldpolitik eingeschlagen wird. Wie ebenfalls in Kapitel 6 erklärt wurde, kann ohne diese beiden Elemente der Stabilitätspolitik eine reale Abwertung dauerhaft nicht zustandekommen. Die Begriffe reale Abwertung und Stabilitätspolitik werden deshalb in diesem Abschnitt synonym verwendet.

Aus theoretischer Sicht ist eine Folge der realen Abwertung zunächst eindeutig: Während die Produzenten handelbarer Güter durch die Verschiebung der relativen Preise potentiell gewinnen, zählen die Produzenten nicht-handelbarer Güter zu den potentiellen Verlierern. Besonders in Entwicklungsländern mit niedrigen Einkommen gilt, dass viele arme Kleinbauern handelbare Güter produzieren – vor allem Agrarprodukte. Aus theoretischer Sicht zählt diese Gruppe der ländlichen Armen somit zu den potentiellen Gewinnern einer realen Abwertung. Die Gewinne werden jedoch geschmälert, wenn (a) diese Produzenten importierte Güter als Produktionsinputs verwenden (die Produktionskosten steigen dann mit der Abwertung) und (b) die Produzenten importierte Güter konsumieren (die gestiegene Kaufkraft wird durch teurere Importe wieder geschmälert).

Neben den Kleinbauern sind Lohnempfänger eine zweite Bevölkerungsgruppe, die zu einem erheblichen Teil zu den armen Einkommensbeziehern zählt. Hier ist zunächst zu unterscheiden, ob sie im Sektor handelbarer Güter oder im Sektor nicht-handelbarer Güter beschäftigt sind. Insbesondere die Arbeitnehmer im Sektor nicht-handelbarer Güter, der vor allem in den städtischen Regionen beheimatet ist, zählen potentiell zu den Verlierern der Stabilitätspolitik. Da die relativen Preise der nicht-handelbaren Güter fallen, ist zu erwarten, dass auch die Nachfrage nach Arbeitskräften in diesem Sektor sinkt. Umgekehrt steigen jedoch die Preise handelbarer Güter, die von den Arbeitnehmern konsumiert werden. Das Ausmass der Belastungen durch die Stabilitätspolitik hängt somit von der Entwicklung der Nachfrage nach Arbeit, von der Entwicklung des Nominallohns und von der Zusammensetzung des Warenkorbs ab. Bei einem gegebenen Nominallohn ist der Realeinkommensverlust um so grösser, je grösser der Anteil der nachgefragten handelbaren Güter ist.

Bei den Lohnempfängern im Sektor handelbarer Güter sieht die Situation hingegen etwas besser aus. Mit dem Anstieg der Preise handelbarer Güter ist zu erwarten, dass die Nachfrage nach Arbeit in diesem Sektor ebenfalls steigt. Eine zunehmende Nachfrage nach Arbeit kann auch steigende Löhne nach sich ziehen. Erneut entscheiden somit die Entwicklung der Nachfrage nach Arbeit, die Entwicklung des Nominallohns und der konsumierte Warenkorb über den Nettoeffekt der Stabilisierung.

Diesen so locker formulierten theoretischen Schlussfolgerungen kann man grundsätzlich nicht widersprechen. Ihre Gültigkeit hängt jedoch von verschiedenen, zunächst nicht präzisierten oder stillschweigend unterstellten Bedingungen ab, die eine genauere Ausformulierung erfordern. Nachstehend werden zunächst jene Bedingungen erörtert, die erfüllt sein müssen, damit die Produzenten handelbarer Güter von der Abwertung tatsächlich und in vollem Umfang profitieren. Um die Verbindung zur Wirkung auf die Armut möglichst eng zu halten, werden die Folgen der Makroanpassung am Beispiel handelbarer Agrargüter dargestellt (vgl. z. B. Binswanger, 1989). Daran anschliessend werden die Wirkungen auf die Lohnempfänger detaillierter betrachtet.

Die positiven Auswirkungen der realen Abwertung auf die ländliche Armut treten nur dann ein, wenn die relativen Preisänderungen auch tatsächlich an die Produzenten weitergegeben werden. Dies setzt funktionierende Märkte und Wettbewerb voraus, die in Anpassungsländern nicht unbedingt gegeben sind. Wenn nach einer realen Abwertung beispielsweise eine staatliche Vermarktungsorganisation nach wie vor hohe Handelsmargen abschöpft, bleiben die Produzentenpreise der Bauern von der Abwertung möglicherweise unberührt. Die Abwertung wird dann nicht zu einer Umschichtung und Ausdehnung der Produktion handelbarer Agrargüter führen. Eine ähnliche Wirkung ist zu erwarten, wenn zwar private Händler die Agrargüter bei den Produzenten aufkaufen, jedoch als regionale Monopolisten agieren. Solche Nachfragemonopole führen zu Produzentenpreisen, die deutlich unter Wettbewerbspreisen liegen.

Setzt man einen abwertungsbedingten Anstieg der Produzentenpreise einmal als gegeben voraus, wird das Ausmass der Realeinkommenssteigerungen der Produzenten handelbarer Güter durch die Preiselastizität des Angebots bestimmt. Abbildung 8.1 verdeutlicht diesen Zusammenhang. Je höher die Preiselastizität des Angebots ist (je flacher die Grenzkostenkurve verläuft), desto höher fallen die Einkommenssteigerungen aus. Dabei wird in Abbildung 8.1 gleichzeitig berücksichtigt, dass die Abwertung eine Steigerung der Grenzkosten bewirkt, wenn die Produzenten handelbare Güter als Inputs verwenden (Verschiebung der Grenzkostenkurven nach A' und A*').

Die Preiselastizität des Angebots, die für eine abwertungsinduzierte Einkommenssteigerung wesentlich mitentscheidend ist, wird durch eine Vielzahl von Faktoren beeinflusst. Diese beinhalten beispielsweise die von den Bauern verwendeten Agrartechnologien, die verfügbare Infrastruktur, das Angebot öffentlicher Dienstleistungen, wie z. B. ländliche Beratungsdienste, den Zugang zu Faktor- und Gütermärkten, das institutionelle Umfeld, die politischen Verhältnisse, und anderes mehr (vgl. z. B. Platteau, 1994)).

Die Mengenwirkung abwertungsinduzierter Produktionsanreize und damit auch die Steigerung von Produktion und Einkommen armer Bevölkerungsgruppen in ländlichen Regionen hängt somit von einer Vielzahl von Bestimmungsgrössen ab. Daraus ergeben sich drei wichtige Schlussfolgerungen. Erstens, die Wirkung einer realen Abwertung wird möglicherweise stark vom Erfolg struktureller Anpassungen mitbestimmt. Wenn Märkte nicht funktionieren und der Wettbewerb gering ist, werden die Preisanreize nicht oder nicht vollständig an die Produzenten weitergegeben. Der bereits in Kapitel 5 betonte Tatbestand, dass die strukturelle Anpassung auf der Mikroebene gleichsam der verlängerte Arm der Makroanpassung ist, wird hier überdeutlich. Da

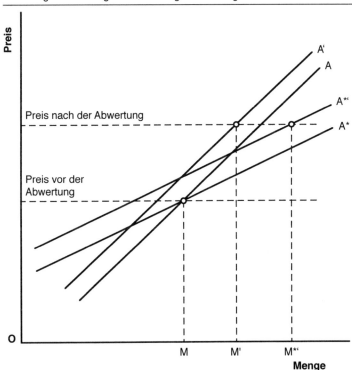

Abbildung 8.1: Wirkung der Abwertung auf das Angebot

strukturelle Reformen in der Regel mehr Zeit beanspruchen als die Einführung von Makromassnahmen, ist a priori damit zu rechnen, dass die armutsmindernden Effekte einer Abwertung auch erst mittel- bis langfristig voll spürbar sein werden.

Zweitens veranschaulicht bereits die kurze und unvollständige Liste der Bestimmungsgrössen der Preiselastizität des Angebots, dass grundlegende Entwicklungsdefizite einer Volkswirtschaft die Wirkung einer Abwertung massgeblich mitbestimmen. Gerade in den ländlichen Regionen der Entwicklungsländer verfügen viele Menschen häufig nur über archaische Produktionstechnologien, über eine schlechte Infrastruktur, über unzureichende Beratungsdienste und haben oft kaum Zugang zu Faktor- und Gütermärkten. Die Aufzählung solcher Defizite liesse sich erheblich erweitern. Aber man erkennt schon, dass die Korrektur eines überbewerteten Wechselkurses nur eine notwendige Bedingung ist, um die angestrebten Produktions- und Einkommenssteigerungen zu realisieren. Sie ist keine hinreichende Bedingung, das heisst als Instrument keine wirtschafts- oder entwicklungspolitische Allzweckwaffe. Auch auf dieses Merkmal anpassungspolitischer Massnahmen wurde schon in den Kapiteln 5 und 6 hingewiesen.

Drittens können auch die im Zuge der Stabilitätspolitik gleichzeitig ergriffenen fiskal- und geldpolitischen Massnahmen die Wirkung der Abwertung auf die ländliche Armut (temporär) gegenläufig beeinflussen. Wenn beispielsweise mit der Korrektur der Fiskalpolitik landwirtschaftliche Beratungsdienste reduziert werden, wird die einkommenssteigernde Wirkung der Abwertung bei jenen Bauern geringer ausfallen, die zur Ausdehnung der Produktion auf diese Beratungsdienste angewiesen wären. Auch andere ausgabenreduzierende Massnahmen sowie eine restriktive Geldpolitik können in der Austeritätsphase ähnlich konterkarierende Folgen haben.

Alles in allem verdeutlicht bereits diese kurze theoretische Betrachtung, dass das armutsmindernde Potential der Stabilitätspolitik in ländlichen Regionen – hier reduziert auf die Anreize zur Ausdehnung der Produktion handelbarer Agrargüter – nicht zu leugnen ist. Der Nettoeffekt aller Massnahmen ist theoretisch jedoch nicht eindeutig bestimmbar und wird ausserdem noch von einer Vielzahl anderer Bedingungen mitbestimmt, die im weitesten Sinn dem «Entwicklungsstand» einer Volkswirtschaft zuzuordnen und nur empirisch zu ermitteln sind. Aber selbst wenn diese Bedingungen eher ungünstig ausfallen, darf dies nicht voreilig als Argument gegen die Stabilitätspolitik verwendet werden. Ohne die notwendige Korrektur diskriminierender makroökonomischer Rahmenbedingungen wird es nicht gelingen, die ländliche Armut effizient zu bekämpfen.

Wie schon angesprochen wurde, entscheidet bei den Lohnempfängern die Entwicklung der Nachfrage nach Arbeit, des Nominaleinkommens sowie der konsumierte Warenkorb über die mögliche Belastung durch die Stabilitätspolitik. Zunächst steht dabei im Mittelpunkt, dass die Steigerung der Preise handelbarer Güter zu einer Verschiebung der Beschäftigten aus dem Sektor nichthandelbarer Güter in den Sektor handelbarer Güter führt.

Um die Darstellung dieses Vorgangs möglichst realitätsgerecht, aber dennoch einfach zu halten, werden zwei wichtige Unvollkommenheiten des Arbeitsmarktes berücksichtigt, die in praktisch allen Anpassungsländern von Bedeutung sind. Erstens, die Löhne im formellen Sektor sind nach unten rigide.

Abbildung 8.2: Beschäftigung im formellen und informellen Sektor

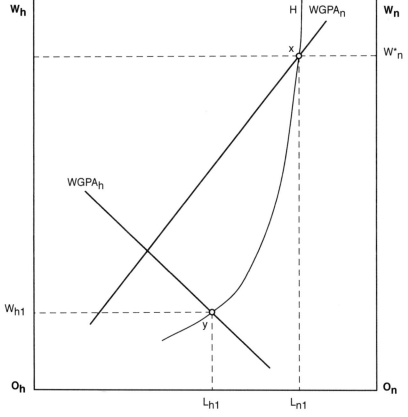

Zweitens, es herrscht Arbeitslosigkeit. Gleichzeitig wird unterstellt, dass der formelle Sektor in städtischen Regionen angesiedelt ist und nicht-handelbare Güter herstellt, während der informelle Sektor handelbare Güter in ländlichen Regionen produziert. Besonders für Länder mit niedrigem Einkommen, in denen der formelle Sektor von der öffentlichen Hand als Arbeitgeber dominiert wird, ist dies eine zutreffende Annäherung. Dass diese Stilisierung «übertreibt», ist in der theoretischen Analyse nicht störend, da die Kernaussagen von einer Lockerung dieser Annahmen unberührt bleiben.

Diese Gegebenheiten sind in Abbildung 8.2 dargestellt. Auf der linken Skala ist der Lohn im (informellen, ländlichen) Sektor handelbarer Güter abzulesen, auf der rechten Skala der Lohn im (formellen, städtischen) Sektor nicht-handelbarer Güter. Die wertmässigen Grenzprodukte (Wert-Grenzprodukte) der Arbeit werden durch $WGPA_h$ (handelbar) und $WGPA_n$ (nicht-handelbar) angegeben. Im Sektor nicht-handelbarer Güter wird der Lohn auf dem Niveau W^*_n fixiert. Daraus resultiert eine Beschäftigung in diesem Sektor im Umfang von $0_n L_{n1}$. Im Sektor handelbarer Güter stellt sich das Lohnniveau bei W_{h1} ein, und die Beschäftigung liegt bei $0_h L_{h1}$.

Diese beiden Beschäftigungsniveaus (sowie das Lohnniveau im informellen Sektor) werden durch die Schnittpunkte einer rechteckigen Hyperbel mit der Lohngeraden W^*_n und der $WGPA_h$-Kurve bestimmt. Hinter dieser auf den ersten Blick vielleicht schwer verständlichen geometrischen Konstruktion steckt ein einfaches Modell, das ursprünglich zur Darstellung der Land-Stadt Migration entwickelt wurde (Harris und Todaro 1970). In der Anpassungsdebatte wird es vielfach als erste Näherung zur Erklärung der Beschäftigung im Sektor handelbarer Güter (ländlich, informell) und im Sektor nicht-handelbarer Güter (städtisch, formell) herangezogen (vgl. z.B. Weltbank, 1990, S. 20 ff).

Die Kernidee des Harris-Todaro Modells ist bestechend einfach. Die Bereitschaft, vom Land in die Stadt zu migrieren, das heisst vom informellen in den formellen Sektor, hängt von zwei Variablen ab. Erstens von der Differenz zwischen dem formellen Lohn W^*_n und dem informellen Lohn W_{h1}, und zweitens von der Wahrscheinlichkeit, einen Arbeitsplatz in der Stadt zu finden. Unter den einfachsten Annahmen ist diese Wahrscheinlichkeit wie folgt definiert:

(8.1) $p = B_n / (B_n + A_n)$

   p = Wahrscheinlichkeit, einen Arbeitsplatz in der Stadt zu finden
   B_n = Anzahl Beschäftigte in der Stadt
   A_n = Anzahl Arbeitslose in der Stadt

Aus dieser Wahrscheinlichkeit p und dem tatsächlichen städtischen Lohn W^*_n resultiert ein erwarteter städtischer Lohn W^e_n, der den Anreiz zur Migration bildet.

(8.2) $\quad W^e_n = p\, W^*_n$
$\quad\quad W^e_n$ = erwarteter städtischer Lohn
$\quad\quad p\quad$ = Wahrscheinlichkeit, einen Arbeitsplatz in der Stadt zu finden
$\quad\quad W^*_n$ = tatsächlicher städtischer Lohn

Natürlich hängt die Bereitschaft zur Migration noch von einer Reihe anderer Faktoren ab, die für den vorliegenden Zweck mit einem einfachen Reaktionsparameter π abgebildet werden. Damit ergibt sich für die Migration M die Gleichung:

(8.3) $\quad M = \pi\, W^e_n - W_h$
$\quad\quad M \quad$ Migration
$\quad\quad \pi \quad$ = Parameter für andere Neigungen zur Migration
$\quad\quad W^e_n$ = erwarteter städtischer Lohn
$\quad\quad W_h$ = ländlicher Lohn

Die Hyperbel in Abbildung 8.2 reflektiert diese erwartete Lohndifferenz und die damit verbundene Bereitschaft zur Migration. Die Dynamik und das Gleichgewicht des Migrationsvorgangs sind leicht zu verstehen. Wenn die formelle (städtische) Arbeitslosigkeit Null oder sehr gering ist, wird die Wahrscheinlichkeit, eine Arbeit im formellen Sektor zu finden, gemäss Gleichung (8.1) mit dem Wert 1 oder nahe bei 1 veranschlagt. Bei einer gegebenen Lohndifferenz ist der Migrationsanreiz somit hoch. Mit zunehmender Migration steigt aber auch die städtische (Such-) Arbeitslosigkeit, und damit sinkt der erwartete formelle Lohn bzw. die Differenz zum ländlichen, informellen Lohn. Der Anreiz zur Migration nimmt somit ab. Das Modell findet sein Gleichgewicht dort, wo der erwartete formelle Lohn dem informellen Lohn entspricht (Schnittpunkt der Hyperbel mit $WGPA_h$). An diesem Punkt ist der erwartete städtische Lohn gleich dem ländlichen Lohn, und damit entfällt jeder weitere Anreiz für die Migration.

Aus diesem Wanderungsvorgang ergibt sich in Abbildung 8.2 die Beschäftigung $0_h\, L_{h1}$ und das Lohnniveau W_{h1} im (informellen) Sektor handelbarer Güter sowie die Beschäftigung $0_n\, L_{n1}$ beim angenommenen fixierten Lohn W^*_n im (formellen) Sektor nicht-handelbarer Güter. Die Arbeitslosigkeit der Migranten, die im formellen Sektor der Städte keine Arbeit finden, wird durch die Strecke L_{h1} L_{n1} wiedergegeben. In Tat und Wahrheit ist die überwiegende Mehrheit dieser Menschen natürlich nicht arbeitslos im strengen Sinn des Wortes, sondern im informellen Sektor der Städte beschäftigt. Darauf wird weiter unten nochmals kurz eingegangen.

Eine reale Abwertung, das heisst eine Preissteigerung handelbarer Güter, führt nun dazu, dass sich die Wert-Grenzproduktkurve $WGPA_h$ nach oben verschiebt (Abbildung 8.3, Verschiebung nach $WGPA_h$'). Die Auswirkungen dieser Verschiebung sind wie folgt abzulesen:

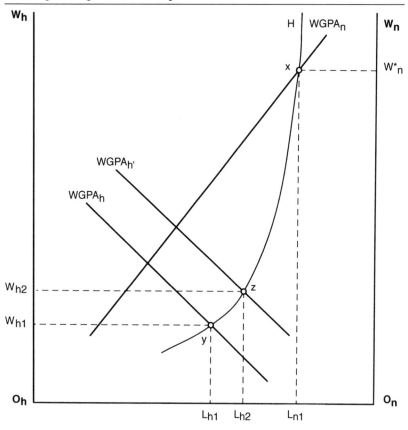

Abbildung 8.3: Folgen der Abwertung auf dem Arbeitsmarkt

- die Beschäftigung im Sektor handelbarer Güter nimmt auf die Strecke 0_h L_{h2} zu; im Sektor nicht-handelbarer Güter bleibt die Beschäftigung unverändert; die (Such-) Arbeitslosigkeit nimmt ab auf die Strecke $L_{h2}\ L_{n1}$;
- da der Nominallohn im Sektor nicht-handelbarer Güter gleichbleibt, nimmt der Reallohn durch die Preissteigerung der handelbaren Güter ab; die Beschäftigten im Sektor nicht-handelbarer Güter verlieren eindeutig an Kaufkraft;
- im Sektor handelbarer Güter steigt der Nominallohn auf W_{h2}; der Reallohn ist theoretisch jedoch nicht eindeutig bestimmt, da er vom Anteil handelbarer Güter am gesamten Warenkorb abhängt, den die Arbeitnehmer konsumieren.

Somit führt die Abwertung in unbestimmtem Umfang zu Gewinnen für die Arbeitnehmer im Sektor handelbarer Güter und eindeutig zu Verlusten für die Arbeitnehmer im Sektor nicht-handelbarer Güter. Besonders hart betroffen sind in diesem Sektor natürlich diejenigen Arbeitnehmer, deren Lohn bereits an oder unterhalb der Armutsgrenze liegt. Der Anteil dieser Arbeitnehmer, die unter die Armutsgrenze fallen oder deren Armut sich verschärft, kann natürlich nur empirisch bestimmt werden.

Die Arbeitslosigkeit nimmt durch die Abwertung offenkundig ab, weil ein Teil der (Such-) Arbeitslosen – bedingt durch die Lohnsteigerung im ländlichen informellen Sektor – aus der städtischen in die ländliche Region zurückkehrt. Dabei wurde bereits angesprochen, dass diese Arbeitslosen in Tat und Wahrheit weit überwiegend im informellen Sektor der Städte tätig sind. Obwohl dieser Sektor im Harris-Todaro Modell nicht näher untersucht wird, kann man folgern, dass durch die Rückwanderung eines Teils der Arbeitnehmer das Durchschnittseinkommen im urbanen informellen Sektor zunehmen wird. Wiederum entscheidet dann der nachgefragte Warenkorb über die Entwicklung des Reallohns bzw. der Kaufkraft.

Die Wirkungsmechanismen des Harris-Todaro Modells eignen sich auch, die Folgen kontraktiver Fiskalpolitik auf dem Arbeitsmarkt herzuleiten. In Abbildung 8.4 sind die Auswirkungen einer Anpassung dargestellt, die ausschliesslich über staatliche Ausgabenminderungen erreicht wird, also ohne die Umschichtungseffekte der Abwertung. Die Reduktion der Staatsausgaben führt dazu, dass sich im Sektor nicht-handelbarer Güter die Kurve des Wert-Grenzprodukts der Arbeit ($WGPA_n$) nach unten verschiebt. Da jedoch die Nominallöhne nach wie vor bei W^*_n fixiert sind, kann die Ausgabenreduktion nur über die Entlassung von Arbeitskräften erfolgen. Die Beschäftigung im formellen Sektor reduziert sich somit von der Strecke $0_n\ L_{n1}$ auf $0_n\ L_{n2}$.

Die entlassenen Arbeitskräfte teilen sich nun in jene auf, die in der (Such-) Arbeitslosigkeit nach Stellen im formellen Sektor verbleiben, und in jene, die im informellen Sektor eine Tätigkeit aufnehmen. Geometrisch wird diese Aufteilung wiederum durch die Hyperbel H bestimmt, die sich mit der Verschiebung der $WGPA_n$-Kurve naturgemäss ebenfalls nach unten verschoben hat. Da sich das Wert-Grenzprodukt der Arbeit im Sektor handelbarer Güter nicht verändert hat (keine Preiserhöhung durch eine Abwertung), kann die zunehmende Beschäftigung von L_{h1} auf L_{h2} nur über ein Sinken des Nominallohnniveaus auf W_{h2} erfolgen.

Die Schlussfolgerung aus dieser Betrachtung ist eindeutig. Eine Anpassung, die ausschliesslich über staatliche Ausgabensenkungen erfolgt, hat für

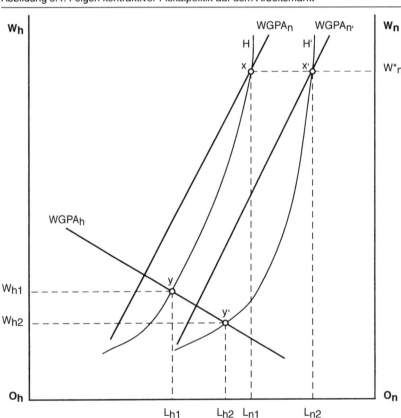

Abbildung 8.4: Folgen kontraktiver Fiskalpolitik auf dem Arbeitsmarkt

die Arbeitnehmer bittere Folgen. Insgesamt ist zu erwarten, dass die Beschäftigung zurückgeht und das Lohnniveau im Sektor handelbarer Güter sinkt. Befindet sich dieses Lohnniveau bereits auf dem Existenzminimum, kann die Beschäftigung nicht mehr ausgedehnt werden. Die Entlassungen im Sektor nicht-handelbarer Güter würden dann die Arbeitslosigkeit im formellen Sektor auf $L_{h1}\ L_{n2}$ erhöhen.

Die wichtige Botschaft dieser Schlussfolgerung knüpft unmittelbar an die Erkenntnisse aus dem «Australian Model» an, die in Kapitel 6 erörtert wurden. Je stärker eine Anpassung über die Nachfragekompression – und nicht über die Umschichtung von Beschäftigten in den Sektor handelbarer Güter – erfolgt, desto schwerwiegender sind die Belastungen für die Arbeitnehmer. Es

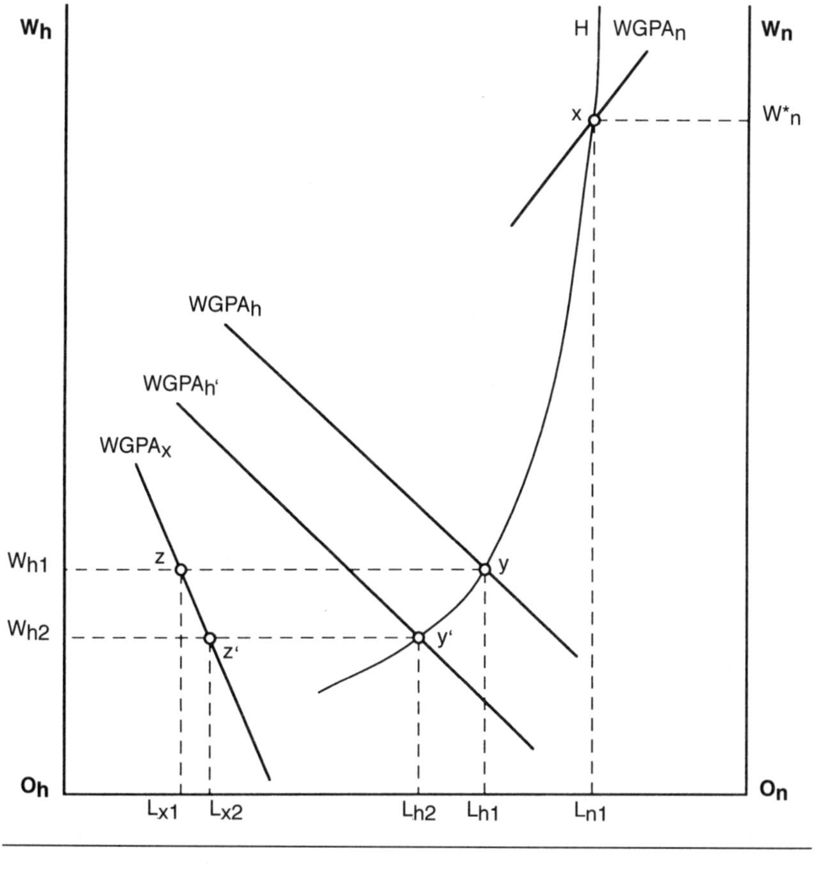

Abbildung 8.5: Folgen der Aussenhandelsliberalisierung auf dem Arbeitsmarkt

gibt verschiedene Hinweise darauf, dass besonders in Anpassungsländern mit niedrigem Einkommen – vor allem in Sub-Sahara Afrika – dieser Fall eingetreten ist (vgl. z. B. ILO, 1988; Weltbank, 1990, S. 27).

Mit Blick auf strukturelle Anpassungsmassnahmen eignet sich das Harris-Todaro Modell auch zur Analyse der Auswirkung einer Liberalisierung des Aussenhandels auf den Arbeitsmarkt, einer wichtigen Massnahme der strukturellen Anpassung. Konkret geht es um den Abbau von tarifären und nichttarifären Handelshemmnissen, die Importgüter gegenüber Exportgütern und nicht-handelbaren Gütern verbilligen. In Abbildung 8.5 wird dargestellt, welche Folgen daraus resultieren.

Im Unterschied zu den vorangehenden Modellbetrachtungen wird die Nachfrage nach Arbeitskräften im Sektor handelbarer Güter unterteilt in die Nachfrage des Exportsektors (WGPA$_x$) und des Importsektors. Diese zweite Nachfrage wird durch den Abstand der Arbeitsnachfrage des gesamten Sektors handelbarer Güter (WGPA$_h$) und der Nachfrage im Exportsektor definiert.

Der Abbau von Zöllen und Kontingenten, der die Importgüter verbilligt, verschiebt die WGPA$_h$-Kurve nach links. Damit ist ein Rückgang der Löhne im Sektor handelbarer Güter von W_{h1} nach W_{h2} verbunden. Gleichzeitig steigt die Arbeitsnachfrage im Exportsektor von L_{x1} nach L_{x2}. Die Arbeitsnachfrage des Importsektors reduziert sich hingegen von L_{x1} L_{h1} auf L_{x2} L_{h2}. Unter der Annahme rigider Preise im Sektor nicht-handelbarer Güter bleibt dort die Arbeitsnachfrage konstant. Insgesamt nimmt die Sucharbeitslosigkeit von L_{h1} L_{n1} auf L_{h2} L_{n1} zu.

Während die Reallöhne im Sektor nicht-handelbarer Güter eindeutig fallen (die Importpreise sinken und alle anderen Preise bleiben unverändert), ist ihre Entwicklung im Sektor handelbarer Güter nicht eindeutig bestimmt. Den dort sinkenden Nominallöhnen steht der Rückgang der Importpreise gegenüber, und damit entscheidet wiederum die Zusammensetzung des konsumierten Warenkorbs über den Nettoeffekt. Besonders wichtig ist in diesem Fall die eindeutige Erkenntnis, dass die Liberalisierung zu Interessenskonflikten auch zwischen Arbeitnehmern führt. Die Beschäftigten in den nunmehr «ungeschützten» Bereichen verlieren durch den Abbau der Handelshemmnisse oder gewinnen zumindest weniger als die Arbeitnehmer im Sektor nicht-handelbarer Güter.

Die Liberalisierung der Güter- und Faktormärkte in der Binnenwirtschaft wurde bereits in Kapitel 6 behandelt. Den dort beschriebenen Folgen des Übergangs von rationierten Märkten zur preisbestimmten Markträumung ist auch mit Blick auf die Armutsentwicklung wenig hinzuzufügen. Auch die armen Bevölkerungsschichten werden auf administrierten Gütermärkten als

Konsumenten rationiert (in der Regel stärker als Empfänger höherer Einkommen mit «guten Verbindungen») und müssen auf Parallel- oder Schwarzmärkten für viele Güter und Dienste höhere Preise bezahlen. Ausserdem ist auf dem Arbeitsmarkt auch für die Armen festzustellen, dass die bereits Beschäftigten mit einer Flexibilisierung administrierter Löhne verlieren, während die Arbeitslosen durch eine zunehmende Nachfrage nach Arbeit gewinnnen. Wie sich dadurch die Lohnsumme entwickelt, ist empirisch überprüfbar und wird in Abschnitt 8.3 erläutert. Darüber hinaus sind die Effekte der Liberalisierung ohne Bewertung durch die Betroffenen selbst nicht zu beurteilen. Auch dieser Aspekt wird in Abschnitt 8.3 nochmals aufgegriffen.

Über die Auswirkung der Deregulierung und Privatisierung als weitere Kernelemente der strukturellen Anpassung lässt sich auf theoretischer Ebene ohne sektorale Desaggregierung und sehr detaillierte Modellierung wenig sagen, insbesondere nicht hinsichtlich der Entwicklung von Einkommen armer Bevölkerungsschichten. Die insgesamt positive Wirkung der Deregulierung für arme Klein- und Kleinstunternehmer sollte man keinesfalls unterschätzen. Hingegen sind mit der Privatisierung von Staatsbetrieben und parastaatlichen Unternehmen in der Regel Anpassungslasten verbunden, die sich ähnlich wie staatliche Ausgabenkürzungen negativ auf die Beschäftigung im formellen Sektor auswirken. Auf all diese Aspekte wird ebenfalls in Abschnitt 8.3 nochmals eingegangen.

Mit den vorangehenden theoretischen Überlegungen, die für das Verständnis der Wirkungen von Anpassungsmassnahmen – und damit für wirtschaftspolitische Begleitmassnahmen und anderes mehr – sehr wichtig sind, kann jedoch eine entscheidende Frage nicht beantwortet werden: Wie wirkt sich die Anpassung auf die Armutsentwicklung aus? Diese Frage ist grundsätzlich empirischer Natur, und um sie zu beantworten, kommt man zunächst um die Festlegung einer Armutsgrenze nicht herum. Die empirische Bestimmung einer solchen Grenze sowie die Konstruktion geeigneter Armutsindizes ist bekanntlich nicht trivial. Einerseits ist das Konzept der Armut mit seinen absoluten und relativen Dimensionen inhaltlich und mathematisch nicht einfach zu fassen (vgl. z. B. Sen, 1983), andererseits sind die empirische Bestimmung der Armutsgrenze und die Ermittlung der Armutsindizes durch Haushaltsbefragungen sehr aufwendig.

Vereinfacht ausgedrückt wird die Armutsgrenze in der Regel so festgelegt, dass bestimmte Bedürfnisse bzw. «Fähigkeiten» (Sen, 1983, S. 160 ff) ermittelt werden, die die Gesellschaft gleichsam als minimalen Lebensstandard gerade noch akzeptiert. Liegt der tatsächliche Lebensstandard unterhalb dieser Grenze, zählen die betreffenden Individuen zu den Armen. Diese einfache

Umschreibung deutet bereits an, dass die Armutsgrenze zwischen und innerhalb verschiedener Gesellschaften sowie mit der Veränderung des durchschnittlichen Lebensstandards variiert. In den in Abschnitt 8.3 diskutierten Querschnittsuntersuchungen wurde allerdings sehr pragmatisch vorgegangen: Als Näherungsgrösse legte man für die gesamte Stichprobe denselben Wert für Pro-Kopf-Konsumausgaben zugrunde. Um die Robustheit der Ergebnisse zu testen, wurden zwei Grenzwerte und drei Armutsindizes verwendet. Für eine kleinere Stichprobe wurden auch länderspezifische Grenzwerte in die Untersuchung mit einbezogen.

Aus der grossen Gruppe von Armutsmassgrössen seien an dieser Stelle nur kurz jene drei Indizes erörtert, die in den angesprochenen empirischen Untersuchungen tatsächlich verwendet werden. Der erste und am weitesten bekannte Index wird als «head count index» bezeichnet. Er misst den Prozentsatz der Bevölkerung, der unterhalb einer gegebenen Armutsgrenze lebt. Dieser Index kann als Massgrösse für die Inzidenz oder Verbreitung der Armut interpretiert werden. Der zweite Index wird als «poverty gap index» bezeichnet und misst die Abweichung zwischen der Armutsgrenze und dem Durchschnittseinkommen unterhalb dieser Grenze (Armutslücke). Diesen Index kann man als Massgrösse für die Tiefe der Armut interpretieren. Der dritte Index ist der «quadratic poverty gap index», der aus dem Mittelwert quadrierter Armutslücken gebildet wird. In diese Massgrösse geht die (Ungleich-) Verteilung (Lorenzkurve) der Einkommen unterhalb der Armutsgrenze ein. Es handelt sich also um ein Armuts- / Verteilungsmass, das die Schärfe der Armut reflektiert (zur Konstruktion und den Merkmalen dieser Indizes vgl. z. B. Foster/Greer/Thorbecke, 1984).

Sozialleistungen des Staates im Anpassungsprozess

Im Gegensatz zur theoretischen Modellierung von Anpassungsprozessen auf dem Arbeitsmarkt verfügt die traditionelle neoklassische Lehre nicht über Modelle, die das sektorale Ausgabenverhalten – und die Aufteilung in investive und laufende Ausgaben – von Regierungen beschreiben würden. In den Sozialwissenschaften ist zwar eine Vielzahl von Untersuchungen über die Allokation staatlicher Mittel bekannt, aber deren theoretischer Gehalt basiert in der Regel nicht auf der Neoklassik.

In den Wirtschaftswissenschaften verfügt in erster Linie die politische Ökonomie über ein Theoriegebäude, aus dem sich Hypothesen über das desaggregierte Ausgabenverhalten von Regierungen entwickeln lassen. Da in Kapitel 9 die erweiterte Optik der politischen Ökonomie ausführlicher behandelt wird, genügt hier eine kurze Formulierung der im Kontext staatlicher Sozialleistungen wichtigsten Hypothese.

Etwas vereinfacht formuliert lautet der Kerngedanke der politischen Ökonomie, dass Regierungen unter der Restriktion der Machterhaltung ihren eigenen Nutzen maximieren. Demnach werden ihre Handlungen durch zwei Bündel von Einflussgrössen bestimmt: Erstens durch die Variablen bzw. Mechanismen, die für die Machterhaltung entscheidend sind, und zweitens durch die «persönlichen» Präferenzen bzw. Nutzenfunktionen der Regierenden (vgl. z. B. Morrisson et al., 1993). In sehr grober Darstellung, ohne die Funktionsweise des politischen Systems detailliert darzustellen, kann dieser Prozess der Nutzenmaximierung formal wie folgt dargestellt werden:

(8.4.) Max U (c_g (X_n, X_r)), unter der Bedingung p_m (P, X_n, X_r) > p_m
U = Nutzen
c_g = «Konsum» der Regierenden
X_n = «rechtsstaatliche», nicht-repressive politische Massnahmen
X_r = Repressionsmassnahmen
p_m = Wahrscheinlichkeit der Machterhaltung
P = Popularität
p_m = Schwellenwert, der die Machterhaltung sichert

Die Regierenden werden somit zunächst versuchen, die Nebenbedingung der Machterhaltung zu erfüllen. Dazu ergreifen sie einerseits «rechtsstaatliche», nicht-repressive politische Massnahmen X_n, mit denen sie ihre Popularität steigern, zum anderen Repressionsmassnahmen, mit denen sie durch Androhung oder Ausübung von Gewalt oder anderen Repressionsmassnahmen die Machterhaltung zu sichern versuchen. Diese Massnahmen setzen sie auch ein, um ihren persönlichen Nutzen zu maximieren. Es versteht sich von selbst, dass Repressionsmassnahmen sehr unterschiedliche Formen und Intensitäten annehmen können. In Diktaturen bzw. autokratischen Systemen sind sie für die Machterhaltung ganz massgeblich, im Idealfall einer rechtsstaatlichen Demokratie ist die Variable X_r hingegen Null. Es ist offenkundig, dass in Entwicklungsländern geradezu ein Kontinuum von politischen Systemen zu beobachten ist, das von gut fuktionierenden Demokratien bis hin zu brutalen Diktaturen reicht.

Darüber hinaus ist offenkundig, dass nicht nur die Bestimmungsgrössen bzw. Mechanismen der Machterhaltung, sondern auch die Nutzenfunktionen der Regierenden grosse Unterschiede aufweisen können. In parlamentarischen Demokratien ist davon auszugehen, dass der «Konsum» der Regierenden darin besteht, dass sie bestimmte ideologische Ziele verfolgen. c_g ist dann eine Ideologiefunktion, die unter der Nebenbedingung der Machterhaltung (Wiederwahl) maximiert wird (vgl. z. B. Frey und Schneider, 1979). In autokratischen Systemen ist hingegen häufig zu beobachten, dass sich die Regierenden durch den Einsatz repressiver Mittel erhebliche wirtschaftliche Vorteile verschaffen. c_g ist dann eine «Rent-seeking» Funktion.

Auch das Ausgabenverhalten einer Regierung wird von dem in Gleichung 8.4 beschriebenen Kalkül geleitet, das heisst staatliche Mittel werden zur Sicherung der Machterhaltung sowie zur Maximierung des Eigennutzens der Regierenden verwendet. Auf diesem Hintergrund ist die vielfach geäusserte Meinung zu sehen, dass unter dem Zwang staatlicher Ausgabenkürzungen, wie sie für Anpassungsprogramme in der Frühphase typisch sind, die Sozialausgaben überdurchschnittlich stark reduziert werden. In etwas weiter gefasster Formulierung lautet die zugrunde liegende Hypothese, dass unter dem Zwang zur Budgetkonsolidierung ganz grundsätzlich, das heisst bei allen Ausgabenposten des Staates, die Ausgaben zugunsten der ärmsten Bevölkerungsschichten am schnellsten und am meisten gefährdet sind. Betrachtet man diese Hypothese im Licht von Gleichung 8.4, so liegt ihr offenkundig die Annahme zugrunde, dass Sozialausgaben bzw. alle Ausgaben für die Armen weder für die Machterhaltung noch bei der Maximierung des Eigennutzens der Regierenden eine nennenswerte Rolle spielen.

In vielen Untersuchungen und Diskussionen bezeichnet der Begriff Sozialausgaben die staatlichen Aufwendungen für das Gesundheits- und Bildungswesen. Die Wahrnehmung öffentlicher Aufgaben in diesen Bereichen ist weitgehend unbestritten, und die folgenden Ausführungen konzentrieren sich auch wesentlich auf diese beiden Bereiche. Die Verfügbarkeit von Daten zur empirischen Überprüfung der zuvor angesprochenen Hypothese ist hier auch noch vergleichsweise gut.

Die etwas weiter gefasste Hypothese, dass im Zuge der Anpassung staatliche Leistungen insgesamt besonders dort gekürzt werden, wo sie den Armen zugute kommen, ist in Querschnittsuntersuchungen nicht testbar. Schon für die Bereiche Gesundheit und Bildung stehen die gebräuchlichen Sozialindikatoren nur als nationale Durchschnitte oder Aggregatgrössen und nicht für verschiedene Bevölkerungsgruppen zur Verfügung. Für die Gruppe der Armen kann man somit keine präzisen Aussagen machen. Ebenso ist es unmöglich, bei den anderen vielfältigen Leistungen des Staates, von der Infrastrukturbereitstellung über allgemeine öffentliche Dienste bis zu landwirtschaftlichen Beratungsdiensten, aus den Daten die Leistungen für die Armen herauszufiltern.

Der enger gefassten Hypothese des anpassungsbedingten Sozialabbaus liegen – ausgesprochen oder unausgesprochen – zwei Annahmen zugrunde. Die erste beinhaltet, dass Ausgaben für den Gesundheits- und Bildungsbereich für die Machterhaltung einer Regierung nicht sonderlich relevant sind. Zweitens wird unterstellt, dass Regierungsvertreter in ihren persönlichen Nutzenfunktionen dem Gesundheitszustand und dem Bildungsstand der Bevölkerung keine so grosse Bedeutung beimessen, dass dadurch die Folgen der Machterhaltungsrestriktion gleichsam überkompensiert würden. In der weiter gefassten Version der Hypothese gilt diese Annahme insgesamt für die Finanzierung staatlicher Leistungen zugunsten der armen Bevölkerungsschichten.

In dieser lockeren Formulierung ist die Hypothese des (überproportionalen) Sozialabbaus im Zuge des Anpassungsprozesses nicht unplausibel. In den schwachen Demokratien und den teilweise stark autokratischen Regimen vieler Entwicklungsländer sind die Staatsausgaben im Gesundheits- und Bildungsbereich für die Machterhaltung zweifellos von wesentlich geringerer Bedeutung, als zum Beispiel die Budgetlinien für das Militär, die Polizei oder die Unterstützung wirtschaftlicher Interessengruppen, die über ein politisch schmerzhaftes Protestpotential verfügen. Dass in dieser Hinsicht die armen Bevölkerungsschichten in den ländlichen Regionen besonders schwach sind, ist mit ihrer systematischen und langjährigen Diskriminierung durch die Wirtschaftspolitik in vielen Ländern hinlänglich belegt.

Diese auf den ersten Blick so plausiblen Überlegungen sollten jedoch nicht überschätzt werden. Ökonometrische Querschnittsuntersuchungen haben immer wieder Belege dafür erbracht, dass die Steigerung des Gesundheits- und Bildungsstands einer Bevölkerung – abgesehen von der eigenständigen ethischen Legitimation – in nicht unerheblichem Umfang positiv und statistisch signifikant auf das Wirtschaftswachstum wirkt (vgl. z. B. Wheeler, 1980; Kappel, 1990). Diesen Zusammenhang können Politiker in ihrem Eigeninteresse ebenso wenig (völlig) vernachlässigen wie die Diskrepanz zwischen ihren populistischen Reden und ihrem tatsächlichen Handeln. Politische Unruhen, bewaffnete Aufstände und regelrechte Bürgerkriege haben oft genug in ländlichen Regionen ihren Ausgang genommen – und tun es immer noch. Kurzum: Auch unter den politischen Verhältnissen in Entwicklungsländern sind soziale Leistungen und die Bedürfnisse der armen Bevölkerungsschichten für die Machterhaltung einer Regierung keine «quantité négligeable». Soviel kann die kurze theoretische Diskussion schon belegen.

Schlussfolgerungen

Die vorangehenden Erörterungen verdeutlichen, dass auf theoretischer Ebene das Potential von Anpassungslasten relativ gut nachvollziehbar ist, dass jedoch nur in begrenztem Umfang eindeutige Aussagen über die Auswirkungen auf die Armut und staatliche Dienstleistungen für die Armen möglich sind. Dies ist auf drei Tatbestände zurückzuführen.

Erstens können wichtige Wirkungszusammenhänge ohne empirische Analyse nicht mit dem richtigen Vorzeichen prognostiziert werden. Die Untersuchungen der Vorgänge auf dem Arbeitsmarkt liefern gute Beispiele dafür, dass und weshalb die Theorie zuweilen nicht eindeutige Schlussfolgerungen erlaubt. Dies gilt auch und in besonderem Masse für die Frage nach den Auswirkungen der Anpassung auf die Sozialausgaben des Staates.

Zweitens handelt es sich bei den zuvor präsentierten theoretischen Modellanalysen immer nur um Partialbetrachtungen einzelner Anpassungsmassnahmen. Die Wirkung der gleichzeitigen Implementation mehrerer Instrumente könnte nur mit einem theoretischen Gesamtmodell untersucht werden. Wegen der erstgenannten Einschränkung wäre dies jedoch nicht von grossem Gewinn, da durch die Simultaneität die meisten Schlussfolgerungen nicht eindeutig wären. Da geht man besser gleich mit empirischen Untersuchungen ans Werk.

Drittens werden in theoretischen Abhandlungen die Armen meist nicht explizit als Bevölkerungsgruppe identifiziert, sondern immer nur als Untergruppe von Produzenten, Arbeitnehmern, Konsumenten etc. behandelt. Ohne die Festlegung einer Armutslinie und empirische Untersuchungen kann über die tatsächlichen Auswirkungen auf die Armen und die Armut nichts Definitives ausgesagt werden.

Trotz dieser Einschränkungen enthalten die vorangehenden theoretischen Überlegungen eine ausserordentlich wichtige Botschaft, die an die einführende Darstellung der Anpassungspolitik in Kapitel 6 anknüpft. Die Lasten der Anpassung sind um so gravierender (und die Gewinne um so geringer), je geringer die Anpassung über die Umschichtung von Produktion und Ausgaben erfolgt bzw. je stärker sie über die Nachfragekompression bewerkstelligt wird. Diese Schlussfolgerung ist eindeutig – für die Entwicklungen bei den Produzenten ebenso wie auf dem Arbeitsmarkt und für die Sozialausgaben des Staates. Es gibt keinen Grund zu der Annahme, dass diese eindeutige Schlussfolgerung nicht auch für die armen Bevölkerungsschichten gilt, die von diesen Entwicklungen betroffen werden.

Dies ist die Fokussierung des Kernarguments aus Kapitel 6 auf die soziale Frage. Wenn eine Volkswirtschaft ein nicht mehr finanzierbares binnen- und aussenwirtschaftliches Ungleichgewicht aufweist, dann ist die orthodoxe Anpassungspolitik auch für die Armen im Grundsatz die beste Alternative. Zweifellos ist es zutreffend, dass bestimmte Teile der armen Bevölkerungsschichten unter temporären Anpassungslasten zu leiden haben – und diese Lasten kann und sollte man durch begleitende Politikmassnahmen so gut wie möglich mildern. Aber eine grundlegende Alternative zur Anpassung gibt es auch aus der Sicht der Armen nicht.

8.3 Soziale Folgen der Anpassung: Empirische Erkenntnisse

Methodische Probleme

Selbst wenn man die vorangehend erörterten theoretischen Modelle und Hypothesen mit der gewünschten Detaillierung empirisch testen könnte, würde dies nicht ausreichen, die Lasten der Anpassung zufriedenstellend beurteilen zu können. Die empirische Analyse steht hier vor denselben Problemen, wie die zuvor diskutierten Untersuchungen der Auswirkungen auf die wirtschaftlichen Aggregatgrössen. Konkret heisst dies, dass eine angemessene Beurteilung der Anpassungslasten berücksichtigen müsste, wie sich die soziale Situation denn ohne Anpassungspolitik entwickelt hätte. Dazu wäre ein wirtschafts- und sozialpolitisches «counterfactual scenario» erforderlich. Ausserdem müssten die sozialen Wirkungen der Krise vor der Anpassung sowie andere Einflüsse auf die soziale Situation während der Anpassung von den Wirkungen der wirtschaftspolitischen Reformen deutlich getrennt werden. Darüber hinaus sollte man im Idealfall nicht nur wissen, ob ein Land mit den Bretton-Woods-Instituten ein Anpassungsprogramm vereinbart hat oder nicht, sondern auch, welche Massnahmen mit welcher Konsequenz tatsächlich implementiert wurden.

Die heute verfügbaren Studien über die sozialen Folgen der Anpassung erfüllen diese Anforderungen in noch weitaus geringerem Umfang als die Untersuchungen über die Auswirkungen der Anpassung auf die wirtschaftlichen Aggregate. Dies gilt insbesondere für Querschnittsanalysen, die vor allem durch einen Mangel an zuverlässigen Daten stark eingeschränkt sind. Aber auch in vergleichenden Analysen und Länderstudien können die genannten Anforderungen in aller Regel nicht erfüllt werden. Insgesamt sind die methodischen Schwächen in diesem Zusammenhang besonders gravierend, weil dadurch nicht selten der Eindruck entsteht, dass ohne Anpassung keinerlei soziale Belastungen entstehen würden. Wie schon in Kapitel 6 hervorgehoben wurde, wäre dies ein verheerender Trugschluss.

Ein besonderes methodisches Problem bei der Untersuchung sozialer Entwicklungen stellt der begrenzte Zeitraum dar, für den Daten zur Verfügung stehen. Wie in den Kapiteln 6 und 7 dargelegt wurde, treten die Wachstumseffekte der Anpassung nicht sofort, sondern mit Verzögerungen ein. A priori muss man davon ausgehen, dass die Verzögerungen für die Verbesserung der Armutssituation grösser sind, als die Verzögerungen zwischen Anpassung und Wachstum insgesamt. Dies ist unter anderem darauf zurückzuführen, dass die Armen die verbesserten wirtschaftlichen Rahmenbedingungen in der Regel nicht so rasch und gewinnbringend nutzen können wie die Bezieher höherer Einkommen.

Strenggenommen müsste man in den Untersuchungen der Anpassungsländer deshalb zwischen transienter oder temporärer Armut und dauerhafter Armut («hard core poverty») unterscheiden. Es ist ja unbestritten, dass Anpassungslasten entstehen, das heisst, dass vor allem in der Frühphase der Anpassung ein Teil der Bevölkerung unter die Armutsgrenze geraten und die Armut sich dort verschärfen kann. Aber bestimmte Teile der armen Bevölkerung können ihre Einkommen aufgrund der verbesserten Rahmenbedingungen nach einer gewissen Zeit erhöhen, während andere (noch) in der Armut verbleiben. Die bis zur Gegenwart beobachtbaren quantitativen Zusammenhänge von Anpassung und Armutsentwicklung sind somit nur als Zwischenbilanzen zu werten.

Beschäftigung, Löhne, ländliche Kaufkraft und Armut

Den folgenden Ausführungen etwas vorausgreifend kann man einleitend festhalten, dass mit den heute verfügbaren Querschnittsuntersuchungen pauschal kein sytematischer negativer Zusammenhang zwischen der Implementation von Anpassungsprogrammen und der Entwicklung von Lohneinkommen und Armut nachweisbar ist. Dies soll natürlich nicht heissen, dass die Armut in allen Anpassungsländern abnimmt. In vielen Anpassungsländern nimmt die Anzahl der Armen zwar relativ ab, aber in absoluten Zahlen immer noch zu. Ausserdem verschärft sich zuweilen die Armut. Aber es zeigt sich insgesamt, dass die Implementation von Anpassungsprogrammen nicht systematisch und signifikant zu einer Zunahme der Armut führt – eine Hypothese, die immer wieder pauschal vorgebracht, aber meist nur mit anekdotischer Evidenz gestützt wird. In Querschnittsuntersuchungen mehrt sich hingegen die

Evidenz, dass die Armut in krisengeplagten Ländern dort zunimmt, wo eine konsequente Anpassung ausbleibt.

Als Ausgangspunkt dieses Abschnitts bietet es sich an, zunächst einen Blick auf die Entwicklung von Lohneinkommen zu werfen, da Arbeitnehmer häufig zu den von der Anpassung am stärksten betroffenen Bevölkerungsgruppen gezählt werden. In einer Studie von Maasland und van der Gaag (1992) wurden die Auswirkungen der Anpassung auf die Einkommen der Arbeitnehmer einem einfachen statistischen Vorher-Nachher-Test unterworfen. Mit dem Test wird ein möglicher Trendbruch in der Entwicklung der Lohnquote überprüft, die den Anteil der Löhne und Gehälter am BIP misst. Das Ergebnis lautet, dass sich in elf von 15 frühen Anpassungsländern die Trendentwicklung der Lohnquote in der Periode der Anpassung (1981–87) nicht signifikant von der Trendentwicklung vor der Anpassung (1970–80) unterscheidet. Nur in zwei Ländern der Stichprobe, in Kolumbien und Mexiko, ist eine Trendverschiebung nach unten festzustellen. Da die Shiftparameter der beiden Gleichungen nur auf dem 10%-Niveau signifikant sind, ist dieses Resultat jedoch mit Vorsicht zu geniessen. Ausserdem besteht die Möglichkeit, dass diese Entwicklung durch Ausgangsbedingungen und externe Schocks (mit-) bestimmt wurde, die andere Länder nicht aufgewiesen haben. Die betreffenden Gleichungen wurden hierfür leider nicht mit entsprechenden Kontrollvariablen geschätzt (Maasland und van der Gaag 1992, S. 43 f.).

Ausserdem wirft natürlich die in der Schätzung verwendete Lohnquote als Indikator für die Entwicklung der Lohneinkommen erhebliche Interpretationsprobleme auf. Der Anteil der Löhne und Gehälter am BIP gibt ja nur über die faktorale Einkommensverteilung Auskunft, nicht über das absolute Niveau der Lohneinkommen. Wenn die Lohnquote beispielsweise konstant bleibt, so kann dies steigende oder fallende Lohneinkommen indizieren, je nachdem, wie sich das BIP entwickelt.

In Verbindung mit den in Kapitel 7 diskutierten Querschnittsschätzungen über den Zusammenhang von Anpassung und BIP-Wachstum kann man jedoch eine Aussage über die absolute Entwicklung der Lohneinkommen gewinnen. Die Schlussfolgerung ist ziemlich eindeutig. Da sich in der Studie von Maasland und van der Gaag die Trendentwicklung der Lohnquote in 13 von 15 Anpassungsländern nicht verändert hat (in zwei Ländern mit zweifelhafter Signifikanz und ohne Berücksichtigung verzögerter und externer Einflüsse), und in den Aggregatanalysen von Kapitel 7 die Wachstumswirkung der Anpassung statistisch signifikant und numerisch nicht vernachlässigbar ist, stellen sich die Arbeitnehmer in den frühen Anpassungsländern sehr wahrscheinlich insgesamt besser als in Ländern mit späterer Anpassung oder ohne

Anpassungsprogramme. Diese indirekte Schlussfolgerung darf immerhin für sich beanspruchen, wenigstens für die BIP-Schätzung den Einfluss von Kontrollvariablen zu berücksichtigen.

Ein Blick auf die Entwicklung der Lohnquoten in verschiedenen Ländergruppen verdeutlicht, dass auch mit dem einfachen Vergleich von Anpassungsländern und Ländern ohne Anpassungsprogramme keine präzisen und absolut eindeutigen Aussagen zu gewinnen sind. Tabelle 8.1 enthält die Mittelwerte (arithmetische Durchschnitte) der Lohnquoten dieser Ländergruppen sowie die Medianwerte (50% der Länder liegen oberhalb, 50% der Länder unterhalb des Medians). Ein Auseinanderfallen von Mittelwert und Median bedeutet, dass die Verteilung der Lohnquoten nicht symmetrisch verläuft, sondern durch Extremwerte in einzelnen Ländern (Ausreisser) nach links oder rechts verzerrt wird.

Das daraus entstehende Interpretationsproblem ist bei der Entwicklung in den frühen Anpassungsländern gut zu erkennen. Der Mittelwert der Lohnquote liegt für die Periode 1985–87 mit 35.2% deutlich unter dem Wert von 38.0% für den Zeitraum 1970–80. Der Rückgang des Mittelwerts ist jedoch wesentlich das Resultat von zwei Extremfällen in der Stichprobe, Jamaika und Tanzania. Der Medianwert ist deshalb möglicherweise der bessere Indikator für die «charakteristische» Entwicklung, und der indiziert, dass sich die Lohnquote nicht reduziert hat.

Dasselbe Problem stellt sich bei der Betrachtung der Länder ohne Anpassungsprogramme. Dies ist die einzige Ländergruppe, bei der sich die durch-

Tabelle 8.1: Entwicklung der Lohnquote

Ländergruppe:	Anzahl	1970–80	1981–84	1985–87
Frühe Anpassungsländer	10			
Durchschnitt		38.0	38.2	35.2
Median		38.0	41.5	38.1
Andere Anpassungsländer	7			
Durchschnitt		34.9	31.7	31.5
Median		38.3	28.4	32.3
Nicht-Anpassungsländer	13			
Durchschnitt		36.0	37.5	37.7
Median		40.0	40.1	37.5
Alle Länder	30			
Durchschnitt		36.4	36.4	35.4
Median		38.3	39.1	37.4

Quelle: Maasland und van der Gaag, 1992, S. 42

schnittliche Lohnquote im betrachteten Zeitraum erhöht. Der Median nimmt jedoch ab, und in der Tat fiel die Lohnquote in sieben der 13 Länder in dieser Gruppe (Maasland und van der Gaag, 1992, S. 42). Die auf den ersten Blick durch die Mittelwerte naheliegende Schlussfolgerung, dass die Entwicklung in den Anpassungsländern ungünstiger war, als in den Ländern ohne Anpassungsprogramme, ist somit nicht stichhaltig.

Die Entwicklung der Lohnquote und der Lohneinkommen gibt allerdings keine Auskunft über die Entwicklung der Beschäftigung und der (Real-) Löhne. Es ist also nicht zu erkennen, ob die Anpassung in erster Linie die Beschäftigung oder das Lohnniveau beeinflusst hat. Maasland und van der Gaag haben deshalb auch die Entwicklung dieser beiden Variablen untersucht (Maasland und van der Gaag, 1992, S. 44 ff). Die Stichproben sind jedoch vor allem bei der Beschäftigung sehr klein. Immerhin ist den Daten zu entnehmen, dass in acht von zehn frühen Anpassungsländern die Arbeitslosigkeit in der ersten Anpassungsphase (1981–84) zunahm, dass aber in der Hälfte dieser Länder die Arbeitslosenquoten nach 1985 niedriger lagen als in den 70er Jahren. Angesichts der kleinen Stichprobe und der sehr begrenzten Aussagekraft von Quoten der offenen Arbeitslosigkeit in Entwicklungsländern sind Generalisierungen über die Beschäftigungsentwicklung jedoch nicht möglich (Maasland und van der Gaag, 1992, S. 42).

Hinsichtlich der Reallohnentwicklung geben die verfügbaren Daten mehr her. In der verarbeitenden Industrie war in zwölf frühen Anpassungsländern die Reallohnentwicklung nach 1985 im Durchschnitt rückläufig (−1.2% p.a.), aber der Medianwert war positiv (0.9% p.a.) und lag höher als in den 70er Jahren (0.6% p.a.). In zehn anderen Anpassungsländern war nach 1985 sowohl der Durchschnittswert als auch der Median der Reallohnänderungen positiv (in beiden Fällen 1.4% p.a.) und lag über den Werten für die frühe Anpassungsphase 1981–84 (1.2% bzw. 0.8% p.a.). In zehn Ländern ohne Anpassungsprogramme fiel der Durchschnittswert der Reallöhne nach 1985, der Medianwert der Veränderung war jedoch deutlich positiv.

In der Landwirtschaft waren die Reallohnentwicklungen ähnlich divergierend. Ein Trendtest ergab, dass in elf von 18 Anpassungsländern kein signifikanter Trendbruch der Reallohnentwicklung in der Anpassungsphase gegenüber den 70er Jahren nachgewiesen werden konnte. In acht von zwölf Anpassungsländern stiegen die landwirtschaftlichen Reallöhne nach 1985 gegenüber den 70er Jahren, in vier Ländern waren sie rückläufig. Dasselbe heterogene Bild ergibt sich für die Entwicklung der Reallöhne in der Bauindustrie, die häufig als Näherungsindikator für die Löhne gering qualifizierter Arbeitskräfte in städtischen Regionen verwendet werden. In vier von 13 Anpassungsländern verschob sich der Trend der Reallohnentwicklung in der Anpassungsphase signifikant nach unten, in zwei Ländern nach oben, in den übrigen Ländern blieb er unverändert. In fünf von zehn Anpassungsländern stiegen die Reallöhne nach 1985 gegenüber den 70er Jahren, in fünf Fällen waren sie rückläufig (Maasland und van der Gaag, 1992, S. 49).

Insgesamt sind die mit einfachsten Vorgehensweisen eruierten Zusammenhänge von Anpassung und Lohneinkommensentwicklung offenkundig sehr gemischt. Die Hypothese einer durch Anpassungsprogramme systematisch und signifikant verursachten höheren Belastung der Arbeitnehmer als in Ländern ohne Anpassung ist angesichts dieser Ergebnisse pauschal jedoch keinesfalls aufrechtzuerhalten. Abgesehen von den kleinen Stichproben und den Problemen mit Ausreissern leiden die hier präsentierten Vergleiche natürlich unter all den methodischen Schwächen, auf die schon mehrfach hingewiesen wurde. Die unterschiedlichen Ausgangsbedingungen der Länder werden ebensowenig berücksichtigt wie unterschiedliche externe Einflüsse, Unterschiede in der Programmimplementation oder ein «counterfactual scenario». Es mag lästig wirken, aber um Fehlinterpretationen vorzubeugen, sollte man sich diese Schwachstellen immer wieder in Erinnerung rufen. Sie gelten auch für alle weiteren Untersuchungen, die im folgenden noch diskutiert werden.

Zur Beurteilung der Kaufkraftentwicklung in der Landwirtschaft verfügten Maasland und van der Gaag über eine recht grosse Stichprobe von insgesamt 70 Ländern. Tabelle 8.2 fasst die Veränderungsraten mit arithmetischen

Tabelle 8.2: Entwicklung der Pro-Kopf Realeinkommen in der Landwirtschaft

Ländergruppe:	Anzahl	1970–80	1981–84	1985–88
Frühe Anpassungsländer	23			
Durchschnitt		2.3	–0.5	2.9
Median		1.8	–0.6	2.1
Andere Anpassungsländer	23			
Durchschnitt		1.9	–0.3	1.6
Median		1.6	0.5	1.1
Nicht-Anpassungsländer	24			
Durchschnitt		2.2	–1.7	–0.9
Median		3.1	–1.6	–0.3
Alle Länder	70			
Durchschnitt		2.2	–0.8	1.2
Median		1.9	–0.6	0.9

Quelle: Maasland und van der Gaag, 1992, S. 47

Durchschnitten und Medianwerten für die schon zuvor präsentierten Ländergruppen zusammen. Die Daten indizieren eindeutig, dass sich die landwirtschaftlichen Einkommen in den frühen Anpassungsländern deutlich stärker verbessert haben als in den anderen Ländergruppen. Dies weist darauf hin, dass die mit den Anpassungsprogrammen verfolgten wechselkurspolitischen Korrekturen und die Änderungen in der Agrarpreispolitik doch schon einige Früchte getragen haben.

Dieses Ergebnis passt auch mit den Resultaten des in Kapitel 7 untersuchten Zusammenhangs zwischen Anpassung und Exportentwicklung zusammen. In Kombination weisen die beiden Ergebnisse erneut indirekt darauf hin, dass sich die Austauschverhältnisse sowie die Produktion und Einkommen der Bauern verbessert haben. Die in Kapitel 7 konstatierte signifikante und numerisch nicht unerhebliche Steigerung der Exportquoten in den frühen Anpassungsländern ist ohne erhöhte Preisanreize auch nicht erklärbar. Demnach hat sich in den frühen Anpassungsländern die Kaufkraft der Produzenten handelbarer Agrargüter erhöht. Die Entwicklung der landwirtschaftlichen Kaufkraft in der Ländergruppe ohne Anpassungsprogramme präsentiert sich für den betrachteten Zeitraum hingegen ziemlich desolat.

In der verarbeitenden Industrie, die vorwiegend in städtischen Regionen angesiedelt ist, zeigt ein einfacher Vergleich zwischen verschiedenen Ländergruppen, dass in den frühen Anpassungsländern der Lohnanteil an der Wertschöpfung des Sektors stetig gefallen ist (Tabelle 8.3). Ein Trendtest präzisiert, dass in vier von 13 frühen Anpassungsländern und in drei von sieben späteren

Tabelle 8.3: Entwicklung der Lohnquote in der verarbeitenden Industrie

Ländergruppe:	Anzahl	1970–80	1981–84	1985–87
Frühe Anpassungsländer	13			
Durchschnitt		30.9	30.2	28.0
Median		31.0	26.7	25.8
Andere Anpassungsländer	8			
Durchschnitt		32.2	32.8	31.1
Median		31.1	32.6	32.0
Nicht-Anpassungsländer	10			
Durchschnitt		28.9	29.8	28.2
Median		26.7	29.6	28.0
Alle Länder	31			
Durchschnitt		30.6	30.8	28.9
Median		29.2	30.1	27.8

Quelle: Maasland und van der Gaag, 1992, S. 47

Anpassungsländern eine signifikante Trendverschiebung der sektoralen Lohnquotenentwicklung (nach unten) stattgefunden hat. Ein Kontrollgruppenvergleich, der die Ausgangsbedingungen und externe Einflüsse berücksichtigt, ergibt für die frühen Anpassungsländer allerdings keine statistisch signifikante Änderung gegenüber den anderen Ländergruppen (Maasland und van der Gaag, 1992, S. 37 f). Damit ist nicht so recht klar, ob die Trendverschiebungen tatsächlich auf die Anpassungsprogramme oder nicht vielmehr auf unterschiedliche externe Einflüsse zurückzuführen sind.

Eine recht klare Sprache sprechen in der Studie von Maasland und van der Gaag hingegen die Lohn- und Gehaltsausgaben der Regierungen als Anteil der staatlichen Gesamtausgaben (ohne Zinszahlungen). Tabelle 8.4 zeigt, dass diese Anteile in allen Ländergruppen in der Periode 1981–84 zurückgegangen sind, dass sie sich in den späteren Anpassungsländern und in den Ländern ohne Anpassungsprogramme danach jedoch wieder erholt haben. Demgegenüber dauerte in den frühen Anpassungsländern der abnehmende Trend in der letzten Beobachtungsperiode nach wie vor an.

Die Veränderungen in der Periode 1981–84 gegenüber 1970–80 stehen auf den ersten Blick in erstaunlichem Widerspruch zu den Ergebnissen der Studie von Pinstrup-Andersen, Jaramillio und Stewart (1987), die mit einer Stichprobe von 46 Ländern für den Zeitraum 1979–1983 zum Schluss kommt, dass die Löhne und Gehälter der öffentlichen Hand ziemlich stark geschützt wurden. Nur in 30 % der betrachteten Länder fiel der Anteil der Lohn- und Gehaltszahlungen. In 35 % der Länder blieb der Lohnsummenanteil kon-

Tabelle 8.4: Entwicklung der Lohnzahlungen als Anteil der Staatsausgaben (ohne Zinszahlungen)

Ländergruppe:	Anzahl	1970–80	1981–84	1985–87
Frühe Anpassungsländer	10			
Durchschnitt		29.6	28.2	27.4
Median		30.5	27.0	26.0
Andere Anpassungsländer	6			
Durchschnitt		34.7	28.1	30.0
Median		33.9	29.0	28.4
Nicht-Anpassungsländer	10			
Durchschnitt		31.0	26.8	29.8
Median		34.0	25.4	27.7
Alle Länder	26			
Durchschnitt		31.3	27.7	28.9
Median		33.4	27.0	27.3

Quelle: Maasland und van der Gaag, 1992, S. 49

stant, in weiteren 35 % nahm er sogar zu (Pinstrup-Andersen, Jaramillio und Stewart, 1987, S. 80).

Möglicherweise kommt der Unterschied dadurch zustande, dass Pinstrup-Andersen et al. ihre Stichprobe nicht in verschiedene Gruppen von Ländern untergliedert haben, und die frühen Anpassungsländer im Staatssektor tatsächlich stärker Remedur geschaffen haben als andere Länder. Abgesehen davon kann der Widerspruch aber auch darauf zurückzuführen sein, dass die Studie von Pinstrup-Andersen et al. die Veränderungen gegenüber dem Basisjahr 1978 berechneten, während Maasland und van der Gaag die Durchschnittswerte der 70er Jahre als Vergleichsbasis wählten. Wenn schon in den 70er Jahren die Anteile der Lohnsummen an den Staatsausgaben, evtl. durch die Ausdehnung anderer Ausgabenposten, deutlich rückläufig waren, können dadurch die genannten Abweichungen entstehen.

Alles in allem kann auch aus diesen Querschnittsbetrachtungen nicht pauschal die Schlussfolgerung gezogen werden, dass die Arbeitnehmer schlechthin durch die Implementation von Anpassungsprogrammen systematisch diskriminiert worden wären. Das Gesamtbild ist recht gemischt. Die Ergebnisse der Untersuchungen legen es jedoch nahe, dass die Arbeitnehmer in der verarbeitenden Industrie und im öffentlichen Sektor von der Anpassung überproportional betroffen wurden. Bei aller Unsicherheit darf nicht vergessen werden, dass dies schon aus theoretischer Sicht ein erwartbares bzw. plausibles Resultat wäre. Dies gilt aber auch für die Verbesserung der Kaufkraft im landwirtschaftlichen Sektor, die in den Untersuchungen insgesamt recht deutlich und robust ermittelt wurde.

Von Interesse ist nun natürlich die Antwort auf die Frage, wie sich auf dem Hintergrund dieser offenkundig ziemlich gemischten Entwicklungen die Armutssituation in den Anpassungsländern verändert hat. Die umfangreichste Untersuchung zu dieser Fragestellung hat das Operations Evaluation Department (OED) der Weltbank vorgelegt (Weltbank, 1995), in der Datensätze und bereits verfügbare Untersuchungen aus der Weltbank sowie von anderen Quellen und Autoren ausgewertet wurden (z. B. Psacharopoulos/Morley/Fiszbein/Lee/Wood, 1992; Chen/Datt/Ravaillon, 1993; Ravaillon, 1993; Berg/Hunter/Lenaghen/Riley, 1994).

Die Auswertungen des OED erfolgten mit vier Armutsgrenzen: 30 $ Pro-Kopf-Konsumausgaben pro Monat, 60 $ Pro-Kopf-Konsumausgaben pro Monat (immer kaufkraftbereinigt zu Preisen von 1985) sowie – allerdings für wesentlich kleinere Stichproben – mit zwei länderspezifisch bestimmten Armutsgrenzen. Untersucht wurden die drei Armutsindizes, die in Abschnitt 8.2 erörtert wurden. Die Stichprobe der Untersuchung umfasst insgesamt 33 Länder, für die entsprechende Haushaltsdaten für mindestens zwei Zeitpunkte in den 80er Jahren zur Verfügung stehen. 23 dieser Länder haben von den Bretton-Woods-Instituten Anpassungskredite erhalten und werden als Kern-Anpassungsländer bezeichnet (vgl. Weltbank, 1995, S. 45 ff.).

Das Hauptergebnis der Untersuchung lautet, dass sich in 23 der 33 Länder die Armutsindizes verbessert und in zehn Ländern verschlechtert haben (in den meisten Fällen jeweils alle drei Indizes für alle Armutsgrenzen). Von den 23 Kern-Anpassungsländern weisen 15 eine Abnahme der Armutsindizes auf und acht Länder eine Zunahme. In den 24 Ländern der gesamten Stichprobe, die im Beobachtungszeitraum Wirtschaftswachstum aufwiesen, waren in 19 Ländern die Armutsindizes eindeutig rückläufig, während in allen neun Ländern ohne Wirtschaftswachstum die Armutsindizes zunahmen – eine recht eindrückliche Bestätigung für die Hypothese, dass Wachstum eine notwendige Voraussetzung für die Reduktion der Armut ist. Trotz der mehrheitlich positiven Entwicklung der Armutsindizes in den Anpassungsländern ging die absolute Anzahl der Armen – bedingt durch das Bevölkerungswachstum – allerdings nur in wenigen Fällen tatsächlich zurück. Die Armutsreduktion belief sich in sechs Anpassungsländern auf einen Prozentpunkt oder weniger pro Jahr, in fünf Ländern auf mehr als einen bis zwei Prozentpunkte und nur in vier Ländern auf zwei Prozentpunkte und mehr.

Das OED hat in der Studie auch den Zusammenhang zwischen der Entwicklung der (personellen) Einkommensverteilung, gemessen mit dem üblichen Gini-Koeffizienten, und der Armut untersucht (Weltbank, 1995, S. 56 ff). In neun der 23 Kern-Anpassungsländer nahm die Ungleichheit ab, in zwölf Ländern nahm sie zu und in zwei Ländern blieb sie unverändert. Für die gesamte Stichprobe von 33 Ländern ergab sich eine Abnahme der Ungleichheit in 14 Ländern, eine Zunahme in 17 Fällen und keine Veränderung in zwei Ländern. Damit sind die Relationen zwischen verbesserter und verschlechterter Verteilung in den beiden Ländergruppen so ähnlich, dass die ebenfalls häufig vorgetragene Hypothese, Anpassungsprogramme würden generell eine Verschlechterung der Verteilung gegenüber Nicht-Anpassungsländern induzieren, keinesfalls gestützt wird.

Vor allem in Asien und Lateinamerika ist eine positive Korrelation zwischen der Veränderung der Einkommensverteilung und der Veränderung der Armut zu beobachten, wobei kein Unterschied zwischen den Kern-Anpassungsländern und den anderen Ländern festzustellen ist. In Afrika traten jedoch in zwei Dritteln der Länder gegenläufige Entwicklungen von Armuts- und Verteilungsindex auf. Im übrigen liegen die durchschnittlichen Ungleichverteilungen in Lateinamerika deutlich höher als in Asien, während sich Afrika (allerdings mit kleiner Stichprobe) als die Region mit der höchsten Varianz der Gini-Indizes präsentiert (Weltbank, 1995, S. 60 ff).

Eine interessante Frage ist natürlich, wie die Kombination von Wirtschaftswachstum und Veränderung der Einkommensverteilung die Armutsentwicklung beeinflusst hat. Unter Verwendung einer Dekompositionsmethode, die von Datt und Ravallion (1992) vorgeschlagen wurde, werden in der OED-Studie die Beiträge dieser beiden Einflusskräfte ermittelt. Einfach ausgedrückt wird zum einen die Verteilung konstant gehalten und der Wachstumseffekt auf die Armut ermittelt, zum anderen wird das Durchschnittseinkommen konstant gehalten und der Verteilungseffekt bestimmt. Obwohl die Verteilungseffekte nicht vernachlässigbar sind, resultiert aus diesen Analysen eindeutig die Schlussfolgerung, dass die Wachstumseffekte die Umverteilungseffekte bei weitem überwiegen (Weltbank, 1995, S. 61 ff). Dies verstärkt natürlich das bereits zuvor angesprochene Argument, dass Wirtschaftswachstum eine notwendige Voraussetzung für die Reduktion der Armut ist.

Auf der Basis von Schätzungen der gegenwärtigen Armutselastizität (wie verändert sich die Armut mit dem Wirtschaftswachstum?) errechnet das OED denn auch Wachstumsraten, die zu einem signifikanten Rückgang der Armut führen würden (Weltbank, 1995, S. 66 ff). Die Schätzwerte für die Armutselastizitäten in insgesamt 46 Entwicklungsländern sind für die künftigen Perspektiven der Armutsbekämpfung allerdings recht ernüchternd. Die höchsten Werte, im Durchschnitt zwischen zwei und vier, findet man in Asien, die Werte für Lateinamerika liegen typischerweise zwischen eins und drei, und die niedrigsten Werte – unter eins – wurden für Afrika ermittelt. Die geringsten Wirkungen des Wirtschaftswachstums sind somit ausgerechnet dort zu erwarten, wo die Wachstumsraten in den vergangenen Jahren am meisten zu wünschen übrig liessen. Soweit als möglich sollte man demnach versuchen, auch die Verteilungseffekte des Wachstums für die Armutsreduktion zu verbessern. Dabei ist jedoch vor dem Gedanken zu warnen, dies über staatliche Einkommenstransfers zu bewerkstelligen. Viele Tatbestände lassen es nicht angeraten erscheinen, diesen Weg einzuschlagen: Die Budgetsituation der Anpassungsländer, ihre gesamtwirtschaftliche Lage, die Ursachen für chronische Armut, die mit Einkommenstransfers nicht beseitigt werden, die Anfälligkeit vieler Politiker für populistischen Aktivismus, für «rent-seeking» und Korruption und die desolaten Verhältnisse in vielen Verwaltungen. Der Weg muss zweifellos über eine Veränderung der «Merkmale des Wachstumsprozesses» (Weltbank, 1995, S.62) erfolgen, das heisst die Einkommen der Armen müssen vermehrt durch eine Steigerung ihrer Wirtschaftskraft wachsen – ein wichtiger Aspekt, der in Kapitel 9 noch näher beleuchtet wird.

Die häufig pauschal formulierte Hypothese von Kritikern der Anpassung, dass Anpassungsprogramme die Armut erhöhen, wird von den Ergebnissen dieser Untersuchungen somit nicht gestützt. Im Gegenteil: Die nachweisbar dominierende Bedeutung der Wachstumseffekte für die Reduktion der Armut und die nachgewiesenen Wachstumserfolge der frühen Anpassungsländer indizieren eher, dass entschiedene Wirtschaftsreformen in den Krisenländern dazu beitragen, die Armut zu vermindern. Dies ist die langfristige Wirkung der Anpassung, die man aus den theoretischen Modellen erwartet.

Diese theoretischen Erwartungen werden sehr deutlich in einer Studie von Demery und Squire (1996) für eine Gruppe von sechs afrikanischen Ländern bestätigt. Der Nachweis über den positiven Zusammenhang zwischen Politikreformen und Armutsminderung erfolgt durch die Gegenüberstellung von zwei Indizes. Der erste Index misst die Entschiedenheit oder Intensität der Makroreformen, die in den betrachteten Ländern durchgeführt wurden. Dieser Index wurde in einer früheren Weltbankstudie (1994) für insgesamt 26 afrikanische Länder konstruiert. Der zweite Index misst die Veränderung der Armut mit dem «head count index». Wie aus der nachfolgenden Tabelle 8.5 hervorgeht, ist die Korrelation zwischen der Massgrösse für die Reformintensität und der Veränderung der Kenngrösse für die Armut nicht zu leugnen. Natürlich ist die Stichprobe für gesicherte, allgemein gültige Schlussfolgerungen zu gering. Die Ergebnisse lassen es jedoch sehr lohnend erscheinen, mit zunehmender Datenverfügbarkeit den Zusammenhang zwischen Reformintensität und Veränderung der Armut eingehender zu untersuchen.

Demery und Squire machen auch besonders darauf aufmerksam, dass bei der Interpretation der Veränderung der Armutsinzidenz die Armen nicht als eine homogene Gruppe betrachtet werden dürfen. In den drei Ländern Kenia, Nigeria und Tanzania ist nämlich festzustellen, dass sich in den betrachteten Zeiträumen die Lage der ärmsten 10% der Armen verschlechtert hat. Trotz der

Tabelle 8.5: Reformintensität und Armutsveränderung

Land	Beobachtungs-zeitraum	Reform-intensität	Armutsänderung, Prozentpunkte p.a.
Côte d'Ivoire	1985/1988	−1.65	+5.30
Äthiopien	1989/1994	+0.55	−3.60
Ghana	1988/1992	+1.35	−1.95
Kenia	1982/1992	+0.45	−0.28
Nigeria	1985/1992	+1.79	−1.27
Tansania	1983/1991	+2.76	−1.83

Quelle: Demery und Squire, 1992

Abnahme der Armutsinzidenz in diesen Ländern hat die so gemessene «Schärfe» der Armut zugenommen. Nur in Côte d'Ivoire und Ghana sind die beiden Armutsindizes gleichläufig (für Äthiopien standen keine ausreichend disaggregierten Daten zur Verfügung; Demery und Squire, 1996, S. 44).

Schlussfolgerungen

Alles in allem kommt man zum Schluss, dass mit den heute verfügbaren Querschnittsuntersuchungen pauschal kein systematischer und signifikant negativer Zusammenhang zwischen Anpassungsprogrammen und der Entwicklung der gesamten Lohneinkommen sowie der Armut nachweisbar ist. Die Ergebnisse sind gemischt, das heisst neben positiven Entwicklungen stehen auch negative. Eine zunehmende Anzahl von Ergebnissen der empirischen Forschung indiziert, dass entschiedene Politikreformen langfristig tatsächlich die theoretisch erwarteten Effekte der Armutsminderung zeitigen. Erfolgreiche Anpassung trägt eindeutig zur Steigerung des Wirtschaftswachstums bei, und Wirtschaftswachstum ist – unter den gegenwärtigen Bedingungen – die dominierende Triebkraft für den Abbau der Armut.

Dennoch darf nicht vernachlässigt werden, dass verbesserte wirtschaftliche Rahmenbedingungen nur eine notwendige Voraussetzung, aber kein hinreichendes Instrumentarium für genuine Programme der Armutsbekämpfung darstellen. Die Umverteilungsoption muss genutzt werden, sollte jedoch in erster Linie bei der Einkommensentstehung ansetzen und nicht bei staatlichen Einkommenstransfers. Darauf wird im folgenden Kapitel 9 noch näher eingegangen.

Die Schlussfolgerung über den Zusammenhang zwischen Anpassung und Lohneinkommen sowie Armut ist jedoch stark mit den zuvor genannten methodischen Schwächen verbunden, die die empirische Forschung bislang nicht überwinden konnte. Entscheidend sind hier vor allem zwei Aspekte: Erstens hat in vielen Ländern die Krise vor der Anpassung zu erheblichen sozialen Belastungen geführt, zweitens ist unklar, welche zusätzlichen Belastungen ohne die Anpassungsprogramme entstanden wären. So zeigen die Statistiken von Ländern, die erst später oder gar nicht Anpassungsprogramme implementiert haben, dass dort die Belastungen insgesamt nicht signifikant von den Belastungen in den frühen Anpassungsländern verschieden waren. Ausserdem ist daran zu erinnern, dass die verfügbaren Daten nur recht kurze Zeiträume umfassen, und dass alle Beurteilungen nicht mehr als Zwischenbilanzen sein können (vgl. auch Box 8.1).

Wenn auch mit grossen Unsicherheiten behaftet, weisen die verfügbaren Daten jedoch darauf hin, dass in den frühen (und intensiven) Anpassungsländern die Beschäftigten in der (formellen) verarbeitenden Industrie stärker gelitten haben als in Ländern ohne Anpassungsprogramme. Dies trifft vermutlich auch für die Beschäftigten der öffentlichen Hand zu. In beiden Fällen weisen die Untersuchungen jedoch darauf hin, dass dieser Prozess in vielen Anpassungsländern bereits in den 70er Jahren begonnen hat, die Entwicklung

Box 8.1

Löhne, Beschäftigung und Armut: Das Beispiel Bolivien

Im Projekt «*Das Strukturanpassungsprogramm (SAP) Boliviens*» des NFP 28 wurden unter anderem auch die sozialen Auswirkungen analysiert (vgl. besonders Grütter, 1993). Im Syntheseberichtes Nr. 11 des NFP 28 fasst Baumer (1994) wichtige Ergebnisse dieser Untersuchungen folgendermassen zusammen.

«In ländlichen Gegenden – besonders im Hochland – wurden Kleinbauern vom SAP negativ betroffen durch mehr internationale Konkurrenz und weniger Subventionen für Transport, Energie und Düngemittel. Grössere landwirtschaftliche Betriebe steigerten ihre Exporte und profitierten von den Reformen. Per saldo wurde das «Land» gegenüber der «Stadt» eher benachteiligt, wie gestiegene Zahlen der Stadtwanderer vermuten lassen.

Lohnempfänger verbesserten im allgemeinen ihre Position gegenüber den Kapitaleigentümern. Die Reallöhne im privaten Sektor nahmen nach einer vorübergehenden Senkung wieder zu. Die liberalisierten Märkte verbesserten bei gleichzeitig geringerer Inflation die Markttransparenz für die Konsumenten. Sowohl die Lohnabhängigen wie auch allgemein die Konsumenten – dies mit Schwerpunkt in den Städten – profitierten durch die Reformen.

Die Sozialausgaben des Staates sanken zwischen 1985 und 1988 stärker als andere Staatsausgaben und betrafen also die sozial tieferen Schichten negativ; aber andererseits dürfte das Verschwinden der die ärmeren Schichten – besonders in den Städten mit wenig Selbstversorgung – hart treffenden Inflationssteuer die personelle Einkommensverteilung stark verbessert haben. Die Sozialausgaben haben übrigens 1988 wieder das Niveau von 1980 erreicht.

Die durch Entlassungen in Staatsunternehmen (Minen) betroffenen Erwerbstätigen gehörten mehrheitlich der oberen Lohnklasse an; die meisten fanden neue Arbeitsstellen im formellen oder informellen Sektor. Der «Sozialfonds» (FSE) schuf viele neue, rentable Stellen, finanziert aus dem Abbau unrentabler Subventionen an den Minensektor» (Baumer, 1994, S. 13).

«Allgemein darf angenommen werden, dass das SAP die städtischen Armen bevorteilte und die ländlichen Armen benachteiligte. Die funktionale Verteilung hat sich dank Inflationsabbau und Wettbewerbsverstärkung leicht zugunsten der Arbeitnehmer verbessert. Wenngleich die relative Position der Armen sich verbesserte, so scheint sich aber ihre absolute Lage verschlechtert zu haben. Dafür war die scharfe Rezession nach 1985 verantwortlich. Wachstum ist deshalb dringlich» (Baumer, 1994, S. 14).

in den 80er Jahren somit auch ein Erbe der Krisenzeit vor der Anpassung war. Die Veränderungen der Löhne in der Bauindustrie sind so heterogen und die Stichproben so klein, dass belastbare Aussagen eigentlich nicht möglich sind. Hingegen wird die positive Entwicklung der Kaufkraft in den ländlichen Regionen der Anpassungsländer durch die heute verfügbaren Daten recht eindeutig und robust belegt.

Mit den angesprochenen Einschränkungen stützen diese Ergebnisse die in den vorangehenden Abschnitten präsentierten theoretischen Überlegungen. Die (Real-) Löhne und Gehälter im formellen (privaten und öffentlichen) Sektor waren häufig bis zum Beginn der Anpassung ziemlich rigide, und die Beschäftigten waren gegen Entlassungen relativ gut geschützt. Ausserdem waren grosse Teile der Belegschaften vieler Behörden und staatlich kontrollierter Unternehmen systematisch unterbeschäftigt. Vor dem Hintergrund der theoretischen Erörterungen ist es somit nicht überraschend, dass diese Lohnempfänger von den Lasten der Anpassung wahrscheinlich stärker betroffen waren als andere Beschäftigte.

Staatliche Sozialleistungen und Lebensverhältnisse der Armen

Wie im theoretischen Teil schon angesprochen wurde, ist insbesondere unter Kritikern der Anpassungsprogramme die Meinung weit verbreitet, dass die orthodoxen Politikreformen in aller Regel zu überdurchschnittlichen Kürzungen staatlicher Sozialleistungen führen und damit die Lebensverhältnisse der Armen noch weiter verschlechtern. Diese Auffassung enthält im Grund drei Hypothesen, die getrennt überprüft werden müssen. Erstens die Hypothese der relativ stärkeren Reduktion von Sozialausgaben gegenüber anderen Ausgaben des Staates; zweitens die Hypothese, dass sich dadurch die staatlichen Leistungen in der Basisversorgung reduzieren; und drittens, dass sich in der Folge besonders die Lebensverhältnisse der Armen verschlechtern.

Die erste Hypothese konzentriert sich vor allem auf die überproportionale Kürzung der Staatsausgaben für Gesundheit und Erziehung. Aufgrund der Ergebnisse heute vorliegender Querschnittsuntersuchungen ist diese Hypothese pauschal jedoch nicht aufrechtzuerhalten. Wiederum ist festzustellen, dass die Ergebnisse sehr gemischt sind, das heisst dass die Ausgabenentwicklung – gemessen als Anteil an den diskretionären staatlichen Gesamtausgaben (ohne Zinszahlungen) – in den Anpassungsländern sehr unterschiedlich verlief bzw. verläuft. Ausserdem sind in einigen Untersuchungen die Stichproben wiederum so klein, dass Schlussfolgerungen schon aus diesem Grund erhebliche Unsicherheiten beinhalten. Wesentlich eindeutiger ist hingegen die Entwicklung der Pro-Kopf-Ausgaben zu beurteilen; die bereits zitierte Studie des OED der Weltbank kommt zum Schluss, dass in zwei Dritteln der Anpassungsländer die (realen) Sozialausgaben pro Kopf der Bevölkerung gesunken sind (Weltbank, 1995, S. 93 ff).

Ein gutes Beispiel für sehr begrenzte Stichprobengrössen ist die Studie von Maasland und van der Gaag (1992), in der nicht mehr als zehn frühe Anpassungsländer, fünf andere Anpassungsländer sowie fünf Länder ohne Anpassungsprogramme berücksichtigt werden konnten. Die Studie vergleicht die Anteile der Ausgaben für Gesundheit und Erziehung an den gesamten Staatsausgaben (ohne Zinsendienst) der genannten drei Ländergruppen. Sie berücksichtigt wiederum die Perioden 1970–80 (vor der Anpassung), 1981–84 (frühe Anpassungsphase) und 1985–87 als zweite Anpassungsphase.

Die Durchschnittswerte für die drei genannten Ländergruppen sind in Tabelle 8.6 zusammengefasst. Die durchschnittliche Entwicklung der Ausga-

Tabelle 8.6: Entwicklung der gesamten Staatsausgaben als Anteil am BIP und der Anteile für Gesundheit und Bildung an Staatsausgaben (ohne Zinszahlungen)

Ländergruppe: Gesamte Ausgaben / BIP	Anzahl	1970–80	1981–84	1985–87
Frühe Anpassungsländer Durchschnitt	10	22.1	22.4	21.1
Andere Anpassungsländer Durchschnitt	5	n.v	31.6	30.9
Nicht-Anpassungsländer Durchschnitt	5	26.0	28.3	27.3
Gesundheit / Gesamte Ausgaben				
Frühe Anpassungsländer Durchschnitt	10	5.4	6.8	6.2
Andere Anpassungsländer Durchschnitt	5	n.v	6.9	7.5
Nicht-Anpassungsländer Durchschnitt	5	5.1	4.9	5.5
Bildung / Gesamte Ausgaben				
Frühe Anpassungsländer Durchschnitt	10	16.9	17.6	16.2
Andere Anpassungsländer Durchschnitt	5	n.v	11.7	12.7
Nicht-Anpassungsländer Durchschnitt	5	8.7	10.9	12.9

Quelle: Maasland und van der Gaag, 1992, S. 53

benanteile für Bildung und Gesundheit in den frühen Anpassungsländern ist jedoch schwer interpretierbar. Die Autoren bezeichnen insbesondere die Reduktion der Ausgabenanteile für den Erziehungsbereich in den frühen Anpassungsländern als «besorgniserregend», weisen jedoch gleichzeitig auf die grosse Varianz in der kleinen Stichprobe hin (Maasland und van der Gaag, 1992, S. 54). Für eine allgemein gültige Schlussfolgerung sind diese Ergebnisse kaum hinreichend.

Obwohl sich Maasland und van der Gaag mit der Bildung von Ländergruppen und der Berücksichtigung von Zeiträumen vor und nach Beginn der Politikreformen um eine möglichst deutliche Abgrenzung der Anpassungseffekte bemühen, werden die zuvor schon mehrfach angesprochenen typischen Probleme und Unschärfen solcher Untersuchungen erneut sichtbar. Wie andere Studien zeigen (für Afrika z. B. Sahn, 1992), hat der Rückgang von staatlichen Sozialausgaben in vielen Ländern schon vor 1980 begonnen. Dies kommt in den Durchschnittswerten für die Periode 1970–80 natürlich nicht zum Ausdruck. Ausserdem wird mit dem einfachen Ländergruppenvergleich unterstellt, dass die betreffenden Länder 1980 alle dieselbe gesamtwirtschaftliche Ausgangslage aufwiesen und nach 1980 denselben externen Einflüssen ausgesetzt waren. Darüber hinaus bleibt die Frage unbeantwortet, was denn ohne Anpassungspolitik geschehen wäre. Alle diese Schwachstellen machen die Interpretation der Ergebnisse natürlich äusserst schwierig.

Ähnliche Ergebnisse (und Probleme) charakterisieren auch die bereits zitierte Studie von Pinstrup-Andersen/Jaramillo/Stewart (1987), in der die staatlichen Ausgaben in 57 Ländern für die Periode 1979–83 untersucht werden. Der relativ grossen Stichprobe steht der Nachteil gegenüber, dass die Grenzziehung zwischen Ländern mit genuinen Anpassungsprogrammen und Ländern mit «anderen» Politikmassnahmen als Reaktion auf die Krise der frühen 80er Jahre vollständig verschwindet. Darüber hinaus weist die Untersuchung auch alle zuvor angesprochenen methodischen Schwachstellen auf.

Für die gesamte Stichprobe gilt, dass in 40% der Länder die Ausgaben für Gesundheit stärker gekürzt wurden als die gesamten Staatsausgaben, und dass in 46% der Länder die Ausgaben für Bildung überproportional reduziert wurden. Die Hypothese der überproportionalen Ausgabenkürzung wird somit nur für etwas weniger als die Hälfte aller betrachteten Länder gestützt.

Mit den von den Autoren verwendeten Begriffen heisst dies gleichzeitig, dass in etwas mehr als der Hälfte der Länder die Sozialausgaben «geschützt» wurden (die Kürzung erfolgte prozentual im selben Umfang wie die Reduktion der gesamten Staatsausgaben) oder «stark geschützt» wurden (die Ausgabenanteile für Gesundheit und Bildung nahmen zu). Bei der Betrachtung einzelner Ländergruppen zeigt sich, dass im afrikanischen Raum (16 Länder) stärker der Gesundheitsbereich und in der lateinamerikanischen Region (20 Länder) stärker der Bildungsbereich gekürzt wurde. Asiatische Staaten (acht Länder) verhielten sich ähnlich wie die afrikanischen Länder, wobei der Bildungsbereich noch stärker geschützt und der Gesundheitsbereich noch stärker gekürzt wurde (Pinstrup-Andersen/Jaramillio/Stewart, 1987, S. 77 ff).

In einer 20 afrikanische Länder umfassenden Querschnittsuntersuchung kommen Ferroni und Kanbur (1990) zu Schlussfolgerungen, die etwas optimistischere Akzente setzen. Die Studie betrachtet die Periode 1980–87 und weist nach, dass im Durchschnitt und über den gesamten Zeitraum hinweg die realen Pro-Kopf-Ausgaben und Budgetanteile für Gesundheit und Erziehung leicht zugenommen haben (Tabelle 8.7). Eine Abnahme wird in den Jahren 1984/85 registriert, die von den Autoren wesentlich auf eine aussergewöhnliche Trockenheit in der Region zurückgeführt wird.

Die schon zuvor zitierte Studie des OED der Weltbank bestätigt weitgehend diese gemischten Ergebnisse. Das OED stellt fest, dass die gesamten Sozialausgaben (Gesundheit, Bildung, Sozialversicherung und Sozialhilfe), gemessen als Anteile am BIP, während der Anpassungsphase im Durchschnitt weniger stark zurückgingen als die gesamten diskretionären Ausgaben des Staates. In 24 von 34 Ländern waren die diskretionären Staatsausgaben als Anteil des BIP rückläufig, aber nur in 17 Ländern fiel der entsprechende Indikator für die Sozialausgaben. Für den teilweise erheblichen «Schutz» des Sozial-

Tabelle 8.7: Entwicklung der Ausgaben für Gesundheit und Bildung (20 afrikanische Länder)

	1980	1981	1982	1983	1984	1985	1986	1987
Gesundheit								
Pro-Kopf-Ausgaben, real, 1980–US$	8.4	8.8	9.5	9.0	8.7	8.7	9.1	9.9
Anteil am diskretionären Budget	5.5	5.6	5.8	6.0	6.0	6.0	6.0	5.8
Bildung								
Pro- Kopf-Ausgaben, real, 1980–US$	24.0	25.3	26.0	25.4	24.8	24.2	24.6	25.3
Anteil am diskretionären Budget	15.4	15.1	16.3	17.0	16.6	16.4	16.7	15.4

Quelle: Ferroni und Kanbur, 1990, S. 4

bereichs spricht auch der Tatbestand, dass in sieben von den zehn Ländern, in denen die gesamten diskretionären Ausgaben als Anteil rückläufig waren, der Anteil für Soziales zunahm (Weltbank, 1995, S. 98).

In Tabelle 8.8 wird dargestellt, wie sich das Ausgabenverhalten – gemessen mit den Anteilen am BIP und am diskretionären Staatshaushalt – im Durchschnitt der Entwicklungsregionen präsentiert. (Die stilisierte zeitliche Gliederung in die Phasen «vor», «während» und «nach» der Anpassung variiert zwischen den Ländern und bezieht sich in erster Linie auf die Stabilisierungsphase.) Hinter diesen Durchschnittswerten stehen die zum Teil erheblichen Abweichungen zwischen einzelnen Ländern, auf die schon zuvor hingewiesen wurde.

In Asien verbesserten sich die Ausgabenanteile in sechs von sieben Ländern über die gesamte Anpassungszeit hinweg. Im Mittleren Osten und Nordafrika ist in der Anpassungsphase im Durchschnitt ein Rückgang der Ausgabenanteile zu verzeichnen, in der Zeit nach der Anpassung in den meisten Ländern eine Erholung. In Lateinamerika ist in der Hälfte der Länder ein Anstieg, in der anderen Hälfte ein Rückgang der Indikatoren während der Anpassung zu verzeichnen. Danach verbesserte sich die Situation in der Region, allerdings mit deutlichen Unterschieden zwischen den einzelnen Ländern. Wie bereits in der Studie von Pinstrup-Andersen et al. festgestellt wurde, nahm im Durchschnitt die Mittelallokation für Gesundheit zu und jene für die Bildung ab. Am schwerwiegendsten ist die rückläufige Entwicklung in Sub-Sahara Afrika ausgefallen: In annähernd zwei Dritteln der Länder sind die Ausgabenanteile für Soziales gesunken (Weltbank, 1995, S. 100 f).

Da Ausgabenanteile nur Politikprioritäten reflektieren, die von steigenden oder sinkenden Gesamteinkommen bzw. diskretionären Staatsausgaben begleitet sein können, erzählen diese Indikatoren natürlich nicht die ganze Geschichte. Die realen Sozialausgaben pro Kopf der Bevölkerung, die in Tabelle 8.9 zusammengefasst sind, vermitteln ein aussagefähigeres Bild (Weltbank, 1995, S. 101 ff).

Insgesamt ist festzustellen, dass während der Anpassungsphase in drei der vier Ländergruppen – und in mehr als 60% der Anpassungsländer – die realen Pro-Kopf-Ausgaben für Soziales rückläufig waren. In den meisten asiatischen Ländern nahmen die Ausgaben auch in dieser Phase zu, allerdings mit deutlich geringeren Wachstumsraten als vor und nach der Anpassung. In der Region des mittleren Ostens und Nordafrikas sowie in Lateinamerika ist unübersehbar, dass die Pro-Kopf-Ausgaben in der Anpassungsphase deutlich rückläufig waren, sich danach jedoch ebenso deutlich wieder erholten. Erneut ist der Schutz des Gesundheitssektors in Lateinamerika zu erkennen.

Tabelle 8.8: Anteile der Sozialausgaben am BIP und an den gesamten Staatsausgaben

Anteile am BIP	Asien			Mittlerer Osten und Nordafrika			Lateinamerika			Sub-Sahara Afrika		
	vorher	während	nachher	vorher	während	nachher	vorher	während	nachher	vorher	während	nachher
Gesamte Sozialausgaben	2.7	3.3	3.4	8.9	8.1	8.3	9.6	9.7	–	6.3	5.8	–
							7.1	7.3	7.8	5.9	5.6	5.3
Bildung	1.8	2.2	2.2	5.6	4.7	4.7	3.1	2.8	–	3.5	3.3	–
							3.0	2.7	2.6	3.4	3.3	3.1
Gesundheit	0.5	0.6	0.6	1.4	1.2	1.2	1.7	1.9	–	1.5	1.3	–
							1.7	2.1	2.4	1.3	1.2	1.1
Anteile an staatlichen Gesamtausgaben												
Gesamte Sozialausgaben	17.9	19.6	19.6	32.0	30.3	28.4	23.7	28.7	–	24.7	21.6	–
							23.7	23.4	19.3	26.1	22.4	19.9
Bildung	11.8	12.9	12.6	17.8	15.3	16.4	16.1	13.8	–	14.5	12.4	–
							19.6	16.9	14.3	16.3	14.2	13.5
Gesundheit	3.6	3.4	3.7	4.2	3.7	4.0	7.5	8.6	–	5.6	4.8	–
							9.2	10.9	11.0	6.0	5.4	5.2

Die gesamten Sozialausgaben enthalten Ausgaben für Bildung, Gesundheit, Sozialversicherung und Wohlfahrt. Die zweite Zeile berücksichtigt nur Länder mit Daten für die Zeit nach der Anpassung.

Quelle: Weltbank, 1995, S. 100

Tabelle 8.9: Sozialausgaben pro Kopf der Bevölkerung

Ausgaben	Asien			Mittlerer Osten und Nordafrika			Lateinamerika			Sub-Sahara Afrika		
	vorher	während	nachher	vorher	während	nachher	vorher	während	nachher	vorher	während	nachher
Index 1981=100												
Gesamte Sozialausgaben	86.6	119.9	144.4	109.9	98.6	109.2	92.1	96.6	–	113.5	96.9	–
							94.4	102.3	103.2	100.2	76.5	68.0
Bildung	85.1	115.8	137.9	106.4	92.2	100.4	105.9	97.6	–	110.9	95.4	–
							118.2	110.3	133.3	115.8	104.0	103.8
Gesundheit	87.4	101.3	143.8	104.6	91.1	103.8	94.6	103.6	–	117.7	97.7	–
							87.4	104.9	105.3	125.9	107.7	107.5
Wachstumsraten Gesamte Sozialausgaben	11.1	6.9	2.7	4.9	–4.3	4.9	6.2	–2.5	–	–4.0	–1.4	–
							7.5	–2.6	3.7	–0.9	–0.3	–8.1
Bildung	13.1	6.8	1.8	3.7	–3.2	3.3	6.2	–2.5	–	0.6	–2.6	–
							7.5	–2.6	3.7	–2.2	1.4	3.8
Gesundheit	11.7	2.2	9.5	5.6	–4.1	4.1	1.8	3.3	–	–2.0	–3.1	–
							2.4	4.4	0.1	–2.2	–3.5	1.6

Die gesamten Sozialausgaben enthalten Ausgaben für Bildung, Gesundheit, Sozialversicherung und Wohlfahrt. Die zweite Zeile berücksichtigt nur Länder mit Daten für die Zeit nach der Anpassung.

Quelle: Weltbank, 1995, S. 102

Sub-Sahara Afrika präsentiert sich hingegen wiederum als ausgeprägte Problemregion. In zwölf der 15 betrachteten afrikanischen Länder waren die realen Pro-Kopf-Ausgaben für Bildung rückläufig, in zehn Ländern die Gesundheitsausgaben. Nach der Anpassung ist im Durchschnitt zwar eine erneute (im Bildungssektor höhere) Steigerung der Ausgaben zu verzeichnen, aber sie war bis zum Ende der Beobachtungsperiode noch nicht ausreichend, den Stand der Dinge vor der Anpassung wieder zu erreichen. Dies ist besonders gravierend, da in Sub-Sahara Afrika – im Vergleich zu den anderen Entwicklungsregionen – im Durchschnitt die sozialen Pro-Kopf-Ausgaben am niedrigsten sind.

Das OED versuchte auch, den Zusammenhang zwischen Anpassungserfolg und Entwicklung der Sozialausgaben zu untersuchen – ähnlich wie Demery und Squire (1996) den zuvor angesprochenen Zusammenhang zwischen Anpassungsintensität und Armutsentwicklung. Dazu wurden die Anpassungsländer in drei Gruppen unterteilt: Länder mit «schwacher», «gemischter» und «guter» Anpassung. «Schwache» Anpassung steht für jene Länder, deren Programmimplementation und Resultate vom OED insgesamt als unzureichend beurteilt wurden. «Gute» Anpassung impliziert, dass in den betreffenden Ländern 80 bis 100% der Anpassungsmassnahmen als zufriedenstellend eingestuft wurden (Weltbank, 1995, S. 103).

Die Ergebnisse dieser Betrachtung sind in Tabelle 8.10 zusammengefasst. In 14 der 18 Länder mit «guter» Anpassung nahmen die sozialen Pro-Kopf-Ausgaben auch während der Anpassungsphase zu oder erholten sich nach einem kurzen Einbruch sehr rasch. Die Pro-Kopf-Ausgaben lagen nach der Anpassung zwischen 10 und 20% höher als vorher. In den Ländern mit «gemischter» Anpassungsintensität waren auch die Auswirkungen auf die Sozialausgaben sehr unterschiedlich; im Durchschnitt lagen die Ausgabenwerte für

Tabelle 8.10: Zusammenhang zwischen Anpassungserfolg und Sozialausgaben pro Kopf (Vergleich der Ausgaben nach der Anpassung mit Ausgaben vorher, in Prozent)

	Bildung	Ausgaben pro Kopf für Gesundheit	Gesamte Sozialausgaben
Anpassungserfolg:			
Gut	−14.1	− 9.1	− 7.9
Gemischt	10.3	−13.8	0.8
Schwach	10.8	20.8	10.4

Quelle: Weltbank, 1995, S. 103

Bildung nach der Anpassung um ca. 10 % höher als vorher, die Ausgabenwerte für Gesundheit befanden sich mehr als 10 % unter den Ausgangswerten. Die Länder mit «schwacher» Anpassung verzeichneten im Durchschnitt ständig rückläufige Pro-Kopf-Ausgaben. Damit wird erneut die schon zuvor mehrfach angesprochene Bedeutung des Wirtschaftswachstums betont, das – als Resultat erfolgreicher Anpassung – wesentlich dazu beiträgt, die soziale Situation zu verbessern.

Die zuvor genannten Hypothesen zwei und drei – die Verschlechterung der sozialen Basisversorgung durch Budgetkürzungen sowie die Verschlechterung der Lebensverhältnisse der Armen – sind nur mit noch grösseren Einschränkungen testbar als die Hypothese der überproportionalen Ausgabenkürzung im Sozialbereich. Dies hat im wesentlichen drei Gründe.

Erstens sind die verfügbaren Statistiken über die Basisversorgung im Sozialbereich bei weitem unzureichend. Eine Kürzung des Gesundheitsbudgets beispielsweise, die über den Abbau einer aufgeblähten Ministerialbürokratie erfolgt, hat auf die Basisgesundheitsversorgung vermutlich keinerlei negative Auswirkungen (möglicherweise sogar positive). Aufgrund mangelnder Daten kann man solche Beziehungen mit Querschnittsuntersuchungen nur in sehr begrenztem Umfang überprüfen.

Zweitens werden die Lebensverhältnisse, die mit den Sozialindikatoren beschrieben werden, von mehreren Einflussgrössen bestimmt. Wenn beispielsweise die staatlichen Bildungsausgaben sinken und gleichzeitig die Haushaltseinkommen steigen, kann sich auch die Immatrikulationsquote schulpflichtiger Kinder erhöhen. Möglicherweise wird diese Entwicklung aber durch weniger regelmässige Schulbesuche, die wiederum andere Ursachen haben, konterkariert. Die nachfolgend präsentierten Analysen können solche unterschiedlichen Kausalzusammenhänge nicht aufdecken.

Drittens stehen die gebräuchlichen Sozialindikatoren nur als nationale Durchschnitte oder Aggregate, und nicht für verschiedene Bevölkerungsgruppen, zur Verfügung. Obwohl die stillschweigende Annahme, dass damit Veränderungen der Lebensverhältnisse der Armen einigermassen zutreffend beschrieben werden, plausibel ist, können für die Gruppe der Armen keine expliziten und wirklich präzisen Aussagen gemacht werden.

In allen zuvor diskutierten Studien wird mehr oder minder deutlich hervorgehoben, dass das Sozialausgabenproblem im Zusammenhang mit der Anpassung durch zwei unerwünschte Trendentwicklungen vielfach verschärft wurde. Zum einen wurden kaum Anstrengungen unternommen, im Zuge der Budgetkonsolidierung Ressourcen stärker auf die Basisversorgung im Gesundheits- und Bildungsbereich umzulagern, zum anderen wurden die laufenden Ausgaben für Vorprodukte (z. B. Medikamente, medizinisches Verbrauchsmaterial, Verbrauchsmaterial der Schulen, Unterhalt von Gebäuden) stark reduziert. Solche Entwicklungen können die Basisversorgung der breiten Bevölkerung möglicherweise signifikant beeinträchtigen.

Im Grunde wird damit fundamental kritisiert, dass die Basisversorgung im Gesundheits- und Bildungsbereich in vielen Entwicklungsländern schon immer relativ unterfinanziert war. Somit steht nicht nur die sektorale Allokation staatlicher Ausgaben im Kreuzfeuer der Kritik, sondern auch die intrasektorale Verteilung. Für eine Stichprobe von 20 Anpassungsländern in der OED-Studie lässt sich beispielsweise ermitteln, dass im Durchschnitt nur knapp 44% der Bildungsausgaben in die Primärausbildung fliessen, aber mehr als 22% in die Tertiärausbildung (Weltbank, 1995, S. 107). Diese Ausgabenstruktur, die die dringendsten Bildungsbedürfnisse und die begrenzten finanziellen Kapazitäten des Staates kaum in Einklang bringt, hat sich in der Krisen- und Anpassungszeit im Durchschnitt nicht verbessert – in sieben von zwölf Ländern sind die Anteile für die Primärausbildung nach 1985 sogar zurückgegangen.

Betrachtet man die Ausgaben pro Schüler bzw. pro Studenten, wird die Schärfe des Problems überdeutlich. Mitte der 80er Jahre lagen beispielsweise in Sub-Sahara Afrika die durchschnittlichen (laufenden) Ausgaben für einen Primarschüler bei 48 US-Dollar pro Jahr, während für einen Hochschulstudenten im Schnitt 2'710 US-Dollar ausgegeben wurden. Mit anderen Worten: Ein Hochschulstudent kostete pro Jahr mehr als 50 Primarschüler oder das Achtfache des damaligen Durchschnittseinkommens in der Region (Ferroni und Kanbur, 1990, S. 6). Zweifellos benötigt man in diesen Ländern auch und zunehmend Hochschulabsolventen, aber es wäre unter den gegebenen Verhältnissen angemessen und möglich, mit geeigneten Instrumenten zumindest die besser gestellten Studenten (bzw. deren Familien) an den hohen Studienkosten stärker zu beteiligen. Auf diese Weise könnten in nicht unerheblichem Umfang Mittel zugunsten der Bildungsbedürfnisse breiter Bevölkerungsgruppen umgeschichtet werden. Bislang scheitern solche Reformideen jedoch vielfach an den Partikularinteressen der politisch meist einflussreicheren Ober- und Mittelschicht (vgl. auch Box 8.2).

Ähnlich zweifelhafte Mittelallokationen werden auch im Gesundheitssektor diagnostiziert: Sehr hohe Anteile des öffentlichen Gesundheitsbudgets werden für relativ teure städtische Krankenhausleistungen verwendet, während die Basisversorgung der ländlichen Bevölkerung – in Krankenstationen und Gesundheitsposten – sehr niedrige Mittelzuteilungen erhält. So registrierte beispielsweise das OED in einer Stichprobe von 23 Anpassungsländern, dass in 16 Ländern «übermässige» Anteile für städtische Krankenhäuser aufgewendet wurden, «häufig mehr als 80% des gesamten Budgets» (Weltbank, 1995, S. 109).

Es steht ausser Zweifel, dass solche Mittelallokationen in Phasen fiskalischer Austeritätspolitik die chronische soziale Unterversorgung breiter Bevölkerungsschichten verschärfen können. Entscheidend ist dabei jedoch der Tatbestand, dass es sich um grundlegend verfehlte Politikprioritäten handelt, die schon seit langer Zeit praktiziert und ebenso lange und vielfach kritisiert werden. Selbst Kritiker von Anpassungsprogrammen können daher nur befürworten, dass in der Mehrzahl der jüngeren Anpassungsprogramme versucht wird, die intersektorale und intrasektorale Allokation staatlicher Mittel zu ver-

Box 8.2

Folgen der Krise und Anpassung im Bildungsbereich Boliviens

Im Projekt «*Das Strukturanpassungsprogramm (SAP) Boliviens*» des NFP 28 wurden unter anderem auch die Folgen der Anpassung auf den Grundschulbereich untersucht (Lüdi, 1994). Baumer (1994) fasst unter anderem die folgenden Ergebnisse zusammen.

«Die staatlichen Ausgaben für das Grundschulwesen brachen 1986 infolge der dramatischen Budgetkürzungen fast zusammen (Kürzung um mehr als die Hälfte), doch ab 1987 stiegen die Ausgaben wieder mit realen Zuwachsraten zwischen 8% und 35%. 1991 hatten die Ausgaben aber den Stand von 1980 noch immer nicht erreicht. Noch schlechter ist das Ergebnis, wenn die staatlichen Ausgaben pro Schüler über die Zeit verglichen werden: 1980 rund 170 US-Dollar, 1988 knapp 100 US-Dollar» (Baumer, 1994, S. 14).

«Zusammenfassend kann man festhalten, dass das Grundschulwesen in Bolivien vor der Krise schlecht war und durch die Krise, nicht unbedingt das SAP, noch schlechter wurde. Das SAP vermochte die Situation aber nicht wesentlich zu verbessern. Alphabetisierungszuwachsraten haben abgenommen, besonders bei Mädchen. Das Grundschulwesen wurde bei den Budgetkürzungen ab 1985 relativ schlechter behandelt als höhere Schulstufen. Besonders die Universitäten wurden geschont. Die Qualität des Unterrichts hat deutlich abgenommen. Eine zunehmende Privatisierung der öffentlichen Grundschulstufe ist unübersehbar und schafft neue Verteilungsprobleme, da die öffentlichen Schulen noch schlechter werden.

Besonders beklagenswert ist die Tatsache, dass entgegen verbaler Absichten im Grundschulbereich bis heute keine Strukturanpassungsmassnahmen getroffen wurden. Eine zentralistische, starre Organisationsstruktur und ein politisch schwaches Erziehungsministerium verunmöglichten strukturelle Verbesserungen. Die fortwährenden Lohnstreitigkeiten zwischen Lehrerschaft und Regierung enden oft in Streiks. Finanzielle Zuwendungen gehen oft an das Planungsministerium oder an den «Sozialfonds» (FSE), welche dann als Parallelministerien die institutionelle Wirrnis erhöhen» (Baumer, 1994, S. 16 f.).

bessern. Die «Public Expenditure Reviews» in vielen Anpassungsländern und die daraus abgeleiteten Reformpakete können zu diesem angestrebten Umschichtungsprozess massgeblich beitragen.

Indikatoren, die eine mögliche Verschlechterung der sozialen Basisversorgung während der Anpassungsphase einigermassen präzise indizieren könnten, sind leider nur in geringem Umfang verfügbar. Für den Gesundheitssektor ist beispielsweise der Studie von Maasland und van der Gaag zu entnehmen, dass Impfkampagnen in praktisch allen von über 60 Entwicklungsländern im Zeitraum 1985–88 mehr Kinder erreicht haben als in der Periode 1982–85. Frühe Anpassungsländer (18 Länder) und andere Anpassungsländer (ebenfalls 18 Länder) weisen dabei keine erkennbaren Unterschiede gegenüber den Ländern ohne Anpassungsprogramme auf (Maasland und van der Gaag, 1992, S. 54 ff). In diesem Bereich der (Basis-) Gesundheitsversorgung sind somit keine signifikanten Verschlechterungen in Anpassungsländern festzustellen.

Eine ähnliche Entwicklung scheint auf den ersten Blick im (primären) Bildungssektor für das Schüler-Lehrer-Verhältnis zu gelten, das in der Studie von Maasland und van der Gaag mit einer Stichprobe von insgesamt 84 Ländern untersucht wurde (Maasland und van der Gaag, 1992, S. 59). Durchgehend, auch in den 25 frühen und den 27 anderen Anpassungsländern, verbesserte (verringerte) sich diese Relation in den 80er Jahren etwa im Trend der 60er und 70er Jahre. Allerdings darf in diesem Fall nicht der Schluss gezogen werden, die Situation im Bildungssektor hätte sich generell verbessert. Eine genauere Untersuchung indiziert für viele Länder das Gegenteil.

Maasland und van der Gaag weisen darauf hin, dass die UNESCO in der ersten Hälfte der 80er Jahre gegenüber der zweiten Hälfte der 70er Jahre in den frühen Anpassungsländern einen spürbaren Rückgang der Zunahmerate von Grundschullehrern registriert hat. Wenn sich in denselben Ländern – bei etwa gleichbleibendem Bevölkerungswachstum – das Schüler-Lehrer-Verhältnis dennoch verbessert (verringert) hat, müssen zwangsläufig die Immatrikulationsquoten schulpflichtiger Kinder stagniert haben oder gesunken sein. In der Tat ist dies der Fall. Maasland und van der Gaag verzeichnen in ihrer Studie für die Gruppe der 25 frühen Anpassungsländer zwischen 1980 und 1985 im Durchschnitt einen Rückgang der Immatrikulationsquoten, der vor allem in den Ländern mit niedrigen Einkommen ausgeprägt ist (Maasland und van der Gaag, 1992, S. 59).

Diese Entwicklung wird von der Studie des OED, die gegenüber Maasland und van der Gaag aktuellere Daten einbeziehen konnte, bestätigt. In den Regionen Mittlerer Osten und Nordafrika, Lateinamerika und Sub-Sahara

Afrika werden während der (frühen) Anpassungsphase durchgehend rückläufige Immatrikulationsquoten registriert. Mit Ausnahme von Lateinamerika, wo die Quoten seit Beendigung der frühen Anpassungsphase im Durchschnitt wieder zunehmen, bleibt der abnehmende Trend in Afrika bis zum letzten verfügbaren Beobachtungszeitpunkt bestehen (Weltbank, 1995, S. 113). In allen Studien wird dieser Trend als besorgniserregend eingestuft, da eine breite Primärbildung der Bevölkerung für das Entwicklungspotential eines Landes nachweislich mit von ausschlaggebender Bedeutung ist.

Im Gesundheitsbereich wird zur Überprüfung der Auswirkungen wirtschaftspolitischer Reformen immer wieder der Indikator Kleinkindersterblichkeit herangezogen (Anzahl der Sterbefälle von Kleinkindern bis zum Alter von 12 Monaten, pro 1000 Lebendgeburten). Es herrscht breite Übereinstimmung, dass diese Kenngrösse zu den sogenannten «schnellen Outputindikatoren» zählt, das heisst, dass eine Verschlechterung der allgemeinen Wirtschaftslage und der Basisgesundheitsversorgung an diesem Indikator relativ rasch abzulesen ist.

In Tabelle 8.11, die wiederum der Studie von Maasland und van der Gaag (1992) entnommen wurde, ist die Entwicklung dieses Indikators für vier Ländergruppen zusammengefasst. Die Autoren der Studie kommen zu zwei Schlussfolgerungen, die auch von anderen Querschnittsuntersuchungen bestätigt werden (unter anderem der OED-Studie; vgl. Weltbank, 1995, S. 113

Tabelle 8.11: Entwicklung der Kleinkindersterblichkeit

Ländergruppe:	Anzahl	1977–82	1982–87
Frühe Anpassungsländer	23	–13.1	–11.6
Niedrige Einkommen	11	– 8.6	– 8.7
Mittlere Einkommen	12	–17.3	–14.2
Andere Anpassungsländer	27	– 8.9	– 9.7
Niedrige Einkommen	17	– 6.0	– 7.8
Mittlere Einkommen	10	–14.0	–12.9
Nicht-Anpassungsländer (+)	12	–12.8	–13.1
Niedrige Einkommen	5	–12.4	–11.7
Mittlere Einkommen	7	–13.1	–14.2
Nicht-Anpassungsländer (-)	17	–10.2	–11.5
Niedrige Einkommen	6	– 5.8	– 7.2
Mittlere Einkommen	11	–12.6	–13.9
Alle Länder	79	–11.0	–11.1

Quelle: Maasland und van der Gaag, 1992, S. 54

ff). Erstens, in Anpassungsländern ist die Entwicklung der Kleinkindersterblichkeit nicht erkennbar und systematisch schlechter als in den Ländern ohne Anpassungsprogramme. Zweitens, die Implementation von Anpassungsprogrammen hat in den betreffenden Ländern keinen Bruch im Entwicklungstrend der Kleinkindersterblichkeit verursacht. Dieselbe Schlussfolgerung gilt auch für den Indikator Kindersterblichkeit; die Rate der Todesfälle unter Kindern bis zu fünf Jahren hat sich in Anpassungsländern nicht schlechter entwickelt (verringert) als in Ländern ohne Anpassungsprogramme (Maasland und van der Gaag, 1992, S. 55 ff).

Schlussfolgerungen

Die hier zusammengefassten Ergebnisse von Querschnittsuntersuchungen veranschaulichen für variierende Stichproben und Zeitabschnitte zunächst, dass während und nach der Krise der frühen 80er Jahre in vielen Entwicklungsländern die Sozialausgaben stark unter Druck geraten sind. Im Vordergrund stehen vor allem der Gesundheits- und Bildungssektor. Wie bei den Indikatoren über die Armutsentwicklung sind die Ergebnisse gemischt und weisen grosse Varianzen auf. In etwa 40 bis 50% der Länder waren die Ausgabenanteile am Sozialprodukt und an den gesamten diskretionären Staatsausgaben während der (frühen) Krisen- und Anpassungsphase rückläufig, haben sich danach jedoch in vielen Ländern wieder erholt. In den anderen Ländern blieben die Anteile etwa konstant oder stiegen sogar. Ein bewusster «Schutz» des sozialen Sektors ist hier nicht zu übersehen. In nicht wenigen Ländern Sub-Sahara Afrikas hält der abnehmende Trend der Ausgabenanteile allerdings noch an.

Von grösserer Aussagekraft als die Ausgabenanteile sind jedoch die Sozialausgaben pro Kopf der Bevölkerung. In ca. zwei Dritteln der Länder waren die Sozialausgaben pro Kopf während der (frühen) Anpassungsphase rückläufig, erholten sich aber anschliessend im Durchschnitt aller Entwicklungsregionen. Auch in den Ländern Sub-Sahara Afrikas nehmen die Gesundheits- und Bildungsausgaben pro Kopf der Bevölkerung deutlich zu. Die pauschale und zeitlich nicht differenzierende Hypothese, dass in Anpassungsländern der soziale Sektor überproportionale Kürzungen erfahren hat und die Sozialausgaben pro Kopf der Bevölkerung dauerhaft abnehmen, wird durch die heute verfügbaren Querschnittsuntersuchungen somit nicht bestätigt.

Wie bei der Armutsentwicklung ist der Einfluss des wiedergewonnenen Wirtschaftswachstums auch in diesem Zusammenhang unübersehbar. Elastizitäten für Sozialausgaben, bezogen auf das Sozialprodukt oder die gesamten Staatsausgaben, wurden in verschiedenen Untersuchungen in der Grössenordnung von etwa 1 geschätzt (vgl. z.B. Sahn, 1992). Diese Ergebnisse stützen die Schlussfolgerung, dass eine konsequente und erfolgreiche Anpassung schon nach recht kurzer Zeit auch auf die Sozialausgaben positive Wirkungen hat.

Hinsichtlich der Basisversorgung und der daraus resultierenden Entwicklung werden von allen verfügbaren Untersuchungen deutliche Unterschiede im Gesundheitsbereich und im Bildungsbereich registriert. Bei den «schnellen» Gesundheitsindikatoren sind keine signifikanten Trendveränderungen in Anpassungsländern zu beobachten. Dies wird in der Regel auf die Investitionen im Gesundheitssektor in der Vergangenheit zurückgeführt, die vermutlich (gerade noch) ausgereicht haben, die Entwicklung über die prekärsten Phasen fiskalischer Kompression «hinwegzuretten». Die auch heute noch in vielen Entwicklungsländern anzutreffende chronische Unterversorgung im Bereich der Basisgesundheitsversorgung ist somit struktureller Natur und nicht den Anpassungsprogrammen anzulasten.

Im Bildungssektor sieht die Sache dagegen anders aus. In vielen Anpassungsländern, vor allem in Sub-Sahara Afrika, ist bis zum Abschluss der Beobachtungsperioden vorliegender Studien ein Rückgang der Immatrikulationsquoten schulpflichtiger Kinder zu verzeichnen. Differenzierte Ursachenanalysen sind mit den für Querschnittsuntersuchungen verfügbaren Daten leider nicht zu leisten. Die Ergebnisse legen es jedoch nahe, erneut den Zusammenhang von erfolgreicher Anpassung, Wirtschaftswachstum und sozialer Entwicklung in den Vordergrund zu rücken. Da der Schulbesuch von Kindern nachweisbar mit den staatlichen Bildungsausgaben und den Einkommen der Haushalte positiv korreliert, und die Bildungsausgaben sowie die Einkommen (auch der armen Haushalte) nachweisbar eng mit dem Wirtschaftswachstum verbunden sind, kann eine entschiedene und erfolgreiche Anpassungspolitik massgebliche Beiträge zur Verbesserung der Situation beitragen. Dies gilt besonders dann, wenn im Zuge der Reformen des öffentlichen Sektors die Mittelallokation des Staates für soziale Belange durch geeignete Umschichtungen verbessert wird.

«When a scientist doesn't know the answer to a problem, he is ignorant. When he has a hunch as to what the result is, he is uncertain. And when he is pretty darn sure of what the result is going to be, he is in some doubt. We have found it of paramount importance that in order to progress we must recognize the ignorance and leave room for doubt.»
Richard Feynman, Nobelpreisträger in Physik, The Value of Science, Engineering and Science, XIX, Dec. 1955, S. 14

9. Kritik an der Anpassungspolitik und Erweiterungen

Die vielfältige Kritik an den Anpassungsprogrammen erfolgte und erfolgt auf zwei grundsätzlich unterschiedlichen Ebenen. Zum einen auf der Ebene der zugrunde liegenden Theorie, zum anderen auf der Ebene der Umsetzung oder Implementation der Programme. Bei der Implementation muss ausserdem berücksichtigt werden, dass sich Teile der Kritik vorwiegend auf die Rolle der Bretton Woods Institute konzentrieren, andere Kritiker hingegen die Regierungen der Anpassungsländer ins Visier nehmen. In vielen kritischen Analysen werden jedoch alle genannten Ebenen gleichzeitig angesprochen, sodass eine strenge Trennung der verschiedenen Aspekte auch in der nachstehenden Diskussion nicht eingehalten werden kann.

9.1 Sozialpolitisch motivierte Kritik

Hat Anpassungspolitik ein unmenschliches Gesicht?

Wie zuvor schon mehrfach angesprochen wurde, war und ist vor allem der Zusammenhang zwischen Anpassung und sozialer Entwicklung vielfach Gegenstand heftigster Kritik. Kaum eine Arbeit hat diese Debatte so stark beeinflusst wie die vom United Nations Children's Fund (UNICEF) initiierte und von Cornia, Jolly und Stewart herausgegebene Studie «Adjustment with a Human Face». (Der erste Band, der im wesentlichen eine Gesamtanalyse enthält, erschien 1987. 1988 folgte ein zweiter Band mit zehn Länderstudien, die schon für die erste Veröffentlichung eine wichtige empirische Grundlage bildeten.) Es ist daher angemessen, diese Studie gleichsam stellvertretend für das Gedankengut und die Vorgehensweise der sozialpolitisch motivierten Kritik vertiefter zu behandeln. Unausgesprochen schwingt im Titel der Studie der Vorwurf mit, die bis Mitte der 80er Jahre betriebene Anpassungspolitik (und in den Augen mancher Kritiker bis in die jüngste Zeit) sei geradezu unmenschlich gewesen. In den verschiedenen Kapiteln der Arbeit wird versucht, diese Botschaft zu untermauern und Alternativen vorzulegen.

Die folgenden Ausführungen konzentrieren sich vorwiegend auf den ersten Band der Studie, der mit Querschnittsbetrachtungen nach allgemein gültigen Aussagen sucht. Da dieser Band von insgesamt acht Autoren verfasst wurde, die möglicherweise nicht alle die zum Teil divergierenden Interpretationen und Schlussfolgerungen in den Einzelkapiteln teilen, wird in der nachstehenden Diskussion jeweils auf die Autoren der betreffenden Kapitel Bezug genommen. (Unter anderem ist die im vorangehenden Kapitel diskutierte Querschnittsuntersuchung von Pinstrup-Andersen et al. in diesem Band enthalten. Die Ergebnisse und Interpretationen dieser Untersuchung passen nicht immer mit den Interpretationen und Schlussfolgerungen in anderen Kapiteln zusammen.)

Im Kern konzentriert sich die von den drei Herausgebern in einem Kapitel mit Schlussfolgerungen zusammengefasste Kritik auf zwei Sachverhalte. Erstens auf den «vorwiegend deflationären Charakter der meisten Anpassungsprogramme, die vor allem durch abnehmende Beschäftigung und sinkende Realeinkommen zu wachsender Armut geführt haben». Zweitens auf «direkte negative Auswirkungen verschiedener makropolitischer Massnahmen, welche die Wohlfahrt bestimmter Bevölkerungsgruppen beeinträchtigt haben» (Cornia et al. 1987, S. 288). Dabei werden die Auswirkungen von Abwertungen und Preisliberalisierungen (vor allem bei Nahrungsmitteln) ebenso angesprochen wie die Kürzung oder Streichung von Subventionen und die Einschnitte in die Sozialhaushalte der Regierungen.

Diese kritisierten Entwicklungen werden auf vier Merkmale der Anpassungsprogramme zurückgeführt (Cornia et al. 1987, S. 288):
(a) einen kurzen Zeithorizont der Programme;
(b) eine unzureichende Finanzierung, die einen abrupten Rückgang der Nachfrage erzwingt, um die Leistungsbilanz auszugleichen;
(c) das Überwiegen makropolitischer Massnahmen anstelle gezielter Massnahmen zum Schutz bedürftiger Sektoren und Gruppen;
(d) einen Mangel an expliziter Berücksichtigung der Auswirkungen auf die Einkommensverteilung, auf die Armutsinzidenz und auf den Ernährungs- und Gesundheitszustand bestimmter Gruppen.

Ohne die Notwendigkeit der Anpassungsprogramme grundsätzlich in Frage zu stellen, schlagen die Herausgeber die folgenden Modifikationen vor, die als «Anpassung mit einem menschlichen Gesicht» bezeichnet werden (Cornia et al. 1987, S. 290 ff):

(a) eine expansivere Makropolitik, um das Niveau von Produktion, Investitionen und menschlicher Bedürfnisbefriedigung im Anpassungsprozess aufrechtzuerhalten;

(b) die Nutzung mesopolitischer Massnahmen; dieser Begriff umfasst die staatliche Förderung und den Schutz bestimmter Sektoren und Gruppen, beispielsweise durch die Steuerpolitik, die Ausgabenpolitik, aber auch durch Massnahmen wie gespaltene Wechselkurse;

(c) den Einsatz sektorpolitischer Massnahmen zur Förderung von Beschäftigung und Produktivität;

(d) die Verbesserung der Wirksamkeit und Effizienz des sozialen Sektors durch fiskalpolitische Umschichtungen und eine bessere Zielorientierung auf bedürftige Gruppen;

(e) die Einführung kompensatorischer Hilfsprogramme, um die Befriedigung menschlicher Minimalbedürfnisse zu stützen;

(f) ein laufendes Monitoring der Lebensbedingungen während des Anpassungsprozesses, um gegebenenfalls rasch durch geeignete Massnahmen reagieren zu können.

Diese Diagnosen, Schlussfolgerungen und Empfehlungen stehen einerseits – zumindest teilweise – im Widerspruch zu den im vorangehenden Kapitel diskutierten Ergebnissen von Querschnittsuntersuchungen, zum anderen weisen sie die ebenfalls zuvor schon angesprochenen methodischen und theoretischen Schwächen und Fragwürdigkeiten auf, die bei der Beurteilung von Anpassungsprogrammen immer wieder zu beobachten sind. Nachstehend werden die wichtigsten Schwachpunkte dieser sozialpolitisch motivierten Kritik behandelt.

Methodische und theoretische Schwächen der Kritik

In methodischer Hinsicht besteht die grösste Schwäche der Studie durchgehend darin, dass einfache Vorher-Nachher-Vergleiche angestellt werden. Wie schon dargelegt wurde, heisst dies, dass die sozialen Nachwirkungen der Krise vor der Anpassung sowie die Veränderungen der sozialen Lage während der Anpassung ausschliesslich oder weitgehend den wirtschaftspolitischen Reformen zugeschrieben werden. Ausserdem wird nicht berücksichtigt, wie sich die soziale Situation denn ohne Anpassung entwickelt hätte. Wie zuvor bereits betont wurde, ist das Fehlen eines «counterfactual scenario» in diesem Zusammenhang besonders gravierend: Damit wird der Eindruck erweckt, ohne Anpassung wären keinerlei soziale Belastungen entstanden. Dass dieser Mangel auch in später veröffentlichten Studien nicht zufriedenstellend behoben werden konnte, wurde ebenfalls schon erörtert.

Eine unvermeidbare Schwäche der Studie besteht darin, dass für die verschiedenen Untersuchungen nur Daten bis Mitte der 80er Jahre zur Verfügung standen. Die Entwicklung in den Anpassungsländern während der ersten Hälfte der 80er Jahre war jedoch vor allem durch die Folgen der offen ausgebrochenen Schuldenkrise und der wirtschaftlichen Krise charakterisiert. Zweifellos haben diese Effekte die Wirkungen von Anpassungsprogrammen, die mit den Bretton Woods Instituten vereinbart wurden, dominiert – sofern solche Programme und deren Folgen überhaupt schon vorhanden und spürbar waren.

Ein Beispiel kann die Problematik veranschaulichen. In Bolivien, das unter anderem in die Querschnittsuntersuchung von Pinstrup-Andersen et al. einbezogen wurde, wurden zwischen 1980 und 1984 jährlich zweistellige prozentuale Reduktionen der Staatsausgaben (pro Kopf) für Gesundheit und Bildung verzeichnet (Pinstrup-Andersen et al., 1987, S. 76). Das Land bewegte sich in diesem Zeitraum bekanntlich auf eine Hyperinflation zu, die im Jahr 1985 bei über 10'000% lag. Dieser Prozess ging mit einem Absinken der realen Durchschnittseinkommen von über 25% einher. Erst in der zweiten Hälfte des Jahres 1985 implementierte die Regierung ein Anpassungsprogramm, dessen Stabilisierungskomponente sehr rasch erfolgreich war.

In diesem Länderfall, und es ist bei weitem nicht der einzige in der Stichprobe, beschreiben die herangezogenen Indikatoren somit eindeutig nur die krisenhafte Entwicklung vor der Implementation eines genuinen Anpassungsprogramms. Andere Länder hatten zwar schon in der ersten Hälfte der 80er Jahre Reformprogramme implementiert, aber die Dominanz der Krisenwirkungen auf die sozialen Verhältnisse in dieser Phase ist ernsthaft nicht zu bezweifeln. Mit anderen Worten, die saubere Trennung von Krisenwirkungen und Anpassungswirkungen in der Periode 1980–85 hätte eine methodisch wesentlich anspruchsvollere Vorgehensweise bedingt als die, die tatsächlich eingeschlagen wurde. Zum Teil konnten diese Anforderungen im Rahmen einer Querschnittsuntersuchung nicht erfüllt werden, zum Teil wurden realisierbare Schritte aber einfach nicht vollzogen – etwa die Gliederung in Länder mit und ohne Anpassungsprogramme.

Angesichts dieser Schwächen hätte so manche Schlussfolgerung in der Studie etwas vorsichtiger erfolgen müssen. So schreiben die Herausgeber in ihren zusammenfassenden Schlussfolgerungen unter anderem: «Die meisten Anpassungsprogramme haben weder die ungünstige Entwicklung der Situation der Kinder umgekehrt, noch haben sie, in den meisten Fällen, das Wirtschaftswachstum wiederhergestellt. ... Sicherlich wurden in der Mehrzahl der Anpassungsprogramme keine expliziten Anstrengungen unternommen, die weitere Verschlechterung der Lebensverhältnisse kurzfristig zu verhindern – üblicherweise vertraute man auf das «Durchsickern» («trickle down») des Wachstums, das die Situation langfristig verbessern soll» (Cornia, et al., 1987, S. 288).

Die Feststellung, dass «keine expliziten Anstrengungen» unternommen wurden, die Verschlechterung der Lebensverhältnisse zu verhindern, passt nicht mit dem im selben Band von Pinstrup-Andersen et al. vorgelegten Ergebnis zusammen, dass in mehr als der Hälfte der betrachteten Länder die Sozialausgaben «geschützt» oder «stark geschützt» wurden (Pinstrup-Andersen et al., 1987, S. 73 ff). Ausserdem stellt sich natürlich die Frage, was in der kurzen Zeit realistischerweise an Reformwirkungen auf Wachstum und Armutsreduktion von den Anpassungsprogrammen erwartet werden konnte. Schon die theoretische Diskussion in Kapitel 6 hat gezeigt, dass die Dominanz kontraktiver Wirkungen in der frühen Stabilisierungsphase praktisch immer unvermeidbar ist; und in den Kapiteln 7 und 8 wurde ausführlicher belegt, dass sich die Anpassungserfolge, gemessen als Beitrag zum Wirtschaftswachstum und zur Armutsreduktion, in jüngeren Studien mit längeren Beobachtungsperioden zweifellos besser präsentieren, als dies Mitte der 80er Jahre veranschlagt wurde. Zumindest hätten die Herausgeber ihre Schlussfolgerungen dahingehend einschränken können, dass ihre Einschätzung nicht mehr als eine vorläufige und sehr frühe Zwischenbilanz sein konnte.

Dennoch muss man den Herausgebern der UNICEF-Studie in einem Punkt Recht geben: Man hätte von Beginn an mehr für den Schutz der Sozialausgaben und der Sozialleistungen tun können. Das mag trivial klingen, da man im Regelfall die Dinge stets besser machen kann und sollte. Darauf wird weiter unten nochmals eingegangen. Von besonderem Belang ist jedoch die Frage, an wen sich diese Kritik in erster Linie wendet – an die Bretton-Woods-Institute, die die Programme durch Politikauflagen massgeblich mitgestalten, an die Regierungen der betreffenden Anpassungsländer, die für die Programme letztlich verantwortlich zeichnen, oder an beide? Haben die Bretton Woods Institute und / oder die Regierungen pauschal «versagt», oder müsste man dies von Fall zu Fall genauer ermitteln? Und wenn Politikversagen konstatiert werden kann, worin hat dies seine Gründe? Zu solchen und ähnlich gelagerten Fragen, die mit der sozialpolitisch motivierten Kritik untrennbar verbunden sind, erfährt der Leser der UNICEF-Studie leider nichts. Auch darauf wird weiter unten noch eingegangen.

Die zusammenfassende Kritik von Cornia, Jolly und Stewart ist jedoch schon in ihren theoretischen Grundlagen fragwürdig und teilweise nicht nachvollziehbar. In erster Linie trifft dies auf die Punkte (b) und (c) der vorangehend zusammengefassten Kritik und auf die Punkte (a) bis (c) der Alternativvorschläge zu.

Der Vorwurf, die Anpassungsprogramme seien «vorwiegend deflationär», ist völlig unverständlich, wenn es darum geht, Volkswirtschaften aus Krisen zu führen, die durch chronische Staatsdefizite, mehrstellige Inflationsraten, überhöhte Wechselkurse und nicht mehr finanzierbare Leistungsbilanzdefizite verursacht wurden. Wie will man denn in der Stabilisierungsphase – selbst wenn man die Umschichtungsfähigkeiten dieser Volkswirtschaften äusserst hoch veranschlagen würde – um eine Nachfragekompression herumkommen? Die theoretische Diskussion in Kapitel 6 hat verdeutlicht, dass aus ökonomischer Sicht keine überzeugenden Alternativen zum Grundprinzip der Anpassungspolitik vorliegen. Weiter unten wird dargelegt, dass auch die Herausgeber der UNICEF-Studie über keine ernst zu nehmende Alternative verfügen.

Die daran anschliessende Kritik, dass die «deflationäre» Anpassungspolitik zu «wachsender Armut» führt, übersieht zumindest zwei wichtige Tatbestände. Erstens, dass die Armut in aller Regel schon vor der Anpassung deutlich zugenommen hat; zweitens, wenn dies in einzelnen Ländern nicht zutraf, dass das Wohlstandsniveau – trotz der elenden Lebensverhältnisse vieler Menschen – dauerhaft nicht mehr haltbar, weil nicht mehr finanzierbar war. Die Staats- und Leistungsbilanzdefizite haben dieses Krisenpotential nur solange kaschiert, bis die inländischen und ausländischen Gläubiger nicht mehr bereit bzw. in der Lage waren, ständig neue Mittel zur Verfügung zu stellen. Der offene Ausbruch zunehmender Armut, der in solchen Fällen mit dem Beginn der Anpassungsprogramme zusammenfiel, war deshalb in erster Linie eine Folge der zuvor verfolgten Wirtschaftspolitik.

Die von Cornia, Jolly und Stewart geforderte «expansivere Makropolitik» – das ist der Dreh- und Angelpunkt ihrer «Alternative» –, um Produktion, Einkommen und Investitionen in der Anpassungsphase aufrechtzuerhalten, ist aus theoretischer Sicht somit völlig unverständlich. Die Krise vor der Anpassung wurde ja wesentlich durch eine zu expansive Makropolitik verursacht. Natürlich kann man darüber streiten, ob die multilateralen und bilateralen Finanz- und Entwicklungsorganisationen in ausreichendem Umfang Mittel bereitgestellt haben, um die erforderliche Kontraktion und Umschichtung von Ausgaben und Produktion auf einem «akzeptablen» Niveau zu halten. Dabei muss man jedoch in Rechnung stellen, dass jeder Zufluss konzessionärer Kredite und Kapitalschenkungen bestimmte Anpassungserfordernisse reduziert oder verzögert, im Extremfall – wenn auch nicht zwingend – die Reformbereitschaft der Anpassungsländer signifikant mindern kann. Dass eine höhere Bereitstellung externer Mittel nur die Lebensverhältnisse der Armen verbessert, nicht aber die Reformen beeinträchtigt hätte, wird von Cornia, Jolly und Stewart zwar implizit behauptet, aber nicht einmal annähernd belegt.

Das in der Studie mehrfach angesprochene Beispiel Südkorea, das Anfang der 80er Jahre ein Anpassungsprogramm ohne erkennbare Wohlfahrtseinbussen durchgeführt hat, kann nicht damit erklärt werden, dass das Land die von Cornia, Jolly und Stewart kritisierten Anpassungsmassnahmen umgangen oder modifiziert hätte. Südkorea hat ein streng orthodoxes Anpassungsprogramm umgesetzt, das in der Tat ausserordentlich erfolgreich war. Innerhalb von drei Jahren wurde das Leistungsbilanzdefizit von 4 Mrd. Dollar auf 1.3 Mrd. Dollar zurückgeführt, und das Budgetdefizit von 5.6% des BIP auf 1.5% reduziert. In diesem Zeitraum betrug die durchschnittliche jährliche Wachstumsrate des BIP 7%; mit den real steigenden Staatseinnahmen konnten die staatlichen Sozialleistungen trotz der Defizitreduktion ausgebaut werden (Cornia, Jolly und Stewart, 1987, S. 289).

Die aussergewöhnliche Kombination von Anpassung und Wachstum bereits in der Frühphase des Programms ist jedoch nicht auf eine expansive Makropolitik zurückzuführen, die die Herausgeber der UNICEF-Studie favorisieren, sondern wesentlich auf den bereits erreichten Entwicklungsstand der südkoreanischen Wirtschaft, auf einen Wandel in der Makropolitik sowie auf die entschiedenen (wenn auch längst nicht abgeschlossenen) Liberalisierungs- und Deregulierungsmassnahmen im Finanzsektor, im Handel, in der Industrie und (besonders) im Management öffentlicher Unternehmen. Mit der Erweiterung der unternehmerischen Handlungsspielräume ging gleichzeitig eine Erhöhung des Wettbewerbsdrucks in der gesamten Wirtschaft einher. Aufgrund des bereits erreichten Entwicklungsstands und der Wettbewerbserfahrung auf den Weltmärkten konnten die südkoreanischen Unternehmen die neu geschaffenen Rahmenbedingungen rasch und erfolgreich umsetzen. Dies waren im Fall Südkoreas die ausschlaggebenden Erfolgsfaktoren (vgl. z.B. Weltbank, 1993).

Die strukturellen Anpassungsmassnahmen werden in der Kritik von Cornia, Jolly und Stewart ohnehin ziemlich stiefmütterlich behandelt. In erster Linie werden Preisliberalisierungen kritisiert, die in vielen Anpassungsländern unter anderem zu höheren Nahrungsmittelpreisen für die städtischen Armen geführt haben. Das Bedauern über diese Auswirkung ist zwar verständlich, aber es fehlt jeglicher Hinweis darauf, dass mit der Liberalisierung der Agrarpreise die in der Vergangenheit praktizierte Bevorzugung der städtischen und die Benachteiligung der ländlichen Bevölkerung korrigiert wurde. Ähnlich ist auch die Kritik am Abbau von Subventionen einzustufen. In allen Anpassungsländern kam die überwiegende Mehrzahl der Subventionen (wie auch die niedrig administrierten Preise für Güter und Dienste) allen Teilen der Bevölkerung zugute – nicht nur den Armen. Für die Empfänger mittlerer und hoher Einkommen war dieses Giesskannenprinzip sozialpolitisch jedoch niemals begründbar.

Ausserdem wird von Cornia, Jolly und Stewart mit keinem Wort erwähnt, dass mit der Liberalisierung und Deregulierung insbesondere die Bezieher mittlerer und hoher Einkommen viele Möglichkeiten des «Rent Seeking» verlieren, das heisst die Erzielung unproduktiver Einkommen («directly unproductive profits»). Das Ausmass dieser Renteneinkommen auf dem Rücken der Gesellschaft und vor allem die vielfältigen entwicklungshemmenden Auswirkungen dieser Praktiken sind aufgrund fehlender oder sehr lückenhafter empirischer Untersuchungen noch weitgehend unbekannt. Es kann jedoch kein Zweifel darüber bestehen, dass die Widerstände gegen verschiedene Massnahmen der strukturellen Anpassung wesentlich aus dem Kreis solcher Rentenbezüger kommen, die ihre angenehmen Pfründe verlieren.

Besonders irritierend sind die von Cornia et al. unter dem Begriff «Mesopolitik» unterbreiteten Vorschläge einer staatlich gesteuerten Allokation von Ressourcen. Die fragwürdigsten Instrumente reichen unter anderem von Preiskontrollen aller Art über gespaltene Wechselkurse, Importlizenzen und staatliche Kreditzuteilungen bis zur Steuerung der Lohnpolitik durch die Regierung (Cornia et al., 1987, S. 158 ff). Wie bei der geforderten expansiveren Makropolitik ist hier festzuhalten, dass die Krise vieler Anpassungsländer wesentlich durch geradezu flächendeckende Eingriffe dieser Art mitverursacht wurde. Vermutlich aus dem Fehlverständnis gescheiterter Stabilitätsprogramme heraus stellen Cornia et al. die Grundidee der strukturellen Anpassung mit diesen Vorschlägen völlig auf den Kopf.

Diese Vermutung wird durch den wiederholten Verweis auf die Politik der peruanischen Regierung nach 1985 bestärkt, die als «erfolgreich» bezeichnet wird (Cornia et al., 1987, S. 292). Peru wird auch im zweiten Band der UNICEF-Studie in einer Länderuntersuchung behandelt, und dort werden die ersten Erfahrungen mit der Wirtschaftspolitik nach 1985 ebenso als Erfolgsgeschichte präsentiert wie von Cornia et al. (Figueroa, 1988, S. 156–183).

Die tatsächliche Leidensgeschichte Perus ist heute hinlänglich bekannt (vgl. z. B. Dornbusch, 1988b; Kappel, 1990). Zwischen 1978 und 1984 vereinbarten die Behörden mit dem IMF vier Stabilitätsprogramme, die jedoch weitgehend erfolglos waren. 1985 wandte sich der neue Präsident, Alán Garcia, von den orthodoxen Rezepten völlig ab und implementierte ein «heterodoxes» Stabilitätsprogramm, das auf einer expansiven Fiskal- und Geldpolitik sowie einer hochgradig interventionistischen Mikropolitik basierte. Die Inflation wurde durch Wechselkurs- und Preisfixierungen bekämpft, die Konjunktur mit staatlichen Ausgabensteigerungen angekurbelt und eine Zahlungsbilanzkrise durch die Begrenzung des Schuldendienstes auf 10% der Exporterlöse hinausgeschoben. Die Anfangserfolge der Regierung, die in praktisch allen Sektoren der Wirtschaft intervenierte, administrierte und regulierte, waren beeindruckend. Bis Ende 1987 nahm die Beschäftigung deutlich zu und die Reallöhne stiegen um 20 bis 35%. Darüber hinaus gab es auch sonst keine Wirtschafts- und Sozialindikatoren, die sich nicht rasch und signifikant verbessert hätten.

Das Strohfeuer hielt zwei Jahre an, dann begann der unvermeidbare Niedergang. Mit dem stetigen Abbau der Devisenreserven nahmen die Kapitalflucht und die Schwarzmarktprämien gegenüber den offiziellen Wechselkursen ständig zu. Die Preis- und Wechselkursfixierungen waren nicht mehr durchzuhalten, und die Dollarisierung der Volkswirtschaft war von eskalierenden Abwertungs- und Preisschüben begleitet. Am Ende stand die Hyperinflation. Als 1990 die Währungsreform kam, waren die Peruaner im Durchschnitt um 25% ärmer als 1985.

Ähnlich verhängnisvolle Experimente wurden nicht nur in anderen lateinamerikanischen Ländern (z. B. Argentinien und Brasilien), sondern auch in Ländern Afrikas immer mit demselben Ergebnis durchgeführt: Früher oder später entpuppte sich die «heterodoxe» Stabilisierung, die auf orthodoxe Austerität völlig verzichtete, als die wirtschaftspolitische Scharlatanerie, die sie von Beginn an war (eine interessante Synthese wurde in Mexiko nach 1988 praktiziert; vgl. z. B. Dornbusch, 1989b; Kappel, 1990). Man kann durchaus zugestehen, dass die Studie von Cornia et al. schon auf dem Markt war, als der Kollaps in Peru und anderen Ländern selbst hartgesottene Interventionisten vom Unsinn dieser Politik überzeugen musste. Aber erstens hatten ähnliche Versuche schon in der Vergangenheit kläglich geendet, und zweitens wiesen viele Untersuchungen darauf hin, dass das unbestreitbare Scheitern so mancher orthodoxer Stabilitätsprogramme auf eine unvollständige oder halbherzige Umsetzung zurückzuführen war, und auf einen Mangel dessen, was man dann strukturelle Anpassung nannte.

Insgesamt gelingt es den Herausgebern der UNICEF-Studie nicht, eine ernst zu nehmende Alternative zum orthodoxen Konzept der Anpassung zu liefern. Ihre Diagnosen einer einseitigen (auf «Deflation» ausgerichteten) Makropolitik sowie einer unzureichenden Finanzierung der Reformprogramme sind ebenso wenig überzeugend wie ihre Vorschläge einer expansiven Makropolitik und massiver Interventionen auf der Sektor- und Mikroebene. Sowohl für die Analyse der Krisenursachen als auch für die Therapievorschläge fehlt jegliches theoretische Fundament, das diesen Begriff verdient.

Nebenbei sei angemerkt, dass auch andere, ähnlich gelagerte Alternativkonzepte diese grundlegenden Schwächen aufweisen. Ein prominentes Beispiel ist das von der «Economic Commission for Africa» (ECA) der Vereinten Nationen 1989 vorgelegte «African Alternative Framework to Structural Adjustment Programmes» (AAF-SAP). Auch hier sucht der Leser vergeblich nach einer theoretisch fundierten Ursachenanalyse und Therapiekonzeption. Das «alternative» Konzept (ECA, 1989, S. 32 ff) des AAF-SAP ähnelt so stark den Diagnosen und Empfehlungen der Herausgeber der UNICEF-Studie, dass es nicht ausführlicher erläutert und kritisiert werden muss.

Berechtigte sozialpolitisch motivierte Kritik

Wie in den vorangehenden Kapiteln schon mehrfach betont wurde, darf aus diesen Erörterungen natürlich nicht geschlossen werden, Anpassung könne keine Belastungen mit sich bringen, die sozial unerwünscht wären. Trotz aller theoretischen und methodischen Schwächen dürfen die UNICEF-Studie und ähnlich gelagerte Arbeiten für sich in Anspruch nehmen, die soziale Dimension der Anpassung mit besonderem Gewicht in den Vordergrund gerückt zu haben. Auf der anderen Seite kann man aber auch nicht pauschal behaupten, die Befürworter und Träger der Anpassungspolitik hätten die soziale Frage völlig vernachlässigt. Eine angemessene Einschätzung erfordert eine etwas differenziertere Betrachtung.

Mit an vorderster Stelle der Kritik von Cornia, Jolly und Stewart rangiert der Vorwurf, der Zeithorizont der Anpassungsprogramme sei zu kurz. Ob man diesen Vorwurf akzeptiert oder ablehnt, ist eine Frage der Interpretation dieser Kritik. Wenn damit gemeint ist, dass die Befürworter der Anpassungspolitik in den frühen 80er Jahren den Zeitraum für eine erfolgreiche Anpassung systematisch unterschätzt haben, ist die Kritik gerechtfertigt. Der Vorwurf ist jedoch nicht haltbar, wenn es um die Unterscheidung kurz- und langfristiger Effekte geht. Im Gegenteil – die Befürworter der Anpassung haben immer betont, dass Anpassungslasten schon in der kurzen Frist spürbar sind, während die meisten Früchte erst längerfristig geerntet werden können.

Aus dieser Sicht ist eher den Kritikern der Anpassung Kurzsichtigkeit vorzuwerfen, da sie bereits nach kurzer Zeit stark zu endgültigen Urteilen über die Folgen der Anpassung neigten.

Die Unterschätzung des Zeitraums für die Erreichung bestimmter Reformziele erklärt schon zu einem nicht unerheblichen Teil, weshalb den sozialen Auswirkungen der Anpassung in der ersten Hälfte der 80er Jahre geringere Aufmerksamkeit zuteil wurde als nach 1985. Der Zusammenhang ist offenkundig. Da die Belastung der Anpassungspolitik sehr rasch spürbar wird, verlängert sich die Belastungsphase, wenn die Ziele der Stabilisierung und strukturellen Anpassung erst später erreicht werden als urspünglich angenommen. Es ist, um das Argument drastisch zu veranschaulichen, eben schon ein grosser Unterschied, ob ein Arbeitnehmer aufgrund von Nachfrage- und Produktionsumschichtungen während drei Monaten arbeitslos ist oder während drei Jahren.

Die systematische Fehleinschätzung des Zeitbedarfs für erfolgreiche Anpassung ist zumindest teilweise auf mangelnde empirische Kenntnisse zurückzuführen. Die Erfahrung mit weitreichenden Anpassungsprogrammen war Anfang der 80er Jahre naturgemäss beschränkt (vgl. z. B. Webb und Shariff, 1992, bes. S. 84 ff). Demgegenüber hätten jedoch die Erfahrungen mit vielen früheren (zumindest teilweise) fehlgeschlagenen Stabilitätsprogrammen des IMF eine Warnung sein müssen, dass wirtschaftspolitische Reformen in der Regel schwieriger umzusetzen sind, als dies die traditionelle Theorie der Wirtschaftspolitik erkennen lässt. Dieses Argument bezieht sich auf die zweifelhaften Annahmen einfachster neoklassischer Modelle, auf die politische Ökonomie der Anpassung und auf die begrenzten administrativen Kapazitäten in vielen Anpassungsländern.

Wie bereits angesprochen wurde, sind in den einfachsten neoklassischen Modellen, die der Theorie der Anpassung zugrunde liegen, die Preise flexibel und die Märkte effizient. Obwohl die strukturelle Anpassung mangelnde Flexibilität und Effizienz diagnostiziert und deren Verbesserung anstrebt, verführt die neoklassische Theorie dazu, eben diese Flexibilität und Effizienz der Anpassungsländer zu überschätzen. Daraus erklärt sich auch, dass verschiedene Belastungen durch die Anpassung nicht nur während eines längeren Zeitraums, sondern auch schwerer oder umfangreicher ausfallen können als theoretisch idealisierte Ableitungen indizieren. Wie schon zuvor dargelegt wurde, heisst dies, dass so manche anpassungstheoretische Abhandlung Rahmenbedingungen voraussetzt, die in Tat und Wahrheit Ziele der strukturellen Anpassung sind.

Ein vermutlich noch wichtigerer Grund für die Unterschätzung des Zeitbedarfs für erfolgreiche Anpassung war die in den frühen 80er Jahren weitverbreitete Vernachlässigung der politischen und institutionellen Ökonomie. Die Theorie der Anpassung ist zunächst einmal eine präskriptive Theorie der Wirtschaftspolitik, das heisst sie entwickelt Vorschriften, wie Wirtschaftspolitiker als «wohlmeinende Diktatoren» bestimmte Ziele erreichen können. Es wird jedoch nicht gefragt, ob und wie Wirtschaftspolitiker die vorgeschriebene Politik tatsächlich implementieren werden. Wie ebenfalls schon zuvor angesprochen wurde, werden in Wirklichkeit die Entscheidungen der Politiker durch das Streben nach Machterhaltung und Machtgewinn sowie weitere Eigeninteressen wesentlich mitbestimmt. Auf diese Aspekte wird weiter unten näher eingegangen.

Schliesslich ist nicht zu übersehen, dass viele Regierungen und Verwaltungen mit einer wirksamen Umsetzung sehr umfangreicher Anpassungsprogramme überfordert waren. Besonders in Ländern mit niedrigen Einkommen waren die verfügbaren politischen und administrativen Kapazitäten für die häufig sehr komplexen Programme unzureichend (und sind es teilweise auch heute noch; vgl. z. B. Weltbank, 1995b). Dies gilt unter anderem auch für die Umsetzung begleitender Massnahmen, um Anpassungslasten für die armen Bevölkerungsschichten zu mildern. Hier kann man weder den Regierungen der Entwicklungsländer noch den Bretton Woods Institutionen den Vorwurf ersparen, dass sie zuweilen viel Zeit vergehen liessen, bis diese Aufgaben ernsthaft angepackt bzw. einigermassen wirksam umgesetzt wurden (vgl. z. B. Weltbank, 1995, S. 141 ff).

Der durchgehenden Kritik von Cornia et al., dass den sozialen Auswirkungen in der ersten Generation der Anpassungsprogramme – bis etwa Mitte der 80er Jahre – aus verschiedenen Gründen zuwenig Aufmerksamkeit geschenkt wurde, und dass Massnahmen zur Verbesserung der sozialen Leistungen des Staates sowie zur Armutsbekämpfung intensiviert werden sollten, kann man somit nur zustimmen (vgl. auch Box 9.1). Der aussagefähigste Beleg für die Berechtigung dieser Kritik besteht vielleicht darin, dass erst im Jahr 1987 die Weltbank, in Zusammenarbeit mit dem United Nations Development Programme (UNDP) und der African Development Bank (AfDB), die «Social Dimensions of Adjustment» (SDA) Initiative für Afrika ins Leben rief (vgl. z. B. Illy, 1994, der detaillierter die Hypothese behandelt, die Weltbank hätte die SDA-Initiative vor allem als Reaktion auf sozialpolitisch motivierte Kritik von aussen gestartet). Vier Hauptziele bzw. Kernaufgaben kennzeichneten dieses Programm: Die Verbesserung der Datenbasis über die sozialen Verhältnisse, die Verbesserung der Makro- und Mikropolitik hinsichtlich der sozialen Entwicklung, die Einrichtung sozialer Sicherungsprogramme zur

Minderung von Anpassungslasten und die Verstärkung der institutionellen Entwicklung zur langfristigen Sicherung sozialer Anliegen (Weltbank, 1990b). Obwohl diese Initiative sich auf Afrika konzentrierte, hat sie auch auf die Zusammenarbeit mit Anpassungsländern in Asien und Lateinamerika ausgestrahlt.

Inwiefern die SDA-Initiative die genannten Ziele erreicht hat, ist schwer zu beurteilen. Die in Kapitel 8 diskutierten Querschnittsuntersuchungen weisen ja recht deutlich darauf hin, dass sich nach Mitte der 80er Jahre die Armutsentwicklung und (vor allem) die Entwicklung der staatlichen Sozialausgaben in vielen Anpassungsländern wesentlich günstiger präsentieren als in der ersten Hälfte der 80er Jahre. Da sich in diesem Zeitraum auch die gesamtwirtschaftliche Entwicklung nicht unerheblich verbessert hat, kann man den möglichen Beitrag der SDA-Initiative allerdings nicht klar abgrenzen. Die Daten aus Querschnittsuntersuchungen und die vielfältigen Belege aus Länderstudien lassen jedoch keine Zweifel darüber zu, dass im sozialen Bereich die Bemühungen der Bretton Woods Institute, der bilateralen Entwicklungsorganisationen und der Regierungen in den Anpassungsländern selbst signifikant

Box 9.1

Forderungen an die Sozialverträglichkeit der Anpassung

Im Projekt «*In gemeinsame Interessen investieren*» des NFP 28 wurde die schweizerische Entwicklungszusammenarbeit einer sehr umfassenden Analyse unterzogen. Zur Bedeutung der Unterstützung von Anpassungsprogrammen stellt Gerster (1995) die nachstehende Forderung auf.
«Die Rahmenbedingungen sind für die Wirksamkeit der direkten Armutsbekämpfung entscheidend. ... In diesem Sinne ist es wichtig und richtig, wenn die Schweiz die Gestaltung der Rahmenbedingungen aktiv unterstützt. Dabei sollte deren Qualität die Rolle eines Selektionsfilters spielen. Denn in der Reform der Rahmenbedingungen sollte der politische Wille für eine sozial ausgleichende Politik zum Ausdruck kommen, indem beispielsweise Agrarreformen oder eine progressive Einkommens- und Vermögensbesteuerung durchgesetzt werden. Massnahmen zur Stärkung der Rahmenbedingungen sind nicht Selbstzweck, sondern müssen der zentralen Zielsetzung der Armutsbekämpfung untergeordnet bleiben. Diese Einsicht ist alles andere als neu, haben doch in den letzten 20 Jahren verschiedene Geberländer ihre Unterstützung ausdrücklich an eine ausgleichende Sozialpolitik im Süden geknüpft. Doch die Bemühungen um eine Durchsetzung dieses Kriteriums blieben stets schwach» (Gerster, 1995, S. 48).

zugenommen haben und auch nicht ohne Erfolg waren. Ebenso ist nicht zu bezweifeln, dass die hartnäckige sozialpolitische Kritik an den Anpassungsprogrammen, auch wenn sie in manchen Belangen verfehlt war und ist, dafür einen wichtigen Auslöser bildete.

9.2 Überladene Programme und überhöhte Erwartungen?

Besonders von sozialpolitisch motivierten Kritikern der Anpassungspolitik wird immer wieder gefordert, dass die Armutsbekämpfung zu einem integralen Bestandteil der Anpassungsprogramme werden sollte (vgl. z. B. Gerster, 1995, S. 48). In jüngerer Zeit ist die Forderung hinzugekommen, dass Anpassungsprogramme auch auf «ökologische Verträglichkeit» auszurichten seien. So schreibt zum Beispiel Reed in einer Studie des «World Wide Fund for Nature» (WWF): «Priorität muss armutsmindernden Strategien eingeräumt werden, die einen besonderen Fokus auf die Stabilisierung und Stärkung des Landwirtschaftssektors aufweisen. ... Strukturanpassungskredite, vor allem in Form von Sektorprogrammen, müssen auf soliden Prinzipien aufbauen, die eine nachhaltige Ressourcennutzung sicherstellen.» (Reed, 1992, S. 163 f). Das Anliegen einer auf Armutsbekämpfung und ökologische Nachhaltigkeit orientierten Entwicklungs- und Wirtschaftspolitik ist bekanntlich weit verbreitet; es ist daher nicht verwunderlich, dass praktisch jedermann diesen Forderungen zustimmt. Auch die Weltbank hat sich längst ähnlich lautende Parolen zu eigen gemacht (vgl. z. B. Serageldin, 1995).

Die auf den ersten Blick so attraktiv und plausibel anmutenden Forderungen weisen bei näherer Betrachtung jedoch sehr fragwürdige Züge auf. Akzeptiert man das Anliegen nach der Integration der Armutsbekämpfung und der Umwelterhaltung in die Anpassungspolitik, so stellt sich die Frage, was denn Anpassungspolitik überhaupt noch heissen soll. Dies ist weit mehr als eine semantische Frage. Es geht vielmehr um die suggerierte Vorstellung, die Wiedergewinnung von wirtschaftlicher Stabilität und Entwicklungsdynamik sowie die Bekämpfung der Armut und die Erhaltung der Umwelt seien in *einem* Politikpaket und mit *einem* Bündel effizienter und harmonierender wirtschaftspolitischer Instrumente zufriedenstellend zu erreichen. Diese Vorstellung ist äusserst fragwürdig.

Für die Ziele der Anpassungspolitik – Stabilität und Wachstum – stehen eine Reihe effizienter Instrumente zur Verfügung. Im traditionellen Ziel-Mittel-Schema der Wirtschaftspolitik heisst dies, dass der Erfolg der Anpassungspolitik am Grad der Implementation der Massnahmen und am Grad der Zielerreichung gemessen werden kann. Gesetzt den Fall, die Massnahmen eines

Anpassungsprogramms wurden im erforderlichen Umfang implementiert und wirtschaftliche Stabilität und Wachstum fallen zufriedenstellend aus, aber die Armut hat kaum abgenommen und auch die natürlichen Ressourcen werden weiterhin übernutzt – hat dann die Anpassungspolitik versagt? Ist dann die Anpassungspolitik «verantwortlich» für die nicht erreichten Ziele der Armutsbekämpfung und Umwelterhaltung? Müsste und könnte man, wie verschiedentlich gefordert wird, den Einsatz anpassungspolitischer Instrumente «modifizieren», um auch die armuts- und umweltpolitischen Ziele (besser) zu erreichen (vgl. z. B. Reed, 1992, S. 104 und S. 162 ff)? Ist Anpassungspolitik tatsächlich als eine solche «Mehrzweckwaffe» aufzufassen und zu gestalten?

Bei genauerem Hinsehen muss man alle diese Fragen mit nein beantworten. Wenn im Zuge der Anpassung die Armut nicht im gewünschten Masse abgenommen hat und die Umwelt weiterhin übernutzt wird, dann ist dies nicht als ein Versagen der Anpassungspolitik, sondern als ein Versagen der Politik der Armutsbekämpfung und der Umweltpolitik zu interpretieren. Damit wird natürlich nicht bestritten, dass Anpassungspolitik (positive und negative) Nebenwirkungen auf die Armutsentwicklung und die Nutzung natürlicher Ressourcen hat. Aber die oberflächliche Kritik und die damit verbundenen Forderungen übersehen den grundlegenden Unterschied zwischen der Wirkung wirtschaftspolitischer Instrumente auf die Ziele, für deren Erreichung sie konzipiert und eingesetzt werden, und den Nebenwirkungen, die sie haben. In manchen Fällen ist die Grenze zwischen Zielwirkung und Nebenwirkung schwierig zu ziehen, in anderen Fällen jedoch äusserst klar. In allen Fällen ist die Unterscheidung dieser beiden Wirkungsdimensionen jedoch wichtig.

Am einfachsten ist dies für die Wirkung der Anpassungspolitik auf die Umwelt nachzuvollziehen (vgl. dazu ausführlicher Kappel, 1996). Zunächst ist es offenkundig, dass für ein gegebenes Zielbündel der Anpassungspolitik und eine ausreichende Anzahl von Instrumenten eine Modifikation der Instrumente für umweltpolitische Zwecke zwangsläufig dazu führen muss, dass die anpassungspolitischen Ziele verfehlt werden. Dies geht aus Tinbergens bekanntem Theorem hervor, dass für jedes Politikziel ein Instrument zur Verfügung stehen muss (Tinbergen, 1956). Erhöht man die Anzahl der Instrumente auf den erforderlichen Umfang, so ist leicht einzusehen, dass anpassungspolitische Instrumente nicht sonderlich geeignet (effizient) sind, umweltpolitische Ziele zu erreichen. Anders ausgedrückt: Umweltpolitische Ziele sollte man auch mit umweltpolitischen Instrumenten verfolgen. Der immer wieder geäusserte Vorschlag, man solle die Anpassungspolitik für umweltpolitische Ziele «anpassen», ist somit völlig verfehlt.

Darüber hinaus ist die Wirkung der Anpassungspolitik auf die Umwelt alles andere als eindeutig. Umweltpolitisch motivierte Kritiker der Anpassungspolitik vertreten die Auffassung, dass Anpassung per saldo und generell die aus dem Wirtschaftsprozess resultierenden Umweltschäden erhöht. Dies wird, so die Argumentation der Kritiker, einerseits durch das wiedergewonnene Wirtschaftswachstum verursacht, kann aber andererseits auch auf die behauptete Zunahme der Armut zurückgeführt werden (Reed, 1992, S. 2 ff). Demgegenüber kommen Autoren der Weltbank zur Schlussfolgerung, dass Anpassungspolitik generell und per saldo «wirtschaftliche Gewinne und Umweltgewinne» produziert, auch wenn eingestanden wird, dass unter bestimmten Umständen «unerwünschte Nebeneffekte auftreten können» (Munasinghe und Cruz, 1995, S. 4). Dies wird vor allem damit begründet, dass die Stabilisierung und Liberalisierung einer Volkswirtschaft automatisch auch einen effizienteren Umgang mit natürlichen Ressourcen erzwingt.

Box 9.2

Umweltstandards ausländischer Unternehmen in Entwicklungsländern

Im Projekt «*Förderung einer ökologisch verträglichen wirtschaftlichen Zusammenarbeit mit weniger entwickelten Ländern*» des NFP 28 wurde der Frage nachgegangen, an welchen Umweltstandards sich ausländische Investoren orientieren. Insgesamt wurden 27 schweizerische Unternehmen mit Niederlassungen in Entwicklungsländern befragt. Wyss, Messerli und Straubhaar (1994) fassen im Syntheseberichte Nr. 10 des NFP 28 unter anderem die folgenden Ergebnisse zusammen.

«1) Die Umweltgesetzgebung und vor allem die Art des Vollzugs dieser Normen ist in den 19 untersuchten Nicht-OECD-Ländern im Vergleich zur Umweltpolitik in Industrieländern weniger restriktiv. Aus einer mikroökonomischen Sicht würde sich ceteris paribus eine Verlagerung von umweltintensiven Produkten also lohnen. 2) Die Direktinvestitionen der schweizerischen multinationalen Unternehmungen in Nicht-OECD-Ländern dienten der Erschliessung von Märkten oder von Rohstoffvorkommen. Unterschiedliche Produktionskosten spielten eine untergeordnete und geringere Umweltschutzkosten überhaupt keine Rolle. ... 4) Die Produktion der Tochterfirmen erfolgte zur Zeit unserer Untersuchung mit einem niedrigeren Standard als in den Mutterhäusern. Da mit dieser Doppelstrategie jedoch Kosten im Bereich der internen Kontrollen und Nachteile auf den Absatz-, den Kapital- und den Arbeitsmärkten entstehen, erwarten wir, dass die Umweltstandards bei den multinationalen Firmen weltweit angeglichen werden. ... Wir schliessen daraus, dass eine wirkungsvolle Förderung einer Zusammenarbeit in Umwelttechnologien mit Nicht-OECD-Ländern durch die Implementierung einer konsequenteren Umweltpolitik in der Schweiz beginnt» (Wyss, Messerli, Straubhaar, 1994, S. 13 f).

Eine etwas detailliertere theoretische und empirische Analyse verdeutlicht jedoch rasch, dass beide Positionen einer kritischen Überprüfung nicht standhalten. Die unmittelbaren Nebenwirkungen der Anpassungsinstrumente auf die Nutzung natürlicher Ressourcen sowie die Wirkungen von anpassungsinduziertem Wirtschaftswachstum oder zunehmender Armut auf die Umwelt variieren sektoral und mit der jeweils betrachteten Art der Umweltbelastung dermassen stark, dass allgemein gültige Aussagen nicht möglich sind. Empirische Untersuchungen belegen, dass (etwas vereinfacht ausgedrückt) mit zunehmenden Pro-Kopf-Einkommen einige Arten von Umweltbelastungen zunehmen, andere hingegen abnehmen. Ob per saldo mit zunehmenden Einkommen die Umweltschäden zu- oder abnehmen, ist daher unter anderem eine (nicht triviale) Frage der Aggregierung verschiedener Arten von Umweltbelastungen (vgl. z. B. Baldwin, 1995; Grossman, 1995).

Box 9.3

Technologiekooperation im Umweltbereich

Im Projekt «*Fördern multinationale Firmen das Ökologie-Know-how in Entwicklungsländern?*» des NFP 28 wurden Vertreter aus 235 Unternehmen über ihre Umweltschutzpraxis in Entwicklungsländern befragt. Brugger und Maurer (1994) kommen im Syntheseberichts Nr. 18 des NFP 28 unter anderem zu folgenden Schlüssen.

«Nicht in allen Industriesektoren existieren multinationale Gesellschaften, und von diesen sind nicht alle partiell integriert. Zudem kann nur von einer Tendenz zu einem «Single standard» ausgegangen werden. Staatliche Regulationssysteme sind normalerweise lückenhaft und setzen oft falsche oder wenig effektive Preissignale. ... Auf privater Seite wird den NGOs (Non Governmental Organisations) eine wichtige Rolle zugeschrieben. ... Die internationalen Handelskammern erfüllen bereits wichtige Aufgaben, wie das Beispiel der schweizerischen Handelskammer in Bogota zeigt: Sie schafft Kontakte, sie agiert als Informationspool, und auf Messen werden Hemmungen gegenüber neuen Technologien reduziert. ... In diesem Informationspool könnten auch Informationen über umweltfreundliche Technologien gespeichert werden, und mit Demonstrationsprojekten könnten die langfristigen Renditen neuer Technologie gezeigt werden. ... Auf staatlicher Seite sollten sich die Regierungen der Entwicklungsländer überlegen, wie sich die Rezeptionsfähigkeit ihres Landes verbessern liesse, wie das Interesse der lokalen Industrie für umweltfreundliche Technologien zu wecken wäre und wie sie ihre internationalen Beziehungen für eine Beschleunigung der Diffusion einsetzen könnten. ... Die Regierungen der Industrieländer sollten die aussenwirtschaftlichen Regulationen einschränken, damit keine falschen Preissignale gesetzt werden und der Zugang für Importe aus Entwicklungsländern geöffnet wird. ... Damit könnte die Hemmung der Firmen aus den Industrieländern, eine Kooperation einzugehen, abgebaut werden» (Brugger, Maurer, 1994, S. 14 ff).

Im Kern folgt daraus, dass Umweltprobleme – unabhängig ob eine Volkswirtschaft reich oder arm ist, ob sie wächst oder schrumpft – wesentlich auf strukturelle Konstruktionsfehler der Wirtschaft (Externalisierung der Kosten für den Verbrauch der Umwelt) zurückzuführen sind, die man am besten mit umweltpolitischen Instrumenten bekämpft. Wenn die Nutzungsrechte natürlicher Ressourcen nicht klar definiert sind und die Nutzung durch geeignete Instrumente nicht auf ein dauerhaft tragfähiges Mass begrenzt wird, laufen natürliche Ressourcen Gefahr, übernutzt und zerstört zu werden. Dies kann mit wachsenden Pro-Kopf-Einkommen ebenso einhergehen wie mit zunehmender Armut und mit oder ohne sektoralen Strukturwandel und technisch-organisatorischen Fortschritt (zur Rolle privater Unternehmen in diesem Kontext vgl. Box 9.2 und Box 9.3). Diese Einflussgrössen bilden die dynamischen Kräfte, die das Niveau der laufenden Umweltschädigung bestimmen. Der Kern des Problems liegt jedoch in den strukturellen Fehlkonstruktionen unserer Volkswirtschaften, die eine Übernutzung natürlicher Ressourcen zulassen bzw. nicht verhindern können. Dies kommt in Hardins populärer Skizze der «tragedy of the commons» (Hardin, 1968) ebenso zum Ausdruck wie in den einleitenden Kapiteln eines jeden Lehrbuchs über Umwelt- und Ressourcenökonomie (vgl. z. B. Pearce und Turner, 1990).

Aus diesen kurzen Darlegungen sollte schon unmittelbar einsichtig sein, dass der Kern des Umweltproblems und erfolgversprechende Lösungsansätze mit Anpassungspolitik nichts zu tun haben. Selbst wenn in bestimmten Bereichen der Umwelt die Schäden tatsächlich durch anpassungsinduziertes Wirtschaftswachstum zunehmen, leuchtet die ausgewählte Kritik an der Anpassungspolitik nicht ein. Der Umwelt ist es schliesslich gleichgültig, durch welche Wirtschaftspolitik oder externen Einflüsse die Dynamik der Belastung bestimmt wird. Das Kernübel sind, wie gesagt, die strukturellen Konstruktionsfehler unserer Volkswirtschaften.

Die Grenzziehung zwischen Anpassungspolitik und Sozialpolitik ist sicher weniger offenkundig und schwieriger als im Fall der Umweltpolitik, aber nichtsdestoweniger von ebenso grosser Bedeutung. Die Erörterungen in Kapitel 6 und 8 haben verdeutlicht, dass auf theoretischer Ebene und in der kurzen Frist kein eindeutiger Gesamtzusammenhang zwischen Anpassung und sozialer Entwicklung bestimmt werden kann. Positive und negative Wirkungen einzelner Instrumente variieren je nach Sektor und Bevölkerungsgruppe und können überdies stark von den Ausgangsbedingungen beeinflusst werden. Insofern ist die Parallele zur Beziehung zwischen Anpassung und Umwelt nicht zu übersehen; das heisst, letztlich ist die gestellte Frage nach dem Zusammenhang nur empirisch zu beantworten. Die in Kapitel 8 diskutierten Ergebnisse von Querschnittsstudien haben ergeben, dass der vielfach postulierte negative Zusammenhang zwischen Anpassungspolitik und sozialer Entwicklung in der mittleren Frist pauschal nicht aufrechtzuerhalten ist.

Die Unterscheidung von Anpassungspolitik und Sozialpolitik ist bei einzelnen Massnahmen und Instrumenten nicht immer einfach. Ein gutes Beispiel ist natürlich die Fiskalpolitik. Die Reduktion der Staatsausgaben ist im Regelfall eine unvermeidbare Massnahme der Anpassungspolitik. Wenn in einem solchen Fall eine Regierung staatliche Mittel zum Schutz des sozialen Sektors umschichtet, beispielsweise aus den Budgetlinien für das Militär in den Gesundheits- und Erziehungssektor, ist dies dann als Teil der Anpassungspolitik zu bezeichnen? Handelt es sich nicht in Tat und Wahrheit um eine ausgesprochen sozialpolitische Massnahme? Wenn Subventionen für Nahrungsmittel gestrichen werden, die unter anderem auch den Bezügern mittlerer und hoher Einkommen zugute kamen, die Regierung nach dieser Entscheidung jedoch keinen Ersatz für die Zielgruppe der bedürftigen Armen bereitstellt, ist dies ein «Verschulden» der Anpassungspolitik oder nicht vielmehr ein Versäumnis der Sozialpolitik? Und wenn beispielsweise der Bodenmarkt dereguliert und liberalisiert wird, die Regierung jedoch nichts unternimmt, um den armen Bauern einen geeigneten Zugang zum Boden- und Kapitalmarkt zu sichern, ist dies «schlechte» Anpassungspolitik oder Ausdruck einer unzureichenden Politik der Armutsbekämpfung?

Wie gesagt, geht es hier um weit mehr als nur Semantik. Zur Debatte steht die Frage, was man der Anpassungspolitik an Aufgaben und Verantwortlichkeiten auflädt. Wenn diese Aufgaben und Verantwortlichkeiten über die erklärten Ziele und die Reichweite der Instrumente der Anpassungspolitik hinausgehen, wird die Sache natürlich sehr zweifelhaft. Dies geschieht nicht selten, weil die Zielwirkungen und Nebenwirkungen wirtschaftspolitischer Instrumente verwechselt werden. Und besonders hinsichtlich der sozialen Entwicklung haben hier Kritiker wie Befürworter der Anpassungspolitik zum Teil ein ziemliches Durcheinander angerichtet.

Anpassungspolitik strebt die (Wieder-) Herstellung von Rahmenbedingungen an, die als Voraussetzung für wirtschaftliche Dynamik gelten. In der neoklassischen Theorie sind dies Stabilität und funktionierende Märkte. Auch sozialpolitisch motivierte Kritiker der Anpassung haben mittlerweile die Bedeutung wirtschaftlicher Rahmenbedingungen für die Armutsbekämpfung erkannt. So schreibt zum Beispiel Gerster: «Die Rahmenbedingungen sind für die Wirksamkeit der Armutsbekämpfung entscheidend» (Gerster, 1995, S.48). Dies ist sicher zutreffend. Aber kann man deswegen die Anpassungspolitik als Politik der Armutsbekämpfung bezeichnen?

Grundsätzlich gibt es hier zwei mögliche Interpretationen. Entweder man subsumiert die Anpassungspolitik unter dem Begriff der Armutsbekämpfung, weil sie per saldo und in der mittleren bis langen Frist positive Wirkungen auf die Reduktion der Armut hat. Oder man grenzt die Anpassungspolitik von der Politik der Armutsbekämpfung ab, weil ihre Ziele und Instrumente nicht ausschliesslich für die Armutsbekämpfung konzipiert sind. Anpassungspolitik hat ja zum Ziel, die Rahmenbedingungen für *alle* Wirtschaftsakteure zu verbessern – für die Armen, für die Mittelschicht wie auch für die Reichen. Damit schafft diese Politik zwar unerlässliche Voraussetzungen dafür, dass auch die Armen ihre eigenen Entwicklungspotentiale besser nutzen können, aber es handelt sich nicht um eine Politik der Armutsbekämpfung in dem Sinne, dass gezielte Massnahmen ausschliesslich für die Armen ergriffen werden.

Die erste dieser beiden Interpretationen hat den Vorteil, dass der Nutzen der Anpassungspolitik für die Armutsbekämpfung deutlich hervorgehoben wird. Der Nachteil besteht jedoch darin, dass Anpassungspolitik gleichsam als Politik der Armutsbekämpfung (über-) verkauft wird. Einerseits können damit Erwartungen geweckt werden, die nicht einzuhalten sind, andererseits kann sich eine Regierung gegen sozialpolitische Forderungen mit dem Verweis wehren, sie betreibe mit der Anpassungspolitik schon Armutsbekämpfung. Da unter der Sonne bekanntlich so ziemlich alles mit allem zusammenhängt, sind hier den abenteuerlichsten Auslegungen, was noch zur Armutsbekämpfung zählt, Tür und Tor geöffnet. Dies gilt ebenso für den Begriff der Anpassungspolitik, dem man dann fast beliebige Inhalte zuschreiben kann. Die angesprochene Subsumierung der Umwelterhaltung unter die Anpassungspolitik ist dafür ein gutes Beispiel.

Die zweite Lesart hat den Vorteil, dass sie den Begriff der Politik der Armutsbekämpfung strikt auf jene Massnahmen reduziert, die gezielt und ausschliesslich auf diese Bevölkerungsgruppe zugeschnitten sind. Damit weiss man ziemlich genau, wovon man spricht. Der Nachteil besteht natürlich darin, dass eher vernachlässigt wird, welchen wichtigen Beitrag die Anpassungspolitik zur Armutsbekämpfung leistet. Dabei kann auch der Eindruck entstehen, dass die «direkten» Massnahmen der Armutsbekämpfung auf jeden Fall wirkungsvoller seien als die «indirekten» Wirkungen der Anpassungspolitik – eine vielfach geäusserte (zweifelhafte) Hypothese, die bislang noch nicht in grösserem Umfang und ernsthaft überprüft wurde.

In der Vergangenheit haben Befürworter wie Kritiker der Anpassungspolitik vielfach die erste, weit gefasste Interpretation gewählt. Die teilweise verwirrenden und verwirrten Diskussionen über den Zusammenhang von Anpassung und Armutsentwicklung legen es jedoch nahe, eher die zweite, eng gefasste Interpretation zu verwenden. Verschiedene umstrittene Tatbestände wären dann klarer zu erkennen und zu beurteilen. Wenn beispielsweise die Armen die verbesserten wirtschaftlichen Rahmenbedingungen zur Steigerung ihrer Einkommen weniger gut nutzen können als die Reichen, so ist dies nach der zweiten Lesart eindeutig weder der Anpassungspolitik anzulasten, noch mit anpassungspolitischen Massnahmen zu korrigieren. Wenn der Staat jedoch mit geeigneten Instrumenten gezielt die Armen darin unterstützt, die neuen Rahmenbedingungen für Einkommenssteigerungen besser zu nutzen, dann betreibt er eindeutig eine Politik der Armutsbekämpfung. Solche Präzisierungen können der Politikdiskussion und Politikpraxis nur nützen.

Die Sache ist natürlich besonders bei der Fiskalpolitik vertrackt, da dort anpassungs- und sozialpolitische Entscheidungen besonders schwer zu trennen sind. Die Kürzung, Aufrechterhaltung oder Ausdehnung von Sozialbudgets und armutsmindernden Investitionsausgaben ist eine fiskal- und sozialpolitische Massnahme uno actu. Dennoch muss man akzeptieren, dass eine durch Anpassungspolitik erzwungene Kürzung der gesamten Staatsausgaben *nicht* zwingend die Kürzung von Sozialausgaben nach sich zieht. Die Kürzung der gesamten Staatsausgaben und die Kürzung von Sozialausgaben sind zwei Entscheidungen – die eine anpassungspolitisch begründet, die andere sozialpolitisch zu verantworten.

Akzeptiert man die disziplinierende Empfehlung, dass politische Massnahmen aufgrund ihrer Zielorientierung und Instrumentierung möglichst präzis bestimmten Politikbereichen zuzuordnen sind, kann man verhängnisvolle Unschärfen und Verwirrungen vermeiden. Deren Ursprung hat Helleiner wie folgt treffend umschrieben: «Mangelnde Eindeutigkeit und theoretische Konfusion darüber, was Strukturanpassung tatsächlich bedeutet ... entstand in dem Moment, da der Begriff zu einem Synonym für gutes wirtschaftliches Management wurde (gut zumindest in dem Sinn, in dem die Weltbank dies beurteilt)» (Helleiner, 1993, S. 3). In der Tat ist der Begriff der Anpassungspolitik nicht nur bei der Weltbank, sondern auch bei Kritikern zu einer Art «catch all»-Begriff für all das geworden, was man sich politisch so wünscht. Um die Grenzenlosigkeit zu veranschaulichen, sei mit einem Zitat von Reed nochmals an den Umweltbereich erinnert: «Unzweifelhaft ... waren die Ausleihungen für Anpassungsprogramme in den 80er Jahren nicht darauf ausgerichtet, die Umweltdimensionen der Entwicklung zu behandeln» (Reed, 1992, S. 3). Natürlich nicht, möchte man anfügen, sonst hätte man sie wohl auch als Umweltprogramme und nicht als Anpassungsprogramme bezeichnet.

Eine solche beliebige Ausdehnung des Begriffs der Anpassungspolitik sollte man aus mindestens drei Gründen vermeiden. Erstens ist das Festhalten an der präzisen Formulierung von Zielen und Instrumenten der Anpassungspolitik – sowie die Unterscheidung von Zielwirkungen und Nebenwirkungen der Instrumente -- für die Programmevaluation von entscheidender Bedeutung. Wenn aufgrund eines gegebenen Implementations- und Zielerreichungsgrades ein Anpassungsprogramm als erfolgreich oder weniger erfolgreich eingestuft wird, aber bestimmte unerwünschte (oder auch willkommene) Nebenwirkungen auftreten, dürfen diese Nebeneffekte nicht die Beurteilung der Ziel-Mittel-Relationen beeinflussen. Unerwünschte Nebenwirkungen im Bereich der sozialen Entwicklung müssen soweit wie möglich antizipiert und durch sozialpolitische Entscheidungen bzw. Massnahmen reduziert oder verhindert werden. Im Bereich der Umwelt hingegen sind die strukturellen Fehlkonstruktionen unserer Volkswirtschaften so dominant und die möglichen Auswirkungen der Anpassungspolitik so unsicher, dass man dort auf ähnliche Analysen eher verzichten kann (vgl. Kappel, 1996).

Zweitens suggeriert die beliebige Ausdehnung des Begriffs der Anpassung, dass Anpassungsprogramme Substitute für umfassende Entwicklungsstrategien seien. Dies ist völlig unrealistisch. Als Folge dieser verfehlten Einschätzung werden die Programme mit mehr Zielen und Instrumenten ausgestattet, als Anpassungsprogramme im Sinne des Wortes enthalten sollten. Da sie jedoch auf jeden Fall weniger Instrumente enthalten, als umfassende Entwicklungsstrategien erfordern würden, ist das Ergebnis weder Fisch noch Vogel. Die überhöhten Erwartungen können nicht erfüllt werden, und die Beurteilung von Anpassungsprogrammen wird zur Farce. Die Rückkehr zu einer sachgerechten Wahrnehmung der Anpassungspolitik als Teil – nicht als Substitut – einer umfassenden Entwicklungsstrategie kann der Politik in jeder Hinsicht nur förderlich sein.

Drittens kam selbst die Weltbank bereits Ende der 80er Jahre zum Schluss, dass viele Anpassungsprogramme mit Zielen, Konditionen und Massnahmen, die zum Teil nur am Rande oder nichts mit Anpassungspolitik im Sinne des Wortes zu tun hatten, überladen wurden. Nicht wenige Regierungen und Administrationen waren mit der Detailgestaltung und Umsetzung der Programme regelrecht überfordert. Die zu grosse Komplexität der Programme hat nach Einschätzung der Bank nicht unerheblich dazu beigetragen, dass dringend erforderliche Reformschritte verzögert bzw. verwässert wurden (Weltbank, 1988, S. 72). Besonders in Ländern mit niedrigen Einkommen wurden Reformfortschritte auf diese Weise behindert. Der Blick in ein beliebiges «Policy Framework Paper» (PFP) der Vergangenheit zeigt in der Tat, dass neben Zielen, Konditionen und Massnahmen der Stabilisierung und strukturellen Anpassung auch solche der Infrastrukturpolitik, der Agrarpolitik, der

Energiepolitik, der Armutsbekämpfung, der Sozialpolitik, der Umweltpolitik und anderer Politikbereiche mehr stehen. In jüngerer Zeit hat Sachs in einer beissenden Kritik an der mangelnden Prioritätensetzung der Weltbank hervorgehoben, dass er in einem PFP für Kenia nicht weniger als 111 Konditionen zählte (Sachs, 1996, S. 23). Mittlerweile hat auch die Weltbank begriffen, dass aus solchen Monsterprogrammen nicht nur unlösbare Umsetzungsprobleme für die betreffenden Regierungen und Administrationen, sondern auch Schwierigkeiten für die Bank selbst entstehen. Darauf wird weiter unten noch näher eingegangen.

9.3 Ökonomische Kritik und Erweiterungen der Anpassungspolitik

In Kapitel 6 wurde dargelegt, dass die Theorie der Anpassungspolitik aus der neoklassischen Lehre hervorgegangen ist. Etwas vereinfacht ausgedrückt lautet das Credo der Neoklassik, dass aussen- und binnenwirtschaftliche Stabilität sowie freie Märkte die besten Voraussetzungen für die Entwicklung einer Volkswirtschaft sind. Auf diesem so locker formulierten Hintergrund divergieren jedoch die Meinungen über wünschbare oder für erforderlich gehaltene politische Interventionen ganz erheblich. Dies betrifft auch die Ausgestaltung der Anpassungspolitik. Mit welcher Strenge und mit welchen Instrumenten aussen- und binnenwirtschaftliche Stabilität zu verfolgen ist, in welchem Umfang Märkte dereguliert und liberalisiert werden sollten, wie der Staatssektor insgesamt zu organisieren ist und mit welcher Geschwindigkeit und Reihenfolge all diese Reformschritte durchgeführt werden sollten und können, ist unter Ökonomen unterschiedlicher – und sogar derselben – Couleur umstritten.

Kritik der Strukturalisten

Die divergierenden Auffassungen hängen wesentlich mit der Frage zusammen, inwiefern explizite oder implizite Annahmen der neoklassischen Theorie besonders in den Volkswirtschaften der Entwicklungsländer tatsächlich gegeben oder erreichbar sind. Eine Denkschule, die in dieser Hinsicht die Neoklassik schon seit langem sehr hartnäckig hinterfragt, ist der Strukturalismus. Wiederum etwas vereinfacht gesagt geht es bei der strukturalistischen Kritik vor allem um die grundlegende Annahme der Neoklassik, dass Preise flexibel sind und Volkswirtschaften über Preisanpassungen ihr Gleichgewicht finden. Wie schon angesprochen wurde, hat diese Grundannahme auch ihr präskriptives Gegenstück. Wenn die Preise in der realen Welt nicht flexibel sind, so fordert die Neoklassik, dass diese Flexibilisierung «nachgeholt» bzw. eingeführt wird. Das ist dann Anpassungspolitik. Die vielzitierte Kurzformel «getting the prices right» hat darin ihren Ursprung.

Die Strukturalisten argumentieren nun, dass die neoklassische Theorie durch ihre einheitliche Sicht der Dinge unterschiedliche Strukturen von Volkswirtschaften nicht oder zuwenig berücksichtigt. Taylor, einer der herausragendsten Köpfe dieser Denkschule, erklärt den Strukturbegriff wie folgt: «Eine Volkswirtschaft hat dann Struktur, wenn ihre Institutionen und das Verhalten ihrer Wirtschaftsakteure gewisse Muster der Ressourcenallokation und Entwicklung wesentlich wahrscheinlicher machen als andere Muster» (Taylor, 1983, S. 3). Dies impliziert nach Auffassung der Strukturalisten, dass das übliche Markträumungsmodell der Neoklassik nicht durchgängig anwendbar ist. «Zu gewissen Zeiten und für gewisse Zwecke kann man annehmen, dass eine Volkswirtschaft insofern 'vollbeschäftigt' ist, als Kapazitäten vollständig genutzt werden und der Output fixiert ist; zu anderen Zeiten und für andere Zwecke macht die umgekehrte Annahme Sinn. Darüber hinaus ist es möglich, dass einige Sektoren einen fixen Output und flexible Preise aufweisen, während in anderen Sektoren die Angebotsmenge auf die Nachfrage reagiert. Aus verschiedenen Annahmen resultieren dann verschiedene strukturalistische Modelle ...» (Taylor, 1983, S. 5). Mit anderen Worten: Die Strukturalisten brechen die postulierte Einheitswelt der Neoklassik auf, indem sie unterschiedliche Modelle für (empirisch nachweisbar) unterschiedliche Strukturen formulieren. Dies impliziert auch, dass die Strukturalisten zur Erreichung bestimmter wirtschaftspolitischer Ziele andere Massnahmen und Instrumente als die Neoklassiker empfehlen.

Das Beispiel der orthodoxen Stabilitätspolitik, das im Zentrum der strukturalistischen Kritik an der Anpassungspolitik steht, kann dies gut veranschaulichen. Eine wichtige Hypothese der Strukturalisten lautet, dass Inflation in Entwicklungsländern nicht primär oder ausschliesslich ein monetäres Phänomen darstellt, sondern wesentlich auf strukturelle Ursachen zurückzuführen ist. Damit sind in erster Linie indexierte Löhne und «mark-up»-Preise gemeint. Lohnindexierung bedeutet, dass Preissteigerungen durch gesetzlich gesicherte Verträge der Sozialpartner mehr oder minder automatisch in Nominallohnsteigerungen umgesetzt werden. «mark-up»-Preise bedeuten, dass Unternehmen Preise setzen können, mit denen sie einen bestimmten Gewinnaufschlag über die Kosten realisieren. Während Indexmechanismen meist mit populistischem Regierungsverhalten erklärt werden, sind «mark-up»-Preise in der Regel als Folge monopolistischer und oligopolistischer Marktstrukturen zu sehen.

Kommt unter diesen Strukturbedingungen ein inflationärer Prozess in Gang, beispielsweise durch sektorale Angebotsengpässe, so resultiert eine Trägheitsinflation, die von den Strukturalisten letztlich als Verteilungskonflikt interpretiert wird. Die Arbeitnehmer versuchen, die Lohnquote aufrechtzuerhalten, die Arbeitgeber die Profitquote. Bekämpft man diese Trägheitsinflation durch eine restriktive Geldpolitik und werden die Indexierung sowie das «Markup»-Verhalten beibehalten, ist mit rückläufiger Produktion und Einkommen zu rechnen, nicht aber mit einem Rückgang der Inflation (Taylor, 1988, S. 25 ff). Das orthodoxe Rezept der Inflationsbekämpfung wäre somit verfehlt, da es auf einer falschen (monetaristischen) Hypothese der Inflationsursache basiert. Die orthodoxe Politik würde weder die Auslöser der Inflation (Angebotsengpässe) noch die Trägheitsmechanismen beseitigen (vgl. auch Box 9.4).

Anhand solcher Beispiele versuchen Strukturalisten zu belegen, dass sie mit Modellen, die länder- und zeitspezifische Gegebenheiten berücksichtigen, zu besseren Politikempfehlungen als die Neoklassik kommen. Die wohl am breitesten angelegte strukturalistisch inspirierte Untersuchung wurde vom World Institute for Development Economics Research (WIDER) durchge-

Box 9.4

Strukturalistisch geprägte Interpretation der Anpassung in Burundi

Im Projekt «*L'impossibilité de rembourser la dette*» wurden die Anpassungsbemühungen in Burundi aus einer der strukturalistischen Position nahestehenden Perspektive untersucht. Hunkeler (1994) fasst im Syntheseberricht Nr. 9 des NFP 28 unter anderem folgende Ergebnisse zusammen.

«Das Beispiel Burundi zeigt, dass der 'globale' Ansatz der Strukturanpassungsprogramme zwar aufweckende und stimulierende Wirkungen zeigen kann, dass aber diese positiven Effekte weitestgehend auf 'Vorschuss'-Krediten aufbauen. Diese allein ermöglichten die – unserer Meinung nach überstürzte – Liberalisierung des Aussenhandels sowie die schnelle interne Entschuldung des Staates. Die Aussenverschuldung erreichte dabei aber untragbare Proportionen. ... Die kompromisslose Liberalisierung aller Sparten der Wirtschaft, als Grundlage der Revitalisierungsaktion auch in der Schweiz gefordert, kann positive Resultate zeigen, wenn ein Minimum kompetitiver Marktstrukturen vorhanden ist und die technischen Vorgaben die Ausnützung dieser neuen Freiheiten auch wirklich zulassen. Dies bedingt aber ein Minimum an Investitionen in die Infrastruktur, und – im Falle Burundis im besonderen – in die hochstehende Ausbildung einheimischer Kaderkräfte in den Sektoren, welche durch diese Liberalisierung besonders betroffen werden. Sollten diese Investitionen aber nicht als erster Schritt eines solchen Programmes gemacht werden?» (Hunkeler, 1994, S. 28).

führt und berücksichtigte 18 Länder. Auf dem Hintergrund dieser Studien fasst Taylor (1988, S. 148 ff) insgesamt 15 Thesen gegen die übliche Praxis der Bretton-Woods-Institute zusammen, mit denen er signifikante Unterschiede zwischen der Neoklassik und dem Strukturalismus hervorhebt. Den Dreh- und Angelpunkt der Kritik bildet der Vorwurf, die Bretton-Woods-Institute würden sich mit ihren Programmen (zu) ausschliesslich auf monetaristische Ursachen wirtschaftlicher Instabilitäten konzentrieren und die Rolle flexibler Preise zur Wiederherstellung von Gleichgewichten überbewerten.

Alles in allem sind die Argumente der Strukturalisten gegen eine *zu schematische* neoklassische Diagnose und Therapie der Stabilitätspolitik überzeugend. Aber genau hier liegt die Crux der Kritik: Sind die Analysen und Präskriptionen der neoklassisch-basierten Programme der Bretton-Woods-Institute tatsächlich so sträflich schematisch und vereinfachend, wie die Strukturalisten behaupten? Diese Frage ist sehr schwer zu beantworten, und Taylor selbst betont in einer Fussnote, dass er Gefahr läuft, «Karikaturen der Bank und des Fonds zu zeichnen» (Taylor, 1988, S. 148). Ein Beispiel mag das Problem verdeutlichen. Taylor schreibt unter anderem: «Die (WIDER-) Länderstudien indizieren, dass Abwertungen häufig Stagflation verursachen (steigende Preise, fallenden Output), vor allem im ersten Jahr nach der Implementation der Massnahme. Die Bank und der Fonds sind hingegen der Auffassung, dass eine Abwertung expansiv wirkt, ohne jeglichen Zweifel» (Taylor, 1988, S. 151).

Hier ist die Grenze zur Karikatur zweifellos schon überschritten. In Kapitel 6 wurde ja ausführlich dargelegt, dass nach einer Abwertung in der Mehrzahl der Entwicklungsländer zunächst Stagflation zu erwarten ist, dass die volle Entfaltung der expansiven Kräfte der Abwertung erst in der mittleren Frist eintreten wird und dass zu deren Ausschöpfung in der Regel weitere Massnahmen der Makropolitik und der strukturellen Anpassung erforderlich sind (die ebenfalls mehr Zeit beanspruchen). Es wird vermutlich schwierig sein, in der Bank oder im Fonds jemanden zu finden, der dieser stilisierten Beurteilung widerspricht. Dies dürfte auch schon im Jahr 1988 der Fall gewesen sein. Ausserdem wurde in den vorangehenden Theoriediskussionen dargelegt, dass neoklassische Modelle, die zur Politikanalyse verwendet werden, nicht auf das einfachste Theorieniveau einführender Lehrbücher beschränkt sind. Dieser (karikierende) Anschein wird in der strukturalistischen Kritik jedoch immer wieder erweckt.

Als besonderes Merkmal der von Taylor zusammengefassten Thesen wurde bereits angesprochen, dass sie sich fast ausschliesslich auf die orthodoxe Stabilitätspolitik und den Währungsfonds konzentrieren, während wichtigen Reformen auf der Mikroebene und im Staatsektor kaum Aufmerksamkeit geschenkt wird. Deren Vernachlässigung ist deshalb so gravierend, weil diese Strukturreformen genau jene Merkmale zu verändern suchen, die die Strukturalisten so besonders hervorheben. Administrierte Preise, Indexierungen, Quotenregelungen, Oligopole und Monopole, Rationierungen, Parallelmärkte, komplizierte und korruptionsanfällige Genehmigungs- und Lizenzverfahren sowie Angebotsengpässe durch ineffiziente Staatsunternehmen und anderes mehr sollen ja im Zuge der Anpassung durch eine neue Mikropolitik und die Neuordnung des Staatssektors reduziert oder beseitigt werden. Zweifellos ist sich auch Taylor bewusst, dass mit zunehmender Umsetzung der strukturellen Anpassungspolitik eine Volkswirtschaft dem (niemals erreichbaren) Ideal der neoklassischen Welt näherkommt. Ist die orthodoxe Stabilitätspolitik in Verbindung mit diesen strukturellen Reformen nicht auch aus der Sicht der Strukturalisten wesentlich günstiger zu beurteilen als die traditionellen «Stand-by»-Programme des Fonds der 60er und 70er Jahre? Hierzu geben Taylors Thesen leider keine Auskunft.

Dass die theoretischen Auseinandersetzungen zwischen Strukturalisten und Neoklassikern vor karikierenden Überzeichnungen nicht gefeit sind, zeigt auch schon das angesprochene Beispiel der Trägheitsinflation. Als wichtige Instrumente der Inflationsbekämpfung unter den geschilderten Bedingungen würden Strukturalisten einen Lohn- und Preisstopp empfehlen – ein Anathema für hartgesottene Neoklassiker – sowie die Beseitigung der Angebotsengpässe, die den Inflationsprozess in Gang gesetzt haben. Wie schon mehrfach dargelegt wurde, haben solche rein heterodoxen Stabilisierungsmassnahmen, die vor allem in Lateinamerika populär waren, jedoch nie zum Erfolg geführt. Weshalb?

Undogmatische Strukturalisten gestehen inzwischen längst ein, dass die zähen und teilweise explodierenden Trägheitsinflationen Lateinamerikas ohne akkomodierende bzw. undisziplinierte Geld- und Fiskalpolitik in diesem Ausmass nie zustande gekommen wären, und dass aus diesem Grund heterodoxe Programme ohne orthodoxe Massnahmen von Beginn an zum Scheitern verurteilt waren. Selbst wenn man unterstellt, dass Angebotsengpässe der Auslöser für diese Inflationen waren, ist die Argumentation der Strukturalisten nicht überzeugend. Wenn die Geld- und Fiskalpolitik einmal akkomodiert, ist dies für den weiteren Verlauf der Inflation sowie ihre Bekämpfung mindestens ebenso wichtig wie die Angebotsengpässe, die den Inflationsprozess urspünglich verursacht haben (und wie die Indexierungs- und Preissetzungsmechanismen, die die Inflation weitertragen). Strukturelle und monetäre Ursachen der Inflation überlagern sich dann so stark, dass in beiden Bereichen korrigiert werden muss – und dies ist genau das, was die neoklassische Theorie der Anpassungspolitik empfiehlt. Kein Neoklassiker hat jemals übersehen, dass in Ländern mit ausgesprochener Trägheitsinflation wie beispielsweise Brasilien oder Argentinien in den 80er Jahren die Inflationsbekämpfung neben fiskalischer und monetärer Austerität die Abschaffung von Indexmechanismen sowie die Liberalisierung der Märkte zur Beseitigung von Angebotsengpässen benötigte. Den letztgenannten Schritt, die Beseitigung des von den Strukturalisten supponierten Inflationsauslösers, haben die heterodoxen Programme übrigens ohnehin nie anvisiert.

Umgekehrt sehen aber auch undogmatische Vertreter der Neoklassik mittlerweile ein, dass ein klug ausgehandelter Lohn- und Preisstopp die Kosten einer orthodoxen Stabilisierung mindern kann. Mexiko hat dies in der zweiten Hälfte der 80er Jahre recht eindrücklich vorgeführt (vgl. z.B. Dornbusch, 1989b; Kappel, 1990). Andererseits darf man aber auch nie die Gefahr übersehen oder unterschätzen, die politische Preisfixierungen dieser Art mit sich bringen. Als Mexiko in den 90er Jahren seinen Peso mit einem fixen Kurs an den US-Dollar band, ging dies eben nur gut, solange die Fiskal- und Geldpolitik nicht aus dem Ruder lief. Als dies geschah und im Winter 1994/95 (mit erheblichen Verzögerungen) publik wurde, war die folgende Zahlungsbilanz- und Wirtschaftskrise mit Sicherheit schwerwiegender als dies im Fall einer früheren und gleitenden Korrektur unter einem flexiblen Wechselkurssystem der Fall gewesen wäre. Auf der anderen Seite ist es geradezu faszinierend zu beobachten, wie die argentinischen Behörden diesen «Ritt auf dem Tiger» nun schon seit Jahren praktizieren und auch unter dem «Tequila-Effekt» nicht aufgaben.

Insgesamt ist es also schwierig zu beurteilen, inwiefern der Strukturalismus wirklich eine differenzierende Gegenposition zur Neoklassik darstellt. Wenn die neoklassische Position schematisch und auf der einfachsten Ebene idealisierter Voraussetzungen vertreten wird, ist die strukturalistische Kritik zweifellos berechtigt und heilsam. Umgekehrt laufen Strukturalisten immer Gefahr, mit ausgewählten Beispielen einen Popanz zu konstruieren, den sie dann genüsslich schlachten. Undogmatisches Denken und fortgeschrittene Modelle der Neoklassik berücksichtigen mittlerweile Strukturen und Prozesse, deren angemessene Betrachtung die Strukturalisten noch häufig ausschliesslich für sich reklamieren. Dies gilt in besonderem Masse für Anliegen der strukturellen Anpassung. Ob und in welchem Umfang diese Synthese aufgrund der Kritik der Strukturalisten oder aus dem eigenen Fortschrittsprozess neoklassischer Forschung resultiert, ist jedoch nicht zu beantworten.

Eine besondere Schwierigkeit bei der Beurteilung der strukturalistischen Schule besteht darin, dass es schwerfällt, die Kritik an der neoklassischen

Theorie der Anpassung von der Kritik an der Umsetzung der Theorie in Anpassungsprogramme zu trennen. So formuliert Taylor seine massivsten Vorwürfe gegen das Verfahren des «financial programming», das beim Währungsfonds und – in modifizierter Form – bei der Weltbank eine wichtige Grundlage für die Zielformulierung und die Mittelbereitstellung bildet (Taylor, 1988, S. 154 ff). Die Hauptkritik wendet sich gegen die Verwendung der Fisher'schen Identitätsgleichung zur Bestimmung des Preisniveaus (Preisniveau = Geldmenge x Output / Umlaufgeschwindigkeit). Diese Gleichung möchte Taylor durch eine kostenbasierte Bestimmung des Preisniveaus ersetzen oder in geeigneter Form ergänzen. Lohnkosten, Kosten der importierten Vorprodukte, Kapitalkosten sowie «mark-up»-Raten für Gewinne wären die erklärenden Variablen. Damit liessen sich nach seiner Auffassung wichtige Fragen besser beantworten: «Insbesondere: Geht die Inflation durch Austerität tatsächlich zurück? Welche Wirkungen hat dies auf die sektoralen Outputs und über welchen Zeithorizont hinweg? ... Um wieviel muss die ökonomische Aktivität zurückgehen, um ein Fallen der «mark-up»-Raten oder anderer Kostenelemente zu bewirken?» (Taylor, 1988, S. 160).

Es ist ohne Zweifel zutreffend, dass das modifizierte Polak-Modell (Polak, 1957), das der finanziellen Programmierung des Fonds zugrunde liegt, keine Auskunft darüber gibt, wie der Zusammenhang zwischen Geldmenge, Preisniveau und Output verläuft. Es handelt sich nicht um ein umfassendes «Computable General Equilibrium Model» (CGE-Modell), das den monetären und realen Teil einer Volkswirtschaft abbildet. Die finanzielle Programmierung stützt sich nur auf ein konsistentes Rechenwerk, das auf vielen exogenen Annahmen basiert. Als Alternative schlägt Taylor die Verwendung von CGE-Modellen vor, in denen – nach strukturalistischer Tradition – verschiedene Sektoren auch mit unterschiedlichen Preismechanismen zu berücksichtigen wären. In Verbinung mit einer sogenannten «Social Accounting Matrix» (SAM) lassen sich mit einem solchen Modell auch wichtige Einkommens-Ausgabenbeziehungen sowie Fragen der Beschäftigung und der Einkommensverteilung detaillierter analysieren (vgl. z. B. das Modell für Indien in Taylor, 1983, S. 58 ff). Da die Konstruktion brauchbarer CGE-Modelle jedoch sehr aufwendig ist, wäre Taylor auch schon damit zufrieden, wenn die skizzierten Zusammenhänge in einem «konsistenten Rahmen» durchdacht würden (Taylor, 1988, S. 161).

Taylors Forderung nach mehr und vertiefterem «makroökonomischem Denken» in den Bretton-Woods-Instituten (vor allem im Währungsfonds) kann man sicher nur zustimmen – wie sollte man einem solchen Anliegen auch widersprechen? Aber seine zusammenfassende Kritik und Forderungen enthalten drei zentrale Schwachstellen. Die erste betrifft die Konzentration der strukturalistischen Einwände auf die kurzfristig kontraktiven Kräfte der Stabilisierung. Die mittelfristig expansiven Wirkungen der Stabilisierung und (vor allem) der Reformen auf der Mikroebene und im Staatssektor werden praktisch völlig vernachlässigt. Dass mit der Anpassungspolitik zentrale Ursachen wirtschaftlicher Agonie, chronischer Armut, unproduktiver Renteneinkommen, unerwünschter Einkommensverteilung und staatlicher Fehlallokation abgebaut werden, wird nicht angesprochen. Die Verbuchung solcher Ursachen wirtschaftlicher und sozialer Misere unter dem Begriff «strukturelle Besonderheiten» ist ein wahrer Euphemismus. Es erstaunt schon, dass ausgerechnet die Strukturalisten, die (zu Recht) immer wieder die Zusammenhänge zwischen Wirtschaft, Politik und sozialer Entwicklung hervorheben, diese Reformanliegen der orthodoxen Anpassungspolitik so sträflich vernachlässigen.

Der zweite Schwachpunkt der strukturalistischen Kritik hängt damit zusammen, dass es natürlich sehr schwierig ist, ein gültiges Bild des handlungsleitenden ökonomischen Gedankengutes der beiden Bretton Woods Institute zu zeichnen. Die Weltbank stellt Taylor in seinen abschliessenden Bemerkungen in einem relativ milden Licht dar. Ihr konzediert er, dass «der operationelle Stab immer vernünftiger war als die jeweils aktuellen Haustheoretiker» (Taylor, 1988, S. 166). Als Belege werden vor allem jüngere Programme in Sub-Sahara Afrika angeführt, die – mit grosszügigeren Mitteln versehen – nach Taylors Ansicht weniger auf Austerität und von Beginn an mehr auf die Aufrechterhaltung und Ausdehnung wirtschaftlicher Wohlfahrt ausgerichtet waren. Dabei wird nicht angesprochen, dass die Weltbank selbst zum Schluss kommt, dass insbesondere in Sub-Sahara Afrika die Fortschritte bei der Implementation und Zielerreichung der Anpassungsprogramme arg zu wünschen übrig lassen. Wurde hier in mehreren Ländern mit viel Geld das Wohlstandsniveau einigermassen aufrechterhalten, ohne dass jedoch die wirtschaftlichen Kernprobleme wirklich ernsthaft angepackt wurden? Auf diese Frage wird weiter unten nochmals eingegangen.

Mit dem Währungsfonds geht Taylor sehr hart ins Gericht, aber sein Urteil wirkt nicht in allen Belangen überzeugend. Es ist ohne Zweifel zutreffend, dass der IMF stark monetaristisch und neoklassisch geprägt ist. Ebenso ist zutreffend, dass orthodoxe Anpassungspolitik neben externen Schocks vor allem monetäre und fiskalische (Über-) Expansion sowie massive staatliche Eingriffe in die Märkte als die herausragenden Merkmale wirtschaftlicher Instabilität und Krise diagnostiziert. Aber wo sind die konkreten Länderfälle, mit denen die Strukturalisten nachweisen können, dass diese Diagnose nicht den Kern trifft? Kann man – weil in der finanziellen Programmierung des IMF wichtige realwirtschaftliche Prozesse exogen vorgegeben werden – wirklich den Schluss ziehen, dass sich die Ökonomen des Fonds darüber keine ausreichenden Gedanken machen? Sind die Wachstumskräfte, die die Anpassungspolitik mittelfristig nachweisbar freisetzt, auch mit geringerer Kontraktion in der Stabilitätsphase erreichbar, wie die Strukturalisten behaupten? Man könnte auf diese Art und Weise jede Hinterfragung der Politik des IMF selbst wieder hinterfragen.

Die dritte Schwachstelle der strukturalistischen Kritik besteht darin, dass bei allen Vorwürfen gegen die Bretton-Woods-Institute die Regierungen der Anpassungsländer völlig ungeschoren davonkommen. Damit wird der Eindruck erweckt, dass die Konditionalität des IMF und der Weltbank ausgesprochen griffig ist und die Institute für jede Politikmassnahme nach der Vereinbarung eines Anpassungsprogramms verantwortlich zu machen sind. Auch Taylor zitiert die bereits diskutierte UNICEF-Studie als Beleg dafür, dass die Bretton-Woods-Institute den Lebensverhältnissen der Menschen in Anpassungsländern keine ausreichende Aufmerksamkeit schenken (Taylor, 1988, S. 164). Dieses Bild ist schon mehr als zweifelhaft. Zum einen, weil in vielen Ländern so manche vereinbarten Reformschritte verzögert, verwässert oder überhaupt nicht eingeleitet wurden bzw. werden, da sie den Interessen der wirtschaftlichen und politischen Entscheidungsträger zuwiderlaufen. Solche Reformruinen tragen massgeblich zur Verlängerung der wirtschaftlichen Krise bei. Zum anderen, weil die Bereitschaft der Entscheidungsträger, für eine bessere soziale Entwicklung einzutreten und Opfer zu bringen, eben doch sehr begrenzt ist. Man vermisst eine realistischere Sichtweise der Interessens- und Machtverhältnisse, wie sie beispielsweise Illy in einer für die Kritiker der Bretton-Woods-Institute seltenen Klarheit (wenn auch etwas manieristisch) dargestellt hat: «Die Reformen sollen mit Regierungen ausgehandelt werden, deren Entscheidungsträger sehr schnell erkennen, dass sie entsprechend dem Effizienzgrad der Reformen immer mehr Privilegien verlieren. Diese Konstellation kann nur Verstocktheit, ja subkutane Verzögerungs- und Umlenkungsstrategien produzieren» (Illy, 1994, S. 452).

Freie oder regierte Märkte?

Ganz abgesehen vom Strukturalismus weist die Ökonomie bekanntlich mehrere Denkschulen auf, die zu unterschiedlichen Schlussfolgerungen über die Rolle des Staates im Entwicklungsprozess kommen. Für die Anpassungspolitik sind diese Auffassungen von entscheidender Bedeutung. Sie betreffen die Makro- wie die Mikropolitik und natürlich die Gestaltung des Staatssektors selbst. Die verschiedenen Lehrmeinungen weichen mehr oder minder stark von der strengen neoklassischen Lehre und der damit verbundenen Idee des minimalen Staates ab (zu einer streng neoklassischen Sicht des Entwicklungsprozesses und der Rolle des Staates vgl. z. B. Bauer, 1984, 1991). Als Sammelbegriff für diese abweichenden Theorieströmungen wird verschiedentlich die Bezeichnung «Revisionismus» verwendet (vgl. z. B. Weltbank, 1993, S. 102), wobei natürlich niemand genau weiss, wo die Neoklassik «aufhört» bzw. die Revisionen «anfangen». Da der minimale Staat nirgends existiert und auf absehbare Zeit ein Traum radikaler Liberaler bleibt, ist die weit überwiegende Mehrzahl der Ökonomen der heterogenen Gruppe von Revisionisten zuzuordnen.

Im vorliegenden Kontext kann die Vielfalt dieser theoretischen Spielarten nicht einmal annähernd diskutiert werden. Von Interesse ist hier ausschliesslich die Frage, welche unterschiedliche Rolle dem Staat in einem marktwirtschaftlich fundierten Entwicklungsprozess eingeräumt wird. Auch dabei wird nur die Bandbreite abgesteckt. Auf die zugrunde liegenden theoretischen Besonderheiten wird bei Bedarf nur kurz hingewiesen.

Über die Bedeutung binnen- und aussenwirtschaftlicher Stabilität für eine erfolgreiche wirtschaftliche Entwicklung sind sich die meisten Revisionisten weitgehend einig. Sie relativieren aber zum Teil erheblich die neoklassische Forderung möglichst flexibler Preise und unregulierter Märkte. Ebenso schätzen verschiedene Revisionisten den Spielraum strategischer Wirtschaftspolitik wesentlich grösser ein als die Neoklassiker und stehen auch staatlichen oder halbstaatlichen Unternehmen weniger kritisch gegenüber. Die Diagnose zunehmender Skalenerträge, zunehmender Erträge durch Lernen, unvollständiger Informationen, imperfekter Güter und Faktormärkte bzw. vielfältiger Externalitäten und «Spillover»-Effekte quer durch jede Volkswirtschaft bilden die theoretischen Grundlagen dieser Haltung (vgl. z. B. Stiglitz, 1994). Der Revisionismus stellt der Forderung des «Laissez-faire» der strengen Neoklassiker somit eine Palette von gemässigten bis massiven interventionistischen Positionen gegenüber. Dies schlägt sich natürlich auch in den anpassungspolitischen Empfehlungen nieder, die wichtige ordnungspolitische Elemente enthalten.

Auf der empirischen Seite leiten die Revisionisten ihre Argumente vor allem aus den Erfahrungen der erfolgreichen ostasiatischen Entwicklungsländer ab. Die Stadtstaaten Hongkong und Singapur sowie die Republik Korea und Taiwan sind die Paradebeispiele solcher empirischer Analysen. Zuweilen wird auch Japan in diese Untersuchungen einbezogen. In jüngerer Zeit rücken ausserdem die wirtschaftlich sehr dynamischen süd-ostasiatischen Länder Indonesien, Thailand und Malaysia ins Blickfeld. Im folgenden werden diese acht Länder der Einfachheit halber als asiatische Erfolgsländer bezeichnet. Ihr Erfolg lässt sich darin zusammenfassen, dass über (unterschiedlich) lange Zeiträume hinweg jährliche Wachstumsraten von acht bis zehn Prozent erreicht und damit gleichzeitig ein deutlicher Rückgang oder sogar eine weitgehende Eliminierung der Armut erreicht wurde. Das Hauptanliegen der revisionistischen empirischen Studien besteht darin, die Grundlagen des Erfolgs dieser Länder zu eruieren, um daraus «Blueprints» der Wirtschaftspolitik für andere Entwicklungsländer zu zeichnen.

In drei wichtigen Punkten über die Rolle des Staates im Entwicklungsprozess sind sich alle Revisionisten einig. Erstens, entgegen der in der Vergangenheit häufiger zu hörenden Meinung, die genannten Länder seien Beispiele für eine freie Marktwirtschaft, haben die Regierungen und Verwaltungen dieser Länder in wichtigen Bereichen der Wirtschaft zum Teil massiv interveniert, um die Entwicklung zu fördern. Umfang und Art der Eingriffe variieren zwar stark (mit Korea an der interventionistischen Spitze und Hongkong am liberalen Ende), aber die wirtschaftlichen Erfolgsgeschichten sind keinesfalls ein Beweis für die Gültigkeit der «Hände weg»-Empfehlungen strenger Neoklassiker. Eine kaum mehr zu überblickende Anzahl von Untersuchungen belegt vielmehr, dass die Behörden der asiatischen Erfolgsländer so ziemlich die gesamte Palette staatlicher Interventionen ergriffen haben, die unter strengen Neoklassikern als Folterwerkzeuge der Marktwirtschaft gelten.

Zweitens, im Gegensatz zur Mehrzahl der Entwicklungsländer wurden die Interventionen jedoch selektiv und flexibel durchgeführt. In den meisten anderen Entwicklungsländern haben die Behörden hingegen fast flächendeckend in allen Sektoren und Märkten und ohne Korrekturmechanismen eingegriffen. In den asiatischen Erfolgsländern betrieb man die staatlichen Interventionen jedoch gezielt, und wenn Fehlentwicklungen erwartet oder erkannt wurden, wurde korrigiert.

Drittens, und dies ist wohl der herausragendste Unterschied zur Mehrzahl der anderen Entwicklungsländer, waren die staatlichen Interventionen der asiatischen Erfolgsländer letztlich immer darauf ausgerichtet, über zunehmende Leistungsfähigkeit Markterfolge zu steigern und zu sichern. Die Eingriffe zielten also nicht nur darauf ab, die Marktposition von Unternehmen zu schützen und zu fördern, sondern auch die Unternehmen dazu zu zwingen, selbst Wettbewerbsvorteile zu suchen und ihre Wettbewerbsfähigkeit mit eigenen Kräften auszubauen.

Trotz dieser gemeinsamen Grundlage gehen die Auffassungen der Revisionisten über die Bedeutung der staatlichen Interventionen für die Entwicklung der asiatischen Erfolgsländer weit auseinander. Entsprechend variieren auch ihre wirtschaftspolitischen Empfehlungen. Eine ausgeprägt interventionistische Interpretation liefert beispielsweise Wade (1990), der sich in seiner Studie zwar stark auf Taiwan, Korea und Japan konzentriert, aber auch immer wieder die anderen «asiatischen Tiger» ins Auge fasst. Seine Schlussfolgerungen und Empfehlungen bilden eine markante Gegenposition zur streng neoklassischen Auffassung. Etwas verkürzt formuliert lautet Wades zentrale Folgerung, dass die asiatischen Erfolgsländer nicht trotz, sondern *wegen* ihrer geschickten Staatsinterventionen in der Wirtschaft so erfolgreich waren. Demgegenüber kommt eine Studie der Weltbank (1993) über die acht zuvor genannten Länder zum Ergebnis, dass sich deren Erfolge wesentlich mit der relativ hohen wirtschaftlichen Stabilität, mit begrenzten Markt- bzw. Preisstörungen, mit der Befolgung des Wettbewerbsprinzips in der Binnen- und Aussenwirtschaft, mit hohen Investitionen in Sach- und Humankapital sowie mit geeigneten Institutionen erklären lassen. Auf diesem Hintergrund marktwirtschaftlicher «Fundamentals» misst diese Studie den staatlichen Interventionen in die Wirtschaft eine geringere Bedeutung zu.

Die Arbeit von Wade und die Weltbankstudie umreissen in etwa das Spektrum der revisionistischen Positionen über die Rolle des Staates im Entwicklungsprozess. Die Tatsache, dass bei der empirischen Analyse einer weitgehend identischen Ländergruppe zum Teil sehr unterschiedliche Schlussfolgerungen resultieren, kann mit den nachstehenden Ausführungen natürlich nicht im Detail erklärt oder beseitigt werden. Dennoch liefert ein kurzer Vergleich eine Reihe interessanter Einblicke, die bilanzierende Schlussfolgerungen ermöglichen.

Da Wade seine Ergebnisse sehr prägnant in zehn Empfehlungen zusammenfasst, die er detaillierter erläutert, bieten sich diese Aussagen als Ausgangspunkt für die Diskussion an (Tabelle 9.1). Die Schlussfolgerungen der Weltbankstudie werden in Abbildung 9.1 grafisch veranschaulicht. Man erkennt deutlich, dass in dieser Studie die wirtschaftspolitischen Schwerpunkte etwas anders liegen als bei Wade, und dass vor allem der disziplinierenden Kraft des Wettbewerbs eine herausragende Rolle beigemessen wird. Auf die einzelnen Aspekte dieser grafischen Zusammenfassung wird in der nachstehenden Diskussion eingegangen.

Die erste Empfehlung enthält Wades Kernthese, dass Regierungen nicht nur Gewinner «herauspicken», sondern sogar Gewinner «machen» können. Dass diese These am Beispiel der asiatischen Erfolgsländer je zufriedenstellend bewiesen oder widerlegt werden kann, ist unwahrscheinlich. Unbestritten ist, dass Behörden und Wirtschaft in allen asiatischen Erfolgsländern einen sehr intensiven Dialog über die strategische Ausrichtung der wirtschaftlichen Entwicklung geführt und die Regierungen auf der Grundlage dieses Dialogs interveniert haben. Aber die Frage, ob die Regierungen im Dialog «geführt» haben und die Industrie «gefolgt» ist, ob das Umgekehrte der Fall war, oder ob die Entscheidungen «gleichgewichtig» zustande kamen, kann keine der heute verfügbaren Untersuchungen zufriedenstellend beantworten. Selbst Wades akribische Auswertung interner Dokumente und mündlicher Informationen kann diese Vorgänge nicht so rekonstruieren, dass seine These des «governing the market» überzeugend gestützt wird.

Vielleicht ist die Frage auch gar nicht sonderlich relevant. Möglicherweise kommt es wirklich in erster Linie auf die Qualität des Dialogs sowie auf den inhaltlichen Konsens und dessen konsequente Umsetzung an. Dies ist in etwa die Schlussfolgerung der Weltbankstudie. Der Dialog zwischen Staat und

Tabelle 9.1: Revisionistische Position 1: Empfehlungen von Wade

Empfehlung 1:	«Nutze die Binnenwirtschaftspolitik, um industrielle Investitionen zu fördern und um mehr Investitionen in jene Sektoren zu kanalisieren, deren Wachstum für das künftige Wachstum der gesamten Wirtschaft wichtig ist.»
Empfehlung 2:	«Verwende Schutzmassnahmen, um international wettbewerbsfähige Industrien zu entwickeln.»
Empfehlung 3:	«Wenn die gesamte Entwicklungsstrategie sich stark auf den (internationalen) Handel abstützen muss, gebe einer Exportförderungsstrategie hohe Priorität.»
Empfehlung 4:	«Sei offen für multinationale Unternehmen, aber dirigiere sie in die Exportwirtschaft.»
Empfehlung 5:	«Fördere den Finanzsektor mit einem Bankensystem, das strenger Regierungskontrolle untersteht.»
Empfehlung 6:	«Führe Handels- und Finanzsektorliberalisierungen graduell und mit einer bestimmten Folge von Schritten durch.»
Empfehlung 7:	«Baue eine spezielle Behörde in der Administration auf, die sich besonders mit dem Profil der Entwicklung von Industrie und Handel befasst.»
Empfehlung 8:	«Entwickle leistungsfähige Institutionen, bevor das System demokratisiert wird.»
Empfehlung 9:	«Entwickle korporatistische Institutionen, wenn oder bevor das System demokratisiert wird.»
Empfehlung 10:	«Verfolge auch in schwachen Staaten schrittweise Reformen, um institutionelle Verhältnisse zu schaffen, die auch eine bescheidene Politik der Industrialisierung unterstützen können.»

Quelle: Wade, 1990, S. 350 ff

Abbildung 9.1: Revisionistische Position 2. Bestimmungsgründe des Wachstums gemäss Weltbank

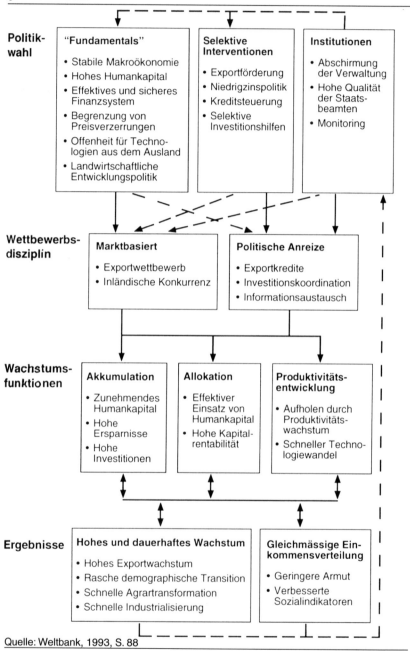

Quelle: Weltbank, 1993, S. 88

Wirtschaft kommt in Abbildung 9.1 – leider sehr unvollständig – durch die gestrichelten Linien zum Ausdruck, die Informationsflüsse symbolisieren. Dabei ist mitentscheidend, dass gut ausgebildete und ziemlich unabhängig arbeitende Behörden die Ergebnisse der Politik laufend beobachten. Diese wichtige institutionelle Voraussetzung wird auch von Wade betont. Die Massnahmen des Staates werden dann in der Weltbankstudie eher so interpretiert, dass sie die privatwirtschaftliche Koordination ergänzen und erleichtern. In jüngerer Zeit wurde diese Schlussfolgerung in etwas modifizierter Form unter dem Begriff «market-enhancement» präsentiert (Aoki, Kim und Okuno-Fujiwara, 1997).

Unabhängig von der Interpretation des Dialogs zwischen Staat und Wirtschaft kommen jedoch alle Revisionisten zur Schlussfolgerung, dass es gute Gründe für die Staatsinterventionen gab und gibt. Eine Kompromissformel, die sich angesichts der vorliegenden Erkenntnisse geradezu aufdrängt, lautet, dass die staatlichen Interventionen eindeutig zum Erfolg beigetragen (wenn auch nicht den Erfolg «gemacht») haben. Damit wird die nach wie vor bezweifelbare Führungsrolle des Staates nicht beansprucht und die Bedeutung der Interventionen gegenüber anderen Ursachen des Erfolgs relativiert. Man darf davon ausgehen, dass die Mehrzahl der Revisionisten eine so formulierte bilanzierende Schlussfolgerung teilen würde.

Diese Sichtweise verträgt sich auch zweifellos mit den Ergebnissen der Weltbankstudie. Schon der zusammenfassenden Abbildung der wichtigsten Schlussfolgerungen ist zu entnehmen, dass dort den «Policy fundamentals» mehr Gewicht beigemessen wird, als dies bei Wade der Fall ist. Wirtschaftliche Stabilität, geringe Preisstörungen, Offenheit der Volkswirtschaft und eine hohe Priorität für die Steigerung des Humankapitals sind wirtschaftspolitische Empfehlungen, die unmittelbar der neoklassischen Theorie zu entnehmen sind. Dies gilt auch für die herausgehobene Bedeutung des Wettbewerbs auf Märkten und für die wettbewerbsorientierten Leistungsanreize der staatlichen Interventionen («contests»). Insgesamt wird in der Weltbankstudie sehr viel deutlicher als bei Wade hervorgehoben, dass die asiatischen Erfolgsländer die Kräfte des Marktes und marktverträgliche Steuerungsmechanismen sehr viel intensiver genutzt haben als die anderen Entwicklungsländer. Wie weiter unten noch dargelegt wird, ist diese Grundorientierung auf das Leistungs- und Wettbewerbsprinzip vermutlich der herausragendste Unterschied zwischen den erfolgreichen und weniger erfolgreichen Entwicklungsländern.

Bei Wades zweiter Empfehlung, Importschutz zu betreiben, sträuben sich den meisten Ökonomen die Haare. In seinen Erläuterungen betont Wade jedoch gerade an dieser Aussage einen wichtigen Aspekt, der die auf den ersten

Blick abenteuerlich anmutende Empfehlung relativiert und sich wie ein roter Faden durch seine gesamten Schlussfolgerungen zieht: Die empfohlenen Massnahmen sollten nie allein bzw. für sich genommen, sondern immer nur im Kontext aller Empfehlungen betrachtet werden.

So ist zum Beispiel unbestreitbar, dass die Mehrheit der asiatischen Erfolgsländer Importschutz mit Zöllen und Quoten betrieben hat. Aber der Importschutz wurde gleichzeitig mit einer ausgesprochenen Exportorientierung versehen. Diese entwicklungsstrategische Komponente wird in der Weltbankstudie auch als der herausragende aussenwirtschaftliche Beitrag zum Erfolg verbucht. Als wichtiges Instrument diente unter anderem die Befreiung der Exporteure von Importhindernissen. Daneben wurden aber auch andere Anreize gesetzt, mit denen der Erfolg auf den Weltmärkten belohnt wurde. So erhielten zum Beispiel in erster Linie diejenigen Exporteure vergünstigte Kredite, die auf den Weltmärkten erfolgreich waren, und nicht diejenigen, die die grössten Schwierigkeiten hatten. Ausserdem hebt Wade die Bedeutung wirtschaftlicher Stabilität, die selektive und temporäre Anwendung des Importschutzes sowie weitere Bedingungen hervor, die den Erfolg der Schutzmassnahmen massgeblich mitbestimmen.

Diese und andere Dinge werden in Wades Erläuterungen somit als wichtige Randbedingungen oder Ergänzungen zu seiner Empfehlung angesprochen, und in diesem Kontext klingt die Empfehlung der Importprotektion schon wesentlich vernünftiger. Die Empfehlung wird aber auch in dem Sinne schwächer, dass ein ganzes Bündel von Voraussetzungen erfüllt sein muss, damit die Sache gültig ist. Darauf wird weiter unten nochmals eingegangen.

Wades Empfehlungen 3 und 4 über die Bedeutung von Exporten und ausländischen Direktinvestitionen stimmen mit den Schlussfolgerungen der Weltbankstudie weitgehend überein. Beide Grössen indizieren die Offenheit einer Volkswirtschaft, die als wesentliche Voraussetzung für den Erfolg der asiatischen Länder allgemein anerkannt ist. Wades Einschränkung, dass nur dann Exportförderung betrieben werden sollte, wenn der Aussenhandel eine wichtige Rolle spielt, ist nur noch anzufügen, dass er kein einziges Argument dafür bringt, weshalb eine Entwicklungsstrategie sich *nicht* auf den Aussenhandel abstützen sollte oder muss.

Der zweite Teil der Empfehlung 4, dass ausländische Unternehmen in den Exportbereich gelenkt werden sollten, ist auch mit Wades Erläuterungen nicht so recht nachvollziehbar. Zum einen sind viele ausländische Investoren grundsätzlich an der Herstellung von Gütern (und Diensten) für den Weltmarkt interessiert. Zum anderen werden Exportgüter ja in aller Regel auch für den Binnenmarkt produziert, so dass eine durchgängige Trennung von Export- und Binnenmarktgütern ohnehin nicht möglich ist. Betrachtet man den Sektor nicht-handelbarer Güter, so wirken Wades Argumente, dass dominante inländische Unternehmen auf den Binnenmärkten «besser» seien als ausländische, leicht verstaubt. Ein Blick auf grosse Unternehmen dieses Sektors ausserhalb der asiatischen Erfolgsländer belegt eher das Gegenteil (vgl. z. B. für Indien, das dazu besonders anschauliche Fälle liefert, Desai, 1993). Vor diesem Hintergrund empfiehlt auch die Weltbankstudie uneingeschränkt Offenheit für Direktinvestitionen und unterscheidet nicht zwischen dem Sektor handelbarer und dem Sektor nicht-handelbarer Güter.

Wades Empfehlung 5 zur Entwicklung eines staatlich eng kontrollierten Bankensektors divergiert allenfalls graduell von der Auffassung der Weltbankstudie. In Wades Erläuterungen wird deutlich, dass es ihm nicht nur um Kontrolle im Sinne einer strengen Bankenüberwachung durch eine Zentralbank geht, sondern um massive politische Eingriffe in die Kapitalallokation. Dies ist die konsequente Fortführung seiner These, dass Regierungen in Entwicklungsländern «Gewinner machen» können und sollen.

In der Lesart der Weltbankstudie sind die nachweisbaren Eingriffe der Behörden auf den Finanzmärkten hingegen weniger bedeutend als die Kriterien, an denen sie ausgerichtet waren. Die Niedrigzins-Politik («financial repression») in den asiatischen Erfolgsländern war ohnehin relativ bescheiden und hat nie zu den äusserst niedrigen (oder zeitweise negativen) Realzinsen geführt wie in anderen Entwicklungsländern. Aber vor allem folgte die politische Steuerung der Kreditvergabe («directed credit») ganz anderen Prinzipien als in der Mehrzahl der Entwicklungsländer. Die staatlich gesteuerte Kreditvergabe war eng mit den wirtschaftlichen Erfolgen der betreffenden Unternehmen verbunden, das heisst, Kredite wurden nicht aus politischer Opportunität zur Verlustdeckung maroder Firmen vergeben, sondern flossen in erster Linie an «good performers». Dies ist eines der wichtigsten Beispiele für den durch politische Anreize geschaffenen Wettbewerb («contest-based competition»). Ansonsten wird auch in der Weltbankstudie nicht bestritten, dass Kredite rationiert und politisch gesteuert wurden.

Wades Empfehlung 6, dass die Liberalisierungen im Aussenhandel und Finanzsektor graduell vorzunehmen seien, greift einen bekanntermassen umstrittenen Punkt auf. Verschiedene Autoren haben im Kontext anpassungspolitischer Reformen immer wieder für eine sogenannte Schocktherapie plädiert. Demnach sollten wirtschaftspolitische Reformen sehr schnell und umfassend eingeführt werden, um politische Opposition möglichst nicht aufkommen zu lassen und Reformgewinne nicht durch schädliche Wirkungen noch bestehender Regulierungen zu mindern (zur Handelsliberalisierung vgl. z.B. Lal und Rajapatirana, 1987). Demgegenüber kommt Wade zum Schluss, dass die asiatischen Erfolgsländer gut daran getan haben, die Liberalisierung nur graduell und in einer bestimmten Schrittfolge voranzutreiben. Ausgehend von der notwendigen Stabilität einer Volkswirtschaft sieht er an erster Stelle die Liberalisierung der Importe für Exporteure, danach eine generelle Importliberalisierung und am Schluss die Liberalisierung des Finanzsektors.

Abgesehen vom Zwischenschritt der Importliberalisierung für Exporteure ist dies in Übereinstimmung mit einer stilisierten Sequenz, die die Weltbank für Reformen in Transformationsländern skizziert hat (Weltbank, 1991, S. 177). Mit hoher Priorität versieht die Bank auch die Liberalisierung auf den Binnenmärkten von Gütern und Diensten, die Wade nicht betrachtet. Hohe Priorität bedeutet im Schema der Bank jedoch nicht nur, dass diese Reformschritte rasch eingeleitet, sondern dass sie auch innerhalb von ein bis drei Jahren (weitgehend) abgeschlossen werden sollten. Ist dies nun als eine Schocktherapie oder als Gradualismus zu bezeichnen?

Die Ökonomie kann zur Frage der Reihenfolge und Geschwindigkeit von Reformen eigentlich nicht sehr viel sagen. Die zuvor skizzierte Sequenz, in der die Stabilisierung an erster Stelle steht, dann die Aussenhandels- und Binnenmarktliberalisierung folgt und erst danach eine Liberalisierung der Finanzmärkte, findet breite Zustimmung. Mit Blick auf die in vielen Entwicklungsländern (und allen Transformationsländern) anstehende Frage der Privatisierung gilt dies auch für die Empfehlung, dass zuerst kleine und mittlere Unternehmen sowie der Handelsbereich privatisiert werden, bevor man sich an die Umwandlung grosser Unternehmen heranmacht. Darüber hinaus besteht aber offenkundig ein grosser Spielraum, der durch länderspezifische Verhältnisse bestimmt wird. Dies betrifft auch die Geschwindigkeit, mit der die Reformen durchgeführt werden.

Die eingeschränkte Aussagekraft der Ökonomie in dieser Frage hängt wesentlich damit zusammen, dass weder die neoklassische Lehre noch andere Theorieströmungen über dynamische Übergangsmodelle verfügen, die einigermassen Sicherheit geben würden (vgl. z. B. Stiglitz, S. 262 ff). Darüber hinaus sind die empirischen Kenntnisse, trotz der Erfahrungen in den asiatischen Erfolgsländern, ebenfalls recht begrenzt. Deshalb wird man immer wieder mit Fragen konfrontiert, die theoretisch nicht eindeutig und nur in einem gegebenen Länderkontext zu beantworten sind. So kann man beispielsweise dem zuvor angeführten Argument, eine Schocktherapie sei vorteilhaft, weil sie der politischen Opposition keine Zeit lässt, sich zu formieren, ohne weiteres entgegenhalten, dass die Opposition nach dem Schock in Umgehungsmassnahmen, soziale Unruhen oder politische Instabilität umschlagen kann. Daraus entstehen möglicherweise (vermeidbar) hohe wirtschaftliche und soziale Kosten. Man erinnere sich etwa an die politisch miserabel vorbereiteten und umgesetzten Arbeitsmarktliberalisierungen im Frühjahr 1997 in Korea (um ein Beispiel aus der hier diskutierten Ländergruppe herauszugreifen). Sprechen solche Beispiele nicht eher dafür, Reformen wenn möglich nur mit einer gut informierten Zivilgesellschaft und in einem gut vorbereiteten und transparenten politischen Diskussions- und Entscheidungsprozess durchzuführen? Man wird diese Frage in der Tat nur von Fall zu Fall unter angemessener Berücksichtigung der anstehenden Reformschritte und der jeweils herrschenden Verhältnisse beantworten können.

Wades Empfehlungen 7 bis 10 betreffen Aspekte institutioneller Reformen, die weiter unten noch ausführlicher erörtert werden. An dieser Stelle sei nur festgehalten, dass er mit der Schaffung einer speziellen Agentur für strategische Wirtschaftspolitik und der Betonung korporatistischer Strukturen deutlich andere Schwerpunkte setzt als die Weltbankstudie. Dort ist von herausragender Bedeutung, dass die Behörden gut von der Wirtschaft abgeschirmt werden, um «rent-seeking» und Korruption auf einem erträglichen Niveau zu halten.

Was kann man nun aus diesem kurzen Vergleich bilanzieren? Die folgenden wichtigen Aspekte sind hervorzuheben. Erstens ist es offenkundig, dass die vorliegenden Daten und Fakten über die Wirtschaftspolitik der asiatischen Erfolgsländer unterschiedlich interpretiert werden können. Es ist nicht anzunehmen, dass man in der wirtschaftlichen Geschichtsschreibung über die Rollenverteilung für Staat und Wirtschaft jemals Einigkeit erzielen wird. Einigkeit besteht allerdings darüber, dass die Erfolge durch eine Kombination von Marktwirtschaft und marktergänzenden Interventionen erzielt wurden. Wie bereits erwähnt wurde, haben die asiatischen Erfolgsländer damit über (unterschiedlich) lange Zeiträume hinweg wirtschaftliche Wachstumsraten von acht bis zehn Prozent pro Jahr erreicht. Nur in der Wolle gefärbte Neoklassiker würden wohl die Auffassung vertreten, dass ohne die Interventionen die Wachstumsraten noch höher ausgefallen wären. In erster Linie wurden durch die Politik Marktschwächen korrigiert, und dies erfolgte mit Instrumenten, die ein leistungsorientiertes Anreizsystem beibehielten. Die Verfolgung des Wettbewerbsprinzips, die in der Weltbankstudie wesentlich deutlicher herausgearbeitet wird als in der Arbeit von Wade, bildete dabei den Dreh- und Angelpunkt.

Zweitens muss man zwischen der Interpretation der Politik in den asiatischen Erfolgsländern und den Empfehlungen für andere Entwicklungsländer unterscheiden. Es wurde bereits dargelegt, dass die staatlichen Interventionen nur als Gesamtpaket Sinn ergeben. Einzeln und für sich selber genommen können sie grossen Schaden anrichten. Dies wird in der Untersuchung von Wade besonders betont, wird aber auch in der Weltbankstudie verschiedentlich angesprochen. Der Blick aufs Ganze impliziert jedoch auch, dass schon das Fehlen einer einzelnen Massnahme die übrigen Interventionen in Frage stellen kann. Dieser Punkt reicht jedoch noch weiter. Wade betont, dass seine Empfehlungen auf der Voraussetzung einer krisenfreien Situation beruhen, die es erlaubt, wirtschaftspolitisch eine längerfristige Perspektive zu verfolgen. Er unterstellt ebenfalls «wohlwollende» Politiker, die ihre Macht nicht nur oder in erster Linie zur Bereicherung einer kleinen Bevölkerungsgruppe verwenden (Wade, 1990, S. 350). Mit anderen Worten, die Empfehlungen sind an weitreichende Voraussetzungen gebunden, die nicht in allen Entwicklungsländern gleichermassen erfüllt sind.

Die Implikationen der beiden hier angesprochenen Tatbestände sind für wirtschaftspolitische Empfehlungen, die man aus der Erfahrung der asiatischen Erfolgsländer ableiten kann, sehr wichtig. Zum einen kommt man um die (Wieder-) Herstellung wirtschaftlicher Stabilität nicht herum. Wade formuliert dies als Prämisse seiner Empfehlungen, die Weltbankstudie präsentiert Stabilitätspolitik als fundamentale Daueraufgabe. Beide sind sich einig, dass die Behörden der asiatischen Erfolgsländer hier vergleichsweise gute Arbeit geleistet haben. Zum anderen wird man in Ländern, in denen der Staat flächendeckend und unter Missachtung der Marktkräfte sowie des Leistungs- und Wettbewerbsprinzps interveniert hat, mit guten Gründen «mehr Markt und weniger Staat» empfehlen. Auch und gerade angesichts der Erfahrungen in den asiatischen Erfolgsländern hat diese Formel dringende Berechtigung. Man wird sie um so mehr betonen, je stärker das Prinzip der Rentengesellschaft die Handlungen der Politiker und der Wirtschaftsakteure bestimmt hat. Dieser Punkt ist von entscheidender Bedeutung. Es ist nicht vorstellbar, dass die Behörden in den asiatischen Erfolgsländern die staatlichen Interventionen so geschickt konzipiert haben, ohne dass ein Bekenntnis zu den Leistungs- und Wettbewerbsprinzipien der Marktwirtschaft die Grundlage gebildet hat. Wie bereits angesprochen wurde, ist dies nach den heute vorliegenden Kenntnissen der Dreh- und Angelpunkt des Erfolgs.

Die daraus abzuleitende Schlussfolgerung ist erneut weit mehr als eine semantische Gewichtung. Angesichts der Erfahrungen in den asiatischen Erfolgsländern kann man anderen Entwicklungsländern nicht empfehlen «Ihr könnt weiterhin intervenieren, aber ...», sondern man muss empfehlen «Befolgt die Prinzipien der Marktwirtschaft, aber ...». Auf dieser Grundlage sind revisionistische Positionen eine notwendige und wertvolle Ergänzung der strengen Neoklassik. Die theoretischen Verfeinerungen der Revisionisten, die auf der Analyse imperfekter Märkte, unvollständiger Informationen und Externalitäten beruhen, führen die Ökonomie zu realitätsgerechteren Modellen und Politikempfehlungen.

Wie schon im Kapitel 3 erörtert wurde, ist das «ostasiatische Wunder» in jüngerer Zeit Gegenstand ungewöhnlich intensiver Diskussionen geworden. Auslöser war ein Beitrag von Krugman (1994), in dem er das vermeintliche Wachstumswunder der ostasiatischen Erfolgsländer auf den zunehmenden Einsatz von technischem Kapital und Humankapital reduzierte. Diese These basierte auf Arbeiten von Young (1994, 1995), der mit «growth accounting» Analysen zu diesem Resultat kam. Das Ergebnis impliziert, dass die Entwicklung der gesamten Faktorproduktivität («total factor productivity», TFP) in den asiatischen Erfolgsländern deutlich geringer war als in der Phase des hohen Wachstums in den Industrieländern. Da die asiatischen Erfolgsländer den zunehmenden Faktoreinsatz nicht mehr wie in der Vergangenheit wiederholen können, bzw. zunehmend das Gesetz abnehmender Grenzerträge zu spüren bekommen, zieht Krugman die Schlussfolgerung, dass ihre Wachstumsraten sinken werden. Pointiert formuliert: Das ostasiatische Erfolgsmodell ist nach Krugmans Ansicht am Ende. Die These ist insofern noch besonders pikant gewürzt, als Krugman die Vorgänge in den ostasiatischen Ländern mit den frühen Wachstumserfolgen und der anschliessenden Misere in der ehemaligen Sowjetunion und ihren Satellitenstaaten vergleicht.

Die vielfältigen Beiträge zu dieser Diskussion (vgl. z. B. Collins und Bosworth, 1996; Ito, 1996; Stiglitz, 1996) können und müssen hier nicht im Detail erörtert werden. Im vorliegenden Kontext sind jedoch zwei Aspekte von Bedeutung. Erstens, selbst wenn die TFP-Entwicklung so niedrig war, wie dies in Youngs und anderen Schätzungen indiziert wird, ist der Erfolg der ostasiatischen Länder im Vergleich zu den anderen Entwicklungsländern – ausgedrückt in der übertreibenden Metapher – *dennoch* ein Wunder. Ganz im Gegensatz zu den anderen Entwicklungsländern ist es gelungen, die Akkumulation von technischem Kapital und Humankapital sowie deren effizienten Einsatz so voranzutreiben und aufrechtzuerhalten, dass über lange Zeit hinweg hohe Wachstumsraten und ein signifikanter Rückgang der Armut erreicht wurden. Nebenbei sei angemerkt, dass die Schätzungen relativ niedriger TFP-Entwicklung methodisch recht massiv kritisiert wurden und dass auch andere (höhere) Schätzungen vorliegen (vgl. z. B. Rodrik, 1992; Schweizerische Bankgesellschaft, 1996).

Zweitens, es ist unbestreitbar, dass auch in den asiatischen Erfolgsländern Fehler gemacht wurden und dass gegenwärtig umfangreiche strukturelle Anpassungen gefordert werden, um die Entwicklungsdynamik der Vergangenheit in etwa beizubehalten. Dies betrifft unter anderem Reformen der Finanzsektoren in praktisch allen Ländern, die Reform der unbeweglich gewordenen Industriekonglomerate («Chaebols») in Korea, die Verbesserung der Bildung und Ausbildung der Arbeitskräfte sowie der Infrastruktur in Thailand und Malaysia und den Abbau von Regulierungen und Korruption in Indonesien, um nur einige Beispiele zu nennen (vgl. z.B. Ito, 1996; The Economist, 1997). Aber die Fehler in der Vergangenheit waren nicht so gross, und die Fehlerkorrektur so gut, dass die wirtschaftliche Entwicklungsdynamik nie über längere Zeit massiv gestört wurde. Man kann dies sicher nicht unbesehen auf die Zukunft projizieren. Dennoch indizieren die ständigen Veränderungen und Reformen in der Vergangenheit und die Reformbemühungen in der Gegenwart, dass die Ausrichtung der Wirtschaftspolitik auf Wettbewerbsfähigkeit und Markterfolg stets eine wichtige Rolle gespielt hat und noch spielt.

Insgesamt wird mit der revisionistischen Debatte die Unvollständigkeit und Vielfalt des Bauwerks der Ökonomie verdeutlicht. Gleichzeitig ist aber auch nicht zu übersehen, dass die Neoklassik nach wie vor einen tragenden Pfeiler dieses Gebäudes bildet. Dabei herrscht über eine grundlegende Einsicht zweifellos weitgehende Einigkeit: Wenn Regierungen und Behörden mehrere Grundprinzipien und Empfehlungen der neoklassischen Theorie dauerhaft verletzten, sieht es um den Erfolg wirtschaftlicher Entwicklung schlecht aus. Aber man muss eingestehen, dass die Gretchenfrage, welches denn genau die «Menge der notwendigen oder hinreichenden Bedingungen» ist, die für den Erfolg erfüllt sein muss, derzeit (noch) nicht beantwortet werden kann (Fischer, 1996, S. 350). Möglicherweise führen sogar unterschiedliche Kombinationen von Bedingungen zum Ziel, so dass eine Antwort auf diese Frage noch wesentlich schwieriger ausfällt, als ohnehin schon zu erwarten ist.

Bedingungen für Wachstum: Erkenntnisse aus Wachstumsregressionen

Auch wenn über die notwendigen und hinreichenden Bedingungen für erfolgreiche wirtschaftliche Entwicklung noch nicht in gewünschtem Umfang Klarheit herrscht, verdichten sich die Erkenntnisse über wichtige politisch bestimmte Determinanten dauerhaften Wachstums. Binnen- und aussenwirtschaftliche Stabilität, hohe Investitionen in das Humankapital, Offenheit der Volkswirtschaften für den Austausch von Gütern und Technologien, Wettbewerbsorientierung der strategischen Wirtschaftspolitik, ein ordentlich überwachter Finanzsektor und ein insgesamt möglichst unverzerrtes Preissystem sind unbestrittene Ingredienzen des Erfolgs. Darüber hinaus wird auch politische Stabilität zu den notwendigen Erfordernissen gezählt, die gleichsam den unverzichtbaren Rahmen für die wirtschaftspolitisch zu schaffenden Erfolgsbedingungen bildet (vgl. z. B. Mankiw, 1995, bes. S. 302). Diese Aspekte wurden bereits in Kapitel 3 angesprochen und werden hier, im Kontext von Zielen und Massnahmen der Anpassungspolitik in Entwicklungsländern, nochmals aufgegriffen.

Die skizzierten Hypothesen über wichtige (wirtschafts-) politische Bestimmungsgrössen wirtschaftlicher Entwicklung werden von breit angelegten quantitativen Analysen gestützt, die weit über die Untersuchung der asiatischen Erfolgsländer hinausreichen. Dazu wurden in jüngerer Zeit vermehrt (wieder) Querschnittsuntersuchungen in Form sogenannter Wachstumsregressionen («Growth regressions») durchgeführt, in denen verschiedene Bereiche wirtschaftspolitischer Leistungen operationalisiert und getestet wurden. Diese Regressionsanalysen basieren auf Stichproben von mehreren Dutzend bis etwa einhundert Entwicklungsländern und umfassen in der Regel Zeiträume von Anfang der 60er bis Anfang der 90er Jahre. Mittlerweile ist die Anzahl solcher Studien schon fast unübersehbar geworden. Dennoch lassen sich bereits anhand einer Auswahl wichtige Ergebnisse zusammenfassen, die den gegenwärtigen Stand der Kenntnisse widerspiegeln.

Zunächst stützen viele Regressionsanalysen die Hypothese, dass sich binnenwirtschaftliche Stabilität positiv auf Investitionsquoten und Wachstumsraten des BIP (pro Kopf) auswirkt. Als erklärende Variablen werden sowohl monetäre Indikatoren (z. B. Geldmengenvariablen im Verhältnis zum BIP sowie Inflationsraten) als auch fiskalische Messgrössen herangezogen (beispielsweise Anteile der gesamten oder laufenden Staatsausgaben oder auch des Staatsdefizits am BIP; vgl. z. B. Barro, 1991; Easterly et al., 1993; Easterly und Levine, 1994; Sachs und Warner, 1995; Bleaney, 1996; Harrison, 1996; Thomas und Wang, 1996). In praktisch allen Schätzungen weisen diese Variablen das erwartete Vorzeichen und statistisch signifikante Parameter auf. Die Schlussfolgerung der Neoklassik, und damit ein Kernstück orthodoxer Anpassungspolitik, dass binnenwirtschaftliche Stabilität eine positive Auswirkung auf dauerhaftes Wirtschaftswachstum hat, wird damit auf breiter Basis empirisch gestützt.

Einen gewichtigen Schwerpunkt der Analysen mit Wachstumsregressionen bildet die Untersuchung des Zusammenhangs zwischen der Offenheit von Volkswirtschaften und dauerhaftem Wirtschaftswachstum. Dazu stehen zwei Bündel von Messgrössen als erklärende Variablen zur Verfügung. Auf der einen Seite wird das Merkmal der Offenheit mit Indikatoren der relativen

Grösse des Aussenhandels erfasst (z. B. Anteil des Aussenhandels am BIP, Veränderungen des Anteils sowie Abweichungen von vorhergesagten (Trend-) Anteilen, Anteil der Industriegüter an den Gesamtexporten; vgl. z. B. Balassa, 1985; Quah und Rauch, 1990; Helliwell und Chung, 1991; Edwards, 1992; Syrquin und Chenery, 1989; Weltbank, 1993; Harrison, 1996). Auf der anderen Seite greift man zu Indikatoren, die Preisverzerrungen und administrative Massnahmen im Aussenhandel wiedergeben. Hier überschneidet sich die statistische Erfassung von Offenheit mit der quantitativen Abbildung aussenwirtschaftlicher Stabilität. Typische Indikatoren sind etwa der reale Wechselkurs, der reale Wechselkurs korrigiert um die Ressourcenausstattung, Wechselkursvolatilitäten, das Verhältnis der Preise handelbarer Güter in einer Volkswirtschaft zum internationalen Preisniveau, das Verhältnis der Binnenpreise von Investitionsgütern zu internationalen Preisen, Schwarzmarktprämien auf Devisenmärkten, Verschuldungsindikatoren, effektive Protektionsraten sowie verschiedene aggregierte Offenheits-, Importschutz- bzw. Liberalisierungsindizes (vgl. z. B. Heitger, 1986; Lopez, 1990; Barro, 1991; Dollar, 1991; Bhalla und Lau, 1992; Dollar, 1992; Thomas und Nash, 1992; Easterly et al., 1993; Weltbank, 1993; Conway, 1994; Easterly und Levine, 1994; Sachs und Warner, 1995; Bleany, 1996; Thomas und Wang, 1996). Mit diesen Operationalisierungen wird empirisch auf breiter Basis die neoklassische Hypothese gestützt, dass die Offenheit einer Volkswirtschaft, das heisst ein liberales Aussenhandelsregime bzw. geringe Preisverzerrungen im Aussenhandelsbereich, positiv auf dauerhafte Wachstumsraten wirken.

In vielen Wachstumsregressionen wird ausserdem das Humankapital als erklärende Grösse herangezogen. Charakteristische Indikatoren sind die Alphabetisierungsquote unter Erwachsenen, der Anteil der immatrikulierten Schüler an den Schulpflichtigen (auf der Primar- und Sekundarstufe) und die durchschnittliche Dauer des Schulbesuchs (vgl. z. B. Barro, 1991; Easterly et al., 1993; Weltbank, 1993; Easterly und Levine, 1994; Sachs und Warner, 1995; Harrison, 1996). In aller Regel resultiert aus den Schätzungen ein positiver und signifikanter Zusammenhang zwischen diesen Indikatoren des Humankapitals und der (Pro-Kopf-) Wachstumsrate des BIP. Dies gilt auch für die Berücksichtigung von Indikatoren für die Leistungsfähigkeit des Finanzsektors (meist gemessen als Indikator des «financial deepening»: liquide Guthaben im Verhältnis zum BIP; vgl. z. B. Easterly et al., 1993; Easterly und Levine, 1994) sowie für Indikatoren der politischen Stabilität (z. B. gemessen mit der Anzahl durchgeführter und versuchter Revolutionen und Staatsstreiche, der Anzahl gewaltsamer Todesfälle pro Million Einwohner, dem Auftreten von militärischen Konflikten, der Anzahl Regierungswechsel in einer bestimmten

Periode sowie aus verschiedenen Variablen aggregierten Indizes der politischen Stabilität; vgl. z. B. Barro, 1991; Fosu, 1992; Easterly und Levine, 1994; Sachs und Warner, 1995; de Haan und Siermann, 1996). Zur Frage, ob Demokratie und Menschenrechte in diesem Zusammenhang eine Rolle spielen, vgl. Box 9.5.

Box 9.5

Demokratie, Menschenrechte und Wirtschaftswachstum in Lateinamerika

Im Projekt «Demokratisierung, Menschenrechte und Strukturanpassung in Lateinamerika» des NFP 28 wurden politisch-ökonomische Zusammenhänge aus der Sicht der Soziologie und Politikwissenschaft behandelt. Mit Blick auf die Entwicklungszusammenarbeit zieht Suter (1995) im Syntheseberichte Nr. 24 des NFP 28 unter anderem die nachstehenden Schlussfolgerungen.

«In der theoretischen und empirischen Forschungsliteratur wird die Entwicklungs- und Wachstumsrelevanz von Demokratie kontrovers beurteilt. Die ‹These der Entwicklungsdiktatur› argumentiert, dass Demokratie die Artikulation übermässiger gesellschaftlicher Interessensgruppen begünstige und behauptet, dass ... Demokratie die Wirtschaftsentwicklung behindere. Dem steht die ‹Pluralismusthese› gegenüber, die besagt, dass politischer Pluralismus und Liberalismus eine Voraussetzung für hochmotiviertes wirtschaftliches Handeln sowohl von Unternehmer- als auch von Arbeiterschaft darstellen. ... Diese zwei kontroversen Thesen wurden anhand eines Wachstumsmodells ... mit regressionsanalytischen Verfahren geprüft. Die Analyse ergab folgende Ergebnisse:
1) Zwischen den beiden Dimensionen von Demokratie – Wahlpartizipation und Menschenrechte – und dem realen Wirtschaftswachstum bestehen keine statistisch signifikanten Beziehungen.
2) ... Die wichtigsten Wachstumsimpulse gehen – in Übereinstimmung mit den Ergebnissen bisheriger Studien – vom Exportsektor aus ... sowie für die 70er Jahre von der Kapitalbildung ...» (Suter, 1995, S. 10).

«Der Menschenrechtssituation sollte mehr Beachtung geschenkt werden. Im Rahmen einer allfälligen politischen Konditionalität, etwa im Sinne des ‹Good Governance› Konzepts, sollten die Menschenrechte ein prioritäres Kriterium darstellen. ... Die Entwicklungspolitik sollte sich am Konzept einer ‹sozialen Demokratie› orientieren. ‹Politische› und ‹soziale› Demokratie sollten dabei nicht als Gegensätze, sondern als sich gegenseitig bedingende Aspekte begriffen werden. ... Der Krisen- und Strukturanpassungsdruck der achtziger Jahre hat zwar die Demokratisierung in Lateinamerika eher begünstigt als beeinträchtigt. Ob dies auch in den neunziger Jahren so sein wird, muss allerdings bezweifelt werden. Vielmehr ist zu befürchten, dass demokratische Strukturen, insbesondere was die Situation der Menschenrechte und die Ausgestaltung einer lebendigen Zivilgesellschaft anbelangt, durch anhaltende Strukturanpassungen geschwächt werden, vor allem wenn die Strukturanpassung nicht sozial abgefedert wird.» (Suter, 1995, S. 20)

Die hier zusammengefassten Ergebnisse ausgewählter Querschnittsanalysen sind durchaus repräsentativ für Untersuchungen dieser Art. Insgesamt belegen sie, dass die zuvor genannten Hypothesen über wichtige wirtschaftspolitische Bestimmungsgrössen für dauerhaftes Wachstum breit gestützt werden. Um es nochmals kurz in Erinnerung zu rufen: Binnen- und aussenwirtschaftliche Stabilität, politische Stabilität, Investitionen in das Humankapital, Offenheit der Volkswirtschaft, Wettbewerbsorientierung der strategischen Wirtschaftspolitik, ein funktionierender Finanzsektor und ein möglichst unverzerrtes Preissystem bilden wichtige Bestimmungsgrössen für dauerhaftes Wirtschaftswachstum. Die empirische Evidenz für die Gültigkeit dieser Hypothesen ist nicht wegzudiskutieren und ein starkes Argument für Ziele und Massnahmen der Anpassungspolitik.

Natürlich leiden die Wachstumsregressionen unter all den Problemen, mit denen empirische Untersuchungen dieser Art stets behaftet sind. Es lassen sich immer Einwände vorbringen, mit denen die getesteten Kausalzusammenhänge in Frage gestellt werden können. Die Vorbehalte reichen von Zweifeln an der Tauglichkeit der verwendeten Indikatoren über Verweise auf die teilweise hohe Korrelation verschiedener erklärender Variablen (vgl. z. B. Eusufzai, 1996) bis zum grundlegenden Zweifel daran, dass man mit Regressionsanalysen überhaupt Kausalzusammenhänge testen kann. Zeitreihenanalysen mit Kausalitätstests beschränken sich bislang fast ausschliesslich auf die Hypothese, dass das Exportwachstum wesentlich das Wirtschaftswachstum bestimmt (in der Art, wie dies in Kapitel 3 schon erläutert wurde; vgl. z. B. Jung und Marshall, 1985; Ram, 1985; Darrat, 1987; Hsiao, 1987; Chow, 1987; Kugler und Dridi, 1993). Die Resultate der Kausalitätstets sind allerdings gemischt und die Anzahl der betrachteten Länder teilweise gering. Berücksichtigt man jedoch, dass nicht unbedingt die Kausalität einseitig vom Export- zum BIP-Wachstum laufen muss, um die Bedeutung der Offenheit zu untermauern, sondern dass dazu schon die Ermittlung einer Rückkopplungsbeziehung zwischen diesen beiden Variablen ausreicht, wird die Empfehlung einer exportgeleiteten Wirtschaftspolitik recht breit gestützt (vgl. dazu besonders Harrison, 1996, die für ein Panel von 19 Ländern eine Rückkopplungsbeziehung feststellt und eine eindeutige Kausalität von Schwarzmarktprämien zum BIP-Wachstum erhält).

Bei allen Vorbehalten gegenüber den bislang vorliegenden Ergebnissen der empirischen Forschung bezweifelt jedoch niemand mit ernst zu nehmenden Argumenten, dass die Suchrichtung für Determinanten dauerhaften Wachstums stimmt. Politische Erklärungsgrössen, die in der Wachstumstheorie lange Zeit keine oder bestenfalls eine untergeordnete Rolle gespielt haben, stehen heute im Mittelpunkt des Interesses. In der Regel fern von überkommenem etatistischem und voluntaristischem Gedankengut wird mehr und mehr theoretische und empirische Evidenz dafür zusammengetragen, dass politische und darüber hinaus institutionelle Rahmenbedingungen wichtige Voraussetzungen für langfristiges Wachstum bilden und weitreichende Implikationen haben.

Auch wenn die heute vorliegenden Wachstumsregressionen noch nicht in allen Belangen zufriedenstellende Belege erbringen, sind die Indizien für die Gültigkeit dieser Hypothese vielversprechend. Besonders interessant ist die Struktur jener Regressionsgleichungen, in denen das Durchschnittseinkommen zu Beginn der betrachteten Periode als erklärende Variable verwendet wird. In allen Schätzungen dieser Art weist dieses Initialeinkommen signifikante und negative Parameter auf; das heisst, je niedriger das Initialeinkommen liegt, desto höher ist – ceteris paribus – in der Folge das Wirtschaftswachstum (vgl. z.B. Barro, 1991; Easterly et al., 1993; Weltbank, 1993; Easterly und Levine, 1994; Sachs und Warner, 1995). Im Kontext der erklärenden Politikvariablen stützt dies sehr offenkundig die immer häufiger vorgetragene Hypothese, dass es den armen Ländern nur mit guter Wirtschaftspolitik (im oben erklärten Sinn) und mit Institutionen, die die Ressourcenmobilisierung und Produktivitätssteigerung fördern, gelingen kann, hohe Wachstumsraten zu erhalten.

Erkenntnisse der institutionellen und politischen Ökonomie

In jüngerer Zeit hat besonders Olson (1996) hervorgehoben, dass und weshalb nach Ansicht der Institutionalisten weder die «alte» noch die «neue» Wachstumstheorie die Realität zufriedenstellend erklären kann. Unter der realistischen Annahme hoher internationaler Kapitalmobilität und gut funktionierender Kapitalmärkte würde man nach der alten Wachstumstheorie erwarten, dass aufgrund abnehmender Grenzerträge die Länder mit den niedrigsten Einkommen die höchsten Wachstumsraten aufweisen, die Einkommen somit (automatisch) konvergieren. Dies ist eindeutig nicht der Fall. Auf dem Hintergrund der neuen Wachstumstheorie, mit ihren Mechanismen endogenen technischen Fortschritts, könnten hingegen die Länder mit hohen Einkommen die höchsten Wachstumsraten aufweisen. Auch dies trifft eindeutig nicht zu. Dagegen können wir beobachten, dass eine recht heterogene Gruppe von Ländern mit niedrigen und mittleren Einkommen die Rekordliste mittel- und langfristiger Wachstumsperformance anführt. Wie kann man diese partielle Konvergenz von Einkommen erklären?

Die derzeit vielversprechendste Antwort lautet, dass die Wirtschaftspolitik und die Institutionen der betreffenden Länder eine ganz entscheidende Rolle spielen. Der Blick auf die Wirtschaftspolitik ist im wesentlichen die Stossrichtung der diskutierten Wachstumsregressionen und im grossen Ganzen das Anliegen der Anpassungspolitik. Wie bereits angedeutet wurde, weiten nun Olson und andere Vertreter der «neuen» institutionellen Ökonomie die Suche nach geeigneten Politikmassnahmen auf die Suche nach geeigneten Institutionen aus (die allerdings nicht immer klar von der Makro- und Mikropolitik zu trennen sind). Die beobachtbare partielle Konvergenz von Einkommen ist somit erneut als bedingte Konvergenz zu interpretieren, wobei nun die Bedingungen wirtschaftspolitischer *und* institutioneller Natur sind.

Institutionen sind die formellen und informellen Regeln, die das Verhalten von Individuen und Gruppen in einer Volkswirtschaft massgeblich bestimmen. Sie sind als Randbedingungen aufzufassen, die (kurzfristig unter gegebenen Präferenzen) den Verhaltensspielraum nutzenmaximierender Individuen und Gruppen determinieren bzw. begrenzen. Von grosser Bedeutung sind dabei natürlich die Durchsetzungsmechanismen, mit denen die Einhaltung der Regeln gesichert bzw. deren Verletzung sanktioniert wird (vgl. z. B. North, 1990, 1993; Rutherford, 1994). Beispiele für solche Regelsysteme, die für die wirtschaftliche Entwicklung eine wichtige Rolle spielen, sind individuelle Freiheitsrechte, kollektive Verhandlungsrechte, Eigentums- und Vertragsrechte, Kontrollverfahren in Unternehmen und Behörden, Regeln der politischen Partizipation sowie Prinzipien der Gewalten- und Kompetenzteilung (zur Bedeutung der Dezentralisierung von Staatsfunktionen, die zunehmend auch durch die Entwicklungszusammenarbeit unterstützt wird, vgl. Box 9.6). Ein funktionierendes Polizei- und Rechtssystem ist eine unabdingbare Voraussetzung für die Durchsetzung dieser Regelwerke.

Vereinfacht ausgedrückt können diese Regelsysteme – zusammen mit der Makro- und Mikropolitik – die wirtschaftliche Entwicklung in zwei Richtungen treiben. Zum einen können Anreizsysteme entstehen, die Investitionen in Humankapital und Sachkapital, deren effiziente Allokation sowie die Steigerung der gesamten Faktorproduktivität befördern. Dies ist, salopp formuliert, die Welt einer Wettbewerbs- oder Leistungsgesellschaft, in der Ressourcen für die Steigerung produktiver Einkommen mobilisiert werden und «Leistung belohnt wird». Zum anderen können aber Anreizsysteme entstehen, in denen nicht primär der produktive Faktoreinsatz entgolten wird, sondern in grossem Umfang unproduktive Einkommen durch geschickte Verhandlungen, durch Korruption und den Einsatz von Macht und Beziehungen gewonnen werden. Unter solchen Bedingungen ist es für Individuen und Gruppen möglicherweise lohnend, mehr Ressourcen für Gewinne aus der Verteilung des gesamten Einkommens zu mobilisieren, als für die produktivitätsbestimmte Erwirtschaftung und Steigerung von Einkommen. Dies ist die Welt einer Rentengesellschaft, in der ein deformiertes Anreizsystem zu wirtschaftlicher Stagnation, aufwendigen Verteilungsauseinandersetzungen und letztlich zur Krise oder sogar zum Zusammenbruch führt (vgl. z. B. Olson, 1965, 1982). Es versteht sich von selbst, dass in der Realität immer eine Mischung dieser beiden stilisierten Verhältnisse zu beobachten ist.

Die auf den ersten Blick überzeugend wirkende Plausibilität der institutionalistischen Argumentation darf nicht verdecken, dass ihre empirische Überprüfung nicht nur notwendig, sondern ausgesprochen schwierig ist. Die zuvor diskutierten Querschnittsuntersuchungen haben verdeutlicht, dass bereits die ökonometrische Analyse der Bedeutung makro- und mikropolitischer Leistungen erhebliche Probleme verursacht. Für institutionelle Rahmenbedingungen gilt dies in noch grösserem Umfang, da diese Merkmale von Volkswirtschaften mit geeigneten Indikatoren noch schwieriger zu erfassen sind als makro- und mikropolitische Gegebenheiten. Verschiedene Institutionalisten arbeiten daher gerne mit empirisch locker gestützten Gedankenexperimenten

Box 9.6

Förderung von Akteuren und Institutionen auf lokaler Ebene

Im Projekt «*La contribution des acteurs publics et privés au développement rural local des pays du Tiers-monde*» des NFP 28 wurden anhand von vier Länderstudien (Bolivien, Burkina Faso, Burundi und Senegal) institutionelle Reformmöglichkeiten auf lokaler Ebene untersucht. Jacob/Margot/Sauvin/Uvin (1993) fassen im Syntheseberichт Nr. 7 des NFP 28 unter anderem die folgenden Schlussfolgerungen zusammen.

«Unter dem Einfluss der Strukturanpassung gibt der Zentralstaat, auf den sich die Entwicklungsstrategien bisher abstützten, sein Monopol der Gesellschaftsführung an neue Körperschaften ab ... Diese verschiedenen Akteure – lokale Verwaltung, dezentrale Dienste von Ministerien, ‹traditionelle› bäuerliche Selbsthilfeorganisationen, ‹moderne› lokale Organisationen, Hilfsorganisationen – erstellen und verwalten öffentliche Güter und Dienstleistungen. ... Dies setzt die Anerkennung der wesentlichen lokalen Regierungs- und Verwaltungsstellen als Verfasser von Normen und gesellschaftlichen Regeln voraus. Sie müssen nach ihrer Legitimation, ihrem Willen und ihren Fähigkeiten bewertet werden. Aufgrund einer solchen Bewertung lässt sich eine Strategie zur Stärkung der lokalen Regierungs- und Verwaltungsstellen formulieren. So werden bessere Voraussetzungen für die Realisierung lokaler Entwicklungspläne geschaffen» (Jacob/Margot/Sauvin/Uvin, 1993, S. 27).

und historischen Beispielen, die ökonometrische Analysen zwar nicht ersetzen, aber gut ergänzen können. Einige Schlussfolgerungen aus diesen Arbeiten sind für die Wirtschaftspolitik der Entwicklungsländer und die Entwicklungspolitik der Industrieländer von so grosser Bedeutung, dass es sich lohnt, sie im vorliegenden Kontext zu erläutern. Der zuvor schon angesprochene Beitrag von Olson (1996) eignet sich dazu besonders gut, da er den gegenwärtigen Kenntnisstand in wesentlichen Punkten zusammenfasst.

Eine zentrale Schlussfolgerung der Institutionalisten lautet, dass sich die Weltvolkswirtschaft nicht auf der Kurve der Produktionsmöglichkeiten befindet, sondern deutlich darunter. Anders gesagt, es kann keine Rede davon sein, dass die verfügbaren Produktionsfaktoren im globalen Massstab optimal eingesetzt werden. Dieser Fall kann übrigens selbst dann eintreten, wenn sich die einzelnen Volkswirtschaften tatsächlich auf ihrer jeweiligen Transformationskurve befinden würden. Der im vorliegenden Kontext interessantere und auch relevante Fall betrachtet jedoch ausdrücklich allokative Ineffizienzen in den einzelnen Volkswirtschaften, insbesondere in Entwicklungsländern.

Olson leitet die genannte Schlussfolgerung aus der gegenwärtigen Allokation der Produktionsfaktoren Arbeit und Kapital im globalen Massstab ab. Wie Abbildung 9.2 in stilisierter Vereinfachung veranschaulicht, befindet sich der grösste Teil der Arbeitskräfte in den Entwicklungsländern (Punkt L_0 im oberen Diagramm), während sich der grösste Teil des Kapitals auf die Industrieländer konzentriert (Punkt K_0 im unteren Diagramm). Folgt man den Linien abnehmender Grenzerträge der beiden Produktionsfaktoren, so würde sich eine optimale globale Allokation bei den Punkten L_1 und K_1 ergeben. Die Flächen der beiden Dreiecke $w_i\ w_e\ w_g$ und $r_i\ r_e\ r_g$ verdeutlichen, dass der Weltvolkswirtschaft unter den gegebenen Verhältnissen in erheblichem Umfang Einkommen entgehen. Anders ausgedrückt: Mit mehr Arbeitskräften in den Industrieländern und mehr Kapital in den Entwicklungsländern wäre das Weltsozialprodukt wesentlich grösser.

Nun kann man natürlich lange darüber diskutieren, ob die für den Ausgleich des Grenzprodukts der Arbeit erforderlichen Migrationsströme aus verschiedenen Gründen nicht so unrealistisch sind, dass es sich gar nicht lohnt, ernsthaft darüber nachzudenken. Aber beim Faktor Kapital sieht das Gedankenexperiment schon viel realistischer aus. Warum, so muss man angesichts der schwachen Kapitalausstattung in der Mehrzahl der Entwicklungsländer fragen, fliesst nicht mehr (privates) Kapital in diese Länder? Oder anders gefragt: Weshalb konzentriert sich der Löwenanteil der beobachtbaren (privaten) Kapitalströme auf derzeit nicht mehr als etwa ein Dutzend dieser Länder? Die Antwort der Institutionalisten ist leicht zu erraten. In der Mehrzahl der Ent-

Abbildung 9.2: Globale Verteilung von Arbeitskräften und Kapital

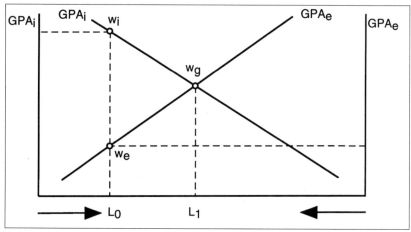

Zunehmende Arbeitskräfte im Norden	Zunehmende Arbeitskräfte im Süden
w_i = Lohn im Norden	w_e = Lohn im Süden
GPA_i = Grenzpunkt der Arbeit im Norden	GPA_e = Grenzpunkt der Arbeit im Süden

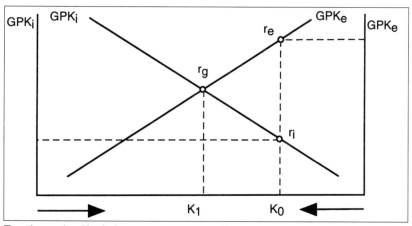

Zunehmendes Kapital im Norden	Zunehmendes Kapital im Süden
w_i = Zins im Norden	w_e = Zins im Süden
GPK_i = Grenzpunkt des Kapitals im Norden	GPK_e = Grenzpunkt des Kapitals im Süden

wicklungsländer sind eine schlechte Wirtschaftspolitik und ein für die Ressourcenmobilisierung und Produktivitätssteigerungen ebenso ungeeignetes institutionelles Umfeld wesentlich dafür verantwortlich, dass die aufgrund der Kapitalarmut theoretisch erwartbar hohen Grenzerträge des Kapitals nicht realisierbar sind.

Gegen diese Begründung kann man natürlich einwenden, dass eine schlecht ausgebildete Arbeiterschaft mindestens ebenso als Hindernis für hohe Grenzerträge des Kapitals in Betracht zu ziehen ist. Dies ist zweifellos zutreffend. Aber dabei spricht man schon wieder über eine im langen Zeitraum (wirtschafts-) politisch gesteuerte Grösse, deren Bedeutung in den vorangehend diskutierten Querschnittsuntersuchungen immer wieder deutlich wurde. Es ist aufgrund empirischer Erkenntnisse unbestritten, dass staatliche Investitionen in Bildungs- und Ausbildungssysteme einen signifikanten Beitrag zu dauerhaft erfolgreicher wirtschaftlicher Entwicklung leisten. Dies ist ohne Zweifel (auch) ein Teil guter Wirtschaftspolitik. Wenn also in vielen Entwicklungsländern externe Kapitalzuflüsse unter anderem aufgrund einer schlecht ausgebildeten Arbeiterschaft ausbleiben, ist dies als Teil eines Politikversagens zu verbuchen.

Um die Gültigkeit dieses Gedankenexperiments zu veranschaulichen, vergleicht Olson die Einkommenssituation von Immigranten in den USA mit der Einkommenssituation in ihren Heimatländern. Ohne hier auf die Details der Einkommensvergleiche näher einzugehen, lassen sich die beiden wichtigsten Ergebnisse folgendermassen zusammenfassen. Zum einen sind die Einkommen von Immigranten um so höher, je höher deren «vermarktbare» Bildung und Ausbildung ist. Zum anderen können die Einkommenssteigerungen der Immigranten gegenüber den Herkunftsländern nicht allein mit der höheren Kapitalausstattung in den USA erklärt werden – selbst bei grosszügiger Veranschlagung des Kapitaleffekts (Olson, 1996, S. 16 ff).

Die Bedeutung guter Wirtschaftspolitik und geeigneter Institutionen wird an diesen empirisch belegten Tatbeständen gleich dreifach sichtbar. Erstens wird der Bildungs- und Ausbildungsstand der Wirtschaftsakteure entscheidend von staatlichen Investitionen (hier einschliesslich laufender Ausgaben) in das Bildungssystem bzw. in die Humankapitalbildung mitbestimmt. Wie bereits festgestellt wurde, ist dies als ein Teil guter Wirtschaftspolitik zu betrachten. Zweitens wurde ebenfalls schon festgestellt, dass auch die Kapitalverfügbarkeit in erheblichem Umfang politik- und institutionenbestimmt ist. Um es beispielhaft zu veranschaulichen: In einem wirtschaftlich und / oder politisch instabilen Umfeld, in dem zudem Eigentums- und Vertragsrechte nicht gesichert sind, werden Wirtschaftsakteure kaum investieren. Und drittens können – einen vergleichbaren Bildungsstand gegeben – die Einkommensunterschiede zwischen Ländern offenkundig nicht allein durch Unterschiede in der Kapitalausstattung erklärt werden, das heisst, der effiziente bzw. produktive Einsatz des Kapitals ist zweifellos auch eine Folge guter Wirtschaftspolitik und geeigneter Institutionen. Ungezählte Investitionsruinen in vielen Entwicklungsländern sprechen hier Bände – um nur eine Ausprägung dieses Sachverhalts beispielhaft zu nennen.

Als weiterer Einwand gegen die Hypothese der entscheidenden Bedeutung von Wirtschaftspolitik und Institutionen kann natürlich angeführt werden, dass die Ausstattung mit natürlichen Ressourcen für die wirtschaftliche Entwicklung eines Landes eine wichtige Rolle spielt. Im globalen Massstab und langfristig gesehen gibt es dafür jedoch keine überzeugenden Belege. Der in Kapitel 5 kurz diskutierte Vergleich der langfristig erfolgreichen Entwicklung Indonesiens und der langfristigen Stagnation Nigerias ist ein gutes Beispiel für die Ungültigkeit dieser Hypothese. Obwohl beide Länder über grosse Erdölvorkommen verfügen, gelang es in der Zeit des Erdölbooms nur in Indonesien, diese Ressource für die langfristige wirtschaftliche Entwicklung ordentlich zu nutzen. Angesichts der vergleichbaren Ausgangsbedingungen der beiden Länder drängen sich Unterschiede in der Wirtschaftspolitik und in den Institutionen als Erklärungsgrössen der divergierenden Entwicklung auf.

Aber dies ist eben nur ein Beispiel von zwei Ländern. Auf empirisch breiterer Basis ist es recht schwierig, die Verfügbarkeit natürlicher Ressourcen in einzelnen Ländern mit einem Sammelindikator zu operationalisieren. Eine gleichsam erste Näherung an die Ressourcenausstattung einer Volkswirtschaft ist die Relation von Bevölkerung zur Landesfläche (Bevölkerungsdichte). Querschnittsuntersuchungen haben bisher jedoch keine Belege dafür erbracht, dass sich eine geringe Bevölkerungsdichte positiv auf das langfristige Wirtschaftswachstum auswirkt. In den zuvor zitierten Analysen wurde überhaupt nur in einer Untersuchung die landwirtschaftlich nutzbare Bodenfläche als erklärende Grösse für das BIP-Wachstum herangezogen und erwies sich als statistisch nicht signifikant (Harrison, 1996).

Olson selbst ermittelte in einer bivariaten Regression sogar einen signifikanten positiven Zusammenhang zwischen Durchschnittseinkommen und Bevölkerungsdichte (Olson, 1996, S. 12). Selbstverständlich darf man diese einfache Korrelation nicht überinterpretieren. Aber es ist nicht zu leugnen, dass in unserer Welt kostengünstiger Rohstoffproduktion und relativ geringer Transportkosten die landeseigene Verfügbarkeit von Rohstoffen für das langfristige Entwicklungspotential einer Volkswirtschaft von eher untergeordneter Bedeutung ist. Zur Stützung dieser Hypothese eignet sich auch Olsons kurze

Analyse der Folgen grosser Migrationsströme. So ging beispielsweise mit der abnehmenden Bevölkerung Irlands von 5.4 Millionen Menschen im Jahr 1821 auf 3.5 Millionen im Jahr 1986 keine Einkommensentwicklung einher, die derjenigen der bevorzugten Zielländer irischer Emigranten, England und den USA, vergleichbar wäre (bei gleichzeitiger Zunahme der Bevölkerungsdichte in den beiden Zielländern; Olson, 1996, S. 10f).

Zuletzt bleibt natürlich noch die Frage übrig, inwiefern kulturelle Gegebenheiten die langfristige wirtschaftliche Entwicklung mitbestimmen. Diese Frage ist schon deshalb schwer zu beantworten, weil der Begriff Kultur, wie ihn verschiedene Autoren in verschiedenen Disziplinen verwenden, mit unterschiedlichen Inhalten versehen wird und zuweilen sehr vage ist. Ausserdem ist nicht davon auszugehen, dass alle kulturellen Werte und Normen für die wirtschaftliche Entwicklung dieselbe Bedeutung haben. So konzentriert sich beispielsweise Harrison (1992) in erster Linie auf kulturell verankerte Werthaltungen gegenüber Arbeit, Bildung, Sparsamkeit, Fairness, Fortschritt und der Rolle des Individuums in der Gemeinschaft. Trotz der begrifflichen Unterschiede und Unschärfen lässt sich ein weitgehend akzeptiertes Interpretationsmuster erkennen, das Kultur auf zwei verschiedene Arten mit institutionellen Rahmenbedingungen und dadurch mit wirtschaftlicher Entwicklung in Verbindung bringt.

Zum einen muss man die Ebene formeller Institutionen betrachten. Hier handelt es sich um offiziell kodifizierte Regelsysteme, die gesetzlich verankert sind und durchgesetzt werden. Die Institutionalisten sind sich darüber einig, dass Kultur, im Sinne von Werten und Normen, als wichtige Bestimmungsgrösse gleichsam hinter diesen formellen Institutionen und Durchsetzungsmechanismen steht. Mit anderen Worten, kulturelle Werte und Normen fliessen in die Ausgestaltung und Durchsetzung formeller Institutionen ein und bestimmen damit auch die langfristige wirtschaftliche Entwicklung (vgl. z. B. North, 1993, S. 19; Olson, 1996, S. 19). Dies gilt, mutatis mutandis, auch für die (Wirtschafts-) Politik.

Hinsichtlich der Dauerhaftigkeit (und des Wandels) formeller Regelungssysteme muss man aber gleichzeitig einen zweiten wichtigen Erklärungszusammenhang betrachten. Institutionalisten sind sich auch darüber einig, dass Institutionen nur dann Bestand haben, wenn die Akteure, die in einer Gesellschaft über die Macht verfügen, am Fortbestand der Institutionen interessiert sind. Dies trifft naturgemäss auch für den institutionellen Wandel zu, das heisst institutionelle Reformen setzen voraus, dass die Machthaber durch die Reformen – im Vergleich zur Situation ohne Reformen, also relativ – gewinnen. Dies impliziert nicht zwingend, dass andere Akteure verlieren. Aber wenn dies (möglicherweise nur temporär) der Fall ist, muss es den Machthabern gelingen, die Reformen dennoch durchzusetzen und an der Macht zu bleiben. Dies ist die politisch-ökonomische Erklärung für den Bestand und den Wandel von Institutionen, die neben dem Erklärungszusammenhang der Kulturbestimmtheit steht (vgl. z. B. North, 1993, S. 19).

Zum anderen ist die Ebene informeller Institutionen zu betrachten. Hier werden die Werte und Normen sowie die daraus abgeleiteten Verhaltensregeln häufig nicht öffentlich kodifiziert, sondern tradiert. Für den Aussenstehenden hat dies unter anderem zur Folge, dass er die Regeln und ihre Wertgebundenheit zuweilen weniger gut erkennen und verstehen kann als bei formellen Institutionen. Wichtig ist auch, dass zwischen formellen und informellen Institutionen sehr komplizierte Wechselwirkungen bestehen können. Die beobachtbaren Beziehungen sind dermassen vielfältig, dass über die relative Bedeutung oder Dominanz formeller und informeller Regelsysteme allgemein gültige Aussagen praktisch nicht möglich sind.

Obwohl über die hier kurz umrissenen macht-, wert- und normengebundenen Bestimmungsgründe für Wirtschaftspolitik und Institutionen noch vieles unbekannt ist, kann man die Relevanz der damit verbundenen Fragestellungen nicht hoch genug einschätzen. Pointiert formuliert heisst dies: Wirtschaftspolitik und Institutionen, die wirtschaftliche Entwicklung massgeblich bestimmen, fallen nicht vom Himmel, sondern werden von endogenen Entwicklungsvorgängen und externen Einflüssen bestimmt. Und wenn man sie, beispielsweise durch die Entwicklungszusammenarbeit, von aussen beeinflussen will, sollte man diese Bestimmungszusammenhänge möglichst gut kennen. Ausserdem ist den vorangehenden Darlegungen zu entnehmen, dass zwei Bedingungen für eine erfolgreiche externe Beeinflussung erfüllt sein müssen. Erstens müssen die Machthaber durch die angestrebten wirtschaftspolitischen und institutionellen Veränderungen (relativ) gewinnen. Dies impliziert unter anderem, dass sie mit den Reformen auch an der Macht bleiben können. Und zweitens müssen diese Veränderungen entweder mit bestimmten Werthaltungen und Normen verträglich sein, oder es muss eine Anpassung dieser Werte und Normen induziert werden (vgl. z. B. North, 1993, S. 19).

Dass diesen Aspekten bei entwicklungspolitisch angestrebten und unterstützten Politikreformen in der Vergangenheit zu wenig Aufmerksamkeit geschenkt wurde, ist ein zentrales Argument der institutionellen und der politischen Ökonomie sowie anderer Zweige der Sozialwissenschaften, etwa der Politikwissenschaft und der Soziologie (vgl. z. B. Nelson, 1990; Nelson/Waterbury, 1988). Wie bereits in Kapitel 8 dargelegt wurde, darf man ohne allzu grosse Vereinfachung sagen, dass die Bedeutung der «politischen Dimension» der Anpassung zumindest in der empirischen Wirtschaftsforschung über Entwicklungsländer mit erheblicher Verzögerung erkannt wurde. Dies wird beispielsweise durch den Tatbestand belegt, dass erst in den frühen 90er Jahren ein politisch-ökonomisches Modell vorgelegt wurde, das mögliche Wirkungen der Anpassungspolitik auf die politische Stabilität untersucht. Auf der Grundlage teilweise neu erarbeiteter Indikatoren für 23 afrikanische Länder wurde unter anderem belegt bzw. bestätigt, dass beschäftigungsmindernde und (real-) preiserhöhende Anpassungsmassnahmen wesentliche Ursachen für Streiks und politische Demonstrationen bilden. Dies gilt natürlich in erster Linie für jene betroffenen Bevölkerungsgruppen, die gut organisiert bzw. organisierbar sind und über ein politisch schmerzhaftes Streik- und Demonstrationspotential verfügen (Morrisson/Lafay/Dessus, 1993). Solche und ähnliche Ergebnisse empirischer Studien sind für die Gestaltung politisch durchhaltbarer Anpassungsprogramme sowie sozialer Begleitprogramme von grossem Interesse.

Empirische Studien dieser Art sind naturgemäss darauf beschränkt, tatsächlich implementierte wirtschaftspolitische und institutionelle Reformen zu analysieren. Man versucht also etwa die Frage zu beantworten, welche anpassungspolitischen Massnahmen nachweisbar mit den höchsten Risiken politischer Instabilität verbunden waren. Anders ausgedrückt, man analysiert anpassungspolitisches «Geschehen» und dessen Folgen. Aus der Sicht der politischen Ökonomie und der entwicklungspolitischen Praxis ist jedoch das gleichsam «Ungeschehene» von mindestens ebenso grosser, wahrscheinlich sogar noch grösserer Bedeutung. Die Kernfrage lautet: Welche wirtschaftspolitischen und institutionellen Reformen sind aus welchen politischen Gründen verhindert, verzögert oder verwässert worden? Diese Fragestellung wurde während langer Zeit zuwenig gründlich und systematisch untersucht.

Einen eindrücklichen Beleg für diese Vernachlässigung liefert eine Querschnittsuntersuchung der Weltbank (1994), in der die anpassungspolitischen Massnahmen und Folgen von 29 afrikanischen Ländern zwischen Anfang der 80er Jahre und Anfang der 90er Jahre untersucht wurden. Der im afrikanischen Raum beobachtbare Erfolg hinsichtlich der tatsächlich implementierten Politikreformen und deren Ergebnisse ist recht begrenzt. Gemessen an den in der Studie definierten Kriterien weisen in der Makropolitik nur sechs Länder «grosse» Verbesserungen auf, in neun Ländern waren «kleine» Verbesserungen zu verzeichnen und in elf Ländern musste eine «Verschlechterung» diagnostiziert werden. Vor allem die Fiskalpolitik ist nach wie vor ein grosses Sorgenkind.

Die überzeugendsten Erfolge sind in der Aussenwirtschaftspolitik zu verzeichnen. Abgesehen von den Ländern im Wechselkurssystem der CFA-Franc-

Zone, wurden in 80% aller anderen Länder der Stichprobe deutliche Verbesserungen in der Wechselkurspolitik registriert. Der in diesen Ländern erfolgte Übergang zu flexibleren Wechselkursregimes führte unter anderem dazu, dass die durchschnittliche Differenz zwischen Parallelmarktkurs und offiziellem Kurs von 60% in der ersten Hälfte der 80er Jahre auf 25% zu Beginn der 90er Jahre zurückging. Gleichzeitig hat die Mehrzahl dieser Länder nicht-tarifäre Handelshemmnisse abgebaut, ein verbessertes System von Zolltarifen implementiert und die Devisenallokation flexibilisiert. Im Landwirtschaftssektor haben zwei Drittel der Länder durch Reformen des Wechselkursregimes, durch Preisliberalisierungen und durch den Abbau staatlicher Aufkauf- und Vermarktungsgesellschaften die Belastung der Bauern reduziert. Trotz deutlich rückläufiger Rohstoffpreise auf den Weltmärkten haben sich die realen Produzentenpreise in zehn Ländern erhöht.

Diesen schon sehr gemischten Ergebnissen stehen jedoch noch weitaus geringere Implementationserfolge in andern Bereichen der Mikropolitik und der Sektorpolitik gegenüber. Die Privatisierung kam in den 80er Jahren kaum voran, die Reform des öffentlichen Sektors insgesamt verlief sehr schleppend und die Finanzsektoren der meisten afrikanischen Länder leiden nach wie vor unter hohen Kreditbedürfnissen der öffentlichen Hand. Allein die Zentralregierungen beanspruchen in vielen Ländern etwa ein Drittel der Bankenkredite. Ausserdem decken viele Staatsunternehmen ihre Verluste immer noch mit Krediten von Geschäftsbanken. Die Regierungen erzwingen die Einräumung von «soft budget constraints», und die meisten der davon betroffenen Banken sind technisch längst bankrott. Darüber hinaus bestehen nach wie vor viele kostspielige und entwicklungshemmende Regulierungen, mit denen allen denkbaren Formen des «rent-seeking» Tür und Tor offenstehen. Unsichere Eigentums- und Vertragsrechte sowie schwache Kontroll-, Rechts- und Polizeisysteme umschreiben nur einige jener institutionellen Entwicklungshindernisse, die vielfach dringender Refomen bedürfen.

Die Botschaft der Weltbankstudie ist recht eindrücklich. Zum einen legt sie deutlich dar, dass der Politikdialog und die Konditionalität der Bretton-Woods-Institute in den afrikanischen Ländern während der 80er Jahre längst nicht jene konsequenten Politikreformen erreicht hat, die mit den Anpassungsprogrammen angestrebt wurden. Mit einer etwas günstigeren Gesamtbilanz gilt dies auch für die Anpassungsländer Lateinamerikas (vgl. z. B. Weltbank, 1993c). Anpassungspolitik ist also schon aufgrund der beobachtbaren Implementationsdefizite keinesfalls ein Thema zum Abhaken, wie dies verschiedene Autoren suggerieren (vgl. z. B. Helleiner, 1993). Darüber hinaus muss man akzeptieren, dass Stabilitätspolitik und Mikropolitik Daueraufgaben sind. Langfristige Stabilität muss durch eine entsprechend dauerhafte disziplinierte Makropolitik sichergestellt werden. Dennoch werden immer wieder Ungleichgewichte durch externe und interne Störungen auftreten, die dann zu korrigieren sind. Ebenso ist davon auszugehen, dass der strukturelle Wandel sowie der Einfluss partikularer Interessensgruppen die Mikropolitik ständig vor immer wieder neue Aufgaben stellen wird.

Zum anderen enthält die Botschaft der Weltbankstudie die schon zuvor angedeutete Frage, die in der Untersuchung jedoch nicht beantwortet wird: Weshalb sind die Implementationserfolge der Anpassungspolitik soweit hinter den Erwartungen und Vereinbarungen zurückgeblieben? Es wurde bereits darauf hingewiesen, dass in verschiedenen Ländern der Umfang, die Komplexität und die angestrebte Geschwindigkeit der Anpassungsmassnahmen die Kapazitäten der betreffenden Regierungen und Administrationen überfordert haben. Dies ist vor allem in Ländern mit niedrigem Einkommen ein nicht zu vernachlässigender Grund für so manche enttäuschenden Reformleistungen. Insgesamt ist jedoch davon auszugehen, dass in erster Linie Partikularinteressen eine konsequentere Umsetzung der Programme verhindert haben (vgl. z.B. Haggard und Kaufman, 1992; Bates und Krueger, 1993; Williamson, 1994). Am deutlichsten ist dies bei jenen Anpassungsmassnahmen zu erkennen, die ohne grossen administrativen Aufwand zu bewältigen sind oder mit ihrer Implementation sogar einen geringeren administrativen Aufwand nach sich ziehen. Dies gilt zum Beispiel grundsätzlich für Reformen der Wechselkurspolitik, der Geld- und Zinspolitik, sowie für nicht wenige Reformschritte in der Fiskalpolitik, der Neuordnung des Staatssektors, der Liberalisierung und Deregulierung. Viele Reformmassnahmen sind technisch so einfach zu vollziehen, dass selbst in Ländern mit niedrigem Einkommen Verzögerungen und Verwässerungen nur mit dem Widerstand politisch ausreichend einflussreicher Interessensgruppen erklärt werden können.

Systemtransformation

Zweifelsohne haben die entwicklungspolitisch relevanten Beiträge der politischen und institutionellen Ökonomie auch durch jene Untersuchungen zugenommen und an Gewicht gewonnen, die sich nach 1989 mit dem Zusammenbruch des sozialistischen Blocks und der Transformation dieser Länder in Richtung Marktwirtschaft und parlamentarische Demokratie befassten. In den sogenannten «Transformationsländern» wurde geradezu schlagartig deutlich, dass der angestrebte wirtschaftliche und politische Systemwandel neben einer neuen Makro- und Mikropolitik grundlegende institutionelle und konstitutionelle Reformen erfordert. Gleichzeitig traten mit dem Systemübergang Konflikte zwischen Vertretern von Partikularinteressen in einer solchen Breite und zum Teil Schärfe an den Tag, wie dies in Entwicklungsländern während längerer Zeit der wirtschaftspolitischen Reform nicht der Fall war und / oder nicht erkannt wurde. Erst mit dem Zusammenbruch des sozialistischen Blocks und dem Ende des Ost-West-Konflikts entstanden denn auch in vielen Entwicklungsländern neue Entscheidungs- und Handlungsspielräume, und damit neue Konfliktpotentiale, für institutionelle und konstitutionelle Reformen – Entscheidungs- und Handlungsspielräume für die Zivilgesellschaft dieser Länder ebenso wie für die Entwicklungspolitik der Industrieländer.

Nun ist nicht zu bestreiten, dass zwischen Entwicklungsländern und Transformationsländern erhebliche Unterschiede bestehen können, und es wurde immer wieder diskutiert, ob und inwiefern wirtschaftspolitische und institutionelle Reformkonzepte für Entwicklungsländer auch für Transformationsländer geeignet sind. Dabei ist jedoch darauf hinzuweisen, dass die Gruppe der Entwicklungsländer bereits in sich selbst sehr heterogen ist (wie auch die Gruppe der Transformationsländer). Theorien der wirtschaftlichen Entwicklung sind aber schon immer ungeachtet dieser Heterogenität entstanden. Aus ökonomischer Sicht kann man die gestellte Frage deshalb zunächst dahingehend beantworten, dass die Unterschiede zwischen Entwicklungsländern und Transformationsländern auf theoretischer Ebene keine Rolle spielen, da beide Ländergruppen hinsichtlich der Reformen zur Förderung der wirtschaftlichen Entwicklung vor denselben grundlegenden Problemen standen und stehen. Binnen- und aussenwirtschaftliche Ungleichgewichte, massive marktstörende Staatsinterventionen, ineffiziente Staatsunternehmen sowie Institutionen, die die Ressourcenmobilisierung und Produktivitätssteigerung behindern, müssen in allen Ländern mit den grundsätzlich gleichen Reformkonzepten korrigiert werden.

Allerdings können Unterschiede zwischen den Ländern die Gewichtung, die instrumentelle Ausgestaltung, die zeitliche Abfolge und die Dauer verschiedener wirtschaftspolitischer Reformmassnahmen deutlich verändern. So ist, um beliebige Beispiele herauszugreifen, natürlich nicht zu bestreiten, dass die Privatisierung staatlicher Unternehmungen in einem Land wie Polen ganz andere Dimensionen aufweist als etwa in Tanzania, oder dass die zu Beginn der Transformation vorliegenden Stabilitätsprobleme Russlands unvergleichlich grösser waren als die der (damaligen) Tschechoslowakei. Aber ein einheitliches Theoriegebäude schliesst ja den fallweisen Ansatz der instrumentellen Ausgestaltung von Reformen, der auf länderspezifische Ausgangslagen eingeht, keineswegs aus. Im Gegenteil, er wird gefordert und praktiziert. Technisch gesprochen heisst dies, dass unterschiedlich ausgeprägte Sachverhalte zwar mit demselben ökonomischen Modell betrachtet werden, dass jedoch unterschiedliche Ausgangswerte bzw. Parameter des Modells die länderspezifischen Merkmale reflektieren und demzufolge auch die Instrumentierung beeinflussen. Damit soll jedoch nicht ausgeschlossen werden, dass Unterschiede zwischen Transformations- und Entwicklungsländern hinsichtlich der gesamtpolitischen und gesamtgesellschaftlichen Krisenursachen und Reformen in anderen sozialwissenschaftlichen Disziplinen möglicherweise unterschiedliche Theorien erfordern.

Aus ökonomischer Sicht ist es jedenfalls nicht überraschend, dass sich wirtschaftswissenschaftliche Forschungsarbeiten über Entwicklungs- und Transformationsländer sowie die Praxis der Zusammenarbeit mit diesen Ländergruppen gegenseitig befruchtet haben. Dies beinhaltet unter anderem auch, dass die zuvor diskutierten wirtschaftspolitischen und institutionellen Bedingungen für die wirtschaftliche Entwicklung in Transformationsländern im Kern dieselbe Bedeutung haben wie in den Entwicklungsländern (zur Übersicht vgl. z. B. Bruno und Pleskovic, 1995). Fasst man wichtige Erfahrungen und Ergebnisse der Forschung über den Transformationsprozess der letzten Jahre zusammen, ergibt sich grob das folgende Bild (vgl. z. B. Weltbank, 1996b; Murrell, 1996; Fischer/Sahay/Végh, 1996).

Erstens, in den Transformationsländern, die bereits vor den Reformen offene wirtschaftliche Instabilitäten aufwiesen (hohe Staats- und Leistungsbilanzdefizite sowie Inflationsraten), hat sich eine entschiedene Stabilitätspolitik ausgezahlt. Dies gilt auch für jene Länder, die bis unmittelbar vor Beginn der Reformen die Inflation durch flächendeckend administrierte Preise in Schach gehalten hatten und umfangreiche Konsumentenrationierung sowie Parallelmärkte aufwiesen. Dort brach die Inflation mit der auf breiter Basis erfolgenden Freigabe von Preisen aus. Kein Transformationsland, das nicht zu deutlich höherer Preisstabilität und längerfristig finanzierbaren Staats- und Leistungsbilanzdefiziten zurückfand, konnte nennenswerte Wachstumsfortschritte erzielen.

Zweitens, dieser Zusammenhang zwischen Stabilität und Wachstum ist untrennbar mit der Liberalisierung und Deregulierung der Transformationsländer verknüpft. Die Liberalisierungs- und Stabilitätsmassnahmen, einschliesslich des Abbaus von Subventionen im Zuge der Freigabe von Preisen, führten in jedem Fall, wenn auch in unterschiedlichem Ausmass, zunächst zu Inflationsschüben und Rückgängen der Produktion. Unter Berücksichtigung der jeweiligen Ausgangslage gelangten aber eindeutig jene Länder am raschesten in den aufsteigenden (Wachstums-) Ast der sogenannten «J-Kurve», die

die Liberalisierung und Stabilisierung konsequent betrieben. Soweit der begrenzte Erfahrungshorizont Schlussfolgerungen zulässt, ist die Offenheit der Volkswirtschaft auch für die Transformationsländer von entscheidender Bedeutung für den wirtschaftlichen Fortschritt. Ein liberales Aussenhandelsregime erzwingt Wettbewerbsorientierungen, die andere Reformmassnahmen in diese Richtung massgeblich unterstützen. Alles in allem präsentiert sich in den Transformationsländern im Grundsatz dasselbe Ergebnismuster der Anpassungspolitik, das auch in Entwicklungsländern zu beobachten ist.

Drittens, die Privatisierung staatlicher Unternehmen ist wichtig, aber es gibt unterschiedliche Vorgehensweisen mit unterschiedlichen Folgen, und man darf davon keinesfalls Wunder für den Übergang zur Marktwirtschaft erwarten. Vorliegende Erfahrungen belegen, dass es für die Privatisierung kein «grand design» im Sinne einer für alle Unternehmen besten Vorgehensweise gibt, sondern dass jedes Land eine breite Palette von Methoden anwenden muss, um die Privatisierung erfolgreich voranzutreiben. Dies kommt auch in den beobachtbaren Ergebnismustern zum Ausdruck; kleine und meist sehr rasch privatisierte Unternehmen stehen neben grossen Privatunternehmen, die häufig von Unternehmen aus den westlichen Industrieländern beherrscht werden und auch wie solche Unternehmen funktionieren, sowie nach wie vor staatlichen Unternehmen, deren Führungs- und Kontrollstrukturen ziemlich unklar sind (vgl. z.B. Brada, 1996). Die geringsten Erfolge sind dann zu erwarten, wenn es sich um sogenannte «Insider»-Privatisierungen handelt, mit denen letztlich dieselben Personen und Gruppen nach denselben Prinzipien die «Führung» und «Kontrolle» der Unternehmen handhaben wie vor der Privatisierung (vgl. zur besonderen Bedeutung informeller Regelsysteme in diesem Zusammenhang Box 9.7). Es ist erstaunlich, auf welch unterschiedlichen Wegen dieses Ergebnis eintreten kann. Eine nicht unwichtige Korrekturgrösse für solche wenig erfolgversprechenden Privatisierungen ist die Möglichkeit des freien Marktzutritts, die selbst unter diesen Umständen eine gewisse wettbewerbliche Disziplinierung gewährleistet. Die Erfolglosigkeit einer «Insider»-Privatisierung ist aber besonders dann gravierend und durch Wettbewerb kaum zu beeinflussen, wenn die Unternehmen weiterhin über sogenannte «soft budget constraints» verfügen, das heisst vom Finanzsektor weiterhin die Mittel zur Verlustdeckung erhalten. Die Restrukturierung und Privatisierung des Finanzsektors gehört denn auch zu den wichtigsten und häufig schwierigsten sektoralen Reformaufgaben.

Viertens, wie in den Entwicklungsländern gibt es auch in den Transformationsländern durch die Reformen Gewinner und (zum Teil temporäre) Verlierer. Da in den meisten Transformationsländern ein weitaus grösserer Teil der

Bevölkerung gut organisiert bzw. organisierbar ist als etwa in Entwicklungsländern mit niedrigen Einkommen, haben verteilungsbezogene politische Konflikte häufig eine erheblich grössere Breitenwirkung als in Entwicklungsländern. Dies hängt natürlich auch damit zusammen, dass in Transformationsländern ein politisches und wirtschaftliches System aufgegeben wurde, das hohe deklarierte Ansprüche an bestimmte Formen der Verteilungsgerechtigkeit und der Gerechtigkeit schlechthin stellte. Auch wenn diese Ansprüche letztlich nicht erfüllt werden konnten, und dieses Erfüllungsdefizit zur immer schwächer werdenden Legitimation des Systems bis zum Kollaps beigetragen hat, ist dieser Teil des sozialistischen Gedankenguts nicht mit einem Schlag verschwunden. Die politische Dimension der Reformpolitik, das heisst das Austarieren verschiedener Interessenspositionen vor dem Hintergrund eines politisch zusammengebrochenen Werte- und Regelsystems, hatte in den ehemals sozialistischen Ländern somit von Beginn an eine andere Breitenwirkung und Qualität als dies in Entwicklungsländern der Fall war (vgl. Box 9.8).

Fünftens, neben der unbestrittenen hohen zeitlichen Priorität für Stabilisierung und Liberalisierung weisen praktisch alle Querschnittsuntersuchungen oder vergleichenden Studien über Transformationsländer darauf hin, dass bei der Wahl der Reihenfolge einzelner wirtschaftspolitischer Reformmass-

Box 9.7

Vom «Homo systemicus» zum «Homo oeconomicus»?

Im Projekt *«La privatisation post-communiste»* wurde unter anderem die Bedeutung eines systeminduzierten Verhaltens für den Privatisierungsprozess untersucht, das dem Bereich informeller Regelsysteme zuzuordnen ist. Dembinski (1995) hält dazu in der Synthese Nr. 22 des NFP 28 folgendes fest.

«L'homo systemicus est né de l'adaptation de l'espèce humaine aux conditions de vie qui, durant près d'un siècle, lui ont été imposées par le système. ... L'homo systemicus parvenait parfaitement à s'acquitter simultanément de deux rôles, malgré leur incohérence: celui imposé par le système, de la vie publique, et celui, naturel, de la vie privée. ... Avec la disparition du système et de son appareil intégrateur, l'homo systemicus a en fait perdu sa raison d'être mais n'a pas disparu pour autant. ... L'homo systemicus cohabite avec l'homo oeconomicus apparu suite à l'émancipation subite de l'économie.

L'homo oeconomicus, conscient de ses préférences et opérant des choix rationels à partir de données purement économiques, est la cheville ouvrière de transformations post-communistes. L'apparition de l'homo oeconomicus constitue la première, et la plus importante étape de la privatisation de l'économie. En effet, c'est par l'action de millions d'homo oeconomicus en gestation que l'économie cesse d'être socialisée» (Dembinski, 1995, S. 4 f).

nahmen, bei der Instrumentierung, bei der Festlegung der Reformgeschwindigkeit und insbesondere bei den institutionellen Reformen erhebliche Spielräume bestehen. Alle diesbezüglich für die Entwicklungsländer erörterten Schlussfolgerungen, die vorangehend unter dem Begriff «Revisionismus» und als Erkenntnisse der politischen und institutionellen Ökonomie präsentiert wurden, findet man in Studien über die Transformationsländer wieder. Unter anderem wird auch dort immer wieder darauf verwiesen, dass eine dynamische Theorie des Systemübergangs noch in den Kinderschuhen steckt und viele Hypothesen empirisch nur schwach gestützt werden. Man muss sich wohl dem Urteil von Stiglitz anschliessen, der mit nüchternem Realismus festge-

Box 9.8

Politische und soziale Implikationen der Systemtransformation

Im Projekt *«Krise und Umbruch in Osteuropa»* des NFP 28 wurde die Systemtransformation aus soziologischer und politikwissenschaftlicher Perspektive anhand der Fallbeispiele Polen und Tschechoslowakei analysiert. Wesentliche politische und soziale Implikationen der Transformation fasst Juchler (1993) in der Synthese Nr. 8 des NFP 28 folgendermassen zusammen.

«Ein auskristallisiertes System von Parteien, die klare Programme haben und bestimmte Interessen vertreten, hat sich erst in Ansätzen entwickelt. ... Die politische Stabilität ist entsprechend gering, nicht nur bezüglich der spezifischen Machtausübung und Regierungskontinuität, sondern auch bezüglich der allgemeinen Norm- bzw. Rechtssetzung (Juchler, 1993, S. 12).

«Wirtschaftskrise und ungelöste politisch-gesellschaftliche Probleme führen zu einem starken Vertrauensverlust in den Reformprozess und die meisten gesellschaftlichen Institutionen, je länger negative Veränderungen wie Arbeitslosigkeit und Reallohnverlust andauern, bzw. positive Veränderungen wie grössere Freiräume und besseres Warenangebot an Bedeutung verlieren» (Juchler, 1993, S. 15).

«Aggressivität und Intoleranz wachsen – z. B. gegen den politischen Gegner, vor allem aber gegen nationale Minderheiten (auch gegen Juden und Roma). ... In durch fragile ethnisch-nationale Zusammensetzungen geprägten Staaten ist die Gefahr gross, dass staatliche Desintegration und vor allem gewaltsame Konflikte zwischen den Teilrepubliken bzw. den neuen Staaten entstehen. Es überwiegen destabilisierende individuelle Anpassungsstrategien wie vermehrte Delinquenz, Suchtverhalten und passive ‹Überlebensstrategien›, während aktive Verhaltensanpassungen wie wirtschaftliche Eigeninitiative und berufliche Umqualifizierung nicht nur objektiv, sondern auch subjektiv schwieriger vorzunehmen sind» (Juchler, 1993, S. 18).

«Die Entwicklungswege sowohl der Tschechoslowakei als auch Polens lassen sich als Aufeinanderfolge politökonomischer Zyklen charakterisieren, die nur wenig von unmittelbaren Schwankungen der wirtschaftlichen Lage abhingen, sondern hauptsächlich von der jeweiligen über die Medien mitdefinierten ökonomischen und politischen Gesamtsituation» (Juchler, 1993, S. 20).

stellt hat: «Wenn nun die früheren sozialistischen Länder auf ihre Reise gehen, sehen sie viele sich verzweigende Pfade. Es gibt nicht nur zwei Wege. Unter allen (Wegen) gibt es viele, die selten bereist wurden – und niemand weiss bis heute zu sagen, wo sie enden werden» (Stiglitz, 1994, S. 279). Für die Entwicklungsländer hätte man dies ebenso formulieren können.

Alles in allem belegen die heute verfügbaren Erfahrungen und Forschungsergebnisse, dass die Theorie der Anpassung und die daraus abgeleiteten Reformprogramme, einschliesslich ihrer internationalen Unterstützung, auch in den Transformationsländern gute Dienste geleistet haben. Mit den zu bewältigenden Reformen im institutionellen Bereich und der zunehmend erkannten Relevanz der politischen Dimension wird auch die institutionelle und politische Ökonomie vermehrt gefordert. Selbst wenn die institutionellen Reformen nur zäh vorankommen und in anderen Reformbereichen auch immer wieder Rückschläge auftreten, darf man nicht unterschätzen, welche Erfolge mit der Anpassungspolitik auch in den Transformationsländern erzielt wurden und werden. Bei allen Unterschieden zwischen einzelnen Ländern und Ländergruppen weisen die Reformen in Transformationsländern nach den vorliegenden Erkenntnissen so viele Parallelen mit Reformen in Entwicklungsländern auf, dass es ratsam ist, auch in Zukunft Querbezüge zu verfolgen und daraus Nutzen zu ziehen.

Ist die Schuldenkrise überwunden?

Wie in Kapitel 5 angesprochen wurde, war die im August 1982 offen ausgebrochene Schuldenkrise der Entwicklungsländer ein Phänomen, das mit der realwirtschaftlichen Entwicklungskrise untrennbar verbunden war. Verfolgt man die wichtigsten Verschuldungsindikatoren über die Zeit hinweg, so zeigen sich deutliche Verbesserungen der aggregierten Indikatoren für die Gruppe der hochverschuldeten Länder mit mittlerem Einkommen, während sich die Entwicklung bei den Ländern mit niedrigem Einkommen nicht ganz so günstig präsentiert (Tabelle 5.6; als hochverschuldet gilt ein Land gemäss der Definition in den «World Debt Tables» der Weltbank dann, wenn der Gegenwartswert der künftigen Zahlungsströme höher liegt als 80% des BIP bzw. höher ist als 220% der Exporterlöse). In der Tat bereitet die Gruppe der hochverschuldeten Länder mit niedrigem Einkommen, die sich aus 35 vorwiegend afrikanischen Ländern zusammensetzt, heute die grösseren Sorgen. Da die Überwindung der realwirtschaftlichen Krise, die in den vorangehenden Kapiteln behandelt wurde, mit der Überwindung der Schuldenkrise in verschiedener Hinsicht sehr eng verbunden ist, muss man wenigstens einen kurzen Blick auf jene Massnahmen der Krisenbewältigung werfen, die unmittelbar auf der Schuldenseite ansetzen.

Der angesprochene Zusammenhang zwischen der Überwindung der Entwicklungskrise und der Schuldenkrise kann bereits an den gebräuchlichen Verschuldungsindikatoren abgelesen werden. Diese Indikatoren stellen jeweils den Schuldenbestand oder den Schuldendienst (oder Teile davon) der gesamten Wirtschaftskraft eines Landes (BIP) oder Teilen davon (Exporterlöse) gegenüber. Die Relationen verdeutlichen nicht nur, dass die Schuldenlast immer nur im Vergleich zur wirtschaftlichen Leistungsfähigkeit (sofern man reine Liquiditätsprobleme beiseite lässt: Zahlungsfähigkeit) beurteilt werden kann, sondern dass grundsätzlich drei Möglichkeiten zur Verminderung dieser Belastung offenstehen: Die Reduktion des Zählers, das heisst der Abbau von Schuldenbeständen und / oder Schuldendienst; die Erhöhung des Nenners, das heisst die Steigerung der Zahlungsfähigkeit; und natürlich die Kombination beider Veränderungen.

Es ist evident, dass die vorangehend diskutierten wirtschaftspolitischen und institutionellen Reformen, die eine Wiedergewinnung und Steigerung der wirtschaftlichen Dynamik anstreben, der Erhöhung der Zahlungsfähigkeit zuzuordnen sind. Hinsichtlich der Überwindung der Schuldenkrise heisst dies, dass die betreffenden Länder gleichsam aus der Schuldenkrise «herauswachsen» können. Dass dies trotz aller Reformbemühungen noch nicht durchgehend gelungen ist, vor allem nicht in Ländern mit niedrigem Einkommen, belegen schon die angesprochenen Schuldenindikatoren. Dabei ist ausserdem zu beachten, dass die veröffentlichten Schuldendienstindikatoren nur den tatsächlich geleisteten Schuldendienst berücksichtigen. Da viele Länder den fälligen Schuldendienst nur teilweise leisten und ständig zum Teil steigende Zahlungsrückstände vor sich her schieben, stellen die Schuldendienstindikatoren die Lage günstiger dar als sie tatsächlich ist.

Seit dem Ausbruch der Schuldenkrise hat die internationale Gebergemeinschaft jedoch nicht ausschliesslich darauf gesetzt, dass die hochverschuldeten Länder aus der Krise herauswachsen. Vielfältige Massnahmen wurden ergriffen, um den Schuldendienst und die Schuldenbestände zu reduzieren. Dennoch ist in vielen Ländern zu beobachten, dass der Schuldenbestand durch den Neugeldzufluss per saldo gestiegen ist. Ausserdem gibt es Länder, in denen trotz Umschuldungen und insgesamt reduzierten Schuldenbeständen – bedingt durch die Wiederaufnahme geregelter Schuldner-Gläubiger-Beziehungen – auch die Schuldendienstzahlungen angestiegen sind. Die korrekte Interpretation der üblichen Schuldenindikatoren erfordert somit eine sorgfältige Analyse verschiedener ineinandergreifender Vorgänge.

Um die gegenwärtige Situation hochverschuldeter Entwicklungsländer beurteilen zu können, ist ein kurzer Rückblick auf jene Veränderungen angebracht, die die international verfolgte Strategie zur Überwindung der Schuldenkrise durchlaufen hat (vgl. z. B. Kappel, 1993). Daraus lässt sich dann ein Ausblick auf die Zukunft gewinnen, der anstehende Aufgaben und mögliche Massnahmen verdeutlicht.

In der ersten Phase der Schuldenkrise, von 1982 bis 1985, wurde die Erklärung der Zahlungsunfähigkeit vieler Schuldner in weiten Kreisen als Liquiditätskrise bezeichnet, die durch Umschuldungen und Neukredite überwunden werden sollte. Diese von vielen Gläubigern verbreitete Interpretation war jedoch schon damals nicht ganz glaubwürdig. Zweifellos hat die 1982 drastisch reduzierte Neukreditvergabe der Gläubiger die Schuldenkrise ausgelöst (nicht verursacht), und dies kann letztlich nur darauf zurückzuführen sein, dass sich die Gläubiger bereits ernsthafte Sorgen um die Solvenz ihrer Schuldner machten. Die Befürchtung, das internationale Finanzsystem könnte durch die Schieflage übermässig exponierter Geschäftsbanken in eine ernsthafte Krise geraten, legte die beschönigende Formel der Liquiditätskrise nahe.

Aus diesem Grund ist es auch nicht überraschend, dass die Schuldenkrise in der ersten Phase zeitweise mehr als Gläubigerkrise denn als Schuldnerkrise diskutiert und behandelt wurde. Die Befürchtung grösserer Störungen im internationalen Finanzsystem erklärt ausserdem, weshalb vor allem die bei privaten Gläubigern hochverschuldeten Entwicklungsländer mit mittlerem Einkommen im Blickfeld der Debatte standen (vorwiegend Länder in Lateinamerika). Die Länder mit niedrigem Einkommen (überwiegend Länder in Sub-Sahara Afrika), die in erster Linie bei öffentlichen Gläubigern verschuldet waren, erhielten zunächst weitaus weniger Aufmerksamkeit.

Spätestens im Jahr 1985 wurde jedoch deutlich, dass die Krise der Schuldner mehr als nur ein Liquiditätsproblem war. Der damalige Schatzsekretär der USA, Baker, propagierte anlässlich der Jahrestagung der Bretton-Woods-Institute in Seoul ein Konzept zur Überwindung der Krise, das neben Umschuldungen und (Netto-) Neukrediten massive Wirtschaftsreformen forderte, die eine Rückkehr zu stabilen Entwicklungspfaden und die Sanierung der Leistungsbilanzen der Schuldnerländer ermöglichen sollten. Die Reformappelle im sogenannten Baker-Plan belegten eindrücklich, dass es um die Überwindung einer Entwicklungs- und Solvenzkrise ging, nicht nur um die Lösung eines Liquiditätsengpasses. Bekanntlich kam die von Baker geforderte Nettoneukreditvergabe durch die Banken nie zustande, und dies muss erneut als Beleg für die Skepsis gewertet werden, mit der die Banken die künftige Zahlungsfähigkeit und Zahlungswilligkeit der Schuldner beurteilten.

Die von Baker geforderten und in den vorangehenden Abschnitten und Kapiteln ausführlicher erörterten Reformprogramme wurden in praktisch allen hochverschuldeten Entwicklungsländern unter der Federführung der Weltbank und des IMF bereits seit Beginn der 80er Jahre durchgeführt. Die Anzahl der Länder, die solche Programme implementierten, sowie die Summe der dazu bereitgestellten Anpassungskredite und Kapitalschenkungen nahm rasch zu. Gleichzeitig verschafften Umschuldungen und Neukredite auch spürbare Schuldendiensterleichterungen, da sie zu weicheren Bedingungen erfolgten, als dies auf den Kapitalmärkten unter normalen Umständen der Fall gewesen wäre. Ebenso trug das nach 1982 sinkende Zinsniveau zu einer gewissen Entlastung der Schuldner bei.

Obwohl private und öffentliche Massnahmen zur Schuldenreduktion (Schuldenswaps und Exit Bonds sowie vereinzelt Schuldenkäufe und Schuldenerlasse) schon in der ersten Hälfte der 80er Jahre ergriffen wurden, blieb die Formel «Reformen plus Umschuldungen und Neukredite» für öffentliche Entwicklungs- und Finanzinstitutionen bis 1988 handlungsleitend. Im Sommer 1988 beschlossen jedoch die in der G7 vertretenen Industrienationen, bei Umschuldungen von Ländern mit niedrigem Einkommen den Schuldenerlass explizit als neues Instrument aufzunehmen. Umschuldungen nach den sogenannten «Toronto Bedingungen» enthielten drei Optionen, unter denen die öffentlichen Gläubiger auswählen konnten: Die Streichung eines Drittels der umzuschuldenden Fälligkeiten, die Streckung der Kreditlaufzeit für die umgeschuldeten Fälligkeiten auf 25 Jahre mit 14 Freijahren oder die Reduktion des Zinssatzes um 3.5% bzw. um maximal 50% des Marktsatzes. Damit war die Tür zum Schuldenerlass öffentlicher Gläubiger im Rahmen des Pariser Clubs geöffnet.

Hinsichtlich der Reduktion von Schulden bei privaten Gläubigern brachte die 1989 vom damaligen Schatzsekretär der USA, Brady, ins Leben gerufene Initiative eine grundlegende Neuerung. Die Brady-Initiative schuf die Möglichkeit, Mittel der Weltbank und des IMF zum Rückkauf von Altschulden und zur Besicherung umgeschuldeter und reduzierter bzw. vergünstigter Verbindlichkeiten gegenüber privaten Gläubigern zu verwenden. Bilaterale Geber können solche Massnahmen kofinanzieren. Wie erwähnt, waren schuldenmindernde Swapgeschäfte zwar bereits vorher möglich, doch die zeitweise sehr prominenten «Debt Equity Swaps» oder auch die «Debt for Nature Swaps» waren in ihrem Volumen recht begrenzt. Der Rückkauf privater Forderungen mit öffentlichen Mitteln war ein neuer Gang im Menü der Massnahmen zur Bewältigung der Schuldenkrise.

In der Folge eröffnete der Pariser Club zunehmend weiterreichende Möglichkeiten des Schuldenerlasses, sofern ein Land in Zusammenarbeit mit den Bretton-Woods-Instituten wirtschaftspolitische Reformen erfolgreich vorantrieb. Im Jahr 1991 traten die sogenannten «London Bedingungen» in Kraft, mit denen unter anderem die Möglichkeit der Streichung eines Drittels des Schuldenbestands und die Umschuldung aller dann noch ausstehenden Verbindlichkeiten auf 25 Jahre geschaffen wurde. 1994 folgten die «Neapel Bedingungen», die unter anderem einen Abbau des Schuldenbestands um 67% ermöglichen. Schliesslich wurden 1996 die «Lyon Bedingungen» eingeführt, die einen Erlass bis zu 80% ermöglichen. Neben diesen Bedingungen, die hochverschuldeten Ländern mit niedrigem Einkommen gewährt werden können, verfügt der Pariser Club über weitere Vereinbarungen für andere Ländergruppen. In allen Fällen sind erfolgreiche Reformen unter dem Schirm der Bretton-Woods-Institute eine unabdingbare Voraussetzung, um in den Genuss der Erleichterungen zu kommen.

Die «Lyon Bedingungen» mit ihren sehr weitreichenden Schuldenerlassoptionen wurden auch zum Bestandteil einer Initiative erklärt, die ebenfalls im Jahre 1996 von der Weltbank ausging und für die hochverschuldeten armen Länder («heavily indebted poor countries») geschaffen wurde. Diese sogenannte «HIPC-Initiative» sieht erstmals die Möglichkeit vor, auch bei den multilateralen Entwicklungs- und Finanzinstituten Schulden abzubauen. Bis anhin hatten die multilateralen Gläubiger, allen voran die Weltbank und der Währungsfonds, stets auf ihrem Präferenzstatus als Gläubiger bestanden und einen Erlass ihrer Forderungen ausgeschlossen. Es gibt jedoch etwa 20 hochverschuldete Länder mit niedrigem Einkommen, bei denen man befürchten muss, dass sie selbst mit voller Ausschöpfung aller bisher verfügbaren Instrumente ihre Schulden in absehbarer Zeit nicht auf ein dauerhaft tragbares Mass, das heisst bis zur Zahlungsfähigkeit zurückführen können. Ein Abbau von Schulden bei den multilateralen Instituten wird dann möglicherweise unausweichlich. Mit der Einrichtung dieser Möglichkeit wird der internationalen Strategie zur Überwindung der Schuldenkrise somit nochmals eine neue Dimension eröffnet (vgl. z. B. Taake, 1997).

Der bislang unangetastete Präferenzstatus der Bretton-Woods-Institute wurde im wesentlichen mit zwei Argumenten begründet. Erstens können die Weltbank und der Währungsfonds aufgrund ihrer Verfassung keine Ausleihungen an Länder vornehmen, die in Zahlungsrückstände geraten sind. Tritt dieser Fall ein, stehen sie nicht mehr als «lender of last resort» zur Verfügung. Zweitens müssten beide Institute mit der Duldung von Zahlungsrückständen und der Gewährung von Schuldenerleichterungen um ihre Glaubwürdigkeit bangen. Vor allem den Währungsfonds würde dies zentral in seiner Existenzbegründung treffen. Aber auch die Weltbank würde sich Probleme einhandeln. Die «International Bank for Reconstruction and Development» (IBRD), die ihre Kredite mit Anleihen auf den internationalen Kapitalmärkten finanziert, müsste aus diesem Grund mit höheren Zinssätzen rechnen. Ebenso müsste die «International Development Association» (IDA), die ihre Ausleihungen aus Beiträgen der Industrieländer finanziert, mit rückläufigen Zahlungen dieser Länder rechnen. Auch der Währungsfonds, der wichtige Ausleihfazilitäten mit Beiträgen der Industrieländer finanziert, wäre davon betroffen. Vergleichbare negative Auswirkungen wie für die Bretton-Woods-Institute müssten auch die Regionalbanken erwarten. Im übrigen ist anzumerken, dass beide Argumentationsstränge nicht nur Interessenspositionen der multilateralen Institute, sondern auch Eigeninteressen der Entwicklungsländer reflektieren. Jedes Land möchte sich natürlich für alle Fälle die Bank und den Fonds als «lender of last resort» erhalten und ist ebenso an möglichst niedrigen Zinssätzen und grossen Ausleihkapazitäten interessiert.

Mit der Konzeption der HIPC-Initiative versuchte man nun einerseits den absehbaren Bedürfnissen einer Gruppe hochverschuldeter Länder mit niedrigem Einkommen zu entsprechen, andererseits aber auch die Integrität der multilateralen Institute zu erhalten. Dazu wurde ein stufenweises Vorgehen entwickelt, das die folgenden Schritte umfasst. Zunächst wird eine Analyse der Schuldendienstfähigkeit und der Anpassungsleistungen eines Landes vorgenommen. Die geforderten Reformleistungen sind hoch: Um sich für die HIPC-Initiative qualifizieren zu können, muss ein Land mindestens drei Jahre die Bedingungen eines ESAF-Programms («Enhanced Structural Adjustment Facility») mit dem Währungsfonds erfüllt haben. Dabei werden auch die erwartbaren Wirkungen der bislang verfügbaren Instrumente zur Schuldenerleichterung überprüft. Indizieren die Ergebnisse, dass trotz erfolgreicher Anpassung und Wirtschaftsentwicklung sowie Ausschöpfung der bestehenden Massnahmen zur Schuldenerleichterung keine dauerhaft tragfähige Situation herzustellen ist, kommt das neue Verfahren der «HIPC-Initiative» zum Tragen. Dieses beinhaltet im einzelnen:
- Umschuldung beim Pariser Club mit dem möglichen Erlass von 80% gemäss den «Lyon Bedingungen»;
- vergleichbare Umschuldungen und Schuldenreduktionen bei öffentlichen Gläubigern, die nicht dem Pariser Club angehören, sowie bei privaten Gläubigern;
- Bereitstellung von ESAF-Zuschüssen des Währungsfonds bzw. Bereitstellung von ESAF-Krediten mit längeren Laufzeiten; diese Mittel werden für die Bedienung des Schuldendienstes eingesetzt;

– Reduktion multilateraler Schulden mit Mitteln aus dem «HIPC-Trust-Fund», der von der IDA verwaltet wird.

Mit dem Abschluss dieses Verfahrens sollte der noch verbleibende Schuldendienst eines Landes nicht mehr als 20 bis 25% der Exporterlöse beanspruchen.

Die Schätzungen über die Kosten der Initiative gehen weit auseinander. Beträge zwischen sechs und acht Milliarden Dollar wurden genannt (vgl. z. B. Taake, 1993; IUED, 1997, S. 29), aber auch schon wesentlich höhere Summen. Aufgrund der grossen Unsicherheiten, die ein solcher Blick in die Zukunft enthält, ist vieles an diesen Schätzungen Spekulation. Es ist schwierig abzuschätzen, wie sich die Exporterlöse und Importrechnungen sowie die Leistungsbilanzdefizite und Aussenschulden der in Frage kommenden Länder entwickeln werden, und es ist ebenso kaum prognostizierbar, wieviele Länder sich (in welchem Zeitraum) für die Initiative tatsächlich qualifizieren können. Darüber hinaus herrscht auch noch über den genauen Finanzierungsmodus des «Trust-Fund» Unklarheit.

Die vorangehenden Ausführungen haben veranschaulicht, dass seit Beginn der Schuldenkrise zwei nicht zu übersehende Trendentwicklungen die internationale Strategie zur Überwindung der Krise markieren. Zum einen hat sich das Hauptaugenmerk von den Ländern mit mittlerem Einkommen, die vorwiegend bei privaten Gläubigern verschuldet waren und sind, zunehmend auf die Länder mit niedrigem Einkommen verlagert, die in erster Linie Schulden bei öffentlichen bilateralen und multilateralen Gläubigern haben. Zum anderen ist zu erkennen, dass die Bereitschaft der öffentlichen Gläubiger, Schuldenerlasse zu gewähren und die Kosten der Reduktion von Schulden gegenüber privaten Gläubigern zu finanzieren, im Laufe der Zeit deutlich zugenommen hat. Wichtige Aspekte dieser beiden Trendentwicklungen, die für die Zukunft von Bedeutung sind, werden nachstehend diskutiert.

Die geringere Gewichtung der Länder mit mittlerem Einkommen im gesamten Spektrum der Schuldenproblematik deutet an, dass trotz der nach wie vor hohen Schuldenbestände in dieser Ländergruppe keine unmittelbare und gravierende Krisenlage diagnostiziert wird. «Keine Krisenlage» heisst, dass die bestehenden Schulden, bzw. deren insgesamt relativ geordnete Bedienung, nicht die Entwicklung dieser Länder gravierend behindern und deshalb auch das Weltfinanzsystem nicht in einer Art gefährden, wie dies unmittelbar nach 1982 der Fall war. Darüber sind sich die Analytiker in der Tat weitgehend einig, und in gewissem Sinn bedeutet dies, dass diese Länder hinsichtlich der Schuldenkrise «über dem Berg» sind. Der Zufluss an privatem Kapital in diese Länder, in Form von Bankkrediten, Portfolioinvestitionen und Direktinvestitionen, hat in den letzten Jahren markant zugenommen. Trotz der Konzentration eines grossen Teils dieser Kapitalflüsse auf relativ wenige Länder und der gegenüber früher stärkeren Mittelzufuhr für den privaten Sektor, belegen diese Kapitalflüsse ein wiedergewonnenes Vertrauen in die Wirtschaftspolitik und die Zahlungsfähigkeit dieser Länder. Die von aussen unterstützten Wirtschaftsreformen und die vielfältigen Massnahmen der Schuldenerleichterung haben dazu beigetragen.

Dennoch wäre es verfehlt, die künftige Schuldenentwicklung in den Ländern mit mittlerem Einkommen nicht weiterhin sorgfältig zu beobachten und zu analysieren. Auf zwei «Krisenpotentiale» ist dabei besonders zu achten. Das erste betrifft jene sogenanten Schwellenländer, die mit grossen Emissionsvolumina auf die internationalen Geld- und Kapitalmärkte gehen und mit diesen Titeln in nicht unerheblichem Umfang ihre Leistungsbilanzdefizite und Devisenreserven finanzieren. Die mexikanische Peso-Krise zur Jahreswende 1994/95 hat erstmals und nachdrücklich vor Augen geführt, wie rasch und in welchem Umfang wirtschaftspolitische Fehler einer Regierung zum Abzug solcher Anlagen und damit zu einer gravierenden Zahlungsbilanzkrise führen können (vgl. z. B. Weltbank, 1996c). Es gibt mehrere Länder mit mittlerem Einkommen, in denen mit Blick auf dieses Krisenpotential die Überwachungsfunktion und Berichterstattung des IMF verbessert werden sollte. Bekanntlich haben sich im Herbst 1996 die in der G7 vertretenen Länder bereits darauf geeinigt, die Mittel des IMF zur Finanzierung von Interventionen im Fall solcher Krisen kräftig zu erhöhen. Aber eine gute Prävention ist einer finanziell aufwendigen Rosskur natürlich immer vorzuziehen.

Das zweite Krisenpotential betrifft die Schuldenentwicklung in Ost- und Mitteleuropa sowie in Russland. Die Verschuldung dieser Länder ist zwar im Vergleich zu vielen Entwicklungsländern mit mittlerem Einkommen relativ gering, aber das schnelle Wachstum der Schulden ist teilweise besorgniserregend. Dabei ragt Russland als möglicher Problemfall besonders heraus, dessen Aussenschuld sich zwischen Ende 1991 und Anfang 1996, also in vier Jahren, von knapp 68 Mrd Dollar auf 120 Mrd Dollar praktisch verdoppelt hat (vgl. Taake, 1997). Ausserdem geht das Engagement der Bretton-Woods-Institute in Russland, unter dem Druck grosser Mitgliedsländer und mit Verweis auf die politische Bedeutung des Landes, weit über das hinaus, was man Entwicklungsländern unter vergleichbaren Bedingungen zugestehen würde. Hier werden Doppelstandards erzwungen, die der Glaubwürdigkeit der Bretton-Woods-Institute nicht förderlich sind. Wenn die Regierungen der Industrieländer überzeugt sind, dass Russland aus geopolitischen Gründen als besonderer Fall zu behandeln ist, sollten sie dies eher mit entsprechend konzertierter bilateraler Finanzhilfe realisieren, als die Integrität der Bretton-Woods-Institute aufs Spiel zu setzen. Insgesamt ist zu fordern, dass in der Zusammenarbeit mit Russland, aber auch mit den anderen Transformationsländern, das Entstehen einer Schuldenfalle à la 1982 verhindert wird.

Die zweite zuvor angesprochene Trendentwicklung, die Bereitschaft öffentlicher Gläubiger, Schuldenerlasse zu gewähren und die Kosten für den Schuldenabbau bei privaten Gläubigern zu finanzieren, betrifft aktuell in erster Linie die hochverschuldeten Länder mit niedrigem Einkommen. Dennoch haben auch Länder mit mittlerem Einkommen in der Vergangenheit von solchen Operationen profitiert und tun es immer noch. Die Begründung von Schuldenreduktionen durch die öffentliche Hand, das heisst Erlass öffentlicher Schulden und öffentliche Finanzierung der Kosten für den Abbau von Schulden bei privaten Gläubigern, ist entwicklungspolitischer Natur. Sie reflektiert die Überzeugung, dass nicht alle hochverschuldeten Länder mit extern unterstützten Reformen aus der Schuldenkrise herauswachsen können bzw. die entwicklungspolitischen Kosten ohne Schuldenreduktion grösser wären als mit dem Schuldenabbau. Entscheidend ist dabei die supponierte Zahlungsfähigkeit der hochverschuldeten Länder, das heisst, die begrenzte Fähigkeit zum Schuldendienst. Zur Aufrechterhaltung einer angemessenen wirtschaftlichen Entwicklung und zur Erhaltung politischer und sozialer Stabilität benötigen Entwicklungsländer ein Minimum an Importen von Kapitalgütern, Vorprodukten, Dienstleistungen und Konsumgütern. Wenn der Schuldendienst das mit den Exporterlösen finanzierbare Importvolumen unter eine kritische Grenze drückt, und dies wäre bei vollständiger Leistung des Schuldendienstes hochverschuldeter Länder der Fall, ist er wirtschaftlich, politisch und sozial nicht mehr vertretbar (vgl. z.B. Sengupta, 1988; Sachs, 1989).

Durch diese wirtschaftliche Krisenlage und den daraus enstehenden politischen Druck, so das gängige Verständnis, ist die Überschuldung auch zur Schuldenkrise geworden. Als die Gläubiger – mit der Erkenntnis, dass die Altschulden nur noch mit Neukrediten bedient werden konnten – nicht mehr bereit waren, diese Neukredite zu vergeben, beschlossen die Schuldner, nur noch einen Teil des Schuldendienstes zu bezahlen. Dieser Teil reflektiert ihre Zahlungsfähigkeit. Solange diese Zahlungsfähigkeit unterhalb des zu leistenden Schuldendienstes liegt, ist das betreffende Land überschuldet. Wenn die entwicklungspolitischen Kosten einer Strategie ohne Schuldenabbau («herauswachsen») grösser sind, als die Kosten einer Strategie mit Schuldenreduktionen, dann ist die zweite Vorgehensweise offenkundig vorzuziehen.

Diese Begründung ist nicht unwidersprochen geblieben. Kritiker dieser

Hypothese halten dem Argument der begrenzten Zahlungsfähigkeit den Blick auf die Zahlungswilligkeit der hochverschuldeten Länder gegenüber. Forderungen an ausländische Regierungen, dies hat die Schuldenkrise deutlich vor Augen geführt, sind im Vergleich zu nationalen Krediten nur begrenzt einbringbar. In letzter Konsequenz fehlt den Gläubigern der rechtliche Hebel, die Schuldner zur vollständigen Begleichung ihrer Verpflichtungen zu zwingen. Nach dieser Auffassung entscheiden die Schuldner relativ frei über die Höhe der geleisteten Zahlungen, und nicht die Gläubiger im Rückgriff auf durchsetzbare Verträge. An die Stelle der begrenzten Zahlungsfähigkeit tritt also die begrenzte Zahlungswilligkeit (vgl. z. B. Corden, 1988; Egli, 1995).

Aus dieser Sicht führen Schuldenreduktionen möglicherweise zu einem ernsthaften «moral hazard» Problem. Die Regierung eines Schuldnerlandes hat mit der Aussicht auf Schuldenreduktionen einen Anreiz, die Krise bewusst zu verschärfen und Reformen zu unterlassen. Wenn dann die gängigen Schuldenindikatoren genügend schlecht sind, erhält das Land von den verständnisvollen Gläubigern die angestrebte Schuldenreduktion. Ausserdem ist zu beachten, dass aus der Perspektive dieser Hypothese alle Länder, die sich ernsthaft um einen regelmässigen Schuldendienst und Reformen bemühen, gleichsam bestraft werden.

Diesem Argument halten die Befürworter von Schuldenreduktionen wiederum die Hypothese entgegen, dass ein Schuldenabbau die Reformbereitschaft nicht schmälert, sondern erhöht (vgl. z. B. Sachs, 1989). Ausserdem ist die Gewährung von Schuldenreduktionen an nachgewiesene Reformleistungen gebunden. Beides steht in Einklang mit dem grundlegenden entwicklungspolitischen Prinzip, dass Reformbemühungen mit konzessionären Finanzmitteln unterstützt werden sollen. Der Vorteil aus der Schuldenreduktion und der Anreiz für den Schuldner zu Reformen ist klar erkennbar. Da die Reformen unter anderem seine Zahlungsfähigkeit erhöhen, käme ohne Schuldenreduktion ein nicht unerheblicher Teil der Reformerfolge den ausländischen Gläubigern zugute. Weshalb also schmerzhafte Anpassungen einleiten, wenn ein Teil der künftigen Einkommenssteigerungen in den Taschen der Gläubiger landet? Wenn die Gläubiger hingegen Schuldenreduktionen gewähren, werden solche Akzeptanzprobleme weniger bedeutsam oder sogar hinfällig. Reforminduzierte Einkommenserhöhungen in der Zukunft können dann in grösserem Umfang für künftige Wohlfahrtssteigerung der Schuldner verwendet werden.

Obwohl beide Hyppothesen plausibel sind, ist es schwierig, ihre empirische Gültigkeit zu testen. In den hochverschuldeten Ländern, in denen der vollständige Schuldendienst zwei Drittel der Exporterlöse und mehr beanspruchen würde, ist die Hypothese der Überschuldung zweifellos unbestritten. Aber niemand vermag mit Sicherheit zu sagen, bei welcher Höhe des Schuldendienstes die Grenze der Zahlungsfähigkeit tatsächlich erreicht ist. Der gebräuchliche Schwellenwert, bei einem Schuldendienst von etwa 20% der Exporterlöse, ist nur als grobe «Daumenpeilung» zu verstehen. Ebenso schwierig ist es, die Zahlungsfähigkeit von der Zahlungswilligkeit zu trennen bzw. die Sanktionsfähigkeit der Gläubiger richtig zu veranschlagen, die nach Ansicht der Kritiker von Schuldenreduktionen angeblich sehr gering ist. Verschiedene hochverschuldete Länder leisten aber tatsächlich einen so hohen Anteil des fälligen Schuldendienstes, dass ihre Zahlungswilligkeit relativ hoch zu veranschlagen ist bzw. sie die Sanktionsfähigkeit der Gläubiger offenkundig relativ hoch einschätzen.

Mit den hier skizzierten Unsicherheiten versuchen die offiziellen Entwicklungsorganisationen und Finanzinstitute pragmatisch umzugehen. Im Zentrum steht die Leitidee, dass Schuldenreduktionen (ebenso wie konzessionäre Umschuldungen sowie Neukredite und Kapitalschenkungen) nur jenen Ländern gewährt werden, die ihren Reformwillen und ihre Reformfähigkeit ausreichend belegt haben. Natürlich bestehen auch in dieser Hinsicht Unsicherheiten, aber da man die Verhältnisse fallweise beurteilt und die Finanzhilfe möglichst gut zu konditionieren versucht, kann man die Ungewissheiten zumindest reduzieren. Die zuvor angesprochene Forderung, den Politikdialog, die Prioritätensetzung bei der Konditionierung und damit die Selektivität der Unterstützung wirtschaftspolitischer und institutioneller Reformen zu verbessern, spielen dabei natürlich eine wichtige Rolle.

Unter den Massnahmen zur Schuldenreduktion hat vor allem die Bereitstellung von öffentlichen Mitteln zur Finanzierung von Schuldenreduktionen gegenüber privaten Gläubigern viele Diskussionen ausgelöst. Da die Schweiz mit ihrer 1991 eingerichteten Entschuldungsfazilität als bilateraler Gläubiger in dieser Richtung eine gewisse Vorreiterrolle spielte, hat im Rahmen des NFP 28 zu diesem Thema eine relativ breite Debatte stattgefunden (vgl. Egli, 1991, 1992, 1994, 1994b, 1995, 1996; Egli/Ferroni/Denzer/Kappel/Landmann, 1993; Ferroni und Denzer, 1994; Gerster und Gugler, 1992; Kappel, 1993, 1994; Klingen, 1995; Stetter und Gugler, 1994). Einige wichtige Aspekte werden nachstehend erörtert.

Die Ausgangslage dieser Überlegungen ist der Tatbestand, dass die öffentlichen Gläubiger des Pariser Clubs aufgrund der zuvor dargestellten Diagnosen und entwicklungspolitischen Gründen seit 1988 zu *koordinierten* Schuldenerlassen bereit sind. Neben den mit konzessionärem Neugeld unterstützten Reformen ist dies ein Beitrag, die Schuldnerländer wieder an die vollständige

Zahlungsfähigkeit bzw. Kreditfähigkeit hinzuführen. Das «Trittbrettfahrerproblem», das heisst, dass ein Gläubiger vom Erlass eines anderen Gläubigers profitiert, weil sich nach einem Erlass die Zahlungsfähigkeit eines Landes auf einen geringeren Schuldenbestand verteilt, ist unter den Mitgliedern des Pariser Clubs somit gelöst. Damit stellt sich aber automatisch die Frage, was mit den Schulden bei privaten Gläubigern und bei öffentlichen (bilateralen) Gläubigern ausserhalb des Pariser Clubs geschehen soll, die nun Trittbrettfahrergewinne einheimsen könnten.

Für die «anderen» öffentlichen Gläubiger ist die Frage relativ einfach zu beantworten. Der Schuldenerlass der Länder des Pariser Clubs erzwingt bei den anderen Gläubigerländern früher oder später einen Schuldenerlass in «vergleichbarer» Grössenordnung. Mit Verweis auf das Verhalten des Pariser Clubs beharren die Schuldnerländer auf demselben Entgegenkommen der anderen Gläubigerländer, das heisst sie weigern sich, die Schulden geordnet zu bedienen. Da nur ein kleiner Bruchteil der bilateralen Finanzhilfe aus diesen anderen Ländern und der Löwenanteil aus den Ländern des Pariser Clubs kommt, können sie mit diesem Verhalten nicht viel verlieren. Möglicherweise helfen die Mitgliedsländer des Pariser Clubs mit politischen Mitteln auch noch nach, das angestrebte Entgegenkommen der anderen Länder zu erzeugen. Jedenfalls zeigt die Geschichte, dass die Sache in diese Richtung funktioniert.

Bei privaten Gläubigern ist diese Vorgehensweise nicht so einfach möglich. Zunächst ist in Rechnung zu stellen, dass ein wichtiger Unterschied zu öffentlichen Gläubigern insofern besteht, als diese ihre Kredite aus entwicklungspolitischen (einschliesslich aussenpolitischen) Gründen vergeben haben. Bei privaten Gläubigern ist das Motiv ein gewinnversprechendes Geschäft, das den institutionellen Gepflogenheiten der Privatwirtschaft und nicht der Politik untersteht. Zum anderen haben Entwicklungsländer ein starkes Interesse daran, gegenüber privaten Gläubigern einen geregelten Schuldendienst wiederherzustellen, da sie auf private Kapitalzuflüsse angewiesen sind. Die darf man aber nicht erwarten, wenn die finanziellen Geschäftsbeziehungen durch andauernde und stetig wachsende Zahlungsrückstände gestört sind. Dies gilt für Länder mit mittlerem Einkommen schon aus kurzfristiger Sicht, für Länder mit niedrigem Einkommen mindestens aus langfristiger Sicht. Die Bereitschaft privater Gläubiger, Handelsgeschäfte zu finanzieren, muss aber auch schon für die Länder mit niedrigem Einkommen als Interesse in der kurzen Frist verbucht werden.

Das Kernproblem mit den privaten Gläubigern besteht nun darin, dass sie als Gewinnmaximierer im institutionellen Umfeld der Privatwirtschaft kein Motiv bzw. keinen Anreiz haben, durch einen freiwilligen Schuldenerlass

«Hilfe» zu leisten. Darüber hinaus steht für uneinbringbare Länderkredite auch kein internationales Konkursverfahren zur Verfügung. Da sich die privaten Gläubiger darauf verlassen können, dass die öffentliche internationale Gemeinschaft aus entwicklungspolitischen Gründen den Schuldnerländern aus der Patsche helfen wird, werden sie sich tendenziell zurücklehnen und einen «bail out» abwarten. Der abwartenden Haltung der privaten Gläubiger kann allerdings das Interesse entgegenstehen, ihr Portfolio um die uneinbringbaren Kredite zu bereinigen (zu einer Schätzung der Gewinnperformance mit Länderkrediten von Geschäftsbanken vgl. Box 9.9). Solange sie diese auf den Sekundärmärkten an andere private Gläubiger verkaufen, die auf dem Nominalwert der Forderungen beharren, kommt für die Schuldner freilich nichts heraus. Erst wenn öffentliche Gläubiger auftreten und beispielsweise über einen Rückkauf der Schulden zum Sekundärmarktpreis einen Schuldenabbau finanzieren, entsteht für die Schuldner ein Nutzen. Die Bereitschaft privater Gläubiger, ihre Forderungen mit Abschlag an öffentliche Gläubiger für einen anschliessenden Erlass zu verkaufen (oder in andere Operationen der Schuldenreduktion einzuwilligen), kann auch durch ihr Interesse an neuen Ge-

Box 9.9

Haben Geschäftsbanken an Länderkrediten verloren?

Im Projekt «*Die internationale Schuldenproblematik: Ursachen, Entwicklungstendenzen, Lösungsmöglichkeiten aus der Sicht der Schweiz*» ging Klingen der Frage nach, welche Renditen private Gläubiger mit Länderkrediten erzielt haben. Im Diskussionspapier Nr. 14 des NFP 28 hält er zusammenfassend folgende Ergebnisse fest.

«In diesem Beitrag wird eine Methode entwickelt, um die Zahlungsflüsse zwischen privaten Gläubigern und Schuldnerländern aus den Daten der World Debt Tables zu ermitteln. Auf der Grundlage dieser Zahlungsflüsse wird die Ertragsrate privater Ausleihungen an 24 Entwicklungsländer berechnet, die 85% der gesamten Schuld nicht-kommunistischer Länder bei privaten Gläubigern umfassen. Unter der Annahme, dass künftige Zahlungen der Schuldner durch die Sekundärmarktpreise wiedergegeben werden, haben Länderkredite eine positive Realverzinsung in der Höhe von 2.12% erbracht. Die privaten Gläubiger hätten jedoch 1.43%-Punkte mehr erzielt, wenn sie stattdessen die Nettoauszahlungen in US-Staatsanleihen investiert hätten» (Klingen, C., 1995, S. 1).
... «Die Verzinsung der Länderkredite variiert stark. Sie reicht von (nominal) kräftigen 13.36% im Falle Thailands bis zu verheerenden -28% im Falle Sudans. Insgesamt befindet sich Süd-Ostasien auf der hohen Seite der Skala, während Afrika das untere Ende markiert. Südamerikanische Länder findet man über die gesamte Skala verteilt. Unter den grossen Schuldnern lag Mexiko mit 9.05% vorne, gefolgt von Brasilien mit 6.99% und Argentinien mit enttäuschenden 4.78%» (Klingen, C., 1995, S. 9).

schäfts- bzw. Anlagemöglichkeiten in den Schuldnerländern entstehen. Solche Neugeschäfte sind aber erst dann interessant, wenn die neuen Kredite nicht zur Bedienung der Altschulden verwendet werden; und dies ist erst dann gesichert, wenn der Schuldenbestand zuvor auf die Zahlungsfähigkeit reduziert wurde.

Nimmt man alle diese Gegebenheiten zusammen, ist die Verwendung öffentlicher Mittel für den Abbau von Schulden bei privaten Gläubigern gerechtfertigt und effizient (zu einer etwas anderen Einschätzung, die insbesondere die angesprochene entwicklungspolitische Argumentation anders sieht, vgl. Box 9.10). Entscheidend ist die Prämisse, dass die Rückführung zur vol-

Box 9.10

Welchen Nutzen haben marktorientierte Schuldenerlassinstrumente?

Im NFP-28-Projekt «Die internationale Schuldenproblematik: Ursachen, Entwicklungstendenzen, Lösungsmöglichkeiten aus der Sicht der Schweiz» untersuchte Egli den Nutzen marktorientierter Schuldenerlassinstrumente. Die wichtigsten Ergebnisse fasst er wie folgt zusammen.

«Das Schuldnerland kann bei den dargestellten Lösungsversuchen nur profitieren, wenn die Schuld nachher geringer ist als der Gegenwartswert der erwarteten Rückzahlungen. Da dabei aber der Wert der Schuld für die Gläubiger sinkt, werden diese einer solchen Aktion nur zustimmen, wenn die dazu notwendigen Mittel von Dritten aufgebracht werden. Sowohl beim Buy-Back aus eigenen Mitteln wie auch beim Swap bei gleichbleibender maximaler Rückzahlung ist die Einwilligung des Schuldnerlandes notwendige Voraussetzung. Beide Fälle entsprechen faktisch einer freiwilligen Rückzahlung, durch die das Land schlechtergestellt wird. Die Gläubiger profitieren von einem Buy-Back aus fremden Mitteln, ansonsten bleibt auch ihre Lage unverändert. Solange die maximal einforderbare Zahlung unabhängig von der Schuldenhöhe ist, führt ein Schuldenerlass, der die Wiedererlangung der Kreditfähigkeit des Schuldnerlandes zur Folge hat, zu Verlusten für die Gläubiger, da sie auf mögliche Zahlungen verzichten. Ohne realen Effekt der Schuldhöhe ist Schuldenerlass ein Nullsummenspiel. Ist er zu gering, ändert sich ausser einer Anpassung des Sekundärmarktpreises nichts, ist er genügend gross, verlieren die Gläubiger, während das Schuldnerland bessergestellt wird. Wird der Erlass durch Dritte finanziert, profitieren die Gläubiger immer, das Schuldnerland nur, wenn die Mittel ausreichen, um den Schuldenüberhang abzutragen. Mittels welcher Instrumente ein Schuldenerlass durchgeführt wird, hat auf diese Aussagen keinen Einfluss. Hingegen kann durch die marktorientierten Instrumente verhindert werden, dass Erlasse wegen der damit verbundenen Möglichkeit von Schwarzfahrergewinnen nicht durchgeführt werden. Diese Ausführungen führen zum Schluss, dass der Schuldenberg für die reale Situation der betroffenen Länder von untergeordneter Bedeutung ist». (Egli, 1995, S. 597).

len Zahlungsfähigkeit bzw. Kreditwürdigkeit ohne öffentlichen Schuldenerlass nicht möglich bzw. teurer ist als mit Erlass. Um zu verhindern, dass die privaten Gläubiger durch Abwarten Gewinne auf dem Buckel der Öffentlichkeit machen, ist es geboten, die privaten Forderungen mit möglichst hohen Abschlägen, das heisst möglichst früh aufzukaufen. Damit dies gelingt, müssen Verhandlungslösungen realisiert werden, die unbestreitbar Verhandlungskosten verursachen. Dem stehen aber die Verhandlungskosten mit den privaten Gläubigern gegenüber, wenn die öffentlichen Gläubiger nicht intervenieren, wobei zu beachten ist, dass diese Kosten letztlich ebenfalls von den öffentlichen Gläubigern als Geber bezahlt werden. Die Schuldner können die privaten Gläubiger nicht einfach «aushungern», ohne sich dadurch nicht unerhebliche Nachteile einzuhandeln. Last but not least ist ausserdem zu berücksichtigen, dass die privaten Gläubiger auch ein Eigeninteresse daran haben, zu geregelten und gewinnbringenden Geschäftsbeziehungen zurückzukehren.

Der Dreh- und Angelpunkt aller Massnahmen zur Schuldenreduktion ist jedoch die Bedingung, dass die wirtschaftspolitischen und institutionellen Reformen, die in den vorangehenden Abschnitten und Kapiteln ausführlicher diskutiert wurden, auch tatsächlich durchgeführt werden. Diese Gewähr muss die Entwicklungspolitik der Industrieländer bieten können, das heisst mit der Durchführung und dem Erfolg dieser Reformen steht und fällt die Legitimation jeder Form der finanziellen und technischen Zusammenarbeit, die auf eine höhere Ressourcenmobilisierung, eine effizientere Ressourcenallokation und Steigerungen der gesamten Faktorproduktivität ausgerichtet ist. Die Schuldenkrise war letztlich nur ein Spiegelbild der begrenzten Fähigkeiten der hochverschuldeten Länder, diese unverzichtbaren Voraussetzungen für eine erfolgreiche wirtschaftliche Entwicklung zu schaffen. Solange diese Fähigkeiten nicht deutlich gesteigert werden, ist in vielen hochverschuldeten Ländern vielleicht keine offene Krise manifest, die Krise aber immer noch latent vorhanden.

9.4 Schlussfolgerungen

Die Theorie der Anpassung und die praktizierte Anpassungspolitik ist aus verschiedenen Blickwinkeln kritisiert und in ihrer Optik erweitert worden. Die vorangehende Diskussion hat allerdings gezeigt, dass im Grundsatz dennoch keine Alternative zur Anpassungspolitik vorliegt. Die sozialpolitisch motivierte Kritik hat zwar auf Schwächen der Umsetzung von Anpassungspolitik aufmerksam gemacht, hat jedoch bislang keine überzeugende konzeptionelle

Alternative angeboten. Ausserdem ist es zuweilen schwierig zu entscheiden, ob unerwünschte soziale Nebenwirkungen von Politikreformen tatsächlich der Anpassungspolitik oder nicht eher der Sozialpolitik zuzuordnen sind. Korrekturen der anpassungspolitischen Instrumente sind in der Regel nicht geeignet, diese unerwünschten Nebenwirkungen zu mindern. Dazu sind andere, zielspezifische und effiziente Begleitinstrumente einzusetzen. Ausserdem bestand in der Vergangenheit eine starke Neigung, zu hohe Erwartungen an die Anpassungspolitik zu stellen und die Programme regelrecht zu überladen. Dadurch entstand der fatale Eindruck, Anpassungspolitik sei geradezu eine entwicklungspolitische Allzweckwaffe. Solche Fehleinschätzungen müssen korrigiert und die Programme mit einer strafferen Prioritätensetzung versehen sowie mit einem höheren Grad an konsequenter Selektivität durchgeführt werden.

Auch die ökonomische Kritik und die Erweiterungen der Sichtweise von wirtschaftspolitischen Reformen können die Anpassungspolitik im Grundsatz nicht ernsthaft in Zweifel ziehen. Erneut richtet sich ein Teil der Kritik eher gegen die Umsetzung der wirtschaftspolitischen Empfehlungen, als gegen die zugrundeliegende Theorie. Dennoch haben verschiedene kritische Denkrichtungen der Ökonomie zweifellos dazu beigetragen, das ökonomische Theoriegebäude zu erweitern und zu verfeinern. Insbesondere für die länderspezifische Ausgestaltung der Anpassungspolitik sind diese Beiträge sehr wertvoll. Gleichzeitig haben langfristig orientierte Querschnittsuntersuchungen wichtige Belege erbracht, dass die Zielorientierung und Grundausrichtung der Anpassungspolitik für die langfristige wirtschaftliche Entwicklung von erheblicher Bedeutung ist.

Ebenso wichtige Beiträge liefert die neue politische und institutionelle Ökonomie. Mit diesen Forschungssträngen wird einerseits die politische Dimension wirtschaftspolitischer Reformen endogenisiert, andererseits rücken formelle und informelle Regelsysteme ins Blickfeld, die für die wirtschaftliche Entwicklung wahrscheinlich von ebenso grosser Bedeutung sind, wie die mit der Anpassungspolitik ursprünglich ins Auge gefasste Makro- und Mikropolitik (wobei die Grenzen nicht scharf zu ziehen sind). Hinsichtlich der Endogenisierung politischer Verflechtungen und der Berücksichtigung von Institutionen und deren Reformen besteht noch ein sehr grosses und zumindest empirisch wenig erforschtes Feld, das auch für die Entwicklungspolitik neue Aufgaben bzw. Herausforderungen enthält. Für die Entwicklungspolitik der Industrieländer resultiert aus den Analysen der Bedeutung von Wirtschaftspolitik und Institutionen insgesamt eine neue grundlegende Schlussfolgerung: Nicht die zu einem bestimmten Zeitpunkt gegebene Ressourcenknappheit ist das Problem für dauerhaft niedrige Einkommen, sondern die langfristig begrenzte Fähigkeit zur effizienten Ressourcennutzung, zur Ressourcenmobilisierung und zur Steigerung der Faktorproduktivität. Daraus ergibt sich für die Entwicklungspolitik eine neue strategische Orientierung und Legitimation (vgl. auch Box 9.11). Mutatis mutandis haben all diese Forschungsergebnisse

Box 9.11

Kapitalakkumulation und institutionelle Rahmenbedingungen

Im Projekt «*Stadt-Land Beziehungen: Eine Herausforderung für die schweizerische Entwicklungszusammenarbeit*» des NFP 28 wurden unter anderem verschiedene Aspekte behandelt, die die suboptimale Nutzung verfügbarer Ressourcen in Entwicklungsländern betreffen. Im Syntheseberich Nr. 5 des NFP 28 formulieren Schwank und Zürcher (1993) unter anderem die nachstehenden Empfehlungen.

«Die Untersuchungen zeigen, dass eine Investitionskapital-betonte Entwicklungszusammenarbeit partiell Wachstumsimpulse zu erzeugen vermag, dass aber damit nicht notwendigerweise eine Besserstellung der Zielgruppe erreicht wurde (z. B. Frauen). ... Gesamthaft betrachtet zeigen unsere Analysen, dass die Folgewirkungen der urbanen Dynamik eine grundlegende Überprüfung der investitionsorientierten Entwicklungsstrategie erforderlich macht. Die Schwerpunkte der Förderung durch die EZA sollten aufgrund unserer Untersuchungen noch stärker im «Software-Bereich» zum Ausbau der Absorptionskapazität liegen (z. B. Stärkung der Institutionen, Aus- und Weiterbildung). ... Dabei sollte der Förderung des Know-hows intermediärer Strukturen, wie Nicht-Regierungsorganisationen, Unternehmen des informellen Sektors, Zweckverbänden, hohe Priorität zukommen. Im Bereich des Güteraustauschs, des Wissenstransfers und des Wertewandels spielen sie oft eine bedeutendere und effizientere Rolle als staatliche Institutionen. ...

Die Analyse ergab, dass eine wichtige Ursache für das Fehlschlagen investitionsorientierter Entwicklungsmodelle in den unterschiedlichen Entwicklungsgeschwindigkeiten zwischen dem Aufbau einer physischen Infrastruktur oder Produktionsanlage und dem Aufbau des zugehörigen Benützer/innen Knowhows ist, sei es des individuell technischen, des sozialen oder des institutionellen Know-hows. Meist ist Know-how in allen drei Bereichen für den Betrieb und die Nutzung einer Anlage erforderlich. Nicht so sehr Finanzströme verbessern die Rahmenbedingungen in Entwicklungsländern als vielmehr die lokale Fähigkeit, auf neue Rahmenbedingungen flexibel zu reagieren und die eigenen Entwicklungspotentiale auszuschöpfen. ...

Aus der Kritik an der Investitionslastigkeit der internationalen Entwicklungszusammenarbeit darf nicht etwa fälschlicherweise abgeleitet werden, die Entwicklungsländer bräuchten keine ländlichen und städtischen Infrastrukturen. Die Entwicklungszusammenarbeit im Infrastrukturbereich sollte sich aber auf die begrenzte Förderung kostengünstiger Lösungen im ländlichen Raum beschränken. Bereits heute ist der Unterhalt bestehender Infrastruktur wegen fehlendem sozialem und institutionellem Know-how oft nicht gesichert. ...»
(Schwank, Zürcher, 1993, S. 19 f).

auch ihre Gültigkeit für die sogenannten Transformationsländer, ohne deswegen zu unterstellen, zwischen und unter Entwicklungsländern und Transformationsländern gäbe es nicht erhebliche Unterschiede.

Solange die angesprochenen Reformerfordernisse nicht weiter fortgeschritten sind als dies heute der Fall ist, müssen sie auch hoch auf der Agenda der Wirtschaftspolitik in Entwicklungsländern und der Entwicklungspolitik der Industrieländer bleiben. Anpassungspolitik ist nach wie vor noch kein Thema zum Abhaken, hinsichtlich der darin enthaltenen Prinzipien «guter» Wirtschaftspolitik sogar eine Daueraufgabe. Dies gilt auch für die institutionelle Entwicklung. Ausserdem hat die Entwicklung der letzten 15 Jahre gezeigt, dass zur Überwindung der mit der Entwicklungskrise eng verbundenen Schuldenkrise finanztechnische Massnahmen zur Schuldendiensterleichterung und zum Schuldenabbau wertvolle ergänzende Dienste leisten können. Dies gilt insbesondere für die hochverschuldeten Länder mit niedrigem Einkommen, die nach dem gegenwärtigen Erkenntnisstand ohne Schuldenreduktionen nicht aus der Überschuldung herauswachsen können. Die jüngste Initiative zugunsten dieser Länder ist daher ein notwendiger Schritt in die richtige Richtung. Darüber hinaus muss aber gelten, dass durch verbesserte Überwachungs- und Informationsmechanismen des IMF sowie durch geeignete realwirtschaftlich wirksame Reformen die Krisenprävention gestärkt und dadurch eine erneute offene und geradezu flächendeckende Krise, wie zu Beginn der 80er Jahre, verhindert wird.

IV
Zusammenfassende Schlussfolgerungen

> The theory of economics does not furnish a body of settled conclusions immediately applicable to policy. It is a method rather than a doctrine, an apparatus of the mind, which helps its possessor to draw correct conclusions.
>
> *John Maynard Keynes*

10. Globaler Wandel – globaler Anpassungsbedarf

10.1 Aussenwirtschaftliche Herausforderungen der Schweiz

Elemente des weltwirtschaftlichen Wandels

Die Entwicklung der Weltwirtschaft im letzten Viertel des 20. Jahrhunderts war gekennzeichnet durch die abnehmende wirtschaftliche Dominanz der USA, das dynamische Wachstum des asiatisch-pazifischen Raums sowie die rasch voranschreitende Globalisierung. Letztere bezeichnet den Prozess der zunehmenden globalen Verflechtung der Märkte, die vor allem auf zwei Faktoren zurückzuführen ist: Einerseits hat sich eine zunehmende Zahl von Staaten Asiens, Lateinamerikas und zuletzt auch Osteuropas dem weltweiten Wettbewerb geöffnet und drängt aktiv in die internationale Arbeitsteilung hinein; andererseits haben der Rückgang der Transport- und Informationskosten sowie der weltweite Trend zur Liberalisierung und Deregulierung der internationalen Wirtschaftsbeziehungen zahlreiche Handels- und Mobilitätsbarrieren beseitigt und die Welt zu einem zunehmend integrierten Wirtschaftsraum werden lassen. Güter, Kapital, Technologien – und damit auch Produktionsstätten – bewegen sich mit zunehmender Leichtigkeit über nationale Grenzen hinweg. Am wenigsten mobil ist trotz eines bedeutenden latenten Wanderungspotentials der Faktor Arbeit, der damit von der Intensivierung des Handels wie auch von der hohen Mobilität der anderen Produktionsfaktoren am stärksten und unmittelbarsten betroffen ist.

Deutlich an wirtschaftlichem Gewicht gewinnen die Entwicklungsländer. Allerdings ist die Streuung der Einkommensniveaus wie auch der Pro-Kopf-Wachstumsraten sehr gross. Vor allem dort, wo der Teufelskreis von hohem Bevölkerungswachstum und niedrigem Wirtschaftswachstum noch nicht gebrochen ist, sind die Aussichten noch düster. Allein schon das massive Bevölkerungsungleichgewicht zwischen den ärmsten Entwicklungsländern einerseits und den reichen Industrieländern andererseits bedeutet, dass jede Strategie, die eine wesentliche Korrektur des Einkommensgefälles primär durch Ressourcentransfers anstrebt, zum Scheitern verurteilt ist. Entwicklungserfolge sind nur dort denkbar, wo eine durchgreifende Mobilisierung und Steigerung eigener Wachstumskräfte gelingt, die durch gezielte Transferleistungen unterstützt werden können.

Die internationale Verflechtung der Schweiz und die Frage ihrer Wettbewerbsfähigkeit

Die Veränderungen der Weltwirtschaft, insbesondere die Globalisierung der Märkte, lösen verbreitete Besorgnis aus, weil sie schwer kontrollierbar scheinen und in direktem Zusammenhang mit den heutigen wirtschaftlichen Problemen der Schweiz gesehen werden. Die Frage, ob die schweizerische Volkswirtschaft für die Herausforderungen des globalen Wandels ausreichend gerüstet ist, stellt sich nicht zuletzt vor dem Hintergrund ihrer im internationalen Vergleich schon seit längerem unterdurchschnittlichen Wachstums-Performance. Politisch brisant wurde diese Frage aber eigentlich erst, als sich die Wachstumsschwäche ab 1990 akzentuierte und ihren Niederschlag in deutlich steigenden Arbeitslosenzahlen fand. Obwohl massgeblich konjunkturell mitverursacht, hat diese Entwicklung die Diskussion über den Wirtschaftsstandort Schweiz angeheizt. Die Veränderungen im globalen Umfeld der Schweizer Wirtschaft reichen allerdings weiter zurück als die aktuelle Stagnationsphase, wenngleich sie manche hausgemachte Probleme deutlicher hervortreten lassen oder in ihren Auswirkungen auch verschärfen.

Die Auslandsabhängigkeit der Schweiz ist, wie dies für kleine offene Volkswirtschaften charakteristisch ist, sehr hoch. Die Aussenwirtschaftsbeziehungen konzentrieren sich dabei seit jeher sehr ausgeprägt auf Europa. So naheliegend diese geographische Ausrichtung ist, birgt sie angesichts der unklaren Zukunft des Verhältnisses zwischen der Schweiz und der EU sowie der vergleichsweise geringen Wachstumsdynamik Europas auch Risiken. Zwei NFP-28-Studien monieren, dass die Schweizer Unternehmen, und mit ihnen auch die schweizerische Aussenhandelsdiplomatie, in der Vergangenheit die Chancen auf den dynamischen Märkten Asiens zu wenig entschlossen wahrgenommen haben.

Manche Beobachter zeichnen ein alarmierendes Bild von der internationalen Wettbewerbsfähigkeit der Schweiz. Dort, wo ‹Wettbewerbsfähigkeit› ein wohldefiniertes Konzept ist, das heisst auf der Unternehmens- und Branchenebene, lässt sich ein allgemeiner Verlust der Wettbewerbsfähigkeit nicht feststellen – zumindest in jenen Bereichen der Wirtschaft nicht, die schon länger gewohnt sind, sich flexibel auf die Erfordernisse des (Welt-)markts einzustellen. Grössere Fitness-Defizite bestehen demgegenüber in den traditionell abgeschotteten, binnenorientierten Sektoren. Allerdings hat die NFP-28-Fallstudie über den Finanzplatz Schweiz gezeigt, dass gerade auch in Branchen, die in der Vergangenheit eine starke Position auf dem Weltmarkt erobert haben, die Fähigkeit, sich in einem verschärften Wettbewerbsklima zu behaupten, besonders gefordert ist. Das Exemplarische am Bankensektor ist die Dualisierung zwischen dem internationalen Geschäft, in dem sich unter hohem Wettbewerbsdruck eine ebenso hohe Leistungsfähigkeit entwickelt hat, und dem Inlandsgeschäft, in dem bei weit geringerer Wettbewerbsintensität bedeutende Effizienzreserven lange Zeit brachliegen konnten. Entsprechend dürfte auch der hieraus resultierende Anpassungsdruck Beispielcharakter für andere Branchen aufweisen.

Im Hinblick auf die Frage, inwieweit die schweizerische Volkswirtschaft als ganze mit den aussenwirtschaftlichen Herausforderungen fertig wird, ist das Konzept der internationalen Wettbewerbsfähigkeit ein wenig taugliches Instrument. Was volkswirtschaftlich unter dem Strich zählt, ist das Wohlstandsniveau und dessen Entwicklung im Zeitablauf. Ausschlaggebend ist hierfür die gesamtwirtschaftliche Produktivität, in der sich neben der Sachkapitalbildung und der Qualifikation der Arbeitskräfte vor allem auch die wirtschaftliche Umsetzung technologischer Neuerungen widerspiegelt. Ein NFP-28-Projekt, welches das Innovationsverhalten in der schweizerischen Industrie zum Gegenstand hatte, konnte allerdings keine Anzeichen eines allgemeinen Innovationsdefizits feststellen.

Darüber hinaus hängt der Wohlstand auch wesentlich von der erfolgreichen Präsenz auf den Weltmärkten ab, wenngleich nicht in dem Sinne, den landläufige Vorstellungen von ‹Wettbewerbsfähigkeit› suggerieren: Die Schweiz steht grundsätzlich nicht mit anderen Volkswirtschaften in einem Wettbewerb, wie ihn Unternehmungen untereinander austragen, sondern sie muss versuchen, optimal von den Spezialisierungs- und Tauschmöglichkeiten zu profitieren, die die Weltwirtschaft bietet. Was Probleme bereiten kann, ist die Tatsache, dass sich das Muster der internationalen Arbeitsteilung im Zuge der Globalisierung rasch wandelt und zu entsprechenden Anpassungsprozessen zwingt. In einem eigentlichen Wettbewerb steht die Schweiz nur insoweit, als es darum geht, international mobilen Produktionsfaktoren attraktive Standortbedingungen zu bieten.

Die aussenwirtschaftliche Integration als Wohlstands- und Wachstumsfaktor

Die Integration in die Weltwirtschaft steigert den Wohlstand, weil die Volkswirtschaft ihre komparativen Vorteile zur Geltung bringen, Grössenvorteile realisieren und Wettbewerbsverzerrungen vermeiden kann. Entscheidend ist, dass auf den Märkten die internationale Preisarbitrage spielen kann. Die Tatsache, dass die Preise in der Schweiz mit zu den höchsten der Welt gehören, ist nur zum Teil eine Konsequenz des erreichten Wohlstandsniveaus. Eine grössere Rolle spielen die Integrationsdefizite der Schweiz, die durch die Überregulierung der Märkte und die Duldung von Wettbewerbsbeschränkungen bedingt sind.

Das Hauptproblem, das beim Übergang zu liberaleren, marktkonformen Lösungen überwunden werden muss, ist das Verteilungsproblem: Die Wohlstandsgewinne sind nicht gleichmässig verteilt, es gibt auch Verlierer. Das NFP 28 hat die Umverteilungseffekte für den Modellfall der Landwirtschaft quantifiziert. Immerhin ist die Landwirtschaftspolitik, entscheidend angetrieben durch Druck von aussen, mit dem Umschwenken auf das Instrument der Direktzahlungen auf dem richtigen Weg. Von entscheidender Bedeutung für den Erfolg dieser Politik sind eine präzise Operationalisierung ihrer Ziele, eine konsequente Ziel-Mittel-Orientierung und eine transparente, langfristig verbindliche Definition der agrarpolitischen Rahmenbedingungen, auf die sich die Landwirte verlassen können.

Wissenschaftliche Untersuchungen, welche die von der statischen Aussenhandelstheorie postulierten Realeinkommenseffekte der internationalen Integration empirisch abzuschätzen versuchen, kommen regelmässig auf vergleichsweise bescheidene Grössenordnungen. Dies gilt auch für die Quantifizierung der Wirkungen, die vom Abschluss der Uruguay-Runde zu erwarten sind. Von grösserer Bedeutung dürften die dynamischen Wirkungen sein, die durch die Anregung der Kapitalakkumulation sowie die Begünstigung des technologischen Fortschritts zustandekommen und sich in einer länger anhaltenden Beschleunigung der Wachstumsrate niederschlagen. Zahlreiche internationale Querschnittsuntersuchungen sprechen trotz verschiedener Interpretationsprobleme insgesamt für einen deutlichen Zusammenhang zwischen dem Grad der aussenwirtschaftlichen Integration und der Wachstumsdynamik einer Volkswirtschaft. Wie die Wirkungsmechanismen im Detail beschaffen sind, ist allerdings noch stark klärungsbedürftig.

Für die Schweiz gelangte eine im Rahmen des NFP 28 durchgeführte Zeitreihenuntersuchung zu einem weniger klaren Bild, was den Zusammenhang zwischen dem Aussenhandel und der Wachstumsrate der Volkswirtschaft angeht. Insbesondere die populäre Auffassung, dass die Exporte das eigentliche Zugpferd der Schweizer Wirtschaft sind, findet sich nicht ohne weiteres bestätigt. Eher grösser ist überraschenderweise die Rolle der Importe. Hierin liegt eine bedeutsame Lektion: Insoweit als vom Aussenwirtschaftssektor längerfristig wirksame Wachstumsimpulse ausgehen, erfordern sie nicht nur das, worauf die schweizerische Aussenhandelsdiplomatie in erster Linie aus ist, nämlich freie Bahn für schweizerische Exporte, sondern vor allem auch das, was so oft durch gut organisierte inländische Partikularinteressen erfolgreich verhindert wird, nämlich freie Bahn für Importe.

Die schweizerische Gastarbeiterpolitik als Wohlstands- und Wachstumsbremse

Die Spannung zwischen den Anforderungen der allokativen Effizienz und den Konsequenzen für die Einkommensverteilung liegt auch den Mängeln der schweizerischen Gastarbeiterpolitik zugrunde. Indem die Regelung der Zuwanderung dazu benützt wurde, strukturschwachen, binnenorientierten Branchen unter die Arme zu greifen und damit gleichzeitig auch noch Regionalförderung zu betreiben, ist die Einwanderungspolitik zu einer gravierenden Hypothek für den Arbeitsmarkt und zu einer Wachstumsbremse für die dynamischeren Sektoren der schweizerischen Volkswirtschaft geworden.

Das Drei-Kreise-Modell des Bundesrates, welches das Ziel der Stabilisierung des Gesamtbestandes der ausländischen Wohnbevölkerung mit der Liberalisierung des Personenverkehrs zwischen der Schweiz und der EU unter einen Hut bringen soll, sieht sich nicht nur Einwänden ethischer Natur ausgesetzt, sondern trägt auch dem Kriterium der ökonomischen Effizienz nur ungenügend Rechnung. Das Instrument der Einwanderungsabgabe, für das eine NFP-28-Studie plädiert, besticht zwar durch seine innere Logik und wirtschaftspolitische Zielgenauigkeit, ist aber völkerrechtlich nicht unproblematisch und käme ausserdem bei einer Realisierung der Personenfreizügigkeit zwischen der Schweiz und der EU nur noch für die Regulierung der Einwanderung aus Nicht-EU-Regionen in Frage. Für diese drängt sich aber mittel- bis längerfristig anstelle des Drei-Kreise-Modells ohnehin eine möglichst europaweit koordinierte Lösung auf.

Überforderter Nationalstaat?

Zwischen der Globalisierung der Wirtschaft und der nationalen Selbstbestimmung in der Politik besteht ein unübersehbares Spannungsverhältnis. Obwohl das bisweilen bereits verkündete ‹Ende des Nationalstaats› noch auf sich warten lassen dürfte, droht die Globalisierung den Nationalstaat in zweifacher Hinsicht zu überfordern: Zum einen drängen sich in zunehmendem Masse überstaatliche Regelungen für Politikbereiche auf, in denen entweder internationale öffentliche Güter auf dem Spiel stehen oder internationale Externalitäten eine bedeutende Rolle spielen. In der Tat verlagern sich in zunehmendem Masse traditionell nationalstaatliche Regelungsbefugnisse auf die supranationale Ebene. Sobald es allerdings darum geht, internationale bzw. supranationale Instanzen mit der Sanktionsgewalt auszustatten, die erforderlich ist, um entsprechende Regelungen im kollektiven internationalen Interesse notfalls auch gegen nationale Sonderinteressen durchzusetzen, sind oft noch erhebliche Widerstände zu überwinden. Insgesamt vermochte der Ausbau der rechtlich-institutionellen Infrastruktur der Weltwirtschaft mit der Globalisierung nicht Schritt zu halten. Hierüber kann auch die Gründung der WTO nicht hinwegtäuschen.

Die zweite Herausforderung für die Nationalstaaten besteht darin, dass die Globalisierung erhöhte Anforderungen an die Fähigkeit der einzelnen Volkswirtschaften zum Strukturwandel stellt und sie vor allem auch dem internationalen Standortwettbewerb aussetzt. Der politisch determinierte Ordnungsrahmen entscheidet massgeblich darüber, ob und wie diese Herausforderung bewältigt werden kann. Aus ökonomischer Sicht liegt das Problem weniger in der Feststellung des politischen Handlungsbedarfs als in der Herstellung der politischen Handlungsfähigkeit. Die Kernfrage betrifft dabei den Umgang mit den Interessen der Anpassungs- und Integrationsverlierer. An dieser Kernfrage führen auch jene Vorschläge nicht vorbei, die durch institutionelle Reformen die Durchsetzungschancen der im gesamtwirtschaftlichen Interesse erwünschten Massnahmen im politischen Entscheidungsprozess zu verbessern trachten.

10.2. Anpassungspolitik als entwicklungspolitische Herausforderung

Im Grundstaz keine Alternative zur Anpassungspolitik

In den späten 70er und frühen 80er Jahren gerieten viele Entwicklungsländer in schwere Wirtschafts- und Schuldenkrisen, die durch untragbare binnen- und aussenwirtschaftliche Ungleichgewichte sowie stagnierende oder sinkende Pro-Kopf-Einkommen gekennzeichnet waren. Mit traditionellen Stabilitätsprogrammen und deren finanzieller Unterstützung war diesen Krisen nicht mehr beizukommen. Massive Staatseingriffe auf praktisch allen Märkten und hochgradig ineffiziente Staatssektoren hatten strukturelle Fehlentwicklungen produziert, die entschiedene Korrekturen der Mikropolitik und ebenso entschiedene Reformen der Staatssektoren erforderlich machten. Neben die Anpassung auf der Makroebene trat die strukturelle Anpassung auf der Mikroebene.

Auch die Entwicklungspolitik der Industrieländer stand damit vor einer neuen Herausforderung. Ihre Projekte und Programme der technischen Zusammenarbeit und der Finanzhilfe drohten aufgrund zunehmend schlechter werdender wirtschaftlicher Rahmenbedingungen immer wirkungsloser und ineffizienter zu werden. Selbst erfolgreiche Projekte waren – bildlich gesprochen – häufig nur Oasen in einer voranschreitenden Wüstenlandschaft. Die Entwicklungszusammenarbeit war damit aufgefordert, die Reform wirtschaftlicher Rahmenbedingungen so zu unterstützen, dass alle verfügbaren Ressourcen in den Krisenländern besser mobilisiert und genutzt wurden – die in den Ländern vorhandenen Ressourcen ebenso wie die transferierten.

Obwohl die verdeckten oder offenen Krisen zum Teil durch exogene Schocks verursacht wurden, war der Löwenanteil durch eine verfehlte Makro- und Mikropolitik hausgemacht. Zur Überwindung dieser Krisen war und ist die orthodoxe Anpassungspolitik im Grundsatz die beste derzeit bekannte Rezeptur. Vermeintliche Alternativen, wie die «heterodoxen» Reformprogramme und ähnlich gelagerte Entwürfe, halten weder einer kritischen theoretischen Überprüfung stand, noch haben sie in der Praxis jemals zum Erfolg geführt. Die Schwächen der orthodoxen Politik liegen nicht in ihrer theoretischen Begründungslogik, sondern in den Details der Modellannahmen und in der Umsetzungspraxis. Beides verdeutlicht, wie wichtig ein sorgfältiger «case by case approach» ist, der die jeweils spezifischen Gegebenheiten einzelner Länder angemessen berücksichtigt.

Anpassungspolitik funktioniert

Die heute verfügbaren empirischen Untersuchungen bestätigen, dass orthodoxe Anpassungspolitik auf der Makro- und Mikroebene insofern funktioniert, als sie verlorengegangene Entwicklungsdynamik zumindest teilweise wieder zurückgebracht hat. Trotz gewisser methodischer Probleme, mit denen die Querschnittsuntersuchungen behaftet sind, kann man diese Schlussfolgerung nicht bezweifeln. Dies bedeutet jedoch nicht, dass in allen Anpassungsländern die gewünschte bzw. grundsätzlich mögliche Entwicklungsdynamik schon erreicht worden wäre. Die Schlussfolgerung impliziert nur, dass im Durchschnitt die Entwicklungsdynamik der betreffenden Länder grösser ist als sie ohne Anpassungspolitik wäre. Ausserdem sind die Anpassungserfolge, gemessen mit der Steigerung wirtschaftlicher Wachstumsraten sowie Spar-, Investitions- und Exportquoten, in den Ländern mit niedrigem Einkommen im Durchschnitt geringer als in den Ländern mit mittlerem Einkommen.

Diese Ergebnisse von Querschnittsuntersuchungen über die wirtschaftliche Entwicklung der Anpassungsländer in den 80er Jahren werden ausserdem durch längerfristig orientierte Querschnittsuntersuchungen ergänzt, in denen wirtschaftspolitische Leistungen als erklärende Variablen des Wachstums herangezogen werden. Auch diese Untersuchungen indizieren deutlich, dass eine Wirtschaftspolitik, die unter anderem auf Stabilität, aussenwirtschaftliche Offenheit, ein möglichst ungestörtes Preissystem und einen effizienten Staatssektor orientiert ist, die wirtschaftliche Entwicklung fördert.

Anpassung erhöht nicht dauerhaft Armut und soziale Leistungsdefizite

Die vielfach vorgetragene Hypothese oder Behauptung, dass Anpassungspolitik die Armut erhöht, ist in dieser allgemeinen Formulierung nicht aufrechtzuerhalten. Querschnittsuntersuchungen indizieren vielmehr, dass in den Ländern, in denen Anpassungspolitik konsequent umgesetzt wird, die Verbreitung, Tiefe und Schärfe der Armut nach einer gewissen Zeit entweder absolut oder zumindest relativ abnimmt. Viele Kritiker beachten nicht oder zuwenig, dass die Armut üblicherweise in der Krise vor der Anpassung zunahm und Krisenfolgen während der Anpassung nachwirkten. Vor allem wenn die Krise durch staatliche Massnahmen lange Zeit verdeckt wurde, war die mit Beginn der Politikreformen dann offen zunehmende Armut primär der fehlerhaften Politik der Vergangenheit zuzuschreiben. Dennoch ist nicht zu bezweifeln, dass Anpassungsmassnahmen temporär armutsverstärkend wirken können, und dass diese sozialen Belastungen besser zu mildern sind als dies in der Vergangenheit der Fall war.

Diese Schlussfolgerungen gelten auch für die Entwicklung der staatlichen Ausgaben für Gesundheit und Bildung sowie weitere soziale Belange. Die vielfach geäusserte Hypothese oder Behauptung, dass mit der orthodoxen Stabilitätspolitik die Sozialausgaben am stärksten gekürzt werden, wird in dieser allgemeinen Formulierung durch die Daten ebenfalls nicht bestätigt. In mehr als der Hälfte der Anpassungsländer erfolgte die Kürzung der Sozialausgaben proportional oder sogar unterproportional zur gesamten Reduktion der Staatsausgaben. Hingegen sind die realen Pro-Kopf-Ausgaben während der Stabilisierungsphase in der Mehrzahl der betreffenden Länder zurückgegangen. Hier ist jedoch erneut ist zu beachten, dass in der Regel die Krise vor der Anpassung schon eine Redimensionierung der Sozialausgaben erzwungen hat.

Erst mit der Wachstumswirkung der Anpassungspolitik steigen auch die Sozialausgaben wieder deutlich an.

Inwiefern die temporären Belastungen zunehmender Armut und geringerer Sozialausgaben tatsächlich der Anpassungspolitik anzulasten und nicht eher als Schwäche oder Versagen der Sozialpolitik zu interpretieren sind, ist schwer zu beantworten. Die Reduktion der gesamten staatlichen Ausgaben ist eine in der Regel unvermeidbare Massnahme in der Stabilisierungsphase. Die Verteilung der Kürzungserfordernisse auf einzelne Budgetposten beinhaltet jedoch andere politische Überlegungen, das heisst, die Entscheidung über Kürzungen oder den Schutz von Sozialbudgets ist zunächst einmal sozialpolitischer Natur. Im übrigen ist natürlich von ebenso grosser Bedeutung, wie die Kürzungen einzelner Budgetposten vorgenommen werden. Der Abbau aufgeblähter Ministerialbürokratien hat auf die sozialen Leistungen eines Staates im Normalfall keine negativen Auswirkungen. Seit der zweiten Hälfte der 80er Jahre wird deshalb in der Vereinbarung von Anpassungsprogrammen der besseren Mittelallokation im Sozialbereich mehr Aufmerksamkeit geschenkt als früher. Ausserdem sind viele Entwicklungsorganisationen unter entsprechenden Bedingungen zunehmend bereit, für den sozialen Bereich zusätzliche Budgethilfe zu leisten.

Anpassungspolitik ist keine «Allzweckwaffe»

Anpassungspolitik hat klar definierte Ziele und verfügt dazu über ein Bündel wirksamer und effizienter Instrumente. Wenn unerwünschte Nebenwirkungen auftreten, kann man dies im Regelfall nicht durch Manipulationen der anpassungspolitischen Instrumente korrigieren. Als Folge davon wären dann die Anpassungsziele nicht mehr zu erreichen und die Korrektur der Nebenwirkungen wäre höchst ineffizient. Anders gesagt: Unerwünschte Nebenwirkungen der Anpassungspolitik müssen mit anderen und effizienteren Instrumenten behandelt werden. Dies gilt ebenso für andere Entwicklungsziele, die jenseits der Ziele und Instrumententauglichkeit der Anpassungspolitik liegen. Der verschiedentlich thematisierte Zusammenhang zwischen Anpassungspolitik und Umweltentwicklung illustriert dies sehr deutlich. Vermeintliche oder tatsächliche negative Nebenwirkungen der Anpassungspolitik auf die Umwelt müssen mit geeigneten Instrumenten der Umweltpolitik angepackt werden, die die ursächlichen strukturellen Konstruktionsfehler unserer Volkswirtschaften beheben.

In dieser Hinsicht wurden und werden von Kritikern wie von Befürwortern der Anpassungspolitik immer noch falsche Erwartungen geweckt oder verfehlte Einschätzungen verbreitet. Dies gilt besonders für den Zusammenhang zwischen Anpassungspolitik und Armutsentwicklung. Die theoretische und empirische Forschung belegt, dass Anpassungspolitik in den betreffenden Krisenländern eine notwendige, wenn auch nicht hinreichende, Voraussetzung für die erfolgreiche Bekämpfung der Armut bildet. Dennoch muss man erkennen, dass Anpassungspolitik die wirtschaftlichen Rahmenbedingungen für alle Wirtschaftsakteure zu verbessern sucht – für die Armen, für den Mittelstand wie auch für die Reichen. Deshalb sollte man Anpassungspolitik nicht ohne nähere Erläuterung dieses Sachverhalts als Politk der Armutsbekämpfung bezeichnen. Der Begriff der Armutsbekämpfung sollte vielleicht für jene Massnahmen reserviert bleiben, die gezielt bzw. ausschliesslich für die Verbesserung der Lage der Armen konzipiert sind. Damit ist jedoch nicht gesagt, dass diese Bemühungen nicht zum Vorteil anderer missbraucht werden können oder in jedem Fall wirksamer sind als allgemeine Politikreformen.

Die vernünftigerweise erwartbare Leistungsfähigkeit der Anpassungspolitik wurde und wird auch immer wieder durch überladene Programme überstrapaziert. Auf der einen Seite übersteigt die teilweise enorme Anzahl von Zielen und Massnahmen, die mit Anpassung im urspünglichen Sinn des Wortes zuweilen kaum mehr etwas zu tun haben, die Kapazitäten der Regierungen und Verwaltungen in den betreffenden Ländern, auf der anderen Seite suggeriert diese Vielfalt die Implementation einer geradezu umfassenden Entwicklungsstrategie. Damit werden Erwartungen geweckt, die nicht zu erfüllen sind. Ausserdem ist es zuweilen überaus schwierig, mit der Vielzahl von Zielen und Bedingungen zu entscheiden, ob eine Regierung ein Anpassungsprogramm noch «on track» hat und weitere Zahlungen gerechtfertigt sind. Eine klarere Prioritätensetzung und entsprechende Schlankheitskur tut hier dringend not.

Politische und institutionelle Reformen sind weiterhin notwendig

Auch nach 15 Jahren Reformarbeit ist Anpassungspolitik für die Regierungen der Entwicklungsländer und die Entwicklungspolitik der Industrieländer kein Thema «zum Abhaken». In der grossen Mehrzahl der Anpassungsländer ist die Reformpolitik unvollständig und teilweise erst fragmentarisch implementiert. Dies gilt besonders für die strukturelle Anpassung auf der Mikroebene und die Neuordnung der Staatssektoren. In erster Linie haben Vertreter von Partikularinteressen dafür gesorgt, dass viele vereinbarte Reformschritte verzögert oder verwässert wurden. Ausserdem ist Stabilitätspolitik und eine kluge Mikropolitik eine Daueraufgabe. Mit wirtschaftspolitischen «Ausrutschern» und externen Schocks muss man ebenso ständig rechnen wie mit der unerschöpflichen Erfindungsgabe der Menschen, Marktmechanismen zu schwächen und Partikularinteressen zu Lasten grosser Bevölkerungsteile durchzusetzen.

Die Möglichkeiten der Durchsetzung von Partikularinteressen werden wesentlich durch politisch geschaffene oder beeinflussbare formelle und informelle Institutionen bestimmt. Die geeignete Gestaltung bzw. Reform dieser Regelsysteme, in die die Märkte eingebettet sind, sowie deren Durchsetzungsmechanismen sind in gewissem Sinne der verlängerte Arm der Anpassungspolitik. Mit anderen Worten, um eine volle Wirkung makro- und mikropolitischer Reformen zu erreichen, sind häufig grundlegende institutionelle Reformen erforderlich, wobei die Grenze zwischen makro- und mikropolitischer sowie institutioneller Reformpolitik nicht scharf gezogen werden kann. Die zunehmende Erkenntnis, dass unsichere Eigentums- und Vertragsrechte sowie ein schwaches Justiz- und Polizeisystem selbst unter den Bedingungen wirtschaftlicher Stabilität und interventionsfreier Preisbildung wesentliche Entwicklungshindernisse darstellen, ist nicht mehr wegzudiskutieren.

Zu diesen Hemmnissen zählen auch alle formellen und informellen Regeln, die «rent seeking» mehr belohnen als produktive Leistung. Nicht wenige Entwicklungsländer, und ebenso die Länder des ehemaligen Ostblocks, haben zur Genüge veranschaulicht, dass defekte Anreizsysteme zu Rentengesellschaften führen, die früher oder später in schwere Krisen geraten oder sogar kollabieren. Diese Gefahr ist besonders dann gross, wenn unter solchen Bedingungen die konstitutionellen oder die faktischen politischen Verhältnisse keine Korrektur über die politische Partizipation der Bevölkerung zulassen. Institutionelle Reformerfordernisse umschreiben somit auch Elemente der Systemtransformation, die Entwicklungsländer und die sogenannten Transformationsländer gleichermassen betreffen, auch wenn die empirische Ausprägung in einzelnen Ländern sehr unterschiedlich ist.

Ein Paradigmenwechsel der Entwicklungspolitik

Die zentrale Botschaft, die aus diesen Schlussfolgerungen hervorgeht, lautet, dass der unzureichende wirtschaftliche Fortschritt in vielen Entwicklungsländern nicht in erster Linie von einem Mangel an Ressourcen verursacht wird, sondern von der sehr begrenzten Fähigkeit, die verfügbaren Ressourcen zu mobilisieren, effizient zu nutzen und ihre Produktivität zu steigern. Nach unserem heutigen Verständnis sind schlechte Wirtschaftspolitik und ungeeignete Institutionen die Hauptursachen dieser Unfähigkeit. Auch wenn der Begriff des Paradigmas, besonders in den Wirtschafts- und Sozialwissenschaften, mit erheblichen Unschärfen behaftet ist, darf man es wagen, mit dieser neuen Diagnose und den daraus abgeleiteten Empfehlungen von einem entwicklungspolitischen Paradigmenwechsel zu sprechen – zumindest für jene Bereiche der Entwicklungspolitik, die sich auf die wirtschaftliche Entwicklung konzentrieren.

Bis in die zweite Hälfte der 70er Jahre wurde die (wirtschaftlich orientierte) Entwicklungszusammenarbeit wesentlich vom Gedanken geleitet, dass ein Mangel an Ressourcen – vor allem Finanzkapital, Sachkapital und Wissen – den wirtschaftlichen Fortschritt der Entwicklungsländer behindert. Diese Vorstellung folgte dem Gedankengut der «alten» Wachstumstheorie, die die Bedeutung der Akkumulation von Sach- und Humankapital stark in den Vordergrund rückte. Daraus liess sich die entwicklungspolitische Empfehlung ableiten, durch den Transfer externer Ressourcen die Akkumulation und die Steigerung der gesamten Faktorproduktivität zu beschleunigen. Trotz der vielfältigen Metamorphosen entwicklungspolitischer Konzepte seit den 50er Jahren kann man das so geartete Transferkonzept als das erste Paradigma der Entwicklungspolitik bezeichnen.

Das neue Paradigma begann sich Ende der 70er Jahre herauszubilden. Im Zentrum stand die zunehmende Erkenntnis, dass wirtschaftspolitisch bestimmte Rahmenbedingungen die wirtschaftliche Entwicklung entscheidend prägen. Damit änderte sich die Diagnose der Ursachen für die begrenzten Entwicklungsfortschritte. Nicht ein genereller Mangel an Ressourcen, sondern die begrenzte Fähigkeit, die verfügbaren – einschliesslich der transferierten – Ressourcen zu mobilisieren, effizient zu nutzen und die Produktivität zu steigern, rückte in den Vordergrund. Die in Anpassungsprogrammen vereinbarten Reformen auf der Makro- und Mikroebene sowie eine neue Generation von Programmen der technischen Zusammenarbeit, die auch auf die Verbesserung sektoraler Rahmenbedingungen abzielen, sollen diese Fähigkeit steigern. Die Entwicklungszusammenarbeit stellt somit externe Ressourcen nicht mehr nur zur «unmittelbaren» Akkumulation zur Verfügung, sondern zur Steigerung der endogenen Ressourcenmobilisierung, Allokationseffizienz und Faktorproduktivität. Wie bereits angesprochen wurde, hat die Entwicklungspolitik in den 90er Jahren die Reichweite dieser Art von Reformunterstützung von der Anpassungspolitik auf institutionelle Reformen ausgedehnt.

Die Skizze eines Paradigmenwechsels wirkt immer holzschnittartig, das heisst, das Bild präsentiert sich mit scharfen Kanten und in Schwarz-Weiss. In der Realität verlaufen die Grenzen hingegen häufig unscharf und es gibt Grautöne. Dies bedeutet, dass die Entwicklungsorganisationen den Paradigmenwechsel nicht schlagartig vollziehen und ihre Strategien nicht ausschliesslich am neuen Paradigma ausrichten werden. Dennoch sind schon heute wichtige Implikationen dieses Paradigmenwechsels aus den Agenden der Entwicklungsorganisationen nicht mehr wegzudenken. Neben der Konzeption anders gearteter Programme und Projekte muss auch die Frage der Auswahl der Länder und der Intensität der Zusammenarbeit neu beantwortet werden. Die Antwort kann sich nicht mehr nur oder in erster Linie an den Bedürfnissen der Entwicklungsländer orientieren, beispielsweise gemessen mit Indikatoren der Armut, sondern muss mindestens ebenso an der Bereitschaft und Fähigkeit der betreffenden Regierungen anknüpfen, die angestrebten wirtschaftspolitischen und institutionellen Reformen anzupacken. Die Abwägung dieser beiden Kriterien stellt die Entwicklungspolitik vor eine sehr schwierige Aufgabe. Ob daraus eine erhöhte Selektivität resultiert, und mit welcher Konsequenz sie allenfalls praktiziert wird, ist derzeit noch nicht zu beantworten.

10.3 Politikempfehlungen für Industrie- und Entwicklungsländer: mehr Parallelen als Unterschiede

Die vorliegende Arbeit bringt deutlich zum Ausdruck, dass die moderne Entwicklungsökonomie mit demselben theoretischen Gedankengebäude arbeitet, mit dem auch die Voraussetzungen von Wohlstand und Wachstum für Industrieländer analysiert werden. Deshalb ist es nicht weiter verwunderlich, dass die Elemente erfolgreicher Wirtschaftspolitik, die dieses Gedankengebäude zu identifizieren erlaubt, einen grossen gemeinsamen Nenner besitzen. Ungeachtet der jeweiligen länderspezifischen Ausgangsbedingungen, die natürlich in jedem Fall in Rechnung zu stellen sind, erfordert die erfolgreiche Entwicklung und effiziente Nutzung der eigenen Ressourcenbasis die Befolgung einiger Grundprinzipien, die man unter das Motto «*Get the basics right*» stellen könnte. Soweit diese «basics» die Makro- und Mikropolitik betreffen, kann die Wirtschaftsforschung bereits recht detaillierte und empirisch gut gesicherte Aussagen liefern. Keine Volkswirtschaft, in der die Politik über längere Zeit hinweg binnen- und aussenwirtschaftliche Instabilitäten zulässt und flächendeckend gegen die Marktkräfte interveniert, kann dauerhaft prosperieren. Über wichtige Bestandteile kluger Makro- und Mikropolitik herrscht somit weitgehend Einigkeit.

Der Universalitätsanspruch grundlegender Theorieelemente und Empfehlungen der Ökonomie führt immer wieder zu Missverständnissen, wenn theoretische und empirische Aussagen nicht sauber getrennt werden. Dabei wird übersehen, dass länderspezifische Merkmale als Initialwerte und Parameter in die empirischen Modelle einfliessen. Daraus folgt, dass dieselbe Theorie sehr unterschiedliche empirische Entwicklungen erklären und zu ebenso unterschiedlichen Gewichtungen der Politikempfehlungen führen kann. Ausserdem sollte man eines nicht vergessen: Gemessen mit den heute üblichen Wirtschafts- und Sozialindikatoren sind die Unterschiede zwischen den reichsten und den ärmsten Entwicklungsländer wesentlich grösser (und nehmen schneller zu), als die Unterschiede zwischen den reichsten Entwicklungsländern und den Industrieländern. Dass dieselbe Theorie für unterschiedliche Länder verwendet wird und, in grundlegenden Punkten, zu vergleichbaren Aussagen und Politikempfehlungen kommt, darf auch vor diesem Hintergrund nicht überraschen.

Wenn es um Institutionen geht, um die Regelsysteme, in die die Märkte eingebettet sind, und ihre Durchsetzungsmechanismen, bewegt sich die Ökonomie auf weniger sicherem Gebiet als bei den Grundlagen der Makro- und Mikropolitik. Die grosse Vielfalt institutioneller Rahmenbedingungen und die ebenso grosse Vielfalt der damit verbundenen Entwicklungserfolge und Misserfolge gemahnen zur Vorsicht. Über die schädlichen Auswirkungen deformierter Anreizsysteme, die zu sogenannten «Rentengesellschaften» führen, herrscht weitgehend Einigkeit. Dennoch wird die simple Übertragung erfolgreicher institutioneller «blueprints» von einem Land auf das andere nur in wenigen Fällen die gewünschten Ergebnisse bringen. Informelle Regelsysteme, die in Form tradierter Kulturmerkmale die Gestaltung und Durchsetzung formeller Institutionen beeinflussen, sind zwischen einzelnen Ländern offenbar so verschieden, dass jedes Land erhebliche Gestaltungsräume ausloten kann und muss.

Eine der fundamentalen Erfolgsvoraussetzungen für wirtschaftliche Entwicklung, die in der vorliegenden Arbeit besonders im Vordergrund steht, ist die internationale Integration einer Volkswirtschaft. Die moderne Wachstumsforschung lässt wenig Zweifel daran, dass es keine erfolgreiche Entwicklungs- und Wachstumsstrategie geben kann, die nicht *Ja zum Weltmarkt* sagt. Die zuvor erörterten quantitativen Untersuchungen über die längerfristigen Zusammenhänge zwischen internationaler Integration und Wachstumsdynamik betonen dabei weniger die Multiplikatorkräfte der Exporte, die von älteren, nachfrageorientierten Entwicklungsmodellen in den Vordergrund gerückt wurden, als vielmehr die Impulse, die die Öffnung zum Weltmarkt in Form eines grösseren Wettbewerbsdrucks, besserer Allokationssignale sowie neuer Technologien mit sich bringt.

Die heute in den Industrieländern verbreiteten Globalisierungsängste – die ihren Ausdruck in Schlagworten wie der «Globalisierungsfalle» finden – erinnern in mancher Hinsicht an die Aussenhandels-Skepsis, die einstmals die autarkistischen Importsubstitutionsexperimente zahlreicher Entwicklungsländer motiviert hat. Trotz der umfangreichen aussenwirtschaftlichen Reformen im Verlauf der letzten 15 Jahre sind diese Befürchtungen der Entwicklungsländer immer noch nicht gänzlich überwunden. War und ist es dort die Furcht, im Wettbewerb mit technologisch und produktivitätsmässig weit überlegenen Handelspartnern nicht bestehen zu können, ist es in den reichen Ländern die umgekehrte Furcht, dass die Massen von billigen Arbeitskräften, die auf den Weltmarkt drängen, zur Bedrohung für Löhne, sozialstaatliche Errungenschaften und letztlich Arbeitsplätze werden. Wie schon die Klassiker der Aussenwirtschaftstheorie lehrten, sind beide Befürchtungen grundsätzlich unbegründet. Auch die Tatsache, dass die internationale Mobilität mancher Produktionsfaktoren heute ungleich höher ist als zu den Zeiten der Klassiker, macht deren Erkenntnisse nicht einfach ungültig.

Es ist bezeichnend, dass sowohl die Widerstände gegen Anpassungsprogramme in Entwicklungsländern als auch die Widerstände gegen eine integrations- und globalisierungsbejahende Politik in fortgeschrittenen Industrieländern wie der Schweiz mit der Befürchtung negativer sozialer Konsequenzen im Zusammenhang stehen. In beiden Fällen kann nicht genug betont werden, was wir zuvor im Hinblick auf die Anpassungspolitik gesagt haben: Entwicklungs- und wachstumsfördernde Strategien und Massnahmen sind keine ‹Allzweckwaffen›. Im Gegenteil: Indem sie so gut wie immer auf eine einkommenssteigernde Förderung des Strukturwandels hinauslaufen, können sie auch Kosten in Form von sozialen Belastungen verursachen. Wie die vorangehenden Diskussionen über Anpassung in Entwicklungsländern gezeigt haben, können diese – in der Regel temporären – Belastungen unterschiedliche Bevölkerungsgruppen treffen. Aber es ist nicht von der Hand zu weisen, dass die besser qualifizierten Arbeitskräfte die verbesserten Rahmenbedingungen in der Regel schneller und umfangreicher nutzen können als die weniger qualifizierten Arbeitskräfte. Zu deren Unterstützung sind gezielte sozial-, bildungs- und arbeitsmarktpolitische Massnahmen gefordert, die den Anpassungsprozess flankieren.

Ähnliches gilt, mutatis mutandis, auch für den Strukturwandel in den Industrieländern, der in Zukunft mit einiger Sicherheit einen weiteren Rückzug aus den technologisch einfacheren Segmenten der industriellen Fertigung mit sich bringen wird und hierdurch die schwächsten Glieder der Gesellschaft am unteren Ende der Qualifikationshierarchie besonders unter Druck setzt. Obwohl die Intensivierung der Wirtschaftsbeziehungen mit den Entwicklungsländern diesen Prozess tendenziell beschleunigt, wird der Beitrag, den die zwischen Nord und Süd fliessenden Handels- und Direktinvestitionsströme zur ‹Deindustrialisierung› der Industrieländer leisten, meist überschätzt (vgl. dazu die Diskussion im World Economic Outlook des IMF vom Frühjahr 1997). In jedem Fall besteht aber die adäquate Antwort auf die damit verbundenen sozialen Probleme nicht darin, diesen Strukturwandel zu bremsen. Vielmehr ist auch hier die Sozial-, Bildungs- und Arbeitsmarktpolitik gefordert, Härten abzufedern und die Anpassungskapazität der Volkswirtschaften zu stärken.

Wie bereits angesprochen wurde, lautet die zentrale Botschaft der Aussenwirtschaftstheorie nach wie vor, dass internationaler Handel *kein Nullsummenspiel* ist. Dies gilt für alle Volkswirtschaften, unabhängig von ihrem wirtschaftlichen Entwicklungsstand. Wie ebenfalls schon angesprochen wurde, bewertet die moderne Wachstums- und Entwicklungstheorie die dynamischen Handelsgewinne wesentlich höher als die statischen Gewinne, die in der traditionellen Aussenwirtschaftstheorie im Vordergrund standen. Die komparativen Vorteile, die von den Volkswirtschaften zur Steigerung von Wachstum und Wohlstand genutzt werden müssen, sind nicht endgültig fixiert, sondern unterliegen einem ständigen Wandel. In begrenztem Umfang können sie auch politisch gesteuert werden. Die optimale Nutzung der entwicklungs- und wachstumsfördernden Weltmarktintegration erfordert somit Flexibilität. Wer diese Flexibilität nicht aufbringt, zahlt einen doppelten Preis: Den Preis für entgangene Gewinne aus der Arbeitsteilung und den Preis für entgangenes Wachstum. Weder für Entwicklungsländer noch für Industrieländer ist dies empfehlenswert oder auf die Dauer finanzierbar.

Bezüglich des Strukturwandels ist daher eine ausgeprägte Symmetrie der Anpassung zwischen Industrie- und Entwicklungsländern zu fordern, die auch zunehmende Anforderungen an die Kohärenz der Entwicklungs- und der Aussenwirtschaftspolitik in den Industrieländern stellt. Mit der fortschreitenden Intensivierung des Nord-Süd-Handels wächst das Risiko, dass Fortschritte von Entwicklungsländern, die die Entwicklungspolitik als Erfolge verbucht, in anderen Politikbereichen der Industrieländer Abwehrreflexe hervorrufen. Am meisten gilt dies für die Handelspolitik: Die Aufforderung zu weltmarktgerechten Strukturen und exportorientierten Entwicklungsstrategien bleibt hohle Phrase, solange nicht auch die unbedingte Bereitschaft zur Absorption der resultierenden Handelsströme gegeben ist. Wer anderen «Strukturanpassung predigt», aber gleichzeitig seine eigenen Strukturen gegen die Kräfte des Weltmarkts abschirmt, verspielt seine Glaubwürdigkeit.

Diese Schlussfolgerungen laufen nicht zwingend auf die Forderung des radikalen Liberalismus nach einem «minimalen Staat» hinaus. Die von einer offenen Volkswirtschaft heute geforderte Flexibilität ist auch mit Blick auf den gesamten Staatssektor in erster Linie mit dem Begriff «Umbau» zu beschreiben. Aber, um in diesem Bild zu bleiben, es liegt in der Natur der Sache, dass bei einem Umbau einiges abgebaut und anderes aufgebaut wird. Ausserdem ist nicht zu leugnen, dass viele Empfehlungen per saldo zu einem Abbau der Staatsquoten führen würden. Dennoch wäre die Schlussfolgerung, die moderne Ökonomie würde die Bedeutung des Staates zunehmend geringer einstufen, völlig verfehlt. Eher das Gegenteil ist der Fall. In einer wirtschaftlich weniger integrierten Welt mit weniger offenen Volkswirtschaften konnte manche Regierung über längere Zeit hinweg eine schlechte Wirtschaftspolitik betreiben, ohne dass die Folgen in vollem Umfang und sofort zu spüren waren. So haben die Regierungen vieler Entwicklungs- und Industrieländer Stabilitäts- und Strukturprobleme wie eine steigende Bugwelle vor sich hergeschoben. Mit zunehmender Weltmarktintegration ist ein solches Ausweichverhalten immer weniger möglich, das heisst wirtschaftspolitische Fehler haben grössere und schnellere Folgen als in der Vergangenheit. So gesehen nimmt die Bedeutung des Staates eher zu als ab.

Die moderne Wirtschaftswissenschaft betrachtet die Wirtschaftspolitik sowie die Entwicklung nationaler Volkswirtschaften und der Weltwirtschaft jedoch nicht nur durch die Brille der «traditionellen» Forschung, die Politikempfehlungen entwickelt, aber das Verhalten der Politiker nicht in ihre Untersuchungen einbezieht. Die institutionelle und politische Ökonomie, die in ihren Modellen das Verhalten von Politikern endogenisiert, liefert zunehmend Erkenntnisse darüber, dass und wie Politiker in ein Geflecht partikularer Interessen eingebunden sind, die eine für die gesamte Volkswirtschaft bessere Wirtschaftspolitik verhindern. Es wäre sträflich naiv, diesen Tatbestand zu negieren. Die jüngere Geschichte wirtschaftlicher Reformprogramme in Entwicklungs- und Industrieländern liefert haufenweise Belege dafür, dass konsequente Reformen an der Blockade durch Partikularinteressen scheitern.

Unter welchen Bedingungen eine Gesellschaft bereit und in der Lage ist, diese Verkrustungen aufzubrechen, ist nicht prognostizierbar. Die Institutionalisten betonen, dass Politik und Regelsysteme nur dann reformiert werden, wenn diejenigen Gruppen, die die Macht in den Händen halten, im Vergleich zur erwarteten Entwicklung ohne Reformen gewinnen. Wie gross der Leidensdruck für eine Gesellschaft insgesamt werden muss, bis entschiedene Reformen verfehlter Politik und ungeeigneter Institutionen vorgenommen werden, ist somit nicht zu bestimmen. Die Erkenntnisse der institutionellen und politischen Ökonomie legen auch bei wissenschaftlich begründeten Politikempfehlungen eine nüchterne Erwartungshaltung nahe.

Anmerkungen

1 Die Grundlagen und Möglichkeiten der schweizerischen Aussenpolitik sind inzwischen Gegenstand eines eigenen Nationalen Forschungsprogramms (NFP 42) geworden, das seit 1995 läuft.
2 Kritische Bestandesaufnahmen der Stellung der Schweiz im internationalen Standortwettbewerb und z.T. kontroverse Handlungsempfehlungen finden sich bei Moser (1991) und DePury et al. (1995). Skeptisch ist auch der Problemaufriss gefärbt, den Gasser (1996) aus der spezifischen Sicht der Exportindustrie gibt.
3 Alle Projekte und ihre Publikationen, einschliesslich der Synthesen, sind einzeln im Anhang aufgeführt.
4 Vgl. insbesondere den 2. Band des Syntheseberichts zum NFP 9 (Bernegger 1988).
5 So bestätigt auch das ‹Sorgen-Barometer› des GfS-Forschungsinstituts die Verdrängung des Umweltschutzes durch die Arbeitslosigkeit als Hauptsorge der Schweizerinnen und Schweizer; vgl. Longchamp/Huth (1996).
6 Eine ausführlichere Auseinandersetzung mit den Arbeitsmarktkonsequenzen der Globalisierung findet sich z.B. bei Landmann/Pflüger (1996).
7 Die Langfristvergleiche in diesem Abschnitt stützen sich auf die Daten in Maddison (1989).
8 Die Unsicherheit über den Anteil der konjunkturellen und der strukturellen Ursachen, die der Wachstumsschwäche der schweizerischen Volkswirtschaft zugrundeliegen, findet ihren Niederschlag auch in weit streuenden Schätzungen der sog. ‹Output-Lücke›. Vgl. z.B. OECD (1996a), S. 5.
9 Eine ausführliche Diskussion der Bedingungen, unter denen sich die Liberalisierungsdynamik der Nachkriegszeit entfalten konnte, wie auch der Gründe für deren späteres Erlahmen bieten die Ohlin Lectures von Bhagwati (1988).
10 Alle Angaben gemäss Weltbank (1994), Tabelle 1, S. 200/201.
11 Der Human Development Report 1996 (United Nations Development Programme 1996) widmet dem Zusammenhang zwischen dem ‹Human Development Index› und den monetären Einkommens- bzw. Sozialproduktsindikatoren ein eigenes Kapitel. Dabei kommt er zum Schluss, dass zwar von «einer allgemeinen Korrelation», nicht aber von «einer automatischen Verknüpfung» gesprochen werden könne (S. 67). Die Indikatorproblematik wird auch von Gerster (1995) erörtert.
12 Angaben gemäss Human Development Report des Jahres 1994, Tabelle 1, S. 129–131.
13 Alle Angaben gemäss Internationalem Währungsfonds (1993), Annex IV, S. 116–119.
14 OECD (Organisation for Economic Cooperation and Development): Organisation der hochentwickelten Industrienationen Nordamerikas, Europas und des pazifischen Raumes (Japan, Australien, Neuseeland), seit kurzem auch unter Einschluss Mexikos, Tschechiens und Ungarns.
15 Zur Frage, ob Einkommensverteilungen eher nach den absoluten Einkommensabständen oder nach den Einkommensrelationen beurteilt werden sollten, sind die Reflexionen von Bombach (1972) auch heute noch lesenswert.
16 Die Motive der Gegner jeglicher Bevölkerungspolitik in Ländern der Dritten Welt sind im allgemeinen nicht entwicklungspolitischer Natur.
17 Eine ausführliche Auseinandersetzung mit den Problemen des Bevölkerungswachstums und der Bevölkerungspolitik bietet Leisinger (1993). Pointiert und z.T. unorthodox sind

die Überlegungen von Sen (1994).
18 Die Zahlungsbilanz für das Jahr 1994 wagte erstmals eine Schätzung für die Brutto-Kommissionseinnahmen der Banken.
19 Eine instruktive Übersicht über die Erhebungsprobleme, die z. T. auch die internationale Vergleichbarkeit der Daten stark erschweren, gibt der deutsche Sachverständigenrat (1996/97, S. 64f.).
20 Der auf Europa entfallende Anteil der schweizerischen Einfuhren mag von der Statistik insofern etwas überzeichnet werden, als in machen Fällen grosse Teile der Wertschöpfungskette auch ausserhalb Europas liegen (z. B. bei Erdölprodukten, die in Rotterdam bloss raffiniert wurden).
21 Die Angaben über die geographische Verteilung der Direktinvestitionen stammen von der Schweizerischen Nationalbank (Geld, Währung und Konjunktur No. 4/1996).
22 Siehe z. B. die Beiträge zur Wettbewerbfähigkeit Deutschlands in Intereconomics, Januar-Februar 1994.
23 Vgl. z. B. OECD, Economic Outlook 57, Juni 1995.
24 Als weitere Bestandesaufnahmen des wissenschaftlichen Schrifttums zur schweizerischen Wettbewerbfähigkeit lassen sich Borner et al. (1991), Kap. 2, sowie Blattner (1991) anführen.
25 In der mit einer revidierten Methode erstellten Rangliste für das Jahr 1996 hat die Schweiz wieder einen Rang eingebüsst, gemäss einer konkurrierenden Rangliste des IMD in Lausanne sogar 4 Ränge.
26 Krugman (1996, Kap. 4) schreibt diese Formulierung Präsident Clinton zu.
27 Instruktiv ist hierzu Baldwins (1995) schneidende Analyse der Wettbewerbsfähigkeitsrhetorik in dem bereits erwähnten Weissbuch der Europäischen Kommission (1993).
28 Für grosse Länder oder Blöcke, deren geopolitische Ambitionen im globalen Machtpoker ein entsprechendes wirtschaftliches Gewicht voraussetzen, mag der Gesichtspunkt der relativen Performance eine grössere Rolle spielen.
29 Die Studie war ein Gemeinschaftsprojekt des NFP 28 und des Bundesamts für Konjunkturfragen. Sie ist in der Zwischenzeit unter der Ägide des BfK weitergeführt und aufdatiert worden; vgl. Arvanitis/Hollenstein/Lenz (1995) sowie Arvanitis/Hollenstein (1996).
30 Vgl. für die Schweiz etwa Beck (1990).
31 Siehe dazu Fagerberg (1996). Dies ist der Zusammenhang, der für das oben erwähnte Kaldor-Paradoxon mitverantwortlich sein dürfte.
32 Die aussergewöhnliche Technologielastigkeit der irischen Exporte bei vergleichsweise geringen eigenen F&E-Aufwendungen deutet auf ein erfolgreiches Standort-Marketing im Wettbewerb um ausländische Direktinvestitionen hin.
33 Ein prominentes Beispiel ist aus amerikanischer Perspektive das Buch von L.A. Tyson (1992). Eine skeptische Stimme dazu ist Krugman (1996, Kap. 7).
34 Besorgnis über die «schleichende De-Industrialisierung der Schweiz» hat insbesondere Freiburghaus et al. (1991) zu ihrem Vorschlag einer schweizerischen «Technik-Standortpolitik» motiviert, für die unter anderem ein eigenes Bundesamt für Technik zu schaffen sei.
35 Das Plädoyer für eine diffusionsorientierte Strategie ist auch ein Eckpfeiler des bundesrätlichen Berichts zur ‹Technologiepolitik des Bundes› (1992, S. v).
36 Breiter ausgeführte Vorschläge finden sich in Arvanitis et al. (1992a, Kap. 6f.), ‹Technologiepolitik des Bundes› (1992) sowie Hotz-Hart (1995).
37 Für eine detaillierte Darstellung der Ergebnisse der Studie sei auf die Veröffentlichungen

von Maillat et al. (1992), Maillat et al. (1993) und Németi/Pfister (1994) verwiesen.
38 Siehe auch Borner et al. (1991).
39 So untermauert etwa Wood (1994) in einer vielbeachteten Studie die Hypothese, dass das Vordringen der Entwicklungs- und Schwellenländer auf den Weltmärkten insbesondere die Einkommensposition von Arbeitnehmern in den unteren Lohngruppen der OECD-Arbeitsmärkte erodiert. Vgl. zu dieser Frage auch Landmann/Pflüger (1996).
40 Vgl. Schweizerische Bankiervereinigung (1996), Tabelle 1, S. 8.
41 Vgl. Schweizerische Bankiervereinigung (1996), Anhang, Tabellen A5 und A6.
42 Vgl. Schweizerische Bankiervereinigung (1996), Anhang, Tabelle A6.
43 Die oben (in Box 2.4) vorgestellte NFP-28-Studie über die Mikrotechnik hat anschaulich gezeigt, dass solche externen Skalenerträge in räumlich konzentrierten Netzwerken auch im industriellen Kontext eine wichtige Rolle spielen können.
44 So die Formulierung von Hotz-Hart/Küchler (1995, S. 34), die einerseits die starke Konzentration des Dienstleistungsportfolios am Standort Schweiz auf die Bereiche Banken und Versicherungen bedauern, andererseits aber auch innerhalb des Bankensektors ein Übergewicht des Private Banking monieren(«die übrigen Teilmärkte werden nicht oder kaum bedient»). «Bedenklich» sei diese Konzentration «nicht nur wegen der tendenziell stärker werdenden anderen europäischen Finanzplätze (Frankfurt, London), sondern auch wegen der noch nicht wahrgenommenen Möglichkeiten im industrienahen Bereich.» Nach den Schätzungen von Blattner et al. (1996) trägt die Vermögensverwaltung ein Drittel zur Bruttowertschöpfung der Schweizer Banken bei, wofür sie 1,3% der Schweizer Beschäftigten in Anspruch nimmt.
45 Noch älter als das Argument der komparativen Vorteile ist dasjenige der Vergrösserung des Marktes. Wie wir in Abschnitt 3.4 erläutern werden, blieb der Aspekt der Grössenvorteile aufgrund der Dominanz der ricardianischen Tradition lange verschüttet, bevor er in neuerer Zeit vor allem im Zusammenhang mit der Erklärung des sog. ‹intra-industriellen› Handels wiederentdeckt wurde (vgl. dazu z. B. die Einleitung zu Krugman 1990).
46 Eine ausführliche Darstellung der in dieser Box erläuterten Theorie lässt sich in jedem Lehrbuch der Aussenhandelstheorie finden. Besonders anschaulich ist die Exposition in Kapitel 9 des Textes von Krugman/Obstfeld (1994).
47 Diese Wirkungen sind eine Folge davon, dass in unserem Beispiel der Weltmarktpreis unter dem bisherigen Inlandspreis liegt. Im umgekehrten Fall – den wir hier aber nicht weiterverfolgen – käme es zu einem Export des Gutes.
48 In Abbildung 3.2 ignorieren wir die Tatsache, dass u.U. auch ein allfälliger Wettbewerbseffekt durch das Handelshemmnis beeinträchtigt wird. Für die Analyse dieses Aspekts käme der Art des Handelshemmnisses entscheidende Bedeutung zu.
49 Dies ist beispielsweise das Szenario, das Realität wird, wenn das Eidgenössische Volkswirtschaftsdepartement Einfuhrkontingente für Landwirtschaftsprodukte vergibt.
50 Volkswirtschaftliche Einkommensverluste entstehen allerdings im Ausmass des Aufwands, den die Importeure treiben, um in den Besitz von Importkontingenten bzw. -lizenzen zu kommen. Es gibt auch Formen der mengenmässigen Importbeschränkung, die die Fläche (iii) dem ausländischen Lieferanten zuschanzen. Dazu gehören die sog. «freiwilligen» Exportselbstbeschränkungsabkommen, wie sie die USA und die EU vor allem mit asiatischen Anbietern abgeschlossen haben.
51 Wegweisend waren diesbezüglich die Arbeit von Smith/Venables (1988) sowie die Studien im Sammelband von Venables/Winters (1992). Einen neueren Überblick über die Theorie

und Empirie der regionalen wirtschaftlichen Integration geben Baldwin/Venables (1995).
52 Vgl. z. B. die Übersicht in Martin/Winters (1995), S. 5.
53 17,5% = (156,9 : 133,5) − 1
54 Genaugenommen 38,5% [= (184,3 : 133,5) − 1]
55 Da sich die Beobachtungspunkte auf ein einzelnes Jahr beziehen, könnte das Bild im Prinzip durch temporäre Devisenmarktturbulenzen und damit allenfalls verbundene Wechselkursverzerrungen beeinflusst sein. Im Mehrjahresvergleich spricht aber nichts dafür, dass das Jahr 1994 besonders untypisch ist; vgl. z. B. eine entsprechende Darstellung in OECD (1990).
56 Der Bericht des WTO-Sekretariats (1996) über die Schweiz, dem die Abbildung 3.3 entnommen ist, gibt einen zurückhaltend formulierten, aber dennoch instruktiven Überblick über die wesentlichen Problembereiche.
57 Bei den Preisen handelt es sich um Detailhandelspreise, einschliesslich Mehrwertsteuer und andere indirekte Steuern. Dies kann dort zu Verzerrungen führen, wo die Steuersätze zwischen verschiedenen Ländern stark differieren, z. B. bei Motorfahrzeugen (‹personal transport equipment›). Qualitätsunterschiede sind berücksichtigt worden. Die WTO stützte sich auf vorläufige Eurostat-Daten.
58 Wie oft die Zulieferer der Bauindustrie die Kartellkommission beschäftigt haben, belegt im einzelne die WTO (1996).
59 Mehr zu diesen historischen Aspekten findet sich bei Krugman/Obstfeld (1994, Kap. 3) sowie Bhagwati (1988).
60 Der Betrag von ca. 240 Mio Franken für Fläche (iv) ergibt sich wie folgt: Fläche (vii) bewertet die Menge ($q_3 - q_5$) zu 68% des ursprünglichen Marktpreises, d. h. mit 1010 Mio. Das Dreieck (iv) ist – bei linearer Approximation der Nachfragefunktion – die Hälfte des Betrages, den man erhält, wenn man dieselbe Menge zu 32% des ursprünglichen Marktpreises bewertet. Somit gilt (iv)/(vii) = 0,5(32:68).
61 Beim Weisswein ist man in der Zwischenzeit zu einem Auktionsverfahren übergegangen.
62 Einen guten Überblick über die angesprochenen neuen Entwicklungen bietet das Symposium «New Growth Theory», das mit Beiträgen von Paul Romer, Gene Grossman und Elhanan Helpman, Robert Solow sowie Howard Pack im Journal of Economic Perspectives erschienen ist (Winter 1994, Vol. 8, Nr. 1).
63 Eine ausführlichere Diskussion findet sich z. B. bei Baldwin (1994), Abschnitt 2.4.
64 Die Investitionseffekte spielen in Baldwins (1989, 1992a) Analyse des Europäischen Binnenmarktprogramms von 1992 eine zentrale Rolle.
65 In Anlehnung an eine Grafik im Economist vom 18. November 1989, S. 81.
66 Dass multinationale Unternehmen einen wichtigen Kanal für die Diffusion neuer Technologien nicht nur von den Industrie- zu den Entwicklungsländern, sondern auch zwischen den Industrieländern untereinander darstellen, wird durch eine grosse Anzahl von Studien belegt; vgl. z. B. Blomström/Lipsey (1996).
67 Es sind theoretisch zwar auch Spezialfälle vorstellbar, in denen eine Beseitigung von Handelshemmnissen für einzelne Volkswirtschaften eine Verlangsamung des Wachstumstempos bewirken kann. Allerdings bedeutet dies nicht, dass die Aufrechterhaltung der Handelshemmnisse in einem solchen Fall vorteilhaft wäre; vgl. Grossman/Helpman (1991, Kap. 8 u. 9, sowie 1994).
68 Einen Zugang zu dieser Literatur eröffnen etwa die Übersichtsaufsätze von Lal (1993) und Baldwin/Seghezza (1996b). Speziell auf die Erfahrungen der Entwicklungsländer zuge-

schnitten ist die Studie der Weltbank (1996).

69 Dieses Problem wird in Bezug auf die Korrelation zwischen dem Aussenhandel und dem Volkseinkommen durch eine ökonometrische Studie von Frankel/Romer (1996) adressiert, die eindeutig zum Ergebnis kommt, dass die Korrelation einen signifikanten positiven Einfluss des Aussenhandels auf den Lebensstandard widerspiegelt, und nicht etwa umgekehrt. Diese Untersuchung bezieht sich allerdings nur auf das Niveau, nicht auf die Wachstumsrate, des Einkommens.

70 Während der Synthese-Bericht von Kugler/Müller (1996) eine Gesamtübersicht über das Projekt vermittelt, finden sich die ökonometrischen Detailresultate insbesondere bei Kugler (1991, 1993) und Kugler/Dridi (1993) veröffentlicht.

71 Der Vollständigkeit halber ist darauf hinzuweisen, dass es nach Auffassung einer vor allem in Nordamerika einflussreichen Richtung der Konjunkturtheorie – der sog. ‹Real Business Cycles›-Theorie – zweifelhaft ist, ob man die Konjunktur sinnvollerweise als Ausdruck von nachfrageseitig bedingten konjunkturellen Störungen eines im übrigen angebotsseitig determinierten Trendwachstumspfades interpretieren kann. Diese Frage ist Gegenstand einer lebhaften Debatte (vgl. Plosser 1989 und Mankiw 1989), die wir hier jedoch nicht weiterverfolgen können.

72 Einschränkend ist allerdings zu vermerken, dass die grenzüberschreitenden Wirkungen der F&E-Investitionen mit dem von Coe/Helpman eingesetzten Verfahren zuverlässiger bestimmbar sein dürften als die genaue Rolle der bilateralen Handelsströme bei der Verbreitung dieser Wirkungen; vgl. Keller (1996).

73 Dies ändert natürlich nichts an der Richtigkeit der Porter-Borner-These, dass ein nationaler Anbieter nicht für den internationalen Wettbewerb fit gebracht werden kann, indem man ihm auf dem Binnenmarkt eine unangefochtene Monopolstellung einräumt.

74 Vgl. Tab. 7 in Baldwin/Forslid/Haaland (1995), S. 32. Eine ähnliche Methodologie führt Keuschnigg/Kohler (1996) zu ähnlichen Schlussfolgerungen bezüglich der dynamischen Wirkungen des österreichischen EU-Beitritts sowie (als Nebenergebnis) des schweizerischen Nicht-Beitritts.

75 Eine eingehende Darstellung dieses Effizienzarguments, aber auch eine Diskussion seiner Grenzen und Einschränkungen, findet sich z.B. bei Straubhaar (1995) und Zimmermann (1993).

76 Die Verteilungseffekte werden auch in der erwähnten Studie von Hamilton/Whalley (1984) sehr deutlich. Eine neuere quantitative Untersuchung präsentiert Borjas (1995) am Beispiel der USA.

77 Offensichtlich entgegengesetzter Meinung ist Zimmermann (1994, S. 252): «In general, the Swiss migration policy is considered to be effective and successful.» Auf welcher Grundlage diese Einschätzung beruht, ist unklar.

78 Instruktiv sind in diesem Zusammenhang Berechnungen der OECD (1986b, Tabelle 1.1, S. 11), die zeigen, dass die konjunkturelle Elastizität des Arbeitsangebots der ständigen (einheimischen wie ausländischen) Wohnbevölkerung im Vergleich zu jener der ausländischen Arbeitskräfte mit temporärem Aufenthaltsstatus nicht nur um ein Vielfaches geringer ist, sondern in den letzten Jahren auch stark rückläufig war. Zu diesem Befund dürfte allerdings auch der fortlaufende Ausbau der Arbeitslosenversicherung nicht unerheblich beigetragen haben.

79 Diese Schätzung ist allerdings aus methodischen Gründen mit mehr als der üblichen Unsicherheitsmarge zu versehen. Denn sie beruht auf den *durchschnittlichen* Wertschöpfungs-

differentialen zwischen den Branchen, aus denen die ausländischen Arbeitnehmer abwandern, wenn die Mobilitätsrestriktionen entfallen, und den Branchen, in denen sie in der Folge beschäftigt sind. Direkten Aufschluss über die relevanten *marginalen* Produktivitätseffekte der Reallokation erhält man hierdurch nicht. Offen bleibt dabei auch, welche volkswirtschaftlichen Kosten durch eine von Anfang an geeignetere qualifikatorische Zusammensetzung der rekrutierten Arbeitskräfte zusätzlich vermeidbar gewesen wären.

80 So das Fazit einer empirischen Untersuchung der Forschungsstelle für Arbeitsmarkt- und Industrieökonomik der Universität Basel aus den 80er Jahren, zitiert nach Halbherr et al. (1988), S. 131.

81 Dies ist eine zentrale Schlussfolgerung einer Studie von Blattner/Theiss (1994). Obwohl die Studie das Hauptaugenmerk auf die Situation im Kanton Baselland legte, dürften ihre Ergebnisse auch gesamtschweizerisch Gültigkeit beanspruchen.

82 Auf die Problematik des Abstimmungsbedarfs der sozialpolitischen Systeme in einem gemeinsamen Wirtschaftsraum kommen wir unten in Kapitel 4 zurück.

83 Es ist vor allem die Eidgenössische Kommission gegen Rassisimus gewesen, die mit diesem Vorwurf für Aufsehen gesorgt hat, obwohl er schon vorher verschiedentlich erhoben worden war.

84 Ausführlich erläutert in Straubhaar (1991).

85 Vgl. z. B. Borjas (1995), Grubel (1994) und Zimmermann (1994). Dass auch die ‹Neue Wachstumstheorie› starke Argumente für positive Wachstumseffekte der hochqualifizierten Immigration und eher ungünstige Effekte der niedrigqualifizierten Immigration liefert, zeigt Bretschger (1993).

86 Überlegungen, die in diese Richtung weisen, werden von Blattner/Theiss (1994) diskutiert.

87 Hierauf hat auch Nydegger (1991) hingewiesen. Straubhaar/Zimmermann (1993) diskutieren die Anforderungen an eine gemeinsame europäische Migrationspolitik.

88 zitiert nach M. Caciagli (1990), S. 423.

89 Martin/Schumann (1996, Klappentext bzw. S. 290).

90 Auszüge aus Saladin (1995b). Saladin (1995a) enthält den ausführlichen Schlussbericht des Projekts, Saladin (1994) eine Synthese.

91 «The Advantage of Tying One's Hands» ist der Titel eines Aufsatzes von Giavazzi/Pagano (1988) über die disziplinierende Kraft der Wechselkursbindung im Europäischen Währungssystem.

92 Ein breites Spektrum von Meinungen zur Reform der direkten Demokratie enthält der Sammelband von Borner/Rentsch (1997).

93 Verwiesen sei vor allem auf die Beiträge von H. Koller, B.S. Frey und G. Kirchgässner in Borner/Rentsch (1997).

94 Genau dies ist eine der Fragestellungen, die das NFP 28 dem NFP 42 «Grundlagen und Möglichkeiten der schweizerischen Aussenpolitik» mitgegeben hat. Sie wird dort in einem Projekt unter der Leitung von Aymo Brunetti am Wirtschaftswissenschaftlichen Zentrum der Universität Basel bearbeitet.

95 Eine ähnliche, wenn auch wesentlich breiter angelegte Diskussion der Vor- und Nachteile einer Zentralisierung verschiedener Politikbereiche auf EU-Ebene enthält die Subsidiaritäts-Studie des Centre for Economic Policy Research (CEPR 1993), auf die wir unten nochmals zurückkommen.

Literatur

Abramowitz, M. (1956): Resource and Output Trends in the United States Since 1870, American Economic Review, P.P., Vol. 46

Alesina, A./Perotti, R. (1994): The Welfare State and Competitiveness. NBER Working Paper No. 4810; Cambridge

Anderson, K. (1993): Economic Growth, Environmental Issues, and Trade, in C. F. Bergsten/M. Noland (Hrsg.): Pacific Dynamism and the International Economic System, Kap. 11; Washington

Aoki, M./Kim, H./Okuno-Fujiwara, M. (Eds.) (1997): The Role of Government in East Asian Economic Development; Oxford

Arbenz, P. (1995): Bericht über eine schweizerische Migrationspolitik (zuhanden des Eidgenössischen Justiz- und Polizeidepartements), Mai

Arvanitis, S. (1992): Innovation und Exportfähigkeit: Ergebnisse einer ersten explorativen Untersuchung auf Unternehmensebene für die schweizerische Industrie, Konjunktur, Heft 3

Arvanitis, S./Etter, R./Frick, A./Hollenstein, H. (1992a): Innovationsfähigkeit und Innovationsverhalten der Schweizer Wirtschaft. Studienreihe Strukturberichterstattung, Bundesamt für Konjunkturfragen; Bern und Zürich

Arvanitis, S./Etter, R./Frick, A./Hollenstein, H. (1992b): Innovationsfähigkeit und Innovationsverhalten der Schweizer Wirtschaft. NFP-28-Synthese Nr. 1; Einsiedeln

Arvanitis, S./Hollenstein, H. (1996): Das Innovationsprofil der Schweizer Industrie: Determinanten, Zielorientierung und Hemmnisfaktoren der Innovationstätigkeit, Schweizerische Zeitschrift für Volkswirtschaft und Statistik, Vol. 132, Heft 3

Arvanitis, S./Hollenstein, H./Lenz, S. (1995): Innovationsaktivitäten in der Schweizer Industrie. Eine Analyse der Ergebnisse der Innovationserhebung 1993. Studienreihe Strukturberichterstattung, Bundesamt für Konjunkturfragen; Bern und Zürich

Baily, M./Gersbach, H. (1995): Efficiency in Manufacturing and the Need for Global Competition, Brookings Papers on Economic Activity, Microeconomics

Balassa, B. (1964): The Purchasing Power Parity Doctrine: A Reappraisal, Journal of Political Economy, Vol. 72

Balassa, B (1985): Exports, Policy Choices and Economic Growth in Developing Countries After the 1973 Oil Shock; Journal of Development Economics, 18

Baldwin, R. (1989): The Growth Effects of 1992, Economic Policy, Vol. 9

Baldwin, R. (1992a): Measurable Dynamic Gains From Trade, Journal of Political Economy, Vol. 100

Baldwin, R. (1992b): On the Growth Effects of Import Competition, NBER Working Paper No. 4045; Cambridge

Baldwin, R. (1994): Towards an Integrated Europe. CEPR; London

Baldwin, R. (1995): The Problem with Competitiveness, in E. Ems (Hrsg.): 35 Years of Free Trade in Europe – Messages for the Future. EFTA; Genf

Baldwin, R./Forslid, R./Haaland, J. (1995): Investment Creation and Investment Diversion: Simulation Analysis of the Single Market Programme, CEPR Discussion Paper No. 1308; London

Baldwin, R./Seghezza, E. (1996a): Testing for Trade-induced Investment-led Growth, CEPR Discussion Paper No. 1331; London

Baldwin, R./Seghezza, E. (1996b): Growth and European Integration: Towards an Empirical Assessment, CEPR Discussion Paper No. 1393; London

Baldwin, R./Venables, A. (1995): Regional Economic Integration, in G. Grossman/K. Rogoff (Hrsg.): Handbook of International Economics, Vol. III, Kap. 31; Amsterdam

Baldwin, R. (1995): Does Sustainability Require Growth? in: I. Goldin and L. A.Winters (Eds.) (1995)

Bank für Internationalen Zahlungsausgleich (1996): 66. Jahresbericht; Basel

Barro, R. J. (1991): Economic Growth in a Cross Section of Countries, Quarterly Journal of Economics, Vol. 106

Bates, A./Krueger, A. O. (Eds.) (1993): Political and Economic Interactions in Economic Policy Reform; Cambridge

Bauer, P. T. (1984): Reality and Rhetoric. Studies in the Economics of Development; London

Bauer, P. T. (1991): Development Frontier. Essays in Applied Economics; London

Baumer, J. (1994): Das Strukturanpassungsprogramm Boliviens, Synthese Nr. 11, NFP 28; Einsiedeln

Baumol, W. J./Blackman, S.A./Wolff, E. N. (1989): Productivity and American Leadership – The Long View; Cambridge

Baumol, W. J./Nelson, R.R./Wolff, E. N. (1994): Convergence of Productivity; Oxford

Bayoumi, T./Coe, D./Helpman, E. (1996): R&D Spillovers and Global Growth, NBER Working Paper No. 5628; Cambridge

Beck, B. (1990): Die internationale Wettbewerbsfähigkeit der schweizerischen Exportindustrie; Bern und Stuttgart

Becker, G. (1992): Eintrittspreise für Immigranten – Plädoyer für einen moderaten Liberalismus in der Einwanderungspolitik, Neue Zürcher Zeitung Nr. 254, 31. Oktober/1. November

Berg, E./Hunter, G./Lenaghen, T./Riley, M. (1994): Structural Adjustment and the Poor in the 1980s. Trends in Social Conditions in Latin America and Africa; Ms., World Bank; Washington D.C

Bernegger, M. (1988): Die Schweiz unter flexiblen Wechselkursen; Bern und Stuttgart

Bernegger, U./Märki, P./Rieder, P. (1994): Die schweizerische Landwirtschaftspolitik im Kontext einer zunehmenden internationalen Herausforderung. NFP-28-Synthese 14; Einsiedeln

Bhagwati, J. (1988): Protectionism; Cambridge

Bhalla, S./Lau, L. J. (1992): Openness, Technological Progress and Economic Growth in Developing Countries; Ms., World Bank

Binswanger, H. P. (1989): The Policy Response of Agriculture, Proceedings of the World Bank Conference on Development Economics; Washington D.C.

Blardone, G./Caviezel, L. (1992: Stratégies de développement et ajustements structurels; Synthese 2 des NFP 28, Einsiedeln

Blattner, N. (1991): Defining and Explaining Competitiveness: Lessons from Research in Switzerland, mimeo, FAI; Universität Basel

Blattner, N./Genberg, H./Swoboda, A. (1992): Competitiveness in Banking; Heidelberg

Blattner, N./Genberg, H./Swoboda, A. (1993a): Banking in Switzerland; Heidelberg

Blattner, N./Genberg, H./Swoboda, A. (1993b): La place financière suisse à l'aube du 21e siècle – Der Finanzplatz Schweiz an der Schwelle zum 21. Jahrhundert. NFP-28-Synthese Nr. 4; Einsiedeln

Blattner, N./Gratzl, B./Kaufmann, Th. (1996): Das Vermögensverwaltungsgeschäft der Banken in der Schweiz; Bern und Stuttgart

Blattner, N./Maurer, M./Weber, M. (1987): Voraussetzungen der schweizerischen Wettbewerbsfähigkeit. Kurzfassung; Basel

Blattner, N./Theiss, R. (1994): Ausländer und Arbeitslosigkeit. WWZ-Studie Nr. 44; Basel

Bleaney, M. F. (1996): Macroeconomic Stability, Investment and Growth in Developing Countries, Journal of Development Economics, Vol. 48

Blomström, M./Lipsey, R. E. (1996): Multinational Firms and the Diffusion of Skills and Technology, NBER Reporter, Summer 1996; Cambridge

Bombach, G. (1972): Neue Dimensionen der Lehre von der Einkommensverteilung. Basler Universitätsreden, Heft 66; Basel

Borjas, G. (1995): The Economic Benefits from Immigration, Journal of Economic Perspectives, Vol. 9, Nr. 2

Borner, S. (1986): Internationalization of Industry; Berlin/Heidelberg

Borner, S./Brunetti, A./Straubhaar, Th. (1990): Schweiz AG – Vom Sonderfall zum Sanierungsfall? Zürich

Borner, S./Brunetti, A./Straubhaar, Th. (1994): Die Schweiz im Alleingang; Zürich

Borner, S./Porter, M. E./Weder, R./Enright, M.: (1991): Internationale Wettberwerbsvorteile: Ein strategisches Konzept für die Schweiz; Zürich

Borner, S./Rentsch, H. (1997): Wieviel direkte Demokratie verträgt die Schweiz? Chur/Zürich

Borner, S./Straubhaar, Th. (1995): Betreibt die Schweiz eine falsche Gastarbeiterpolitik? Neue Zürcher Zeitung, Nr. 174, 29./30. Juli, Wiederabdruck in WWZ News, Nr. 20, Dezember

Bossard, A./Wirth, M./Blattner, N. (1992): The Swiss Banking Sector: Development and Outlook, in Blattner, N./Genberg, H./Swoboda, A. (1992)

Brada, J. C. (1996): Privatization Is Transition – Or Is It? Journal of Economic Perspectives, 10

Bretschger, L. (1993): Migration und internationale Wettbewerbsfähigkeit, Schweizerische Zeitschrift für Volkswirtschaft und Statistik, 129. Jg.

Brodmann, W. (1995): Schweizer Aussenwirtschaft 1994, Die Volkswirtschaft, Heft 3

Brugger, E. A./Maurer, M. (1994: Fördern multinationale Firmen das ökologische Know-how in Entwicklungsländern? Synthese 18 des NFP 28, Einsiedeln

Brunetti, A. (1997): Der ‹Status-Quo-Bias› und die bremsende Wirkung des fakultativen Referendums, in Borner/Rentsch (1997)

Bruno, M./Pleskovic, B. (Eds.) (1995): Proceedings of the World Bank Annual Conference on Development Economics 1994. Supplement to the World Bank Economic Review and the World Bank Research Observer; Washington D. C.

Butler, A. (1992): Is the United States Losing Its Dominance in High-Technology Industries? Federal Reserve Bank of St. Louis Review, Vol. 74, No. 6

Caciagli, M. (1990): Das Europa der Regionen: Regressive Utopie oder politische Perspektive? Österreichische Zeitschrift für Politikwissenschaft, Bd. 4

Camen, U. (1992): The Swiss Position in the International Market for Non-Bank Deposits, in Blattner et al. (1992)

Cardoso, E. A. (1989): Hyperinflation in Latin America; Challenge, Vol. 32

Cecchini, P. (1988): Europa '92 – Der Vorteil des Binnenmarktes; Baden-Baden

CEPR (1993): Making Sense of Subsidiarity: How Much Centralization for Europe? Centre for Economic Policy Research (Monitoring European Integration 4); London

Chen, S./Datt, G. /Ravallion, M. (1993): Is Poverty Increasing in the Developing World? Policy Research Working Paper, World Bank; Washington D. C.

Chow, P. C. Y. (1987): Causality Between Export Growth and Industrial Development; Journal of Development Economics, 26

Cline, W. (1985): International Debt: From Crisis to Recovery? American Econmic Review, Papers and Proceedings, May

Coe, D./Helpman, E. (1995): International R&D Spillovers, European Economic Review, Vol. 39

Coe, D./Helpman, E./Hoffmaister, A. (1995): North-South R&D Spillovers, CEPR Discussion Paper No. 1133; London

Collins, S. M./Bosworth, B. P. (1996): Economic Growth in East Asia: Accumulation versus Assimilation; Brookings Papers on Economic Activity, No. 2

Conway, P. (1994): An Atheoretic Evaluation of Success in Structural Adjustment; Economic Development and Cultural Change

Corbo, V./de Melo, J./Tybout, J. (1984): What Went Wrong with the Recent Reforms in the Southern Cone; World Bank Paper, AR-21/JDD/# 13, Washington D. C.

Corbo, V./Fischer, S./Webb, S. B. (Eds.) (1992): Adjustment Lending Revisited. Policies to Restore Growth; Washington D. C.

Corbo, V./Rojas, P. (1992): World Bank-Supported Adjustment Programs: Country Performance and Effectiveness; in: Corbo, V./Fischer, S. /Webb, S. B. (1992)

Corden, M. W. (1977): Inflation, Exchange Rates and the World Economy; Chicago

Corden, M. W. (1988): Debt Relief and Adjustment Incentives; IMF Staff Papers, 35, 4

Cornia, G./Jolly, R./Stewart, F. (Eds.) (1987): Adjustment with a Human Face. 2 Vols.; Oxford

Darrat, A. F. (1987): Are Exports an Engine of Growth? Another Look at the Evidence; Applied Economics, 19

Datt, G./Ravallion, M. (1992): Growth and Redistribution Components of Changes in Poverty Measures: A Decomposition with Applications to Brazil and India in the 1980; Journal of Development Economics, Vol. 38, No. 2

de Haan, J./Siermann, C. L. J. (1996): Political Instability, Freedom and Economic Growth: Some Further Evidence; Economic Development and Cultural Change

de Melo, J./Panagariya, A. (1993): The New Regionalism in Trade Policy; Cambridge

de Pury, D. (1995): Anstösse zu einem ordnungspolitischen Durchbruch, Neue Zürcher Zeitung Nr. 77, 1./2. April

de Soto, H. (1986): El otro sendero; Instituto Libertad y Democracia; Lima

Dembinski, P. H. (1995): La privatisation post-communiste; Synthese 22 des NFP 28, Einsiedeln

Demery, L. /Squire, L. (1996): Macroeconomic Adjustment and Poverty in Africa: An Emerging Picture; The World Bank Research Observer, Vol 11, No. 1

Demery, L./Ferroni, M./Grootaert, Ch. (1993): Understanding the Social Effects of Policy Reform; Washington D. C.

Desai, A. (1993): My Economic Affair; New Delhi

Dhima, G. (1991): Politische Ökonomie der schweizerischen Ausländerregelung; Chur/Zürich

Diaz-Alejandro, C. (1984): Latin American Debt: I Don't Think We Are in Kansas Anymore; Brookings Papers on Economic Activity, No. 2

Dixit, A. K. (1996): The Making of Economic Policy; Cambridge/London

Dollar, D. (1992): Outward-oriented Developing Economics Really Do Grow More Rapidly: Evidence from 95 LDCs, 1976-1985; Economic Development and Cultural Change

Dornbusch, R. (1988): Overvaluation and Trade Balance; in: Dornbusch/Helmers (1988)

Dornbusch, R. (1988b): Peru on the Brink; Challenge, Vol. 31, No. 6
Dornbusch, R. (1989): Open Economy Macroeconomics; New York
Dornbusch, R. (1989b): How to Turn Mexico's Debt and Inflation into Growth; Challenge, Vol. 32, No. 1
Dornbusch, R./Helmers, F. L. C. H. (Eds.) (1988): The Open Economy. Tools for Policymakers in Developing Countries; New York, Oxford
Drèze, J./Sen, A./Hussain, A. (Eds.) (1994): The Political Economy of Hunger. Selected Essays; WIDER Studies in Development Economics; Oxford 1994
Easterly, W./King, R./Levine, R./Rebelo, S. (1992): How Do National Policies Affect Long-run Growth? World Bank Discussion Paper No. 164; Washington
Easterly, W./Levine, R. (1994): Africa's Growth Tragedy; Ms., The World Bank
Easterly, W./Kremer, M./Pritchett, L./Summers, L. H. (1993): Good Policy or Good Luck? Country Growth Performance and Temporary Shocks; Journal of Monetary Economics, 32
ECA, United Nations Commission for Africa (1989): African Alternative Framework to Structural Adjustment Programmes for Socio-Economic Recovery and Transformation; E/ECA/CM.15/6/Rev.3; Addis Ababa
Edwards, S. (1992): Trade Orientation, Distortions and Growth in Developing Countries; Journal of Development Economics, 39
Egli D. (1996), Optimal Debt Relief under Threat of Trade Punishments, Review of International Economics (forthcoming)
Egli, D. (1995): Marktorientierte Schuldenerlassinstrumente; Kredit und Kapital, 4
Egli, D. (1994): Frage nach dem entwicklungspolitischen Nutzen und der effizienten Verwendung öffentlicher Gelder; Jahrbuch Schweiz – Dritte Welt 1994, Genf
Egli, D. (1994b), Internationale Schuldenkrise. Dissertation, Basel
Egli D./Ferroni M./Denzer R./Kappel R./Landmann O. (1993), Die schweizerische Entschuldungspolitik: Flop oder Vorbild? Diskussionspapier Nr. 11, Ed. NFP 28, Einsiedeln
Egli D. (1992), Mikroökonomische Analyse der Schuldenkrise: Wo stehen wir heute? Diskussionspapier Nr. 9, Ed. NFP 28, Einsiedeln
Egli D. (1991), Geschenk erreicht Adressaten kaum, Bulletin Nr. 2, NFP 28, Einsiedeln
Eisinger, A. (1994): Unternehmerisches Innovationsverhalten und Technologiepolitik: eine empirische Untersuchung für die Schweiz. Arbeitsbericht z.Hd. des Bundesamtes für Konjunkturfragen; Zürich
Etienne, G./Maurer, J.-L./Renaudin, Ch. (1992): Suisse-Asie – Pour un nouveau partenariat; Genève
Etienne, G./Maurer, J.-L./Renaudin, Ch. (1994): Suisse-Asie – Pour un nouveau partenariat. NFP-28-Synthese Nr. 21; Einsiedeln
Europäische Kommission (1993): Wachstum, Wettbewerbsfähigkeit und Beschäftigung (Weissbuch); Luxemburg
Eusufzai, Z. (1996): Openness, Economic Growth, and Development: Some Further Results; Economic Development and Cultural Change
Fagerberg, J. (1996): Technology and Competitiveness, Oxford Review of Economic Policy, Vol. 12, No. 3
Faini, R./Venturini, A. (1994): Migration and Growth: The Experience of Southern Europe, CEPR Discussion Paper No. 964; London
Feenstra (1995): Estimating the Effects of Trade Policy, in G. Grossman/K. Rogoff (Hrsg.): Handbook of International Economics, Vol. III, Kap. 30; Amsterdam

Feldstein, M. (1995): Global Capital Flows – Too little, not too much, The Economist, June 24th.

Ferroni, M./Kanbur, R. (1990): Poverty-Conscious Restructuring of Public Expenditure; SDA Working Paper No. 9, The World Bank, Washington D. C.

Ferroni, M./Denzer, R. (1994): Erfahrungen mit der schweizerischen Entschuldungsfazilität; Jahrbuch Schweiz – Dritte Welt 1994, Genf

Fischer, B. (Hrsg.) (1990): Die Dritte Welt im Wandel der Weltwirtschaft. Herausforderungen an die Entwicklungspolitik; Berlin

Fischer, S./Sahay, R./Végh, C. A. (1996): Stabilization and Growth in Transition Economies: The Early Experience; Journal of Economic Perspectives, 10, 2

Foster, J./Greer, J. /Thorbecke, E. (1984): A Class of Decomposable Poverty Measures; Eonometrica, Vol. 52, No. 3

Fosu, A. K. (1992): Political Instability and Economic Growth: Evidence from Sub-Saharan Africa; Economic Development and Cultural Change

Frankel, J./Romer, P. (1996): Trade and Growth: An Empirical Investigation, NBER Working Paper No. 5476; Cambridge

Freiburghaus, D./Balthasar, A./Zimmermann, W./Knöpfel, C. (1991): Technik-Standort Schweiz; Bern und Stuttgart

Frey, B. S./Kirchgässner, G. (1994): Demokratische Wirtschaftspolitik. Theorie und Awendung; München

Frey, B. S. /Schneider, F. (1979): An Econometric Model with an Endogenous Government Sector; Public Choice, 34

Friedman, M. (1953): The Case for Flexible Exchange Rates, in: Essays in Positive Economics; Chicago

Gasser, Th. (1996): Wettbewerb der Standorte – und die Schweiz? Bemerkungen aus der Sicht der Exportindustrie, Schweizerische Zeitschrift für Volkswirtschaft und Statistik, 132. Jg., 3

Genberg, H./Helbling, Th./Neftci, S. (1992): Monopoly Power in Swiss Financial Markets, in Blattner et al. (1992)

Gerster R./Gugler A. (1992) Entschuldung hat keine Alternative, Bulletin Nr. 3, NFP 28, Einsiedeln

Gerster, R. (1995): Nord-Süd-Politik: abschreiben oder investieren? Perspektiven der schweizerischen Entwicklungszusammenarbeit; Zürich

Giavazzi, F./Pagano, M. (1988): The Advantage of Tying One's Hands: EMS Discipline and Central Bank Credibility, European Economic Review, Vol. 32

Gillis, M./Dapice, D. (1988): Indonesia; in: Dornbusch/Helmers (1988)

Goldin, I./Winters, L. A. (Eds.) (1995): The Economics of Sustainable Development; Cambridge, U.K.

Grossman, G./Helpman, E. (1991): Innovation and Growth in the Global Economy; Cambridge

Grossman, G./Helpman, E. (1994): Endogenous Innovation in the Theory of Growth, Journal of Economic Perspectives, Vol. 8, No. 1

Grossman, G. M. (1995): Pollution and Growth: What Do We Know? in: Goldin, I./Winters, L. A. (Eds.) (1995)

Grubel, H. (1994): The Economics of International Labor and Capital Flows, in Giersch, H. (Hrsg.): Economic Aspects of International Migration; Berlin u.a.

Grütter, J. (1993): A Socio-Economic Evaluation of the Structural Adjustment Program of Bolivia; Chur und Zürich

Gylfason, Th. (1995): The Macroeconomics of European Agriculture. Princeton Studies in International Finance, No. 78; Princeton

Gylfason, Th./Radetzki, M. (1991): Does Devaluation Make Sense in the Least Developed Countries? Economic Development and Cultural Change, Vol. 40, No. 1

Häfliger, H./Rieder, P. (1996): Optimale Regelungsebene: Fallbeispiel Kulturlandschaft. NFP-28-Synthese Nr. 27; Einsiedeln

Haggard, S./Kaufman, R. (1992): The Politics of Economic Adjustment: International Constraints, Distributive Conflicts and the State; Princeton

Haggard, S./Webb, S. B. (1993) What Do We Know About the Political Economy of Economic Reform? World Bank Research Observer 8 (2)

Halbherr, Ph./Harabi, N./Bachem, M. (1988): Die schweizerische Wettbewerbsfähigkeit auf dem Prüfstand: Herausforderung an Politik, Wirtschaft und Wissenschaft; Bern und Stuttgart

Hamilton, B./Whalley, J. (1984): Efficiency and Distributional Implications of Global Restrictions on Labor Mobility: Calculations and Policy Implications, Journal of Development Economics, Vol. 14

Hardin, G. (1968): The Tragedy of the Commons; Science, 162

Harris, J. R./Todaro, M. P. (1970): Migration, Unemployment and Development: A Two-Sector Analysis; American Economic Review, 60, March

Harrison, A. (1996): Openness and Growth: A Time-series Cross-county Analysis for Developing Countries; Journal of Development Economics, Vol. 48

Hauser, H./Bradke, S. (1994): Neue Wirtschaftsartikel für die Schweiz, in: Nationalstaat im Wandel – Aufgabe und Bedeutung. NFP-28-Diskussionspapier Nr. 12; Einsiedeln

Hayek, F. A. von (1968): Der Wettbewerb als Entdeckungsverfahren. Kieler Vorträge, N.F. 56; Kiel

Heal, G. (1995): Lecture Notes on Sustainability; Lief Johansen Lectures, Memorandum from the Department of Economics, University of Oslo

Heitger, B. (1986): Import Protection and Export Performance.: Their Impact on Economic Growth; Weltwirtschaftliches Archiv 260, July

Helbling, Th. (1993): The Effects of Foreign Competition on Stock Markets: SEAQ International vs. Switzerland, in Blattner et al. (1993a)

Helleiner, G. K. (1993): From Adjustment to Development in Sub-Saharan Africa: Conflict, Controversy, Convergence, Consensus? Ms.

Helliwell, J. F./Chung A. (1991): Macroeconomic Convergence: International Transmission of Growth and Technical Progress; NBER Working Paper, Cambridge, Mass.

Hellwig, M. (1992): Comment, in Blattner et al. (1992)

Hellwig, M. (1996): Warum Banken nicht zur Ruhe kommen, Neue Zürcher Zeitung, Nr. 92, 20./21. April

Hotz-Hart, B. (1995): Perspektiven der Technologiepolitik, Die Volkswirtschaft, Heft 7

Hotz-Hart, B./Küchler, C. (1992): Technologieportfolio und Wettbewerbsfähigkeit des Industriestandortes Schweiz. Studienreihe Strukturberichterstattung, Bundesamt für Konjunkturfragen; Bern und Zürich

Hotz-Hart, B./Küchler, C. (1995): Wissenschaft und Technologie im schweizerischen Innovationssystem, Mitteilungsblatt für Konjunkturfragen 2/95

Hotz-Hart, B./Küchler, C. (1996): Das Technologieportfolio der Schweizer Industrie im In- und Ausland, Schweizerische Zeitschrift für Volkswirtschaft und Statistik, Vol. 132, Heft 3

Hsiao, M. W. (1987): Tests of Causality and Exogeneity Between Exports and Economic Growth: The Case of the Asian NICs; Journal of Economic Development, 12, 2

Hunkeler, J. (1994): L'impossibilité de rembourser la dette; Synthese 9 des NFP 28, Einsiedeln

Illy, H. F. (1994): Soziale und politische Dimensionen der Strukturanpassung in Afrika; Journal für Entwicklungspolitik, X Jg., Nr. 4, 1994

ILO, International Labour Office (1988): International Labour Review, Special Issue: The African Crisis, Food Security and Structural Adjustment, Vol. 127, No. 6

Internationaler Währungsfonds (1993): World Economic Outlook, Mai

Ito, T. (1996): Japan and the Asian Economies: A «Miracle» in Transition; Brookings Papers on Economic Activity, No. 2

IUED, Instiut universitaire d'études due développement (Hrsg.) (1997): Jahrbuch Schweiz – Dritte Welt; Genf

Jacob, J.-P./Margot, F./Sauvain, P./Uvin, P. (1993): La contribution des acteurs publics et privés au développement rural local des pays du Tiers-monde; Synthese 7 des NFP 28, Einsiedeln

Jeker, R./Etter, Ch. (1993): Zunehmende Bedeutung und Internationalisierung des Dienstleistungssektors, Die Volkswirtschaft, Heft 12, Dezember

Jones, R. (1980) : Comparative and Absolute Advantage, Schweizerische Zeitschrift für Volkswirtschaft und Statistik, Jg. 116

Juchler, J. (1993): Krise und Umbruch in Osteuropa; Synthese 8 des NFP 28, Einsiedeln

Jung, W./ Marshall, P. (1985): Exports, Growth, and Causality in Developing Countries; Journal of Development Economics, 18

Kaldor, N. (1978): The Effect of Devaluations on Trade in Manufactures, in Kaldor, N.: Further Essays on Applied Economics, London

Kantzenbach, E. (1994): Germany as a Business Location, Intereconomics, January/February

Kappel, R. (1990): Wege aus der Entwicklungskrise. Modernisierung, Armutsbekämpfung, Strukturanpassung und Schuldenabbau; Frankfurt / Main

Kappel, R. (1990b): Orthodoxe und heterodoxe Stabilisierungsprogramme in Lateinamerika: Erfahrungen und Lehren für die Zukunft; Aussenwirtschaft, Schweizerische Zeitschrift für internationale Wirtschaftsbeziehungen, Heft II

Kappel, R. (1993): Die schweizerische Entschuldungsfazilität – eine Zwischenbilanz; Jahrbuch Schweiz – Dritte Welt 1993; Genf

Kappel, R. (1994): Entwicklungspolitischer Nutzen der schweizerischen Entschuldungsfazilität: Zwischenbilanz oder abschliessendes Urteil; Jahrbuch Schweiz– Dritte Welt 1994; Genf

Kappel, R. (1996): Should Adjustment Policy Be Linked with Environmental Concerns? Arbeitspapiere des NADEL, Nr. 6, 1996; Veröffentlichung im Frühjahr 1998 in Environment and Development Economics

Keller, W. (1996): Are International R&D Spillovers Trade-Related? Social Systems Research Institute Working Paper 9607, University of Wisconsin; Madison

Keuschnigg, Ch./Kohler, W. (1996): Austria in the European Union: Dynamic Gains from Integration and Distributional Implications, Economic Policy, Vol. 22

Killick, T. (1993): The Adaptive Economy. Adjustment Policies in Small, Low-Income Countries; EDI Development Studies; Washington D.C.

Kimenyi, M. S./Mbaku, J. M. (1993): Rent-Seeking and Institutional Stability in Developing Countries; Public Choice, Vol. 77, October 1993

Klingen, C. (1995): How Private Creditors Fared with Sovereign Lending. Evidence from the 1970-1992 Period; Diskussionspapier Nr. 14, Ed. NFP 18, Einsiedeln

Kneschaurek, F. (1992): Ist die schweizerische Industrie noch international wettbewerbsfähig? Sonderpublikation der Banca della Svizzera Italiana

Kneschaurek, F. (1994): Entwicklungsdynamik der Triade-Länder und Stellung der Schweiz als Exportland auf diesen Märkten. NFP-28-Synthese Nr. 19; Einsiedeln

Kneschaurek, F. (1993): Vergleich der Entwicklungsdynamik in den Ländern der Triade (Westeuropa, Nordamerika, Pazifik) und die Stellung der Schweiz als Exportland auf diesen Märkten. Forschungsbericht, NFP 28; Einsiedeln

Kohl, J.-Ph./Borner, S. (1994): Supranationalität oder Wettbewerb nationaler Rahmenbedingungen. NFP-28-Synthese Nr. 16; Einsiedeln

Kohl, J.-Ph./Borner, S. (1996): Supranationalität und Regulierung in der Sozialpolitik. NFP-28-Synthese Nr. 26; Einsiedeln

Krueger, A. O. (1974): The Political Economy of the Rent-Seeking Society; The American Economic Review, Vol. 64, June 1974

Krugman, P. (1990): Rethinking International Trade; Cambridge

Krugman, P. (1994): The Myth of Asia's Miracle; Foreign Affairs, November / December

Krugman, P. (1996): Pop Internationalism; Cambridge

Krugman, P./Obstfeld, M. (1994): International Economics – Theory and Policy. 3. Aufl.; New York

Kugler, P. (1991): Growth, Exports and Cointegration: An Empirical Investigation, Weltwirtschaftliches Archiv, Bd. 127

Kugler, P. (1993): Demand for Imports, Supply of Exports and Technical Progress: Results from a GNP-Function Estimate for Switzerland, Schweizerische Zeitschrift für Volkswirtschaft und Statistik, Bd. 129

Kugler, P./Dridi, Y. (1993): Growth and Exports in LDC's: A Multivariate Time Series Study, International Review of Economics and Business, Vol. 40

Kugler, P./Müller, U. (1996): Die Schweiz vor den aussenwirtschaftlichen Herausforderungen der Neunziger Jahre: Möglichkeiten und Grenzen von nachfrage- vs. angebotsorientierten wirtschaftspolitischen Strategien. NFP-28-Synthese Nr. 28; Einsiedeln

Kummer, M. (1995): Wohlstand dank fairen Spielregeln im Welthandel, Die Volkswirtschaft, Heft 5

Lal, D. (1993): Does Openness Matter? How to Appraise the Evidence, in H. Giersch (Hrsg.): Economic Growth in the World Economy; Tübingen

Lal, D./Rajapatirana S. (1987): Foreign Trade Regimes and Economic Growth in Developing Countries; World Bank Research Observer, 2 (2)

Landmann, O./Pflüger, M. (1996): Arbeitsmärkte im Spannungsfeld von Globalisierung und technologischem Wandel, in B. Külp (Hrsg.): Arbeitsmarkt und Arbeitslosigkeit; Freiburg i.Br.

Lehne, J./Hauser, H./Bradke, S. (1996): Wirtschaftsverfassungsartikel für die Schweiz. NFP-28-Synthese Nr. 20; Einsiedeln

Leisinger, K. M. (1993): Hoffnung als Prinzip; Basel

Lipton, M. (1977): Why Poor People Stay Poor. Urban Bias in World Development; London

Longchamp, C./Huth, P. (1996): Globalisierung: Ein Phänomen, das die Schweiz spaltet? Die Volkswirtschaft, Heft 10

Lopez, R. (1990): Economic Growth, Capital Accumulation and Trade Policy; Ms., World Bank

Lucas, R. E. (1988): On the Mechanics of Economic Development, Journal of Monetary Economics, Vol. 22

Lucas, R. E. (1990): Why Doesn't Capital Flow from Rich to Poor Countries?, American Economic Review, Vol. 80, No. 2

Maasland, A./van der Gaag, J. (1992): World Bank Supported Adjustment Programs and Living Conditions; in: Corbo, Fischer and Webb (Eds.) (1992)

Maddison, A. (1989): The World Economy in the 20th Century. OECD; Paris

Maddison, A. (1994): Explaining the Economic Performance of Nations, 1820-1989, in: Baumol/Nelson/Wolff (1994)

Märki, P. (1995): Gewinner und Verlierer, in: Liberalisierung der Agrarmärkte: Gewinner und Verlierer, NFP-28-Diskussionspapier Nr. 13; Einsiedeln

Maillat, D./Németi, F./Pfister, M. (1992): Les microtechniques et les services associés. NFP-28-Synthese Nr.3; Einsiedeln

Maillat, D./Németi, F./Pfister, M./Siviero, A. (1993): L'industrie microtechnique en Suisse. IRER; Neuchâtel

Mankiw, N. G. (1989): Real Business Cycles: A New Keynesian Perspective, Journal of Economic Perspectives, Vol. 3

Mankiw, N. G. (1993): Makroökonomik; Wiesbaden

Mankiw, N. G. (1995): The Growth of Nations, Brookings Papers on Economic Activity, 1

Martin, H. P./Schumann, H. (1996): Die Globalisierungsfalle; Reinbek

Martin, W./Winters, L. A. (1995): The Uruguay Round – Widening and Deepening the World Trading System. Weltbank; Washington, D.C.

Meier-Dallach, H.-P./Nef, R. (1994): Europabilder und die Vision des Kleinstaats Schweiz. NFP-28-Synthese Nr. 12; Einsiedeln

Meier-Dallach, H.-P./Nef, R. (1995): Nationalstaat – Schutz oder Gefängnis? NFP-28-Bulletin Nr. 9; Einsiedeln

Morrisson, C./Lafay, J. D./Dessus, M. (1993): La faisabilité politique de l'ajustement dans les pays africains; Centre de Développement de l'OCDE; Paris

Moser, P. (1991): Schweizerische Wirtschaftspolitik im internationalen Wettbewerb; Zürich

Munasinghe, M./Cruz, W. (1995): Economywide Policies and the Environment. Lessons from Experience; The World Bank; Washington D. C.

Murrell, P. (1996): How Far Has the Transition Progressed; Journal of Economic Perspectives, 10, 2

Németi, F./Pfister, M. (1994): Aspects de la compétitivité de l'industrie microtechnique suisse. IRER; Neuchâtel

Nelson, J. M. (Ed.) (1990): Economic Crisis and Policy Choice; Princeton N.J.

Nelson, J. M./Waterbury, J. (1988): Fragile Coalitions: The Politics of Economic Adjustment; New Brunswick

North, D. C. (1981): Structure and Change in Economic History; New York

North, D. C. (1990): Institutions, Institutional Change and Economic Performance; Cambridge

North, D. C. (1993): The New Institutional Economics and Development; Ms., Washington University, St. Lous

Nunnenkamp, P. (1985): Die Entstehung und Bewältigung von Verschuldungskrisen in Entwicklungsländern; Die Weltwirtschaft, Heft 2

Nydegger, A. (1991): Welthorizonte – und die Schweiz? Chur/Zürich

Nydegger, A. (1992): Welthorizonte – und die Schweiz; Thesen zur langfristigen Entwicklung der Schweiz, in NFP-28-Diskussionspapier Nr. 8; Einsiedeln
OECD (1990): OECD Economic Surveys – Switzerland 1989/90; Paris
OECD (1992): Banks under Stress; Paris
OECD (1995): OECD Economic Surveys – Switzerland 1995; Paris
OECD (1996a): OECD Economic Surveys – Switzerland 1996; Paris
OECD (1996b): Labour Market Policies in Switzerland; Paris
OECD (1996c): Agricultural Policies, Markets and Trade in OECD Countries. Monitoring and Evaluation 1996; Paris
Olson, M. (1965): The Logic of Collective Action; Cambridge
Olson, M. (1982): The Rise and Decline of Nations; New Haven
Olson, M. (1996): Big Bills Left on the Side Walk: Why Some Nations Are Rich and Others Poor; Journal of Economic Perspectives, 10, 2
Ohmae, K. (1995): The End of the Nation State; New York u.a.
Pearce, D. W./Turner, R. K. (1990): Economics of Natural Resources and the Environment; New York, London
Pinstrup-Andersen, P./Jaramillo, M./Stewart, F. (1992): The Impact on Government Expenditure; in Cornia, G./Jolly, R./Stewart, F. (Eds.) (1987)
Platteau, J. (1994): The Food Crisis in Africa: A Comparative Structural Analysis; in: Drèze/Sen/Hussain (Eds.) (1994)
Plosser, Ch. (1989): Understanding Real Business Cycles, Journal of Economic Perspectives, Vol. 3
Popp, H. W. (1992): Neuorientierung der Agrarpolitik, Die Volkswirtschaft, Heft 7
Porter, M. (1990a): The Competitive Advantage of Nations; London, New York
Porter, M. (1990b): The Competitive Advantage of Nations, Harvard Business Review, March-April
Psacharopoulos, G./Morley, S./Fiszbein, A./Lee, H./Wood, B. (1992): Poverty and Income Distribution in Latin America: The Story of the 1980s; Latin America Technical Department, World Bank; Washington D.C.
Quah, R./Rauch, J. E. (1990): Openness and the Rate of Economic Growth; Ms.,
Ram, R. (1985): Exports and Economic Growth: Some Additional Evidence; Economic Development and Cultural Change, 33, 2
Ravallion, M. (1993): Growth, Inequality and Poverty; Ms., World Bank; Washington D. C.
Ricardo, D. (1817): The Principles of Political Economy and Taxation
Rieder, P. (1995): Agrarwirtschaftliche Forschung: Schrittmacher der Agrarpolitik?, in: Liberalisierung der Agrarmärkte: Gewinner und Verlierer, NFP-28-Diskussionspapier Nr. 13; Einsiedeln
Rieder, P./Rösti, A./Jörin, R. (1994): Auswirkungen des GATT-Abschlusses auf die schweizerische Landwirtschaft. Institut für Agrarwirtschaft, ETH Zürich
Rodrik, D. (1996): Kommentar zu Collins, S. M. und Bosworth, B. P. (1996); Brookings Papers on Economic Activity, No. 2
Roemer, M. (1988): Macroeconomic Reform in Developing Countries; Development Discussion Paper No. 266, Harvard Institute for International Development; Harvard
Romer, P. (1986): Increasing Returns and Long-Run Growth, Journal of Political Economy, Vol. 94.
Romer, P. (1990): Endogenous Technological Change, Journal of Political Economy, Vol. 98.

Romer, P. (1991): Increasing Returns and New Developments in the Theory of Growth, in W. A. Barrett et al. (Hrsg.): Equilibrium Theory and Applications; Cambridge

Rutherford, M. (1994): Institutions in Economics: The Old and the New Institutionalism; Cambridge

Sachs, J. (1989): New Approaches to the Latin American Debt Crisis; Essays in International Finance, 174; Princeton

Sachs, J./Warner, A. (1995): Economic Reform and the Process of Global Integration, Brookings Papers on Economic Activity, No. 1

Sachs, J. (1996): Growth in Africa. It can Be Done; The Economist, June 29th

Sachverständigenrat: Jahresgutachten des Sachverständigenrates zur Begutachtung der gesamtwirtschaftlichen Entwicklung. Bonn (verschiedene Jahrgänge).

Sahn, D. E. (1992): Public Expenditutre in Sub-Saharan Africa During a Period of Economic Reforms; World Development 20, No. 5

Sahn, D. E. (1990): Fiscal and Exchange Rate Reforms in Africa: Considering the Impact on the Poor; Ms., Cornell University; Washington D. C.

Saladin (1994): Wozu noch Staaten? NFP-28-Synthese Nr. 17; Einsiedeln

Saladin (1995a): Wozu noch Staaten? Bern

Saladin (1995b): Wozu braucht es noch Staaten? NFP-28-Bulletin Nr. 9; Einsiedeln

Salter, W. E. G. (1959): Internal Balance and External Balance: The Role of Price and Expenditure Effects; Economic Record 35-71, August

Samuelson, P. (1964): Theoretical Notes on Trade Problems, Review of Economics and Statistics, Vol. 46

Schiesser-Gachnang, D. (1993): Bolivien: Hyperinflation, Stabilisierung und Strukturanpassung. Eine makroökonomische Analyse; Hallstadt

Schmoch, U./Grupp, H./Laube, T. (1994): Ziele einer Technologiepolitik der Schweiz: Standortvoraussetzungen und technologische Trends. Arbeitsbericht an das Bundesamt für Konjunkturfragen; Karlsruhe

Schwank, O./Zürcher, D. (1993): Stadt-Land Beziehungen: Eine Herausforderung für die schweizerische Entwicklungszusammenarbeit; Synthese 5 des NFP 28, Einsiedeln

Schweizerische Bankgesellschaft (1993): Competition Among Nations, UBS International Finance, Issue 17, Autumn

Schweizerische Bankgesellschaft (1994): Die schweizerische Fremdarbeiterpolitik auf dem Prüfstand, Economic Focus, November

Schweizerische Bankgesellschaft (1996): The Asian Economic Miracle; UBS International Financial Review, Nr. 29, Herbst

Schweizerische Bankiervereinigung (1996): Der schweizerische Bankensektor: Entwicklung, Struktur und internationale Position. Ausgabe 1996; Basel

Sen, A. (1994): Die Menschenbombe, Lettre international, Winter 94; Berlin

Sen, A. (1983): Poor, Relatively Speaking; Oxford Economic Papers, Vol. 35

Sengupta, A. K. (1988): A Proposal for A Debt-Adjustment Facility in the IMF; The World Economy, 11, 2

Serageldin, I. (1995): Nurturing Development. Aid and Cooperation in Today's Changing World; The World Bank; Washington D. C.

Serageldin, I./Steer, A. (Eds.) (1994): Valuing the Environment: Proceedings of the First Annual International Conference on Environmentally Sustainable Development; Environmentally Sustainable Development Proceedings No. 2, The World Bank

Shams, R. (1990): Strukturanpassung, Wachstum und Armutsbekämpfung; in: Fischer, B. (1990)

Sheldon, G. (1993): Cost Structure of Swiss Banking, in N. Blattner (Hrsg.): European Integration and the Swiss Financial Centre. WWZ-Beiträge, Bd. 16; Chur/Zürich

Sheldon, G./Haegler, U. (1993): Economies of Scale and Scope and Inefficiencies in Swiss Banking, in Blattner et al. (1993a)

Sjaastad, L. A. (1984): Failure of Economic Liberalism in the Cone of Latin America; The World Economy, Vol. 6, No. 1, S. 5-26

Smith, A. (1776): An Inquiry into the Nature and Causes of the Wealth of Nations

Smith, A./Venables, A. (1988): Completing the Internal Market in the European Community, European Economic Review, Vol. 32

Solow, R. (1956): A Contribution to the Theory of Economic Growth, Quarterly Journal of Economics, Vol. 70

Solow, R. (1957): Technical Change and the Aggregate Production Function, Review of Economics and Statistics, Vol. 39

Solow, R. (1989): Economic Growth in Theory and Practice. WWZ-Sonderdruck Nr. 1; Basel

Stalder, P./Frick, A./Gaillard, S./Salzgeber, R. (1994): Auswirkungen der Ausländerpolitik auf den Strukturwandel in der Schweiz. NFP 27, Serie Schlussberichte; Bern

Stetter, H./Gugler, A. (1994): Entschuldungsmassnahmen: Erste Erfahrungen, Möglichkeiten und Grenzen; Jahrbuch Schweiz – Dritte Welt, Genf

Stiglitz, J. E. (1994): Whither Socialism? Cambridge, Mass.

Stiglitz, J. E. (1996): Some Lessons from the East Asian Miracle; World Bank Research Observer, Vol. 11

Straubhaar, Th. (1991): Einwanderungszertifikate – mehr als ein Diskussionsvorschlag? Wirtschaftswissenschaftliches Studium (WiSt), Heft 3

Straubhaar, Th. (1993): Von der Ausländer- zur Migrationspolitik. NFP-28-Synthese Nr. 6; Einsiedeln

Straubhaar, Th. (1994): Normative Aspekte internationaler Faktorwanderungen, Wirtschaftswissenschaftliches Studium (WiSt), Heft 12

Straubhaar, Th./Fischer, P. (1996): Einwanderung in die Schweiz – ein polit-ökonomisches Lehrstück, in H. Fassmann/R. Münz (Hrsg.): Migration in Europa – Historische Entwicklung, aktuelle Trends und politische Reaktionen. Kap. 7; Frankfurt und New York

Straubhaar, Th./Zimmermann, K. (1993): Towards a European Migration Policy, Population Research and Policy Review, Vol. 12

Summers, L. H./Pritchett, L. H. (1993): The Structural-Adjustment Debate; American Economic Review, Vol. 83, No. 2

Summers, R./Heston, A. (1991): The Penn World Table (Mark 5): An Expanded Set of International Comparisons, 1950-1988, Quarterly Journal of Economics, Vol. 106

Suter, C. (1995): Demokratisierung, Menschenrechte und Strukturanpassung in Lateinamerika; Synthese 24 des NFP 28, Einsiedeln

Swan, T. W. (1960): Economic Control in a Dependent Economy; Economic Record 36-73, March

Syrquin, M./Chenery, H. (1989): Three Decades of Industrialisation; The World Bank Economic Review 3, No. 2

Taake, H.-H. (1997): Die Auslandsverschuldung der Entwicklungsländer. Kein Ausweg aus der Entwicklungsfalle? Entwicklung und Zusammenarbeit, 37, 1

Taylor, L. (1983): Structuralist Macroeconomics. Applicable Models for the Third World; New York

Taylor, L. (1988): Varieties of Stabilization Experience: Towards Sensible Macroeconomics in the Third World; Oxford

Technologiepolitik des Bundes (1992): Bericht des Bundesrates, vorbereitet von einer Arbeitsgruppe unter der Federführung des Bundesamts für Konjunkturfragen; Bern

The Economist (1994): War of the Worlds – A Survey of the Global Economy, October 1st.

The Economist (1996): Happy 21st century, voters! – A Survey of Democracy, December 21st.

The Economist (1997): The Asian Miracle – Is it Over? March 1st

Thomas, V./Wang, Y. (1996): Distortions, Interventions and Productivity Growth: Is East Asia Differnt? Economic Development and Cultural Change

Tinbergen, J. (1956): Economic Policy: Principles and Design; Amsterdam

Tucholsky, K. (1931): Kurzer Abriss der Nationalökonomie, wiederabgedruckt in K. Tucholsky: Panter, Tiger & Co. Hamburg 1954

Thomas, V./Nash, J. (1992): Best Practices: Lessons in Trade Policy Reform; New York

Tyson, L. (1992): Who's Bashing Whom? Trade Conflict in High-Technology Industries; Washington

UNCTAD (1994): World Handbook of Trade and Development Statistics 1993; United Nations; New York and Geneva

United Nations Development Programme (1996): Human Development Report 1996; New York und Oxford

Varian, H. (1989): Grundzüge der Mikroökonomik; München/Wien

Venables, A./Winters, L. A. (1992): European Integration: Trade and Industry; Cambridge

Vontobel, H.-D. (1992): Gedanken zur Reform des Finanzplatzes Schweiz, in H.-D. Vontobel und L. Morscher: Wettbewerb als Chance; Zürich

Wade, R. (1990): Governing the Market. Economic Theory and the Role of Government in East Asian Industrialization; Princeton

Wasescha, L. (1995): Die Uruguay-Runde des GATT – die interne Umsetzung der Resultate in der Schweiz, Die Volkswirtschaft, Heft 6, Juni

Webb, S./Shariff, K. (1992): Designing and Implementing Adjustment Programs; in: Corbo, V./Fischer, S./Webb, S. B. (Eds.)

Wehrle, F./Ledermann, J. (1995): Zunehmender Einkaufstourismus ins Ausland – Überhöhte Schweizer Nahrungsmittelpreise als Hauptursache, Neue Zürcher Zeitung Nr. 39, 16. Februar

Weiss, P. (1996): Europas Industrien im internationalen Technologiewettlauf, List Forum, Bd. 22, Heft 1

Weltbank (1981): Accelerated Development in Sub-Saharan Africa: An Agenda for Action; World Bank Publication; Washington D. C.

Weltbank (1988): Adjustment Lending. An Evaluation of Ten Years Experience; Policy and Research Series, No. 1; Washington D. C.

Weltbank (1989): Sub-Saharan Africa – From Crisis to Sustainable Growth; Washington D. C.

Weltbank (1990): Making Adjustment Work for the Poor. A Framework for Policy Reform in Africa; Washington D. C.

Weltbank (1990b): The Social Dimensions of Adjustment in Africa. A Policy Agenda; Washington D. C.

Weltbank (1991): Entwicklung als Herausforderung. Weltentwicklungsbericht; Washington D. C.

Weltbank (1992): Adjustment Lending and Mobilization of Private and Public Resources for Growth; Policy and Research Series No. 22; Washington D. C.
Weltbank (1993): The East Asian Miracle. Economic Growth and Public Policy; New York, Oxford
Weltbank (1993b): Global Economic Prospects and the Developing Countries 1993; Washington D. C.
Weltbank (1993c): Latin America and the Caribbean: A Decade After the Debt Crisis; Washington D. C.
Weltbank (1994): Adjustment in Africa. Reforms, Results, and the Road Ahead; New York, Oxford
Weltbank (1994): Weltentwicklungsbericht; Washington D. C.
Weltbank (1995): The Social Impact of Adjustment Operations. An Overview; Document of the World Bank, Operations Evaluation Department; Washington D. C.
Weltbank (1995b): Higher Impact Adjustment Lending; Report of the Working Group to the SPA Plenary; Ms., Office of the Chief Economist, Africa Region
Weltbank (1996): Global Economic Prospects and the Developing Countries 1996; Washington D. C.
Weltbank (1996b): From Plan to Market. World Development Report 1996; Washington D.C.
Weltbank (1996c): World Debt Tables 1995-96; Washington D. C.
Wheeler, D. (1980): Basic Needs Fulfillment and Economic Growth. A Simultaneous Model; Journal of Development Economics, 7
Williamson, J. (Ed.): The Political Economy of of Policy Reform; Washington
Winters, L. A. (1989): The So-Called ‹Non-Economic› Objectives of Agricultural Support, OECD Economic Studies (Special Issue), No. 13; Paris
Wirth, M. (1993): Measuring the Performance of Banks: Conceptual Problems and Results for Switzerland (1987-1990), in Blattner et al. (1993a)
Wood, A. (1994): North-South Trade, Employment and Inequality; Oxford
WTO (1996): Trade Policy Review Switzerland: Report by the Secretariat; Genf
Wyss, M./Messerli, B./Straubhaar,T. (1994): Förderung einer ökologisch verträglichen wirtschaftlichen Zusammenarbeit mit weniger entwickelten Ländern; Synthese 10 des NFP 28, Einsiedeln
Young, A. (1994a): Lessons from East Asian NICs: A Contrarian View, European Economic Review, Vol. 38, May
Young, A. (1994b): The Tyranny of Numbers: Confronting the Statistical Realities of the East Asian Growth Experience, NBER Working Paper Nr. 4680; Cambridge
Young, A. (1995): The Tyranny of Numbers: Confronting the Statistical Realities of the East Asian Growth Experience; Querately Journal of Economics, Vol 110, No. 3
Zimmermann, K. (1993): Ökonomische Konsequenzen der Migration für den heimischen Arbeitsmarkt, Schweizerische Zeitschrift für Volkswirtschaft und Statistik, 129. Jg.
Zimmermann, K. (1994): Immigration Policies in Europe: An Overview, in H. Siebert (Hrsg.): Migration: A Challenge for Europe; Tübingen
Zweifel, P. (1993): Services in Switzerland; Berlin, Heidelberg u.a.
Zweifel, P./Schmidt, Hj. (1995): Braucht die Schweiz eine strategische Handelspolitik?, Neue Zürcher Zeitung Nr. 23, 28./29. Januar

Das NFP 28 im Überblick

Synthesen und Bücher

1. **Silvio Borner/Aymo Brunetti/Thomas Straubhaar: Schweiz AG – Vom Sonderfall zum Sanierungsfall**

   In diesem Vorbericht zum NFP 28 wird aufgezeigt, dass der politische Sonderfall Schweiz mit der direkten Demokratie im Zentrum notwendige Anpassungen an internationale Herausforderungen erschwert. Skizziert werden kurzfristig realisierbare Anpassungen der Wirtschaftspolitik zur Steigerung der Wettbewerbsfähigkeit, aber auch politische Reformansätze.

   1991, Verlag Neue Zürcher Zeitung, Zürich

   Borner S./Brunetti A./Straubhaar Th. (1991), Direkte Demokratie in Frage gestellt, Bulletin Nr. 1, NFP 28, Einsiedeln

2. **Alfred Nydegger: Welthorizonte und die Schweiz**

   Der Vorbericht enthält Informationen über die weltweiten Entwicklungsperspektiven von Gesellschaft, Wirtschaft und Umwelt, wie sie der Literatur und laufenden Forschungsarbeiten entnommen werden können. Der Autor beurteilt sie und leitet Folgen für die Schweiz ab.

   1991, Rüegger Verlag, Zürich

   Nydegger A./Bombach G./Eberhard B./Gerster R. (1992), Welthorizonte – und die Schweiz, Seminarbeiträge, Ed. NFP 28, Einsiedeln

3. **Peter Kugler/Urs Müller: Möglichkeiten und Grenzen von nachfrage- vs. angebotsorientierten Strategien**

   In einer Zeitreihenanalyse konnte die Hypothese einer Langfristbeziehung zwischen Brutto-Inlandprodukt, Konsum und Investitionen einerseits und dem Export andersseits für die Schweiz nicht bestätigt werden. Hingegen identifizieren die Autoren einen positiven angebotsseitigen Wachstumseffekt der Importe.

   1996, Synthese Nr. 28, NFP 28, Einsiedeln

   Kugler P./Müller U. (1991), Demand for Imports, Supply of Exports and Technical Progress: Results from an GNP – Function Estimate, Diskussionspapier, Ed. NFP 28, Einsiedeln

   Kugler P. (1991), Exports and Cointegration: An Empirical Investigation, Weltwirtschaftliches Archiv 127

   Kugler P. (1992), Demand for Imports, Supply of Exports and Technical Progress in NIC's, Universität Bern / BAK

   Kugler P./Müller U. Technical Progress, Foreign Trade and GNP Functions: A Multicountry Study, Universität Bern / BAK

Müller U. (1993), Exporte und technischer Fortschritt: Eine empirische Untersuchung für die Schweizer Branchen, BAK

Kugler P./Dridi Y. (1993), Growth and Exports in LDC's: A Multivariate Time Series Study, International Review of Economics and Business 40

Kugler P. (1993), Demand for Imports, Supply of Exports and Technical Progress: Results from a GNP-Function Estimate for Switzerland, Schw. Zeitschrift für Volkswirtschaft und Statistik 129

Kugler P./Müller U. (1996), Keine fundierten Antworten möglich, Bulletin Nr. 11, NFP 28, Einsiedeln

4. **Francesco Kneschaurek: Die Entwicklungsdynamik der «Triade»-Länder im Vergleich und die Stellung der Schweiz als Exportland auf diesen Märkten**

Ausgangspunkt der Studie ist die deutliche Verlangsamung der wirtschaftlichen Entwicklung, die seit Mitte der siebziger Jahre im Westeuropa und Nordamerika im Vergleich zu den Ländern am Pazifik zu beobachten ist. Eine Gewichtsverlagerung der Exportanstrengungen in Richtung dieser dynamischeren Märkte ist notwendig.

1991, Synthese Nr. 19, NFP 28, Einsiedeln

Kneschaurek F. (1992), Ist die schweizerische Industrie noch international wettbewerbsfähig? Sonderpublikation der Banca della Svizzera Italiana (BSI)

Kneschaurek F. (1993), Steht uns eine weltweite Kapitalknappheit bevor? Sonderpublikation der Banca della Svizzera Italiana (BSI)

Kneschaurek F. (1995), Expansive Märkte stärker erschliessen, Bulletin Nr. 10, NFP 28, Einsiedeln

5. **Gilbert Etienne/Jean Luc Maurer/Christine Renaudin: Suisse – Asie: Pour un nouveau partenariat Inde – Pakistan – Chine – Indonésie**

Bisher hat die Schweizer Wirtschaft gut auf die Entwicklung der vier asiatischen Länder reagiert. Allerdings drängt die Konkurrenz massiv auf diese Märkte. Deshalb ist die Position der Schweiz auszubauen u.a. durch eine verstärkte Präsenz der Handelsdiplomatie und grösseres Engagement des Bankensektors

1994, Synthese Nr. 21, NFP 28, Einsiedeln
1992, Ed. Olizone, Genève

Maurer J. L./Regnier Ph. (1992), International trade and financial markets in the Asia-Pacific region, IUHEI, Genève

6. **Paul Dembinski: La privatisation post-communiste**

In einigen osteuropäischen Ländern kam es zu einer Koexistenz des früher auf Planwirtschaft ausgerichteten Rechtssystems und gesetzlichen Grundlagen der Marktwirtschaft. Diese unklaren Spielregeln führen zu einer versteckten Privatisierung mit teilweise kriminellen Methoden, schrecken aber auch ausländische Investoren ab.

1995, Synthese Nr. 22, NFP 28, Einsiedeln

1995, La privatisation en Europe de l'Est, Presses Universitaires de France, Paris

Dembinski P. (1990), La stratégie de l'entreprise occidentale face à l'Europe de l'Est «Die Unternehmung», no 6

Dembinski P./Morisset J. (1991), Experiences of IMF Stabilization Policies in Latin America and Eastern Europe, in Systemic Change and Stabilization in Eastern Europe, L. Csaba ed., Dartmouth

Dembinski P. (1991), La privatisation: des questions en attente de réponses» in La nouvelle Europe de l'Est, du Plan au Marché: les défis de la privatisation, J.-D. Clavel, Sloan J. eds, Bruylant, Bruxelles

Dembinski P. (1991), L'inéluctable monétisation de l'Europe de l'Est» in La transition en Europe de l'Est, R. Tartarin et G. Duchêne eds, Cujas, Paris, 1991

Dembinski P. (1991), Towards an integrated approach of privatization of post-communist economies, Ed. Eco' Diagnostic, Genève

Dembinski P. (1992), Vers une approche plus réaliste de la transition en Europe post-communiste, Universität Freiburg, Freiburg

Dembinski P. (1992), Développement d'un secteur de petites et moyennes entreprises dans les économies européennes en transition, OCDE, Paris

Dembinski P. (1992), Promotion des PME dans les économies post-communistes: un exemple d'assistance-formation à mettre en place, Université de Fribourg, Eco'Diagnostic, Genève

Dembinski P. (1992), Place et avenir de la petite et moyenne entreprise en Europe de l'Est post-communiste, Forum Helveticum, juin 1992

Dembinski P. (1992), Atelier sur le développement d'un secteur de petites et moyennes entreprises (PME) dans les économies européennes en transition, Rapport de synthèse, OCDE

Dembinski P. (1993), La transition économique dans les pays post-communistes: limites de l'analyse et état d'avancement, Revue d'Europe Centrale, No. 1, 1er sem.

Dembinski P./Unterlercher H. (1993), Barriers to entry for private enterprise: the muddling through of state enterprise, Revue européenne des sciences sociales, Tome XXXI, No. 96

Dembinski P./Vauthey P. (1993), Rola Warszawskiej Gieldy Papierow Wartosciowych w procesie przeksztalcen wlasnosciowych, Ekonomista

Dembinski P./Vauthey P. (1994), La bourse dans la transition: l'expérience de Varsovie, in Revue d'Etudes Comparatives Est-Ouest, No. 1

Dembinski P. (1994), Le Régime de propriété en économie centralement planifiée (ECP; Les leçons d'une expérience

Dembinski P. (1995), Les risques d'un régime de propriété «ni-ni», Bulletin No. 10, PNR 28, Einsiedeln

7. **Jakob Juchler: Krise und Umbruch in Osteuropa**

Es wird eine gesamthafte Betrachtungsweise des Transformationsprozesses in Osteuropa vorgelegt. Für dessen Entwicklung ist weniger die eingeschlagene Politik der einzelnen Länder, sondern vielmehr die gesellschaftliche Ausgangssituation entscheidend. Als bester Nährboden für Demokratie und Marktwirtschaft empfiehlt der Autor Öffnung der Grenzen für osteuropäische Produkte.

1993, Synthese Nr. 8, NFP 28, Einsiedeln
1994, Osteuropa im Umbruch, Seismo Verlag, Zürich

Juchler J. (1991), Zur Entwicklungsdynamik in den sozialistischen bzw. postsozialistischen Ländern, in Schweizerische Zeitschrift für Soziologie, Nr. 2

Juchler J. (1991), Die Jagd nach dem schnellen Gelde, Tages Anzeiger, 13. Sept.

Juchler J. (1992), The Formation Approach and the Crises of the Socialist System, Dialectics and Humanism

Juchler J. (1992), Zwei Jahre nach der Wende – Osteuropa in der Krise, WoZ-Dossier

Juchler J. (1992), Zur Entwicklungsdynamik in den sozialistischen bzw. «postsozialistischen» Ländern, Diskussionspapier Nr. 7, Ed. NFP 28, Einsiedeln

Juchler J. (1993), Der bisherige Reformprozess in Polen. Zum Wechselspiel von Politik und Wirtschaft, Osteuropa 12

Juchler J. (1993), Ende des Sozialismus – Ende der Formationstheorie, Zeitschrift z., 16

Juchler J. (1994), Schwierige Demokratisierungsprozesse in Osteuropa, Osteuropa 2

Juchler J. (1994), Der Reformprozess in der Tschechoslowakei bzw. in Tschechien und der Slowakei, Wirtschaft und Gesellschaft, 1

Juchler J. (1994), Die wirtschaftliche Entwicklungsdynamik im «postsozialistischen» Transformationsprozess – zum Wechselspiel von strukturell-allgemeinen und historisch-spezifischen Faktoren», Berliner Journal für Soziologie, Nr. 4

Juchler J. (1994), Ein «Religionskrieg» in Polen, Weltwoche Nr. 33

Juchler J. (1994), Soziale Unterlassungssünden, Tages Anzeiger 1. Oktober

Juchler J. (1994), Und wie satt macht ein Video? WOZ Nr. 36

Juchler J. (1994), Tiefe Gräben, Die Zeit Nr. 38

Juchler J. (1994), Keine Neuauflage der Sozialistischen Volksrepublik, Weltwoche Nr. 42

Juchler J. (1995), Kontinuität oder Wende? Polen seit dem Wahlsieg der «Postkommunisten», Osteuropa Nr. 1

Juchler J. (1995), Big Bang mit schrillen Tönen: Widersprüche und Widerstände bei der Implementierung des Balcerowicz-Planes, In Rudolph Hedwig (Hg.), Geplanter Wandel, ungeplante Wirkungen. Handlungslogiken- und ressourcen im Prozess der Transformation. WZB-Jahrbuch, edition sigma, Berlin

Juchler J. (1995), Nach dem Absturz der Boom?, WoZ-Dossier Osteuropa, WoZ, Nr. 10

Juchler J. (1995), Tschechien-Osteuropa Wirtschaftswunder, WoZ 2.5.95

Juchler J. (1995), Wohin steuert Vladimir Meciar? WoZ Nr. 22

Juchler J. (1995), «Die osteuropäische Krise und die Integration Europas», Widerspruch, Nr. 29

Juchler J. (1995), 15 Jahre Solidarnosc – Rechtspopulisten geben mehr und mehr den Ton an, Weltwoche, Nr. 36

Juchler J. (1995), Osteuropäische Erfolgsstories – die Reformwege Polens und Tschechiens im Vergleich, Europäische Rundschau, Nr. 4

8. **Niklaus Blattner/Hans Genberg/Alexandre Swoboda: Der Finanzplatz Schweiz an der Schwelle zum 21. Jahrhundert**

Zwar weisen die Schweizer Banken im internationalen Vergleich eine hohe Performance auf, doch ebenfalls ein beträchtliches Sparpotential. Wie erfolgreich die Banken den Strukturwandel bewältigen, hängt nicht nur von ihren Bemühungen um Kostenkontrolle und der Fähigkeit, die eigenen Chancen zu nutzen, ab, sondern genauso vom ordnungspolitischen Rahmen.

1992, Competitiveness in Banking, Physica Verlag, Heidelberg
1993, Banking in Switzerland, Physica Verlag, Heidelberg
1993, Synthese Nr. 4, NFP 28, Einsiedeln

9. **Urs Bernegger/Peter Märki/Peter Rieder: Die schweizerische Landwirtschaftspolitik im Kontext einer zunehmenden internationalen Herausforderung**

Bis zum Abschluss des GATT Abkommens von 1993 waren die Schweizer Agrarmärkte weitgehend staatlich geschützt. Die Studie zeigt die Auswirkung des GATT-Abkommens bzw. eines möglichen Beitritts zur EU auf die zentralen Märkte für Milch, Fleisch und Brotgetreide auf.

1994, Synthese Nr. 14, NFP 28, Einsiedeln

Bernegger U./Märki P. (1994), Konsumenten profitieren vom GATT, Bulletin Nr. 8, NFP 28, Einsiedeln

Bernegger U./Märki P./Rieder P. (1995), Kurzreferate zum Seminar: Liberalisierung der Agrarmärkte – Gewinner und Verlierer, Diskussionspapier Nr. 13, Ed. NFP 28, Einsiedeln

10. **Spyros Arvanitis/Richard Etter/Andres Frick/Heinz Hollenstein: Innovationsfähigkeit und Innovationsverhalten der Schweizer Wirtschaft**

Die Schweizer Industrie erweist sich hinsichtlich Produkt- und Prozessneuerungen insgesamt als sehr innovativ. Ein internationaler Quervergleich führt zum Ergebnis, dass die schweizerische Innovationsposition mindestens gleich gut ist wie jene der BRD; gegenüber Frankreich, Italien und Österreich besteht ein klarer Vorsprung. Dieser durch den Einbezug weiterer Technologie- und Wettbewerbsfähigkeitsindikatoren ergänzte Vergleich zeigt, dass die heute populäre These eines schweizerischen Innovationsdefizits einer empirischen Überprüfung nicht standhält.

1992, Synthese Nr. 1, NFP 28, Einsiedeln
1992, Bundesamt für Konjunkturfragen, Bern

Arvanitis S./Hollenstein H. (1991), The determinants of innovative activitiy of Swiss manufacturing firms, Eidgenössische Technische Hochschule, Zürich

Arvanitis S. (1991), Bestimmungsfaktoren des Innovationsverhaltens der Unternehmung: Modelltheoretische Grundlagen zur Herleitung eines empirischen Ansatzes, KOF/ETH-Arbeitspapier Nr. 38, Zürich

Arvanitis S./Hollenstein H. (1992), Das Innovationsverhalten Schweizerischer Industrieunternehmern, Eidgenössische Technische Hochschule, Zürich

Arvanitis S. (1992), Innovation und Exportfähigkeit, Konjunktur, Monatsbericht der KOF/ETH

Hollenstein H. (1992), Mindestens so innovativ wie die Nachbarn, Bulletin Nr. 5, NFP 28, Einsiedeln

Arvanitis S./Hollenstein H. (1992), The Determinants of Innovative Activity of Swiss Manufacturing Firms – An Empirical Investigation Based On Survey Data, Paper Presented to the 20th CIRET Conference, October 2–5, Budapest, K. H. Oppenländer and G. Poser (eds.), Business Cycle Analysis by Means of Economic Surveys, Part II, Avebury, Aldershof

Arvanitis S./Hollenstein H. (1992), Das Innovationsverhalten schweizerische Industrieunternehmen. Eine ökonometrische Untersuchung anhand von Firmendaten für input-, output- und marktergebnisorientierte Indikatoren unter besonderer Berücksichtigung der Firmengrösse, KOF/ETH-Arbeitspapier Nr. 41, Zürich

Arvanitis S./Hollenstein H. (1994), Supply and Demand Factors in Explaining Innovative Activity of Swiss Firms, Economics of Innovation and New Technology, Vol. 3

Arvanitis S./Hollenstein H. (1994), Die Messung der Innovationsintensität. Eine empirische Untersuchung anhand schweizerischer Unternehmensdaten, Schweiz. Zeitschrift für Volkswirtschaft und Statistik, 130 (3)

Arvanitis S./Hollenstein H. (1994), Demand and supply factors in Explaining the innovative activity of Swiss Manufacturing firms, An Analysis Based on Input-, Output- and Market-oriented Innovation, Economics of Innovation and New Technology, 3

Arvanitis S./Hollenstein H. (1994), Die Messung der Innovationsintensität: Eine europäische Untersuchung anhand schweizerischer Unternehmensdaten, Schweizerische Zeitschrift für Volkswirtschaft und Statistik, Vol. 130 (3)

11. Denis Maillat/Florian Németi/Marc Pfister: Les microtechniques et les services associés: Quels espaces de production et de coopération pour la Suisse?

Aufgrund der festgestellten räumlichen Konzentration der Mikrotechnik gelangen die Autoren zum Schluss, dass die entscheidenden Faktoren der Wettbewerbskraft innerhalb von begrenzten Produktionsnetzen zu suchen sind. Forschungszentren und Ausbildungsstätten, aber auch die Organisation der gesamten Produktionskette spielen eine entscheidende Rolle.

1994, Németi/Pfister: Aspects de la compétitivité de l'industrie microtechnique suisse, Ed. EDES, Neuchâtel

1992, Synthese Nr. 3, NFP 28, Einsiedeln

Maillat D./Nemeti F./Pfister M. (1993), L'industrie microtechnique en Suisse, EDES, Neuchâtel

Pfister M. (1994), Microtechnques: Macro enjeux pour la Suisse, Bulletin No. 8, Ed. PNR 28, Einsiedeln

12. Thomas Straubhaar: Von der Ausländer- zur Migrationspolitik

Anstelle der bisherigen Ausländer- wird eine umfassende Migrationspolitik skizziert. Sie anerkennt, dass die Schweiz ein Einwanderungsland ist und legt deshalb klare Regeln zur Einwanderung fest (Migrations-Innenpolitik). Anderseits setzt sie im Abbau der Migrationsursachen durch Engagement in den Herkunftsländern ein (Migrations-Aussenpolitik).

1993, Synthese Nr. 6, NFP 28, Einsiedeln

Straubhaar Th. (1990), Eckpfeiler einer europafähigen schweizerischen Migrationspolitik, Aussenwirtschaft, Jg. 45

Dhima G. (1990), Freizügigkeit und schweizerische Ausländerpolitik: Mögliche Folgen des Abbaus von institutionellen Hemmnissen, Volkswirtschaft und Statistik

Straubhaar Th./Lüthi A. (1990), EG-Freizügigkeit und schweizerische Ausländerpolitik, Volkswirtschaft und Statistik

Straubhaar Th. (1990), Kontingente als Mittel der Einwanderungspolitik, WiSt, Heft 9

Straubhaar Th./Thorn G. (1990), Die Schweiz von morgen – ein Réduit in Europa?, Fides Forum

Straubhaar Th. (1990), Die Schweiz nach 1991: Handlungsspielraum eines Kleinstaates in einer Welt des Wandels; Gesellschaft zur Förderung der schweiz. Wirtschaft, Zürich

Straubhaar Th./Weber R. (1990), Qualitative Aspekte der Einwanderung in die Schweiz: Eine Strukturanalyse auf der Basis der Verbrauchserhebung 1990; Sonderdruck Schweizerische Zeitschrift für Volkswirtschaft und Statistik, Bd. 129 (3)

Dhima G. (1991), Politische Ökonomie der schweizerischen Ausländerregelung, Verlag Rüegger, Zürich

Straubhaar Th./Dhima G. (1991), Von der Migrationsinnenpolitik zur Migrationsaussenpolitik, WWZ-Forschungsbericht

Straubhaar Th. (1991), Einwanderungszertifikate, Wirtschaftswissenschaftliches Studium, Jg. 20

Straubhaar Th. (1991), Bevölkerungswachstum, Wirtschaftswachstum und Ökologie, Sozialpolitisches Forum

Straubhaar Th. (1991), Einwanderungspolitische Instrumente im Dienst der Bevölkerungspolitik: Ethische Probleme, Wirksamkeit, Erfahrungen, Bevölkerungsentwicklung und öffentliche Haushalte, Frankfurt/New York

Straubhaar Th. (1991), Europa und Schweizer Arzt und Ärztin: Diagnose und Therapie, Schweizerische Ärztezeitung

Straubhaar Th. (1991), Die Migrations-Aussenpolitik der Europäischen Gemeinschaft, Bevölkerungsbewegungen in der Europäischen Gemeinschaft, Statistisches Landesamt Baden-Württemberg, Familienwissenschaftliche Forschungsstelle

Straubhaar Th. (1991), Migration Pressure, ILO, Genf

Straubhaar Th. (1991), Die russische Invasion, Der Bund, Bern

Straubhaar Th. (1991), Profitables Schlupfloch, Wirtschafts Woche, Düsseldorf

Straubhaar Th. (1991), EG 92 und die Arbeitnehmer, Kaleidoscoop, Basel

Straubhaar Th. (1991), Was der Denver-Clan verschweigt!, Der Bund, Bern

Straubhaar Th. (1991), Keine Angst vor Überschwemmung, Schweizer Maschinenmarkt, Goldach

Straubhaar Th. (1991), Die Herausforderung der Schweiz durch globale Innovationsprozesse; Sonderdruck aus Freiheit und Angst in der Schweiz, Verlag Paul Haupt, Bern

Straubhaar Th./Böhning W. R./Schaeffer P. V. (1991), Migration Pressure: What is it? What can one do about it? Diskussionspapier, International Labour Office Geneva

Straubhaar Th. (1992), The Impact of International Labor Migration for Turkey, Migration and Developing Countries, Berlin/Heidelberg

Straubhaar Th. (1992), The Labour Market and Possible Need for a General Agreement on Migration Policies, The European Community after 1992

Straubhaar Th. (1992), Allocational and Distributional Aspects of Future Immigration to Western Europe, International Migration Review

Straubhaar Th. (1992), Die neue Völkerwanderung: Treck nach Westen und Norden, Der Monat, Basel

Straubhaar Th. (1992), Arbeitsmarkt Schweiz – Europa, Dokumentation Wirtschaftskunde, Zürich

Straubhaar Th. (1992), Die neue Völkerwanderung: Thesen zum Thema, Die neue Völkerwanderung, WWZ-Sonderdruck

Straubhaar Th. (1992), Die neue Völkerwanderung: Ansätze und Hintergründe für Lösungsstrategien für die Schweiz, WWZ-Sonderdruck

Straubhaar Th. (1992), Maschinen zu den Arbeitskräften», Bulletin Nr. 5, NFP 28, Einsiedeln

Straubhaar Th. (1992), Migration und öffentliche Güter, Acta Demographica, Bd. 3

Straubhaar Th. (1992), Internationale Faktorwanderungen, Wirtschaftswissenschaftliches Studium, Heft 11

Straubhaar Th. (1992), Schweiz und Europa – Alleingang oder Integration? Basler Kantonalbank

Straubhaar Th./Zimmermann K.F. (1993), Towards a European migration policy, Population Research and Policy Review 12

Straubhaar Th. (1993), Sozialpolitische Probleme demographischer Entwicklungen in Westeuropa, Sozialpolitik vor neuen Aufgaben, Verlag Paul Haupt, Bern

Straubhaar Th./Dhima G. (1993), Ursachen der Migration aus ökonomischer Sicht, Migrationen aus der Dritten Welt, Verlag Paul Haupt, Bern

Straubhaar Th. (1993), Die Wirkungen der Einwanderung auf das staatliche Umverteilungssystem des Gastlandes: Eine empirische Untersuchung für die Schweiz, Schweizerische Zeitschrift für Volkswirtschaft und Statistik, 1993, Bd. 129 (3), 505–526

Straubhaar Th. (1993), Wer soll künftig in die Schweiz einwandern dürfen? Der Bund, 144 Jg., Nr. 239 vom 13.10.93

Straubhaar Th./Fischer P.A. (1993), Personenfreizügigkeit und ökonomische Integration: Der Nordische Arbeitsmarkt als Vorbild für Europa? Nomos Verlag, Baden-Baden

Straubhaar Th./Weber R. (1994) Budget incidence of immigration into Switzerland: a cross-section analysis of the public transfer system; Diskussionspapier, Centre for Economic Policy Research, London

Straubhaar Th./Weber R. (1994) On the economics of immigration: some empirical evidence for Switzerland, Edward Arnold ISSN 0269–2171

13. Joseph Hunkeler: L'impossibilité de rembourser la dette

Strukturanpassungsprogramme versuchen langfristige Probleme mit kurzfristigen Aktionen zu lösen. Am Beispiel Burundi werden einige Mängel dieses Vorgehens aufgezeigt. So führte die überstürzte Liberalisierung des Aussenhandels und die schnelle interne Entschuldung des Staates zu einer untragbaren Aussenverschuldung.

1994, Synthese Nr. 9, NFP 28, Einsiedeln

14. Jean-Max Baumer: Das Strukturanpassungsprogramm Boliviens

Das Strukturanpassungsprogramm Boliviens beseitigte zwar das Chaos, aber nicht die Armut. Die gesamtwirtschaftliche Stabilisierung war ein spektakulärer Erfolg. Anderseits folgte eine tiefe Rezession, die bis heute nicht von wirtschaftlichem Wachstum abgelöst wurde.

1993, Schiesser D.: Hyperinflation, Stabilisierung und Strukturanpassung, Rosch Buch, Hallstadt
1994, Synthese Nr. 11, NFP 28, Einsiedeln

Schiessser D. (1992), Stabilisierungs- und Strukturanpassungsprogramme in Entwicklungsländern, Lateinamerika Nachrichten, St. Gallen

Baumer J. M. (1994), Chaos beseitigt – aber nicht die Armut, Bulletin Nr. 8, Ed. NFP 28, Einsiedeln

15. Christian Suter: Weltwirtschaftliche Verflechtung, Regimewandel und Demokratisierung in Lateinamerika

Der Demokratisierungsprozess in Lateinamerika ist im Regelfall gekennzeichnet durch eine Verbesserung der politischen Partizipation (z. B. Wahlbeteiligung) und einer Verschlechterung der Menschenrechtssituation. Die Ausnahme Costa Rica zeigt aber, dass eine wirtschaftlich erfolgreiche Strukturanpassung in einem demokratischen Umfeld möglich und dauerhaft ist.

1995, Synthese Nr. 24, NFP 28, Einsiedeln

Suter Ch. (1995), Demokratie verbessert, nicht aber die Menschenrechte, Bulletin Nr. 9, NFP 28, Einsiedeln

Suter Ch. (1995), «Populism in Latin America: A Comparative Analysis of Populist Regimes, 1900–1990», Studies in Comparative International Development

Suter Ch./Nollert M. (1996), «Demokratien ohne Menschenrechte», Weltsystem und kulturelles Erbe: Gliederung und Dynamik der Entwicklungsländer aus ethologischer und soziologischer Sicht, S. 197–225, Hans-Peter Müller (Hrsg.)

Suter CH./Stamm H. P. (1996), «Wirtschaftliche Strukturanpassung und politische Transformation in Mexiko», Stefan Karlen und Andreas Wimmer (Hrsg), Verlag Hans-Dieter Hein, Stuttgart

16. Gilbert Blardone/Lothar Caviezel: Stratégies de développement et ajustements structurels: Etude de l'appui de la Suisse au PAS de deux de ses partenaires africains

Dargestellt wird zunächst eine Methode, die es erlaubt, die wirtschaftlichen und sozialen Folgen von Strukturanpassungsprogrammen auf der makro-, meso- und mikroökonomischen Ebene zu analysieren. Tests in Madagaskar und Tanzania zeigen, dass der bisher eingeschlagene Weg der Nachfragereduktion zur Herstellung des volkswirtschaftlichen Gleichgewichts nur zum Teil erfolgreich war.

1995, FMI – Endettement du tiers monde et ajustement structurel, Ed. Peter Lang, Bern
1992, Synthese Nr. 2, NFP 28, Einsiedeln

Blardone G./Caviezel L. (1992), Repères pour un débat. Résumé des données macro-méso-micro-économiques de Madagascar et de la Tanzanie, Cahier No 1, Ed. PNR 28, Einsiedeln

Blardone G./Caviezel L. (1992), Note méthodologique – Présentation de la méthode d'analyse des effets des PAS, Cahier No 2, Ed. PNR 28, Einsiedeln

Blardone G./Caviezel L. (1992), Les acteurs suisses, la coopération suisse au développement et les effets des PAS en Tanzanie et à Madagascar, Cahier No 4, Ed. PNR 28, Einsiedeln

Blardone G./Caviezel L. (1992), Madagascar – Les PAS et les déséquilibres clefs; données de base et diagnostic, Cahier No 5, Ed. PNR 28, Einsiedeln

Blardone G./Caviezel L. (1992), Tanzanie – Les PAS et les déséquilibres clefs. Données de base et diagnostic, Cahier No 6, Ed. PNR 28, Einsiedeln

Blardone G./Caviezel L. (1992), Madagascar – Budgets familiaux, Cahier No 7, Ed. PNR 28, Einsiedeln

Blardone G./Caviezel L. (1992), Tanzanie – Budgets familiaux, Cahier No 8, Ed. PNR 28, Einsiedeln

Blardone G. (1992) Priorité à la logique économique, Bulletin No. 4, PNR 28, Einsiedeln

17. Martin Hellwig: Die internationale Schuldenproblematik: Ursachen, Entwicklungstendenzen, Lösungsmöglichkeiten aus der Sicht der Schweiz

Eine detaillierte historische Analyse zeigt, dass Schuldenkrisen ein konstitutives, regelmässig wiederkehrendes Element von Kreditbeziehungen zwischen privaten Gläubigern und souveränen Schuldnern sind. Berechnungen für den Schuldenzyklus 1970–92 zeigen, dass die Ertragsraten privater Gläubiger auf ihren Länderkrediten trotz der Schuldenkrise überraschend hoch sind. Die schweizerische Entschuldungsfazilität ist z. T. mehr den Gläubigern als den Schuldnerländern zugute gekommen.

Egli, D. (1994), Internationale Schuldenkrise. Dissertation, Basel

Egli D. (1991), Geschenk erreicht Adressaten kaum, Bulletin Nr. 2, NFP 28, Einsiedeln

Gerster R./Gugler A. (1992) Entschuldung hat keine Alternative, Bulletin Nr. 3, NFP 28, Einsiedeln

Egli D. (1992), Mikroökonomische Analyse der Schuldenkrise: Wo stehen wir heute? Diskussionspapier Nr. 9, Ed. NFP 28, Einsiedeln

Egli D./Ferroni M./Denzler R./Kappel R./Landmann O. (1993), Die schweizerische Entschuldungspolitik: Flop oder Vorbild? Diskussionspapier Nr. 11, Ed. NFP 28, Einsiedeln

Egli D. (1994), Frage nach dem entwicklungspolitischen Nutzen und der effizienten Verwendung öffentlicher Gelder; Jahrbuch Schweiz – Dritte Welt Genf

Egli D. (1994), Die schweizerische Entschuldungsfazilität – ein Flop? Schweizerische Zeitschrift für Volkswirtschaft und Statistik

Klingen CH. (1995), How Private Creditors Fared with Sovereign Lending Evidence from the 1970–1992 Period; Diskussionspapier Nr. 14, Ed. NFP 18, Einsiedeln

Egli D. (1995), Marktorientierte Schuldenerlassinstrumente, Kredit und Kapital, 28. Jg., Heft 4

Egli D. (1996), Optimal Debt Relief under Threat of Trade Punishments, Review of International Economics (forthcoming)

18. **Othmar Schwank/Dieter Zürcher: Stadt-Land Beziehungen: Eine Herausforderung für die schweizerische Entwicklungszusammenarbeit**

Am Beispiel Nepal werden fünf Aspekte der Stadt-Landbeziehungen festgehalten, die für den Entwicklungsprozess besonders bedeutsam sind: Abwanderung aus ländlichen Gebieten, mangelnde Dezentralisierung von Entscheiden, Ineffizienz staatlicher Institutionen im ländlichen Raum, mangelnde Innovationsfähigkeit und Externalisierung der Folgekosten der Verstädterung. Diese Problemfelder führen zu Empfehlungen für die Entwicklungszusammenarbeit.

1993, Synthese Nr. 5, NFP 28, Einsiedeln

1993, Rural-Urban Interlinkages, Infras Papers, Zürich

Haering B./Schwank O. und andere (1992), Frauenforschung für die Entwicklungszusammenarbeit, Hsg. INFRAS AG, Zürich

Zürcher D./Schwank O. (1993), Stadt und Land gesamthaft betrachten, Bulletin Nr. 6, NFP 28, Einsiedeln

Bajracharya S./Schwank O. (1994), Werden Frauen durch Entwicklungszusammenarbeit marginalisiert? Erfahrungen aus ländlichen Entwicklungsprojekten in Nepal, Geographica Helvetica 1/94

Schwank O./Zürcher D. (1994), Stadt – Land Beziehungen und Entwicklungszusammenarbeit, Internationales Asienforum, Weltforum Verlag, Köln

19. **Jean Pierre Jacob/François Margot/Paul Sauvain/Peter Uvin: La contribution des acteurs publics et privés au développement rural local des pays du tiers-monde (Sénégal, Burkina Faso, Burundi, Bolivie)**

Im Entwicklungsprozess spielen lokale Regierungs- und Verwaltungsstellen eine zunehmend wichtige Bedeutung als Verfasser von Normen und gesellschaftlichen Regeln. In der Studie wird eine Methodik zur Evaluation von Stärken und Schwächen dieser Stellen entwickelt und zur Skizzierung erfolgsversprechender Strategien entwickelt. Grundlage bilden Fallstudien in Burundi, Burkina Faso, Senegal und Bolivien.

1993, Synthese Nr. 7, NFP 28, Einsiedeln

Blundo G. (1991), Les associations villageoises et la communauté rurale au Sénégal. Etude de cas dans l'arrondissement de Koungheul (région de Kaolack), rapport no. 3.2, PNR 28

Illboudo E. K. (1991), Administration locale et développement rural au Burkina Faso, rapport no. 3.3, PNR 28

Jacob J.-P./Margot F./Sauvain P./Uvin P. (1991), Rôle des collectivités publiques locales (local governement) dans le développement rural: La situation dans le Tiers-Monde en référence au cas suisse, rapport no. 1, Problématique; concepts et plan de recherche, PNR 28

Jacob J.-P./Margot F./Sauvain P./Uvin P. (1991), Rôle des collectivités publiques locales (local governement) dans le développement rural. La situation dans le Tiers-Monde en référence au cas suisse, Rapport No. 2, Démarche et outils d'enquête, grille d'interprétation, PNR 28

Niang D. (1991), Rôle des collectivités publiques locales dans le développement rural: le cas du Sénégal à travers la réforme de l'administration locale, rapport no. 3.1, PNR 28

Soulama S./Zett J.-B. (1991), Les potentialités institutionnelles des organisations locales au Burkina Faso, rapport no. 3.4, PNR 28

Sauvain P. (1991), Quelles structures politiques? Sur quels fondements? Introduction au colloque «Renouveler le tissu socio-économique des pays non-industrialisés qui ont sombré dans la crise et l'ajustement», Edition EDES, Neuchâtel

Sauvain P./Uvin P. (1992), Relations entre les communes et les organisations locales au Burundi. Etude sur le rôle des collectivités publiques locales dans le développement rural, Rapport no. 4, PNR 28

Jacob J.-P./Margot F. (1993), Administration locale et organisations paysannes au Burkina Faso. Etude du rôle des collectivités publiques locales dans le développement rural, rapport no. 5, PNR 28

Jacob J.-P./Sauvain P. (1993), La contribucion al desarollo local de los actores publicos y privados en Bolivia. Estudio sobre el papel del gobierno local, PNR 28

Jacob J.-P./Sauvain P. (1993), Renforcer les gouvernements locaux: plus qu'un slogan, une nécessité, Bulletin Nr. 6, PNR 28

Jacob J.-P./Sauvain P. (1994), Renforcer les gouvernements locaux: plus qu'un slogan, une nécessité, Mensuration-Photogrammétrie-Génie rural, 1/94

Serec (1994), Un guide d'approche des institutions locales, Montagna, 7/1994

Jacob J.-P./Margot F./Sauvain P./Uvin P. (1994), Guide d'approche des institutions locales (GAIL), Méthodologie d'étude des acteur locaux dans le monde rural; IUED/SEREC, Genève

20. Markus Wyss/Bruno Messerli/Thomas Straubhaar: Förderung einer ökologisch verträglichen wirtschaftlichen Zusammenarbeit mit weniger entwickelten Ländern

Eine weniger restriktive Umweltgesetzgebung und damit tiefere Kosten bilden keine genügende Motivation, dass multinationale Unternehmen Teile der Produktion zu Töchtern in Drittweltländern auslagern. Vielmehr bewirkt eine konsequentere Umweltpolitik in der Schweiz umweltgerechtes Verhalten dieser Tochterfirmen.

1992, Wyss M.: Ökologische Aspekte der Entwicklungszusammenarbeit mit Entwicklungsländern, Geograf. Institut Bern
1994, Synthese Nr. 10, NFP 28, Einsiedeln
1993, Brugger E.A./Messerli B. et al: Schwarze Schafe oder Weisser Ritter, Ed. Geograf. Institut, Bern

Wyss M./Straubhaar Th./Messerli B. (1991), Environmental Arbitrage and the Location of Industrial Plants in Third World Countries. Proceedings of the int. Congress «Innovation, Industrial Progress and Environment, getting ready for the XXIst Century», Strassburg

Wyss M. (1992), Ökologische Aspekte der wirtschaftlichen Zusammenarbeit mit Entwicklungsländern, Geographica Bernensia, Bern

Straubhaar Th./Wyss M. (1993), Ökologisch bedingte Standortarbitrage am Beispiel schweizerischer Direktinvestitionen, Diskussionspapier, Universität der Bundeswehr, Hamburg

Straubhaar Th./Wyss M. (1994), Ökologisch bedingte Standortarbitrage? Ausländische Direktinvestitionen in Nicht-OECD Ländern, Zeitschrift für Umweltpolitik und Umweltrecht, Bd. 13, Heft 1

Straubhaar Th./Wyss M. (1994), Ökodumping: Mythos oder Realität? Das Beispiel der schweizerischen Direktinvestitionen, Jahrbuch Schweiz-Dritte Welt, IUED, Genf

Wyss M. (1994), Weder schwarze Schafe noch weisse Ritter, Bulletin Nr. 7, NFP 28, Einsiedeln

21. Ernst A. Brugger/Martin Maurer: Fördern multinationale Firmen das Ökologie-Know-how in Entwicklungsländern?

Schweizerische Multis können nicht als Ökoflüchtlinge bezeichnet werden. Vor allem betriebswirtschaftliche Überlegungen halten die Konzerne zu einheitlichen Standards an. Hingegen sind der Diffusion umweltfreundlicher Technologie von den Tochterfirmen in der Dritten Welt zu lokalen Unternehmern enge Grenzen gesetzt.

1993, Brugger E. A./Messerli B. et al: Schwarze Schafe oder Weisse Ritter? Zur Öko-Effizienz multinationaler Unternehmen in Entwicklungsländern, Geographisches Institut Bern
1994, Verlag Rüegger, Zürich
1994, Synthese Nr. 18, NFP 28, Einsiedeln

Brugger E. A./Maurer M. (1993), Privatwirtschaftliche Ökologie-Know-how-Kooperation für Entwicklungsländer, Hsg. Brugger, Hanser und Partner, Zürich

Brugger E. A. (1994), Bis zur Tochter, aber nicht weiter, Bulletin Nr. 7, NFP 28, Einsiedeln

22. Richard Gerster: In gemeinsame Interessen investieren

Die Entwicklungszusammenarbeit braucht Reformen: Mit den Schwerpunktländern sind langfristige und symmetrische Zusammenarbeitsverträge als Vehikel vermehrter Kohärenz und Effizienz anzustreben. Die Arbeitsteilung zwischen Bund und den privaten Akteuren soll entsprechend dem Grundsatz der Subsidiarität geregelt werden. Schliesslich bedarf es in der multilateralen Entwicklungszusammenarbeit eines Konzeptes.

1995, Nord-Süd Politik: abschreiben oder investieren, Orell Füssli Verlag, Zürich
1995, Synthese Nr. 23, NFP 28, Einsiedeln

Gerster R. (1992), Entschuldung hat keine Alternative, Bulletin Nr. 3, NFP 28, Einsiedeln

Gerster R. (1993), Arbeitsteilung Bund – Hilfswerke in der Entwicklungszusammenarbeit: Die Suche nach Subsidiarität und Synergie, Vortrag anlässlich der Vostandstagung von Intercooperation am 22. Oktober 1993

Gerster R. (1993), Elemente einer entwicklungspolitischen Standortbestimmung, Vortrag anlässlich der Vorstandtagung von Intercooperation am 22. Oktober 1993

Gerster R. (1994), Die neue Weltordnung: Anlass zur Erneuerung der schweizerischen Südpolitik, Aussenwirtschaft I/1994, S. 81 – 100

Gerster R. (1994), Entwicklungspolitik an der Schwelle zum 21. Jahrhundert, Vortrag am Swissaid-Zukunftsseminar «Marktwirtschaft auch für die Armen?» vom 26. Mai 1994

Gerster R. (1994), Spaltung und Parallelen zwischen Nord und Süd, Neue Zürcher Zeitung, 15./16.10.94

Gerster R. (1995), In gemeinsame Interessen investieren, Bulletin Nr. 10, NFP 28, Einsiedeln

Gerster R. (1995), Perspectives on Swiss official development assistance, Swiss coalition news, Nr. 4, Bern

23. Peter Saladin: Wozu noch Staaten?

Der Nationalstaat verliert in einer Epoche der Globalisierung von Wirtschaft, Kultur und zum Teil auch von Rechtsnormen an Bedeutung. Von der Idee des Staates als oberste Gemeinschaft gilt es Abschied zu nehmen. Er gerät in die Rolle eines Mittlers zwischen überstaatlicher und unterstaatlicher Ebene, eines «pouvoir intermédiaire».

1994, Verlag Stämpfli, Bern
1994, Synthese Nr. 17, NFP 28, Einsiedeln

Saladin P. (1993), Kleinstaaten mit Zukunft, Kleinstaat und Menschenrechte, Helbling und Lichtenhahn, Basel

Saladin P. (1994), Wozu noch Staaten, Diskussionspapier Nr. 12, Ed. NFP 28, Einsiedeln

Saladin P. (1995), Wozu braucht es noch Staaten? Bulletin Nr. 9, NFP 28, Einsiedeln

Hebeisen M. W. (1996), Staatszwecke, Staatsaufgaben – Leistungen und Grenzen einer juristischen Behandlung von Leitideen der Staatstätigkeit, Verlag Rüegger AG, Zürich

24. Jean-Philippe Kohl/Silvio Borner: Supranationalität oder Wettbewerb nationaler Rahmenbedingungen

Die EU bietet die Möglichkeit, Politikbereiche zentralistisch zu regeln (Supranationalität) oder als Wettbewerb den nationalen Rahmenbedingungen der einzelnen Staaten zu belassen. Anhand der Kriterien Effizienz und politische Durchsetzbarkeit wird die optimale Regelungsebene bestimmt. Für den Bereich der Sozialpolitik werden zudem die Einflussmöglichkeiten organisierter Interessengruppen untersucht.

1994, Supranationalität oder Wettbewerb nationaler Rahmenbedingungen, Synthese Nr. 16, NFP 28, Einsiedeln
1996, Supranationalität und Regulierung in der Sozialpolitik, Synthese Nr. 26, NFP 28, Einsiedeln

Borner S./Kohl J. P. (1994), Supranationalität oder Wettbewerb nationaler Rahmenbedingungen, Kurzfassung Referat, Diskussionspapier Nr. 12, Ed. NFP 28, Einsiedeln

Borner S./Kohl J. P. (1995), Supranationalität oder nationale Rahmenbedingungen im Wettbewerb, Bulletin Nr. 9, NFP 28, Einsiedeln

Borner S./Kohl J. P. (1996), EU-Sozialpolitik untersucht, Bulletin Nr. 11, NFP 28, Einsiedeln

25. Hans Häfliger, Peter Rieder: Optimale Regelungsebene: Fallbeispiel Kulturlandschaft

Welches ist die geeignete politische Entscheidungsebene, um über die optimale Bereitstellung von Kulturlandschaft zu befinden, und wer soll diese Leistung bezahlen? Die Autoren entwickeln ein theoretisches Gerüst zur Beantwortung dieser Fragen und testen es anhand von vier Landschaftstypen.

1996, Synthese Nr. 27, NFP 28, Einsiedeln

Rieder P./Häfliger H. (1996), Wer soll entscheiden und bezahlen? Bulletin Nr. 11, NFP 28, Einsiedeln

26. Jens Lehne/Heinz Hauser/Sven Bradke: Wirtschaftsverfassungsartikel für die Schweiz

Aus Anlass des Vernehmlassungsentwurfs zur Totalrevision der Bundesverfassung schlagen die Autoren sechs ausformulierte Wirtschaftsverfassungsartikel vor. Im einzelnen geht es um Wirtschaftsfreiheit, Eigentumsgarantie, Vertragsfreiheit, Wirtschaftsförderung, privatwirtschaftliche Erwerbstätigkeit und einen Wirtschaftsrat.

1996, Synthese Nr. 20, NFP 28, Einsiedeln

Bradke S. (1993), Totalrevision der Bundesverfassung. Kriterien zur Schaffung neuer Wirtschaftsverfassungsartikel, Die Volkswirtschaft 8.93, S. 23–31

Bradke S. (1994), Wirtschaftsverfassungsartikel aus ökonomischer Sicht, Schweizer Monatshefte 11/94, S. 11–15

Hauser H./Bradke S. (1995), Neue Wirtschaftsartikel für die Schweiz, Bulletin Nr. 9, NFP 28, Einsiedeln

Bradke S. (1995), Binnenmarktgesetz: Das Ziel ist wichtig, nicht der Weg!, Die Ostschweiz, Juni 95

Hauser H. (1996), Wirtschaftsverfassung jetzt ändern, Bulletin Nr. 11, NFP 28, Einsiedeln

27. Hanspeter Meier-Dallach/Rolf Nef: Europabilder und die Vision des Kleinstaates Schweiz

In zwei grossangelegten Umfragen wurde die Haltung der Schweizer/innen zu Europa untersucht. Eines zeigen die Resultate klar: Die Unterschiede zwischen der französischen und der deutschen Schweiz sind nicht eine Mentalitätsfrage, sondern beziehen sich auf verschiedene Zielsetzungen. In der deutschen Schweiz besteht zudem ein Graben zwischen Zentren und Randregionen.

1993, Klein gegen Gross, Ed. Cultur prospectiv, Zürich
1994, Synthese Nr. 12, NFP 28, Einsiedeln

Meier-Dallach H.-P./Nef R. (1992), Scherbenhaufen, Katharsis oder Chance? Motive und Hintergründe des Ja und Nein zum EWR im Vergleich zwischen den Sprachregionen, Randregionen und Zentren sowie sozialen Schichten, edition cultur prospectiv, Zürich

Meier-Dallach H.-P./Nef R. (1993), Klein gegen Gross? Befürchtungen und Wünsche der Schweizer Bevölkerung, edition cultur prospectiv, Zürich

Meier-Dallach H.-P./Nef R. (1993), Aussen- und Innenbilder, edition cultur prospectiv, Zürich

Meier-Dallach H.-P./Nef R. (1994), Lernen aus Gegensätzen, Diskussionspapier Nr. 12, Ed. NFP 28, Einsiedeln

Meier-Dallach H.-P./Nef R. (1995), Nationalstaat – Schutz oder Gefängnis, Bulletin Nr. 9, NFP 28, Einsiedeln

Meier-Dallach H.-P. (1995), Die schwarze Spinne, Sonderdruck Montfort, Jg. 47, Heft 1

Die Synthesen geben in knapper und verständlicher Art die wichtigsten Ergebnisse der einzelnen Forschungsprojekte des NFP 28 wieder. Sie sind im Buchhandel oder bei der Projektleitung des NFP 28 erhältlich. Sofern der umfassende Schlussbericht eines Projektes als Buch erschien, findet sich ein Hinweis jeweils an erster Stelle in der obigen Liste.

Die Expertengruppe NFP 28

Für die strategische Ausrichtung der Nationalen Forschungsprojekte ist eine Expertengruppe verantwortlich. Sie erarbeitet den Ausführungsplan, entscheidet über die Forschungsgesuche, genehmigt die Projektberichte und kontrolliert die Tätigkeit der Programmleitung. Der Expertengruppe des NFP 28 gehören an:

- Prof. Peter Rieder, Institut für Agrarwirtschaft, ETH Zürich (Präsident)
- Prof. Silvio Borner, Wirtschaftswissenschaftliches Zentrum (WWZ), Universität Basel
- Dr. Christian Etter, Bundesamt für Aussenwirtschaft (BAWI), Bern
- Prof. Jacques Forster, Institut universitaire d'études du développement, Genève
- Prof. Klaus Leisinger, Novartis Stiftung für nachhaltige Entwicklung, Basel
- Dr. Alexander Melzer, Laufenburg
- Prof. Alfred Nydegger, St. Gallen
- Dr. Andreas Schild, Intercooperation, Schweiz. Organisation für Entwicklung und Zusammenarbeit, Bern
- Dr. Rudolf Walser, Vorort Schweizer Handels- und Industrieverein (SHIV), Zürich
- Prof. Rémy Scheurer, Institut d'Histoire, Université de Neuchâtel (bis 31. Dezember 1996)
- Dr. Peter Buomberger, Schweiz. Bankgesellschaft (Seit 1. Januar 1997)

Programmleitung

Der Programmleitung obliegt die operative Abwicklung. Sie überwacht den Verlauf der Forschungsarbeiten, stellt die Koordination zwischen den Forschern her, betreut die Umsetzung einzelner Projekte und des Programmes, leistet administrative Arbeiten und redigiert die notwendigen Berichte.

- Prof. Dr. Oliver Landmann, Institut für Volkswirtschaft, Freiburg
- Dipl. Ing. Klaus Korner, Einsiedeln

Adresse: NFP 28, Birkenweg 7, CH-8840 Einsiedeln, Tel./Fax. 055/412 34 89

Die Autoren

Rolf Kappel

Professor an der ETH Zürich für Volkswirtschaftslehre und Leiter des Nachdiplomstudiums für Entwicklungsländer (NADEL). Lehr- und Forschungsschwerpunkte in Ökonomie der Entwicklungsländer und Umweltökonomie.

Oliver Landmann

Professor für Volkswirtschaftslehre an der Universität Freiburg i. Br. Lehr- und Forschungsschwerpunkte in internationalen Wirtschaftsbeziehungen und makroökonomischer Theorie. Von 1989–1996 Programmleiter des NFP 28.